献给骆驼巷村的人民,
献给那片灼热的黄土地……

中国社会科学院
老年学者文库

# 山村的守望

LOYALTY OF MOUNTAIN VILLAGE

西海固骆驼巷村
实地考察（二）

林燕平 著

社会科学文献出版社
SOCIAL SCIENCES ACADEMIC PRESS (CHINA)

大山深处（左一为作者女儿）

回族女娃儿进学堂

骆驼巷村的春

骆驼巷村的夏

骆驼巷村的秋

骆驼巷村的冬

胡麻花开

洋芋花开

胡麻熟了

麦子熟了

围着火炉吃地瓜

欢天喜地过大年

骆驼巷村的娃娃们

等妈妈

伸向云端的庄稼地

通往庄稼地的山间小路

# 自 序

# 倾 听

——西海固村庄的诉说

春天，"报谷子"（布谷鸟）布咕布咕的啼鸣声；夏天，"癞瓜子"（癞蛤蟆）呱呱的高唱声；秋天，"暴君子"（蝗虫）啧啧的低叫声；冬天，"红嘴鸦"（乌鸦）啊啊（去声）的嘶喊声，回荡在西海固大山深处的田边地头。来了一年，又去了一年。

冬天，吼了一夜的"妖风"（西北风）呜呜的嚎叫声；秋天，一直下个不停歇的"烟雾尿尿"（秋雨）滴嗒嗒的拍打声；夏天，一哈（下）子下起来的"冷子疙瘩"（冰雹）噼里啪啦的敲击声；春天，黑了（夜）结白天消的"冰楞子"（冰凇）唰里唰嚓的坠地声，萦绕在西海固大山深处的门前屋后。去了一年，又来了一年。

还记得，2003年2月，驼巷村16岁的马莉，诉说了她上固原民族师范学校，为了节省生活费，每次回家都要带上些干面和干馍馍吃上两三周，一个月生活费只花三四十元钱的故事。如今的她，已经来日本9年，现在生活在东京……

还记得，2004年4月，马其沟村15岁的庞亮，诉说了她上小学三年级的时候，妈妈突然离家出走，不得不代替妈妈在家里整地、喂牛、做饭因而辍学的故事。如今的她，早已经做了母亲……

还记得，2004年7月，樊庄村53岁的宋向荣，诉说了他十几年前收到了堂哥的一封来信，因为村前村后找不到一个识字的人，结果只能去村里的小学找老师念信，于是下定决心让孩子们读书识字，后来5个孩子有4个考上了大学（大女儿除外）的故事。如今他的3个孩子当了中学老师，1个孩子从事技术工作（研究生毕业）……

还记得，2005年8月，官厅村18岁的马国燕，诉说了她已经收到西北民族大学的录取通知书，因为是家里4个孩子中的老大，担心上大学后家里的经济负担太重，打算放弃上大学去打工挣钱的故事。如今的她，早已经大学毕业，在固原市某家银行担任高管……

还记得，2006年3月，驼巷村15岁的马小青和12岁的马小燕姐妹俩，诉说了因为家里没有钱拉电，她们俩晚上在煤油灯下写作业的时候，不小心烧焦了头发的故事。如今的她们，都已经做了母亲，也住进了新房子……

还记得，2007年12月，阴洼村15岁的白雪莲，诉说了她的班主任老师出了车祸住进医院，每个学生凑两块钱给老师买了慰问品，派几名学生代表去医院看望，自己是班上的学习委员，很想去医院看望一下老师，结果因为拿不出10元钱的路费而没有去成医院的故事。如今的她，已从宁夏师范学院毕业，是北京昌平区某小学的一名教师……

还记得，2008年8月，刘庄村64岁的任秉璋，诉说了他的四儿子在一年前娶了西吉县大滩村的媳妇后家里欠下债的故事。任秉璋老两口，生有5个儿子4个女儿，小儿子现在已经40岁出头，至今还没有娶上媳妇。原本在村里生活过得还算不错，为了儿子成家自己的日子一天不如一天。如今他们老两口，成了村里的低保户……

还记得，2009年大年初一，刘庄村16岁的王双富，诉说了他因为擅自拿走我除夕夜给的压岁钱去买鞭炮，结果大年初一不仅挨了一顿"锤子"，而且写了书面检查的故事。如今的他，已经长成一米七多的大小伙子，在上海、江苏一带打工……

还记得，2010年6月，黎套村11岁的马锦燕，诉说了她人生第一次坐火车、第一次去银川、第一次在饭店吃饭时不会用洗手间里的自来水的故事（六一儿童节带黎套小学的学生去银川）。如今的她，已经是固原回族中学高中二年级的学生……

# 自序

还记得，2011年11月，阳洼村47岁的何占库，诉说了他因患脚疾，只能拄着双拐，不能下地干农活，妻子因残疾生活不能自理，儿子才3岁，因为家里穷没有钱医治，只能听天由命的故事。2012年5月、2013年5月，我两次带何占库去北京武警部队总医院接受了治疗。如今的他，早已甩掉了双拐，依然是家里生活的顶梁柱，儿子已经上小学四年级……

还记得，2012年9月，驼巷村20岁的马阿舍，诉说了她为了照看卧病在床的母亲，在初中二年级的时候被迫辍学，母亲病逝后，特别想重新走进学校的故事。如今的她，某职业学校护理专业毕业，已经是郑州中医医院的一名实习护士……

还记得，2013年5月，小庄村45岁的马银花，诉说了她的丈夫于2012年6月10日（44岁）、儿子于2013年4月15日（18岁），因交通事故相继去世的故事。如今的她，在红庄村街道开了一个小门市部，以卖调和料为生……

还记得，2014年大年初二，马其沟村16岁的吴建宁，诉说了他生下来还不到半岁，母亲就因为家庭矛盾服毒自杀，只能和爸爸在爷爷家里生活的故事。他说，虽然看不到妈妈，但妈妈一直都在心里。如今的他，已经是银川职业技术学校的一名学生……

还记得，2015年10月，樊庄村18岁的宋盼军，诉说了他好不容易从两个姐姐相继病逝的阴影中走出来，却始终没有接受我希望帮助他继续读书的故事。如今的他，成了6个兄弟姐妹中唯一存活下来的"独苗儿"，在村里贷款养牛，想通过养牛来帮助父母还债……

还记得，2016年8月，刘庄村16岁的王万能，诉说了她初中毕业后希望上职业学校学习一门技术自食其力，但是因为家里孩子多，经济负担重，父母不支持她继续上学的故事。如今的她，已经是某职业学校护理专业的一名学生……

还记得，2017年6月，马其沟村36岁的王小平，诉说了他和几个农民合伙办养殖专业合作社，在养鸡的过程中遇到贷款难、办事难、办证难、卖鸡蛋难的故事。如今他们办的养鸡场，由于管理缺位、资金短缺、农民之间不团结等原因，正面临停产……
……

无疑，倾听骆驼巷村农民的诉说，倾听西海固大山深处的诉说，编织了这部著作中的一行行文字和一个个数字。

目前，我国仍然是一个有着13亿人口的发展中国家，半数左右的人生活在农村，走近他们，走进他们的生活，倾听他们的诉说，摸清楚他们在想什么、做什么、愁什么、盼什么，为他们解决实际生活中的困难与问题，是社会科学研究不可或缺的重要环节。

2003年冬季，当我第一次走进骆驼巷村，走进农民的家里，倾听每一位农民讲述时，带路的村支书马存义对我说："这么一户一户地走到农民家里头，你是头一个；这么耐着性子听村里头的人说自己家里头的事儿，在这以前从么（没）有啊！"马支书的这句"耐着性子听村里头的人说自己家里头的事儿"，道出了农民盼望表达意愿的心声，这不仅是对我入户调查的肯定，而且激励我坚持不懈地去倾听。

倾听，是社会科学研究获取第一手资料的第一步；倾听，是社会科学工作者俯下身子学习的过程；倾听，是社会科学实践的重要环节；倾听，是社会科学思考的冉冉升腾；倾听，是心灵与心灵对话、生命与生命碰撞的平台；倾听，是社会科学为社会服务、为人民服务的最高语境……

在我看来，只要"西海固骆驼巷村实地考察"这项按时间序列开展的调查研究还在继续，走进西海固骆驼巷村的倾听就还会继续。我希望，有更多的社会科学工作者带着问题走进倾听的行列；我期待，有更多的年轻人带着理想走进倾听的行列。我相信，这不是一个人的倾听；我坚信，这不仅仅是为了倾听的倾听。

党的十九大报告明确指出，新时代我国社会的主要矛盾，是人民日益增长的美好生活需要和不平衡不充分的发展之间的矛盾。这种矛盾在西海固地区更为突出。怎样去实施乡村振兴战略，怎样使西海固地区的贫困人口摆脱贫困，怎样能让西海固地区的农民上得起学、看得起病、喝得上干净水、洗得上热水澡、穿得上干净衣服，怎样能让生活在农村的农民都过上太平安康的日子……依然是摆在我们面前的最根本、最迫切、最艰巨的课题。

要去完成这样一个人类社会从未面临的大课题，要去解决不断涌现出来的新的社会矛盾与社会问题，无疑需要经过一个长期艰苦地摸索实践、努力地积累思考的漫长过程。在这个过程中，需要更多的倾听者走进西海固的村庄，走进乡土中国。

去倾听吧，倾听西海固村庄的诉说，倾听西海固大山深处农民的诉说，去用身听、去动心听、去用情听、去动脑听。让每一次倾听，都能留下一个故事；让每一次倾听，都能记下一段文字；让每一次倾听，都能变成一种进步；让每一次倾听，都能再度扬帆远行……

林燕平

2018 年春　执笔于日本北九州

## 写给吴听兰小朋友

## 骆驼巷村的情缘

今天一大早,我就来到北九州市立大学教员宿舍西侧的停车场。前些天,从这里路过,发现这个停车场旁的草坪上,绽放着几株紫兰,在阳光下格外夺目,禁不住停下了赶路的脚步……

北九州的晨曦来得很早,停车场的周围空旷苍凉,草坪上的那几株紫兰,像是知道了我的来意,静静地向我微笑。我,好像看见了你,看见了你在向我问好,禁不住又回到6年前的今天……

6年前的今天,对你、对我,都注定是难忘的。

这一天,我一大早就去了医院,因为我的妈妈(你的太姥姥)病重住院了。可是刚到医院没多久,你的爸爸就打来了电话,说你的妈妈今天早晨羊水早破,住进了医院。

这一天,我有些手忙脚乱。你,迫不及待地要来到这个新奇的世界;我,却还没有为你的到来准备好。一切都来得有些突然,于是,我又马不停蹄地赶往你妈妈住进的医院。一路上,我忐忑不安。

这一天,直到中午医生才决定给你的妈妈做剖宫产手术,下午你发出了人生第一道啼哭声,清脆而又响亮。我在第一时间给你擦去了胎便,给你换了尿布……

我知道,刚来到这个世界的你还不会说话,如果你会开口说话,你一定会怨我。因为我已经买好了第二天去骆驼巷村的机票,你的突然降生,本应该让我取消这个行程,然而,第二天一早我就启程了。

说实话，当我第一眼看到你，特别是看到你那长长的眼睫毛，就想起了当年生你妈妈的场景，感叹时间过得太快，感叹没能多陪陪你的妈妈，感叹没能多陪陪你。

此时，骆驼巷村阳洼自然村重病在身的农民何老三，正在焦急地等待着我。令人欣喜的是，你出生后的第三天，农民何老三住进了北京市武警总院，你出生一个月后，农民何老三正在办理出院手续，准备返回家乡。

一个生命的降生，一个生命的拯救，命中注定了你和骆驼巷村的情缘。

2014年春节前夕，已经咿咿呀呀开始说话的你，就会背诵骆驼巷村的歌谣。我知道，才会咿咿呀呀说话的你，心智还没有完全开启，如果你的心智完全开启，你一定会怨我。因为在你学会说话后的第一个春节，我选择了去骆驼巷村，而没能在家里陪你。

说实话，当骆驼巷村2013年最后一天的锣鼓声响起时，当骆驼巷村2014年第一天的鞭炮声响起时，我就想到了远在北京的你。"新年到，新年到，骆驼巷村里真热闹，乡里乡亲喜相迎，娃娃穿戴新衣帽……"你那铜铃般的声音，在我耳边荡响……

2016年的今天，你4岁了。你说想学习拉小提琴，你还说，有一天可以去骆驼巷村拉给那里的小朋友们听……我知道，已经开始懂事的你，在心里并没有完全怨我。尽管你很希望我和你多玩一会儿，尽管我很少能多陪陪你。

说实话，听了你说的话后我很激动，专门去了一趟你太姥姥家，翻出了40多年前我拉过的那把小提琴，送给了你……

今天，你6岁了。前几天你还在视频里对我说："姥姥，你如果再不回来和我玩，我就该上小学了。"我知道，快要上小学的你，在心里还是有些怨我。

说实话，今早特意来看看这几株紫兰，就是想要看看你；今早特意来相拥这几株紫兰，就是想要抱抱你。

愿你像这几株紫兰一样，淡而不乏，雅而不俗，飘而不浮，香而不燥；愿你像这几株紫兰一样，幽而不闭，静而不漠，傲而不孤，立而不骄。

  我知道，今天，在你的心里，你还是会有些怨我。

  我相信，有一天，在你的心里，你还是会原谅我。

林燕平

2018 年 4 月 28 日执笔于北九州

2018 年 11 月 17 日修改于东京

# 前　言

# 回　声

## ——大山深处的述说

《山村的守望——西海固骆驼巷村实地考察》第二部就要和广大读者见面了。这是一部有关西海固村庄入户调查研究的著作，具体来说，是对西海固骆驼巷村 2 个回族自然村和 5 个汉族自然村 500 多户农民的生产生活、人口、教育现状的记录记述，也是一部按照时间序列记录记述西海固村庄变化的实证研究著作。

2002 年，我报名参加了中组部、团中央组织的"西部博士服务团"，被派往宁夏社会科学院挂职副院长。同年 10 月 16 日下午 4 时许，我乘坐的 D-380（多尼尔）小型客机降落在黄河河畔的银川河东机场，第一次踏上了宁夏的土地。2003 年 1 月 29 日，那是一个天空飘落着雪花的日子，我平生第一次走进西海固，走进西海固的骆驼巷村，走进骆驼巷村的农民生活。从此，开启了我在骆驼巷村入户跟踪调查研究的历程。

回想起第一次走进西海固，犹如一夜之间走进了一个未知的世界。那时，骆驼巷村农民的生活带给我的心灵上的震撼，难以用言语表述。这种心灵上的冲击和震撼，促成了我学术研究的转型。

2001 年，我的博士论文《从产业结构、人口结构、教育结构分析中国地区间收入差距》在日本经济评论社出版。该书利用国家统计局公开发表的经济、人口、教育等指标数据，对我国东、中、西部地区差距进行了统计分析和比较研究。书中指出，通常，像一个人的成长要力求德、智、体全面发展一样,一个国家或一个地区的经济发展也要力求产业结构、人口结构、教育结构的全面提升。也就是说,经济发展由低水平向高水平的发展过程,可以理解为是一个产业结构高度化、人口结构社会化、教育结构大众化的过程。中国地区间收入差距问题日益显在化、深刻化的原因,在于各地区经济发展的初期条件极度不平衡,也在于各地区经济活动中产业结构存在差异,还在于经济发展过程中生产过程的产业结构、生殖过程的人口结构、教育过程的教育结构三者的极度不平衡。

然而,当我走进骆驼巷村农民的生活时,感受到了书本认知和实际场景的强烈反差,意识到了我的博士论文几乎是从理论到理论、从数据到数据的纸上谈兵,显得那样没血没肉、无根无基。我感到很惭愧,惭愧的是作为一个中国人却不了解中国,作为一名从事社会科学研究的工作者却不了解乡土中国。同时,我也感到很幸运,幸运的是作为一名归国学人能够走进西海固,有机会触摸到一个实实在在的乡村。

"西海固骆驼巷村实地考察"这项按时间序列开展的实证研究,可以说是我学术生涯的一次转型,即从利用宏观的公式统计数据到利用微观的第一手数据的转型;也是我学术研究的一个新的起点,即从理论到实践,从实践到理论,再从理论到实践的起点。

2009年2月,《山村的守望——西海固骆驼巷村实地考察》第一部由方志出版社出版。该书沿用了我博士论文的理论框架,记录记述了2003年(第一次实地调查)骆驼巷村农民的生活状况、生产状况、人口状况和教育状况,再现了西北偏远山区农民的生存现状。与此同时,该书用第一手数据以及鲜活的事例,对西海固地区的村庄科学发展农业、计划生育、医疗卫生、教育、交通安全、户籍管理、乡村建设、公共环境、扶贫、诚信十个方面存在的突出问题进行了剖析。

目前,在我国社会科学研究领域,可供参考的第一手数据极为有限,而公开发表的统计数据被人为加工的现象较为普遍,这大大降低了学术研究成果的公信力和影响力。这种现状坚定了我在骆驼巷村做入户调查的决心,采用第一手数据记录记述西海固骆驼巷村农民的生活现状、生产现状、人口现状和教育现状。并且，为了反映骆驼巷村随着时间的推移所发生的变化，每隔5年做一次入户跟踪调查。

入户调查的主要内容共计20项：①姓名；②与户主关系；③性别；④年龄；⑤民族；⑥农业人口或非农业人口；⑦文化程度；⑧婚姻状况；⑨已婚妇女生育子女数；⑩本户人口数；⑪本户土地亩数；⑫主要农作物亩产量；⑬自种粮是否够吃；⑭本户主要生产资料；⑮主要劳动生产方式；⑯本户外出打工人数；⑰本户住房面积；⑱有无电视机；⑲本户家庭年现金收入；⑳生活现状。

由社会科学文献出版社出版的《山村的守望——西海固骆驼巷村实地考察》第二部，记录记述的是2008年（第二次实地调查）骆驼巷村农民的生活状况、生产状况、人口状况和教育状况，用时间序列数据再现了西海固偏远山区农民的生存现状以及村庄发生的变化。

本书强调，在西海固的农村，比起农业增收来，更加迫切需要解决的问题是农村行政村一级组织"形有实无""功能缺位"的问题。也就是说，在农村社会管理体系中，要让行政村这一级组织真正运转起来。在观念上，要从现在管理农民的观念转向服务于农民的观念上来；在管理模式上，要从目前乡镇政府垂直到行政村的行政化管理模式转向以行政村为轴心的社区化管理和服务模式上来。书中采用了5个实地访谈的案例，来说明激活农村行政村一级基层组织的主体功能迫在眉睫。

为了记录记述西海固骆驼巷村的历时性变化，已于2015年7月进行了第三次入户调查，预计2020年夏季进行第四次入户调查。《山村的守望——西海固骆驼巷村实地考察》第三部乃至第四部，将陆续与广大读者见面。

在我看来，《山村的守望——西海固骆驼巷村实地考察》这项按时间序列开展的研究，是我走进西海固村庄这一场域的回声，是我在骆驼巷村所见所闻的回声，是我在骆驼巷村记录记述农民生活的回声，是我在骆驼巷村不断实践、不断积累、不断思考的回声；是我用有血有肉的文字记载西海固村庄变迁的回声……

无疑，这项研究将是一个漫长的过程，是一个用生命去述说、用

灵魂去碰撞、用真诚去滋养、用毅力去坚持的漫长的过程。如果这部关于西海固村庄的变迁史，能够为丰富我国当前的村庄研究、储备当代社会变迁研究的知识贡献绵薄之力，也算不枉此生与西海固骆驼巷村结下的情缘……

林燕平

2018 年春　执笔于日本北九州

# 目 录

**第一章 生命的守望** …………………………………………… 001

一 我与骆驼巷村的不了情 ……………………………… 001
二 宋盼盼走了 …………………………………………… 006
三 和宋盼盼家结缘 ……………………………………… 009
四 迟到的感谢信 ………………………………………… 013
五 日记 …………………………………………………… 016
六 苦根儿
　　——宋盼军 ………………………………………… 022
七 宋盼军的自述 ………………………………………… 024
八 生命的守望 …………………………………………… 028

**第二章 骆驼巷村过春节** ……………………………………… 043

一 2013年农历腊月二十三（2014年1月23日）……… 047
二 2013年农历腊月二十四（2014年1月24日）……… 051
三 2013年农历腊月二十九（2014年1月29日）……… 058
四 2013年农历大年三十（2014年1月30日）………… 062
五 2014年农历正月初一（2014年1月31日）………… 078
六 2014年农历正月初二（2014年2月1日）………… 093

七　2014年农历正月初三（2014年2月2日）……… 108

八　2014年农历正月初四（2014年2月3日）……… 114

九　2014年农历正月初五（2014年2月4日）……… 120

十　2014年农历正月初六（2014年2月5日）……… 130

十一　2014年农历正月初七（2014年2月6日）……… 139

十二　2014年农历正月初八（2014年2月7日）……… 147

十三　2014年农历正月初九（2014年2月8日）……… 151

十四　2014年农历正月初十（2014年2月9日）……… 162

十五　2014年农历正月十一（2014年2月10日）……… 171

十六　2014年农历正月十二（2014年2月11日）……… 180

十七　2014年农历正月十三（2014年2月12日）……… 184

十八　2014年农历正月十四（2014年2月13日）……… 192

十九　2014年农历正月十五（2014年2月14日）……… 199

二十　2014年农历正月十六（2014年2月15日）……… 217

二十一　2014年农历正月二十三（2014年2月22日）… 220

## 第三章　调查数据反映的农民生活 ……… 226

一　骆驼巷行政村小庄回族自然村 ……… 232

二　骆驼巷行政村驼巷回族自然村 ……… 265

三　骆驼巷行政村阴洼汉族自然村 ……… 294

四　骆驼巷行政村阳洼汉族自然村 ……… 324

五　骆驼巷行政村刘庄汉族自然村 ……… 359

六　骆驼巷行政村樊庄汉族自然村 ……… 398

七　骆驼巷行政村马其沟汉族自然村 ……… 435

八　骆驼巷行政村回族和汉族农民的生活、生产、
　　人口及教育状况比较 ……… 466

## 第四章　实地调查过程中的问题思考 ·············· 485

一　研究农村我是个外行 ·············· 485

二　行政村这个"阀门"锈住了？ ·············· 488

三　行政村党支部的现状
　　——以骆驼巷村为例 ·············· 497

四　农村合作社
　　——案例一 ·············· 506

五　农村合作社
　　——案例二 ·············· 520

六　农村合作社
　　——案例三 ·············· 528

七　农村合作社
　　——案例四 ·············· 566

八　农村合作社
　　——案例五 ·············· 576

## 第五章　激活行政村迫在眉睫 ·············· 597

一　激活行政村，在制度安排上要有突破 ·············· 598

二　激活行政村，在财政投入上要有保障 ·············· 599

三　激活行政村，要有优秀的人才做支撑 ·············· 601

四　激活行政村，要有健全的监督机制做保障 ·············· 602

五　激活行政村，网络化管理是方向 ·············· 603

六　掌握基层统计数据，才能避免弄虚作假 ·············· 604

## 附　录　农村调查重在接地气 ·············· 606

附录1　关于免费午餐 ·············· 606

附录2　关于危房改造 …………………………………………… 617

附录3　关于垃圾处理和生活用水 …………………………… 623

附录4　扶贫助困，我们一直在行动

　　　　——中国教育出版传媒集团总部扶贫工作侧记 …… 631

附录5　支教纪实 ……………………………………………… 637

后　　记 ………………………………………………………… 642

# 第一章
# 生命的守望

## 一 我与骆驼巷村的不了情

人生，是很难设计的。人生，往往有许多说不清道不明的偶然。我与骆驼巷村结缘，也可以说是人生中的一个偶然。

如今，掐指算来，到骆驼巷村已经 15 年了。如果，时间倒推回 15 年前的话，恐怕连我自己也想不到，我这个北京生、北京长、对农村一无所知的人，从日本东京大学留学回国后，竟然在知天命的年龄，与西海固的骆驼巷村飙上了。

2002 年 10 月 16 日下午，是我人生中第一次走进宁夏。那天，我乘坐的 D-380（多尼尔）小型客机徐徐降落在黄河河畔的河东机场，在从连接机舱门的扶梯走下来的一瞬间，我的心里咯噔了一下，揪紧的心脏，始终没有放松下来……

平生，第一次踩在宁夏的土地上，望眼四周，一种强烈的落差油然而生。这种落差，是与我十几年前第一次踏上东京成田机场的感受相对而言的。如果说，第一次踏上东京成田机场的那一刻，改变了我人生的轨迹，那么同样可以说，第一次踏上银川河东机场的那一刻，再一次改变了我人生的轨迹。

2002 年夏月，我报名参加了中组部、团中央组织的"西部博士服务团"，被派往宁夏社会科学院挂职，由此，与西海固的骆驼巷村结缘。在走进宁夏之前，我不知道"西海固"这块黄土地，更不知道西海固的骆驼

巷村，我对黄土地的认识非常浅薄，这星星点点浅薄的认识，还大多来自电影和小说。

2003年1月28日至2月23日，宁夏社会科学院放寒假，我申请利用寒假去宁夏社会科学院的扶贫点黎套村看看。一来是出于好奇，想亲眼看看西海固的村庄是什么模样儿；二来是想了解一下西海固村庄中农民的生产生活、人口、教育等基本情况，因为这些基本情况，与我的博士论文《从产业结构、人口结构、教育结构分析中国地区间收入差距》（2001年，日本经济评论社出版）有一定的相关性。

不巧的是，突降的大雪，持续了两天两夜，封堵了唯一一条通往黎套村的黄泥小路。就这样，我走进了离乡政府最近的村庄——骆驼巷村。那时，正值春节前夕。2003年1月29日，是我人生中第一次走进西海固的骆驼巷村。记得那是一个天上飘着雪、地上结着冰、迎面吹着扎脸的风的日子，至今回想起来还是那样清晰。

隆冬时节的骆驼巷村，粗犷、苍茫，被寒气笼罩着。覆盖着白雪的六盘山余脉，宛如一条扭动的银色长廊挂在了阴云密布的天边，显得格外低沉、凝重、威严。放眼眺望，山间弯弯曲曲的小路像一道道泥流，断在了一个个黄土围墙下。农家的黄泥小屋错落在层层白雪和段段黄土围墙之间，像是一幅幅雕刻在远山上的版画。

西海固的农民祖祖辈辈都走不出去的坡坡和望不到尽头的黄土塬，对我这个北京生、北京长、初来乍到的城里人来说，却充满了韵味，充满了神奇，让我心旷神怡。然而，当我的脚迈进一户户农家的黄土围子时，我被他们的生存现状震撼了。

骆驼巷村阳洼自然村的何家，有3个未娶媳妇的兄弟，老大50岁左右，因患肺癌无钱医治，已经不能下地，躺在炕上呻吟；老二嫌家境过于贫寒，看不到生活的希望，远走他界；老三40岁出头，全家生活靠他一个人种地、打零工维持。何家的小院子除了堆放着的几根粗树桩外一无所有，听说这是为老大做棺材用的。2004年7月中旬，我再次去何家看望时，老大已经骨瘦如柴，不能说话，没多久就病死在家中……

骆驼巷村樊庄自然村的宋家，有3个孩子，大女儿12岁，上小学五年级；二女儿10岁，因患先天性心脏病无钱医治没有上学；小儿子7岁，上小学一年级。全家5口人挤在一间不足15平方米的黄泥土屋里，墙上的窗户只有一张年画大小，白天进去也觉得黑黝黝的。快到家家户户吃年夜饭的时辰，他家的灶房里依旧冷冰冰的，灶台上放着一捆绿油油的小葱和一把宽粉条儿……

孤陋寡闻的我，被西海固农民的生存现状所震撼，他们的生活和我熟悉的生活之间产生了一种强烈的反差。这种反差，使我萌生了一种渴望，一种从未有过的渴望，那就是，走进骆驼巷村每一户农民的家，亲身感受骆驼巷村农民的生活，以一个独立行者的观察与思考，记录记述骆驼巷村农民的生存现状。

2003年1月31日至2月23日，我开始了骆驼巷村的第一次实地考察。在这20多天里，我走访了两个回族自然村的120多户农家，我对眼前、周围发生的事情开始了重新思考，对自身做学问的方法产生了怀疑。如果不是因为挂职期间必须如期返回银川的话，那次骆驼巷村的实地考察，肯定还会继续下去。

20多天的骆驼巷村实地考察，很快就到了收尾的时间。2003年2月23日，是我返回银川的日子。那天，天气格外好，天空湛蓝。我特意让师傅把车开到了骆驼巷村村口处的小庄回族自然村，下车看望了两户农家的病人，顺手把身上的羽绒外衣穿在了一个紧裹着单薄上衣的男娃儿身上。

蓝天下伫立着的一些村民和孩子，缓缓地向我走过来。在他们黑黝黝的脸上，透出了一种生活的磨难与岁月的沧桑；在他们亮闪闪的眸子里，透出了一种未知的好奇与期盼；在他们单薄甚至不合体貌的衣着上，透出了一种生命的跳动与强悍。

黄土中生、黄土中长的山里人，感情是厚重的，像手上磨出的老茧，是不能轻易触碰的。那一双双饱含期待的眼，让我真真切切地感受到，在骆驼巷村生活的农民，多么渴望有人走进他们的生活、了解他们的生活、关注他们的生活。

在我上车准备离开的时候，骆驼巷村的农民缓缓地向我走来，有的上

前和我握手，有的挥手向我作别，在与他们挥手道别的那一瞬间，看似坚强的我流泪了，那个场景令我难忘。返回银川后，骆驼巷村的农民生活常常出现在我的脑海中，挥之不去。

或许是我见识少，或许是我自作多情，或许是一个从事社会科学研究者的本能，我决定从现在开始，记录记述西海固骆驼巷村农民的生存现状。我深知，要想真正帮助他们解决问题，就要走进他们的生活，只有对他们的生活了解得越彻底，才能帮助得越得力。于是，便有了我在骆驼巷村的入户调查，以及之后的入户跟踪调查。

骆驼巷村的很多农民曾经对我说："你是第一个走进我们骆驼巷村的人，你是第一个记录记述我们骆驼巷村农民生活的人，当初，你从骆驼巷村回去之后，村里的农民都认为你走了肯定不会再回来了，但是真没有想到，你走了又回来了，还真的又来我们骆驼巷村了，这一待就是10多年……"

在固原，不少人会问我这样一个问题："林老师，你在西海固骆驼巷村10多年了咋还不走？是不是有很多的研究经费？"说实话，这样的问题常常令我很尴尬。如果我简单地否定这样的问题，对方一定不会相信。对此，我常常一笑了之。

也许，下面的这首小诗，能够回答周围的疑惑。小诗的词句，是2013年8月18日清晨，在宁夏师范学院的宿舍里，脑海里突然冒出来的。我印象特别深，那是一个星期天的清晨。暑期的周末，学校的宿舍楼格外安静，我醒来后问自己，一个人在这里为了什么？一个人在这里坚持为了什么？于是，脑海里便呈现了这首题为"守望"的小诗。

守　望

有不少人问我，
什么，是守望？
我反复思考过，
守望，是什么？

守望,是一落村?
守望,是一扇门?
守望,是一个生命?
守望,是一段故事?

我,走进了一落落村,
我,迈进了一扇扇门,
我,靠近了一个个生命,
我,讲述了一段段故事。

或许,这就是山村的守望?
或许,这就是生命的守望?
或许,这就是生命对生命的守望?
或许,这就是思考寓生命的守望?

如果守望是一片蓝天,
我愿是蓝天的一片云彩;
如果守望是一展大地,
我愿是大地的一粒尘埃;
如果守望是一脉六盘山,
我愿是山下的一颗兰草①;
如果守望是一道六盘水,
我愿是水中的一帆小船②。

守望着蓝天,
守望着大地,

---

① "兰草"的"兰"字,借用外孙女的名字"吴听兰"中的"兰"。
② "一帆小船"的"帆"字,借用女儿的名字"王帆"中的"帆"。

守望着六盘山，

守望着六盘水，

守望着一个个村落，

守望着一个个生命，

守望着岁月的变迁，

守望着生命的流转……

注：固原市原州区张易镇黎套回族行政村于 2010 年开始移民搬迁，目前仍有 50 户左右的农家没有搬迁，这些没有搬迁的农户，现在被并入了张易镇马场回族行政村。

## 二　宋盼盼走了

2011 年 9 月 4 日晚上，我接到一个从固原打来的电话，说宋盼盼今天在固原市医院病逝了。我有些不相信自己的耳朵，心脏像是被一块石头狠狠地砸了一下。

我不相信，更不愿意相信，宋盼盼走了。一个怀里揣满期盼的山里娃儿，悄悄地走了。她，走之前连声招呼都没有打；她，走之后再也没有回来，再也没有能够回到生她养她的故土——骆驼巷村（在骆驼巷村，如果是没有结婚的女孩子在村外过世了，她的遗骨从此就不能再回来了）。

那天，我在甘肃的天水，在准备去清水县的路上。天外，下着小雨，阴云密布；心里，下着大雨，哀愁满布。我的内心一直在纠结，因为 8 月 31 日下午，我去了骆驼巷村，走访了几家贫困农户，在去往位于最里端的樊庄村看望宋盼盼的路上，突然下起了暴雨，为了安全，只好返回了。我十分后悔，后悔那天应该冒雨去宋盼盼家，后悔……

2011 年夏月，我的村庄调研工作特别繁忙，因为承担了中国社会科学院国情调研重大课题，把村庄的实地调查从西海固骆驼巷村延伸到了甘肃省天水市清水县贾川乡董湾村。为此，6 月、7 月、8 月，我多次往返于固原市原州区张易镇骆驼巷村和天水市清水县贾川乡董湾村。

2011 年 8 月下旬，我正在宁夏师范学院的宿舍里"点灯熬油"，写调研报告，写得很辛苦。其间，我接到了一个电话，说是宋盼盼得了急性阑尾炎住院了，因为住院当天医院没有床位，一直还没有住到病房里，希望我能到医院里去看看。

由于几天来一直在白天黑夜地赶写调研报告，于是，我给村里打电话询问了情况，结果听说宋盼盼没有住进医院就回家了。我原本计划8月31日去骆驼巷村的那天到宋盼盼家一趟，询问好确切的情况再去医院，没想到被一场暴雨打乱了计划。我怎么也不会想到，一直在固原的我，阴差阳错地连看一眼宋盼盼的机会也没了……

说实话，我的肠子都要悔青了。我后悔，当初听说了宋盼盼住院的消息，再忙也应该抽时间先去医院看看。我不相信，更多的是不理解，怎么一个好端端的孩子，住院没多长时间就走了呢？怎么得了急性阑尾炎就能要人命呢？怎么……

那几天，我的心情一直都很沉重，满脑子都是宋盼盼，我不相信，也不愿意相信，宋盼盼真的走了。从清水县返回固原，我去了固原市医院，询问了宋盼盼的病情。从宋盼盼的死亡记录上看，如果宋盼盼的病情能够早些确诊，如果宋盼盼的病情恶化了之后能够及时转院，或许还有生还的可能。因为到后来，宋盼盼的父母始终都没有说清楚宋盼盼的病情，这也难怪村里传说她得的是急性阑尾炎了。

**固原市人民医院死亡记录**

科别：消化科　　　　　　床位：7　　　　　　住院：0000354012
患者姓名：宋盼盼　　　　性别：女　　　　　　年龄：19岁
职业：学生
入院时间：2011-08-24　09：30：36　　　死亡时间：2011-09-04　13：20
入院情况（简要病史、主要的体检检查及辅助检查）：以"间断咳嗽、发热、呕吐一月，加重伴腹痛一周"入院。查体：贫血貌。左侧颌下浅表淋巴结肿大，约蚕豆大小，触痛（+）；咽部稍红，扁桃体Io肿大；双侧胸廓对称，双肺呼吸音粗，心界叩诊不大，心率108次/分，腹平坦，右上腹及剑突下压痛（+）。
入院诊断：1. 慢性胃炎急性发作　2. 急性胆囊炎、胆结石？　3. 肺部感染　4. 上呼吸道感染
诊断经过（病情演变、抢救经过）：入院后给予抑酸、止咳、抗感染治疗一周，上腹部疼痛减轻，恶心呕吐有所好转；咳嗽咳痰、发烧，且逐渐加重，后行CT检查，提示腹部感染，于4天前出现咯血，给予垂体后叶素止血，对症处理，2天前出现呼吸急促，肺部湿性啰音，逐渐加重，

续表

请呼吸科会诊,建议转院治疗,病人家属经济条件较差,不愿转院,近两天症状加重,积极对症处理,终因病情危重,抢救无效死亡。

死亡原因:呼吸循环衰竭
死亡诊断:1. 慢性胃炎急性发作
    2. 心功能不全
    3. 双肺混合感染并呼吸衰竭
    4. 营养不良性贫血

上级医师签字:赵志义            经治医生签字:王桂珍

2011年9月4日

  从固原市医院了解了宋盼盼的情况后,我又给樊庄村的村医打电话询问了宋盼盼的病情。村医说,宋盼盼暑期放假回家之前,就一直不间断地咳嗽,回到家里以后就病倒了。但是家人为了省钱,一直没有带宋盼盼去固原市医院看病,只是在红庄乡街道诊所看了看。一开始说是得了感冒,后来又说是得了胃炎,在家里一直打点滴消炎也不见好转,躺了一个暑假,后来快开学了,宋盼盼的身体也一天天支撑不住了,才去固原市医院就诊。刚入院的时候还没有床位,一直在急诊室,当时也没有确诊是什么病,大家都没有想到宋盼盼这么快就走了,其实,在固原治疗肺结核是免费的。

  都说世界上没有后悔药,可是,知道了一些关于宋盼盼的情况之后,我除了后悔还是后悔。实际上,宋盼盼长期营养不良造成了贫血,长期咳嗽导致了肺结核。后来听说,宋盼盼去世的前两天突然咳血,但腹部疼痛的症状比在家里的时候明显减轻,她有时还能起身在医院的楼道里走一走,还嘱咐弟弟要好好学习,不要让爸爸妈妈操心,看上去精神状态还可以。宋盼盼自己也没有想到,她的家人更没有想到,2011年9月4日中午,宋盼盼真的走了,走得是那样匆忙,走的是那样孤独,没有留下一句话,带着她所有的期盼,静悄悄地头也来不及回一下就走了……

## 三 和宋盼盼家结缘

与宋盼盼第一次见面，是 2002 年大年三十那天上午。她家，就是前面提到过的樊庄自然村的宋家，即樊庄村 81 号农户家。第一次走进 81 号农户家的情景，留给我的印象太深了，想起来就会心酸。在高低不齐的黄土围墙里面，有两间破旧的土坯房，住着大大小小 5 口人。81 号农户家的四周看不到人家，显得格外孤寂荒凉，特别是在寒冬季节。已经是大年三十了，灶房里还是冷冰冰的，灶台上只有一捆小葱和一把宽粉条儿。

那一年，81 号农户家的户主 48 岁，没有上过学，户主的媳妇 38 岁，也没有上过学，两人都是老实巴交的农民。他们的大女儿宋盼盼 12 岁（1991 年阴历二月二日生），二女儿宋丽霞 10 岁（1993 年阴历七月二十四日生），小儿子宋盼军 7 岁（1996 年阴历正月二十二日生）。说实话，第一次走进 81 号农户家，特别是看到三个孩子望着我的眼神，我的心里在流泪。我能断定，从来没有人到家里看望过这些孩子，他们显得有些不知所措，但是都很和善，我给他们照相的时候，他们都很配合，都会看着我露出笑容。

在三个孩子当中，宋盼盼是长得最乖巧的一个，她留着长长的头发，长着一张圆圆的脸，眉眼俊俏。她很有礼貌，看上去要比实际年龄成熟不少，让我一下子就记住了她。宋盼盼的妹妹生下来就患有先天性心脏病，红红的脸上嘴唇发紫，因为家里贫穷，一直没有进行手术治疗。宋盼盼的弟弟是家中唯一的男孩儿，但是性格有些内向，见到生人来有些怯场，总是跟在姐姐的屁股后面。

2003 年正月十五日，我又专门去看望了 81 号农户家的孩子们，给孩子们带了学习用品和衣物，鼓励他们好好读书。那天，我还特意送给了宋盼盼一张彩色照片，是大年三十那天给他们照的全家福，我在照片的背后写道："插上知识的翅膀飞出大山。林燕平，2003 年正月十五。"宋盼盼拿着照片正面看看，反面看看，高兴得很。从此，我便成了 81 号农户家的常客，只要到骆驼巷村进行入户调查，都会特意到她家里走一走、看一看。

**宋盼盼（左一）一家在房前合影**

注：这是宋盼盼家的第一张合影。

　　11年后，在宋盼军给我的来信中有这样一段话，表达了孩子们第一次见到我的心情。信中写道："林阿姨，您还记得第一次来我们家的时候吗？那是一个下着小雪的冬天，我和姐姐都很高兴，特别开心，那时我还小，不懂您来我们家里做什么，只知道有很多人，而且对我家还很关心，那时很小嘛，什么也不知道。那次，是我们第一次照相，我特别高兴，激动得连嘴都合不拢了呢……"

　　可以说，我是看着81号农户家的孩子们一天天长大的。在这三个孩子当中，我最偏爱宋盼盼，因为她不仅是三个孩子里面学习最努力的一个，而且是外貌和身体最好的一个，并且特别善解人意，特别体谅她爸爸妈妈的不容易。我一直觉得，宋盼盼将来一定是81号农户家里最有出息的一个，也是我最期待的一个。

　　在我的印象里，宋盼盼是一个性格开朗的女孩子，她个子长得最高，身体还算健康，也很喜欢学习，每次到她家的时候，她笑得最甜。而她的妹妹因为生下来就有病，小学三年级就不能去学校念书了，但是她的妹妹很喜欢念书，内心里不免有些自卑，脸上的表情常常比姐姐显得沉重。

**六年后的春节**

注：那时候的宋盼盼（左二）看上去很阳光。

**孩子们长高了，可房子依旧**

后来，听说宋盼盼为了上高中，实现她的大学梦，没少吃苦，这些都是村里一个跟宋盼盼同龄的女孩子后来告诉我的。宋盼盼初中毕业后没有考上高中，在固原五中补习了一年，可遗憾的是，第二年她考试成绩过了分数线，却忘记了填写志愿，错过了机会，又补习了一年，到第三年才以500多分的成绩考上了固原市回民中学。在两年的补习期间，宋盼盼都是在固原市租房子住，为了给家里省钱，常常节衣缩食，饿着肚子复习功课，长时间的营养不良，结果是严重地透支了健康。

在我的印象里，宋盼盼初中毕业以后，性格变得越来越内向，她不再像以前那样有说有笑了，每次去她家的时候，她见到我也很高兴，但是话说的越来越少了，我主动问起她的学习情况时，她总回答说还可以，挺好的，她后来在固原城里租房子补习考高中的情况，从来都没有对我说过。

**最后一张合影**

注：这是我与宋盼盼的最后一张合影，现在回想起来，那时候的她脸色和精神状态都不好。

宋盼盼病逝以后，我整理照片时看到了这张照片，这时才意识到，宋盼盼的身体在那个时候就已经出问题了，只不过她自己扛着没有和家里人说。记得拍照片的那天天气特别冷，从她家里出来不久就下雪了。当时，我感觉宋盼盼的脸色不好，还特意问了她最近身体怎么样，可她对我微微一笑，腼腆地说："林阿姨，我好着呢，我好着呢。"这大概是宋盼盼留给我的最后一句话。

## 四　迟到的感谢信

宋盼盼走了，再也没有回到骆驼巷村。为此事，我伤透了心。许多骆驼巷村的农民都是知道的，因为我怎么都不相信，一个曾经活蹦乱跳、健康阳光、热爱生活、热爱学习、对家庭对弟妹有担当的女孩儿，怎么突然之间就走了呢？宋盼盼，本不应该走；宋盼盼，本应是可以挽救的；宋盼盼，本应是可以实现自己的大学梦的……

一天，一位曾经在驼巷小学工作过的老师交给我一个牛皮纸袋，里面装着一二十封感谢信。"物归原主"，那位老师怀念地说。我返回宿舍后，打开了牛皮纸袋，一封一封地翻看起这些感谢信，这些迟到的感谢信。这些感谢信，有农民写的，有学生写的，有老师写的。看着看着，一封字迹工整的感谢信跃入了我的眼帘，落款日期是 2005 年 10 月 26 日，署名是宋盼盼。顿时，我的眼睛模糊起来，当我读到"叫一声妈妈都不足以表达我对您的感谢"这句话时，再也无法抑制自己的情绪，再也无法咽下伤心的泪水，一个人让眼泪尽情地流……

**敬爱的林老师，您好！**

听说您要走了，听到这个消息我内心十分沉重。我一时想不出为什么心情沉重。但是我不希望您离开我们，因为我们舍不得您走。但是这已经是不争的事实，在这里我只想对您说一声谢谢您，虽然这句话谁都能说得出口，但有着不同的意义。

想起我们每次的见面都让我那么激动。是您在我面临辍学的时候伸出了援助之手，让我又回到了学校，回到了我所向往的地方。在这里我还要再一次说声谢谢您林老师。您以一个天使的身份，对我做了那么多的事情，对我们的关爱，胜过您对自己女儿的爱，您为我们的事情不知操了多少心，您给予我们的不只是金钱，还有对我们的一份

希望。是您把我的人生变得有意义，从您那里我学会了关爱别人，如果我以后有机会可以成为一名像您一样的人，我一定会把这个美德发扬下去，让大家都来关注像我们一样无助的孩子，使他们重燃希望。

说了这么多，现在我就把我的学习情况跟您说一说，我以前学习成绩比较差，在班里排二十几名，不过通过您和大家的鼓励，还有我自己的不断努力，我现在的学习成绩已经好多了，由以前的二十几名升到了十五名。在这里我再次感谢的还是您，如果没有您的关爱，我是不会有这么好的学习成绩的。因此，您的一举一动都在我的心中刻下道道痕迹，您对我所做的一切，叫一声妈妈都不足以表达我对您的感谢。

虽然，我们见一面很困难，但我和我的家人在这里还要说一声，您一路顺风。希望您在以后的日子里能快快乐乐的，这是我们真诚的祝福。

受您资助的学生：宋盼盼<br>2005 年 10 月 26 日

说实话，当我看到宋盼盼这封迟到了 6 年的感谢信时，我的心都要碎了，宋盼盼成了我一生的痛。我在想，宋盼盼本应该得到更多的温暖，她也可以得到更多的温暖，可现在一切都晚了。这封感谢信的内容，让我很内疚，我没有想到，我对宋盼盼的一点点帮助，在她那里却看得如此之重，记得如此之深。在她生命的最后关头，如果我能多给她一些温暖，多给她一些帮助，或许，她还有生的希望……

我恨，我曾经恨过 81 号农户家的那两头牛。宋盼盼走了以后，我去她家看望过，首先映入我眼帘的，就是院子里那颗老杏树下拴着的两头牛。不知为什么，我忽然恨起那两头牛，不想再多看一眼它们。在我看来，为什么不把那两头牛卖了给宋盼盼看病？为什么？我对 81 号农户家的那两头牛充满了怨恨。

我恨，我也曾经恨过宋盼盼，恨她为什么要这么隐忍，为什么病了很长时间自己都不知道去正规医院看病？为什么？我对宋盼盼的这种隐忍充

第一章 生命的守望

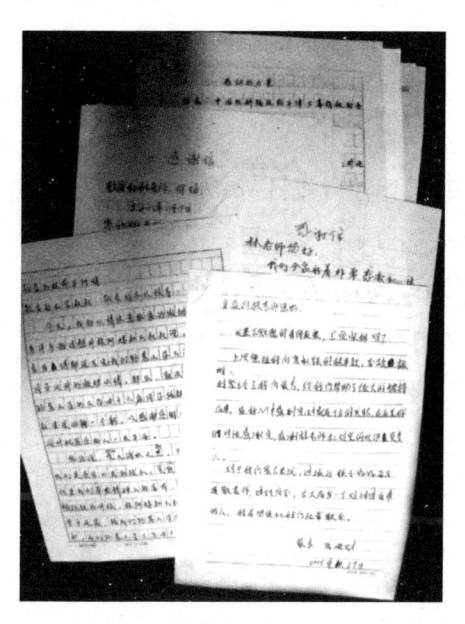

学生们的感谢信

宋盼盼的感谢信

015

满了怨恨。当然，我也恨自己，恨自己接到电话的时候正在固原写作，却没有及时地去医院看望。但是，所有的恨、所有的怨，都已经成为过去……

无疑，宋盼盼的死，对于我来说是刻骨铭心的。她让我知道，生命有的时候很坚强，有的时候又很脆弱，错过，可能就在一瞬间。后来，我之所以能在百忙之中挽救阳洼自然村何家老三的生命，在很大程度上源于宋盼盼，我不希望在我的内心世界，再一次留下刻骨铭心的痛。不知道为什么，每当我想起宋盼盼，就会想起何家老三，就会想起何家老三说的那句话："在我心里，儿子就是我的天，我就是儿子的天。"我不能让这个"天"塌了……

## 五　日记

说来也巧，81号农户家的三个孩子都喜欢写日记。在我看来，写日记主要是为了记事，可是在81号农户家的孩子们看来，写日记是一种心境的对话，一种自己和自己的对话；写日记是一种情感的交流，一种自己和自己的交流；写日记是一种情绪的宣泄，一种自己和自己的宣泄。在81号农户家，平日里孩子们和父母之间的话题并不多，更不要说聊聊心里话儿。

在我这里，保存着宋盼盼的三本日记，闲暇时会翻开看看。从日记的内容看，宋盼盼在世的时候，内心是充满矛盾的。她爱自己的家，又恨自己的家；她爱自己的爸爸妈妈，又恨自己的爸爸妈妈；她爱学校的生活，又恨学校的生活；她有时对未来充满幻想，有时又对未来不抱希望；她甚至对自己，也是时爱时恨……

宋盼盼走后，我便主动关心起她的弟弟宋盼军来。我总是希望，能让宋盼盼生前没有实现的"盼"，在她的弟弟宋盼军那里得到实现。可是，当我读了他们的日记、他们的来信，才慢慢醒悟到：在很多时候，由于我们没有经历过他们那种成长环境，我们的愿望，往往是一厢情愿。事实上，我们很难走进他们的内心世界，很难准确理解他们的内心世界。他们所承载的生活压力，特别是来自社会的方方面面的压力，那些看不见、摸不着、难以想象、难以表达的压力，是我们无法触及的。比起对这些孩子们物质层面的关爱与关怀，精神层面的关爱与关怀是他们更缺乏的。

下面，节选几段宋盼盼的日记，或许，这些文字是一个时代的记忆，会带给我们一些启示，引发我们一些思考。

2008年8月31日　早上爸爸突然来了，吓了我一跳。心里有说不出来的高兴，同时又有几分伤心。我多么希望回到自己的家中，在这里除了学习还是学习，真没有意思。但想到爸爸为我付出那么多，我必须好好学习。

2008年9月9日　昨天爸爸给我买了电锅，还有做饭的家伙，可是不能用，真扫兴，因为没有好的开关（电插座）可以插，电量太大了。我想念爸爸、妈妈、弟弟、妹妹，我讨厌这里的生活，除了静还是静，我想放弃学业，可是想到爸爸妈妈辛辛苦苦送我来，我却这样回报他们，真的是太无能了。我要证明给他们看，我并不是最差的，我一定要努力回报他们。

2008年9月22日　这次考试至关重要，如果考不好，我将一文不值。我多想学习好，可是越学越差，谁能告诉我到底怎么办呢？现在的我特别孤独，我多想回到那个温暖的家。

2008年10月5日　上个礼拜我回家，英语考得很不好，才44分，舅舅骂得我抬不起头来。他严厉地说，英语没有什么难的，你不学，就是懒，晚上睡得早，早上快上课时才起床。我说我没有，可他就是不信。我中考失败以后，从来没有人关心我的学习，反而都躲着我，唯有我的舅舅关心我，我一定会进步的，我不会放弃。

2008年10月19日　今天给房东交了房费，唉！真是哑巴吃黄连有苦说不出。都怪我无能，如果住在学校也不至于如此，我从家里带的钱就这样被人劫去，没办法，人家是老大，不听人家的话哪里有我活的余地啊！下午开始拉肚子，一下午昏昏沉沉，真想念从前的日子。

2009年9月10日　我一直都很自卑，我是家中的另类，为了上学，父母为我操碎了心，把妹妹做手术的钱都用在了我的身上。那时我坚决不上，可是妈妈说，我只是希望你在学校再考一年，不管考上还是考不上，你现在出去打工我不放心。听了妈妈的话，我眼睛湿润了，为什么？因为我不想成为家里的包袱，可我总是这个家里的包袱，为什么我总是这样没有用？也许这就是生活的味道。

  2009年10月11日 舅舅下午到学校，当着宿舍众多同学的面问我考了多少分，我难以启齿，我不知道该怎么对他说。我最对不起的人就是舅舅，他一次一次支持我到这里上课，可我反倒让他伤心。我是一个无用的人，我恨自己，不由地流泪，我不想哭，不想让别人看到我哭。可我就是控制不住，因为我很内疚。

  2009年12月5日 在看到别人的父母来给他们的孩子开家长会时，我的心里有一股酸酸的味道。看着别人的父母腰杆挺得那么直，走得那么有劲，我想起了自己的父母。他们今天不能来了，因为下雪了。我感到了一丝安慰，因为我不用担心了，不用担心很多家长对父母投来异样的眼光。父母由于长期干活儿，腰也变弯了，手像开花的松树皮一样粗糙，而且也没有别人穿得那么好。他们已经50多岁了，可我还一直让他们操心、劳累，此时我应当帮助他们分担一点生活的负担，生病的妹妹等着用钱，她的病越来越重，可我却无能为力。

  2009年12月18日 这周我回家了。走在回家的路上，想象着回到家的心情那样轻松，不由得加快了脚步。快到家门口时，忽然有一个人影来回晃动。我想，天快黑了，是什么人在我家门口晃动？是何居心？于是我怀着好奇心悄悄地接近她。当我走近时，看见一个人佝偻着腰，头发散乱，双手插在胸前，不时地朝大路张望，还不时地跺着脚，似乎是受不住了。我的心要碎了，泪水从我的眼眶流出。原来，那个身影不是别人，正是我的妈妈。

  2010年1月22日 我很想补上英语，可是无论我怎么努力都没有结果。我有时真的想不通，是不是我的智力有问题。有时我向同桌请教，人家根本就不理会我，一种自卑、自弃感油然而生。也许，就是因为英语，我一年的时间又要白费，我到底应该怎样学习英语，才能让自己有希望、父母不失望呢？谁能告诉我，我该怎么办呢？

2010年1月31日 终于盼来了放假，总算可以回家了。但是家并不像我想象得那样和睦，每天都有战争。我每天暗暗祈求神灵，不让他们再吵架了，我讨厌，我恨这个家。为什么别人都有幸福的家，为什么不幸的事情总是发生在我们的身上。有时我会想，如果可以，我想离开这个家。因为在这个家里我找不到爱，找不到人应该拥有的一些基本的东西，我宁愿生活在一个比这个家更穷的地方，只希望我的爸爸妈妈和睦，从不吵架，他们只知道一心一意过日子，即使再苦，我的心里也会是甜的。

在宋盼盼日记本的最后一页，有一段题为"想飞"的日记，没有记载年月日。她写道："看了许多科幻小说之后，产生了一个奇怪的念头，希望自己可以飞起来，飞到一个没有恨与争吵的地方。那里的人们十分友好，那里的家庭和睦美好，一旦选定自己的伴侣，就会一直到死。那里只有友爱，只有关怀，没有钩心斗角、权力、名利，那里的人只懂得把自己的家建设好，每个人都富有同情心，并且对那些生活不能自理的孩子和老人，赡养他们到死。那里的每个人都做自己想做的事情，不用去看别人在做什么，有一天，我一定会实现这个梦想的。"

宋盼盼的妹妹宋丽霞，比姐姐还喜欢写日记，因为她患病在家不能上学，看书、写日记就成了她生活的寄托。2012年7月21日早上，宋丽霞走了。那天，北京下起了罕见的特大暴雨，所以宋丽霞走的日子，我记得特别清楚。

在骆驼巷村樊庄自然村，没有结婚的女孩子如果在村子里去世，是不能安葬在本村的，而是要把遗体送出村外，至于送到什么地方，其父母和亲人都是不知道的。宋丽霞病故以后，是她的二叔帮助把她的遗体送到了村外，不需要掩埋，不需要安葬，意味着她的灵魂已经走远，已经离开家乡，并且再也不回来了。至今，宋丽霞的父母和她的弟弟都不知道宋丽霞的遗体被送到了什么地方。

宋丽霞病故的前后，我一直在北京。后来，听她妈妈说，宋丽霞在去世前的半个月，就开始收拾自己的东西，她感觉身体比较好的时候，就整理自己的照片，整理她和姐姐的照片，然后就一张一张地烧掉，差一点把我 2003 年正月十五送给宋盼盼的那张照片也烧了，在那张照片的背后有我给宋盼盼的题字。多亏在她妈妈的劝阻之下，那张照片才保留了下来。

据宋丽霞的妈妈说，她曾劝宋丽霞："过些日子，林老师肯定要来家里看你，肯定要问你的情况，这张照片是林老师送的，你就给林老师留下吧。"于是，宋丽霞又把那张照片放进了面柜（这个面柜是她家保留证件和照片的地方）。现在，这张照片，又"物归原主"了。

在我这里，没有宋丽霞的日记。我曾经对宋盼军说过，你二姐走了以后，你一定要把她的日记保存好。但令人心痛的是，宋丽霞在走之前，也把手头的日记本一页一页地烧掉了，可以想象宋丽霞当时的心情，她是要把自己所有的寄托，都带到另一个世界，不留下一点儿痕迹。宋丽霞曾对妈妈说："到时候我和姐姐都走了，我和姐姐的东西家里就不要留了，我们走了以后，不要再提起我们，就当我们从来都没有来过这里，就把我们忘掉吧，好好地过你们的生活……"

宋丽霞走了，走得如此悲壮，走得如此残酷。她的姐姐宋盼盼临走之前，并不知道自己的病情，并不知道自己就要离开亲人，离开这个世界，朦朦胧胧、稀里糊涂地走了。可是，宋丽霞在临走之前，心里非常清楚自己的病已经无法医治，自己即将离开亲人，离开这个她曾经生活了近 20 年的家，她要面对这个残酷的事实。

宋丽霞的父母在她面前从不提及她的病情，宋丽霞也从不在父母面前提及，其实她心里很清楚，所以能够从容面对属于自己的每一天。她，平时话语很少；她，不得不面对死亡。但是，能看得出来，她是带着怨气走的，带着对父母的怨气走的。她怨父母在她小的时候，在她可以做手术的时候，没有及时给她看病，让她错过了手术的最佳年龄，错过了生的希望。而她的同学，和她得了一样的病，由于及时进行了手术治疗，现在依然可以上学，依然可以做自己喜欢做的事情，依然可以有梦想。

宋盼盼病故以后，我也很想挽救宋丽霞，还委托北京的朋友，把宋丽霞的病例带到北京阜外医院会诊，结论是：不宜远行，随时都会有生命危险。宋丽霞很坚强，她知道自己的病不能医治了，但每次见到她，她都是微笑着，她还说，她一直梦想上大学。我相信，如果宋丽霞没有得病，她的梦想一定能够实现，因为她很聪明，很有毅力。她生前最后一个愿望，是想去北京看看天安门，但是因为路途太远，没有能够圆了她的这个梦想。

宋丽霞，一个生下来就患有先天性心脏病的女娃儿，一个平日里喜欢与猫儿为伴的女娃儿，一个大山深处坚强坚毅的女娃儿，于2012年7月21日8时，穿上了一身自己挑选的新衣服，毅然决然地走了。带走了她记的日记，带走了她记的喜怒哀乐，带走了她记的这个世界，再也没有回头看一眼……

两个姐姐的相继离世，对弟弟宋盼军的打击是可想而知的。在我这里，有一本宋盼军2012年下半年写的日记，几乎在每一篇日记里，都有他和两个姐姐的对话。似乎，他在整日整夜地和姐姐们说话，不管是遇到高兴的事情，还是遇到不高兴的事情，他都会在日记里对姐姐们说。

姐，你快回来呀！
姐，你最近过得好吗？
姐，爸妈又吵架了，你听见了吗？
姐，你听得见我说话吗？
姐，我真的好想你！

这些在日记中频繁出现的语言，说明在宋盼军的生活里，两个姐姐的位置是任何人无法代替的，尽管她们已经去了另外一个世界，但是在宋盼军看来，她们并没有走远。

2012年9月10日下午，我去固原五中看望了宋盼军，宿舍里住着8个男娃儿，几乎都是南部山区来的孩子。那天，我和学校老师请了假，带宋盼军在校外的餐馆吃了晚饭。宋盼军的性格很内向，两个姐姐去世后变得更不爱说话了。我很注意，尽量不去触动他内心的伤疤。我的目的，就是代表宋盼盼来看看他，就是想让他好好吃一顿晚饭，就是不想让他像宋盼盼那样为了学习透支了健康。我一再嘱咐他：身体第一，学习第二。并

且告诉他,我们会帮助他。

宋盼军返校后,晚上写了日记。这篇日记,也是我在几年之后看到的。他在日记里这样写道:

姐,我姨今天晚上领我到餐馆吃饭了!

姐,你听到了吗?姐,我今天可高兴了。

姐,我可要好好对我姨,她把我当成自己的孩子,她像母亲一样,让我把学习放在第二,把身体放在第一。唉,姐,我该拿什么回报她呢?我现在有三个母亲,祖国母亲,生我养我的母亲,还有一个和我毫无干系的母亲。姐,你听见了吗?我在和你说话……

在宋盼军眼里,日记,已经远远超过了记事;日记,成了他放飞内心世界的伊甸园。

## 六　苦根儿
### ——宋盼军

2011年、2012年夏月,81号农户家的两个女儿相继病故,儿子宋盼军在固原五中上学,平日里,家里只有81号农户夫妇两人,家,显得更加冷清。

宋盼盼、宋丽霞刚走的那两年,每次去81号农户家看望,都是一次情感的炼狱。宋盼军的爸爸站在一旁不作声,宋盼军的妈妈不知道什么时候便会突然号啕大哭,不能自已。那哭声,撕心裂肺;那表情,痛苦不堪;那悲怨,哀痛欲绝;那无奈,气断神伤……

每次,看着眼前这位农家妇女,我都会发自内心地感叹:她的命,太苦了!宋盼军的妈妈是1967年农历四月初六出生的,兄弟姐妹5人,3男2女,她排行老二。她只记得,她的父亲和母亲同岁,父亲1996年得食道癌病逝,母亲2006年因为拉肚子,没有钱去医院看病,很快就病逝了。她,从小没有上过学,长大一点后就在家里照看弟弟妹妹,做家务活儿。

她说，那个年代娃娃们都不上学，到了十五六岁就下地干农活儿，干一天记6个工分，大家全凭工分吃饭。大队里缺粮的时候，分配口粮就按照工分给；大队里不缺粮的时候，分配口粮就按照人头给。小时候家里穷，童年过得就很苦，没有留下让人愉快的记忆，长到18岁就嫁人了，男方家里给了800元钱。

1988年农历五月十六日，在家里生下了第一个孩子，婆婆帮助接生，是个男娃儿，没过多久就夭折了。

1989年农历六月初四，在家里生下了第二个孩子，婆婆帮助接生，是个男娃儿，9天后就夭折了。

1991年农历二月初二，在家里生下了第三个孩子，村里的老人帮助接生，是个女娃儿，这个女娃儿就是宋盼盼，2011年9月4日病逝。

1993年农历七月二十四日，在家里生下了第四个孩子，村里的老人帮助接生，是个女娃儿，生下来就患有先天性心脏病，这个女娃儿就是宋丽霞，2012年7月21日病逝。

1994年，在不知情的情况下，怀上了第五个孩子，结果感冒喝中药，把孩子打下来了，自己才知道怀孕了，是个男娃儿，已经6个月大，快长成人了。

1996年农历正月二十二日，在家里生下了第六孩子，村里的老人帮助接生，是个男娃儿，这个男娃儿就是宋盼军，初中毕业，现在在家里帮助父母干农活儿、喂牛。

2013年宋盼军辍学了，他想学一门技术的梦想破灭了。我多次上门劝说，他还是去固原的餐馆打工挣钱了。实际上，北京四中爱心社从2012年9月开始资助他，每月500元，前提是必须上学。宋盼军在固原餐馆打工的第一年，每个月的报酬是1600元，每天都要工作12个小时以上，第二年报酬涨到2600元。

2015年春季，我去餐馆看望宋盼军，再次鼓励他去上技校，学习一技之长，学费、生活费都不用他考虑，结果他下决心把餐馆的工作辞了。可是，我从北京回来，正准备给他联系接收的学校，他却对我说不去了，我真的有些生气。至今，我也没有做通宋盼军的工作，说服他重新回到技校

学习一门手艺。

在宋盼军那里，犹豫不决也是情有可原的，本来他在家里就是最小的，做什么事情都有姐姐护着，可是两个姐姐都走了，家里就他一个孩子，他考虑得很多：家里欠了3万元债，还要盖房子，父母年纪大了还要种地、喂牛，而且父母身体都有病，自己走了没有人照看，等等。

现在，宋盼军成了81号农户家里唯一的根儿——苦根儿。之所以苦，不是物质上的贫穷；之所以苦，源于精神上的贫穷。在骆驼巷村，还有那么多不识字的父母，还有那么多感受不到人文关怀的孩子。我深感，物质上的贫穷并不可怕，可怕的是精神上的贫穷。有的时候，精神上的贫穷给孩子带来的伤害是一生一世的，像一把杀人不流血的刀，刺痛到了心底，刺痛到了每一根神经……

## 七　宋盼军的自述

每个人都有自己的家，但是家与家是不一样的。有富的家，有穷的家，有不幸的家，有幸福的家。对于我来说，我有一个穷且不幸的家。我家是一个贫穷的家，家里有5口人，爸爸、妈妈、两个姐姐和我，我是我们家里最小也是最顽皮的一个。

我爸爸妈妈都是农民，他们一天早出晚归，忙着为我们姐弟三个赚学费和全家大大小小的支出。爸妈一天忙得不亦乐乎。那时候家里穷，一年到头他们只看着家里种的粮食，我们这里都是山地，爸妈下地干活的时候会带上我去玩，因为我在家太调皮，会惹二姐生气，我二姐有心脏病，不能生气和激动，所以家里只留大姐和二姐两个人。

后来，大姐到固原上学去了，我只好听爸爸妈妈的话，在家和二姐玩。我大姐上到五年级的时候，我才上一年级，那时我9岁，因为家庭困难我没有及时上学。要知道我上一年级时我二姐还没有上学，直到我上二年级的时候，我二姐才上一年级。她上一年级的时候都12岁了。她上学的时候，因为有病，遇到下雪、下雨天，二姐自己就去不了学校了,都是大姐背着她去的。等大姐上初中的时候,照顾二姐的事就落在了我的身上。

那时候,二姐还是挺坚强的,除了下大雨、大雪之外,一直坚持去学校。但是雨大了,她去不了学校的时候,都是让我给她请假。二姐身体有病,我在学校的时候,还是很关心她的,有人欺负我二姐,我就去给她报仇,后来大家知道我二姐身体有病,就不再去欺负她了。

我二姐学习比我好,虽然她不能天天到校,但她的成绩还是不错的。我们三人中,属我大姐的成绩好,成绩最不好的就是我了。那时候,我根本不知道学习好与不好有什么关系,不知道学习不好对自己的人生有什么害处。只知道不让任何一个人欺负我二姐就行,保护我二姐就是我当时的天职吧,从没想过学习的事情。

我最快乐的时候,是我还没有上学时。二姐在家里,我就和大姐出去玩,我一直跟着大姐,哪儿都不去,就连我大姐上厕所,我也站在门口等。可以说,我是我大姐的跟屁虫,除了她上学的时候我不跟着她,她放学一回来我就跟着她。她写作业的时候,我就坐在她的身边,跟个小狗似的看她写作业。自从她上初中之后,我们在一起的时间少多了,我就和二姐等着她放学回来和我们玩。但这只是我一个人的想法,大姐上了初中之后作业又多,连家务活也没时间干,我爸爸在外打工,家里的活就只有妈妈来做了。但是妈妈一个人也干不过来,只好让姐姐来帮忙,她白天干活,晚上写作业,根本没有时间去背课文,后来在外面租了个房子,我姐姐的学习也不太好了。

到初三的时候,她中午不回家,从家里拿点干粮到学校吃,等下午回来再吃妈妈做的饭。就这样,我大姐第一次中考没有成功。后来爸爸又把她弄到城里读初三,她很用心。她两三周回一次家,她在城里自己做饭吃,每次回来都带些吃的。我每次送姐姐的时候,我们俩在路上说着自己的愿望,有一次我问姐姐:"姐姐,你长大后到哪工作呀?"她说不知道,我们笑了。她问我:"你长大后有什么愿望呀?"我说:"我长大后就买辆车,送你上下班,这样我就可以天天和你在一起了。"姐姐说:"傻瓜,你不管爸妈还有你二姐了吗?"我说:"当

然得一起管了，到时候我会帮着看我二姐的病，你才傻呢，你说我笨，笨人哪来的这么好的想法呢？10年之后吧，到时我用小汽车接送你。"姐姐说："那好啊！"

姐姐在城里学习很用心，她的学习成绩有提高，那年的中考她考上了，但是没有填写志愿，只好又复读一年，才考出了理想的成绩，考上了高中，她以自己最好的成绩上了一所普通高中。她上高中的时候，一周的生活费是40～50元。她上高中之后不久就生病了，是感冒了，但是因为没有钱，她也不想问家里要钱，只好扛过去，但是她一直咳嗽。

放暑假后，她又在家里扛，实在扛不住了，才跟家里人说。当时家里人也没有注意，因为我爸妈看她也是老大不小的人了，会看好自己的。直到后来病情加重，不能吃饭了才送她到医院。最后，还是没有让她重新站起来，就这样，和我天天有说有笑的大姐离我而去了。

这时我刚刚升上初中，刚好我们这一届学生赶上到城里上学（撤掉了红庄中学）。这样一来，我大姐去世了，我也要和家人分开了，不能天天在家了。这时候，大姐走了，二姐有病在家，我才感觉到我是多么的无助。唯一一个为我这个家努力的姐姐去世了，我一下子陷入了痛苦之中，让我不知道何去何从，做什么事都很失落。自从姐姐去世的消息传入我的耳朵，我的脑子里全是姐姐的影子。每天都不知道自己在做什么，有什么目标，一天天就过在回忆和痛苦之中。

转眼之间一年过去了，我刚要准备努力的时候，噩梦再次打乱了我的目标，将我的心打入万丈深渊，似乎有一个很大的东西压在我的身上，让我无法呼吸。我小的时候，很害怕别人欺负我，我不敢一个人出去玩，每次出去的时候，都是大姐或二姐和我一起出去的。后来大姐和二姐跟我说，男子汉大丈夫要撑起这个家，一个人不要害怕，别忘了你是男子汉。我听了大姐和二姐的话，天天对自己说男子汉有什么害怕的呢。

直到今天，我也没有忘记姐姐跟我说的话。我两个姐姐先后去世之后，我感觉我不再是小的时候想的那种男子汉了，因为我体会到了姐姐们说的真正的男子汉了。这个不是嘴上说出来的，而是要做出来的，也不是剧本上的武林英雄，说出手就出手的，这是要用心体会、用心去做的。没有私心和恶意的人，对这个社会做有用的事，才能称得上是真正的男子汉，小恩小惠就可以收买的人算不了男子汉。

我二姐去世后不久，有人与我分担了痛苦，她让我看到这个世界上的阳光，让我的心里有了希望，让我有了新目标，不再是伤心，不再是无穷的回忆了。是她给了我希望，是她给了我生活的动力和目标。没有他们的关心和支持就没有今天的我。如果没有她，我不知道我还在不在这个世界上，是她提醒了我，在这个世界上不单单有我，还有生我养我的父母，还有关心我的人。从那时开始，我想我要坚强地活着，为了我的父母，为了这个家，我要坚持下来。是她提醒了我，我活着不是我一个人，我还有一个家。从那时起，我改变了我的想法，虽然我没有读书的能力，但我要成为一个善良的人，成为一个有成就的人。俗话说：不成功，便成仁。我很希望成功，但能力有限，成仁有何不好呢？

到初二的时候，有人资助我上学，我看到学习好的同学心里就很不是滋味。当有人问到我的时候，我都不敢说是谁资助的，资助了我这个学习差的学生。我只能说：天下好人多，不必多问了。因为我怕说出去，有人会背后议论资助我的人。有了她的资助，我不是有钱就花、有肉就吃的人，每次花她给我的钱，我都会对自己说：不成功，便成仁。古人说，滴水之恩当涌泉相报，这不仅仅是滴水之恩，为何不报呢？至于怎么报，就看我的能力了。

我得到她的帮助，并不只是得到了钱，还有她带给我的希望、目标和坚强，她给了我人生的动力，在她的帮助下，我不再是孤独的一个人了，有很多关心我的人，让我有了目标，做什么都有了精神气儿。不管做什么事，精神是很重要的，有精神，做什么事都不怕失败。现在，我不是中学的学生，而是在技校学技能，学习技能也是我的希望，只有掌握技能，学习做人，才能用小的希望完成大的愿望。

谈到我的愿望，除了吃饱穿暖我就想到我的家。我的家很穷，我

的父母基本上都不了我什么忙，家人除了让我能吃饱穿暖之外，就没有什么可以帮助我的了。我的父母身体都有病，我能得到父母给我吃的穿的，还有父母的爱，就已经很满足了。爸爸妈妈不说什么，但是我知道，他们对我的希望是很大的，我不会让父母和关心我的人失望的，我会尽我最大的努力去做好每一件事情。我要感谢我的父母给了我生命，还有这样的家庭，这个家庭让我学会了努力和坚持，让我懂得了很多，让我体会到不管做什么事都要细心去做，体会到了父母的辛苦。

人生当中精神是动力，坚持是密码，梦想才是目标。人只要有精神、有坚持、有梦想，才会过出一个精彩的人生。

受资助的学生：宋盼军<br>2014 年 7 月 20 日

## 八　生命的守望

在骆驼巷村的 15 年里，眼看着许多生命渐渐老去，爸爸当上了爷爷、姥爷，妈妈当上了奶奶、姥姥；眼看着许多生命渐渐地长大，女娃儿们当上了妈妈，男娃儿们当上了爸爸。

在骆驼巷村的 15 年里，有不少人因我而改变了人生的轨迹，有不少家庭因我而改变了生活的轨迹。在一个又一个农民的人生轨迹、一个又一个农民家庭的生活轨迹发生改变的同时，我的人生轨迹也被改变了，我的学问之路也被改变了。

这 15 年来，我在骆驼巷村想写的故事太多了……

这 15 年来，我在骆驼巷村牵挂的生命太多了……

如今，我已经 63 岁了，人生注定不会再有一两个十多年了，问寻这片黄土地，或许我也该离开了，可是我依然舍不得。在我看来，原因其实挺简单的，就是一个字：情。

情，从何来？

情，从黄土地上的一个个故事来。

情，从何生？

情，从黄土地上的一个个生命生。

情，又从何来？

情，又从对黄土地上的一个个故事的延续来。

情，又从何生？

情，又从对黄土地上的一个个生命的延续生。

情，又从、又从何来？

情，又从、又从对黄土地上的一个个故事的延续来。

情，又从、又从何生？

情，又从、又从对黄土地上的一个个生命的延续生。

2003~2014年，骆驼巷村小庄回族自然村迎来了71个生命，送走了19个生命（见表1-1、表1-2）。

表1-1　2003~2014年小庄回族自然村新生人口

| 编号 | 出生年月 | 男（代码） | 编号 | 出生年月 | 女（代码） |
| --- | --- | --- | --- | --- | --- |
| 1 | 2007年10月 | (2) | 1 | 2006年3月 | (2) |
| 2 | 2008年11月 | (2) | 2 | 2010年10月 | (2) |
| 3 | 2006年11月 | (3) | 3 | 2008年8月 | (4) |
| 4 | 2007年12月 | (4) | 4 | 2003年10月 | (6) |
| 5 | 2012年3月 | (4) | 5 | 2008年10月 | (6) |
| 6 | 2005年2月 | (5) | 6 | 2009年9月 | (6) |
| 7 | 2008年3月 | (5) | 7 | 2008年2月 | (7) |
| 8 | 2005年12月 | (6) | 8 | 2012年11月 | (13) |
| 9 | 2010年7月 | (7) | 9 | 2009年11月 | (20) |
| 10 | 2004年12月 | (12) | 10 | 2008年10月 | (25) |
| 11 | 2011年7月 | (12) | 11 | 2009年4月 | (25) |
| 12 | 2003年9月 | (13) | 12 | 2006年1月 | (26) |

续表

| 编号 | 出生年月 | 男（代码） | 编号 | 出生年月 | 女（代码） |
|---|---|---|---|---|---|
| 13 | 2007年12月 | (13) | 13 | 2006年9月 | (27) |
| 14 | 2010年4月 | (13) | 14 | 2003年11月 | (30) |
| 15 | 2010年11月 | (14) | 15 | 2004年8月 | (34) |
| 16 | 2007年6月 | (15) | 16 | 2010年4月 | (38) |
| 17 | 2007年4月 | (17) | 17 | 2006年12月 | (39) |
| 18 | 2004年5月 | (19) | 18 | 2011年6月 | (39) |
| 19 | 2006年4月 | (19) | 19 | 2012年7月 | (39) |
| 20 | 2010年1月 | (19) | 20 | 2003年12月 | (43) |
| 21 | 2010年6月 | (24) | 21 | 2007年1月 | (46) |
| 22 | 2005年12月 | (25) | 22 | 2003年10月 | (49) |
| 23 | 2010年9月 | (25) | 23 | 2008年5月 | (49) |
| 24 | 2005年9月 | (26) | 24 | 2011年1月 | (56) |
| 25 | 2004年4月 | (27) | 25 | 2013年3月 | (56) |
| 26 | 2009年2月 | (27) | 26 | 2010年10月 | (58) |
| 27 | 2009年11月 | (30) | | | |
| 28 | 2004年8月 | (31) | | | |
| 29 | 2003年10月 | (32) | | | |
| 30 | 2008年8月 | (34) | | | |
| 31 | 2008年9月 | (36) | | | |
| 32 | 2007年9月 | (37) | | | |
| 33 | 2009年6月 | (37) | | | |
| 34 | 2012年2月 | (39) | | | |
| 35 | 2008年6月 | (41) | | | |
| 36 | 2011年7月 | (41) | | | |
| 37 | 2006年6月 | (43) | | | |
| 38 | 2006年3月 | (45) | | | |
| 39 | 2009年12月 | (46) | | | |
| 40 | 2010年8月 | (47) | | | |
| 41 | 2004年6月 | (53) | | | |
| 42 | 2007年3月 | (56) | | | |

续表

| 编号 | 出生年月 | 男（代码） | 编号 | 出生年月 | 女（代码） |
|---|---|---|---|---|---|
| 43 | 2007 年 8 月 | （57） | | | |
| 44 | 2009 年 4 月 | （57） | | | |
| 45 | 2013 年 10 月 | （58） | | | |
| 合计（人） | | 45 | 合计（人） | | 26 |

表1-2　2003~2014年小庄回族自然村死亡人口

| 编号 | 死亡年月 | 男（代码） | 备注 | 编号 | 死亡年月 | 女（代码） | 备注 |
|---|---|---|---|---|---|---|---|
| 1 | 2007 年 4 月 | 70 岁（5） | 胃癌 | 1 | 2008 年 9 月 | 78 岁（10） | 胃癌 |
| 2 | 2012 年 7 月 | 78 岁（9） | 半身不遂 | 2 | 2005 年 8 月 | 62 岁（12） | 胃病 |
| 3 | 2006 年 8 月 | 74 岁（10） | 胃癌 | 3 | 2003 年 3 月 | 51 岁（32） | 乳腺癌 |
| 4 | 2012 年 10 月 | 33 岁（12） | 意外死亡 | 4 | 2010 年 8 月 | 73 岁（38） | 跳井 |
| 5 | 2012 年 9 月 | 44 岁（18） | 交通事故 | 5 | 2013 年 10 月 | 未满月（58） | 窒息 |
| 6 | 2013 年 4 月 | 17 岁（18） | 交通事故 | | | | |
| 7 | 2010 年 3 月 | 68 岁（26） | 食道癌 | | | | |
| 8 | 2004 年 2 月 | 20 岁（36） | 喝酒猝死 | | | | |
| 9 | 2005 年 5 月 | 75 岁（38） | 胃病 | | | | |
| 10 | 2013 年 9 月 | 64 岁（49） | 心脏病 | | | | |
| 11 | 2011 年 9 月 | 34 岁（53） | 矿难 | | | | |
| 12 | 2012 年 7 月 | 71 岁（56） | 心脏病 | | | | |
| 13 | 2011 年 11 月 | 27 岁（57） | 矿难 | | | | |
| 14 | 2010 年 11 月 | 83 岁（58） | 自然死亡 | | | | |
| 合计（人） | | 14 | | 合计（人） | | 5 | |

2003~2014年，骆驼巷村驼巷回族自然村迎来了69个生命，送走了27个生命（见表1-3、表1-4）。

表1-3　2003~2014年驼巷回族自然村新生人口

| 编号 | 出生年月 | 男（代码） | 编号 | 出生年月 | 女（代码） |
|---|---|---|---|---|---|
| 1 | 2003 年 3 月 | （3） | 1 | 2010 年 11 月 | （4） |
| 2 | 2007 年 10 月 | （4） | 2 | 2008 年 7 月 | （6） |

续表

| 编号 | 出生年月 | 男（代码） | 编号 | 出生年月 | 女（代码） |
|---|---|---|---|---|---|
| 3 | 2006年1月 | (5) | 3 | 2009年9月 | (6) |
| 4 | 2011年3月 | (5) | 4 | 2010年10月 | (10) |
| 5 | 2008年9月 | (12) | 5 | 2012年1月 | (12) |
| 6 | 2003年3月 | (13) | 6 | 2009年11月 | (15) |
| 7 | 2007年3月 | (13) | 7 | 2011年6月 | (15) |
| 8 | 2008年2月 | (15) | 8 | 2012年5月 | (16) |
| 9 | 2008年4月 | (18) | 9 | 2011年6月 | (18) |
| 10 | 2003年2月 | (19) | 10 | 2006年4月 | (29) |
| 11 | 2011年8月 | (20) | 11 | 2010年1月 | (29) |
| 12 | 2013年1月 | (20) | 12 | 2012年4月 | (35) |
| 13 | 2003年2月 | (26) | 13 | 2012年5月 | (38) |
| 14 | 2009年4月 | (26) | 14 | 2012年2月 | (41) |
| 15 | 2008年10月 | (28) | 15 | 2013年6月 | (41) |
| 16 | 2011年9月 | (30) | 16 | 2003年4月 | (42) |
| 17 | 2005年2月 | (32) | 17 | 2010年12月 | (42) |
| 18 | 2007年6月 | (33) | 18 | 2009年11月 | (43) |
| 19 | 2003年9月 | (36) | 19 | 2013年10月 | (46) |
| 20 | 2008年2月 | (36) | 20 | 2005年10月 | (48) |
| 21 | 2006年10月 | (37) | 21 | 2013年8月 | (48) |
| 22 | 2005年2月 | (39) | 22 | 2009年9月 | (48) |
| 23 | 2009年11月 | (39) | 23 | 2003年10月 | (51) |
| 24 | 2006年7月 | (41) | 24 | 2006年7月 | (51) |
| 25 | 2007年12月 | (42) | 25 | 2011年4月 | (51) |
| 26 | 2006年7月 | (42) | 26 | 2009年11月 | (52) |
| 27 | 2011年12月 | (43) | 27 | 2011年10月 | (52) |
| 28 | 2009年7月 | (48) | 28 | 2004年8月 | (53) |
| 29 | 2003年8月 | (48) | 29 | 2008年6月 | (53) |
| 30 | 2004年11月 | (49) | 30 | 2008年12月 | (54) |
| 31 | 2009年2月 | (49) | 31 | 2009年4月 | (58) |
| 32 | 2011年6月 | (52) | | | |

续表

| 编号 | 出生年月 | 男（代码） | 编号 | 出生年月 | 女（代码） |
|---|---|---|---|---|---|
| 33 | 2011年11月 | (52) | | | |
| 34 | 2010年10月 | (58) | | | |
| 35 | 2011年8月 | (58) | | | |
| 36 | 2006年1月 | (59) | | | |
| 37 | 2007年8月 | (60) | | | |
| 38 | 2007年6月 | (65) | | | |
| 合计（人） | | 38 | 合计（人） | | 31 |

**表1-4　2003~2014年驼巷回族自然村死亡人口**

| 编号 | 死亡年月 | 男（代码） | 备注 | 编号 | 死亡年月 | 女（代码） | 备注 |
|---|---|---|---|---|---|---|---|
| 1 | 2010年5月 | 78岁（1） | 心脏病 | 1 | 2013年3月 | 77岁（1） | 肺病 |
| 2 | 2007年11月 | 84岁（7） | 自然死亡 | 2 | 2004年7月 | 87岁（4） | 自然死亡 |
| 3 | 2013年6月 | 71岁（11） | 交通事故 | 3 | 2009年7月 | 1岁（18） | 溺水 |
| 4 | 2012年9月 | 85岁（19） | 自然死亡 | 4 | 2008年7月 | 28岁（21） | 肿瘤 |
| 5 | 2003年5月 | 97岁（29） | 自然死亡 | 5 | 2010年8月 | 46岁（22） | 半身不遂 |
| 6 | 2009年10月 | 65岁（29） | 鼻癌 | 6 | 2004年12月 | 59岁（29） | 脑出血 |
| 7 | 2010年9月 | 60岁（33） | 脑瘤 | 7 | 2006年9月 | 79岁（33） | 自然死亡 |
| 8 | 2012年8月 | 57岁（35） | 脑出血 | 8 | 2010年7月 | 67岁（48） | 肺心病 |
| 9 | 2006年6月 | 52岁（36） | 食道癌 | 9 | 2005年10月 | 81岁（51） | 自然死亡 |
| 10 | 2010年7月 | 67岁（44） | 肺癌 | 10 | 2007年6月 | 80岁（54） | 自然死亡 |
| 11 | 2013年1月 | 38岁（51） | 喝酒致死 | 11 | 2010年7月 | 83岁（60） | 腰腿疼痛 |
| 12 | 2014年1月 | 76岁（51） | 脑出血 | 12 | 2008年7月 | 19岁（62） | 白血病 |
| 13 | 2005年10月 | 88岁（53） | 自然死亡 | 13 | 2012年8月 | 43岁（62） | 肌无力 |
| 14 | 2012年7月 | 81岁（58） | 胃癌 | | | | |
| 合计（人） | | 14 | | 合计（人） | | 13 | |

　　2003~2014年，骆驼巷村阴洼汉族自然村迎来了39个生命，送走了15个生命（见表1-5、表1-6）。

表 1-5　2003~2014 年阴洼汉族自然村新生人口

| 编号 | 出生年月 | 男（代码） | 编号 | 出生年月 | 女（代码） |
| --- | --- | --- | --- | --- | --- |
| 1 | 2009 年 9 月 | (1) | 1 | 2003 年 5 月 | (1) |
| 2 | 2009 年 4 月 | (2) | 2 | 2006 年 1 月 | (2) |
| 3 | 2011 年 1 月 | (3) | 3 | 2013 年 11 月 | (8) |
| 4 | 2010 年 7 月 | (7) | 4 | 2013 年 11 月 | (9) |
| 5 | 2007 年 11 月 | (12) | 5 | 2012 年 2 月 | (10) |
| 6 | 2011 年 6 月 | (12) | 6 | 2003 年 9 月 | (12) |
| 7 | 2005 年 10 月 | (13) | 7 | 2010 年 4 月 | (13) |
| 8 | 2010 年 10 月 | (14) | 8 | 2008 年 12 月 | (14) |
| 9 | 2008 年 11 月 | (27) | 9 | 2009 年 4 月 | (23) |
| 10 | 2012 年 4 月 | (28) | 10 | 2006 年 8 月 | (28) |
| 11 | 2010 年 4 月 | (31) | 11 | 2008 年 12 月 | (30) |
| 12 | 2006 年 1 月 | (32) | 12 | 2004 年 10 月 | (32) |
| 13 | 2006 年 5 月 | (38) | 13 | 2003 年 2 月 | (33) |
| 14 | 2007 年 5 月 | (39) | 14 | 2012 年 8 月 | (34) |
| 15 | 2008 年 11 月 | (44) | 15 | 2013 年 6 月 | (35) |
| 16 | 2003 年 12 月 | (49) | 16 | 2009 年 5 月 | (39) |
| 17 | 2009 年 10 月 | (49) | 17 | 2004 年 9 月 | (44) |
| 18 | 2007 年 8 月 | (54) | 18 | 2007 年 10 月 | (47) |
|  |  |  | 19 | 2007 年 11 月 | (49) |
|  |  |  | 20 | 2004 年 5 月 | (54) |
|  |  |  | 21 | 2009 年 10 月 | (57) |
| 合计（人） |  | 18 | 合计（人） |  | 21 |

表 1-6　2003~2014 年阴洼汉族自然村死亡人口

| 编号 | 死亡年月 | 男（代码） | 备注 | 编号 | 死亡年月 | 女（代码） | 备注 |
| --- | --- | --- | --- | --- | --- | --- | --- |
| 1 | 2011 年 10 月 | 6 岁（13） | 溺水 | 1 | 2009 年 7 月 | 80 岁（21） | 老年综合征 |
| 2 | 2005 年 4 月 | 60 岁（26） | 肝硬化 | 2 | 2007 年 12 月 | 56 岁（22） | 交通事故 |
| 3 | 2010 年 10 月 | 89 岁（32） | 自然死亡 | 3 | 2013 年 6 月 | 52 岁（24） | 脑出血 |
| 4 | 2011 年 4 月 | 65 岁（36） | 上吊死亡 | 4 | 2013 年 8 月 | 74 岁（25） | 自然死亡 |

续表

| 编号 | 死亡年月 | 男（代码） | 备注 | 编号 | 死亡年月 | 女（代码） | 备注 |
|---|---|---|---|---|---|---|---|
| 5 | 2011年2月 | 41岁（43） | 心肌梗死 | 5 | 2012年10月 | 68岁（28） | 自然死亡 |
| 6 | 2012年5月 | 76岁（45） | 半身不遂 | 6 | 2012年11月 | 84岁（32） | 自然死亡 |
| 7 | 2013年8月 | 50岁（47） | 上吊死亡 | 7 | 2010年2月 | 76岁（45） | 半身不遂 |
| 8 | 2011年6月 | 89岁（53） | 自然死亡 | | | | |
| 合计（人） | | 8 | | 合计（人） | | 7 | |

2003~2014年，骆驼巷村阳洼汉族自然村迎来了53个生命，送走了26个生命（见表1-7、表1-8）。

表1-7　2003~2014年阳洼汉族自然村新生人口

| 编号 | 出生年月 | 男（代码） | 编号 | 出生年月 | 女（代码） |
|---|---|---|---|---|---|
| 1 | 2009年2月 | （1） | 1 | 2013年10月 | （3） |
| 2 | 2008年10月 | （3） | 2 | 2010年5月 | （4） |
| 3 | 2010年5月 | （9） | 3 | 2014年1月 | （9） |
| 4 | 2013年2月 | （9） | 4 | 2006年7月 | （13） |
| 5 | 2008年9月 | （11） | 5 | 2008年12月 | （13） |
| 6 | 2008年12月 | （13） | 6 | 2006年7月 | （14） |
| 7 | 2004年1月 | （14） | 7 | 2008年8月 | （15） |
| 8 | 2004年5月 | （17） | 8 | 2008年6月 | （18） |
| 9 | 2009年10月 | （19） | 9 | 2007年9月 | （21） |
| 10 | 2003年2月 | （21） | 10 | 2006年10月 | （22） |
| 11 | 2003年5月 | （25） | 11 | 2005年6月 | （23） |
| 12 | 2009年8月 | （25） | 12 | 2010年1月 | （23） |
| 13 | 2006年1月 | （29） | 13 | 2010年7月 | （32） |
| 14 | 2005年1月 | （33） | 14 | 2012年5月 | （32） |
| 15 | 2006年12月 | （34） | 15 | 2003年6月 | （54） |
| 16 | 2011年8月 | （35） | 16 | 2006年11月 | （54） |
| 17 | 2006年2月 | （36） | 17 | 2008年11月 | （57） |
| 18 | 2010年6月 | （36） | 18 | 2004年3月 | （61） |
| 19 | 2006年2月 | （37） | 19 | 2003年12月 | （68） |

续表

| 编号 | 出生年月 | 男（代码） | 编号 | 出生年月 | 女（代码） |
|---|---|---|---|---|---|
| 20 | 2007年4月 | （45） | 20 | 2007年2月 | （68） |
| 21 | 2012年3月 | （45） | 21 | 2008年12月 | （68） |
| 22 | 2012年11月 | （48） | 22 | 2012年7月 | （70） |
| 23 | 2007年11月 | （49） | | | |
| 24 | 2006年2月 | （53） | | | |
| 25 | 2007年10月 | （55） | | | |
| 26 | 2008年11月 | （57） | | | |
| 27 | 2006年8月 | （62） | | | |
| 28 | 2006年5月 | （63） | | | |
| 29 | 2010年7月 | （67） | | | |
| 30 | 2006年5月 | （73） | | | |
| 31 | 2010年9月 | （73） | | | |
| 合计（人） | | 31 | 合计（人） | | 22 |

表1-8　2003~2014年阳洼汉族自然村死亡人口

| 编号 | 死亡年月 | 男（代码） | 备注 | 编号 | 死亡年月 | 女（代码） | 备注 |
|---|---|---|---|---|---|---|---|
| 1 | 2007年11月 | 76岁（9） | 心肌梗死 | 1 | 2011年4月 | 72岁（22） | 肺气肿 |
| 2 | 2013年8月 | 74岁（13） | 心血管疾病 | 2 | 2008年12月 | 38岁（26） | 交通事故 |
| 3 | 2005年7月 | 42岁（15） | 肝硬化 | 3 | 2010年9月 | 82岁（26） | 服毒 |
| 4 | 2008年2月 | 51岁（19） | 喝酒死亡 | 4 | 2012年5月 | 93岁（29） | 自然死亡 |
| 5 | 2012年12月 | 70岁（21） | 脑出血 | 5 | 2011年1月 | 74岁（34） | 自然死亡 |
| 6 | 2013年8月 | 81岁（37） | 自然死亡 | 6 | 2013年11月 | 78岁（36） | 自然死亡 |
| 7 | 2009年3月 | 45岁（37） | 煤气中毒 | 7 | 2006年2月 | 32岁（37） | 肝硬化 |
| 8 | 2010年5月 | 86岁（41） | 自然死亡 | 8 | 2011年12月 | 83岁（40） | 自然死亡 |
| 9 | 2009年6月 | 66岁（49） | 肺气肿 | 9 | 2010年4月 | 87岁（48） | 自然死亡 |
| 10 | 2004年8月 | 26岁（49） | 脑出血 | 10 | 2012年11月 | 74岁（50） | 脑出血 |
| 11 | 2006年12月 | 85岁（49） | 自然死亡 | 11 | 2005年4月 | 88岁（62） | 自然死亡 |
| 12 | 2004年7月 | 54岁（53） | 肺癌 | 12 | 2005年9月 | 75岁（72） | 中风 |
| 13 | 2011年3月 | 80岁（69） | 自然死亡 | | | | |
| 14 | 2007年10月 | 81岁（72） | 自然死亡 | | | | |
| 合计（人） | | 14 | | 合计（人） | | 12 | |

2003~2014年，骆驼巷村刘庄汉族自然村迎来了65个生命，送走了23个生命（见表1-9、表1-10）。

表1-9　2003~2014年刘庄汉族自然村新生人口

| 编号 | 出生年月 | 男（代码） | 编号 | 出生年月 | 女（代码） |
|---|---|---|---|---|---|
| 1 | 2010年11月 | （2） | 1 | 2007年3月 | （2） |
| 2 | 2009年6月 | （4） | 2 | 2004年4月 | （3） |
| 3 | 2004年12月 | （8） | 3 | 2013年5月 | （4） |
| 4 | 2004年7月 | （13） | 4 | 2003年5月 | （7） |
| 5 | 2008年3月 | （13） | 5 | 2009年10月 | （8） |
| 6 | 2007年6月 | （16） | 6 | 2011年4月 | （8） |
| 7 | 2005年10月 | （21） | 7 | 2007年10月 | （12） |
| 8 | 2010年11月 | （23） | 8 | 2010年8月 | （19） |
| 9 | 2005年2月 | （26） | 9 | 2009年11月 | （21） |
| 10 | 2013年1月 | （28） | 10 | 2009年4月 | （23） |
| 11 | 2009年5月 | （32） | 11 | 2004年2月 | （33） |
| 12 | 2003年9月 | （35） | 12 | 2006年1月 | （34） |
| 13 | 2006年5月 | （35） | 13 | 2010年9月 | （36） |
| 14 | 2012年1月 | （39） | 14 | 2010年3月 | （37） |
| 15 | 2003年5月 | （40） | 15 | 2008年3月 | （39） |
| 16 | 2007年6月 | （41） | 16 | 2009年1月 | （44） |
| 17 | 2008年5月 | （41） | 17 | 2007年3月 | （50） |
| 18 | 2007年4月 | （48） | 18 | 2006年2月 | （51） |
| 19 | 2009年5月 | （60） | 19 | 2009年4月 | （56） |
| 20 | 2008年3月 | （67） | 20 | 2006年5月 | （67） |
| 21 | 2008年11月 | （69） | 21 | 2011年7月 | （69） |
| 22 | 2010年6月 | （76） | 22 | 2006年11月 | （72） |
| 23 | 2010年10月 | （79） | 23 | 2009年1月 | （72） |
| 24 | 2006年9月 | （85） | 24 | 2009年1月 | （76） |
| 25 | 2009年3月 | （88） | 25 | 2005年12月 | （79） |
| 26 | 2009年11月 | （89） | 26 | 2006年2月 | （88） |
| 27 | 2010年10月 | （89） | 27 | 2007年10月 | （95） |
| 28 | 2003年5月 | （89） | 28 | 2004年2月 | （96） |

续表

| 编号 | 出生年月 | 男（代码） | 编号 | 出生年月 | 女（代码） |
|---|---|---|---|---|---|
| 29 | 2005年3月 | (95) | 29 | 2006年3月 | (97) |
| 30 | 2005年3月 | (96) | 30 | 2005年8月 | (98) |
| 31 | 2007年9月 | (97) | 31 | 2004年10月 | (103) |
| 32 | 2007年5月 | (97) | | | |
| 33 | 2007年1月 | (98) | | | |
| 34 | 2007年11月 | (100) | | | |
| 合计（人） | | 34 | 合计（人） | | 31 |

表1-10  2003~2014年刘庄汉族自然村死亡人口

| 编号 | 死亡年月 | 男（代码） | 备注 | 编号 | 死亡年月 | 女（代码） | 备注 |
|---|---|---|---|---|---|---|---|
| 1 | 2011年7月 | 54岁（2） | 交通事故 | 1 | 2013年9月 | 76岁（3） | 摔跤死亡 |
| 2 | 2010年7月 | 51岁（19） | 胃癌 | 2 | 2004年10月 | 65岁（16） | 肺病 |
| 3 | 2012年9月 | 69岁（33） | 胃癌 | 3 | 2013年5月 | 64岁（42） | 妇科病 |
| 4 | 2008年10月 | 65岁（40） | 胃癌 | 4 | 2006年7月 | 66岁（45） | 胃癌 |
| 5 | 2014年2月 | 54岁（49） | 半身不遂 | 5 | 2009年11月 | 68岁（57） | 心脏病 |
| 6 | 2008年7月 | 69岁（57） | 胃病 | 6 | 2008年11月 | 86岁（64） | 自然死亡 |
| 7 | 2012年7月 | 57岁（79） | 胃病 | 7 | 2010年12月 | 75岁（74） | 风湿病 |
| 8 | 2008年9月 | 52岁（80） | 胃病 | 8 | 2013年8月 | 86岁（85） | 自然死亡 |
| 9 | 2010年2月 | 58岁（85） | 白癜风 | 9 | 2010年10月 | 73岁（88） | 心血管疾病 |
| 10 | 2008年5月 | 42岁（91） | 交通事故 | 10 | 2011年1月 | 78岁（90） | 哮喘病 |
| 11 | 2005年3月 | 67岁（92） | 肺病 | 11 | 2009年7月 | 65岁（94） | 脑出血 |
| | | | | 12 | 2009年5月 | 3岁（103） | 误食毒鼠强 |
| 合计（人） | | 11 | | 合计（人） | | 12 | |

2003~2014年，骆驼巷村樊庄汉族自然村迎来了70个生命，送走了24个生命（见表1-11、表1-12）。

表1-11  2003~2014年樊庄汉族自然村新生人口

| 编号 | 出生年月 | 男（代码） | 编号 | 出生年月 | 女（代码） |
|---|---|---|---|---|---|
| 1 | 2008年6月 | (5) | 1 | 2003年4月 | (1) |
| 2 | 2005年8月 | (6) | 2 | 2003年11月 | (5) |

续表

| 编号 | 出生年月 | 男（代码） | 编号 | 出生年月 | 女（代码） |
|---|---|---|---|---|---|
| 3 | 2011年1月 | (6) | 3 | 2008年2月 | (6) |
| 4 | 2005年9月 | (7) | 4 | 2004年1月 | (14) |
| 5 | 2003年12月 | (8) | 5 | 2013年11月 | (19) |
| 6 | 2005年6月 | (8) | 6 | 2011年8月 | (28) |
| 7 | 2012年3月 | (9) | 7 | 2013年3月 | (37) |
| 8 | 2009年6月 | (10) | 8 | 2013年10月 | (38) |
| 9 | 2007年9月 | (11) | 9 | 2003年11月 | (41) |
| 10 | 2006年4月 | (14) | 10 | 2006年2月 | (42) |
| 11 | 2012年10月 | (15) | 11 | 2005年10月 | (46) |
| 12 | 2009年10月 | (16) | 12 | 2010年5月 | (47) |
| 13 | 2008年4月 | (18) | 13 | 2012年9月 | (47) |
| 14 | 2013年5月 | (18) | 14 | 2012年1月 | (48) |
| 15 | 2008年2月 | (19) | 15 | 2009年4月 | (49) |
| 16 | 2008年10月 | (21) | 16 | 2005年11月 | (55) |
| 17 | 2012年2月 | (21) | 17 | 2005年2月 | (57) |
| 18 | 2010年5月 | (24) | 18 | 2004年10月 | (60) |
| 19 | 2010年7月 | (25) | 19 | 2011年10月 | (60) |
| 20 | 2004年2月 | (33) | 20 | 2004年4月 | (66) |
| 21 | 2009年3月 | (38) | 21 | 2010年8月 | (66) |
| 22 | 2004年1月 | (39) | 22 | 2007年12月 | (68) |
| 23 | 2008年4月 | (41) | 23 | 2008年8月 | (74) |
| 24 | 2004年2月 | (42) | 24 | 2004年4月 | (85) |
| 25 | 2003年5月 | (45) | 25 | 2009年6月 | (85) |
| 26 | 2013年2月 | (55) | 26 | 2005年5月 | (89) |
| 27 | 2012年11月 | (60) | 27 | 2005年12月 | (93) |
| 28 | 2007年3月 | (63) | 28 | 2008年2月 | (93) |
| 29 | 2007年1月 | (65) | 29 | 2009年10月 | (93) |
| 30 | 2005年7月 | (66) | 30 | 2008年10月 | (97) |
| 31 | 2011年1月 | (66) | 31 | 2004年10月 | (99) |
| 32 | 2005年12月 | (68) | 32 | 2006年2月 | (99) |
| 33 | 2008年4月 | (72) | | | |

续表

| 编号 | 出生年月 | 男（代码） | 编号 | 出生年月 | 女（代码） |
|---|---|---|---|---|---|
| 34 | 2007年9月 | (85) | | | |
| 35 | 2011年11月 | (85) | | | |
| 36 | 2004年10月 | (96) | | | |
| 37 | 2004年1月 | (97) | | | |
| 38 | 2008年10月 | (99) | | | |
| 合计（人） | | 38 | 合计（人） | | 32 |

表1–12　2003~2014年樊庄汉族自然村死亡人口

| 编号 | 死亡年月 | 男（代码） | 备注 | 编号 | 死亡年月 | 女（代码） | 备注 |
|---|---|---|---|---|---|---|---|
| 1 | 2013年4月 | 68岁（8） | 喉癌 | 1 | 2009年12月 | 53岁（9） | 心脏病 |
| 2 | 2013年7月 | 66岁（11） | 肾病 | 2 | 2013年6月 | 85岁（20） | 心脏病 |
| 3 | 2012年2月 | 69岁（14） | 脑出血 | 3 | 2009年10月 | 78岁（33） | 心血管疾病 |
| 4 | 2009年2月 | 80岁（15） | 肺病 | 4 | 2006年6月 | 81岁（35） | 半身不遂 |
| 5 | 2012年11月 | 61岁（26） | 脑出血 | 5 | 2011年5月 | 51岁（35） | 糖尿病 |
| 6 | 2009年10月 | 70岁（27） | 肺病 | 6 | 2010年10月 | 82岁（41） | 半身不遂 |
| 7 | 2012年7月 | 80岁（29） | 半身不遂 | 7 | 2013年5月 | 86岁（52） | 自然死亡 |
| 8 | 2014年2月 | 77岁（34） | 半身不遂 | 8 | 2005年9月 | 83岁（62） | 自然死亡 |
| 9 | 2009年7月 | 81岁（35） | 半身不遂 | 9 | 2011年8月 | 19岁（81） | 肺结核感染 |
| 10 | 2012年12月 | 62岁（38） | 交通事故 | 10 | 2012年7月 | 18死（81） | 心脏病 |
| 11 | 2012年3月 | 62岁（74） | 胃癌 | 11 | 2005年9月 | 75岁（98） | 脑出血 |
| 12 | 2013年1月 | 60岁（94） | 肺病 | | | | |
| 13 | 2006年6月 | 70岁（96） | 胃病 | | | | |
| 合计（人） | | 13 | | 合计（人） | | 11 | |

2003~2014年，骆驼巷村马其沟汉族自然村迎来了58个生命，送走了23个生命（见表1–13、表1–14）。

表1–13　2003~2014年马其沟汉族自然村新生人口

| 编号 | 出生年月 | 男（代码） | 编号 | 出生年月 | 女（代码） |
|---|---|---|---|---|---|
| 1 | 2008年5月 | (2) | 1 | 2006年1月 | (3) |
| 2 | 2005年11月 | (5) | 2 | 2008年12月 | (3) |

续表

| 编号 | 出生年月 | 男（代码） | 编号 | 出生年月 | 女（代码） |
|---|---|---|---|---|---|
| 3 | 2008 年 11 月 | （10） | 3 | 2012 年 3 月 | （8） |
| 4 | 2013 年 5 月 | （10） | 4 | 2003 年 12 月 | （14） |
| 5 | 2012 年 8 月 | （13） | 5 | 2011 年 6 月 | （20） |
| 6 | 2005 年 6 月 | （14） | 6 | 2003 年 10 月 | （23） |
| 7 | 2009 年 6 月 | （14） | 7 | 2003 年 4 月 | （25） |
| 8 | 2009 年 5 月 | （18） | 8 | 2005 年 10 月 | （25） |
| 9 | 2008 年 4 月 | （19） | 9 | 2012 年 10 月 | （25） |
| 10 | 2004 年 8 月 | （20） | 10 | 2004 年 12 月 | （25） |
| 11 | 2009 年 1 月 | （23） | 11 | 2006 年 7 月 | （25） |
| 12 | 2010 年 10 月 | （25） | 12 | 2006 年 11 月 | （26） |
| 13 | 2003 年 2 月 | （27） | 13 | 2008 年 8 月 | （28） |
| 14 | 2008 年 3 月 | （27） | 14 | 2008 年 5 月 | （36） |
| 15 | 2011 年 5 月 | （34） | 15 | 2011 年 2 月 | （36） |
| 16 | 2013 年 4 月 | （34） | 16 | 2007 年 12 月 | （39） |
| 17 | 2004 年 9 月 | （43） | 17 | 2009 年 10 月 | （39） |
| 18 | 2006 年 8 月 | （43） | 18 | 2012 年 4 月 | （43） |
| 19 | 2004 年 12 月 | （51） | 19 | 2009 年 3 月 | （44） |
| 20 | 2012 年 9 月 | （51） | 20 | 2004 年 9 月 | （44） |
| 21 | 2009 年 4 月 | （53） | 21 | 2010 年 10 月 | （44） |
| 22 | 2008 年 7 月 | （62） | 22 | 2007 年 11 月 | （44） |
| 23 | 2007 年 8 月 | （67） | 23 | 2010 年 9 月 | （51） |
| 24 | 2008 年 7 月 | （67） | 24 | 2009 年 7 月 | （51） |
| 25 | 2011 年 3 月 | （67） | 25 | 2004 年 12 月 | （51） |
| 26 | 2010 年 7 月 | （68） | 26 | 2007 年 10 月 | （53） |
| 27 | 2005 年 10 月 | （77） | 27 | 2013 年 11 月 | （63） |
|  |  |  | 28 | 2013 年 11 月 | （63） |
|  |  |  | 29 | 2006 年 9 月 | （64） |
|  |  |  | 30 | 2005 年 10 月 | （68） |
|  |  |  | 31 | 2003 年 6 月 | （73） |
| 合计（人） | | 27 | 合计（人） | | 31 |

表 1-14  2003~2014 年马其沟汉族自然村死亡人口

| 编号 | 死亡年月 | 男（代码） | 备注 | 编号 | 死亡年月 | 女（代码） | 备注 |
|---|---|---|---|---|---|---|---|
| 1 | 2007 年 5 月 | 35 岁（6） | 火灾死亡 | 1 | 2010 年 10 月 | 70 岁（2） | 胃病 |
| 2 | 2006 年 2 月 | 83 岁（9） | 服毒身亡 | 2 | 2007 年 9 月 | 63 岁（5） | 半身不遂 |
| 3 | 2013 年 9 月 | 79 岁（19） | 胃病 | 3 | 2011 年 10 月 | 73 岁（9） | 眼癌 |
| 4 | 2009 年 8 月 | 29 岁（25） | 交通事故 | 4 | 2012 年 3 月 | 75 岁（10） | 胃病 |
| 5 | 2013 年 7 月 | 69 岁（26） | 肺癌 | 5 | 2011 年 11 月 | 73 岁（12） | 胃病 |
| 6 | 2007 年 9 月 | 75 岁（35） | 半身不遂 | 6 | 2006 年 11 月 | 66 岁（23） | 半身不遂 |
| 7 | 2013 年 10 月 | 79 岁（51） | 半身不遂 | 7 | 2008 年 8 月 | 33 岁（23） | 子宫癌 |
| 8 | 2010 年 5 月 | 83 岁（60） | 半身不遂 | 8 | 2007 年 4 月 | 56 岁（26） | 肝腹水 |
| 9 | 2008 年 10 月 | 19 岁（65） | 原因不明 | 9 | 2007 年 10 月 | 74 岁（28） | 中风 |
|  |  |  |  | 10 | 2009 年 8 月 | 35 岁（28） | 肠癌 |
|  |  |  |  | 11 | 2007 年 11 月 | 74 岁（29） | 服毒身亡 |
|  |  |  |  | 12 | 2006 年 7 月 | 41 岁（33） | 交通事故 |
|  |  |  |  | 13 | 2011 年 12 月 | 71 岁（35） | 胃癌 |
|  |  |  |  | 14 | 2012 年 7 月 | 75 岁（51） | 肌无力 |
| 合计（人） | 9 |  |  | 合计（人） | 14 |  |  |

# 第二章
# 骆驼巷村过春节

　　骆驼巷村，是宁夏回族自治区固原市原州区张易镇管辖的 15 个行政村之一。目前，张易镇管辖的 15 个行政村中有 2 个完全回族行政村，即南湾村、马场村；有 9 个完全汉族行政村，即红庄村、大店村、陈沟村、盐泥村、上马泉村、张易村、毛庄村、贺套村、松窪村；有 4 个回族和汉族混居的行政村，即骆驼巷村、盐关村、黄堡村、田堡村。

　　骆驼巷村，距离固原市中心大约 30 公里，在固原市原州区西南处，位于六盘山的西侧，地处东经 106°6′、北纬 35°53′之间，海拔约 2740 米，占地面积约 7.75 平方公里。西与西吉县接壤，东北与红庄行政村相连，东南与宋洼水库相邻，北与马场行政村相连，西南与毛套行政村后石咀自然村相连，东南与宋洼行政村宋洼自然村和新套子自然村相连。

　　骆驼巷村，2003 年合乡并镇之前，属于固原市原州区红庄乡乡政府管辖，2003 年合乡并镇之后，属于固原市原州区张易镇镇政府管辖，是一个回族和汉族混居的行政村，共有 7 个自然村，包括小庄、驼巷 2 个回族自然村，阴洼、阳洼、刘庄、樊庄、马其沟 5 个汉族自然村。

　　骆驼巷行政村村委会 2013 年统计资料显示，2013 年末，骆驼巷村有农户 687 户，人口 3039 人，其中男性 1575 人、女性 1464 人。具体来看，小庄回族自然村有农户 79 户，人口 361 人，其中男性 198 人、女性 163 人；驼巷回族自然村有农户 109 户，人口 425 人，其中男性 220 人、女性 205 人；阴洼汉族自然村有农户 61 户，人口 281 人，其中男性 138 人、女性 143 人；阳洼汉族自然村有农户 90 户，人口 432 人，其中男性 221 人、女性 211 人；刘庄汉族自然村有农户 126 户，人口 560 人，其中男性 290 人、女性 270 人；樊庄汉族自然村有农户 121 户，人口 546 人，其中男性 287 人、女性 259 人；马其沟汉族自然村有农户 101 户，人口 434 人，其中男性 221 人、女性 213 人。

骆驼巷村，位于原红庄乡乡政府西侧约 1 公里处，同属六盘山半阴湿高寒丘陵地带，地势东高西低，冬季寒冷且漫长。在骆驼巷村的入口处就可以看见小庄回族自然村。据村支书介绍，从小庄回族自然村至最里端的樊庄汉族自然村，大约长 3 公里，从最南端的马其沟汉族自然村至最北端的刘庄汉族自然村，大约宽 2 公里。

在小庄回族自然村和驼巷回族自然村之间，有一座不大的清真寺，这两个回族自然村的村民常到这里做礼拜。清真寺内有一个礼拜堂、一个经堂（一位阿訇在此居住），还有一个水房。居住在骆驼巷村的回民都信奉伊斯兰教，并且都属伊赫瓦尼教派，据说这个教派是 1917 年从甘肃临夏传入原州区的，约占信奉伊斯兰教回民的 24%。伊赫瓦尼在阿拉伯语中意为"兄弟"。

骆驼巷村，因地处六盘山余脉之间，天气变化复杂，昼夜温差大。当地人常用"春寒夏迟秋雨多，大雨下在七八月"来形容这里的气候变化。全年平均气温约为 5℃，最冷的月份是 1 月，平均气温约为零下 9℃；最热的月份是 7 月，平均气温约为 16℃。

这里的冬季特别漫长，从上年的 10 月到来年的 4 月，仍然能看到骤降的飞雪；这里的 3~5 月可谓春季，但经常受到寒流、尘沙的袭扰；这里的 6~8 月可谓最美丽的季节，苜蓿花、豌豆花、洋芋花、胡麻花竞相绽放，但突来的冰雹和暴雨时常将它们的微笑毁于一旦；这里的 9~10 月是收获的季节，但时间跨度很短，霜天来得很早，人们常常还没有来得及看上几眼黄、白、粉、紫的野山菊，初雪就临门了。

这里的日照非常充足，年平均日照约为 2500 小时，全年日照百分比约为 57%。其中，12 月日照百分比最高，约达 70%；9 月日照百分比最低，约为 47%。这里的年降雨量为 600 毫米左右，无霜期为 120 天左右。农民们大多是在农历的 1 月追肥、3 月播种、9 月收获。

这里的土壤主要是暗灰褐土，肥力较低，结构较差，由于滥用化肥，加剧了土壤的板结。种植的农作物主要是小麦、洋芋、豌豆、蚕豆、胡麻等。近年来由于土质的变化，种豆子的农民越来越少了，种大麦、糜子的农民渐渐多了起来。

传统的"二牛抬杠"耕作方式，近几年在这里几乎看不到了，但是农业机械化的程度还相当低，家里有小型手扶拖拉机的农户还不到三成。农民家庭的现金收入主要来源于养牛、羊、驴、骡子等家畜，还有一部分来源于外出打工，种地仅仅是为了解决自家的口粮问题。

这里的农民一年四季吃的食物主要是自家土地产的小麦、洋芋、胡麻等。一般情况下，小麦的亩产量好时在 200 公斤左右，差时在 100 公斤左右；洋芋的亩产量好时在 2000 公斤左右，差时在 1000 公斤左右；胡麻的亩产量好时在 100 公斤左右，差时在 50 公斤左右。说起来，我到骆驼巷村也有 15 年了，感觉变化最慢的，当属农作物的产量了。

这里的人们常说"靠天吃饭"，因为每年农作物收成的好坏都是由天气来决定的。在骆驼巷村一带，一般 4~6 月是农作物的生长期，但下雨很少。而 7~8 月是农作物的后生长期，却常常下大雨、暴雨。7~8 月的降雨量占到了全年的 80% 左右，经常出现农作物先旱后涝的灾情。

2014 年以前，这里的人畜饮水主要靠井水，水源大多来自地下浅水层的水。2014 年以后，家家户户吃上了自来水，水源在六盘山的西侧，是从张易镇上滩莲花沟引下来的水。

这里的农民在 20 世纪 90 年代用上了电灯，告别了点煤油灯的日子。截至 2003 年 1 月，因没钱拉电线的农户还有 4 户，到 2006 年 4 月仅有 1 户，2006 年下半年所有农户都用上了电灯。

电话是 1997 年走进骆驼巷村的。2003 年，全村只有 3 部电话座机，其中村里 1 部、村支书家 1 部、驼巷自然村 58 号农户家 1 部，当时安装一部电话座机的费用是 960 元。但是到了 2008 年，全村有手机的农户占到了半数以上，有座机的农户占到了四成以上。根据我在 2015 年暑期的第三次入户调查数据，除了在校学生或眼睛、耳朵有问题的人外，手机已经是人手 1 部了。2016 年夏月，宽带网络走进了骆驼巷村，现在就连贫困农户家都联上了网，玩起了微信。据使用网络的农户说，每月使用宽带网的费用是72元钱。如果要说骆驼巷村变化最大的，无疑是手机的普及了。

这里的冬季，没有煤的日子是难以想象的。不少农户为了节省买煤的钱，一到冬季就停止使用灶台，利用支在屋里取暖的炉子来做饭。家里生活条件比较富裕的农户，一个冬季要烧2~3吨煤，生活最困难的农户也要烧0.5~1吨煤。在当地，2003年1吨煤的价格是260元，2016年涨到了860元，2010年煤的价格最高，1吨煤高达960元。

记得第一次走进骆驼巷村的农民家是2003年1月31日，那天是农历大年三十，天上飘着雪，地上结着冰。从此，我开始了近距离观察、记录记述骆驼巷村农民的生产生活现状，并于2003~2004年入户调查了7个回族和汉族自然村的511户农户，以第一次入户调查的数据为基础，执笔了《山村的守望——西海固骆驼巷村实地考察》一书。

2009年1月25日，又一个农历大年三十，那天是一个天空湛蓝的日子。从此，我开始了骆驼巷村第二次入户调查，又一次近距离观察、记录记述了骆驼巷村农民的生产生活现状，并于2009年入户跟踪调查了7个回族和汉族自然村的544户农户，以第二次入户调查的数据为基础，执笔了《山村的守望——西海固骆驼巷村实地考察（二）》书稿。

2014年1月30日，再一个农历大年三十，那天是一个天空晴朗且有风的日子。自此，我开始了对骆驼巷村进行第三次入户调查的准备工作。在这一章中以"骆驼巷村过春节"为题，用日志的方式记录记述2014年春节前后的所见所闻，以便读者能够比较全面、比较立体地读解本书。

在这里要说明的是，原计划这部书稿在2014年底完成，所以第二章的文字是在2014年期间写的，但是由于突然遇到了本人意想不到的困难，书稿不得不在中途停笔。因此，读者在阅读这一章节的内容时，一定要注意时间的节点是2014年，因为近年来，不论是固原地区的城市，还是固原地区的乡村，都发生了不小的变化。

# 一　2013年农历腊月二十三（2014年1月23日）

三天前，我预订了从北京飞往银川的飞机票，并且特意携全家人去看望了老妈，和老妈一起照了张全家福。昨天，和丈夫一起去了女儿那里，晚上回来时，又特意拐到老妈那里，和她老人家道声别，也算是2014年的春节提前和家人一起过了。

昨晚，回到自己家已经是午夜了。今晨，5点起来收拾了一下准备出发的行装。8点时分，丈夫送我到楼下，打车前往首都机场。北京，又是一个灰突突的早晨，在"雾霾"中，家渐行渐远。一路顺利，9点到达首都机场，办完CA1213航班的登机手续，还不到10点，离航班起飞还有一个多小时，心里不觉一阵嘀咕：早知道路上这么顺，还不如在家里多待上半个小时……

午时12点40分，飞机降落在银川河东机场，等候行李的时候，分别给老妈、丈夫、女儿报了平安。宁夏福利彩票发行中心主任李作忠到机场接我，把我带给农民的两大包衣物装上车后，我们便从银川一路朝南，前往固原。在银川至固原约340公里的高速公路上，始终是阳光灿灿、蓝天阔阔。一路上，我没有打盹儿，尽管已经记不清楚走过多少次这条路了。

李作忠，是宁夏唯一被评选上的"中国好人"。与他第一次见面，是2012年6月3日上午，在北京市武警总队医院周围血管病诊疗中心3号病房。那天，他代表宁夏回族自治区民政厅，专程到北京看望骆驼巷村农民何占库。打那以后，他对骆驼巷村的低保户、五保户、残疾人、患疾病的群体就有了特别的关注。这次春节前他到固原，除了考察固原市福利彩票发行站的工作、慰问困难职工之外，还要和我一道慰问骆驼巷村的贫困农户。

今天，从北京启程前往固原，正逢农历腊月二十三日，在我国很多地方的农村，都称这一天为"小年"。继2003年春节后，我曾多次在腊月期间去骆驼巷村进行实地考察，骆驼巷村5个汉族自然村的农民在农历腊月二十三日"小年"的这一天，有"送灶神""祭庙神"的风俗习惯。

据骆驼巷村的农民说,"送灶神"的时辰是在农历腊月二十三日太阳快要落山的时候。他们习惯在灶房的灶台上摆一个小香炉,在香炉上插上点燃的香,家里没有香炉的,就摆上馒头或者花卷等食物,然后把点着的线香插在馒头或者花卷等食物上。有的农户家还会在香炉旁摆放些贡品,如麦芽糖、点心、年糕、馒头、水果等。

在骆驼巷村,传说中的灶神是一位女性,所以当地人习惯把麦芽糖做成梳子的形状,有的农户家还习惯在灶台前的墙上贴一张灶神娘娘的画像,然后面对着灶神娘娘的画像上香、烧纸、烧纸钱,等点燃的香火熄灭的时候,家里的主人就会跪在灶台前磕头作揖三次,嘴里还念叨着"请灶神娘娘回娘家吧",表示灶神娘娘在自己家里辛苦一年了,可以请她回娘家去转悠几天。传说灶神娘娘回到娘家清闲几天以后,大年三十做年夜饭之前,自己就回来了。

在骆驼巷村,腊月二十三日送完灶神之后才开始做晚饭,这一天,传统的晚饭是做"搅团"。"搅团"是一种用荞面或者燕麦做成的面团子,当地人把腊月二十三日这天晚上吃"搅团"称为吃"糊心饭",意思是吃糊涂饭。据当地的长辈说,吃"糊心饭"就像吃了糊涂饭一样,人们走到集市上就会见啥买啥,贱的也买,贵的也买,用来比喻春节前家家户户买年货。也就是说,腊月二十三日"小年"一过,村里的人们就都开始买年货准备过年了。

在骆驼巷村,"小年"的晚上吃过"糊心饭"以后,人们还习惯"祭庙神",当地人称作"吵庙"。"小年"当天的晚饭吃过后,人们就会去附近的方神庙,然后到方神庙里敬香、烧纸钱、磕头作揖,用敬神的方式祈盼春节家人平平安安、团团圆圆。庙前有敲锣打鼓的,有放鞭炮的,还有前来看热闹的,锣鼓声、鞭炮声、嬉笑声交织在一起,显得格外热闹。

在骆驼巷村,5个汉族自然村里都各有一个不大的方神庙(阴洼村、阳洼村共用),但是庙里供奉的庙神不一样:在阴洼村、阳洼村、樊庄村的方神庙里,供奉的庙神是"九天圣母";在刘庄村的方神庙里,供奉的庙神是"玉皇大帝";在马其沟村的方神庙里,供奉的庙神是"黑眼龙王"。

## 第二章 骆驼巷村过春节

一位骆驼巷村的老人说,他小的时候,一到腊月二十三日,大家盼春节的心气儿就越来越强烈了,特别是娃娃们,一进入腊月,就开始盼着过年了。不少娃娃常常会掰着小手指头来回数,算算还有几天就要过年了。当地有这样一段顺口溜儿,说的就是娃娃们盼过年的心气儿:

腊月八,眼前花,
二十二天就过年啦!
腊月二十三,
过年还七天,
数着手指指,
天天等过年。

在"小年"前后,家里的亲人们就会陆续往家赶了。骆驼巷村的农民常说:腊月的天最冷,腊月的炕最暖。亲人回家过年,炕,总是要烧得热热的。西海固的腊月,外面的天气最冷,但屋子里的炕是一年四季中烧得最暖和的。家里要是来了亲朋好友,总是习惯招呼你上炕坐坐,因为炕是屋子里最暖和的地方。"小年"前后是亲人们团聚的时候,那炕,比平日烧得更要勤;那炕火,比平日着得更要旺……

不知不觉中,固原到了。李主任把我送到住地——宁夏师范学院老校区3号宿舍楼之后,才准备去宾馆。但没有预料到的是,3号宿舍楼的大门竟然上着一把大锁,给一路上聊天还兴致未尽的我,当头泼了一盆冷水。这也难怪,人们纷纷在赶往回家的路上时,我却在赶往骆驼巷村的路上……

李主任好像看出我的心情瞬间发生了变化,建议我先跟他们一起去固原宾馆休息一下。在固原宾馆的大厅里,我有些坐立不安,因为骆驼巷村的入户调查资料都在宿舍里,此次春节前特意从北京赶往骆驼巷村,我可不仅仅是为了看望骆驼巷村的贫困农民,更重要的是要准备开始骆驼巷村的第三次入户跟踪调查。

晚上,固原市福利彩票发行站的同志请我和李主任一起吃了个便饭,

也算是在"小年"的这一天,为远道而来的我接了个风。晚饭后返回住地已经是9点了,原来撞锁是因为宿舍楼的值班人员外出吃饭去了。此时的宿舍楼里,只有一楼传达室的值班员和住在四楼的我。这让我不禁想起2003年的春节前,那是我第一次走进骆驼巷村,临时住在了红庄乡乡政府,也是正值春节期间,乡干部都放假回家了,在黄土坡下的那座小二层楼里,除了一层看门的姜老汉,就是住在二层的我了……

现在回想起来,五层高的宿舍楼里除了值班员只住着我一个人,还真有些不踏实。可是当时的我已经顾不得想那么多了,只想快一点儿平伸一下四肢,缓解一下远途奔波的疲惫。前天,在家里搞了一天的卫生;昨天,和丈夫一起去女儿家陪小外孙女玩了一天,晚上从女儿家回来后又拐到老妈那里道别;今早,匆匆忙忙地收拾了行装就上路了。原本想下午早些回到宿舍能休息一下,没料到一上来就是撞锁,先吃了一个"闭门羹"。

打开宿舍门进去后的第一件事情就是把门锁好。四个星期前,才匆匆离开这间宿舍回到北京,今天,又匆匆从北京回到这间宿舍。我打开了卷着的被褥,环顾了一下宿舍,宿舍里的一切好像还停留在昨天。连我自己都说不清楚,从北京到固原,从固原到北京,哪条是回来的路,哪条是回去的路……

夜,渐渐深了。
耳边,一道道清脆悦耳的童声掠过:
新年到,新年到,
姥姥要去骆驼巷,
家家门前贴对联,
户户院里放鞭炮。

新年到,新年到,
骆驼巷里真热闹,
乡里乡亲喜相迎,
娃娃穿戴新衣帽。

新年到，新年到，
骆驼巷里看热闹，
乡里新闻真叫多，
乡里故事真不少。

新年到，新年到，
……

昨天还和小外孙女一边拍手一边唱歌谣，今晚就住在了固原。这要是在10年前，是绝对不可能的事情。10年后的今天，骆驼巷村的春节会发生怎样的变化呢？

## 二　2013年农历腊月二十四（2014年1月24日）

早晨6点，闹钟铃声响起，拉开窗帘，天已经亮了。固原，今日又是一个大晴天。更衣洗漱后，前往固原宾馆，与李主任一行会合。李主任一行先去了固原市里的两个福利彩票发行点，慰问了那里的困难职工后，便和我一起前往骆驼巷村，慰问村里的贫困农户。

从固原市到骆驼巷村，必须经过固原市入口处的古雁岭，走固原至将台的县级公路。10年前，古雁岭一带还是零乱无序的民房，黄土的围墙、狭窄的路面、成堆的生活垃圾，说是乡村，不是乡村，说是城镇，不像城镇。而如今的古雁岭，被柏油马路环绕，四车道、六车道、八车道，通往四面八方。夺目的古雁塔耸立在古雁岭上，四周的树木成林，错落有致，远远望去，犹如空中悬挂着一幅壮美的油画……

从固原市到骆驼巷村，如果不是雨雪天气，四五十分钟的时间就可以到了。近年来，西海固地区的乡村道路也发生了很大变化，基本上实现了乡乡通、村村通。2009~2010年，骆驼巷村7个自然村的主路已经由黄泥土路硬化成了水泥面的马路。

今天，是农历腊月二十四日，"小年"过后的第一天。按照农村传统的习俗，今天也是"掸尘扫房子"的日子。上午10点半，我们到了骆驼巷村。在村支书的指点下，先去了驼巷回族自然村31号农户马进录家，他家是村里的低保户。31号农户家只有两位老人，户主马进录69岁，上过两年小学；户主的老伴68岁，没有上过学。马进录和老伴结婚后没有生育儿女，兄弟的孩子过继到身边，现在侄子已长大成家，另立了门户，老两口身边没有孩子了。

马进录的侄子是一生下来就过继到31号农户家的，所以在两位老人的眼里，这个侄娃子和儿子之间没有什么区别。现在，两位老人除了在家里种地以外，还养了十几只羊，侄子有时间回来也帮他们干干农活儿。李主任一行不仅给两位老人发了节日慰问金，还叫老人把发放低保补助的存折拿出来看看，确认一下春节前的低保补助是不是按时发放到农户的存折上了。

从马进录家出来，我们去了刘庄汉族自然村49号农户安俊奎家，他家是我长期入户跟踪调查的农户，也是村里的低保户。户主安俊奎53岁，初中毕业，腿部静脉炎导致半身不遂，在炕上躺了六七年了，一直没有住院治疗，在家里吃点药扛着。户主的媳妇46岁，没有上过学，是一位智力障碍者。他们生有3个孩子，老大是女儿，老二和老三是儿子。大女儿初中还没有毕业就辍学了，在固原打了两三年工，2012年就嫁人了，出嫁时才20岁。邻居说，49号农户家的女儿嫁的男方家里条件还不错，是个村干部的儿子，给了安家10万元的彩礼钱。大儿子在张易中学读初中三年级，小儿子在张易中学读了一年初中就辍学在家了，说读书没意思，一心想外出打工挣钱。户主安俊奎还有一个未娶过亲的弟弟，52岁了，小学毕业，一直在49号农户家生活。自户主安俊奎卧床不起后，他的弟弟便替代了他一家之主的角色，成了这个家庭现实生活中的主人。

安俊奎一看见我们，便知道是来慰问他的，于是把手从被子里面伸出来，他盖的被子早已分辨不出原本的颜色。在这样的条件下躺了六七年的安俊奎，应该说是凭着一股气在活着，支撑着他瘦弱的身体，他的胳膊已经没有了太多的气力，本想抬起来打个招呼，可还没有抬高手就耷拉下去了。他只好侧一下头,用双眼直勾勾地望着我们,我明白他用力伸出手来是希望把慰问金直接交到他的手上,尽管他已经没有把钱接过去的气力了。当李主任把装着慰问金的红纸袋放到他的胸前,放到他不用费气力就可以触摸到的胸前时,他的眼神儿渐渐变得柔和,人也安静下来了。安俊奎的家境,让李主任一行出了门还在感叹……

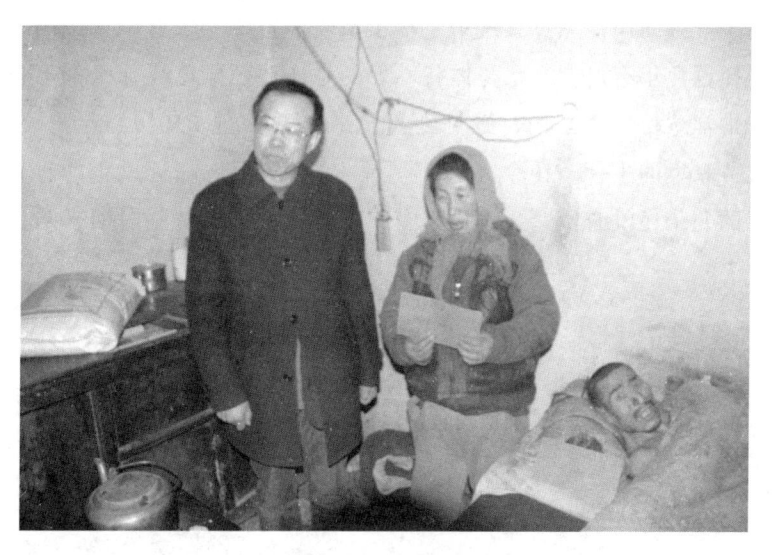

**暖心——春节前慰问**

接下来,我们去了樊庄汉族自然村,慰问了24号、67号、81号农户家。24号农户家的户主叫樊举,56岁,没有上过学,由于患阿尔茨海默病、糖尿病等多种疾病,已经双眼失明。樊举的老伴49岁,也没有上过学。他们生育了4个孩子,老大和老小是儿子,中间的两个是女儿。在24号农户家,除了大儿子初中毕业,其余的孩子都中途辍学了,两个女儿是上初中时辍学的,小儿子是小学毕业后辍学的。如今,4个孩子都在外面打工,大儿子结婚后把家安在了固原市,樊举的生活起居都由老伴来照顾。在骆驼巷村,一旦老人生了病,在外打工的儿女就很少回来照顾老人,很多时候这些儿女为了生存也没有能力照顾老人,比起病痛来,孤独寂寞往往是老人心中最大的痛。

67号农户家的户主叫张生智,57岁,没有上过学;户主的老伴58岁,

也没有上过学。他们生有3女1男,3个女儿都已经出嫁了。儿子成家后没多久,媳妇嫌家里穷,就提出离婚走了,剩下儿子和老两口一起生活。户主的儿子35岁,小学毕业后辍学,离婚后一直没有再找上媳妇,现在外出打工。半年前,户主突发脑梗死入院,由于经济原因出院在家治疗,出院后记忆力明显退化,已经不认识人了。

由于户主的病情加重,这个生活本来就不富裕的家庭陷入了困境。户主的老伴也常年有病,本来身体就不好的她还要照顾已经什么都不知道的丈夫,常常愁得以泪洗面,她见到我们来家里看望,又伤心地哭了起来。为了维持家里的生计,在今天这个"掸尘扫房子"、临近过年的日子,外出打工的儿子还没有回家,家里只有一个嫁出去的女儿临时回来陪伴两位老人。

**流泪——拿到慰问金的瞬间**

81号农户家也是村里的低保户。户主叫宋天明,56岁,没有上过学;户主的媳妇46岁,也没有上过学。他们生过6个孩子,其中长大成人的有两个女儿、一个儿子。不幸的是,两个女儿都因病先后于2011年、2012年去世,现在家里就剩下一个儿子了,在固原五中读初中三年级。81号农户家的户主曾经出过交通事故,胸骨有伤残,不能外出打工挣钱,只能在家里干些农活儿，户主的媳妇患有风湿病，常年腰痛腿疼，全家就靠着种几亩地生活。

81号农户家的大女儿，也就是宋盼盼，小学期间曾因家里贫穷而辍学。2003年春节第一次去她家时，我帮助过宋盼盼继续上学，后来她的学习成绩一直不错，以500多分的成绩考上固原市里的高中，遗憾的是，在她梦想考大学的时候，离开了人世。二女儿宋丽霞生下来就患有先天性心脏病，因为家里贫穷，小的时候没有及时做手术，错过了可以手术治疗的最佳年龄，2012年夏季，刚满19岁的她也在家中去世了。

**春节前与宋天明一家人合影**

从樊庄村出来，我们去了阳洼汉族自然村53号农户家，他家也是村里的低保户。户主何占库49岁，没有上过学；户主的媳妇44岁，也没有上过学。他们生有1个儿子，在驼巷小学上二年级。53号农户家的户主，就是李主任曾经到北京市武警总队医院看望的何占库。自2012年6月李主任在北京看望何占库之后，至今还没有见过面。

我们到53号农户家的时候，不巧户主何占库去了集市，家里只有媳妇和儿子。何占库是三个兄弟中最小的一个，因为家里生活困难，大哥终身未娶上媳妇，10年前得肺癌去世了；二哥年少时也因生活中的琐事自寻短

见去世了。何占库是在40岁以后才娶上媳妇的，媳妇是一位生活不能自理的智力障碍者，幸运的是，他们生的儿子智力是健全的。因为我曾经两次带何占库到北京市武警总队医院住院治病，和他家里的人已经很熟悉了，我顺便问了问何占库的儿子最近学习怎么样，考试成绩怎么样。何占库的儿子回答说："考得少着呢。"我误把"考得少着呢"听成了"考得好着呢"，紧接着又问了一下考试的成绩，结果才知道他语文考了40多分，数学考了30多分，等大家听明白的时候，都忍不住笑了起来。因为今天早上起来后就急急忙忙出门了，所以我也没有带电话本，问何占库的儿子知不知道他爸爸的手机号时，他给我指了指墙上写的一个电话号码，我试着打了一下无法接通。遗憾的是，特意从银川来的李主任没有见到何占库。

从何占库家出来我们去了马其沟汉族自然村，看望了20号农户家，他家也是村里的低保户。户主李万宗60岁，读过两年小学；户主的老伴60岁，没有上过学。他们生有4个孩子，3男1女，孩子们都成家了，现在大儿子和他们一起生活。20号农户家的生活在以前算是村里挺不错的，李万宗还当过马其沟村的队长，但是2006年他的大儿子在中卫市一家工厂当电焊工时，因电钻漏电，不幸被打成植物人。大儿子叫李小平，今年36岁，初中毕业，他的媳妇今年34岁，读过小学二年级，他们生有1个儿子，已经9岁了，在驼巷小学上三年级，李小平出事故的时候，他的儿子刚刚1岁。

李万宗曾经为大儿子出的工伤事故打官司，四处奔波了两三年，也去北京上访过，由于李万宗的执着，最后工厂的老板以私了的方式结束了这桩官司，赔了他家20万元钱。儿子的官司好不容易有了结果，可李万宗在2010年却得了喉癌，其间做手术、吃药花了不少钱。李万宗的大儿子刚出事故的时候，被送到中卫市的公立医院，我还去医院看过他们父子，帮助他们找过相关单位。七八年过去了，李万宗的大儿子依旧躺在床上生活，不过看上去比以前白了也胖了，他睁开着的眼睛只能朝一个方向看，或许在这个方向上，他能够感受到亲人的不离不弃。李万宗大儿子住的房间收拾得很干净，在这间不大的房子里，我们可以感受到20号农户家对病人的细心呵护和照料。

由于李主任下午还要返回银川，今天在骆驼巷村的慰问就在午时结束了，还有几家没有来得及慰问的贫困农户，就由我春节前再来骆驼巷村时代劳了。出了骆驼巷村的村口，便是红庄乡集市，为了尽可能地不留下遗憾，我们特意在红庄乡集市把车停了下来。春节前的乡村集市喧闹繁杂，我们没有在集市过往的人群中找到何占库，李主任只好带着些许的遗憾返回了固原。

到了固原市，已经是中午一点半了，大家都感觉有些疲劳，我们在一家面馆吃了午饭，便到了和李主任一行分别的时候。李主任临上车前，又走了过来，他对我说："林博士，今天和你一起下乡感触很多，你对骆驼巷村贫困农民的情况了解得这么深入，特别是对那些家里有病人的农户的情况都那么熟悉，并且这些病人家里卫生环境那么差你也不嫌弃，走进走出，家长里短，我们这些宁夏人都很难做到。现在，离春节还有几天的时间，希望你早点把固原这边的事情办完，回家和家人过个团圆年。"

我知道，李主任的这番话是发自内心的。在我看来，李主任这次能走到骆驼巷村来，不仅仅是慰问骆驼巷村的贫困农户，也是对我的一种帮助，一份慰问。说实话，这两天，刚离开北京的这两天，我根本没有顾得上去想念家人，没有顾得上去感受春节前离开家的滋味。此时，李主任"早点把固原这边的事情办完，回家和家人过个团圆年"的嘱托，真的让我不知道该如何回答……

我一个人站着，目送着李主任一行走了，目送着宁夏的"中国好人"离开固原返回银川了。在 2014 年春节前，宁夏的"中国好人"把身影和足迹留在了骆驼巷村，把温暖和友善留在了骆驼巷村贫困农民的家里。我一个人站着，目送着刚才乘坐过的车消失在柏油马路的尽头，目送着一条通往银川的路，目送着一条通往北京的路，心底不禁泛起一丝想要回家的念头……

片刻之后，我转身离开了。一个人迎着固原午后的太阳，独自返回了宿舍。固原的阳光真好，照得身上暖和极了。今年固原的冬季偏暖，比起 2003 年春节前的气温要高出七八度。在宿舍楼前，碰见了宁夏师范学院的一位老师，她用诧异的眼光看着我说："林老师，快过春节了，你怎么还没有回家啊？"我微笑着朝她点点头。或许，对我来说，回家，总是走在路上；家人，总是揣在心里。

走进宿舍，拉下窗帘，准备好好放松一下几天来疲倦的身体。整个宿舍楼鸦雀无声，总算可以安静地睡上一觉了。但是，此时我感觉到了一种说不出来的对家人的牵挂和内疚。这种感受，虽然在2003年春节、2009年春节也曾有过，但是从来没有像现在这么强烈。那个时候，老妈还没有这么年迈，身体还没有这么多病；那个时候，女儿还没有结婚，还没有生孩子；那个时候，丈夫还没有退休，家里还没有现在这么多的家务事……

## 三　2013年农历腊月二十九（2014年1月29日）

时间过得真快，几天的时间转眼即逝。今天，已经是农历腊月二十九日了。在骆驼巷村，从腊月二十三日开始，到腊月二十九日的这段时间，汉族的家家户户都在为过年做准备。骆驼巷村的传统是，腊月二十三日把灶神娘娘送回娘家；腊月二十四日开始打扫房子、院子、圈棚等；腊月二十五日开始做面点，炸油饼、麻花、馓子等；腊月二十六日开始杀猪、杀鸡、宰羊；腊月二十七日开始给牲口准备草料，把过年期间牲畜吃的草料都准备好；腊月二十八日发面，蒸馒头、花卷、包子等；到了腊月二十九日这一天，年货就都得准备好了，主要是买些烟酒、糖果、水果、干果等，还要买对联、门神、灯笼、线香、纸钱、鞭炮等。年货准备好了之后，便是搞个人卫生，准备好过年穿的新衣服、新鞋帽等。

这些日子，我在固原也是紧着忙活，一方面要整理给农民带的衣物、礼物，以及去照相馆给农民洗照片等；另一方面要准备下乡需要用的材料、影像设备等。因为计划明天下午（即大年三十的下午）去何占库、王登银两户贫困农户家里包饺子，所以特意跑到宁夏师范学院一位老师家里借了面盆、擀面杖等包饺子用的工具。

我在固原期间，一般都住在宁夏师范学院的3号宿舍楼，大多是在食堂吃饭，对买东西之类的事情不太关心。今天，已经是腊月二十九日，明天就是大年三十了，我的直觉告诉我，还应该提前把包饺子用的肉馅买好，因为固原这个地方可不像北京那么方便。

果然，午饭后碰见了一位老师，她告诉我说，想买肉馅儿，今天要趁早去，下午卖大肉的店就早早关门了，他们也要回家过年去了。这位老师还告诉我说，出了学校的大门往南走，在路的左边有一家卖大肉的店铺，那里的猪肉比超市里的新鲜。

谢过这位老师之后，我赶忙走出了学校的大门，找到了那家卖大肉的店铺，一看店铺里的案板上只剩下两块肉了，店主说卖完这两块肉就准备关门回家过年了。我买下了其中一块大的，不到6斤重，1斤13元，付了75元钱，然后让店主帮助去皮，绞成肉馅儿。

这家大肉店铺的店主，家住固原市原州区中和乡，当他知道我买肉是为了去农民家过年时，就热情地邀请我春节期间如果有时间的话也去他家里转转，于是我记下了他的电话号码。自2003年春节前第一次走进西海固，至今也有10多年了，到卖大肉的店铺里买肉，我还是第一次。

在固原地区，猪肉的零售价格和卖肉的地点有直接的关系。一般来说，超市里的猪肉价格最贵；其次是市民居住比较集中的地方的私人店铺，猪肉价格也比较贵；城市周边城乡接合部的私人店铺，猪肉价格相对要便宜一些；乡镇集市上的私人店铺，猪肉的零售价格最便宜。还有，超市里的猪肉价格是固定的，私人店铺里的猪肉价格是可以根据季节上下浮动的。例如，春节前1斤猪肉的价格就要比平日里贵1元，今天我买的猪肉价格1斤是13元，但是前一个月猪肉的价格1斤是11~12元，如果在乡镇的集市上，1斤猪肉才卖8~9元。

据了解，从2013年下半年开始，固原地区毛猪的价格就明显下降，每隔一个月甚至半个月，1斤毛猪的价格就下降1元左右。到了2014年春节前，1斤毛猪的价格降到了5元左右，不少养猪大户都赔了钱。一位家住三营的养猪大户说，如果1斤毛猪的价格能卖到6元，养猪还是可以保住本钱的。也就是说，如果要想让养猪的农户不赔钱，1斤毛猪的价格必须保证卖到6元以上，如果卖到7元，1头猪就可以赚一二百元钱；如果卖到7.5~8元，1头猪就可以赚四五百元。

相比之下，这两年农民散养的猪受到了城里人的青睐。据骆驼巷村的农民说，春节前也有固原城里的人到村里来买农民家杀的猪的，一般到村里来买猪肉的城里人，大多是骆驼巷村农户的亲朋好友，1斤猪肉的价格是14元。农民家里散养的猪，吃的饲料是自己配的，刚刚宰杀的新鲜猪肉价格比市场上的零售价高一些，但味道要比市场上卖得好很多。但也有些卖肉的店铺不愿意要农民家里散养的猪，他们认为，不用配好的饲料喂养出来的猪，猪肉比较肥，不好往外卖。

据了解，2003年春节前，1斤毛猪的价格是1~2元，1斤猪肉的零售价格是4~5元；2014年春节前，1斤毛猪的价格是5元左右，1斤猪肉的零售价格是10元左右。值得注意的是，在这11年间，养猪的成本大大提高，主要是猪饲料的价格大大提高。

据了解，2003年，1袋配好的100斤的猪饲料的价格是70元左右，到了2013年，1袋配好的100斤的猪饲料的价格涨到200元左右，价格上涨了近两倍。2003年实行规模化养猪的还比较少，大多是散养，现在养猪基本上是规模化圈养，散养的已经不多了。

据了解，前些年刚开始实行规模化养猪的那批大户还是赚到了钱，因为2009年1斤猪肉的零售价格已涨到了15元左右，是猪肉价格最高的一年。2008年，1斤毛猪的价格就涨到了8元左右，2010年至2013年上半年，猪肉的价格虽然有些下滑，但还算平稳，1斤毛猪的价格是7元左右，1斤猪肉的零售价格是13元左右。可是，到了2013年下半年，毛猪的价格急转直下，跌到最低的时候1斤毛猪才卖4.5元，养猪大户叫苦不迭。

不难看出，近10年间，猪肉市场的零售均价经历了1斤5元左右到1斤15元左右，再回落到1斤11元左右甚至更低的变动。这个变动的背后，反映了规模化养猪与市场供需关系的矛盾，这对不少2013年的养猪大户来说应该是刻骨铭心的，因为他们的血汗钱在很短的时间里便打了水漂。

在北京，通常羊肉的价格比牛肉高，但是在固原地区，牛肉和羊肉的价格相差不大，当地人习惯用"牛羊肉"的说法，不知道是否源于"牛羊肉"的价格。与一路下滑的猪肉价格相比，牛羊肉的价格一路上升。近10年间，牛羊肉市场的零售均价从1斤10元左右涨到1斤32元左右，近两三年基本保持在这个价格上。为此，当地政府号召农民养牛、养羊也蔚然成风。2013 年，政府为骆驼巷村新建了 129 个牛羊棚，2014 年计划再建 100 多个牛羊棚。

2014 年春节前，1 斤牛羊肉的价格是 35 元，春节过后，1 斤牛羊肉的价格回落到 32 元。在当地，人们计算 1 斤牛羊肉的价格，通常是用 1 斤猪肉的价格乘以 3。也就是说，1 斤牛羊肉的价格是 1 斤猪肉价格的 3 倍。2014 年春节前，卖 1 头整牛，1 斤的价格是 13~14 元，而 1 斤牛肉的批发价格是 26~28 元；卖 1 头整羊，1 斤的价格是 12~13 元，而 1 斤羊肉的批发价格是 26~28 元。例如，1 头体重为 1000 斤的牛，可以卖到 13000~14000 元；1 头体重为 200 斤的羊，可以卖到 2400~2600 元。

2003 年春节前，品种不好的整牛，1 斤的价格是 3~4 元，1 头体重为 1000 斤的牛，可以卖到 3000~4000 元；品种较好的整牛，1 斤的价格是 6~7 元，1 头体重为 1000 斤的牛，可以卖到 6000~7000 元。卖 1 头整羊，1 斤的价格是 2~3 元，1 头体重为 200 斤的羊，可以卖到 400~600 元。2003 年，在乡镇集市上，1 斤牛羊肉的零售价格是 7~8 元；而在固原市的店铺里，1 斤牛羊肉的零售价格是 10~12 元。

显然，养牛养羊要比养猪划算。但是，养殖业的发展是有周期性的，现在政府号召农民养牛养羊，发展规模化养牛养羊，牛羊肉的价格是否能够一直保持在上涨的高价位上，谁也不敢下这个保证（事实上，2015 年羊肉的价格急转直下，不少养羊大户赔了本钱）。在西海固地区有一种说法："农民越种什么，什么越赔钱；农民越养什么，什么越赔钱。"当然，这种说法只是部分现象，然而，这种部分现象是值得我们深入研究的问题。

备注：2014 年春节过后，市场上的猪肉价格明显下降。在私人肉店里，1 斤猪肉的价格降了 1~2 元，我买肉的那家大肉店，同类的猪肉 1 斤降到了 11~12 元。2014 年春节期间，猪肉价格是 1 斤 13 元左右，但是春节过后，根据猪的不同部位，1 斤猪肉的价格有 11 元的，也有 12 元的，还有 10 元的。在固原城市周边南河滩的私人肉店，1 斤猪肉的价格有 9 元的，也有 10 元的。在骆驼巷村农民经常去的红庄

集市，1斤猪肉的价格有 8 元的，也有 9 元的。

## 四 2013 年农历大年三十（2014 年 1 月 30 日）

  从农历腊月二十三日，到今天的大年三十，固原一直都是蓝天白云，天朗气清。上午八时，阳光便洒满大地，展露出初春的气息。今天，是我要去骆驼巷村度过的第三个大年三十，为此，我已经准备了多日，可是临行前还是有些手忙脚乱，生怕丢三落四。

**出发前的准备不轻松**

  今天，天气依旧晴朗，太阳高照，走出学校的宿舍楼，一股暖风扑面而来。原本定于上午 11 点出发，结果磨磨蹭蹭地从宁夏师范学院老校区出来已经快中午 12 点了。

  如今，从固原市到骆驼巷村的路，比我在北京去王府井的路还要熟悉，在这条路上，往返了多少回，连我自己也说不清楚了。但是，在大年三十这一天，走这条路，我还是第二次；在大年三十这一天，一个人前往骆驼巷村过春节，我还是第一次。

开车送我去骆驼巷村的是宋洼村的村医，他开私家车送我到骆驼巷村后就要回老家过年。这位村医有两个儿子，都在固原市里的学校读书，他的媳妇为了照顾上学的孩子，平日里都住在固原市。现在农村家里经济条件好一点的，都会想方设法把孩子送到固原市里的学校，留在农村学校里读书的，大多是家里经济条件不富裕的孩子。

一路上，映在车窗前淡蓝色的天空飘舞着白云，午时的阳光明晃晃的，格外刺眼。路上，我和宋洼村的村医聊起了他们的待遇。据他说，自2011年开始，宁夏的村医除了每月有500元生活补贴外，还可以按照村里的人头数提取一部分公共卫生经费，如宋洼村的村医，一年下来能提成两三万元，平均每月收入有2000多元；骆驼巷村的村医，一年下来能提成三四万元，平均每月收入有3000多元。这样的收入，比宁夏医科大学毕业不久的学生还要高。

车，穿过叠叠沟，迎着六盘山脉驶去，离骆驼巷村越来越近。尽管往返于骆驼巷村已经10多年了，但对我来说，在大年三十这一天去骆驼巷村，仍然有一种回家看看的兴奋。临近中午1点时分，车到了骆驼巷村阴洼村的村口处，老支书安排了一位大学毕业还没有找到合适工作的女孩接应我，这个女孩是阴洼村17号农户家的，我称呼她为小张。

走进小张家的院子，迎面就是正房，正房右侧的大炕上摆满了大小不一的对联，格外吸人眼球。小张介绍说，这些对联有准备贴在院子大门上的，有准备贴在小卖部大门上的，还有准备贴在院内正房大门、侧房大门、灶房大门上的，就连贴在牛棚、羊棚上的对联都准备好了。在骆驼巷村，贴对联的时间是大年三十的下午，一般都是在上坟回来之后贴对联。

小张家里一共有四口人，父亲47岁，读过小学四年级；母亲45岁，没有上过学。小张今年25岁，还有一个比她小两岁的弟弟，弟弟初中毕业后在固原打工，春节前也回到家里过年。小张毕业于重庆的一所大学，学的是会计专业，毕业后一直在重庆打工。但小张的父母认为女孩子大了，该考虑成家的事情了，毕业两年还没有找到一份正式的工作，不如回到固原找份工作干，这样便于她考虑婚姻大事。

小张家的生活水平在阴洼村属于中等偏上，家里除了养牛、养羊之外，还有一个 8 平方米左右的小卖部，小张和弟弟在外打工都能够自食其力。我在小张家的正房坐了一会儿，阳洼村的赵小明队长来了，他听说我今年特意赶到村里和农民一起过年，便主动过来陪我，帮助我拿拿东西，指点指点去农家的路。

这次到骆驼巷村过春节，我计划把 2003 年春节期间走访过的农户再重新走访一下。由于 2003 年春节在阴洼村走访的 32 号农户家的两位老人都去世了，所以我决定先去阳洼村 53 号农户何占库家。53 号农户不仅是我 2003 年春节在阳洼村走访过的农户，而且是我长期跟踪记录的几家贫困农户之一。

从小张家到何占库家有两三里的路程，下午 2 点左右，我和小张、赵队长一同步行前往。因为何占库在他家三兄弟中排行最小，所以我习惯称呼他为"何老三"，他的儿子名叫何昊，小名叫"好好"。我们走到何老三家的时候，家里只有他的残疾媳妇一个人，她见我们来了，张着嘴，淌着口水，吱吱呜呜了半天，我和小张都听不懂她说什么，但是赵队长听懂了，他说何老三带着儿子上坟去了。我把带来的东西先放在了何老三的家里，然后跟着赵队长一起去了何家的坟地。

步行了两三里路，顺着赵队长指的方向我看见了何老三，只见他独自一人在一个山坡上。何老三的儿子好好穿了一身新衣服，手里拿了一杆长两尺的玩具枪，在山坡下的三轮卡车旁玩耍。我们顺着山坡的土路来到何老三面前，他正在哥哥的坟头前烧香、烧贡品。在当地，上坟时要把带的贡品在坟前烧掉，表示过世的亲人在另一个世界里就有吃有喝了，活着的人便可以放心回家了。但也有的农户家上坟时只烧香磕头，烧纸钱，不烧贡品，把带来的贡品摆在坟头前的正中央，用来表示过世的亲人在另一个世界里不愁吃不愁喝。

何老三说，他今天下午先是给父亲上坟，然后才过来给哥哥上坟，因为父亲的坟地和哥哥的坟地不在一起，父亲的坟地在他家的西面，哥哥的坟地在他家的东面。在骆驼巷村，人死后下葬的时间和地点，都是请风水先生按照生辰八字来决定的，所以下葬时的地点往往和祖坟的地点不一致。有钱的人家，为了能够让过世的亲人和祖坟葬在一起，就在亲人过世一年之后再请风水先生来算算生辰八字，如果算下来还是不在一个方向，就再等一年，直到能够和祖坟葬在一起为止。但是，像何老三这样的贫困家庭，根本就没有钱再去请什么风水先生，所以亲人的坟地东一个、西一个是很常见的事情。

在骆驼巷村，大年三十的午后，家家都要给过世的祖先和亲人上坟，以表示对祖先和亲人的怀念。一般来说，去上坟的时候都会在坟前烧香、烧纸、烧纸钱、磕头作揖，然后在坟前摆上些贡品，也有的会倒茶、倒酒。传统的习俗，是把家人集合在一起到坟上把祖先请回家里过年，但是现在这样做的农户越来越少了。到坟前请祖先回家过年，全家人要先到坟前下跪点香、磕头作揖，然后再把坟前点着的香带回家来，摆在正房祖先的牌位前，也有的农户摆放祖先的照片。全家人去上坟之前，在家里就要把祖先的牌位摆好，从坟地回来以后，还要再次在祖先的牌位前磕头作揖，倒上3杯酒，再把酒洒掉，表示给祖先敬酒。上坟、请祖先结束之后，家家户户就开始贴对联，对联贴好后还要放鞭炮，表示驱逐邪气，迎接喜气，喜迎新年。

我们从何老三哥哥的坟地下来，外面的风吹得越来越紧了。赵队长建议我坐上何老三开的三轮卡车返回，为了节省时间，我同意了。何老三开的三轮卡车是一辆二手车，是他在北京治病回来后花8000元钱买的。2012年"五一"节前，何老三是挂着双拐去北京治病的，一个多月后，他穿着新鞋返回了家乡，他指着这辆二手车幽默地对我说："这是我给自己买的一副拐棍。"

在骆驼巷村，人们把何老三开的这种三轮卡车叫作"三二八"。"三"是指三个轮子的车；"二"是指开这种车的人脑子有些问题；"八"是指坐这种车的人脑子八成不够用。其实，我也知道"三二八"载人不太安全，因为骆驼巷村开"三二八"的农民大多没有驾驶执照，显然，何老三也没有，但是，看着天色已晚，我还是坐上何老三开的"三二八"下山了。

上坟归途——2013年大年三十

　　如今，何老三的家可谓鸟枪换炮，2012年他去北京治病前住的黄泥小屋已经没有了踪影，当地政府在他去北京治病期间给他家盖了新房子，建了新院子。我的到来，让这个平日里有些冷清的新院子热闹起来。我把慰问金转交给何老三，把从北京带来的衣物拿给他，还把特意为何老三做的两个相框摆放在了桌子上，一个相框里是我这次出门之前全家人和老妈的合影，另一个相框里是2013年何老三在北京武警总院治病期间和全体医护人员的合影。

　　记得2011年春节前，我去何老三家时发现他挂上了双拐，他的右脚左三层右三层地被包裹得严严实实的。我问何老三怎么不去医院，并且劝他要及时到医院做检查。没有想到坐在一旁的儿子突然哭了起来，他以为我要把他的爸爸带走，在他的眼里，他是不能没有爸爸的。

　　我在何老三家的墙上贴了一张大大的"福"字，然后和大家一起帮助何老三贴对联。何老三还真是个有心人，别看他不识字，他不仅给院门、房门准备了对联，还给自己开的"三二八"也准备了对联。他家院子大门的上联是"万马奔腾江山添锦绣"，下联是"宏图大展日月竞光辉"，横批

相框——农民喜爱的礼物

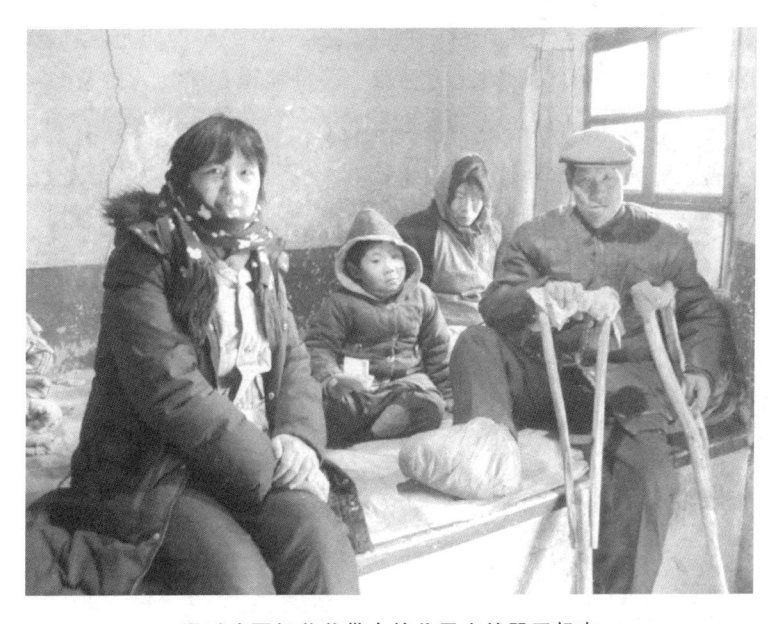

误以为要把爸爸带走的儿子突然哭了起来

是"平安中国"。他家住房门框的上联是"健康平安万年长",下联是"荣华富贵千秋盛",横批是"吉祥如意"。他家灶房门框的上联是"五味烹调香满院",下联是"三餐美味乐全家",横批是"美味佳肴"。他的"三二八"贴的上联是"车行万里平平安安",下联是"安全驾驶稳稳当当",横批是"出入平安"。有意思的是,何老三还在他家院子大门前的电线杆上贴了一条红幅,上面写着"抬头见喜"。从何老三准备的对联可以看得出,他对今年的春节是用心准备了的。对联贴好以后,赵队长带着好好放了一挂鞭炮,噼噼啪啪鞭炮炸了一地,何老三开心地笑了,露出了两行粉红色的牙床(何老三的牙都掉光了)。

接下来,我在何老三家里帮助包饺子。骆驼巷村的农民包饺子都是自己剁肉馅儿,有的农户家剁肉馅儿时还不去肉皮,直接剁碎了做饺子馅儿。我把事先准备好的肉馅儿拿出来,放在带来的大盆里,剁好大白菜后,配上鲜姜、大葱、白酒、调料等,和我在北京的家里做饺子馅儿一样,一道程序也不少,拌好的饺子馅儿散发出一股扑鼻的香味儿,连我自己都想马上包上两个饺子尝一尝。何老三家里的亲戚们也都过来凑热闹,争先用鼻子感受了一下饺子馅儿的香味,羡慕地说:攒劲,攒劲。

大年三十做饺子馅儿

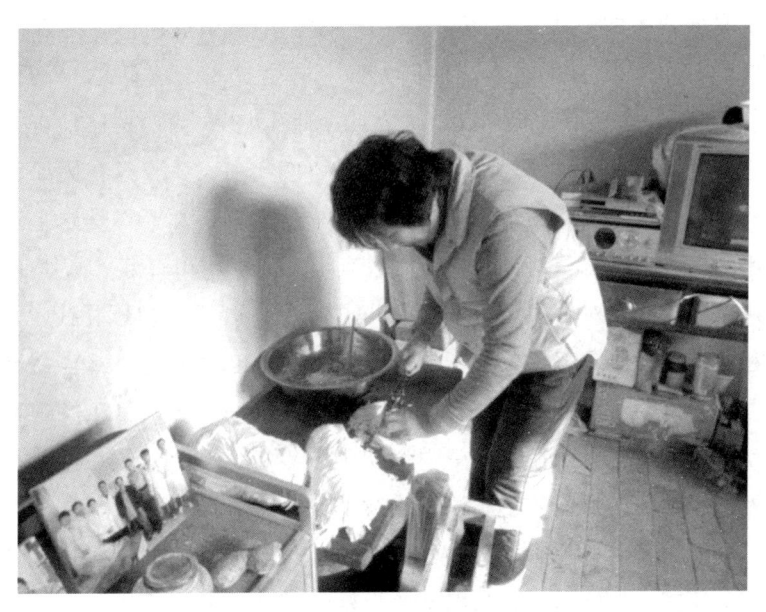

大年三十包饺子

　　自我中午到了骆驼巷村就没有闲着,不知不觉中已经是下午 5 点了。因为还要去看望刘庄村 16 号农户,也准备今晚给他家包饺子,于是我把和面、擀饺子皮的任务交给了何老三的舅母和她的女儿,准备前往刘庄村。从阳洼村到刘庄村有五六里的路程,步行过去至少要半个小时,因为我要带的东西比较多,赵队长又亲自开上何老三家的"三二八",中途到小张家里拿上我带来的包饺子的材料后,我们一行三人便去了刘庄村。

　　16 号农户家,是我 2009 年春节在刘庄村走访过的农户,他家也是村里的低保户。记得 2009 年春节去他家时,他家的大门上没有贴对联,今天走到他家的大门口,门框上贴的对联显得格外醒目。对联的上联是"日子红火年年好",下联是"钱财旺盛步步高",横批是"迎春接福"。16 号农户家的几个娃娃正在大门口玩耍,他们手里都拿着点燃的线香,相互追赶着,点着一个小炮就朝对方扔过去,对方一躲,就呵呵笑个不停。我们到达 16 号农户家的时候,已经是傍晚时分,快 6 点了,他家也正准备包饺子,饺子馅儿都已经拌好了,猪肉配白萝卜,但一眼看上去馅儿里基本上都是白萝卜。

16号农户家的户主王灯银，今年37岁，小学毕业；户主的媳妇李俊香，今年37岁，没有上过学。他们夫妇一共生过8个孩子，2个夭折了，1个送人了，身边还有3男2女。大女儿今年19岁，当妈妈已经有几个月了。她小学四年级的时候就辍学了，记得三四年前，我曾经在固原一家火锅店里碰见过她，矮矮的个子，双手端了一个大铜锅，要不是她主动和我打招呼，我还真没有认出来，那时她只有十三四岁。2012年，17岁的大女儿嫁到甘肃，好在对方家里只有一个儿子，给了14万元的彩礼钱，才让他家的窘境得到一些缓解。大儿子在初中一年级时也辍学了，16岁就跑到社会上去闯荡，今年春节没有回来，据说在上海的一家餐厅打工。现在家里的3个孩子，一个女儿在张易中学读初中一年级，一个儿子在驼巷小学读六年级，一个儿子在驼巷小学读一年级。

王灯银的媳妇李俊香患有癫痫病，经常犯病，一旦犯病就会突然晕倒，浑身抽搐，口吐白沫，医院不敢为她做带环的避孕手术，为此，只要她怀孕了，就只能把孩子生下来。16号农户家的大女儿没有出嫁之前，他们的生活非常困难，虽然现在经济条件大为改观，但是考虑到还有几个孩子在上学，也要操心大儿子将来娶媳妇的事情，所以平日里的生活依然是精打细算。

尽管每次下乡我都会到16号农户家看望，但是在大年三十这一天到他家，着实让王灯银和李俊香憨笑了一阵子。我把慰问金转交给他们，并且把事先为他家每个成员准备的衣物送给李俊香，还把特意为他家做的两个相框也拿出来给他们看，一个相框里是我2009年春节和他们全家人的合影，另一个相框里是我这次出门之前全家人和老妈的合影。娃娃们看见我拿出来的相框，全都围过来抢着看，都想把相框拿在自己手里，他们看着照片上5年前全家人的模样，又好奇又开心，相互之间做着鬼脸。

今年的春节前，我特意去照相馆为何占库、王灯银两家农户选了照片做了相框，因为他们曾经多次向我要照片。我今天才发现，不论是在何占库家，还是在王灯银家，他们对我送的相框都表现出了浓厚的兴趣，他们在看照片的那一刻，脸上流露出来的喜悦之情是发自内心的。让我感觉到，这个礼物带给他们的喜悦感比送红包要强，这一幕超出了我的预想。

在我看来，现在农民的生活渐渐好起来了，送他们一点能够留下记忆的东西要比送点压岁钱更有意义，在农民看来，除了这份记忆以外，更多的是那份能和我一起合影的满足感，他们希望这种满足感能够永久地留下来，在他们的心里，早已把我当成自己家庭中的一员了。

欣赏了一阵子相框里的照片后，我对李俊香说，"今天不同于往常，是大年三十，我准备给你们露一手，让你们全家人来尝尝我做的饺子"。娃娃们听了后又好奇又兴奋，小嘴快咧到耳根了。我二话没说，把带过来的大盆和猪肉馅儿拿出来，洗过手后就开始剁大白菜，白菜剁好了就拌饺子馅儿，同样，再配上大葱、生姜、白酒、调料、胡麻油等，一大盆香喷喷的饺子馅儿就呈现在眼前。娃娃们都站在一旁边看边闻香味儿，看得出来他们有些等不及了。为了让大家早点吃上我包的饺子，我便让赵队长也加入了包饺子的行列。

在我们包了一半饺子的时候，就叫李俊香把大锅架在了炉子上，因为赵队长、小张还有我都感觉肚子饿了。我们一边包饺子，一边煮饺子，第一锅煮熟的饺子先叫娃娃们吃，看着娃娃们吃得那个香，我们也有些迫不

和村民一起包饺子

及待了，都自动放下手中的活儿，加入了吃饺子的行列。每个人吃完第一个饺子后，都会说："好吃，好吃。"在2013年大年三十的这天晚上，"好吃，好吃，林老师包的饺子特别好吃"成了16号农户家出现频率最高的口头禅儿。

在16号农户家匆匆忙忙吃了几个饺子后，我们又急忙返回何老三家，因为来王灯银家之前已经答应何老三两个小时以后一定返回他家。我只好把剩下的一半饺子馅儿交给了李俊香，今晚和他们一家人就这样道别了。幸亏赵队长开着何老三家的"三二八"，路上我们仅用了十几分钟就返回了。何老三等得有些心急，他的舅母已经包了一多半的饺子，我们一起把剩下的饺子馅儿包完，没想到还真的是做到了"三光"，馅儿光、面光、盆光。

眼看着何老三家大年三十的年夜饭就大功告成了，只等着下锅煮饺子了。何老三在屋子里的火炉子上架起了一口大锅，儿子好好和亲戚家的几个娃娃早就饿了，他们等得心急，早早就端着碗、拿上筷子了，有的娃娃甚至敲起了碗。还是何老三的舅母沉得住气，不管娃娃们是等得及还是等

**哇……饺子好吃得很**

不及，煮饺子的锅开了以后必须点上三次凉水。第一锅煮的冒着烟的饺子，几个娃娃一人一碗就捞光了，第二锅饺子还没煮熟，好好碗里的饺子就已经吃光了，他伸出手指头对我说："今天我要吃四碗饺子。"实际上，好好吃了两碗饺子肚子就饱了。

在何老三家吃过年夜饭，已经是晚上8点多了。好好提出来要放花炮，于是我们一起走到院子外面的空场地，看好好放花炮，为好好助兴。今年，何老三买花炮花了近百元，还特意给儿子买了两个大花炮，每个25元，这在以前是从来没有过的。何老三把一个大花炮放在院子前的空场地中央，然后帮助好好点燃，随着花炮一声响，一道道红、绿、黄的烟花窜向空中，所有的人都抬头望向天空，闪亮的烟花照亮了一张张欢笑的脸。

此时，外面已经是满天星斗，明月当空。何老三家大门上挂的红灯笼，在风中一摇一闪，一摇一闪，一摇一闪，好好手里拿着点燃的线香，放着小鞭炮，砰、啪！砰、啪！砰、啪！让我不禁想起小时候在北京放小鞭炮的情景……

沾着何老三家的喜气我们离开了，顺路去了赵队长家。赵队长家是阳洼村7号农户，离何老三家不远，步行十来分钟就到了。赵队长今年36岁，初中毕业；他的媳妇33岁，小学毕业。他们生有2个女儿，大女儿在张易中学读初中二年级，小女儿在驼巷小学读六年级，他家的生活水平在村里属于中等。今晚，赵队长的两个女儿都去了奶奶家吃年夜饭，我们来的时候，只有他媳妇一个人在家。

今天，我、小张、赵队长可谓马不停蹄，从下午2点到晚上，没有一点儿歇息的时间。我是属马的，还有几个小时就要到马年了，或许，这预示着我在本命年不会那么清闲。虽然今晚一直都在忙着包饺子，但赵队长并没有吃好饺子，他回到家里的第一件事情，就是沏茶，让媳妇煮饺子。还是老婆做的饭好吃，赵队长吃了一大碗饺子，小张吃了半碗，我只尝了两个。饺子馅儿是猪肉萝卜的，但肉并不多。赵队长说，这里的农民包饺子习惯用萝卜，肉放得不多，并不是因为吃不起肉，而是当地做饺子馅儿的一种习惯。赵队长说，他家今年买年货花了3000多元，买鞭炮花了300

多元；2009 年春节时，他家买年货花了 1000 多元，买鞭炮花了 50 多元。2009 年春节给每个女儿的压岁钱是 10 元，今年春节给每个女儿的压岁钱是 50 元。

晚上 10 点左右，我们去了阳洼村 72 号农户祁俊杰家。祁俊杰今年 52 岁，高中毕业；他的老伴 52 岁，小学毕业。他们夫妇生了 3 个儿子，大儿子高中毕业，在外打工，现已成家；二儿子初中毕业，在外打工；小儿子因患强直性脊柱炎，小学毕业后就不能上学了。72 号农户家的小儿子祁玉强，今年 17 岁，他小的时候脖子后面长出了一个肉瘤，随着年龄的增长，肉瘤越长越大，压迫神经，行走困难。我曾经到过他家里多次，2012 年地方政府也送他去过宁夏附属医院看病，但是宁夏附属医院没有条件为他做手术，可以帮助他转到南京的一家医院。据了解，即便是做手术，风险也很大，且不用说高昂的费用了，最后祁玉强的家人选择了维持现状的保守做法。

祁玉强没想到大年三十的晚上我到他家来了，见到我有一种特别的亲切感，我们已经有一年多没有见面了，看上去他的精神状态还挺不错。祁玉强对我说："林老师，我现在的情况还可以，因为现在我不长个子了，肉瘤也就一直没有再往大里长，走起路来感觉好多了，也没有以前那么痛了。"

我们走进祁俊杰家里的时候，除了他的媳妇外，家里还有八九个男的围坐在茶几旁喝酒、吃菜，茶几上摆满了碟碟碗碗，一桌菜很是丰盛。他们一家人看见我们进来，全都站起来欢迎，赵队长进来后就和他家的男丁们一起跪下，给房屋正中央的灵位磕头作揖，原来祁俊杰一家人正在为祖先守岁。

守岁，是请祖先一起回家过年的一种传统习俗。一般来说，守岁的农户大年三十下午到坟上把祖先请回来，请到家里事先准备好的灵位前，灵位也是请风水先生提前写好的，摆在正房桌子的正中央，再摆上些贡品，点上香。在守岁期间，香火一直要燃着，中间不能熄灭。从大年三十下午把祖先请回家开始，香火要点到正月初二夜里十二点。在这段时间里，家里的人晚上不睡觉一起陪着，如果实在太困了，就轮流睡觉。

正月初三下午，全家人再把祖先送回去，在祖坟前烧香、烧纸钱、磕头作揖。晚上天黑的时候，把摆在家里的灵位、贡品、纸钱、烟酒、茶、糖果等，都拿到院子大门外烧掉，这样做表示让祖先的灵位归回原位。在当地，去世三年之内的守岁，指的是守灵位；去世三年以后的守岁，指的是守神位。

从祁俊杰家里出来，我特意去了64号农户樊伟家。因为今天下午在去刘庄村的路上，我偶然间碰到了樊伟，要不是他主动和我打招呼，我简直不敢认他了。记得2005年组织了一次贫困学生去银川的活动，樊伟也去了，那时他才上初中一年级，个子小小的，瘦瘦的，如今已经是一米八的大小伙子了，看上去身体健壮。樊伟也是回家过年的，他说，怎么也想不到能在回家过年的时候碰上我，叫我有时间一定去他家坐坐，为此，我不能在大年三十这一天失约。

樊伟家的生活水平在阳洼村属于中等。樊伟的父亲叫樊润辉，今年49岁，初中毕业；他的母亲今年41岁，没有上过学。樊伟刚刚大学毕业，考上了公务员，现在泾源县政府部门工作。他还有一个妹妹叫樊祎，现在是浙江一所大学三年级的学生。

我们到樊伟家已经快晚上11点了，樊伟没有想到我真的来了，他们全家人高兴得不得了，樊伟的爸爸樊润辉招呼我们赶快进屋，连连说："大客人来了！大客人来了！"正巧樊祎放寒假也回家过年，大家见面感到好亲切啊，因为樊伟、樊祎都是从驼巷小学走出来的，从小就经常在学校里看到我。樊伟的妈妈把家里的好吃的全都拿出来，樊伟的爸爸特意把自己制作的果子酒打开了，一定要让我喝一杯，看得出来，这瓶酒保存的时间不短了。

我们围坐在一起开心地有说有笑，享受着在大年三十这一天重逢的喜悦，樊伟还把他2005年在银川西北影视城照的照片找出来给我看，照片上的他个子最矮，现在已经完全是个大高个了，变化实在是太大了。于是，我拿出相机给大家拍照，大家轮流和我一起拍照，我们照完一张后，就马上在相机里看回放，然后再照一张，又看一次回放，看着樊伟、樊祎充满阳光的笑脸，一股对骆驼巷村的向往和期待油然而生……

晚上 11 点半过后,我和樊伟一家人道别,前往村里的方神庙。顺路去了老支书马正清家,他家是阴洼村 8 号农户。老支书 56 岁,初中毕业;他的老伴 55 岁,读过小学三年级。他们生有 3 个孩子,2 男 1 女。大儿子高中毕业,在张易镇供电所工作,大儿媳大专毕业,在泾源一中教书;二儿子初中二年级辍学,在固原开推土机,年前刚刚娶了媳妇;女儿中专毕业,在银川一家幼儿园工作,很快也要出嫁了。大儿子、大儿媳都有固定的工资收入,老支书和二儿子都很勤劳,家里养了五六十只羊,生活水平在村里属于比较高的。我们走到他家的时候,全家人正在看"春晚",儿子、儿媳妇都回来过年了,儿孙满堂,很是热闹。老支书说,今年春节,他家置办年货花了 1 万元左右,这在村里还不算是花得最多的。

快到 12 点时,锣鼓声、鞭炮声越来越响,我们从老支书家里出来,两三分钟就到了方神庙。庙堂里聚满了阴洼村、阳洼村的农民,他们前来烧香敬神,祈求平安吉祥。在当地有"抢头香"的说法,如果谁要是在零点过后第一个烧香,谁就会在新的一年里有好运气。来庙里烧香敬神的农民基本上是男性,女性一般都站在庙堂的周围看热闹、聊家常。

今年,骆驼巷村大年三十晚上的炮声比往年都要响、都要密集,放花炮的农民也不少,只要家里买鞭炮,都会买上几个花炮,这也说明农民手里有闲钱了。庙堂前最热闹的就是敲鼓打镲的农民,他们轮流着敲鼓,轮流着打镲,比谁的鼓点准,比谁的节拍好,像是把他们对新一年的期盼都寄托在了敲鼓打镲的响声和节奏里。

一些农民看见我来了,就把我往前面推,让我也尝试一下敲鼓的感觉。说实话,敲这么大的鼓,我还是头一次,我接过鼓槌,敲了几下,但是敲不出节奏来,于是打镲的农民就让我跟着他的节奏敲,慢慢地我也能跟上节奏了,在鼓点的节奏中,享受了一把乘势而上的快感。围观的农民看见我打鼓,还能跟上节奏,又鼓动着我试试打镲,刚开始也不灵,敲鼓的农民就让我跟着鼓点的节奏走,在农民的指点下,我打镲也还真有了那么点儿意思。

随后,农民又拉着我扭秧歌,不是随着音乐扭,而是随着敲锣打镲的节奏扭。这种扭秧歌,有点像跳三步舞,两个人对着扭,到了第三步时要

打鼓也是一门艺术

伴随锣鼓声迎新年

反转一下身子,然后迈三步再反扭转一下身子。咚嚓嚓、咚嚓嚓、咚嚓嚓,我随着敲锣打镲的节奏扭起来,看热闹的农民鼓起掌来,发出了一阵阵喝彩声。我的出现和参与,使庙堂周围的农民沉浸在异样的欢声笑语中。

午夜的钟声响过半个小时后,农民陆陆续续返回了,有的农民还没有尽兴,邀请我去家里喝酒,考虑到天亮还要走访农户,我婉言谢绝了。据说午夜后的一两点钟,庙堂里几个懂风水的村民要在这里念经,经一念罢,庙堂里也就没人了。迟迟不愿回家的农民都是男性,他们主要是因为吃年夜饭时喝酒了,还在兴头上,即便是回家以后,也少不了再喝上几杯。

赵队长说,以前农民生活困难的时候,大年三十到方神庙的人没有这么多,现在大家生活都好了,吃肉喝酒的多了,到庙里来热闹一番的人也就多起来了。现在大家到方神庙敬神,除了祈求保佑平安外,更多的是图个热闹,图个喜庆。

小张家离方神庙很近,步行五六分钟就到了。此时,已是午夜1点,新年的钟声已敲响一个小时了。老支书、赵队长和小张的家人,又围着火炉子坐下来,喝起酒吃起肉来了。春节前,小张家里杀了一头猪,请大家品尝,小张的妈妈劝我也坐下来和大家一起吃喝,可是说实话,60岁的我走访了这一天,就是再好吃的美味也没有精神头儿品尝了。在小张妈妈的一再劝让下,我尝了一块猪蹄,嘿,还真别说,农民家里的猪肉就是好吃!

此时,我已经顾不得什么礼貌不礼貌了,一步跨到炕上休息了,我也不知道老支书、赵队长他们吃喝到什么时辰才离开的……

## 五　2014年农历正月初一(2014年1月31日)

今天,是农历正月初一,春节的第一天。早上,被骆驼巷村隐隐约约的鞭炮声叫醒了。醒来后,感觉胃有些不舒服,可能是昨天过于忙碌,又没有按时吃饭。小张建议我在热炕上趴一会儿,于是我趴了半个小时,果然觉得好多了。

  2014年的农历正月初一，骆驼巷村天晴气爽。小张的父亲，一早起来就喂起了牛羊。小张的母亲，起来后收拾完屋子，就开始包饺子。小张的弟弟，在院子里放了两挂鞭炮。按照当地的传统习惯，正月初一要起五更放鞭炮，而现在起五更放鞭炮的人几乎没有了，早上什么时候起来，什么时候就放上一两挂鞭炮，预示着新的一年开始了，并且，希望把不如意的事情驱赶走，把好运、好事迎接到家里来。

  我洗漱后，便和小张的母亲一起包饺子。小张家习惯在正月初一早上包饺子，包饺子的时候，总要在其中的一个饺子里放上一枚硬币。在我的建议下，把硬币改成了花生米，小张的母亲在两个饺子里放进了花生米，看得出来，当妈妈的是希望自己的一儿一女都有机会吃到。吃饺子的时候，小张和她的弟弟始终是一边吃着饺子一边猜着盘子里的饺子哪个有花生米，他们都很想在正月初一的早上吃到能给自己带来好运的饺子。结果，两个包有花生米的饺子都让小张的弟弟给吃到了，小张很是扫兴，小张的弟弟却得意地对我说："去年就让我吃上了，今年又让我吃上了。"似乎感觉好运真的会降临。

  早饭后，赵队长来了，于是我们开始了正月初一的走访。我们先是去了阳洼村何占库家。和昨晚相比，今天何老三家里清净了许多，家里除了他只有老婆和儿子。老婆坐在炕上看电视，何老三听着小收音机哼着秦腔，儿子好好端着玩具枪在炕头上练习瞄准。瞄准的靶子是何老三用一张硬纸壳做的，硬纸壳上画着一圈一圈的靶心。赵队长说，何老三平时爱听秦腔，有时还跟着DVD唱上两句。今天是大年初一，我让何老三唱上一段，可他却害起羞来。

  何老三还是穿着旧衣服，昨天送给他的皮夹克，他没有舍得穿，在我们的劝说下，他才把皮夹克拿出来穿上，还真的精神了不少。我发现，昨天送给何老三的两个相框，他也拿块布给盖上了，说是担心落土把相框弄脏了，还说相框里的人都是他的救命恩人。看得出来，何老三很珍视这两个相框。

  一走进何老三家里，就能闻到一股炖肉的香味，我打开炉子上的大锅

盖一看，炖着一锅鸡大腿。何老三说，年前家里买了一小箱鸡大腿，每箱10斤，每斤6元，还买了一大袋苹果，每斤3元左右，还说今年的苹果比去年贵。今年春节，何老三家买年货总共花了1300多元钱，认为这个年过得还算可以。

时间过得真快，记得2009年大年初一的这个时候，我也到何老三家里来看望，那时候他的儿子才两岁左右。尽管他们依旧住在山崖下的黄泥小屋里，灶房里过节的一小块肉和几个油饼子还是舅母家送来的，但是能看得出来，家里有了儿子，何老三的心气儿和以前大不一样了，日子过得再苦，这个家也算是有盼头了。

看望——你我都暖在心上

从何占库家里出来，我们步行去驼巷回族自然村。今天，赵队长不再劝我坐何老三家的"三二八"了，昨天坐"三二八"时，由于路不平，车辆发生颠簸，没有来得及防备，把手里拿的摄像机重重地碰了一下，摄像机开机后便出现了故障。

正月初一的骆驼巷村，在阳光照耀下显得格外透亮。我们步行了五六里的路程，到驼巷回族自然村45号农户家看望。户主马小平，今年49岁，读过初中二年级；他的媳妇44岁，读过小学四年级。他们生有6个孩子，老大、老二、老三、老四是女儿，老五、老六是儿子。45号农户家有两个女儿已经大专毕业工作了，还有两个女儿在上大学。大儿子马军，因患有小儿麻痹症，行走不便，小学三年级就不能上学了，现在依靠轮椅生活。马军的弟弟，正在张易中学读初中三年级。

45号农户家孩子比较多，两个女儿正在大学读书，还有一个残疾的儿子，家里生活比较困难，他家是村里的低保户。2003年春节期间，我第一次走进驼巷回族自然村的时候就记住了他们家。因为当时回族自然村的女娃儿几乎都不上学，可是他家的4个女娃儿都在上学，这给我留下了很深的印象，所以每次到村里来，我都会看看这几个读书的女娃儿。今天，到45号农户家，是特意去看患小儿麻痹症的马军的。

马军今年就要满18岁了。在他家门口前的水泥马路上，马军的姐姐推着轮椅陪他晒太阳。记得2009年春节来的时候，他家门前的这条路还是黄土路。马军老远就看见我来了，自己手转着轮椅的轱辘，快速地向我这边驶过来，嘴里"林阿姨、林阿姨"地叫个不停。我把特意为他做的相框送给他，里面的照片是他2013年夏天在天安门前坐着轮椅照的，马军抱着相框，指了指在天安门前的自己，眼睛笑得眯成了一条缝儿。

2013年夏季，马军的父母在电视上看了一条广告，说北京的一家医院可以治马军的病，于是就带着马军到北京来了。在马军的父母看来，只要到了首都北京，不管遇到什么情况，都要比在西海固的农村好办。结果他们初来乍到，人生地不熟，钱没少花，病也没有看成，后来打电话向我求助。那时我刚刚回到北京，家里的事情还都没有顾得上过问，对他们说的那家医院更是一头雾水，但考虑到父母为孩子治病的迫切心情，于是我劝他们还是返回宁夏，去位于银川的宁夏附属医院进行检查治疗为好，并且恳求宁夏附属医院的李院长帮助一下。

在马军一家人从北京返回之前，我带他们去了一趟天安门，特意在天安门前为他们照了相，还给马军照了一张单人照。从马军的身体状况来看，再次到北京天安门并不是一件容易的事情。在没有去北京之前，马军每次见到我都会对我说："林阿姨，我要去北京治病。"马军始终天真地认为，只要到了北京的医院，他的病就可以治好了。去过一次北京之后，他

**我也去过天安门**

也知道了看病不是一件容易的事情。其实,不要说是马军,北京的居民看病同样不是一件容易的事情。

如果马军没有患病,站起来个头也有一米八了,是一个标准的帅哥。马军的母亲对我说:"从北京看病回来,马军就一直吵着要天安门的照片呢。"今天来看马军,总算是满足了他的一个心愿,我们和马军道别的时候,他还一直抱着那个相框。马军的妈妈特别希望能够把马军送到康复中心,可是在当地的农村,像马军这样的孩子有不少,他们只能待在家里,农忙的时候只能被锁在家里。

从马军家里出来,我准备去附近的62号农户家看望马阿舍。马阿舍今年22岁,在张易中学上初中三年级。她的姐姐因患白血病,于2008年去世;她的妈妈因患肌无力症,于2012年夏季去世。马阿舍还有两个弟弟,一个初中毕业在外打工,一个在张易中学读初中二年级,姐弟三人和父亲一起生活。我对马阿舍之所以特别关注,完全是缘于一次偶然的见面。

2012年9月12日,我在骆驼巷村走访农户,一位农民特意走过来对我说:"林老师,你今天要是有时间,应该去看看马治清的女儿,她妈妈前一段时间去世了,她现在天天晚上在坟地里跑,不回家,如果再这样下去,这个女孩子很可能就毁了。"我知道马阿舍的妈妈患病,并且曾经被送到宁夏附属医院治疗过一段时间,为此,我决定晚上返回固原之前去她家看看。

那天,到马阿舍家的时候,已经是晚上8点多了,秋季的西海固,晚上8点过后天就黑了。马阿舍果真没有在家,我等了一二十分钟,马阿舍回来了。在昏暗的灯光下,马阿舍那双黯然神伤的眼睛显得更加无光泽了,头发也是乱蓬蓬的。我问了一下她的情况,感觉她非常想上学,想改变一下目前家里的境况。

马阿舍对我说:"我上小学的时候就辍学了,'两免一补'以后又重新回到学校,那时候我妈妈已经患病了,可是她没让我们照顾,鼓励我上完了小学六年级。但是,上初中一年级的时候,妈妈的病情严重了,卧床不起,为了照顾妈妈,我又被迫辍学了。其实,我妈妈是很想让我上学的,我上小学五六年级的时候,妈妈为了让我好好读书,减轻我的负担,吃饭的时候只吃很少一点儿,生怕弄脏了衣裤让我去洗。直到我辍学在家里照顾妈妈的时候,才发现她的饭量还是可以的,才懂得了妈妈的良苦用心。虽然,后来为了照顾妈妈我不得不辍学,但是,想想妈妈为了养育我们所付出的一切,我照顾病重的妈妈也是心甘情愿的。可是,妈妈最后还是走了,而我也不能再上学了,也不知道为什么,一想起妈妈,我就特别想上学,特别向往重新回到学校……"

马阿舍的脸上淌着一道道眼泪,她的脸上写满了忧郁迷茫,她不时地抿抿嘴,试图缓解一下内心那种只有她自己才知道的苦楚。我下意识地感到,回归学校生活,很可能是解开马阿舍心结的最好良药。因为我也是一个母亲,我知道马阿舍向我诉说这些话的分量,特别是她说道:"妈妈病倒的时候,其实我很想上学,但是当我后来知道妈妈为了我能够重新上学,为了不影响我的学习,宁愿饿肚子,宁愿用身体付出时,我还是在学业和妈妈面前选择了妈妈。"

马阿舍，一个内心善良的回族女孩儿，我决定帮助她从迷茫中找回自己，让她重新看到生活的希望。第二天一早，我就给张易中学的老师和骆驼巷村的村支书打电话，在大家的协调帮助下，以及张易中学马校长的理解下，马阿舍如愿插班到张易中学初中二年级（现在，马阿舍初中毕业后上了职业技术学校，学习护理专业，已经成为郑州中医医院的一名护士）。

果然，学校的集体生活，让这个曾经忧郁到不能自已的回族姑娘变得开朗起来、健康起来、阳光起来。现在的马阿舍，对生活充满了希望，每每她遇到什么事情，总习惯要先给我打电话，每逢过年过节的时候，她都会发给我祝福的短信，我也会问候她、鼓励她。

2014年8月14日，这一天是马阿舍的生日，她希望我在这一天给她梳梳头。马阿舍的辫子长长的，一直舍不得剪，她说这是她妈妈为她梳过的头发，一直要保留下来。马阿舍是一位重感情的女孩儿，我是一个母亲，我也有女儿，我理解她的心思。这一天，我特意从固原赶到骆驼巷村，为马阿舍梳了头，并且送了她一把红色的梳子，我给她梳头的那一刻，她流泪了。她说，真主再一次把母爱降临在她的身上，她的妈妈是在天上的妈妈，我像是在地上的妈妈……

今天，我们到马阿舍家的时候，只有她的弟弟在家，马阿舍去她姥姥家了，我把给她带的学习用品和2014年的台历留给了她的弟弟，并告诉她弟弟，我还会抽时间再来看她的。

接着，我们又去了刘庄村16号农户王灯银家。今天早上，他们家也是吃的饺子，把昨天晚上没有包的萝卜馅儿给包着吃了。看来，昨天晚上我做的饺子馅儿，并没有等到今天就全部吃完了。我特意走到他家的灶房看了看，除了肉、蛋、蔬菜外，还有两条大鲤鱼。前些年，在骆驼巷村一带的农村，要想买条活鱼还是比较困难的。现在，村里的集市上就可以买到，今年1斤活鲤鱼卖8元钱。王灯银家买的两条大鲤鱼，每条都有五六斤重，我顺手给两条大鲤鱼照了相。

王灯银家的正房里，散发着阵阵炖肉的香味儿。他家的炉子上架着一口大锅，我掀开锅盖一看，乳白色的鸡汤正在锅里翻滚着，原来是炖了一大锅土鸡汤，我忍不住喝了一碗，这土鸡汤的味道实在是太鲜美了，喝完一碗后，顿时觉得胃里暖暖的。王灯银说，今年春节家里置办年货花了2000元，其中买鞭炮花了两三百元。看得出来，2014年的春节，对16号农户家来说是一个愉快的春节。应主人的邀请，我和他们一家人在院子的大门口照了张合影。

喜悦——相聚在明媚的阳光下

说来也巧，正在我们有说有笑的时候，王灯银的大儿子给我发来了短信，一条中文的，一条英文的，短信上祝福我及我的家人新春快乐。王灯银的大儿子尽管才16岁，但已经长成1米7多的大小伙子了，由于在上海打工今年春节没有回来。于是，我特意给他打了一个电话，也送去了节日的祝福。王灯银的大儿子告诉我说，他现在在上海的一家餐厅打工，因为春节期间加班发双倍工钱，所以为了多挣些钱没有回家过年。

放下电话以后，我忽然回想起2009年春节在16号农户家过年的情景，心里不禁感到一阵阵心酸，我估计现在王灯银的大儿子已经忘记了当时发生的事情，然而我却记忆犹新。

2008年大年三十下午，我来到16号农户家看望，当时户主的媳妇李俊香没有在家，因为她的父亲刚刚去世，她回了娘家。走进16号农户家，户主和大大小小5个孩子都在，家里乱哄哄的，闹成一片，看不出来一点儿节日的气氛。我的到来，也算给孩子们增添了节日的喜庆，我和孩子们热闹了一阵子才走。

给只有爸爸陪伴的孩子们一份惊喜

记得那天下午，王灯银的大儿子特别兴奋，他从红包里拿出了压岁钱，用手举着来回地看，看看正面再看看反面，似乎从来没有见到过百元的钱。让我没有想到的是，大年三十的晚上，我再次去16号农户家看望的时候，他家却连年夜饭都没有，孩子们正吃着炉子上的剩饭。

原来，那个大年三十的下午我走了以后，王灯银的大儿子从红包里拿走了100元钱便出门了，他走的时候没有和家里人打招呼，这让他的爸爸很生气，他爸爸派弟弟妹妹们出去找，也没有找回来。结果，王灯银的大儿子担心回家挨打，一晚上都没有回家。记得那天晚上零点的钟声敲过，我还去了他家。

2009年大年初一上午，我再次去16号农户家看望，家里的正房里一个人也没有，我看见桌子上放了一个纸条和50元钱，纸条像是王灯银的大儿子写的检讨，上面歪歪扭扭的几行字里还有不少错别字。

取暖——送走 2008 年最后的夜晚

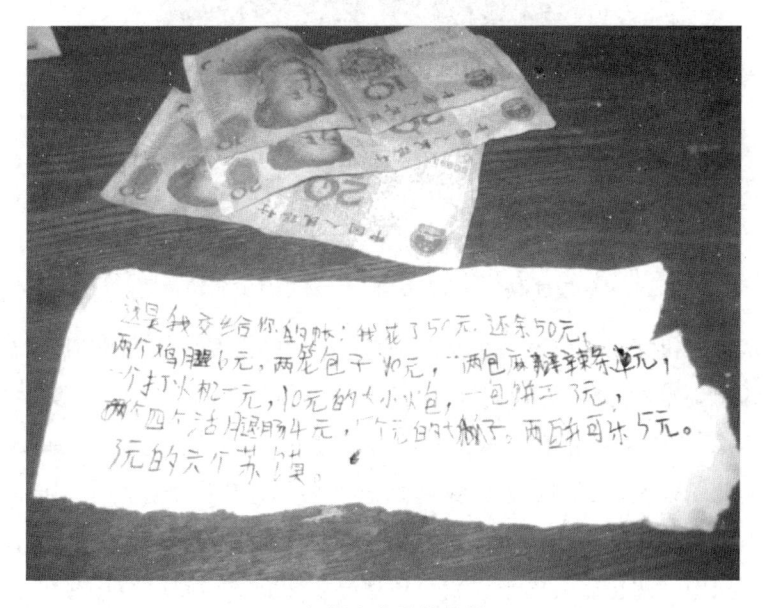

王灯银大儿子的检讨

## 山村的守望

　　那天,我从16号农户家走出来,看见王灯银的大儿子正在院子外面哭,哭得非常伤心,他的弟弟妹妹们正在安慰他。看来他昨天担心挨打没敢回家,今早回家以后还是没有躲过去挨打,估计他爸爸下手不会轻,否则他不会哭得这么伤心。每当我回想起这个情节,心里总是酸酸的,眼睛也湿润起来……

这年过得——哥哥很委屈,弟弟妹妹很同情

　　从王灯银家出来,准备去樊庄村81号农户家看望。因为81号农户家户主的媳妇是王灯银的姐姐,所以王灯银夫妇和我们一起去了樊庄村。在2003年春节和2009年春节期间,我都看望过81号农户家。正好81号农户家的儿子宋虎也放假在家,我把笔记本、台历等礼物交给了宋虎,把特意为他家做的相框交给了宋虎的妈妈,相框里是腊月二十四日李主任一行到他家慰问时的合影。本来,我也想送一张2009年春节时和他们全家的合影,考虑到他们看到两个女儿在世时的照片会很伤心,特别是在春节,所以最终还是放弃了。

宋虎一家人见到我特别高兴，非让我们多坐一会儿，要给我们炖肉吃。今天过来，我主要是想看看宋虎，因为有一段时间没有和他见面了。自宋虎的两个姐姐因病去世后，他就成了家里的独苗，对宋虎的父母来说，他的健康比什么都重要。宋虎的两个姐姐去世以后，每次我到他们家看望，宋虎的母亲都会大哭一场，那个场面真的是戳心窝子。今天也许是过年，宋虎的父母都没有流泪，我说话也小心翼翼的，尽量避免提及他们的两个女儿。

宋虎的父母都是老实巴交的农民，平时宋虎住校，他的父母在家务农，家里的生活在村里算是困难的，但是比起我第一次到他家的时候要好多了。宋虎的母亲说："今年春节家里买了20多斤猪肉，还买了些粉条，花了300多元钱。平时娃娃不在家，我们也吃不了多少肉，家里要用钱的地方多，过年稍微改善一下生活就可以了。"她一边说着，一边把两大块猪肉拿出来，叫宋虎帮助切一下。看着宋虎和他妈妈赶忙切肉的那一瞬间，我的心里有一种难以形容的滋味，如果宋家的两个女儿能够和他们一起吃肉该有多好，能够足足地吃上一顿大肉该有多好……

我们在宋虎家只待了十几分钟，便去了樊庄村52号农户宋向荣家。宋向荣家和宋虎家离得不远，院子的大门外停着两辆越野车，他家大门口贴的对联是绿颜色的，因为宋向荣的老母亲前年去世了。赵队长说，如果家里有人刚去世，对联要贴绿颜色的；如果去世还不到三年，对联要贴黄颜色的，但也有的农户贴绿颜色的。

宋向荣，今年62岁，没有上过学；他的老伴59岁，也没有上过学。他们夫妇生有5个孩子，2女3男。尽管宋向荣夫妇都不识字，可是他家5个孩子里有4个都是大学毕业。现在，大儿子在银川一中教书，二女儿在兰州一所中学教书，二儿子在西安一家企业做研发工作，小儿子在固原一中教书。

走进52号农户家的院子，就能感到有一种人来人往的气场。我们在52号农户家只坐了半个小时，主人就送走了三大拨来往的村民，每拨来拜年的村民，都要坐下来喝口水、吃点瓜子、抽根烟再走。在宋向荣的家

里，感觉和在城里没有什么不同，吃的、喝的都是从商店里买来的，只是他家的正房比城里的房子更加宽敞。今年春节，三个儿子都带着媳妇和孩子回老家过年了，家人团聚，其乐融融。

宋向荣的老母亲去世以后，夫妇俩便经常和儿子住在固原城里，今年春节，他们也不用买什么年货，儿子们回家过年，所有的东西都给买好了。在樊庄村，52号农户和81号农户相比，可以说一个生活在天上，一个生活在地上。

我们从宋向荣家离开的时候，他在西安工作的儿子一定要开车送送我，说我春节还在骆驼巷村搞调查，实在是太辛苦了。因为樊庄村离我住的阴洼村有十来里的路程，所以我们没有客气，搭了个便车。赵队长说："坐上宋向荣家二儿子开的越野车，和坐上何老三开的'三二八'相比，感觉确实不一样。"其实，在我看来，只要能到达目的地，坐马车也是可以的。

今天上午一直都在走访农户，到樊庄村已经是中午了，所以没有赶上樊庄村正月初一上午例行的"迎喜"。"迎喜"就是迎接喜神。喜神从什么方向降临，事前要请风水先生看好。在樊庄村，每年正月初一上午，村里的男女老少都会到方神庙前来凑热闹，人们在方神庙前的空地上敲锣打鼓、放鞭炮、聊家常。妇女们都带着孩子，穿戴得漂漂亮亮的；男人们则朝着喜神来临的方向下跪，点香、烧纸、烧纸钱、磕头作揖、放鞭炮，祈求喜神给他们带来好运、带来福气。对着喜神降临的方向拜完以后，还要去庙里敬香、烧纸、烧纸钱、磕头作揖，祈求保佑日子太平。进方神庙庙堂里的大多是男性，女性一般不进去，只站在外面看热闹。也有的农户把家里的牲畜拉出来，系上红绸子，带上"骑鞍"（一种装饰品），顺着喜神来的方向转圈圈。

在骆驼巷村的5个汉族自然村中，只有樊庄村保留了"迎喜"的传统习俗。据樊庄村队长介绍，从他记事起，每年的正月初一上午都要"迎喜"，一般是在上午10点以后。今年樊庄村"迎喜"是11点左右开始、12点左右结束。听说来的人没有2009年春节时多，因为那时外出打工的人没有现在这么多。今年，大部分打工的人都回来了，但是有一部分人没有回家过年。

在当地农民看来,"迎喜"也是一个交流的机会。由于农民居住分散,平时交流的机会很少,"迎喜"这一天,大家都聚集到庙场,才有机会拉拉家常,看看谁家的娃娃长得乖,看看谁家的媳妇干净漂亮,看看谁穿的新衣服好看,等等。"迎喜"散场后,大家还要回家看望老人,陪老人坐一坐,唠唠家常儿。

樊庄村的农民说,今年前来"迎喜"的人虽然少了,但是鞭炮放的比往年都要多,有的白天也放花炮,主要是因为农民外出打工,手上也有些闲钱了。2009 年春节时,到庙堂里敬神也就放上 3 元、5 元,现在大多放上 10 元、20 元,还有放上 100 元、200 元的,很明显,农民手里要比以前有钱了。

返回阴洼村后,我特意去看望了阴洼村 13 号农户家的儿媳妇,我称呼她为小陆。小陆今年 36 岁,初中毕业,是从甘肃靖宁嫁过来的。她的丈夫 38 岁,初中毕业。对小陆的特别关注,缘于她家里出的意外事故。前年她上小学二年级的儿子意外落入张易镇一家淀粉厂的粉池里,不幸溺亡了。我听说这件事情后很同情她,2013 年何老三到北京治病返回骆驼巷村时,我还特意给小陆买了一个礼物,委托何老三带给她,希望她能够早一点摆脱阴影。

小陆自己开着一辆二手的小轿车,儿子出事之前还经常拉点活儿,儿子出事以后也没有心情拉活儿了,经常在村子里转悠。有一次,我一个人下乡,走在村里的田间小路上,突然下起雨来,正好被小陆看见了,她见我没带雨伞,便主动把我拉到何老三家门口,我下车后,她还主动提出来要和我照一张相。今天来看她,也是准备把我们的合影送给她。

赵队长带我去的是小陆家的老房子,听说她儿子出事以后,已经不在这里住了,我们等了一会儿,她带着女儿来了,女儿已经 4 岁了。我把做好的相框送给小陆,她看了好一会儿后说,根本就没有想到我会来给她送照片,更没有想到我会把照片放大并且装嵌在相框里。一边说一边埋怨我为什么这次来没有提前告诉她,并且说,昨晚她看见别人家过年都热热闹闹、团团圆圆的,非常伤心,一个人跑到山上哭了很长时间……

我们在小陆家的时候，接到固原五中吴老师打来的电话，说已经到了骆驼巷村的村口。吴老师听说我今年在骆驼巷村过春节，特意带着妻子和女儿到村里来看我，我让吴老师一家也一起到小陆家里来坐坐，聊聊天儿，正好也让小陆散散心。吴老师的妻子是固原二中的老师，女儿在北京的一所大学读书，正好放寒假回家，吴老师带女儿来，也是想让她到农村感受一下。虽然我们这些人身份不同、年龄不同，但聊得还挺带劲儿，彼此都感触颇多。在我看来，让你深入思考的，恰恰就是在无意的聊天中引发的。

吴老师一家准备返回固原的时候，我们又一起去看望了62号农户家的马阿舍，因为她下午从姥姥家回来后就给我打了电话。马阿舍见到我就是一个拥抱，她的脸上红扑扑的，笑得非常灿烂，所有来的人都没有看出来，面前这个阳光女孩儿，曾经一度抑郁得不能自拔。我一眼就认出马阿舍外衣里面那件红色的羊毛衫，一种特别的亲近感油然而生。

我们和马阿舍聊了一会儿她最近的学习情况以及家里的情况，便一起出来送吴老师一家返回。马阿舍急忙到厨房拿出她亲手做的八宝蜜，这是当地治疗咳嗽的一种偏方，蜂蜜里面主要是苦杏仁。马阿舍听说去年春节前我因肺炎住院，这是特意为我准备的。我告诉马阿舍，这两天还在村里，不会马上走，等我走的时候，一定会再过来。

送走了吴老师一家，又目送马阿舍回家，然后和小张一起返回。小张的母亲已经为我们准备好了饭菜：米饭、猪肉炒芹菜、猪肉炒大白菜。吃过晚饭，已经是8点多了，小张家的小卖部里挤满了打牌的人，男丁们一边喝酒、一边划拳，小小的屋子里，弥漫着呛人的白烟。现在，农村也流行起了跳广场舞，小张的母亲喜欢跳舞，于是我们一起溜达着去了庙堂前的空地，那里正放着音乐，但真正跳舞的农民并不多，前来的人大多是站在边上看热闹、说笑、聊家常儿，孩子们则围着大人跑来跑去。

骆驼巷村正月初一的夜晚，依旧寒气袭人。晚上9点过后，来凑热闹的人便纷纷回家了。

今晚，我要早些休息了。

## 六　2014 年农历正月初二（2014 年 2 月 1 日）

这一觉醒来，浑身的疲倦缓解了不少。习惯了住村早起散步，呼吸村庄的新鲜空气，享受村庄的开阔宁静。

正月初二的早上，骆驼巷村的天空有些阴沉，外面几乎看不到过往的村民，整个村子像是还在休息，四周显得格外安静。

小张家的对面，是一溜山坡，山坡上住着几户农家。从山坡下远远望去，农户家大门前的红灯笼格外醒目。不由得顺着黄土小路漫步走去，狗，不停地叫起来。山坡上农家院子的大门一个挨着一个，门柱上挂的红灯笼，门框上贴的对联，门扇上贴的门神，让人感觉到了一种过大年的喜庆。

春节挂的大红灯笼，帖的门神和对联

我随意走进了这几家农户的院子,院子里的主人像是刚起来一会儿。院子里的房子都比较新,像是近几年才盖的,屋子里收拾得也比较整齐,如果没有贴着墙边的土炕,家居摆设和城里相比也差不了多少。显然,这几家农户的主要经济来源不是依靠种地。

早早起来的爷孙俩

其乐融融全家福

2009年春节，骆驼巷村挂灯笼的农户只有三成左右，并且挂的灯笼也没有现在这么大，做工也没有现在这么精制，看上去也没有现在这么提气。这几家农户门前挂的灯笼，宽两尺多，高一尺多，每个都要五六十元，有的甚至更贵。2014年春节，挂灯笼的农户有近一半，但是能挂这么大灯笼的农户还是少数。

20世纪90年代初，骆驼巷村的农民过春节都还是自己写对联，不会写字的农民便请邻家会写字的人帮助写对联；20世纪90年代末期，买对联的农民渐渐多起来。2003年春节，大约三成的农户贴的对联是自己写的；到2009年春节，自己写对联的农户只有两成；今年的春节，自己写对联的农户连一成也不到了。

2003年春节，买一副正房贴的普通对联需要1~2元，买一副院子大门上贴的普通对联需要3~4元；2009年春节，买一副正房贴的普通对联需要2~3元，买一副院子大门上贴的普通对联需要5~6元；今年春节，买一副正房贴的普通对联需要3~4元，买一副院子大门上贴的普通对联需要10元左右。带有装饰性质的对联，其价格也会随着做工、材料等上涨。

不少农民说，以前过春节农民自己写对联，更多的是一种心情的交流和表达，对联写什么内容、请谁来帮助写、对新一年有什么样的期盼，写对联的时候就自然而然地流露出来了。农民自己写对联看重的不是好看不好看，而是写对联的心气儿，这种心气儿用钱是买不来的。现在还有些人保持着自己写对联的习惯，在固原的隆德县，喜欢写毛笔字的人就不少，他们写出来的对联也非常具有观赏价值。

从山坡上转下来，我又在附近随意走访了几家农户。路上看到有的农民在喂牛、喂羊，有个农民看见我在村里转悠，便拉上我，让我去听大伙说说去年村里盖牛羊棚的事儿。我还在犹豫不决之中，不少村民就围拢过来。他们像是终于碰上了倾诉对象，一齐张口冲着我说起来，有的农民情绪还挺激动。看来，这是要把他们的怨气一股脑儿地倒在我这里。

几乎我每次下乡，都会碰上类似的情况，平时村里给我打电话反映问题的农民也不少。说实话，我真的很为难。我认为，农民对我信任只是一个方面，关键是他们遇到了问题不知道该找谁，也不知道通过什么渠道找，更不知道怎样做才能解决问题。

2013年，骆驼巷村成为固原市财政局的帮扶对象，市财政局为村里争取到了盖牛棚的项目。据了解，这个帮扶项目的具体实施办法是：一个标准牛棚，政府补贴11000元，农民自己掏4100元，其中100元是交给村委会的。也就是说，一个标准牛棚，造价是15000元。

归纳农民的意见，主要有以下几点。

第一，"面子工程"？

据农民反映，2013年在骆驼巷村实施的盖牛棚项目，共拨给了129个指标，但是其中2/3的指标都用在了骆驼巷村村口处的小庄、驼巷2个回族自然村。而位于骆驼巷村里端的5个汉族自然村，则只给了1/3的指标。对此，居住相对偏远的汉族自然村的农民有意见。

第二，"一刀切"？

据农民反映，盖在骆驼巷村村口处的2个回族自然村的牛棚，有不少都闲置着，并没有养牛羊，有的牛棚已经成了放东西的地方。而5个汉族自然村有不少养牛羊的农户，有的甚至是养了一二十年牛羊的农户，现有的牛羊棚都快要塌了，却没有争取到盖牛棚的指标。对此，汉族自然村养牛羊的农户有意见。

第三，"村干部优先"？

据农民反映，不少养牛羊的农户没有争取到盖牛棚的指标，但是有的村干部一家就盖起了两个牛棚，有的村干部的直系亲属还得到了养殖大户专项投资，但实际上并没有进行规模养殖。对此，没有争取到盖牛棚指标的养殖大户有意见。

第四，"村务不公开"？

据农民反映，2013年给农民盖的牛棚，标准规格是6米×10米，除此之外，还给3家农户盖了占地1亩左右的大牛棚。为什么新建的标准牛棚还不能满足现有养殖农户的需要，却要投入大量资金建大牛棚？能够盖大牛棚的条件什么？这3个大牛棚对骆驼巷村整体发展养牛养羊产业有什么好处？对于这些问题，村民不清楚。

第五，"弄虚作假"？

据农民反映，2013年11月下旬，村里听说领导要来骆驼巷村检查牛棚项目进展情况，为了应付检查，突出农民在发展养殖业方面取得的成绩，那些新盖了牛棚但没有养牛养羊的农户，就从养殖户家借牛、借羊，忙活了好几天，结果领导没有来。对此，没有争取到盖牛棚指标的养殖户有意见。

农民提意见，我只能听，只能记录，不能解答。道理很简单，因为我也不了解情况，也没有做深入的调查研究。听完农民诉说后，已经是上午9点了，我赶忙返回小张家吃早饭，急急忙忙吃了碗面，便和小张、小陆、赵队长一起去刘庄村。

今天，小陆主动要求陪我们，我们可以不用步行去了。坐上小陆开的车，我们只用了10多分钟就到了刘庄村。此时，天空已经放晴，一望无际的蓝天白云，飘动着；一望无边的黄土高坡，奔放着。骆驼巷村，吐露着迎春的气息。

今天，先去了刘庄村31号农户魏克俊家，这是我2003年春节、2009年春节走访过的农户，他家曾经是村里的低保户。31号农户家在刘庄村的最高处，车开到刘庄村的村口处，我们便要步行上去。从村口走到魏克俊家有三四里路，小陆喜欢聊天，我们几个人边走边聊，不一会儿工夫就到了。

户主魏克俊，今年58岁，没有上过学；户主的媳妇46岁，也没有上过学。他们生有3个儿子，大儿子27岁，小学四年级就辍学了；二儿子24岁，小学毕业；小儿子22岁，初中毕业。3个儿子现在都在外打工。记得2002年大年三十那天，是我第一次到他家慰问，那时候他家的生活非常困难，3个孩子上学要用钱，媳妇看病要用钱，可是全家的生活来源就靠种7亩地，用当地农民的话说：日子简直"不得过"。2003年春节，我给他家100元钱，就能派上大用场。

魏克俊夫妇看见我来了，连连问"林老师，你好着呢吧；林老师，你好着呢吧"，就像是见到了老朋友一样亲热。我的到来，让他们有些手忙

脚乱，又是拿干果，又是拿水果；又是拿糖，又是拿烟；又是拿牛奶，又是拿啤酒。端了一大盘西瓜子也给碰撒了，几分钟的工夫，小炕桌就摆得满满的。看着这些好吃的，不用说，今年他家的春节"过得"。

比起 10 年前的春节生活好多了

魏克俊笑着告诉我："今年在外面打工的儿子回来了两个，小儿子在上海打工没有回来，我们两口子今年过春节什么也没买，家里的东西都是两个儿子买的。"说着便打开了两瓶啤酒，非要我们喝上一杯，为了庆祝一下在春节能相见。大白天的我就和魏克俊夫妇一起干了一杯，杯子里的啤酒是凉的，可大家的心里却是暖的，这杯啤酒喝下肚，畅快！

我顺便到魏克俊家的灶房看了看，灶房里有肉、有蛋，还有两小箱牛奶，看来儿子回家过年想的还挺周到。一个大食品袋里装满了大馒头，一个馒头就有半斤重，魏克俊的媳妇说是在街上买回来的。现在有不少农民已经不在家里做馒头了，想吃的时候就到街上去买，这要在 2003 年是不可想象的。

2003 年春节第一次到魏克俊家时，他们住的那间土坯房到现在也没有拆，只是在土坯房的侧面接出了一小间砖木房，看上去不是很牢固。我问魏克俊，为什么还住在山头不搬下去，他回答说："本来打算在山下自家的承包地里盖房子，但是村里没有同意，说农田不能随便盖房子。"由于魏克俊家住在刘庄村的山坡高处，吃水很不方便，要从下面拉水吃，他就在家门前挖了一口井，把井的周围砌上水泥，拉上来的水就存在这口深井里。这样的小智慧，在农民的日常生活里经常可以看到。

从魏克俊家出来，我建议再去看看刘庄村的安俊奎，于是，魏克俊也和我们一道去了。躺在床上的安俊奎，看见我们来了，用力张大眼睛，抬了抬头，意思是招呼我们进去。魏克俊点了一支香烟，抽了一口，然后给安俊奎插在了嘴边，意思是过年了，也给他敬一支香烟。我拿出相机，给安俊奎照了一张嘴边含香烟的照片，安俊奎赶忙吸了一口香烟，我赶快叫魏克俊把香烟拿掉了。

过节了，躺在炕上的病人也想吸一口烟

虽然安俊奎久病不起，但他的头脑一直都很清楚，他嘴里低声念叨着："嗯，林老师来了；嗯，林老师来了。"我问安俊奎的弟弟过年吃饺子了没有，他回答说："今年春节前你们来看望我们，过年我们也给老哥改善了一下生活，大年三十晚上和正月初一早上都吃了饺子。"我让安俊奎

的家人站到安俊奎的炕边，给他们照了两张全家福。

和安俊奎一家告别后，我便去看望1号农户任秉章的老伴。本来，1号农户家的生活在刘庄村算是不错的，但是为了给几个儿子娶媳妇，背了一屁股的债，生活质量一下子就下降了。户主任秉章，今年68岁，初中毕业；他的老伴68岁，小学毕业。他们共生育了9个孩子，5男4女。我2003年做入户调查的时候，他们老两口经营了一个小卖部，没有和孩子们住在一起，我还经常去小卖部歇息。

听村里的人说，去年任秉章的老伴不小心摔了一跤，至今不能下地，看病花了2万元，不能报销，全部自费。我们到1号农户家的时候，户主任秉章没有在家，老伴一个人坐在炕上。她说现在可以在炕上活动活动了，还可以在炕边的火炉子上简单做点饭，我问了一下她看病为什么不能报销。原来，1号农户家一直都缴着医保，但是2012年错过了缴医保的时间，结果不能补办了。说来他们的运气也真不好，偏偏就在2013年，老伴不小心在自己的家门口摔了一跤，把股骨头给摔坏了。这一年，老伴所有看病的钱都不能报销，2万元的医药费对他们来说是一笔不小的支出。

从刘庄村出来，我去了驼巷村25号农户马进万家，他家也是村里的低保户，是我从2003年春节就开始重点跟踪记录的贫困农户。马进万今年59岁，没有上过学；他的老伴55岁，也没有上过学。他们生育过3个孩子，两个女儿、一个儿子，遗憾的是，儿子半岁的时候就夭折了。马进万的大女儿，初中毕业后到北京的一家餐馆干了两三年，2012年出嫁了。虽然彩礼钱只给了两三万元，但是男方把马进万大女儿住的那间房子布置一新，还买了一台彩色电视机。马进万的小女儿，初中毕业后因为身体不好，在家里待了一年，后来上了固原农校，只念了一年就不去了。马进万的小女儿对我说，如果有合适的人家，也准备出嫁了。

马进万的小女儿还说："今年春节姐姐没有回家，现在家里的生活挺好的，没有以前那么困难了。"实际上，回族是不过春节的，但在宁夏回族自治区，过春节时回族人也放假，过古尔邦节时汉族人也放假，回族和汉族的节日已经交融在一起了。骆驼巷村是一个回族和汉族农民共同居住的村庄，每逢节日，回族和汉族农民之间也相互庆贺，相互感受节日的喜悦。

马进万家住的新房子，是 2011 年危房改造时建成的，他家以前住的土坯房子又小又破，灶房已经露了天，如果没有国家的危房改造项目，像马进万这样的贫困农民，是很难住上新房子的。马进万家的旧房子在新房子的后面，到现在也没有拆，新旧房子形成了鲜明对照。退耕还林以后，马进万家就剩下两三亩地了，如今，他家里养了十几只羊，依靠养羊就可以维持生活了。

从马进万家出来，我们去了马其沟汉族自然村。在骆驼巷村的 7 个自然村中，马其沟村的地理位置相对独立，如果没有车步行过去，需要 1 个小时左右。今天一天尽管有小陆开车陪同，到马其沟村也已经是下午两点了。从车上下来，一股暖流迎面扑来，午时的骄阳覆盖着黄土地，走在村庄的小路上，羽绒服已经穿不住了。

我们先去了 32 号农户庞国强家，这也是我 2003 年春节、2009 年春节走访过的农户。户主庞国强，今年 47 岁，小学毕业；他的媳妇 44 岁，没有上过学。他们生了 2 个孩子，老大是女儿，小学三年级就辍学了；老二是儿子，读到初中二年级也辍学了。2003 年春节我去他家慰问的时候，大女儿庞亮给我留下了深刻的印象，从此，我就记住了这个性格内向的女孩儿。

庞国强的媳妇外出打工比较早，2002 年跟别人跑了，当时庞国强 36 岁，庞亮 12 岁，她的弟弟才 10 岁。在农村，家里的媳妇跑了，日子就没办法过了，年少的庞亮只好辍学，过早地承担起了家务，做饭、喂牛、整地、锄草，家务活儿都包在了她的身上。庞亮是一个懂事的女孩儿，第一次见到她时，几乎不张口说话，沉重的家务让这位少女变得内向早熟。那时候，我很想帮助庞亮重新回到校园，可几次努力都没能实现。

如今，庞亮已经做妈妈了，儿子都 3 岁了。2009 年春节我到她家时，庞亮刚好从广州打工回来，已经长成大姑娘了，见到我还有几分羞涩。那时，她和弟弟都在广州的一家电子设备厂打工，月薪 1200 元左右，加班还有加班费。她家已经不再住又小又暗的土坯房了，换成了一排新盖的宽敞明亮的砖瓦房，房子外面还有用红砖砌成的院墙，真是今非昔比啊。庞亮

的爸爸说，盖房子的钱都是庞亮和她的弟弟打工带回来的。很遗憾，今天没有见到庞亮，她们一家子在内蒙古打工，春节没有回来。

骆驼巷村下午的天气，暖和得犹如春天。从庞国强家出来，看见几个正在打篮球的学生。在马其沟村的水泥马路边上，有一块不大的空地，支着一个旧篮球架子，学生们正在往篮筐里投球，不时地来回跑动。我的第一反应，就是在这里锻炼身体很不安全，因为这个篮球架子就在马路的旁边，虽然这里过往的车辆很少，但是在马路旁边来回跑动，还是存在较大的安全隐患的。

马其沟村的农民说，10号农户吴文化的儿子吴俊杰家生活比较困难，于是我便去了他家。吴俊杰42岁，读过小学三年级，他有一个儿子叫吴建宁，在张易中学上初中二年级。走进他家的时候，屋子里只有吴建宁一个人，他正在炕上写英语作业，他说父亲春节没有回家，在中卫的一家工地看大门。

据了解，吴建宁生下来还不到半岁，母亲就因为家庭矛盾服毒自杀了，他们父子俩的户口现在都在爷爷吴文化家。今天走到吴建宁家，是听了村民的意见临时决定的，吴建宁过春节一个人在家里写作业，这让我感到很意外，因为他是我在节日期间看到的第一个在家里写作业的学生。在他家的墙上，贴着一张三好学生的奖状。2013年11月初，我和教育部的同志曾去过张易中学，所以吴建宁在学校见过我。我鼓励他不要自卑，要努力学习，要用知识改变命运，他懂事地点了点头。言语不多的吴建宁低声对我说："我会好好学习的，虽然我妈不在了，但我妈一直在我心里，我妈一直在。"

我想，每个做母亲的，听了吴建宁的这些话都会心酸，此时，小陆的眼睛已经湿润了。我给吴建宁留下了压岁钱，并且留下了我的电话号码，嘱咐他说："如果学习期间遇到什么困难，可以随时和我联系。"吴建宁又点了点头。他送我们出门时，我看到他的眼睛里一直含着泪水，但始终没有让眼泪流出来，他低着头，静悄悄地跟在我们的后面，从他家门口一直走到土坡下，并站在土坡下目送我们走远……

接着，我们去了37号农户孔维兵家，他家是村里的低保户。户主孔维兵，今年50岁，没有上过学；他的媳妇38岁，也没有上过学。他们生有一个女儿，今年16岁，是一位智力障碍者。孔维兵的媳妇在六七年前离家出走了，至于去了哪里，村里无人知晓，留下了一个有智力缺陷的女儿。为了照顾女儿的生活，孔维兵不能外出打工，只能在家里种地维持生活。

在村里，孔维兵的人缘挺好，媳妇跑了，家里没有女人管了，村民们就时不时地到他家里坐坐。我们到他家不久，就来了不少邻居。大家在一起唠了一会儿家常，喝了一杯茶，喝茶时我看见了炉子上炖的猪骨头，于是转身去了他家的灶房。一进灶房，就能感觉出来媳妇常年不在家的清冷，灶房里放的一大盆猪肉格外显眼，我随口问："今年过节家里买了了多少肉？"孔维兵回答说："今年过春节家里没有买肉，这些肉都是邻居们送的。"原来春节前，邻居们家里有杀猪的，就把孔维兵叫去帮忙，帮完忙之后，邻居们总要给他拿上一块肉。用邻居们的话说：这家人太可怜。

我给孔维兵父女送了慰问金，并且照了相，之后便与在他家里闲聊的村民一起走出来，在马其沟村里转了转。今天的天气格外暖和，不少农户家里的牛都拴到了院子外面的大树下。从马其沟村的外观上看，在这个自然村，争取到盖牛棚指标的养殖户的确不多，有几家农户的牛棚确实快要塌了。在马其沟村，一提起盖牛棚的事儿，农民都异口同声地表示了内心的不满。

从马其沟村返回的时候，我特意去了小庄回族自然村19号农户马志清家，主要是想看看他家养牛的情况。19号农户家在小庄村的北山坡上，路不太好走，车开上去比较困难，小陆开车的技术挺不错，硬是从黄土小路开上了坡顶。可是不巧，他家里没有人，于是，我们返回小庄村的村口处，去了他家新盖的牛棚。

19号农户家新盖的牛棚，在骆驼巷村入口处水泥马路的南侧，离村委会不太远，他家新盖的牛棚，是两个东西相对的大牛棚，牛棚的北侧围着铁栅栏，铁栅栏的大门对着骆驼巷村入口处的水泥马路，看上去非常醒目。他家新建的牛棚占地面积大约为1亩左右，东侧的牛棚北边，还盖有两间房子，平时可以住人。不巧的是，牛棚的铁门上挂着一把大锁，看门的狗冲着我们不停地叫。

## 山村的守望

2003年我第一次在骆驼巷村做入户调查时，马志清家里就养了好几头牛，那个时候，家里能养几头牛的农户是很少的。当时，他家里不仅养牛，而且贩卖牛，生活一直算是村里比较好的。马志清今年62岁，没有上过学；他的老伴60岁，也没有上过学。他们生有6个孩子，1男5女，女儿都出嫁了，儿子也成家了，现在儿子一家和他们一起生活。儿子马无旦今年30岁，小学毕业；他的媳妇33岁，也没有上过学。他们生有3个儿子，大儿子10岁，在驼巷小学读三年级；二儿子7岁，在驼巷小学读一年级；小儿子刚刚4岁。

我们在牛棚前等了一会儿，马无旦的媳妇带着儿子回来了。看见我们后，马无旦的媳妇说："现在两位老人住在山坡上的老房子里，我们带着孩子住在这里，一是便于照看牛，二是方便孩子上学。"我走进北头的住房看了一下，里面那间房子的墙上，有一个窗口，从这个窗口可以观察到牛棚里面的情况。两个大牛棚，每个长约30米，宽约7.5米，高约3米，东侧的牛棚里什么都没有，西侧的牛棚里有十来头大牛。

我问马无旦的媳妇："怎么东侧的大牛棚里没有牛？"她回答说："现在光盖这个大牛棚，我们自己就投入了4万多元，已经没有钱再买牛了，还要想办法去贷款。"我接着问："盖这么大的牛棚共需要投入多少钱？"马无旦的媳妇说："听说完工后需要20万元，具体的我也不清楚，反正我们家里投入了4万多元。"在牛棚的南侧，挖了一个斜面的大土坑，最深处有五六米，说是存放草料的料池。

在骆驼巷村，我关注的农户都是家里生活比较困难的，所以对19号农户家没有特别关注。但是，2012年9月11日上午，一次偶然的见面，让我关注起他家养牛的情况。那天早饭后，我乘公交车去骆驼巷村，在红庄乡下车后，天落起细雨，于是我先去了骆驼巷村村委会避雨。村委会大门敞开着，但里面没有村里的人，只有一个外面来的人在修电脑。不一会儿，一个骑着摩托车的青年急匆匆地从车上下来，直入村委会办公室，原来他是来找村干部盖章的。这位青年就是19号农户家的儿子马无旦，他清瘦的脸上那对发亮的大眼睛，很容易给人留下印象。

马无旦的神情看上去很是着急，他在村委会环顾了一下，见没有村里的人，就准备走了，走到房门口时，突然转过身来对我说："林老师，你能不能帮助我想想办法，现在信用社有无息贷款的项目，我家的牛棚不行了，牲畜市场也被封了，这段时间不允许买卖牛羊，我想贷点款把牛棚翻新一下，可是贷款需要有正式工作的人做担保，我们家里都是农民，亲戚朋友也都是农民，只好求村干部帮忙，可是现在办手续的时间很快就要过了，都还没有个准信儿。"

看见马无旦着急的样子，我问他："你家的牛养得怎么样？贷款以后能不能按规定的时间还上？"他回答说："肯定没有问题，要不林老师你跟我去家里看看，我现在实在是没有办法，你就帮助帮助我们吧。"我觉得马无旦想通过劳动致富，这是一件好事情，也没有多想，就和他一起去了。马无旦夫妇和他们的父母一起养牛多年，经验比较丰富，他家的牛的确养得不错，有十来头大牛、两三头小牛，这在骆驼巷村还不多见。我对马无旦说："这样吧，我经常到村里来，要不我帮你做担保吧。"马无旦一家听后很高兴，连连道谢，还要去了我的电话号码，对此事抱的希望很大。

没想到，第二天马无旦就给我打来电话说："林老师，担保人必须有本地户口，你是北京户口，你一定要再帮助我们介绍一个在固原工作的人。"这下子可给我出了一个难题，不帮吧，对方一定很扫兴；帮吧，还真是一件麻烦事儿。考虑到昨天让人家高兴一场，今天电话里就马上拒绝不太合适，我叫马无旦先等一等。放下电话后，我便给一位在原州区工作的熟人打了电话，说有事情想见见他。

为了马无旦贷款的事情，我专门跑了一趟原州区，对方一听说是担保贷款，表示非常为难，并说现在这种事情太多了，不少担保人都遇到了麻烦，有的都是老朋友，甚至亲兄弟。我对这位熟人开玩笑地说："他家养的牛我看过了，如果5万元贷款出了问题，我就还你50万。"最后，对方还是看在我的面子上同意了。

次日，马无旦夫妇赶到固原，在原州区办理了担保人的一套手续后，满脸挂着笑容返回了。在我看来，5万元贷款不算多，但是对于农民家庭来说，也不是一个小数字。在我的帮助下，马无旦家的贷款有着落了，也

算是给他家解决了一个大问题。从此，我便开始关注起马无旦家养牛的情况。

关于骆驼巷村盖牛棚的事儿，我春节过后在村干部那里了解了一下情况。据了解，2013 年骆驼巷村给农民盖的 129 个牛棚，其标准是长 10 米、宽 6 米、高 3 米。其中，2 个回族自然村新建了 80 个，刘庄汉族自然村新建了 19 个，樊庄汉族自然村新建了 6 个，马其沟汉族自然村新建了 10 个，阴洼汉族自然村新建了 7 个，阳洼汉族自然村新建了 7 个。在这些新盖的牛棚里，有 89 个是由原州区扶贫办公室援建的，有 40 个是由固原市财政局援建的，每个牛棚收农民 4100 元，政府补贴 11000 元。

另外，3 个规模较大的牛棚，是由原州区扶贫办公室援建的。其中，小庄回族自然村有 2 个，一个就是上文提到的马无旦家的，另一个是 54 号农户马如俊（村支书）家的。还有一处大牛棚，建在了樊庄汉族自然村 96 号农户郑四仓家。马如俊家新盖的牛棚在骆驼巷村入口处水泥马路的北侧，是两个东西相对的 7 米×20 米的大牛棚，西侧的大牛棚里养了十来头大牛，东侧的大牛棚空着。据马支书说，他家盖的大牛棚自己投入了 4 万多元。郑四仓家新盖的是羊棚，在樊庄村入口处马路的南侧，里面有一对东西相对的 7.5 米×28 米的大羊棚，还有一对 7.5 米×20 米的大羊棚，共计 4 个大羊棚，占地面积为 2 亩左右，外侧羊棚的北边盖有两间房子，外间的墙壁上挂着"固原市原州区昌胜养羊农民专业合作社"的牌子和营业执照，但是羊棚里空荡荡的，只有两处有羊，总共也就是四五十只羊。据了解，樊庄村新建的大羊棚，全部是由原州区扶贫办公室援建的。

从小庄村返回阴洼村，已经是下午 4 点半了，我们从上午出门到下午返回，中间都没有吃饭。小陆建议到她丈夫的哥哥家吃饺子，说他们家正在包饺子，于是我们便一块去了。小陆丈夫的哥哥家在阴洼村的入口处，是阴洼村 54 号农户。户主张国军，今年 46 岁，小学毕业；他的媳妇 41 岁，没有上过学。他们生有 4 个孩子，3 男 1 女，大女儿 19 岁，初中毕业，由于患有先天性心脏病，手术后在家；二女儿 13 岁，在驼巷小学上六年级；三女儿 9 岁，在驼巷小学上三年级；小儿子 6 岁，在驼巷小学上学前班。由于他家孩子多，大女儿身体又不好，生活条件很一般。

我们到 54 号农户家时，小陆的丈夫和女儿，还有小姑子一家人都在，小陆的小姑子把家安在了武汉，这次一家人从武汉赶回来过春节。人多力量大，没过多一会儿，饺子就包好了。这顿饺子大家都吃得特别香，饺子馅儿是猪肉萝卜的。小陆说，他哥哥家里的人还没有照过全家福，于是吃过饺子后，我拿出相机，屋里屋外地给他们照了一阵子，临走时给了孩子们压岁钱，表示谢意。

一位邻居家的老人说："以前春节给孩子们压岁钱是为了保佑孩子们平平安安，看重的不是钱多钱少；现在春节给孩子压岁钱，已经演变成给孩子零花钱了。2003 年春节，给一两元、三五元压岁钱，孩子们就挺高兴的了；2009 年春节，怎么也要给个五元十元的，少了孩子们会不高兴；今年春节，最少也不低于十元，家里生活好一点的，给五十元、一百元已经不算什么事儿了。我们小的时候哪来的压岁钱啊，给两个硬币根本舍不得花，保存很长时间。现在的孩子拿到压岁钱，转头就去小卖部了，根本就不当回事儿。"看来，随着农民生活水平的提高，压岁钱原本的意义也逐渐消失了。

原计划宋窪村的村医今天下午去固原的时候把我带回去，可是下午我却忘记了提前和他联系，他已经返回固原了。小陆主动提出来送我回原，她说："林老师，你能这样帮助我们村的农民，我们为什么不能帮帮你，你别客气，如果你要是想回固原，我晚上送你回去。"听了小陆的这番话，我觉得心里特别温暖。在骆驼巷村，我时常能感受到这种来自农民的温暖……

在返回固原之前，赵队长又陪我去了阴洼村 53 号农户何占库家和刘庄村 16 号农户王灯银家，一来是和他们道个别，二来是把节前借的包饺子的厨具带回固原。此时，天色已是蒙蒙黑了，两家人都已吃罢晚饭，孩子们在院子的大门外玩耍。不用说，今年这两家人的春节，过得都要比往年好。

在返回固原的路上，我接到马其沟村庞亮打来的电话，她说："林老师，你好吗？我爸告诉我，今天你来我们家啦，你来看过我啦，我知道你很忙，但有时间你一定要到我们在内蒙古住的地方来玩玩……"电话那边

107

的庞亮，已经不再是10年前的小姑娘了。

返回宁夏师范学院的宿舍，已经是晚上8点了，天色已经完全黑了，整个3号宿舍楼，看不见一扇亮着灯的窗户，正月初二的晚上，又撞锁了。于是打电话联系，20分钟后总算进了宿舍楼。或许，春节期间我来来去去，对宿舍楼值班员来说是一种不小的负担。小陆帮我拿东西一起上楼，喝了一杯咖啡，说了一会儿贴心话，才从固原返回骆驼巷村。临别时我嘱咐她："路上慢点开，到了一定来个短信。"小陆回答说："放心吧，没问题，再来骆驼巷村时我接你。"

小陆刚走，就收到了刘庄村49号农户安俊奎弟弟安俊文发来的短信，短信这样写道："难以忘记的林博士林大姐，我代表所有残疾人、困难家庭感谢您，祝福您全家新年大吉，万事如意，身体健康……您来到我们这里慰问，把严寒的冬天变成了温暖的春天，我们会感受到祖国的温暖和关怀，残疾人过上了幸福的新年，谢谢，辛苦了！"

我给安俊文回复了短信："谢谢你的祝福，祝全家春节愉快！"

三天的走访，感觉疲惫不堪，"年龄不饶人"这话一点儿也不假。接到小陆"已经平安返回"的短信，我倒头就睡了……

## 七 2014年农历正月初三（2014年2月2日）

今天是大年初三，再一次被骆驼巷村农民的电话叫醒。一看手机，已经8点了，拉开窗帘，又是一望无际的蓝天。起床后，随便吃了些早点，便带上换洗的衣服和出了故障的摄像机走出了学校大门。宁夏师范学院老校区的大门朝东，不管你去哪里，出了学校的大门都必须经过一条不宽的南北朝向的马路。

出了学校大门，我便向南走去，这条平日里嘈杂拥挤的马路，如今显得格外清静。像乡镇集市上那样一个挨着一个的地摊不见了，马路两侧的店铺也都紧闭着大门。不用说，来自四面八方的摊主、店主们都回家过春节去了。快到马路南端的路口处，有一片燃烧过的废墟，路人说，这里大年三十晚上因为放烟花引发了火灾，幸亏大火被及时扑灭，否则会波及紧挨着的固原商城。

出了马路的南口，我向右手方向走去，先到一家修理照相设备的店铺修理摄像机，店铺门口的提示牌提示明天才开门，我便去附近的宾馆洗澡。在宾馆的大厅里，忽然传来一个熟悉的声音："林老师！林老师！"止步一看，原来是在固原一家农行工作的小马。小马有些奇怪地问："林老师，你怎么在这儿？"我对小马说："这几天去骆驼巷村了，刚从村里回来，过来洗洗澡。"小马说："有时间一定到我们家里来啊！"原来，小马和几个同学约好到这里聚会，她挥挥手道了声再见，就和同学们一起上了电梯。

记得和小马第一次见面，也是在固原。那是2005年8月27日早上。那天早上，固原的天阴沉沉的，乌云压顶，尘风拂面。在固原旧长途汽车站对面的商城前，有一队身穿迷彩服的年轻人正在练队，小马就在队伍里。我听说固原回民中学有一个女孩儿，考上了西北民族大学，因为家里生活困难，放弃了上大学，准备在商城打工挣钱。在当时，回民中学能考上大学的女孩儿不多，我听说后决定见见这个女孩儿，在当地人的指点下，我来到固原商城。

小马，穿着不合身的迷彩服，当我把她从队伍里叫出来的时候，她满脸的诧异，她那又矮又弱的身体，又瘦又黄的脸，很难让我把她和考上大学联系起来。我问她："考上大学不容易怎么选择放弃了？"她回答说："上高中是有一位商人资助我，现在人家不再资助了，我是家里的老大，我还有三个弟弟妹妹，我想还是先打工挣钱自食其力吧。"我决定去小马家里看一看实际情况，于是叫了一辆出租车，去了小马家。小马的家在原州区官厅乡官厅村，从固原到她家，路上需要一个半小时。

小马的家在官厅村一条土路的旁边，土院子、土房子、泥土地、泥土炕、泥土窖，连家人穿的衣服都沾着泥土。小马的父母都是老实巴交的农民，不会说不会道，我们的突然到来，令他们有些不知道该如何是好，提起小马考上大学的事情，他们露出了满脸的愁容。我对小马的父母说："如果可以资助小马上大学，你们会同意她走吗？她是家里的老大，如果要去上大学，就要马上准备离开家了。"小马的父亲听了以后，眼里噙着泪说："女儿拿到录取通知书以后，高兴了好一阵子，看到家里确实没有

钱,才下决心不去了,虽然她嘴上说家里穷不念了,但背着我们悄悄哭过好几次……"

2005年8月29日上午,小马在固原火车站坐上开往兰州的火车,前往西北民族大学,圆了上大学的梦。小马在大学里学的是金融专业,毕业后考进了固原市的一家农行,并且成为这家银行的业务骨干。如今,她已经有自己的家庭,丈夫是她的高中同学,大学毕业后在固原市的一家工商银行工作,他们的儿子已经两岁多了,她还贷款在固原城里买了房,买了车。如今弟弟妹妹也都长大了,外出打工自食其力,家里的生活也好起来了。时间过得真快啊,看着小马走进电梯的那一瞬间,我有一种时过境迁的感觉。

午饭后,一位老师夫妇约我一起去了东岳山。

据相关文献介绍,东岳山位于固原城东1.5公里处,海拔1806米。因山顶曾建有东岳神庙而得名。从唐代起,东岳山上就开始兴建佛教与道教寺院。明代又进行了大规模的重建和修葺,根据历史记载和老年人回忆,到清代末,东岳山便形成了"九台十八院,七十二座大殿"的宏大建筑群,成为远近闻名的一座宗教文化名山,闻名西北。1958年在"破除迷信运动"中遭到严重毁坏,1982年以后,宫、观、寺、庙等逐渐修复,并逐步向园林式的观光、休闲旅游景点发展。如今,东岳山已经发展成为儒、释、道三教同处一山的人文景观。

东岳山保存比较完整的古建筑为明代修建的五龙壁,用青砖砌成,是一座砖雕艺术品。壁高5.4米,宽9米,基座厚2米,由壁面、壁座和壁顶组成。壁正面用160块方砖拼成"鱼龙游戏图",五条飞龙腾空而起,嬉戏火珠,伸爪吐雾,隐现于烟云之中;两条鲤鱼跃出水面,腾空飞转,似与游人相乐;波涛汹涌,松石相映,妙趣横生,一幅升平景象。正面底座上雕有十二生肖图案,惟妙惟肖,体现了艺术家巧妙的构思和精湛的雕刻艺术。1962年,宁夏文物部门进行过维修,1985年固原县政府再次修缮,并列为县级文物保护单位。现在,是固原市文物保护单位。[1][2][3]

---

[1] 固原县志编纂委员会编《固原县志》,宁夏人民出版社,1993,第27页。
[2] 固原地区地方志办公室编《固原地名综录》,人民日报出版社,2001,第22~23页。
[3] 原州区史志办编《原州史地文集》,原州区史志办内部资料,2013,第203页。

## 第二章 骆驼巷村过春节

2003年春节期间,我也是从骆驼巷村返回固原市里洗澡的时候顺路去了东岳山,那是我第一次去东岳山,当时住在固原邮电宾馆,后来经过重新装修以后,更名为华祺宾馆了。这家宾馆离东岳山很近,步行半个小时左右就可以到东岳山的山脚下。

记得第一次上东岳山,也是一个大晴天,尽管春节已过,山上的草木依旧是枯黄褶皱,一副冬季未尽的样子。那时候,登上山顶只能是步行,到达山顶大概需要40分钟时间。那时,我从山下走到山顶,一路上,游人寥寥无几。

东岳山,南、北、东三面环山,一起一伏的山塬伸向一望无际的蓝天,漂浮着的白云忽近忽远,远远望去,连绵不断的山塬像是在土黄色和淡蓝色之间拼接的屏障。从东岳山的山顶向西看,就可以看见固原城的全貌。那时候,固原城里几乎看不到6层以上的高楼,整个城中心一眼望去便可以收入眼底。

今天,去东岳山,天气依旧晴朗,阳光灿灿。自腊月二十三日从北京到固原后,一直都是大晴天。如今去东岳山,可以把车开到东岳山顶部的铁绳岭下。从固原城南的南河滩向东,途经清河镇,在清河镇的东南边,有一条通往东岳山山顶的水泥马路,当地人说这条马路是两三年前修建成的。

我们乘车路过南河滩附近,平日熙熙攘攘的人群已经不见了,路上显得干净整洁了许多。东岳山山脚下的清河镇一带,却没有什么太大的变化。清河镇西面的马路已经变成了土路,一个大坑连着一个大坑,拉货的载重车一歪一斜地驶过,扬起一阵阵黄土。车从这里路过,有些像坐过山车的感觉(2015年路面硬化)。

驶过清河镇那段坑坑洼洼的马路,向东便是上东岳山山顶的水泥路了。山脚下的路旁,丢弃着成片成片的垃圾,看样子已经很长时间没有人清理了。我们沿着上山的路转了几道弯,就到了东岳山最高处的"铁绳岭","铁绳岭"下面修建了一个不大的停车场。上山的人,比10年前明显地增多了,或许是因为在节日的放假期间。

据相关文献介绍,"铁绳岭"的来历有一个故事:相传1522年蒙古国

111

用兵攻打中原，在东岳山上安营布阵，准备攻取原州作为进攻中原的军事基地。因城内军民防御严密、城墙坚固而未能得逞，便恼羞成怒，放火烧毁了东岳山上的寺庙。后来，官府和百姓募捐重新修复了寺庙。新任总兵刘义在绝顶东岳祠修建了一个墩，起名叫"镇虏墩"，意思是镇住蒙古人的入侵。①

"铁绳岭"是东岳山的最顶处，好似东岳山的瞭望台，上"铁绳岭"，必须攀登一段陡峭的台阶，这段台阶有36级，斜度约60度，台阶两侧有铁链扶手，需要扶着铁链上去。"铁绳岭"是道教的场所，上面有三个坐北朝南的大殿，正对着台阶的大殿，门框上挂着一块写有"王灵祖师"的木匾，里面有一尊黑脸、三只眼睛、手持鞭子的塑像，当地人称"三眼金鞭"；中间的大殿是"无量殿"，里面有三尊神像，传说坐在正中央的是玉皇大帝，是武卫后军统领、甘肃提督董福祥1903年回归故里后，捐银600两修建的；后面的大殿是"静乐宫"，里面有一对身披黄绸子的坐像，传说是"无量殿"里敬奉的玉皇大帝的父母。

站在"铁绳岭"上向西望去，感受最深的是固原城10年来的变化。此时的固原城，已经不能一眼就收入眼底了，城市中心的面积扩大了四五倍，6层以上的高楼不再少见，新的建筑群此起彼伏，新建的道路通向四面八方。

站在"铁绳岭"上向北望去，不远处可以看见山坡上被烧黑的树木，但是面积不大；向东南望去，可以看见大面积被烧毁的树木，斑斑点点的墨色镶嵌在山坡上。据"铁绳岭"的服务人员说，东南方向的山叫黄峁山，大年三十下午，农民到山上上坟引发了大火，大火是从黄峁山烧下去的。看样子，那天刮风的方向是朝南，否则，这么大的火势，很有可能危及东岳山。

从"铁绳岭"的台阶下来，右侧有一间20平方米左右的平房，当地人称作"子孙宫"，里面有三尊娘娘的神像，正面是子孙娘娘的神位，左侧是催生娘娘的神位，右侧是送子娘娘的神位。这座"子孙宫"是改革开

---

① 原州区史志办编《原州史地文集》，原州区史志办内部资料，2013，第204页。

放以后当地人建的，到这里来祭拜的人都是来求子的。一位当地的游客对我们说，他认识的一个朋友不生孩子，到这里拜了以后，生了一个儿子。

出了"铁绳岭"院子的小门，西侧有一片空地，空地西侧的百米处，有一座坐北朝南的大殿，大殿上写着"三清神宫"四个大字，这就是道教中的"三清殿"。"三清殿"是道教供奉最高尊神之所，最高尊神即人们常说的"太上老君"或"太岁爷"。"三清殿"里正面的神像前，有一个木牌，上面写着"玉清圣境元始天尊之神位里"；左侧的神像前，有一个木牌，上面写着"太清仙境道德天尊之神位里"；右侧的神像前，有一个木牌，上面写着"上清真境灵宝天尊之神位里"。

"三清殿"的正前方，有一个比"三清殿"稍小些的大殿，大殿上写着"东岳宝殿"四个大字，这就是"东岳殿"。"东岳殿"里面正中央坐着一尊高大的神像，神像前摆着一个红色的木牌，木牌上面写着：东岳大帝尊神之位。在神像的两旁，站立着两位矮小的侍从，手持经卷。

在"东岳殿"前面不远的地方，有一个用石头砌成的六面香炉，香炉有两层，高2米多，顶部涂着褐红色的漆，侧面有点香的石洞，是供人们前来烧香祭拜的。

再往南走，下两层石台阶，正前方就是玉皇楼。玉皇楼里供奉的尊神是玉皇大帝。从玉皇楼前再下一层石台阶，就能看到五龙壁。从"三清殿"到五龙壁，由高至低，形成阶梯状的直线排列。

一位看管寺庙的人员对我们说："大年三十晚上和大年初一，到东岳山的人比往年都要多，大概有上万人次，为了防范发生火灾，明确禁止在山上放烟花。"他还介绍说："现在每个月农历的初一和十五来的人比较多，平时来的人很少，平均每个月有4000人次左右，但是这几年到东岳山来的人，大部分是外地人，本地人并不多。"

我们在东岳山山顶处转了一个小时左右就下山了。说实话，10年后再上东岳山，感觉这里的建筑陈旧简陋，所有的大殿都褪去了颜色不说，周围的环境也凌乱不堪。特别是五龙壁的周围，全是枯草，空寂荒凉，如果不是看过文献介绍，眼前的五龙壁不过是一块带有雕刻的石碑而已。"铁绳岭"孤零零地竖在一块高高的黄土上，从下面往上看，会有一种随时倒塌下来要被砸着的感觉。或许是因为树木还没有吐新绿，花草还没有绽新芽，总之，站在东岳山上，感觉不到身处文化圣地。

从东岳山上下来，我们乘车直接去了黄峁山，沿着公路先向东，然后再向南一直走下去，马路两旁山坡上被烧黑的一片片树木便映入眼帘。显然，大年三十下午的这场大火火势不小，从黄峁山一直烧到了彭阳县的挂马沟林场。看着一棵棵被烧黑的小树，实在让人心痛。后来宁夏师范学院的一位老师告诉我，他大年三十回老家过年，他的老家大湾村也因为农民在山上上坟，不慎着火了。

自2013年11月下旬固原地区下了一场雪之后，就一直没有再下过雪。整个固原地区的气候非常干燥，再加上大年三十下午的风比较大，农民在山上烧香、烧纸本身就是一种隐患。据当地人说，每年的大年三十和清明节，农民到山上上坟，都会引发火灾，只不过没有大年三十下午的这一场火大罢了。

在固原地区，大多数农民依旧保持着上坟的习俗，这么大的一个群体上山烧香、烧纸、烧纸钱、烧贡品，无疑给防火工作带来了很大的压力，特别是影响了对国家的林场、林园等的保护。显然，现实生活中农民上坟的习俗，给灾情管理带来了不小的难度。当上坟、祭拜、放鞭炮、放烟花等传统习俗与现代文明发生矛盾的时候，如何去转化这些矛盾？如何去进行有效的控制？已经成为眼下不能回避的社会问题了。

在返回学校的路上，太阳，渐渐落去；月亮，徐徐升起。走进宿舍楼，空空荡荡，依然是一人独处。我休整片刻，拿起了电话，在电话的那一端，高的、低的、慢的、快的、年老的、年幼的，真真切切的声音，带我回了一趟北京，回了一趟北京的家……

## 八 2014年农历正月初四（2014年2月3日）

今天，是正月初四，又是一个晴朗的天气。

上午，再次去修理摄像机，店铺的人叫下午来取，只好先返回学校。路过学校的传达室，看见里面有好几位值班的师傅，他们见我一个人出出进进的，便招呼我进传达室坐一坐。

我在学校住了几年了，值班的师傅都知道我。他们知道我是从北京来的，是个博士，经常下乡，打交道的人大多是农民。我平时出出进进大多时间匆匆忙忙，路过传达室最多是打个招呼或者点点头就过去了，但今天是春节的假期，出于礼貌，我便走进传达室和师傅们一起坐坐。

传达室的桌子上，摆了不少好吃的：干果、糖果、水果、豆制品、酱鸡爪等。原来，是传达室收发报纸信件的范老师的女婿，觉得师傅们在节假日里值班很辛苦，自己掏腰包买了些好吃的来看看他们，他们正你一句、我一句地坐在一起"侃大山"呢，很是热闹。

我很少有机会坐在传达室和师傅们聊天，突然，其中的一位师傅直冲冲地问我："你整天下农村，是不是为了自己的政绩啊？你怎么不关心关心我们这些人？"这样问问题的，我还真是第一次碰到，我一下子被问住了，感到有些错愕。也就是在这个瞬间，我脑子里闪过一个念头：采访采访传达室的师傅。于是我返回宿舍，拿上了笔和本子，再一次去了传达室。

某师傅，男，汉族，今年41岁，高中毕业，在学校传达室工作不到4年。1994年参加工作，是固原县物资局的一名职工，由于1998年固原县物资局改制，大部分职工被迫下岗，某师傅也下岗了，当时他只有25岁。按照某师傅1994~1998年的工龄计算，他拿到了16000多元钱，这就是传达室师傅们所说的：买断工龄，自谋生路。从此，他开始了没有工作的自谋生路的生活。

某师傅说，刚下岗时，他把买断工龄的1万多元钱存起来了，然后去了一家餐厅打工，月工资200多元，干了四五年，月工资涨到300多元。后来，和几个朋友合伙开了一家小面馆，把买断工龄的钱投进去了。可是，小面馆运营不到两年就倒闭了，主要是由于经营不善，他和朋友之间产生了矛盾。为了维持生活，他便去固原市建设局锅炉房烧锅炉，月工资500多元钱，干了3年。后来，由于孩子上学需要照顾，于是他又来到宁夏师范学院当保安。

某师傅1999年底结婚成家，他的媳妇，今年41岁，初中毕业。他们结婚时，媳妇也是餐厅打工的服务员，月工资200多元。2001年他们生了一个儿子，现在上小学六年级，在固原一所民办中学——弘文中学读书，每年光学费就要2000元。

某师傅是2010年到学校当保安的，当时月工资450元。2011年，根据国家规定的城市生活最低标准，他的月工资提高到了960元。

2012年8月，学校的保安转交给了宁夏新中天物业服务有限公司管理，他每月的工资提高到了1150元，缴完失业保险和养老保险以后，每月实际拿到手的钱是960元。

某师傅的父亲因病卧床不起，母亲患糖尿病，他的妻子不仅要经常去照看两位老人，而且要照顾正在上学的儿子，不能外出打工，全家人的生活全部依靠某师傅每月的960元钱和3个人的低保补助（每人每月补助195元），共计1545元。在城里，一切开销都需要钱，并且固原市的物价很贵，这样微薄的收入，上有老，下有小，比起农村贫困家庭，他的负担并不轻。

某师傅说："现在我们全家的这点儿收入，只能是勉勉强强填饱肚子，每天得精打细算才行。"为此，某师傅在学校传达室值班时，从来不去学校的食堂吃饭，每次到学校来花3元钱买好两个大馒头，早上吃一个大馒头，中午吃一个大馒头，喝的就是白开水，只有晚上回到家里，才能吃上一碗热乎乎的洋芋面。家里人几乎不买新衣服，某师傅平常穿的都是工作服，儿子平常穿的都是校服。

某某师傅，男，汉族，今年46岁，初中毕业，在学校传达室工作5年。1986年参加工作，是固原县皮革厂的一名职工。固原县皮革厂是一家国有企业，归原来的固原县二轻局管理。由于经营不善，固原县皮革厂于1997年倒闭，82名职工被迫下岗。某某师傅下岗时31岁，结婚时间不长，女儿才1岁多。他下岗时一次性买断工龄，每年补发720元，总共补了8200多元。

某某师傅的妻子，高中毕业，1992年参加工作，在固原县供销社的原州商场工作。1998年，上级指示商场要"分资经营"，于是商场就把商店里的物资分给职工一部分，把账面上的钱分给职工一部分，从此以后就什么也不管了。结果"分资经营"了4年,商店就倒闭了,其间,每月工资才100多元。

某某师傅夫妻下岗以后,一直做临时工维持生活,每月工资也就300多元。2009年,他到学校当保安,他的妻子到学校打扫卫生。工资待遇和上文提到的某师傅一样,刚来时月工资450元;2011年月工资960元;自2012年8月开始,月工资1150元,缴完失业保险和养老保险以后,实际拿到手的钱是960元。

某某师傅家的实际月收入,是夫妻两人的月工资1920元,加上3个人的低保补助540元,共计2460元。现在,他的女儿在宁夏师范学院上大学一年级,每年光学费就要5300元,还要给女儿每月600元的生活费,一年下来,再节约也要支出1万多元。某某师傅说:"幸亏女儿在本地上大学,如果要到外地上大学,生活负担就更重了。"为此,某某师傅到学校传达室值班时,也从来不去学校食堂吃饭,经常是饼子加白开水,尽量节约生活费供女儿上大学。

还有3位师傅,他们也都是下岗职工,他们的情况都差不多,都面临上有老、下有小的生活困境。这个群体的共同特征,就是在他们刚要成立家庭,或者刚刚成立家庭的时候,突然失去了工作,而这个阶段他们最需要工作,因为没有工作就等于断了谋生的路,就等于没有了饭碗。他们激动地对我说:"我们城市下岗职工的生活太苦了,你了解吗?你不要整天农民、农民的,现在农民的生活比我们好多了,你为什么不能呼吁一下社会和政府,关注一下我们这个群体,关注一下我们这个群体的下一代?"

一位师傅动情地说:"我们这些人平常不敢有一点儿病,生怕病找到我们头上,因为我们实在是没有生病的本钱,我们可以有的就是一个字——'忍'。我们值班从早上8点到下午3点,从下午3点到晚上10点,从晚上10点再到早上8点,为的就是全家人能吃饱肚子。这份工作好也要干,不好也要干,因为你不干,有的是待业人员来干,有的是进城务工的人来干。"

一位师傅低声地说:"我们这些人平常的生活就是一个'省'字,哪里有便宜的东西,哪里就有我们的身影。1斤肉便宜几元钱,就赶快买上几斤存在冰箱里，1斤菜便宜几毛钱，就赶快买上几斤存在阴凉处，为的就是给上学的孩子改善一下生活。我们这代人已经没有什么希望了，我们的希望全部在儿女身上。我们平时宁可少吃一点、少喝一点，也要尽可能地让孩子的生活好一点、身体健康一点。"

一位师傅庄重地说："我们对你说这些话，不是要你可怜我们，不是希望你捐助我们两个钱，我们需要的是社会的关注、社会的尊重。希望有更多的人关注下岗职工，希望社会分配能够更加公平，不要到头来我们下岗职工的生活反而不如农村了。"

第一次和传达室的师傅聊天，就被他们的一席话感染了，我觉得他们的生活太不容易了，他们的处境的确很值得同情。但是，他们直白地对我说，不需要我的同情，希望能通过我引起社会的关注，希望下岗职工这个群体在再就业中能够实现同工同酬。我知道，我只是一个普通的研究人员，怎么能够承受得起他们发自肺腑的重托呢？他们的诉说，像是一种呐喊，一种积在心底太久太久的呐喊。我能够做的，就是用文字原原本本地记录他们的心声。

返回宿舍，已经是下午两三点了，如果不采访传达室的师傅，今天我一定会在宿舍休息，因为明天还要下乡。我准备去取摄像机，结果白等了一天，修摄像机的人没有来。我有些郁闷，摄像机坏了，就像战场上战士的枪坏了一样。可是，固原毕竟不像北京那么方便，很多时候你都要学会将就。

晚上，我去学校的家属院看电视新闻，碰见了某师傅和他的儿子，一对相互理解、相互支撑的父子，看上去是那样的憨厚淳朴。下面，是某师傅儿子的一篇作文，字里行间流露着他对父亲的敬佩，让我看到下岗职工这个群体的日常生活中，充满了生命的力量。

### 我的父亲①

在我的成长道路上，有这样一个人，平凡，而又伟大。他，就是

---

① 作者现在是固原一中高中一年级宏志班的学生，文中个别字句和标点符号有所改动。

我的父亲。他，是我生命中唯一能让我用一辈子去尊敬的人。

我的父亲，年届不惑，却略显苍老。他那饱经风霜的脸上，已被生活的风风雨雨刻上了岁月的皱纹。父亲是一名保安，也许，在其他人的眼里，"保安"这两个字很可笑。的确如此，父亲的职业真的很普通，很渺小。我，却不这么认为。在我眼里，父亲就是一名"警察"，虽然这么说有些夸张，但是无论在工作上，还是在生活上，父亲都像警察一样富有正义感。

父亲个子不高，经常受人嘲笑。每当有人讥笑他时，他总是乐呵呵地说："个子矮有什么不好，做起事来更轻便嘛！"其实，每次讥笑的话语都会深深戳伤他的心，伤害着他的自尊，虽然在表面上看不出来。实际上，父亲用这种态度回应别人的讥笑，是为了避免工作中发生矛盾，是为了全家人的生活。

自从有了我这个"宝贝疙瘩"，父亲的生活再也不单调了，一种爱的"膏药"渐渐抚平了他内心深处的伤痛，他每天都快乐地工作着。他把仅有的希望和那希望得到安慰的心都托付给了我，希望我能胜过他，更希望我能胜过那些嘲笑他的人。

晚上，父亲总是在床上给我讲那些美丽的故事。每次，我都似懂非懂地听着，听得入了迷，用好奇的眼睛盯着父亲那张黝黑的脸，心，早已进入那无限的遐想中。

不久，我上学了。这也是父亲寄托希望最真切的时候，他把在高中学到的知识毫无保留地传授给我。父亲很严厉，有时候我粗心大意做错了一道题，他都会训斥我一顿，之后再耐心地给我讲解。但有时候，父亲也会向我道歉，承认他过于严厉，这让我感受到他那与众不同的爱的方式，使我内心又害怕又不服气的阴云一吹而散。

父亲不仅对我的学习严格要求，对他自己的生活也很苛刻。每天我放学回家，一眼就能认出父亲来，因为父亲的衣服太好认了。打我记事起，父亲就总是穿着一件棕色的夹克衫，恐怕都五六年了，与那些花花绿绿的衣服相比，反差很大。

在饭局上，父亲总是把我最爱吃的菜留下来，用筷子夹到我碗里，他一口也不吃。有时我会对他说："爸爸，您也吃一口吧！"他却回答说："你吃！你吃！"我常会被这样的话语打动，眼圈渐渐变红了，变湿润了，我真想哭，泪花闪动着，可没有哭出来，因为我懂我的父亲！

父亲就是这样一个人，他很普通，在我的心目中，他像大山一样，不管刮风下雨，永远守护着我这棵小树。家里遇到困难，父亲总是迎难而上，面对困难，从不落泪。

如今，父亲已经老了，但他始终努力地工作生活，平凡，而又坚强。他的坚持像高山一样，让我仰慕，让我敬佩。

长大后，我一定孝顺他……

## 九 2014年农历正月初五（2014年2月4日）

昨夜起风，早上起来向窗外望去，乌云密布，天变了。昨天和小陆约好，今天先去原州区中河乡看看，然后再去骆驼巷村。上午10点左右，我们从学校出发。我先去店铺取了摄像机，然后顺着固原商城前的马路向西2公里左右，再向南1公里左右，再向西拐，便上了一条新建不久的八车道，这条宽敞的马路叫"九龙路"，长约10公里，马路的两边都是工地，当地人称这里是固原市的西南开发新区。沿着"九龙路"一直向西，就到了中河乡。

中河乡，位于固原市西部、中水河上游，地处北纬36°02″、东经106°10″，距固原市11公里。北与彭堡乡接壤，东与固原城郊的西郊乡、南郊乡毗邻，南与红庄乡相连，西与西吉县偏城、沙沟乡分界。土地面积为149.3平方公里。

中河乡因河取名。1949年设中河乡，隶属大营村；1953年1月增设中河区，辖中河、上河、彭堡、红崖、黎堡、西梁、大堡、上营、下河9个乡；1956年11月，中河区被撤销，中河等乡隶属大营区；1958年4月，中河乡改为固原县直属乡；1958年10月，撤销区、乡建制，在今乡境内设上店公社，同年12月并入彭堡公社；1961年5月，从彭堡公社划出，设立中河公社；1983年10月，由公社改为乡——中河乡。

根据2001年的统计数据，中河乡辖中河、丰堡、黄沟、红崖、上店、红沟、硝口、曹河、小沟、油房沟、庙湾、高坡12个村委会，有自然村54个，有林场1个——赵千户林场，设在红沟村。2000年末，中河乡总户数为4821户，总人口为24574人，其中回族20151人，占总人口的82.0%。①

根据2014年的统计数据，2013年末，中河乡总户数为7700户，总人口为29753人（男性15318人，女性14435人），其中回族24667人，占总人口的82.9%。②

我曾经去过中河乡多次，今天去中河乡，只是随便转一转，顺路看看曾经帮助过的贫困学生，看看他们家里有什么变化，看看他们家今年春节过得怎么样。由于去往中河乡的道路变了样儿，我们一下子走过了头，下来问路的时候，围过来几个农民，他们见我不像本地人，就主动和我攀谈起征地的事情，其中有的农民抱怨起盖房子的事情。他们说："现在政府不允许我们农民家里盖房子，可是有的村干部、当官的亲戚家里就偷偷盖房子，这对我们农民很不公平。"

风越刮越大，天气越来越冷，天上飘飘落落的小雪，像是风中的沙粒吹打在脸上，又凉又扎。我们站在路边听了十几分钟，便和这些农民道别了。上车后调转方向原路返回，走了三四公里路，在马路的左侧，看见了中河乡庙湾村，于是我们前往小田家。

小田，和前文提到过的小马一样，也是2005年考上大学的，与她们的结缘，要感谢北京建工集团。那一年，北京建工集团的7914名共产党员、333名入党积极分子和330名群众捐款35万元，用于支援宁夏南部山区的贫困女学生，其中部分捐款，相继用在了固原市2005年、2006年考上大学的50名女大学生身上，使她们圆了大学梦。这50名女大学生中还有的读了硕士、博士，她们毕业后不仅开始了新的生活，而且大部分都有了自

---

① 固原地区地方志办公室编《固原地名综录》，人民日报出版社，2001，第24页。
② 数据由固原市原州区统计局提供。

己的家庭、自己的孩子。

　　记得第一次去小田家，是2005年8月26日。那天，天气晴朗，早饭后，固原二中原教务主任王世海带我去了她家。那时候，小田的家住在老院房，走进小小的土院子，里面有3间坐西朝东的土坯房。小田的母亲和一队高矮不一的女娃娃们迎出来。小田是家中的老大，她还有5个妹妹，其中一个妹妹身体残疾。小田的父亲因肝病去世，母亲一个人带着她们姊妹6人，全家靠着家里的十几亩地生活。由于孩子多，加上要维持一家人的生活，小田的母亲常年劳累，患有风湿病。不用多说，她们家生活的艰难是可以想象的。

　　小田是家里的老大，很争气，学习一直不错，在固原一中读高中，考取了兰州商学院农林经济管理专业。当小田的母亲听说我们可以资助小田上大学时，紧锁着的眉头一下子舒展开了，她双手握着我的手，长长地松了一口气，说："太感谢了，太感谢了，娃娃的爸爸去世前看病欠的钱还没有还清呢，要是没有你们的帮助，我真的不知道该怎么办才好……"

　　记得那天上午，我们离开小田家的时候，她们全家人都站在院子外面，一直目送我们的车走远，蓝天下伫立着7个大大小小、高高矮矮的生命，凝视着一个方向。

　　今天，我们还没有走到小田家的门口，她们一家人就早早地在院子外面等候了，尽管天上飘落着小雪。小田的家，今非昔比，从前的小院子已经换成了大院子，坐东朝西的大铁门前，拴着一只大花狗，不停地叫着。一走进院子，就可以看见两侧的新房子，左侧的房子坐北朝南，右侧的房子坐南朝北，都是砖木结构，铁门钢窗。不用多说，如今小田家的生活和八九年前相比，已经是大大变样了。

　　小田的母亲，带我们走进右侧的房子，穿过一道铁门，里面又是一个小小的院子，院子里东、南、西三面都有房子，房子的间数不一样，小院子的上方盖有顶棚，光线比较暗，猛地走进去，还真有点像进了迷宫的感觉。小田的家人，事前不知道我要来，我是刚才上车调头的时候才打电话联系的。我的突然到访，给了她们全家人一个惊喜，小田的母亲说，"真没有想到今年春节期间你能到我们家里来"，那股子高兴劲儿就别提了。

## 第二章 骆驼巷村过春节

小田大学毕业后回到固原,开始在一所中学教书,后来考上公务员,在某镇政府办公室工作,她已经有了自己的家庭,她的家安在了固原市里,丈夫在她工作的镇中学教书,他们的儿子快两岁了。因为这几天小田患感冒,担心传染给家人,所以春节没有回老家。我和小田曾经在镇政府见过两三次,和她的丈夫在镇中学也见过两三次,但是和小田的家人,这还是第二次见面。

小田的家人变化很大,她的母亲又找了一个老伴儿,也是一位老实巴交的农民。小田的大妹妹已经结婚了,大妹妹一家在固原打工,今年春节没有回来。小田的二妹妹身体残疾,个子很矮,说话发不出声音来,但听力没有什么大问题,她招来一个愿意上门落户的丈夫。二妹妹的丈夫个子也矮矮的,但人看上去很能干,他们生了一个女儿,已经三四岁了,聪明伶俐,现在二妹妹一家和母亲一起生活。小田的三妹妹在天津科技大学上学,是三年级学生,学计算机专业,放寒假在家。小田的四妹妹在河北师范学院上学,是二年级学生,学教育学专业,放寒假在家。小田最小的妹妹,长得很像她,看见她的小妹妹,就想起和小田第一次见面的情景,如今小妹妹在固原一中上高中三年级,学习成绩也不错。看着小田一家人发生了这么大的变化,我拿出相机,给他们照了几张全家福。

小田的母亲非要留我们吃午饭,我爽快地答应了。女孩子多了就是好,她们一起下厨房,没多大工夫饭菜就做好了。白煮鸡、清炖排骨、粉条白菜、萝卜丝、土豆丝、油香、花卷等,我一边吃,她们一边往我碗里夹菜,希望我多吃一点儿。小田的母亲连连说:"现在我们家的生活好了,当初要是没有你们的帮助,哪里有我们的今天,你们对小田的帮助,不仅仅是帮助了小田,对她的几个妹妹影响可大了……"

外面,下着小雪,天气寒冷,但小田的家里,每个人脸上都挂着笑容,其乐融融,其暖洋洋。我问小田的母亲,正月初五农民有什么讲究,小田的母亲回答说:"现在'破五'也没有什么特别的,还有吃饺子的习惯,但是不少农民已经不讲究这些了,初五也不一定就要包饺子,现在农民家里好吃的东西多了,多数家里人爱吃什么就做什么。现在农民更多的是把正月初五看成一个节气,正月初五一过,春节就基本上过去了,平时

该干什么就干什么了。"

**时隔八年后的再相见**

和小田一家人道别的时候，我又在院子里给他们全家照了几张相，说来也挺怪，门前的那条大花狗也不叫了，睁着大眼睛不停地张望，我们走出大门时，它还后退了几步，显得很有礼貌。上车前，我特意问了一下小田家的老院子，顺着小田母亲指的方向望过去，我看见了老房子的背面墙，看见了那道用土坯垒起来的黄土墙立在雪地上，不禁产生一种岁月已逝的沧桑感。

小田的家人都到新院子的大门外送我，她们全家人目送我们的车走远，远远回过头看去，雪地上伫立着8个大大小小、高高矮矮的生命，朝着一个方向，憧憬着未来的生活。

从中河乡庙湾村出来，我们又上了来时的马路向东走，在马路的右侧有一片空地。听当地人说，这一带的土地已经被征收，计划开发成轻工业园区。在固原市周边的村庄，时常可以听到一些关于征地的传闻，在待开发的土地上，"土地保卫战"从来就没有停歇过。在这场"战争"中，引发了不少社会矛盾。

**道别**

　　车向东行驶了两三公里后，就上了中黑路。透过车窗，看到落在马路上的小雪粒，滚动不了几下，很快就被大风吹走了。十来分钟后，我们就到了中黑路和固将路的连接处，不一会儿，就到了固将路的叠叠沟处。叠叠沟是固将路最危险的地段，由于这个地段不透风，雪天阴冷寒冻，落地的小雪粒儿已经结成了冰。当地人把这种颗粒形状的落雪叫作"地油子"。

　　遇到天上下"地油子"，走山路是很危险的。因为看上去雪下得并不大，但是落到地上以后很容易打滑。在叠叠沟附近，不少行驶的车辆停下来加防滑链，由于小陆的车上没有带防滑链，我的心里有些紧张。这个路段，交通事故频发，我也曾经在这个路段出过交通事故。好在我们顺利驶过叠叠沟的路段，安全到达了红庄乡，此时的红庄乡已经被一层薄薄的白雪笼罩。

　　几天前，就惦记着去红庄村看老姜，一直没有抽出时间。2003年的春节，我住在红庄乡乡政府，就是老姜看门，整个乡政府常常是老姜一个人和我做伴儿。老姜，名叫姜维新，今年74岁，初中毕业，他的老伴比他小6岁，1992年患肝病去世，没有留下儿女，老姜住在侄儿家。

山村的守望

到了红庄乡后，我就直奔老姜的侄儿家。老姜的侄儿家在原红庄乡乡政府的斜对面，中间隔着一条水泥马路，原红庄乡乡政府在马路的西侧，老姜的侄儿家在马路的东侧。还真巧，老姜在家。

老姜的侄儿是红庄村一组的村民，他家的院子不大，正对着院子大门的是3间坐北朝南的正房，东侧有3间坐东朝西的住房。老姜的侄儿今年55岁，初中毕业；他的媳妇50岁，读过三年小学。他们生有2个儿子，大儿子今年28岁，初中毕业；大儿媳妇今年26岁，也是初中毕业。最近，大儿子两口子在固原市里办了一个广告公司，小公司的门脸房月租金是1000元，刚开业不久，最多也就赚回个本钱，他们回家时就住在东侧的房间里。老姜的小儿子今年23岁，初中毕业，在上海的一家汽车修配厂打工。

看见老姜，就像见到了久别的老朋友，有说不完的话。老姜告诉我，他现在住在固原市的敬老院里，政府管吃、管穿、管看病，每个月还有20元的零花钱，生活挺不错的。说着，便把插在镜框上的照片拿下来给我看，照片上是宁夏回族自治区原党委书记张毅和固原市委书记李文章在敬老院慰问老姜。老姜自豪地说："那天领导到敬老院检查工作，专门看了我住的房间。"从照片上看，老姜住的房间有两张床，干净整洁，平时有专人打扫卫生。

接着，老姜高兴地说："我是春节前请假回来的，每次回来就住在侄儿家里，侄儿和媳妇都对我特别好，就像是对自己的亲生父亲一样，平时我在敬老院住时间长了，就请假回来闲逛几天。敬老院的有些老人就没有我这么幸运了，他们家里虽然也有晚辈，但是回老家看看可以，没有住的地方。我不仅有住的地方，每次回来，侄儿和媳妇都为我做可口的饭菜，比亲生的孩子对我还要好。"

听了老姜的一席话，我真为他高兴。老姜的侄儿媳妇说："今年过春节，家里把养的一头猪杀了，还买了些牛羊肉，1斤牛肉32元，1斤羊肉29元，买了2条活草鱼，1斤9元，买了1箱小蜜橘，25斤重，花了130元，还买了一些花生、瓜子，总共花了2000元左右，其中有1000元是大儿子花的。大儿子夫妻两人年前回来了，初二回娘家了，娘家在陕西的定

**做客——老朋友老姜的家**

边，小儿子今年春节没有回家过年。"

老姜的侄儿家有 16 亩承包地，退耕还林了 4 亩，还有 12 亩。2013 年种了 6 亩胡麻、4 亩小麦、2 亩洋芋。由于 7 月下旬持续多日的大雨，胡麻受灾了，总共就收了 100 多斤，留作自己家里吃；1 亩小麦收获 300 多斤，也留作自己家里吃；1 亩洋芋收获 2500 斤，卖了 4000 斤，每斤的价格是 0.42 元，留了 1000 斤，一部分自家吃，一部分留作种子。

老姜侄儿家的主要生活来源是依靠打工。侄儿农闲的时候，去固原建筑工地干小工，工钱高的时候，一天可以挣 150 元，工钱低的时候，一天可以挣 100 元，每年可以干上七八个月，干好了一年下来可以挣到近 2 万元。侄儿媳妇农闲时，去固原古雁岭一带种树、拔草，干一天工钱是 70 元，每年可以干三四个月，干好了一年下来可以挣到 5000 元左右。

老姜的侄儿媳妇说："现在我们年龄也不小了，体力一年不如一年了，去固原打工感到越来越吃力，但是不干也不行，光靠种地根本没有办法生活。2012 年大儿子结婚，一下子就花了 14 万元，现在还有 10 万元的欠账，小儿子快 24 岁了，也到了找媳妇的年龄，真是愁死人了。现在农村家里要是没有钱，连媳妇都说不上，彩礼钱越要越高，花十几万元已经算是一般的了，还有的张口就要楼房、汽车，我们农民上哪里去搞那么多钱啊！"她还说："前些日子，有个邻居家的儿子说媳妇，年轻人本来谈的得好好的，可是对方家里要车要房还不算，还要8万元的彩礼钱，男方家里拿不出那么多钱，最后还是吹了。"

老姜的侄儿媳妇建议我去红庄村一组尹忠林家看看，说尹忠林年前突发心肌梗死住院了，现在家里生活很困难，于是我们便一起去了。尹忠林的家在原红庄乡乡政府后面的山坡上，是附近住的最高的一家，远远望去显得孤零零的。他家院子的大门朝南，正对着院门有一大间土坯房，东侧有两小间土坯房。院子里冷冷清清的，只有尹忠林的大儿子和他93岁的老母亲在家。

尹忠林今年52岁，初中毕业，他的媳妇1994年生第二个孩子的时候，难产造成大出血去世了。他的大儿子今年24岁，初中毕业，在贵州的一家煤矿打工，每个月工资3000元左右，除去自己的花销，每个月也剩不了多少钱。他的二儿子今年18岁，初中毕业，在内蒙古做修理汽车的活儿，月工资3000多元，因为得了胃病，做了手术，没有攒下钱来。两个儿子春节前听说父亲突然病重，都赶回家来了。

尹忠林的大儿子说，他父亲是腊月二十四日突然发病的，现在住在固原市医院，医院已经下了病危通知书，需要马上做心脏搭桥手术，否则会很危险。现在家里没有做手术的钱，正在想办法借钱。尹忠林没有生病时，他们家的生活就不富裕，主要是靠他种地为生。他的媳妇因难产去世后，他又当爹又当妈，还要照顾老母亲。现在尹忠林病倒住院了，他家又不是村里的低保户，面临看病所需的一大笔费用不能报销的问题。

临走时，我还专门进尹忠林家的灶房看了看，灶房里冷冰冰的，一看就是有些日子没人打理了，灶台上还放着一大盆发好的豆芽，已经有些变颜色了。尹忠林的大儿子说："这是我爸爸得病之前发的豆芽，准备过年用的，没想到他突然病倒了，现在家里人早就没有心思过年了，都在为筹集爸爸的手术费着急。"我把我在镇上的联系电话告诉了他的大儿子，叫他们有紧急情况可以主动联系。

## 第二章 骆驼巷村过春节

从尹忠林家的山坡上往下走，天色已是蒙蒙黑了，飘飘落落的小雪，使黄泥小路变得格外泥泞，穿的皮棉鞋已经完全变成了泥棉鞋，走起路来又重又滑。我们走到原红庄乡乡政府前的马路旁时，红庄村二组农民张成福一定要我到他家去看看。

张成福家的院子非常小，进去两三米就到了正房，正房是一大间坐北朝南的土坯房，东侧有一间灶房。据张成福本人介绍，他家的房子一遇到雨天，里面就会渗雨，村里也给了他家危房改造的指标，但是因为家里生活比较困难，拿不出自筹的那一部分钱来，所以房子迟迟没有进行翻新改造。据了解，当地危房改造的项目分两个等级，一个等级是要自筹5000元，另一个等级是要自筹9000元。张成福今年62岁，没有上过学；他的老伴60岁，也没有上过学。他们生有4个孩子，3女1男。大女儿、二女儿都相继病逝，三女儿嫁到骆驼巷村马其沟自然村，生有两个女儿，身体健康。现在张成福的儿子和他们一起生活，他的儿子今年32岁，小学四年级就辍学了，因为父亲有心脏病、高血压，母亲有风湿病、低血压，所以他不能外出打工，只能在附近打打零工，一年能挣上三四千元的零花钱。

张成福家有6亩承包地，2013年种了2亩小麦、2亩洋芋、2亩草，家里还养了两头牛。由于2013年夏季雨水大，2亩小麦没有长好，只收获了五六百斤，留作口粮还不够吃；2亩洋芋收获了还不到3000斤，除留作种子和自家吃的以外，全部卖了，卖了800元。家里的两头牛喂得不太好，三年才能卖上两头牛，每头牛也就能净赚三四千元。

张成福家的亲戚告诉我，张成福的儿子在23岁那年曾经娶过一个媳妇，是个回族人，当时结婚时也没有办手续，没有领结婚证，结果媳妇过门三天后，说是回娘家看看，就再也找不见人了，骗走了他家5万元钱。打那以后，张成福的儿子再也没有说上媳妇。

晚上返回老姜的侄儿家，天已经黑了。周边不少村民听说我来了，都聚到了老姜的侄儿家，他们主动向我反映村里的问题，其中谈的最多的就是低保户的问题。刚才张成福特意找到我，带我去他家里看看，也是希望我能够帮助他家解决低保户的问题。尽管我什么问题也解决不了，但是从

道别——雪花飘落的傍晚

实地调查情况来看，我决定今晚就住在红庄村，明天再到红庄村的农户家里走一走。

红庄村，是原来红庄乡乡政府的所在地，红庄村的西南侧紧挨着骆驼巷村。在我的印象里，红庄村地处县级公路旁边，卫生院、中小学校、敬老院等公共设施都优于骆驼巷村，应该比骆驼巷村发展得要快。但是，今天下午在红庄村走了走，感觉除了马路两边的门脸房以外，村里的很多地方还不如骆驼巷村，如道路、住房、吃水等。我给红庄村村干部打通了电话，约他们明天和我一起到各组的农户家里走一走，亲自感受一下红庄村的农民生活。

## 十 2014年农历正月初六（2014年2月5日）

今日的红庄村，被一席阴云笼罩着。天上，飘着稀稀松松的雪花，时落时停；地上，渗着坑坑洼洼的雪水，时冻时化。

早饭后，我带上相机，到红庄村随便走走。刚一出门，一股寒气迎面扑来。平日热闹的红庄村街道，竟然看不见一个行人，整个村庄如同罩上了一幅灰色的帷帐，远远看去，灰蒙蒙的一片。尽管白昼刚刚开始，但很有些暮色已经来临的感觉。

我看见有一条向东的小路比较平整，于是一个人顺着这条小路往前走去。在红庄村二组的东南处，有一片面积有一二十亩的洼地，像是一个大池塘，池面上结着冰。听红庄村的老辈人说，这块洼地早前一直住着农户，1964年夏季，地面下突然开始往上冒水，冒出来的水止不住，把农民住的房子全给淹了，住在这里的农户被迫搬到了对面的山坡上。昨天下午看望的尹忠林家，以前就住在这里。农民搬走后，这里的水渐渐退下去了，这块地就成了麦场。包产到户以后，附近的农民在这里种起了庄稼，可是近两年雨水特别大，特别是2013年7月下旬的持续大雨，把农民种的洋芋全部淹在下面了。

从洼地向东望去，农民的住所错落在山坡上，弯弯曲曲的黄泥小路，伸向房屋的前前后后。此时的泥土路，结着一道道冰溜子，又湿又滑，我没敢往高处走。见洼地附近的院子里走出来一位老人，于是我便向她走过去。

老人站在了院子的大门外，门牌上写着：红庄村二组66号。老人的身体瘦弱，头上戴着帽子，双手插在衣服袖子里，神情有些忧伤。我问老人："过年孩子回来了没有？"老人回答说："孩子从固原回来了，又走了。"我又问："今年春节过得还好吗？"老人回答说："今年春节家里就买了一个猪头，孩子回来的时候吃了。"没过多一会儿，一位妇女从院子里走出来，她是老人的女儿，她向我简单介绍了家里的情况。她说："老人是我的母亲，因为父亲去年患心脏病突然去世，她很伤心，再加上弟弟去年也离婚了，对她打击很大，所以母亲心情一直都不好，今年的春节也没有过好，总是伤心，眼睛哭得快看不见人了。"

这位老人今年73岁，没有上过学；她的老伴儿如果在世今年就78岁了，也没有上过学。他们生有1男6女，女儿都出嫁了，向我介绍家里情况的女儿是二女儿，嫁到了附近的大店村。老人的儿子今年39岁，初中毕业，儿媳妇去年和他离婚了，他们结婚15年，生有1儿1女，大的是儿

子，13岁，在固原市上中学，小的是女儿，5岁，离婚后男方带着儿子生活，女方带着女儿生活。

老人的二女儿说："我们家就弟弟一个男孩子，平时弟弟住在固原，租房子住，在建筑工地打工，一个月平均下来能挣2000元左右，供孩子在城里读书。家里的20亩土地，一半退耕还林了，另一半给亲戚种了。现在我们都不放心母亲一个人在家里，劝她到固原和儿子一起生活，但是她说什么也不去，她一定要在家里守护父亲三年，还说自己活不过三年就走了，能活过三年再到固原和儿子一起生活。"

现在固原地区的农村，有不少农户家的情况和这位老人家里差不多，为了下一代能到城里读书，就临时住在城里照顾孩子上学，把老人留在乡下独自生活。据了解，红庄村现有农户365户，人口1810人，其中男性964人、女性846人；常住在村里的人口有1200多人，其中老、弱、病、残的有700多人。由于各种原因，老人独自生活的农户，占到全村农户的15%左右。

上午快11点时，红庄村的段主任才打来电话，原来早上他家养的母猪下小猪崽，他忙着接生，一忙小半天儿就过去了。段主任经营的养猪场距离红庄村街道有五六里的路程，他平时就住在养猪场，于是在村民的指点下我步行去了养猪场。

段主任家的养猪场在红庄村街道的西南处，穿过红庄村街道，在通往骆驼巷村的路口有一个加油站，穿过加油站，再斜着往下走两三里路就到了。由于雪天路滑，我到达时已经快到正午了，这时的红庄村街道都很少看到过往的行人，加油站也看不见前来加油的车辆。

段主任家的养猪场，占地5亩左右，里面有4个圈舍，每个圈舍宽6米、长34米，院子里的空间还很大。我进圈舍看了看刚刚出世的小猪崽，一共有10头，活蹦乱跳地围着母猪转。圈舍里还有两窝前两天下的小猪崽，旁边还有几头被单独隔开的大母猪。段主任说，由于这两天天气太冷，本来接生了11头小猪崽，结果冻死了1头。正对着养猪场的大门右侧，有两间砖房，一间是住房，一间是灶房。今年春节，段主任一家就是在这里过的。

段主任是今年刚当选的村主任，42岁，初中毕业；他的媳妇36岁，也是初中毕业。他们生有2个男孩，大儿子今年15岁，在固原一中上初中三年级；小儿子今年5岁，在固原市一家私立幼儿园上幼儿园。平时段主任在家里养猪，他的媳妇和孩子都住在固原，为了孩子读书，媳妇在固原一家砖厂打工，主要是联系发货，每月工资1800元，刚好用于三口人在固原的日常生活支出。

段主任说："我们家现在生活挺紧张的，养猪赔了不少钱，欠了不少债，两个孩子在固原每年要交近8000元钱，大儿子每个学期的学费是2000元，小儿子每个学期的托儿费是1800元。今年过春节家里只花了五六百元，给孩子买点吃的，象征性地过一过就算了。"

听段主任说，他1993年去上海打工，在一家印刷厂干，月工资是270元，1995年月工资涨到580元。他的媳妇是1995年去上海打工的，在一家加工厂做手提包，月工资是400多元，1998年涨到800多元。段主任和媳妇是1998年结婚的，那时候，他已经掌握了印刷技术，月工资已经达到1600多元了。他们结婚以后，在上海租房住，刚开始每月租金是200元，2006年已经涨到600元了。

由于段主任打工的印刷厂是合资企业，他在掌握技术方面进步很快，工厂还派他去日本学习了半年。学习回来后，他拼命干活，每天都加班加点，干12个小时，月工资能拿到3000多元。那时候，他媳妇的月工资也能拿到1200多元了。

在上海打工期间，段主任夫妻两个人攒了二三十万元钱，2008年回家了。他们刚回来的时候，花了13万元在固原市买了一套三室一厅的楼房，然后自己投入了10万元，向亲戚朋友借了15万元，建起了现在这个养猪场，一直养猪到现在。段主任经营的养猪场，是自家繁殖、自家养殖。刚开始两年没有赚到钱，2011年才开始赚钱，每年能赚五六万元，都还清了借款。2013年养猪开始赔钱，现在还有13万元的欠款没有还上。

据段主任介绍，2014年春节前，毛猪1斤才卖5元，甚至更低，卖一头猪就要赔200～300元，所以他家的猪没有全部卖掉。现在玉米涨价，猪饲料也涨价，还有水、电、人工费等，一头猪崽养到200斤的成猪，成本就需要1200元。如果毛猪1斤卖不到6元钱，那肯定就要赔钱；如果毛猪1斤能卖到7元钱，那肯定就能赚钱。可是2014年春节前，1斤猪肉的收购价格最低降到了7元，最高的也才9元，平均下来1斤猪肉8元左右，所有的养猪大户都赔钱了。

我问段主任："现在猪肉价格一路下跌你为什么不转产？"他回答说："投入这么大还没有干上几年，真有些不甘心，也没准儿市场还会好起来。"能看得出来，段主任是一个干事情就想要干好的人，但是养猪和打工不一样，特别是现阶段的市场走向很难预测。可是对于段主任来说，他目前最关心的不是市场，而是从哪里可以贷到款，他还想从哪里跌倒再从哪里站起来。段主任家的养猪场，现在还有130多头猪，其中有80多头是仔猪。

段主任家还有8亩耕地，2013年种了2亩胡麻、3亩小麦、3亩洋芋。2亩胡麻因去年7月下旬的大雨绝收了；3亩小麦长得也不好，每亩小麦收获300多斤，总共收了1000来斤，留作自己吃；每亩洋芋收获2000斤，共收获6000斤，卖了5000斤，每斤的价格是0.70元，留了1000斤，一部分留作种子，一部分自家吃。

中午是在段主任家里吃的午饭，因为段主任家里还有母猪待产，下午我和村会计一起走访农户。雪还在稀稀落落地下，路上的冰溜子已经变成了泥溜子，走起来必须注意力十分集中，因为稍不留神就有滑倒的危险。走这样的路我已经有经验了，每走一步都要把脚抬高一些，然后再踏到地面上，这样踏步前行脚底下不容易打滑。

我们先到了加油站附近的农户吴学林家，他家在红庄乡变电所附近，是红庄村二组的村民。吴学林的家在红庄村街道的西侧，院子的大门正对着固将路，算是红庄村街道的门面房。走进院子，右侧是3间正房，左侧是3间侧房，都是用土坯盖的。

吴学林今年49岁，小学毕业；他的媳妇47岁，也是小学毕业。他们生有3个孩子，1男2女。老大是女儿，今年22岁，在宁夏建设职业技术学院上学，是一年级学生；老二是儿子，今年18岁，在固原五中复读；最小的是女儿，今年15岁，是固原五中初中三年级学生。

吴学林前两年得了严重的肾病，在医院住了好几个月，花了不少钱，加上孩子们都在上学，家里生活不富裕。今年春节，他家买年货花了不到2000元。吴学林说，他家有14亩承包地，退耕还林以后，还有3亩多耕地，2013年种了2亩小麦、1.5亩洋芋。2亩小麦长得不好，每亩也就收了三四百斤，不够吃，家里买了1900斤小麦，自己磨面，总共花了2000元；每亩洋芋收获2000斤，共收获了3000斤，卖了2000斤，每斤的价格是0.45元，留了1000斤，一部分留作种子，一部分自家吃。家里的经济来源，主要是依靠农闲时去固原打工，在建筑工地上干活儿，一个月能挣3000元左右，每年能干半年左右的时间。

从吴学林家出来，我想上厕所，结果整个红庄村街道连一个公共厕所都找不到，没有办法，我只好去了红庄村村委会。从2003年春节第一次走进红庄乡至今，已经有11年了，这期间我每次去骆驼巷村，都要路过红庄村，可是到红庄村村委会，还是第一次。红庄村村委会院子的大门前是一条东西朝向的小路，顺着小路向东走下去是大店行政村。红庄村村委会的院子很大，占地面积有3亩多，这么大的村委会我还是头一次见，相当于2003年时骆驼巷村村委会的20倍。

走进红庄村村委会院子的大门，正前方有一排房子，共有6间，右侧有一排房子，共有7间，村委会的办公室在正前方最东头的房间里。办公室的房间不大，有20平方米左右。房间里的陈设非常简单，贴着左侧的墙，摆着一张单人床、一张桌子、一个铁柜子，桌子上有一台旧电脑；贴着右侧的墙，摆着一台电视机、一套小沙发、一个木柜子。屋子里看上去已经摆得满满当当。狭小的办公室，空旷的大院子，给人一种很不协调的感觉。

红庄村村委会的厕所，在大院子的东北角，出了办公室向左拐，进一个窄小的路口才能看见，厕所的西侧和南侧，堆放着一二十个统一制作的空垃圾箱，这些垃圾箱估计是没有发出去的，被闲置在角落里。两三年前，当地农村的家家户户都配备了一个特制的垃圾箱，但是由于没有专人回收垃圾，垃圾箱的利用率不高，有的农户把垃圾箱摆在大门口，不是放垃圾，而是成了看门狗晚上睡觉的地方。

山村的守望

从红庄村村委会出来，我们去了红庄村三组王志华家。王志华的家在一个山崖下边，走进一个小木门就是住房，房前只有一两米宽的地方，紧挨着邻家的院墙。他家的房子，还是20世纪70年代盖的土坯房，一间是住房，一间是灶房，总共也就是20平方米左右，这样破旧的土坯房，现在已经很少见了。

王志华今年80岁，没有上过学；他的老伴儿75岁，也没有上过学。他们生有6个孩子，2男4女。4个女儿都出嫁了，2个儿子也都结婚另立门户了，但儿子的家都在三组。大儿子今年51岁，生了4个孩子；小儿子今年49岁，生了2个孩子。他们都没有和老人一起生活。

王志华老人正睡在炕上，老伴儿在家里陪着他。住房又小又暗，光土炕就占去了一半的地方。王志华的老伴儿说："半年前，老汉突然病倒住进医院，从医院回来后就不能动了，说话也不利落了，生活已经完全不能自理，整天躺在炕上，所有的事情都要我来照顾。由于家里没有经济来源，现在只能靠每人每月85元的养老金生活，前段时间给老汉申报了残疾补助，每月100元钱，现在还没有批下来。老汉出院以后，一直就这么躺在炕上，还没有再去医院看过病，连买药的钱都是借的，躺一天就算过一天日子。家里有2亩地，种了些洋芋，去年叫水淹了，没有收成。"

我问王志华的老伴儿："春节孩子们回来没有？"老伴儿回答说："春节孩子们都回来了，大儿子给买了两斤牛肉，小儿子给买了一袋面粉，女儿给了几十元零花钱，他们现在都有自己的家，他们的孩子也都在上学，生活都不富裕，我们老了，也做不成什么事情了，能自己凑合着过日子，就自己凑合着过。"

看着王志华的老伴儿眼里滚动的泪花，我能感觉到她说的凑合其实有多么不容易。我随手把身上的几百元钱交给了王志华的老伴儿，叫她先给老汉买些药吃。王志华的老伴儿有些不知道如何是好。或许，这是他们生活中第一次遇到北京的人走近他们；或许，在他们的生活里，从来就没有想过会有北京的人走进他们家的黄泥小屋。王志华的老伴儿把钱放在了他的炕边，放在了他能看到的地方。和王志华的老伴儿道别时，她眼里的泪水滚落到我的手背上，屋外的小雪落在脸上是冰凉凉的，王志华的老伴儿眼里的泪水却是热乎乎的。

从王志华家出来,我们去了红庄村三组张学辉家。张学辉家住在半山坡上,他家的院子有 200 平方米左右,院子里有 3 间坐北朝南的正房,还有 2 间坐东朝西的侧房,房子是 20 世纪 80 年代盖的土坯房。现在,张学辉和他的母亲一起生活。

**相依——母与子**

张学辉今年 34 岁,读过三年小学;母亲 78 岁,没有上过学。张学辉的母亲生有 5 个孩子,3 男 2 女,张学辉排行最小。除了张学辉,其他的儿女都已经成家了。张学辉的母亲患有高血压、胆囊炎等多种疾病,由于家里生活不富裕,张学辉一直没有说上媳妇,老人一提起张学辉的婚事,就唉声叹气,说她连死了的心都有了,儿子的婚事就像是一块压在心上的大石头。

张学辉家里有 23 亩承包地,退耕还林以后,还有 5 亩耕地,2013 年他家种了 2 亩胡麻、3 亩洋芋。由于去年夏季的大雨,2 亩胡麻绝收了;每亩洋芋收获 2000 斤,共收获 6000 斤,卖了 5000 斤,每斤的价格是 0.6 元,留了 1000 斤,一部分留作种子,一部分自家吃。张学辉家的主要经济

**老妈妈最大的心愿是儿子早一天成家**

来源,一是母亲每月 85 元的养老金,二是他农闲时在砖厂打零工挣的钱,主要干小工,一天能挣六七十元钱,每年能干半年左右的时间。

张学辉说:"今年春节家里买年货花了 1000 元左右,主要是买点大肉、花生、瓜子、水果等。正月初三姐姐、姐夫们回家了,看看老人又都走了,他们回来时给母亲买了奶粉、点心、水果等,平时很少给母亲零花钱。"

从张学辉家里出来,已经是傍晚时分了,我们决定再走访一户红庄村四组的农家。四组村民的住处地势比较高,在东面的山坡上,在村会计的指引下,我去了段志国家。段志国家在东山坡的最高处,院子门口有一个简陋的牛棚,牛棚里面有 2 头大牛。他家的院子不大,走进去迈上三五步就到了正房,正房是一大间坐北朝南的土坯房,两侧还各有一间土坯房,都是 20 世纪 80 年代盖的。

段志国今年 67 岁,没有上过学;老伴 58 岁,也没有上过学。他们生有 4 个孩子,3 男 1 女。现在,家里就剩下一个小儿子还没有成家。小儿子今年 29 岁,曾在宁夏医学院上学,但是没有拿到毕业证,已经在外面打工三四年了。

段志国的老伴儿说:"今年春节前小儿子回家待了几天,前天又去陕西了,看看能不能找个活儿干。这几年,小儿子每年能给家里两三千元钱,几个成家的孩子回来时给买点吃的东西。今年春节家里买年货也就花了500元,买点大肉、蔬菜、水果,孩子们回来再买点吃的。平时生活主要靠在家务农,家里有15亩承包地,退耕还林了6亩,还有9亩,2013年种了1亩胡麻、6亩小麦、2亩洋芋。由于2013年夏季的大雨,胡麻绝收了;小麦长得也不好,每亩就收了200斤,留作自己吃,现在家里就我们两个老人,粮食够吃;每亩洋芋收获2000斤,全部都卖了,卖了2000元钱。家里还养了2头牛,自家的草不够吃,还要买些草,两年可以卖1头小牛,能卖5000元左右。"

离开段志国家,我们从红庄村四组的山坡上走下来,此时,天色已蒙蒙黑。雪,依旧飘飘洒洒地落着;路,已经冻上了一层薄薄的冰。在返回的路上,我忽然想起约好今天下午和女儿通电话的,因为春节的假期就要结束了,明天女儿就要回自己家准备上班了。因为时间已经晚了,小外孙女可能已进入梦乡了,我犹豫了片刻没有打,本来今天想在电话里和小外孙女说上几句话,说说骆驼巷村的歌谣,结果一走访农户也给忘了……

## 十一 2014年农历正月初七(2014年2月6日)

今天,是正月初七。红庄村正月初七的早上,依旧是飘飘落落的小雪,山坡上、房屋上、麦垛上、地面上,结成了一层薄薄的冰。路旁的树枝上、枯草上像冰糖葫芦一样,包裹着一层透明的外衣,犹如一场雕刻在黄土高坡上的冰雕展。眺望远方,大树上的冰挂,似一团团云朵;小树上的冰挂,似一束束腊梅。低头细看,高过脚面的枯草,好像灌上了一层蜡;低过脚面的枯草,好像穿了一层纱。大地上的自然物,造型各异,风韵万千。这样美丽的景观,还是在2003年的春节期间第一次看到。

在红庄村的街道上转了两圈后,我返回住地和几个农民围坐在火炉旁,一起喝着茶,吃着烤馍馍、烤油香,一边聊着红庄村农民的生活。两天来，我走访的农户都不是红庄村的低保户，但从走访的情况来看他们的生活都不富裕，他们住的房子还都是土坯房，有不少农民家的房顶上都钉着整块整块的塑料布，防止雨天时雨水滴落下来。一位农民说，2013 年 7 月下旬持续了一个星期左右的大雨，不仅夏粮严重受损（主要是胡麻、小麦），房屋也受到很大程度的破坏，不少农户家里是外面下大雨，屋里下小雨。

据了解，在红庄村 365 户农家中，按照国家规定的标准，房屋安全不达标的农户就有 200 户左右，其中住在土坯房里的农户就有 100 户左右。2013 年，镇上给红庄村分配了 17 户危房改造的指标，只完成了 3 户，还有 14 户算在了 2014 年的指标里。也就是说，红庄村危房改造的指标，远远满足不了农民的实际需求。

红庄村的农民说，2011～2012 年，当地政府为整治红庄村街道的环境，投入了近 400 万元，把马路两侧门脸房的外侧，全部涂抹一新，房子外侧的墙壁，统一刷成白颜色，墙壁的三边和房檐，统一刷成灰颜色。这两年，只要是位于县级公路两侧的民房，全部都是这种统一的着装，连牛棚猪舍也不例外，都会被涂抹一新。2013 年 7 月下旬的一场大雨，持续了一个星期左右，有不少土坯房毁塌，路边的民房也有不同程度的毁塌，使不少被涂抹的"洗脸工程"露出了本来的面貌。

这两天，持续的小雪，使红庄村的道路格外泥泞。不管是谁，如果到村子里走上一圈，都会感到村子里面的环境和街面的环境简直就是旧新两重天。特别是红庄村的东山坡，连一条像样的路都没有，黄泥小路的两边，山崖的下边，只要是有沟地、洼地的地方，都可以看到丢弃的各种垃圾和各种颜色的废塑料袋，回收旧电池在这里听起来像是月球上的事情。

不少农民都认为，如果把这 400 万元投入村里面的道路硬化、危房改造、牛羊棚改造上，那老百姓就真得到实惠了。一位农民说，现在村里的路再不硬化，就不单纯是雨雪天不好走的问题了，万一农民家里发生了火灾，想救火都困难。今年元月 2 日，一户农家的草场就着火了，报警后救火车来了，因为没有路，救火车开不进来，幸亏火势不算太大，大家土法上马，才把火给扑灭了。

## 第二章 骆驼巷村过春节

我住在红庄村的这两天里,有一件事情始终想不明白,在农民那里却不以为然,那就是既然花了大价钱改造红庄村街道,为什么不拿出点钱来在街道上建一个公共厕所。这个问题,我10年前就给乡镇政府提出过,但如今依然没有得到关注。或许,是因为没有地下水?或许,是因为没有建公共厕所的地皮?或许,是因为没有对应的环卫部门?或许,是因为没有乡村的保洁机制?

近两年,在原红庄乡小学的校舍里,办起了一所幼儿园,幼儿园里的条件还算不错,附近村庄的七八十个孩子在这里上幼儿园。幼儿园的生活对培养孩子们良好的生活习惯是有益的,但是他们回到家里,不少在幼儿园养成的生活习惯又瞬间被改变了。我亲眼看见两个上幼儿园的孩子放假回到家里,他们想上厕所,拽着裤子在街边来回转悠了几下,最后还是跑到近处的一块凹地去了。成人可就没有那么多顾虑了,只要是认为没有人看见,得方便且方便,晚上就更不用说了。事实上,乡村里的生活习惯,很多时候是他们的生活条件和生活环境所造就的。

坐在炉子旁,一个烤油香还没有吃上一半,手机就响了。原来是骆驼巷村刘庄自然村49号农户安俊奎的弟弟安俊文打来的,他在电话里伤心地说:"林老师,我哥哥昨晚11点下场了,现在家里没有钱安葬哥哥,你能不能帮助我们一下?"我回复说:"这两天我住在红庄村,我马上就过去。"

安俊奎的去世,让我感到有些突然,因为前天晚上安俊文还给我发过来3条感谢的短信,我特意给他回过电话,叫他好好照顾哥哥,过两天我会去看他们。正月初二我去他家的时候,感觉安俊奎的状态还可以,他吸烟照相的那一瞬间眼睛睁得大大的,尽管他病倒后已经躺了六七年,听到他去世的消息我还是惊愕了一下。

我放下电话,准备动身去骆驼巷村。其间又接了两个电话,一个是女儿打来的,一个是当地记者打来的。女儿在电话里告诉我,她准备回婆婆那边,忙就不要往回打电话了。我在电话里对她解释说,昨天下午一直在农户家走访,返回时才想起打电话,但时间已经晚了,担心影响小外孙女睡觉就没有打。那位记者打电话是通知我安俊奎去世了,希望我关照一下,我回复他已经知道了,正准备过去看看。记者接着又说:"林博士,春节你连家都没有回，一直在村里，我们都很感动。"

通电话的时候，红庄村的几个村民都在场，他们对我说："林老师，你太不容易了，村里的穷人这么多，你个人管不了，你就帮助帮助我们，把我们的意见反映反映就行了。"我半开玩笑地对他们说："反映你们的意见，可是比帮助几个贫困农民要难啊！"

出门的时候，几位农民劝我把还没有吃完的油香带上，看着炉子边上已经烤出油的油香，我对他们说："就冲着这么好吃的油香我还得回来呢，先不用带了！"一位农民感叹地说："半个小时了，林老师连一个油香都没有吃到嘴里，真的是太辛苦了。"

一路上，村外的雪景美不胜收，我顾不上欣赏这难得一遇的"田园交响曲"，直奔安俊奎的家。还没有走进他家的院子，就听到里面传来了哭声。在安俊奎往日躺着的小房子里，他的弟弟安俊文、两个儿子还有家门的两三个人，正跪在地上大哭，安俊奎的媳妇站在外边，面无表情，好像一切都没有发生。

安俊文看见我来了，起身抓住我的手，哭着对我说："这几天哥哥都挺好的，你们来慰问以后，他的心情很不错，这几天家里也特意为哥哥改善了一下生活，他的胃口一直挺好，吃饭还可以，昨天晚上吃饺子，他吃了十来个，炒了6个鸡蛋，他全吃了，晚饭后解完大手，还看了一会儿电视，快11点的时候，突然开始喊叫起来，一直喊叫着疼、疼、疼的，过了半个小时，人就不行了。"

安俊奎平日躺的炕上已经空了，炕上所有的被褥都撤掉了，炕前用白纸做了一道屏风，遮挡住了炕的那一边，安俊奎就放在里面。经安俊文同意，我站到了炕上，看见安俊奎的遗体摆放在炕头前的地板上，遗体的下面铺了一层麦草，手、脚、头部都用线绳绑着，脸上盖了一张白纸，穿着一身不合体的"寿衣"，外面套了一件长大衣。安俊文解释说，他哥哥躺在炕上七八年了，下半身已经完全萎缩了，所以"寿衣"不合身。

安俊文从炕上迈下去，走到他哥哥的遗体旁，掀去盖在哥哥脸上的白纸。在掀去白纸的那一瞬间，我感觉安俊奎的嘴角动了一下，像往常似的在对我说话，脸部的表情看上去很平静，看不出来临终前喊叫的痛苦。我

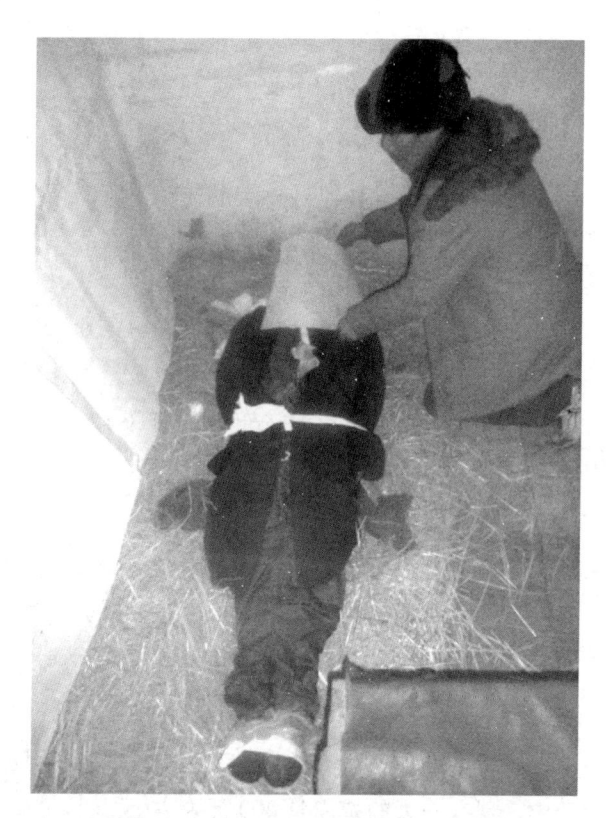

**下葬前——相机里留下安俊奎的最后一张照片**

给安俊奎的遗体照了两张相，对他的影像跟踪记录就到此结束了。

随后，安俊文又把那张白纸盖在了哥哥安俊奎的脸上。据了解，在农村人死了以后，不是马上放进棺材里，而是要在地上铺一层干草，把尸体放在干草上晾，农民把这种做法称为"落草"。"落草"用的干草，一般是麦草或者稻草，这样做是为了使尸体的温度降下来，保持尸体的直立状态。

安俊奎平日住的房间的小桌上，点着几支蜡烛，摆了几个大白馒头，还有一把线香。家门的亲戚进来后，跪在小桌前磕三个头，哭几声，再起身点支线香插上，就会去另外的房间。一般的村民进来，磕头、上香后就走了。安俊奎家院子的正房里，坐了一二十个人，大多是他们家门的人，也有附近的村民，他们正聚在这里等风水先生。在当地，人们习惯把人去世称作人"下场"了，人"下场"以后，先要请风水先生来，什么时候埋

143

葬、埋葬在什么地点，都必须按照风水先生的旨意去做。

我给村主任打了电话，正好村主任的家就在刘庄村，没过多一会儿村主任就来了。村主任也了解安俊奎家的情况，答应和镇上联系一下，因为像安俊奎这样的贫困家庭有丧葬补助。上午10点左右，风水先生来了，他带着厚厚的一摞皇历，还有一些白纸，我看见他找给了安俊文600多元钱。安俊文对我说，早上请风水先生的时候给了1000元钱，风水先生的家离村里不远，知道安俊奎家生活困难，就只收了些跑路的钱和纸张笔墨的钱。

请来的风水先生入座以后，亡人家里的人要先给风水先生敬烟、敬酒、敬茶，风水先生算完生辰八字决定了下葬的日子后，亡人家里的人还要请他吃顿便饭。到安俊奎家里来的人见风水先生是本地人，熟悉安俊奎家里的情况，看上去很客气，所以没有讲究过多的礼数。风水先生坐下来以后，一边查看各种皇历，一边在白纸上写着什么，当地人把风水先生在白纸上写的字称作"葬文"，即风水先生给亡人下"葬文"。到埋葬安俊奎的那天，这些"葬文"要在坟前烧掉，意思是通知阴曹地府的掌管接收安俊奎报到。听当地村民说，风水先生按照亡人的生辰八字算好下葬的日子，还要请阴阳先生帮助办理丧事，阴阳先生要从亡人"下场"以后，一直跟随到下葬完毕，现在一天的费用是200元左右。

我见风水先生还要算上一阵子，于是便委托村主任关照一下安俊奎的丧事，便去了放安俊奎遗体的房间，看看他的两个儿子。安俊奎的小儿子一言不发，正忙着油印白纸条，白纸条上墨印着各种方形图案，当地人把这种油印上图案的白纸条称作"冥币"，说是代表一种纸钱，祭拜"下场"的人时，都要烧这种油印的"冥币"，意味着亡人到了阴曹地府不缺钱花，有吃有喝，平平安安。

安俊奎的大儿子跪在小桌前，在一个瓷盆里烧纸钱，有进来的人，他就陪着跪下磕头，家门的人进来，他还会陪着哭几声。安俊奎的女儿打来了电话，因为她已经有了身孕，不能回来送葬。在当地，有身孕的妇女不能接触"下场"的人，即便是自己的亲生父母也要回避，主要是担心动了胎气，当地人把这个称作"丧冲"，妇女在怀孕期间必须避免"丧冲"。

从安俊奎家出来没走几步，正好碰上他的堂兄弟在烧三年纸。安俊奎的堂兄弟是驼巷小学的教师,家里经济条件还可以,他家烧三年纸的地方,是老人以前住的院子,就在安俊奎家院子的旁边。走过去一看,院里院外摆了十几个大花圈和花篮,正房的正中央搭了一个五六米长的纸灵堂,像是一个戏台子。纸台子的装饰很讲究,是用红色、金黄色、绿色等各种色彩鲜艳的纸做的。纸灵堂的前面,摆着老人的照片和灵位,纸灵堂的左侧,站着一匹用红纸制作的马,有1米多高,象征马年。当地村民说,定做这样一台纸灵堂,需要1000元钱左右。看了安俊奎堂兄弟家里摆设的纸灵堂,一个个大花圈、一对对纸花篮、一群群进进出出的村民,不禁让我想起隔壁院子里麦草上躺着的安俊奎,穷了一辈子的安俊奎,一口气吃了6个炒鸡蛋,在雪花纷飞的日子走了。

在安俊奎堂兄弟家院子的不远处,架了一个十来米高的木幡,上面挂了一对用蓝、黄两色纸条做的纸筒,纸筒很长,几乎接到了地面,非常醒目,在去往刘庄村的入口处就可以看见。当地人把这对纸筒称作"出纸",只要一看见立着的"出纸",就说明这家农户正在办丧事。

当地农民说,家里有刚"下场"的人,挂的"出纸"都是用白纸做的,过去很讲究,每个纸筒都要用100个白纸条做成,长五六米,或者更长,挂在木幡上,远远就能望见。烧三年纸的时候,木幡上挂着的一对纸筒是用彩色的纸条做成,一般是用黄色、蓝色、银色、暗紫色等色彩不太鲜艳的纸条做成。

在当地,人"下场"以后,烧三年纸是最隆重的祭奠。烧三年纸之前,就请好风水先生算生辰八字,按照风水先生的旨意摆好纸灵堂,全家人都要聚集在灵堂前守三天。有的农户家里还请阴阳先生念经,一般是念三遍经,早、中、晚各一次,家里有钱的农户还有念五遍经的,最后一遍在院子里摆台,很是隆重。第三天下午两点以后,便把摆了三天的纸灵堂拆掉,在阴阳先生的带领下,带到坟前一起烧掉。在坟前祭拜完毕,全家人回来聚在一起吃酒席,这个酒席很热闹,人缘好的人家,也有不少村民过来凑热闹。天黑以后,再把纸灵堂上摆的灵位和贡品拿到院子的大门外烧掉,意思是全家人对亡人的祭拜结束了,把亡人顺顺利利地送回阴曹地府。

从安俊奎家里出来后,他的弟弟安俊文一直把我从坡地上送到两三里

地以外的村口，走到坡路上较滑的地方，他总是上前来扶我一把，生怕我在雪地里滑倒。我对安俊文说："家里有什么难办的事情就和村干部沟通，等安俊奎下葬的日子定好了，就给我打电话，我要是在村里，一定过来给他送送行。"安俊文含着眼泪对我说："大姐，谢谢你了，下这么大的雪，你还亲自来看我们，哥哥虽然走了，但是托你的福，他这个春节过得挺高兴的，只是有些遗憾，你们送来的慰问金，没有给哥哥花完，本来我想把这些钱全部都让哥哥用了，让他多享受些日子，没想到……"

**倾听——安俊奎弟弟在诉说**

在骆驼巷村10多年了，我跟踪记录了不少农户，有走的，有来的，但是亲眼看见熟悉的农民"下场"，这还是第一次。好在春节前和春节期间我都来看过安俊奎，心里多少觉得也是一种安慰。安俊奎睁着大眼睛向外望的表情，定格在了我对他的记忆中，他那张吸烟卷的照片，成了我相机里记录的他生前的最后一张照片，时间是：2014年2月1日13点45分。

下午，在刘庄村的农民家里吃了两个洋芋馅儿的包子，就算把午饭给打发了。一直陪着我的小陆说，今天是从武汉回家过年的小姑子儿子的生日，村里没有卖生日蛋糕的店，打算开车去固原买生日蛋糕，如果我想返回固原，可以跟上她的车。这可是我求之不得的，因为这几天天气不好，固将路的公交车早已经被封停了。

几天来，一直在下雪，尽管雪下得不是很大，但下的都是"地油子"，再加上天气寒冷，路面冻冰，走山路还是很危险的。在返回固原的路上，行驶的车辆大多是私家车，偶尔能看到一两辆出租车。走出叠叠沟，快要到固原市区的时候，雪下大了，像是满天飞舞着的棉球儿。此时的固原城，已经被白雪覆盖，大地像是盖上了一层厚厚的雪白色的毛毯。

我在宁夏师范学院校门口下车，步行到宿舍楼。在宿舍楼前，我止住了脚步，发现宿舍楼前的雪地上竟然没有一个脚印。显然，在下雪的这段时间里，没有一个人从宿舍楼前走过。我拿出相机，拍下了这个令人心动的场景。在走向宿舍楼门的时候，我真有些不忍心，不忍心在这片洁白的雪地上踩上第一脚。

回到宿舍的第一件事情，就是拿上换洗的衣服出去洗澡，因为我浑身上下都是浓烈的炕烟味儿。此时，外面的雪已经小多了，但路面上积了厚厚的一层雪，我没有去附近的宾馆，而是去了住在学校家属院里的韩老师家。无意中，得知今晚央视播放一年一次的"感动中国"，晚上便在韩老师家和她一起看了"感动中国"。

我庆幸，今晚回来没有去附近的宾馆，而是去了韩老师家，不仅洗了澡，吃上了一顿现成的晚饭，而且享受了"感动中国"这道"精神大餐"（我住的宿舍是学生宿舍，没有电视，也没有网络，2015年才通了网络）。特别是退休后坚持坐诊27年的胡佩兰老人，给我留下了至深的印象。胡佩兰老人和主持人白岩松的对话，那么自然，那么经典。白岩松问道："奶奶，您这么长寿，还能工作，秘密是啥呀？"胡佩兰老人回答说："情感投入。"情感投入，她回答得多好啊！

## 十二　2014年农历正月初八（2014年2月7日）

今天，总算是睡了一个懒觉。拉开窗帘，天竟然晴了。昨天楼前厚厚的积雪，已经融化了，真让人有些料想不到。本来，决定今天下午去骆驼巷村的，结果几位固原的老教师约我今晚一起坐坐，节日的盛情难却，于是决定明天一早出发。

上午，在宿舍洗洗衣服，很快就到了中午。午后，安俊文打来电话，说今天下午5点安葬安俊奎。他以为我还在村里，所以没有提前通知我。而我昨晚离开骆驼巷村返回了固原，我没想到下葬的日子会这么快。当地农民说，人"下场"以后，要在三天之内安葬，安俊奎是正月初六晚上"下场"的，所以必须在初九晚上之前安葬。接到安俊文的电话，我感到有些措手不及，并且感到很抱歉，因为赶不上安俊奎下葬了。其实，我很想送安俊奎最后一程，可是安俊文的电话通知得太晚了。

下午，一对在村里教书的夫妇来宿舍看我，他们的家在固原市里。说来也真巧，他们来之前并没有和我打招呼，却撞上我正好在宿舍。我告诉他们，安俊奎正月初六晚上去世了，今天下午5点下葬，他们也觉得有些遗憾，要是早些知道，我们可以一块儿去村里看看。

看望我的教师夫妇走后，我便去了另外一位老师的家。这位老师也曾经在村里教书，现在已经退休了，他有一个儿子，小名叫"月月"，在固原市的一所重点中学上初中三年级。今天抽时间去这位老师家，主要是想在春节假期里看望一下月月，因为我和月月已有好几年的交情，每次到固原，有时间总会去看看他。

月月小学五年级的时候，就读过我写的《山村的守望》。那时候，他曾经对我说："林阿姨，我长大以后，也想做您这样的工作。"当时我听了很是吃惊，不仅仅是因为他当时才12岁，还因为他是第一个对我说出想要做我这样的工作的人。我没有想到，第一个对我说想要做我这样的工作的人，竟然是一个小学生，我一下子就记住了他。

月月正好在家，学校正在放寒假。我的突然到访，给了月月一个意外的惊喜。月月问我为什么没有早些时候过来看他，我告诉他一到固原就忙着下乡了。很快，我们俩就聊了起来。看上去月月的心情不太爽，有些郁闷，他对我说："林阿姨，我算是完了，现在不仅学校的老师以分数看人，连我爸也这么看我，他说我如果考不上某某高中，我这辈子就完了。现在，我对自己也很没有信心，觉得眼前这种生活没有意思。林阿姨你说说，如果我考不上某某高中，难倒真的就完了吗？"

我笑着对月月说："那怎么会，那怎么会呢？首先，你自己要对自己有信心，你是一个有想法的孩子，你的人生才刚刚开始，分数有的时候也许能决定一个人的命运，但是真正能够主宰你命运的还是你自己啊！如果你真的考不上某某高中，也不能说就完了，你就是考上了某某高中，也不能说就一定能考上大学。"实际上，这些道理月月都懂。

显然，月月对目前的学习生活有点厌倦了，他对老师的一些做法也很有意见。例如，留的作业写错了，就让重抄30遍或者50遍，他认为这是让学生做无用功。月月说："我们学生也太辛苦了吧，早上6点就要起床，晚上11点才能睡觉，如果不这样，老师留的作业就做不完。我们这么辛苦，还时常要受到老师的惩罚，同学都幽默地把老师的惩罚称为到老师那里'领奖'，挨了教鞭或者尺子的，叫'领棒棒糖'；挨了巴掌的，叫'领大板筋'；被罚站的，叫'领岗'；被弹脑门儿的，叫'中大奖'；等等。"

月月的这篇日记，不仅真实地反映了他的苦恼，而且是现阶段相当一部分学生的苦恼。在经过月月的同意之后，把这篇日记转载如下。

### 分数，我想对你说[①]

分数，我想对你说，说许多许多。你可曾知道你有多么大的威力？从小学一直到大学，你都是评判者、决定者。世界上有许许多多的人为你而奋斗，也有许许多多的人因为你的存在而整日唉声叹气，失去了快乐。

分数，你主宰着我们一生的命运。

我们学生中广为流传着这样一句话：考、考、考，老师的法宝；分、分、分，学生的命根。这句话一点儿都没错。

在学校里，你几乎成了衡量一个学生是否优秀的唯一标准。一个学生如果得到了你的青睐，三好学生等各种荣誉都会接踵而来；一旦被你遗弃，在老师和同学的眼里便成了坏学生，会被人看不起，在众

---

[①] 这篇日记是月月参考小学生优秀作文集，并结合自己的感受写出来的。

人面前抬不起头，失去信心。

　　回到家里，你又成了评价一个学生好坏的天平。如果有你的肯定，表扬、奖励、庆祝便会弹奏起家庭的交响乐；但如果被你疏远，责怪、训斥、失望便吹拉起家庭的咏叹调。

　　唉！分数，难道你真的是衡量学生好坏的唯一标准吗？

　　分数啊分数，我想对你说，是你的多少构成了我生活的喜怒哀乐，你的多少将决定我一生的命运。分数，我实在是不喜欢你！不错，你曾经给我带来了幸福与快乐，我曾因为你获得了优秀学习之星等许多荣誉。是你，让同学喜欢我；是你，让老师信任我。然而，当我步入初中的学习生活，你便对我渐渐冷漠，给我带来了许多烦恼和忧愁。我的英语成绩始终不能得到你的首肯，你成了我肩上沉重的包袱，压得我喘不过气来。

　　分数啊分数，我想对你说，谁说我们这一代人是无忧无虑的？是的，我们不愁吃不愁穿，但是因为有了你，我们添了多少烦恼和忧虑！如果这世上没有你，那该多好啊！

　　分数啊分数，我想对你诉说，诉说许多许多……

　　由于时间关系，我和月月在傍晚时分道别。出门前我对月月说："即便你考不上某某高中，也不要泄气，林阿姨始终都看好你。一定要注意学习方法，不要死记硬背，要学会举一反三，你不是将来还想要做林阿姨这样的工作吗？"听了这番话，月月呵呵地笑了。月月送我下楼时对我说："林阿姨，和你在一起的时候我觉得特别放松，感觉不到有一点儿压力。"

　　从月月家里出来，我去了固原市东海园区西门的火锅店，在那里见了几位熟悉的中学老师。他们教过的一些学生，利用春节假期回家过年，顺便也看看老师。这几位老教师把他们曾经教过的学生介绍给我，有的在读硕士，有的在读博士，有的已经工作了，有的还有了一官半职。席间，一位年轻人在议论从西海固走出去的官场名人，令在座的老师们有些错愕，在他的眼里，正部级官员都不算什么，他的奋斗目标是更高级别的领导。

　　显然，在座的年轻人已经不需要再为分数努力了，或许，他们在为走进各种各样的名利场而努力……此刻我想到了月月，想到了那个整日还在为分数而忧虑的男孩儿，想到了那个说长大以后要做我这样的工作的男孩儿。

## 十三　2014年农历正月初九（2014年2月8日）

昨天下午，和张易中学的卢老师约好，今天早上7点半从固原出发，一起去红庄村（骆驼巷村的邻村），看社火队耍社火。早上6点半起来，窗外灰蒙蒙的，天，又变了。我端着洗脸盆和洗漱用具，准备去楼道里的洗漱间洗漱。走出宿舍门的一瞬间，我还是睡眼惺忪，一位个子高高的男子向我这边慢慢地走动，着实把我吓了一大跳。我大声问："谁？你是谁？"然后，我端着洗脸盆迅速地退回宿舍，把门插上。

奇怪！这段时间除了一楼的值班员外，整个宿舍楼就我一个人出出进进的，怎么今天一大早，楼道里突然冒出来一个男的？我住的3号宿舍楼，是一栋男生宿舍楼，在开学期间，一、二、三楼上住的都是男学生，四层楼上是老师的办公室，只有我住的房间既是办公室又是宿舍。春节前后，楼里始终就我一个人，非常安静，今早楼道里冷不丁地冒出一个人来，连我这个不信鬼神的人，也真的以为撞上"鬼"了。

我在宿舍里待了半个小时左右，几次把耳朵贴在门上听楼道里的动静，可楼道里一点儿动静也没有。眼看出发的时间就要到了，我悄悄地打开宿舍门，张望了一番，连个人影子都没有。于是，我快速到洗漱间接了点水，在宿舍里简单洗漱后，便带上相机和摄像机等，三步并作两步地跑下楼了。路过一楼的值班室问了下情况，才知道原来是一位学生昨天半夜回学校了，那位男生的宿舍在三楼，他可能是到四楼玩手机，以为四楼没有人呢！

7点半和卢老师从固原出发，此时，天又下起小雪。车，刚出了固原城，雪，突然下大了。满天飞舞的雪花拍打着车窗，很快车头的透明窗上就结上了一层薄霜，地面上更是"热闹"，又是昨夜冻的冰，又是今日落的雪，一时间稀稀拉拉的过往车辆陆续停在了路边。驾驶员都在互相打听着前方的路况,因为一旦上了山路,车想掉头都非常困难。

卢老师眼睛不太好,驾龄也不长,当我们正在犹豫是否取消今天去骆驼巷村的计划时,走过来了两位满身披着雪的农民,急促地敲打着车窗。我打开车门,一股冷风涌进来。"走不走?去不去西吉的将台?"两位农民问。卢老师回答说:"去红庄,正在看路,雪下得这么急,正考虑是不是要返回呢。"紧接着,两位农民着急地说:"要不,把我们带到张易镇也行,家里面有病人,着急回呢!可下这么大的雪,连个过路的车都找不见,我们两个都会开车,拉上我们吧。"我和卢老师正在犹豫,其中的一位农民又说:"拉上我们吧,一来我们可以平衡车的重心,二来我们可以帮助你们看路,只要慢慢开,别踩油门,这条路问题不大,我们把路费给你们,也不白坐你们的车。"卢老师看了看两位站在雪地里的农民,打开了车门,让他们上了车。车子启动后,始终低速行驶,两位农民也争相帮着看路指点,看来,他们走山路的经验还是很丰富的。

我和卢老师坐在车的前排,两位急着去西吉的农民坐在车的后排,果然,车子走起来稳当了不少。两位农民听我的口音不像本地人,便主动和我聊起来。他们说,这几天在这条路上跑的车,可是把钱挣上了,只要一上车,少了要五十,多了要一百,反正也没有人管,着急赶路的,上车就先掏钱,没有二话可说,今天算是碰上好人了。由于几天来一直下雪,过往这条山路的公交车停运了,高速公路也封了,胆子大的司机就开着私家车,专门在山路上收费拉人。

说来也巧,一走上山路,雪下得小多了。叠叠沟附近,是这条路上最危险的一段,因为这里的积雪融化得很慢,路面上全是疙疙瘩瘩的冰溜子,车轮子很容易打滑。驶过了叠叠沟,到了马场村附近,路面中间就看不到结冰了。马场村附近的这段马路,两边地势开阔,小雪落下来,马上就被风卷走了,坐在车窗前看,地面上的小雪,好似一层舞动的白沙,被风卷着往前跑,落下一层小雪,就卷起一层白沙,雪花儿在路面上随风飘动,像是为我们带路。

我随口问两位农民,家里什么人生病了,一位农民回答说:"老母亲病了,这两天病得严重了,要马上赶回去,实在不行就带着她去城里的医院看看。如果家里没有病人,现在我们的日子比以前好过得多,只要有一个人害了病,那日子可就过不得了。"另一位农民说:"你是北京来的,欢迎到我们将台的村庄走一走,只要你走到我们村里,就会知道家里日子过不得的全是因为有病人,要不就是家里有残疾人。"看来在农村,因病致贫已经是一个普遍性的问题。

今天,是农历正月初九。西北地区的农村,习惯在正月初九的这一天耍社火。当地民间流传着一种说法:"七不出,八不入,上九办事一大堆。"说的是正月初七不出门办事情,正月初八出门在外的人不能回家,正月初九这一天是办事情的好日子,办的事情越多,得到玉皇大帝的福庇就越多,事情办得就越顺利。还有把正月初九这一天称为"上九日"的,据民间传说,"上九日"这一天玉皇大帝做主,这一天还是玉皇大帝的诞辰日,所以人们要去方神庙迎接神灵、祭祀神灵、供奉神灵。然后,用耍社火的方式搞庆祝活动,以表达人们的美好祝愿,并为家兴人旺祈福。

百度对"七不出,八不入"的解释如下。

事实上,"七不出,八不入"是有深刻内涵的,并不像字面意思那么浅显。"七不出",说的是当家人出门前,有七件事没办好不要出门,必须安排好家里的生活才能出门。这七件事是柴、米、油、盐、酱、醋、茶。"八不入"说的是出门后,有八件事没做好不要回家。这八件事是孝、悌、忠、信、礼、义、廉、耻。这是古人做人的八条基本道德准则,违犯了任何一条,都对不起祖宗,对不起家人。

前两天,走访红庄村的时候,红庄村的农民就邀请我正月初九一定要过来,因为村里的社火队上午要去张易镇耍社火。社火,是西北农村庆祝春节的一种传统的庆典活动,用以表达人们对新一年美好生活的祈盼和祝福。但是,这种传统的庆典方式,在很多村庄已经慢慢消失了,就拿我常去的骆驼巷村来说,从我2003年春节第一次来至今,就没有见过他们以社火的方式庆祝春节。

据红庄村的干部说,实际上,红庄村在春节期间耍社火的庆祝活动也有10多年没有搞过了。2013年11月村干部改选,新当选的村干部认为,

近些年红庄村没有什么项目支持,要想在没有任何经费支持的情况下把农民团结起来,干脆先从丰富农民的文化生活入手,于是村里决定成立社火队,用这种方式把村民的热情激发出来。村干部的建议,得到了村民的积极回应,村民踊跃参加。2013年12月,红庄村社火队成立了。在村干部的带领下,社火队开始进行排练,参加社火队的村民,每次排练都很认真,也很投入,社火队初具规模。

我们的车驶到红庄乡,已经快上午9点了,我赶忙先下了车,去村口处老姜的住地,因为他的侄儿就是社火队的队员。卢老师继续向张易镇开去,送车上的两位农民。后来听卢老师说,张易镇那边没有下雪,他就把两位农民一直送到了目的地——西吉将台。

由于今天早上出现了一个小小的意外,再加上天气不好路很难走,我到红庄村的时间有些迟了,红庄村社火队已经出发了。让我没有想到的是,今天天气异常寒冷,还刮着大风,气温在零下十几度,是春节以来最冷的一天,可社火队的队员们居然这么早就已经去张易镇了。

我给红庄村段主任打了电话,段主任说他们的社火队已经在张易镇集合。段主任让我到村委会的门口等,说那里有一辆帮忙的私家车,正好要带几个人去张易镇,于是我也赶过去上了那辆车。从红庄村到张易镇,大约有22公里的路程,开车要半个小时左右,好在去张易镇的路段没有下雪,我们一路上很顺利。

在开往张易镇的路上,尽管天气寒冷,但车上的人都兴致勃勃。据他们介绍说,红庄村新成立的社火队有100人左右,其中领队的3人、打鼓的12人、耍狮子的12人、划旱船的12人、扭秧歌的32人、花脸4人、春官4人(3人预备)、打横幅的2人、手举彩旗的20人,还有2套鼓叉、1台彩车,彩车是用农用三轮车改装的。

其实,大年初一一过,红庄村社火队就已经闪亮登场。他们每天列队来到各组村民家的门前,锣鼓喧天地喜庆一番。从初二到初五,社火队每天去一个村民小组,上午10点开始,下午5点结束。社火队每到一户村民家的大门口,全家的男女老少就都会出来迎接,送烟酒,放鞭炮,春官根据每家的情况自编自唱,自编自唱的内容都是新春祝福,实际上,就是一种高调门的颂唱。

我们到达张易镇的时候,红庄村社火队的队伍正敲锣打鼓地走在张易镇镇政府后面的一个山坡上。在那个山坡上,有一个方神庙,远远望去,在方神庙的附近有一支穿着花花绿绿的队伍在移动,隐约可以听到那边传来的锣鼓声、鞭炮声。据当地农民说,耍社火的第一站都是方神庙,给庙神烧香敬拜,求庙神恩赐,保佑社火队的全体成员在耍社火的时候不出意外,平平安安。

耍社火

颂唱,有专门的旋律和节拍,每句开始的时候音调最高,很费嗓子,所以必须有随时可以替换春官的备用人员。一些喜欢凑热闹的村民,会跟在社火队的后面走,走家串户,享受着锣鼓喧天、鞭炮齐鸣、喜气洋洋的热闹场面。据说,正月初二到正月初五,跟在社火队后面看热闹的村民有五六百人,占村里常住人口的一半左右。

在张易镇镇口的马路边上,停了两辆农用三轮车,一看就是为社火队开路的车。第一辆农用三轮车上绑着两束红绸子,第二辆农用三轮车的四周贴着用木板做的宣传画,整个车子被包在宣传画里。车子正面的宣传画

**春官高声颂唱新春的到来**

上方写着"向张易镇人民拜年",下方画着8匹奔腾的骏马;车子左侧的宣传画上是天安门和习近平总书记的照片,上面写着"中国梦——国家富强、民族振兴、人民幸福";车子右侧是一幅盛开的洋芋花的宣传画,上方写着"喜迎丰收";车子后面的宣传画上是麦田、社区、楼房等图案,上方写着"建设新农村"。

当红庄村社火队从方神庙走下来的时候,我追了过去,拿出摄像机开始摄像,社火队的队列还专门在我的面前停了下来,春官高声颂唱了一番,我只听出来了"林老师"几个字,大意应该是他们很高兴我能来和他们一起凑热闹。

在红庄村社火队的前面,有人举着一个红色的横幅,横幅上写着"红庄村社火队向张易镇人民拜年"。随后,是几个举彩旗的人。紧接着,是4位花脸,跟在花脸后面的就是春官。春官身穿海蓝色的绸袍子,腰上系着红绸子,戴着一顶大檐帽,脸上挂着两尺长的黑胡子,手里拿着一个大羽毛扇,一边颂唱一边挥着大羽毛扇。接下来,就是敲鼓叉的、划旱船的、耍狮子的,秧歌队排在队伍的最后面。看上去,还真有那么一股专业队伍的劲儿。一些来凑热闹的村民，跟在社火队的后面或者两边，边走边说，边走边笑。

社火队从方神庙走下来，依次去了张易镇街道、张易镇卫生院，最后一站是张易镇镇政府。每到一处，社火队的队伍就要在院子里耍上十几分钟，敲锣鼓的、划旱船的、耍狮子的、扭秧歌的，大家齐上阵，全面开花，这时春官也高声颂唱起来，滔滔不绝，振振有词。颂唱的时候，鞭炮齐鸣，对方接受礼物，等鞭炮放过之后，社火队就转移到下一个地点庆祝。

红庄村社火队在张易镇镇政府的院子里耍的时间最长，鞭炮也放得最响，张镇长和几名干部出来迎接社火队。因为今天的天气过于寒冷，社火队的活动到11点半就结束了。在张易镇的街道上，我还看见了三四个村庄的社火队，规模最大的也就是三四十个人，还有十几个人的，服装、道具、表演都要比红庄村的社火队差远了。显然，今年春节，红庄村社火队在张易镇的行政村里算得上首屈一指了。

看完红庄村社火队在张易镇镇政府的表演，我顺便去了张镇长的办公室。张镇长告诉我，今天下午1点，将在张易镇广场举办2014年农民文化会演，既然碰上了，我决定留下来看一看。中午，在张易镇的食堂里吃了一碗面条，还看见了原州区宣传部的两位记者，他们是专程来采访报道的。饭后，我便去了张易镇广场，这是我在当地第一次看农民演出。

尽管外面的天气寒冷，但来看演出的村民还是不少，广场前方有一个用水泥砌成的舞台，长十几米，宽六七米。离舞台约10米处的地方，摆了几条长桌子，桌子旁坐了10名评委。评委的后面站满了看节目的农民，大概围了有四五层，舞台的两边也站了不少看演出的农民，男女老少都有。舞台的远处，有不少在广场嬉笑玩耍的孩子，从他们的衣着看，就知道是在过节。

演节目的农民浓妆艳抹，他们都是各村的农民。清唱的农民有自己的小乐队伴奏，集体的节目就放录音带伴奏。尽管农民的演出水平很一般，但是村民们看得津津有味，因为农民看演出的机会实在是太少了，他们似

前来看演出的孩子们

农民演出很投入

乎感觉不到外面天气的寒冷。张易镇的马书记和张镇长也站在舞台边上,和农民一起看演出,我挨到半个小时,便和他们打了声招呼准备走了,因为站在外面实在是太冷了,这股子寒冷劲儿真不是一般人能耐得住的。我心想,坐在演出台前的 10 位评委,今天受的罪可大了,估计看完演出手脚就会冻僵了。2014 年张易镇农民文化会演节目单见表 2-1。

天寒地冻下的观众

表 2–1　2014 年张易镇农民文化会演节目单

| 序号 | 表演形式 | 参赛曲目 | 演出单位 | 表演者 |
|---|---|---|---|---|
| 1 | 快板 | 环卫工人说环卫 | 张易环卫 | 周瑞娟、王慧慧 |
| 2 | 广场舞 | 中华全家福 | 张易环卫 | 王变红、魏旺红等 |
| 3 | 眉户剧 | 祝英台 | 田堡村 | 李忙忙、任玉霞等 |
| 4 | 表演唱 | 新媳妇转娘家 | 张易娱乐中心 | 辛玉兰、王梅英 |
| 5 | 广场舞 | 财源滚滚来 | 张易环卫 | 王变红、魏旺红等 |
| 6 | 数花 | 宁夏道情 | 张易娱乐中心 | 辛玉兰、王梅英 |
| 7 | 花儿、清唱 | 打马的鞭子 | 闫关村 | 海耀东、陆映霞 |
| 8 | 秦腔、清唱 | 杨廉梅路 | 燕泥村 | 王建奎 |
| 9 | 秦腔、清唱 | 黑虎坐台 | 燕泥村 | 夏长江 |
| 10 | 武术 |  | 上马泉村 | 苏武、苏仁 |
| 11 | 清唱 | 断桥 | 贺套村 | 何应弟 |
| 12 | 清唱 | 斩秦英 | 贺套村 | 殷应应 |
| 13 |  | 浪花灯 | 黄湾村 | 汪志清、毛珍珠等 15 人 |
| 14 | 秦腔、清唱 | 老娘不必泪纷纷 | 民族舞蹈队 | 梁巧云等 |

续表

| 序号 | 表演形式 | 参赛曲目 | 演出单位 | 表演者 |
|---|---|---|---|---|
| 15 | 广场舞 | 油菜花 | 民族舞蹈队 | 梁巧云等 |
| 16 | 眉户剧 | 织手帕 | 田堡村 | 杨利晖、春菊香 |
| 17 | 秦腔、清唱 | 二进宫 | 黄湾村 | 马凤娥 |
| 18 | 广场舞 | 洗洗衣 | 田堡村 | 卢凡荣、刘小杰 |
| 19 | 眉户剧 | 荷花包 | 盐泥村 | 王巧在、武东林等 |
| 20 | 眉户剧 | 苏三起解 | 盐泥村 | 魏巧珍、王玲仓 |
| 21 | 广场舞 | 山里红 | 张易村 | 张国成、梁巧云 |
| 22 | 广场舞 | 阿哥阿妹 | 田堡村 | 师雪琴、王雪梅等 |
| 23 | 广场舞 | 快乐广场 | 民族舞蹈队 | 梁巧云等 |

我打算返回红庄村老姜的住处，张镇长让镇上的车送了我一程。在返回的路上，我看见了几辆载着红庄村社火队的农用三轮车，他们也是从张易镇返回村里。外面寒风凛冽，社火队的队员们在寒风中紧缩在一起，身上穿的花花绿绿的绸衣绸带随风扬起。我真的很担心，担心社火队的队员们会被吹坏身子骨。此时，我有些想不通，为什么在今天天气突然变得这么寒冷，又没有车接送的情况下，也不临时决定取消今天的活动呢？

回到老姜的住处，第一件事情就是赶快坐到火炉子边上烤火。老姜的侄儿是红庄村社火队打鼓的，他说社火队的队员今早6点就起来化妆、换衣服、做准备，8点半就出发了。社火队的骨干吴学林对我说："本来计划集中20辆农用三轮车，载上社火队的人一起前往张易镇，但因为你在前两天曾经说过，乘坐农用三轮车不安全，并且今天实在是太冷了，所以只开去了几辆车，大部分人乘坐的是从张易镇租来的公交车。但是，返回村里的时候，公交车不同意租车了，说是天气不好，有不少人是自己想办法搭顺风车回来的。"

后来，听红庄村的干部说："社火队从张易镇回来以后，有十几个队员都冻病了，躺在炕上缓了好几天，有的队员头疼了一两个星期。山里的天气变化无常，正月初八的天气还很好，到了初九就突然变天了，气温骤降，白天都在零下十几度，这个连我们也没有想到。当时，村民的积极性很高，也都有在冬天里抗冻的耐力，我们去张易镇耍社火，也是想给镇上拜个年，希望在新的一年里镇上能多关照我们村一下。现在，我们村里什么项目也没有，村干部们也很发愁，因为没有项目就没有给村民解决实际问题的本钱。还有，现在帮扶我们村的单位是固原市原州区文体局，文体局是一个穷单位，也没有什么资源能够帮助我们。村里成立社火队，农民自发组织唱秦腔，都得到了文体局的大力支持，在道具、服装、乐器上都给予了帮助，要不然的话，我们村委会连这点事情也办不成。"

今年春节前，红庄村村民就自发组织了唱秦腔的班子，准备在正月十五的前几天登台表演。老姜的侄儿媳妇，是秦腔班子里的骨干，她主要是唱黑脸。在西北地区的农村，有重大庆典活动时，要搭戏台子请戏班子唱秦腔，不少农民都喜欢哼唱两句秦腔，就像城里人喜欢哼唱两句流行歌曲一样。

现在，农民唱秦腔大多是自娱自乐，图个开心，但是，秦腔唱段里的故事在民间则广为流传，这些故事警示人们要积善除恶，老实做人。如《铡美案》《窦娥冤》《三滴血》《游西湖》《对银杯》等段子，都深入人心。传说秦腔的发源地，是在具有8000多年历史的天水，后来传到了陕西宝鸡一带。固原市的隆德县和天水市的庄浪县相连，所以这一带的农民，特别是老人，喜欢听秦腔、唱秦腔。

老姜的侄儿媳妇说："从2013年12月开始，红庄村喜欢唱秦腔的人就自己组织起来开始排练，我们练习的是《铡美案》片段。安排好各种角色后，就分头跟着录音带练习唱腔，练习几天以后，大家就在一起合一合，主要是要跟上胡琴的调子，反反复复练习，正好现在是农闲时间，大家练习的积极性很高。能唱成段子的农民，都是从小家里就有人喜欢唱秦腔的，有一定的基础，因为秦腔的调子很难拿，唱不好就容易跑调儿。今年的元旦，我们一边练习一边演出，共演出了四五天，不少村民都过来看我们排练。"

红庄村的村干部说，2013年底村里的农民开始练习耍社火、唱秦腔、跳广场舞，使长期缺失的文化生活渐渐恢复了，村民参与的热情高涨，喝酒打牌的人明显少了，偷盗的现象也减少了，农民的精神面貌有所改变。

我顺便问了村干部:"今年春节你们村里搞的文化活动挺有特点的,农民的参与热情这么高,镇上对你们村有什么奖励没有?村里对参与活动的农民有什么奖励没有?"村干部回答说:"今天社火队去张易镇时,镇政府送了200元钱的现金和300元钱的礼物,表示了一下他们的心意。我们村委会也没有什么经费,只是给社火队的队员每人发了一双球鞋。其实,许多农民积极参与,主要是享受自排自演的过程,对他们来说,能有一个展示自己才艺的舞台,也是一种心理上的满足。"

2014年正月初九,对固原来说,实在是令人难忘的一天。虽然气温骤降,但是红庄村的社火队、秦腔组展示自己才艺的热情很高。如果不是今天跟着走上这么一趟,我很难理解农民的那股子热情,那股子从心底迸发出来的热情,那股子热情足以盖过天地之间的寒冷……

## 十四 2014年农历正月初十(2014年2月9日)

昨天还是阴云密布、寒气逼人,今天就是太阳高照、晴空万里。早饭后,我带上随身物品,步行去骆驼巷村。走到红庄村二组的路口附近时,一位骑摩托车的农民停下来,他上前对我说:"林老师,你能不能到北面的山坡上看一看,我可以把你带过去,那里住了不少老人,生活过得很可怜。"

我看天晴了,又有人带路,于是便跟着这位农民去了北面的山坡。骑了三四里的路程,便到了一位叫傅贵花的老人家,她家的房子背面,就是一道山崖。房子是土坯房,看样子也有二三十年了,破旧不堪。傅贵花老人,今年74岁,没有上过学。她说:"丈夫初中毕业,还是一位老党员,曾经当过村干部,包产到户以后,村集体解散,村干部都派不上用场了,都回家种地了。"10年前,傅贵花老人的丈夫突发脑出血去世,去世的时候67岁。

老人生有7个孩子,4男3女,女儿都出嫁了,3个儿子也都成家另立户了,最小的儿子送给人家当倒插门女婿了。老人说,现在农村娶媳妇也太贵了,最便宜也得要六七万元,十万元算是一般的,要十几万元的都算正常，农民哪里有那么多钱娶媳妇啊，所以干脆把小儿子送给人家了。老人患有腰椎间盘突出症，平时行动都要拄着一根拐棍儿，由于腿疼平时不能下山，雨雪天里就更不敢下山了。老人幽默地说："我现在整天在这山上，和犯人也差不多了。"我问老人，平时一个人在家怎么生活，她说靠养老金生活，有时候儿子也给上一二十元钱，孩子们家里生活都不富裕，都要维持自己的生活，能隔上几天回来看看我，就已经很不错了。

在离傅贵花家不太远的地方，住着一位叫傅玉花的老人，今年77岁，没有上过学。她的丈夫已经去世20年了，当时得的是胃癌，因为没有钱看病，一直在家里熬着，没多久就死在家里了。老人生有9个孩子，5男4女，现在还剩下一个未娶媳妇的儿子和她一起生活，其余的孩子都已经成家了。未娶亲的儿子今年46岁，没有上过学，他在家里照顾母亲的生活。他家里有14亩地，主要是种草，家里养了十几只羊，都是公羊，2013年除去养羊的投入，赚了5000元钱左右。他家是村里的低保户，房子也是土坯房，2013年夏季连续多日的大雨，他家房子里面也漏雨了。

在傅玉花隔壁的院子里，住着一位叫杨秀梅的老人，今年67岁，没有上过学。她的丈夫去世十几年了，当时患了肺病。老人生有5个孩子，2男3女，她现在和小儿子一起生活。小儿子今年35岁，初中毕业，有一个2岁半的女儿，儿媳妇一年前办了离婚手续，把孩子丢给了老人。老人说："儿子和儿媳妇是在打工的时候认识的，儿媳妇的祖籍在四川，结婚后嫌家里穷，把孩子丢下，一个人回四川了。儿子春节时回来了，现在又去了天津打工，他不去打工家里没办法生活。春节前儿子回来给了1000元钱，可是我前些日子看病住院就花了2000多元。春节家里没有准备什么，儿子回来时买了点肉、水果。"杨秀梅老人家里有8亩地，2013年种了6亩小麦、2亩洋芋，6亩小麦收获了2000斤，留作家里的口粮；洋芋每亩收获2000斤，共收获了4000斤，卖了2000斤，每斤的价格是0.5元。

之后，热心的村民又带我又去了西北面山坡上的一户农家，这户农家是村里的低保户。他家的院子比较大，看上去有500平方米左右，院子的小门是用几块破木板钉起来的，或许是因为住在高处，刚走到院子前面，就有一种人烟稀少、空旷荒凉的感觉。院子里有3间坐北朝南的正房，还

有2间坐东朝西的灶房，都是土坯房子。在这家院子里，现在有3个人一起生活。

户主王志义今年72岁，没有上过学；老伴68岁，也没有上过学。他们生有5个孩子，4男1女，4个孩子都成家另立户了，现在小儿子和他们一起生活。小儿子今年36岁，初中毕业，因患有精神病在家。王志义的老伴说，儿子刚从固原的精神病医院出院，每次住院回来报销后，自己也得花上几千元。2013年小儿子住院，当时交了1万元，出院时找回137元。后来，报销了7000多元，自己花了2000多元，如果不是低保户，自己就要花五六千元钱了。

王志义老人家里有8亩承包地，2013年种了2亩胡麻、2亩小麦、2亩洋芋、2亩草。2亩胡麻因2013年夏季的大雨全完了；2亩小麦收获了600多斤，留作家里的口粮，这600多斤小麦不够吃，还要再买粮；洋芋长得不好，每亩地就收获了1000斤，收获的2000斤洋芋，卖了1000斤，每斤的价格是0.45元，留了1000斤自家吃；种的2亩草都用来喂牛。王志义老人家里养了2头牛，每年能卖1头小牛，1头小牛能卖三四千元钱。

王志义老人家的土坯房子，一到下雨天就漏雨，东侧的灶房看上去快要塌了，他家以务农为生，一年的收入也就是几千元钱，小儿子还经常住院，村里虽然给了他家危房改造的指标，但由于拿不出需要自筹的几千元钱，所以一直住在老房子里。

类似王志义老人这种情况，在各个自然村都有。据张易镇镇干部介绍，目前在张易镇的20个行政村里，有7000多户农户的房屋达不到国家安全规定的要求，按计划2014年可以解决600多户农户危房改造的问题，农村危房改造的工作，依然任重道远。

从王志义老人家里出来，接到骆驼巷村村干部打来的电话，他们正等着我一起整理骆驼巷村的入户调查数据，于是我急急忙忙告别了红庄村带路的村民下山了。路过红庄村的街道，我发现马路边上有几口没有井盖的深坑，深坑上面都覆盖着厚厚的白雪，尽管这些深坑只有两三尺左右深，但是，过路的人如果一不小心踩上去，也难免会伤到腿脚的筋骨。

沿着红庄村街道南端向右拐，就到了骆驼巷村。骆驼巷村的村口处，是两个回族自然村，也是骆驼巷村的门脸，马路两边的房子外侧，2013年也被涂抹一新，包括新建的牛羊棚。房子的外侧和牛羊棚的外侧，同样都刷成了白颜色，边框都刷成了灰颜色。我曾经问过施工的人，他们说，刷1平方米的费用是38元钱。

在骆驼巷村的村口处，看见两个五六岁的娃娃在滑雪，他们很有创意，把空塑料瓶子踩扁，然后一只脚踩在空塑料瓶子上，用另一只脚助力，因为他们的个子矮，在另一只脚的助力下，还真能滑行起来，看上去挺有趣儿。在走进骆驼巷村的马路上，还碰见了驼巷村25号农户的户主马进万，他和几个农民正往出走，看上去气色不错。他笑着对我说："林老师，你好着呢吗？谢谢你前几天到我们家来，现在家里的日子比以前好过多了，有时间常到家里坐坐。"

到骆驼巷村阳洼村赵队长家里，已经是午后1点多了。从红庄村到阳洼村，有七八里的路程，一路上我边走边照雪景，一点儿也没有觉得走的路长。昨夜，这里下了一场大雪，今天又是一个大晴天，蓝天和白雪相辉映，美极了。能够欣赏到这么养眼的田园风光，也是一种福分，因为这样如影如画的雪景并不是轻易能碰上的。

在赵队长家里吃了一碗面，之后我们便开始工作——整理统计2003年春节至2014年春节期间，骆驼巷村的出生人数和死亡人数。我打开电脑，调出这期间在骆驼巷村调查的原始资料，赵队长拿出他那里的统计资料（赵队长负责村里的计划生育工作），然后我们开始一家一户地核对。这可是一项简单而枯燥的劳动，核对时需要特别细心，我们才核对了2个回族自然村，就已经是下午5点多了。

我建议休息一下，出去透透气，换换脑子，于是暂停了核对资料的工作，走出了屋子，到院子附近走一走。走到离赵队长家二三百米处的山坡下，传来了念经的声音，我便朝着念经的方向走过去。原来，一户农家正在给去世的老人烧三年纸。走进这家农户的院子，在南侧偏房里边的门前，跪着十几个人在磕头、烧纸，前面有几个人身穿白色的长衫，头上戴着白色的帽子，这种服装是当地的"孝服"。

在南侧的偏房门框上，贴着粉紫色的纸条，纸条上面贴着黄、绿、红

色相隔的菱形纸片，每片纸上都写着一个字，左侧是"香焚玉炉朝上尽"，右侧是"表奏天阙圣驾归"，上方是"内宫真语"。当地人把这种装饰的门称作"神门"，"神门"里面站着两位念经的人。实际上，念经的人不是在念，而是在唱，并且是拉开嗓子唱，调门很高，当地人称作"诵经"。

**念经磕头**

念经的人头戴有棱的花帽子，帽子上面有五个图案，每个图案都是一尊佛像，帽子后边有两条1尺多长的黑布条，当地人把这种帽子称作"五方佛冠"，是一种道帽，念经的时候，戴上"五方佛冠"，是为了显示佛的神威。念经的人身穿红色的绸袍子，袍子一直拖到脚面，袍子的背后印有黄、黑两色的八卦太极符号，当地人把这种服装称作"道服"，传说太上老君曾经穿过这种"道服"。

两位念经的人背对着"神门"，面对着用紫色绸子布铺盖的小方台，台子上摆放着6个神牌，神牌从左至右依次是神牌位"大罗三清三境三保天"、尊神位"东宫教主太乙救苦天"、尊神位"东狱天齐大生仁元圣"、帝神位"冥府十王慈仁义阎罗真"、君神位"南北二斗二大真人神"、君神位"牛头马面"。当地人把摆放着神牌的台子称作"神坛"。

念经的人一边高声诵经，手脚一边随着经律做着动作，当地人称作

"踏罡步斗"，念经人用这种动作表示他们做法的神通。诵经的时候，晚辈都要下跪，亡人的亲生子女还要不停地烧纸，烧纸必须烧到诵经完毕，讲究的人家还要穿上丧服。我在"神门"前看到了一大团白色的纸条，这些纸条就是在诵经时要烧掉的。

在这家农户院子里侧的中间，搭了一个用红纸做的长2米、高2米的小纸屋，小纸屋的台子上面摆放着"五方神坛"，实际上就是用黄纸做的5个纸牌子，当地人把这种纸牌子称作"神牌"，台子上还放着线香和纸钱，供来的人祭拜使用，当地人把这种小纸屋称作"天坛"，"天坛"是用来祭拜天地的。

院子北侧的正房两边，摆放着两个大花圈。正房里的正中央，搭了一个纸灵堂，比我正月初七那天在刘庄村看到的纸灵堂要窄一些，但高出不少，有近2米高。纸灵堂上用红、黄、绿、粉、紫等颜色的纸，搭成了一层一层的纸帘子，当地人把这种纸帘子称作"彩灵"。"彩灵"下面的正中上方，摆放着一座纸房子，代表女婿、外甥们送给亡人的四合院。纸房子前面摆着老人的灵位和遗像，还摆着一些酒、茶、糖、水果、馍馍、纸钱等贡品，过世的老人就像住在了宫殿里。

院子里的门口处，还有一口直径为2尺的大铁锅，锅上摞着5层笼屉，说是明天烧三年纸结束的时候，为请大家吃酒席准备的。赵队长说，在农村，像这家农户这样烧三年纸的比以前少多了，照这家农户这么办，一般都要花1万元左右，大部分钱是花在明天酒席上的，家里经济条件好的农户，花销还会更多一些。

现在，骆驼巷村烧三年纸，已经不是单纯地祭奠过世的祖先和家人了，而是一种讲排场的表现，烧三年纸办得是否气派，要给左邻右舍的人们看，不仅表示这个家门的晚辈对老人孝顺，而且显示他家的日子过得红红火火。一般在这个时候，都会请人来帮忙，一位来帮忙的村民，向我介绍了当地农村烧三年纸的过程。

人"下场"后的第一年祭拜，称作"烧一年纸"，烧一年纸的时候，家门的亲戚和好友前来祭拜，但是不办酒席；人"下场"后的第二年祭拜，称作"烧二年纸"，烧二年纸的时候，只是家门的亲戚前来祭拜，也

**祭奠亡灵的纸货**

不办酒席；人"下场"后的第三年祭拜，称作"烧三年纸"，烧三年纸的时候，不仅家门的亲戚和好友前来祭拜，而且要请庄老四少、左邻右舍前来帮忙，请阴阳先生前来诵经投文，祭拜活动结束后，要大办酒席，所以烧三年纸是最隆重的。

烧三年纸为期三天。在烧三年纸的头一天，就要在阴阳先生的指点下布置"神门"、摆"神坛"、搭"灵堂"、搭"天坛"等，然后全家人一起到亡人的坟前"接纸"，"接纸"就是把亡人接回家里来。一般来说，"神坛"要摆在偏房里，"灵堂"要摆在正房里，"天坛"要摆在亡人去世的房子前，这些都布置好了以后，就把亡人接回家来。"接纸"的时候，亡人的亲生子女必须穿长衫"孝服"，侄儿辈的人只戴"孝帽"不穿"孝服"，孙儿辈的人戴的"孝帽"前面缝着一小块红布，重孙儿辈的人戴的"孝帽"是用红布做的。家里经济条件好的农户，还会给村里来帮忙、祭拜的人发一顶白色的"孝帽"，当地人把发白帽子称作"散海孝"。

烧三年纸的第一天，有一项重要的活动，就是请新老姑舅家的人"领羊放食"。一般是早上8点左右开始念第一遍经，家门的人穿戴"孝服"，随着诵经敬香、磕头、烧纸钱。上午10点左右，家门的人双手端着亡人的灵位，端着酒、茶，捧着纸钱，集体在院子的大门处跪迎新老姑舅家的人，跪迎的时候，阴阳先生要站出来诵经，帮忙的村民要放鞭炮，在诵经声和鞭炮声中，新老姑舅家的人接过灵位后走进"灵堂"，家门的人紧随其后。

把灵位摆放到纸灵堂前，新老姑舅家的人就开始敬香、敬酒、敬茶、磕头、作揖，新老姑舅家的人祭拜之后，儿孙辈的人必须跪在"灵堂"前大声恸哭，哭得声音越大、表情越悲伤，新老姑舅家的人就会越满意。大声恸哭之后，阴阳先生上来念一段经文，然后就进入"领羊放食"的祭奠环节。"领羊放食"是当地的一种传统祭奠方式。祭奠用的羊是有讲究的，第一，必须是绵羊；第二，羊毛必须是全白的，不能有一点儿杂质；第三，必须是公羊。祭奠用的羊，要在烧三年纸之前准备好。

当地人流传着一种说法，把羊领到亡人的"灵堂"前时，如果羊浑身抖动起来，当地人称作"披毛大颤"，就说明神已经把羊领走了。但实际上，这是不太可能的事情。人们为了让羊"披毛大颤"，常常要想一些办法来刺激羊的五官，使羊站在"灵堂"前浑身抖动，羊浑身抖动之后，就迁出去宰了。

宰羊时要把羊心先掏出来，放到开水里涮一下，捞出来后摆在亡人的"灵堂"前。被宰的羊就送到灶房里，烧三年纸结束，酒席上要请大家吃这只被神领走的羊。听村民说，有的时候不管怎么刺激羊，羊都不抖动，实在没有办法了也就拉出去宰了。其实，现在的人搞"领羊放食"，更多的是一种象征性的祭奠。

"领羊放食"的祭奠活动结束后，要请新老姑舅家的人、帮忙的人、阴阳先生等一起吃午饭。午饭过后，就开始在院子附近立"出纸"。立"出纸"也是有讲究的，要在木幡上挂两条长长的绳子，用来升"纸筒"，这有点像滑轮，家门的人排成两队轮流拽绳子，拽一下，"纸筒"便往上升一点，下一个人再拽一下，"纸筒"再往上升一点。木幡下面放着一个竹筐，家门的每个人拽一下绳子后，都要往竹筐里扔点钱，下一个人再继续拽一下绳子，再往竹筐里扔点钱，直到"纸筒"升到木幡的最高处。立

"出纸"的时候，阴阳先生要一直诵经，"出纸"升挂完毕后，就把竹筐里的钱拿出来送给阴阳先生。往竹筐里扔的钱，数量随本人的心愿，一般是几元到几十元不等。晚上6点左右，念第三遍经，第一天的祭拜活动就结束了，家门的人要在纸灵堂前守护。

烧三年纸的第二天，主要是家门的人祭拜，早、中、晚念经的时候，家门的人要敬香、跪拜、烧纸钱。一般来说，念一遍经要2个小时，现在许多人家都简化了，念一遍经用1个小时的也有，主要是根据念经的内容来决定时间长短。

烧三年纸的第三天，除了家门的人以外，村里的庄老四少、亲朋好友、左邻右舍也都前来敬香、跪拜、随钱（凑份子钱）。一般来说，村民给30元左右，朋友给50元左右，亲戚给100元左右。正午12点后，大多是在下午2点，就要开始"送纸"。"送纸"就是把亡人送回阴曹地府。阴阳先生一边念经，家门的人一边拆纸灵堂、拆"出纸"，然后带着这些拆下来的纸，再带着线香、纸钱、酒、茶、水果等贡品，走到亡人的坟前，再次敬香、跪拜、烧纸钱、烧拆下来的纸灵堂和"出纸"。家门里穿着孝服的晚辈们，还要把孝服脱下来，把孝帽摘下来，从孝服和孝帽上撕下来一小条白布，撕下来的白布条儿要在坟前烧掉，剩下的白布可以带回家使用，这表示烧三年纸时穿的孝服从此以后再也不穿了，当地人把这称作"破孝"。在坟前祭拜的整个过程中，阴阳先生都要高声诵经，离开坟前的时候，家门的人还要最后大哭一次，恸哭之后才能返回。

在家门的人外出"送纸"的时候，村里来帮忙的人，要在这个时候把门框上贴的老对联全部清除掉，换上红色的喜庆的对联，用喜庆的气氛迎接去"送纸"的家门的人回来，阴阳先生一边念经，帮忙的人一边放鞭炮，把丧事当成了喜事办。这之后，大家就在一起热热闹闹地吃酒席，酒席吃完了，天色也黑了，家门的人就把亡人的灵牌拿到院子门外烧掉，再放一阵儿鞭炮，表示送亡人到阴曹地府过好日子去了，烧三年纸也就此结束了。

烧三年纸的时候，阴阳先生所念的经文也是有讲究的，会根据不同的场合念经，因为每家农户烧三年纸的祭拜活动并不完全一样。情况大致是这样的：在烧三年纸的头一天下午，在挂灵、围坛、立神牌、摆纸货、招亡灵、栽帆杆等祭奠活动中念十王经，在纸灵堂前念白发老来催、生铁点成金、三奠酒经文；在第一天的请神、请新老姑舅、立"出纸"等祭奠活动中，在神坛、天坛前祭拜时念三官经、北斗经、地母经、五斗经、城隍经、供午经等；在第二天的神坛前祭拜时，念早午晚课经、上中下忏悔经、送驾经、退神经等，并给亡灵放食；第三天的一大早，要在神坛前念送灵经、起灵咒等，"送纸"到坟前要念八阳妙经，"送纸"回来以后要念谢土祭文的经文。

从邻近的农户家返回时，暮色已经降临，整个村庄像是一幅挂在暮色里的版画。不管你走到哪儿，村庄里宁静悠远的雪景都会向你走过来。即便是路旁的几棵树木、田边的几丛枯草、房前的几堆麦垛、房后的几道院墙，也都披着一层一层柔软的白雪，像是穿上了一件件圣洁的晚装。我忘记了一天的疲劳，忘记了身在黄土高原，不禁又拿起相机，拍下这一幅幅美景。

晚饭后，村里的老支书也来了，他和我们一起核对资料至深夜两点多，我们一鼓作气又核对完了 2 个汉族自然村。吃了炉子上的一块烤饼，顿时困倦难耐，倒在炕上就睡着了……

## 十五 2014 年农历正月十一（2014 年 2 月 10 日）

早上睁开眼睛的时候，屋子里已经没有人了。看看手机，快 8 点了。老支书已经回去了，赵队长在牛棚里喂牛，他的媳妇在灶房做饭。我简单洗漱了一下，看看时间还早，便去了附近的何老三家。

此时，太阳已经高高升起，但是，整个村庄依然像是躺在雪地上一样寂静安详。在何老三家门前的一条小路上，碰见一位背着箩筐的老人，跟跟跄跄地前行，我走近一看，原来是何老三的舅爷。他背着一箩筐干草，正准备去喂牛，小路上铺满了积雪，他迈两下小碎步就停一下，一点一点地往前移，生怕不小心会滑倒。

何老三家院子的大门已经开了，我走进院子的时候，院子外面的狗一

**春雪——山村的小路**

声也没叫,看来它已经认识我了。何老三正准备做早饭,他早已经习惯了又当爹又当妈的生活。村里的邻居说,其实何老三做饭的手艺挺不错的,只是因为他家里太穷了,没有什么好吃的东西可以做,他烙的"锅盔"(一种发面饼)比外面卖的都要好吃,还建议我回北京的时候,让何老三给烙两张带上。

我询问了一下何老三家里春节过后的情况,看他们一家人都还好,便嘱咐了何老三几句,返回赵队长家吃早饭。在往回走的路上,雪地上的两行脚印引起了我的注意,停下脚步仔细一看,原来那行大脚印是我刚才过来时留下的,那行小脚印是一只野兔子跑过去留下的。看来,今天早上,在这片雪地上,只有两个生命从这里路过,一只野兔子,还有我。

太阳照射在洁白的雪地上,乳白色的大地泛着银光,那两行笔直的脚印,像是刻在白色地毯上的两道花纹,一直伸向小路的尽头。我,绕过这片白色雪地,往赵队长家走去。

赵队长家的早饭真好,绿豆稀饭和发面馍馍。不知道什么原因,今早出门回来,流了点鼻血,正想喝碗绿豆稀饭,这也真算是巧合。看来炉子

第二章 骆驼巷村过春节

清晨的足迹

踏雪留痕

上的稀饭熬的时间不短了，黏黏稠稠的，我喝了满满两大碗。我一边喝粥，一边问起养牛的成本。

赵队长家是 2013 年开始养牛的，他家里养了 6 头大牛，还有刚生下来不久的 2 头小牛。牛吃的草，一是自己种，二是在市场上买。据赵队长介绍，他主要种青高粱，自己家的地种了 8 亩，借亲戚家的地种了 10 亩，每亩地收获的青高粱晒干后能有五六百斤，1 头大牛一个月就要吃五六百斤草，所以种的草不够，还要买草。现在，买 1 吨草是 600 元，够 1 头大牛吃三个月，也就是说，1 头大牛一年就要吃 4 吨草。赵队长家养的牛一天喂两次，早上一次，下午一次。除了吃草还要吃饲料，赵队长家的牛饲料是自己配，主要是玉米，再配上些油渣、麸皮，配 100 斤的成本是 130 元，1 头大牛一个月要吃 100 斤。

按赵队长介绍的情况来计算，他家养 1 头大牛，一年下来光草料的成本就大约 4000 元，其中 4 吨草是 2400 元，1200 斤牛饲料是 1560 元。1 头小牛养成大牛，需要一年的时间。现在，1 头品种最好的大牛能卖到 1.5 万元，一般的能卖 1.1 万元，1 头品种差的大牛一般只卖 5000~6000 元。也就是说，养牛也是有风险的，养不好不仅赚不了钱，而且有可能还要赔钱。

这几天在村里走访，听到了不少农民的议论，特别是对牛羊棚的项目议论比较多，所以我决定今天上午去一趟张易镇，拜访一下张镇长，和他沟通一下村里的情况。由于近日下雪公交车还没有正常运营，我便给张镇长打了电话，约好在骆驼巷村村委会大门口等去镇上的车。

从赵队长家出来，步行到阳洼汉族自然村和驼巷回族自然村的交叉路口时，我看到路旁的电线杆上挂了一个大广告牌，黄底黑字，非常醒目，上面写了几行黑体字：严禁拖拉机、三轮车、农用车违规载人。看了广告牌之后我不禁暗自笑了，想起大年三十下午乘坐何老三家的"三二八"，我的摄像机也给碰坏了。显然，这个广告牌在附近的村庄没有被引起重视，农民违规载人是经常的事情，就连我在这里偶尔也会违规乘车。

在交叉路口附近，张易镇的车开过来了，于是我收好相机，上车前往张易镇。在去张易镇的路上，发现附近一带的村庄雪下得并不大，马路上没有一点儿落雪的痕迹。看来山里的气候变化多端，常常是红庄乡降落大雪或大雨，张易镇一带却天气晴朗。

张易镇镇政府的院子和红庄村村委会的院子大小差不多，里面有一座简易的三层楼，张镇长的办公室在二层楼的最东头。张镇长到张易镇工作不到两年，今天是我们第二次见面。我很坦率，把这些日子在骆驼巷村听到的一些议论转告了他，并且谈了一些自己的看法，也顺便提到了红庄村环境治理的问题。

张镇长对我的到访表示了谢意，告诉我关于村庄的发展项目每年都有计划，如果不是遇到突发灾害，一般都是要按照计划执行的。现在有不少项目是由区级或者市级的相关部门统一部署，乡镇级的政府部门主要是配合做协调工作。关于新建牛羊棚项目的问题，他也听到了一些农民的反映，2014年还要继续在8个村庄推进改造牛羊棚的项目，骆驼巷村还有一部分指标，这些指标落实下去以后，有需求的养殖户就基本上可以覆盖了。

至今，我在骆驼巷村实地跟踪调查已经11年了，其间，主动和乡镇政府的领导交换意见也不过几次。我走进骆驼巷村，是以实地观察农民的生产生活方式为主，是以记述农民的生存现状为主，是以记录西海固一个村庄发生的变化为主。听张镇长说，2014年改造牛羊棚的8个村庄里没有红庄村，对此我保持沉默。因为作为一名研究人员，我只能做研究，不能干涉基层政府的工作。

红庄村原本是红庄乡乡政府的所在地，位于县级公路两旁，在附近的几个村庄里，地理位置相对优越，发展也相对快一些。可是近年来，村里在道路硬化、危房改造、牛羊棚改造、吃水条件改善等方面都落后了。在红庄村的村干部和村民看来，邻村的骆驼巷村所处的地理位置不如红庄村，可是受到关注的程度比红庄村要高，发展的项目比红庄村要多，发生的变化比红庄村要大，农民的感觉也比红庄村要好。为此，在他们的心里，多少有些不平衡的感觉。

红庄村的村干部在为能争取到项目煞费心机，而骆驼巷村的村干部在为落实项目费尽心思。后来，听骆驼巷村的村支书说，为了照顾2013年有需求但没有得到满足的养殖户，2014年上级部门又给了骆驼巷村200个改造牛羊棚的指标，这对于其他没有争取到指标的村庄来说，简直就是一件求之不得的大好事，可是骆驼巷村的村干部反倒犯起了难。因为2014年新建牛羊棚的项目实施办法与2013年又不一样了，农民的负担相对大了，所以没有了积极性。

2013年，新建牛羊棚的农户，不管家里有没有养牛羊，只要交4100元钱，就什么都不用管了，由政府统一安排把牛羊棚盖好。到了2014年，为了避免没有养牛羊的农户也申请盖牛羊棚，在盖牛羊棚之前，要先检查农户家里有没有养牛羊，检查之后，让农民自己盖牛羊棚，盖好了经过统一验收，由政府补助5000元钱。这样一来，不少农民都有意见。在农民看来，2014年的实施办法不如2013年的划算。给了新建牛羊棚的指标，农民不仅要先自己筹集资金盖，而且要自己组织劳动力盖，对农民来说，盖一个牛羊棚也是一笔不小的投入。在这种情况下，家里没有资金和劳动力的农户，就是给了他们指标，也很难落实下去。对此，村干部也感到很头疼。

骆驼巷村的村支书说，牛羊棚的改造项目是原州区扶贫办实施的，现在的扶贫办主任是新上任的。他们新制定的政策，从道理上讲是没有问题，也是为了避免没有养牛羊的农户盖上了牛羊棚，而养牛羊的农户反倒争取不到盖牛羊棚的指标再次发生，但实际上落实起来难度很大。如果2013年一开始就这样做，农民也不会有那么大的意见，虽然都是以自愿为主，但2013年没有这样做，到了2014年再这样做，农民就想不通了，农民就问为什么同样的项目，到了2014年就和2013年不一样了，认为对待农民没有做到一视同仁。面对农民的质疑，村干部也很为难，因为政策不连贯造成的农民不理解，不要说村干部，就连镇干部也很难做工作。

在我看来，这种从上至下以项目推动新农村建设的做法，还是存在不少弊端的。远了不说，就拿骆驼巷村新建牛羊棚的项目来说，就加剧了回族和汉族村民之间的矛盾。主要原因是2013年骆驼巷村改造牛羊棚的项目集中放在了村口处的2个回族自然村，一些没有养牛羊的农户也新建了牛羊棚。可是，村子里端的5个汉族自然村的一些老养殖户却没有争取到新建牛羊棚的指标。这样一来，牛羊棚改造项目引起了不少汉族自然村农户的不满，他们觉得这样做，对汉族自然村的养殖农户很不公平。

在项目的实施过程中，广大农民始终处在被动的位置，所以不仅农民的意愿很难得到尊重，而且更糟糕的是项目的不公开、不透明引发了不少农民的猜测，这种猜测使政府在农民中的公信力大打折扣。例如，骆驼巷村的村民说，2013年新建的长10米、宽6米的牛羊棚，农民自己交4100元，政府补贴11000元，即盖一个牛羊棚的投入是15000元。可是，听不少农民说，实际上盖一个这么大的牛羊棚，根本用不了15000元。当然，这仅仅是农民的一种猜测，而2014年新建一个牛羊棚政府只补贴5000元，其余的就不管了，为此加剧了农民的这种猜测。

2014年6月，我再次到骆驼巷村的时候，盖牛羊棚的项目正在推进中，农民都在积极申请指标，原来实施的办法又有了新变化，盖一个标准的牛羊棚，每户农民自己交5000元，其余的就都由当地政府出面协调落实了。尽管2014年盖牛羊棚的农户要比2013年多交了900元，但是农民不用自己想办法组织力量去落实，节省了不少劳动力，所以也能够接受了。

通过上述例子我们可以看出，在推进新农村建设的项目实施中，如果没有农民主体的广泛参与，如果没有政府自上而下和农民自下而上两方面的协调合作，尽管这些项目也是在帮助农民解决实际问题，但是由于在决策过程中缺少农民主体的参与，也会引发不少意见和矛盾，使农民在受益的同时，也平添了一种反感情绪，政府为农民做了事情，反而没有得到农民的认可。

另外，以项目推进新农村建设的做法，难免会成为一些地方官员突出政绩的平台，在得到项目的村子里，一旦广大农民被抛在实施项目的监督环节之外，那么国有资产在新农村建设的项目中流失就是在所难免的事情了。在农村，国有资产的流失，并不一定就是流向了决策者，而很可能是流向了参与者，这个参与者也包括农民自身。而没有得到项目的村子，会产生一种"待遇不同"的不公平感，从而使新农村建设的常态化、广泛性受到质疑。

下午，跟着张易镇的车返回固原。路上，一位镇上的工作人员对我说："林老师，今天早上去张易镇上班的路上，发现红庄村的出口处有一片雪景特别好看，因为着急赶着上班，没有停车。"于是，我让师傅在过了红庄村的路口处停车。

出了红庄村，马路边上有一个向东去的路口，路口并不显眼，我从来没有走过这条小路。由于几天来的降雪，路边所有的景色都足够美丽，无论是高大的树木，还是低矮的灌草丛，都被白雪松松实实地包裹着，大有"忽如一夜春风来，千树万树梨花开"的感觉。

**行走在蓝天下、白雪中**

顺着小路走上去，我被眼前的雪景震住了，蓝天白云下，雪白的小路、雪白的山脉，再加上开满白雪花的灌木和草丛，简直就像雪国的世外桃源。如果不是在赶路的途中，我一定会在这里好好游上一番。真没有想到，在我经常往返的路上，在我经常走过的村庄，不远处竟然会有这么迷人的景色，这是我一生中看到过的最美丽、最壮观、最迷人的雪景。站在灿烂的阳光下欣赏雪的世界，也是一种奢侈的享受。

担心让师傅久等，没过多一会儿，我就恋恋不舍地沿着洁白的小路返回了。从小路上留下的脚印可以看出，这几天，从这条小路上走过的人寥寥无几。或许，住在这附近的山里人已经看惯了雪景，但我认定，这么壮美的雪景在当地并不多见。上车后，张易镇的工作人员告诉我，这样的雪景叫作"雪凇"，在当地也不是可以经常看到的，所以才特意推荐给我。他还说，西海固好看的地方很多，有时间一定要多走一走、看一看，那才算是没有白来西海固。

**雪凇傲然**

说实话，我还是头一次听说"雪凇"。回到宿舍后打开电脑，专门百度了一下，百度上关于雪凇的词条这样写道："雪凇是一种冬季自然现象。雪花飘落时气温较高，部分雪花落到地面或树木上化成水。在降雪过程中，如果遭遇寒流，气温骤降，雪就不再融化，雪花被树枝上的水珠粘住、冻结，越积越厚，就形成了雪凇。"雪凇的形成条件比较苛刻，所以并不常见。

看了百度关于雪凇的说明，我想起张易镇工作人员说的那句话："能看到雪凇，算你这趟没有白来西海固。"的确，我到西海固也有10多年了，今天下午还是第一次看到如此奇妙的"雪凇"景致：空中，布满了一望无际的白云；地面，照映着一览无尽的阳光；树木，挂满了各式各样的雪淞；草丛，披裹着袅袅娜娜的白纱。美轮美奂，美不胜收。

晚上，固原五中郭老师打来电话，告诉我北京四中的老师明天下午2点左右抵达银川河东机场，晚上6点左右就可以到达固原……

## 十六　2014年农历正月十二（2014年2月11日）

时间过得真快，不知不觉离开北京已经20天了。上午，在宿舍洗洗衣服；下午，在宿舍整理一下资料。午后2点，固原五中郭老师打来电话说，北京四中的老师已经到银川了，正在前往固原的高速公路上。接到这个电话后我还真有些兴奋，已经20天没有看到过从北京来的人了……

今天下午，在宿舍整理了骆驼巷村这些年来家里跑了媳妇的农户的资料。人们常说："跑了和尚跑不了庙。"大意是出了事情跑是跑不掉的。可是，在骆驼巷村，跑了媳妇还真就没地方找了，而且跑的还不少。其实，这个现象背后，反映出了不少社会问题，为此，有必要把骆驼巷村跑了媳妇的农户的资料整理出来。

### 小庄回族自然村

46号农户家的儿媳妇，结婚几天以后，走了就不回来了，结婚时没有登记，也没有迁户口。

### 驼巷回族自然村

16-1农户家的儿媳妇，结婚后生了两个儿子，两个儿子10岁左右的时候就离家出走了，至今已有10年左右，没有办理离婚手续，户口也没有迁走。

### 阴洼汉族自然村

7号农户家的儿媳妇，结婚一年以后跑了，没有办理离婚手续，也没有迁户口。两年以后儿子又娶了一个媳妇，是否办理结婚登记不详。

36号农户家的儿媳妇，结婚后生了三个孩子（1女2男），2004

年跟别人跑了，跑的时候把女孩带走了，当时没有办理离婚手续，也没有迁户口。据村干部说，后来办理了离婚手续，户口也迁走了，但是办理手续的时间不详。

47号农户家的兄弟媳妇，结婚后生了一个女孩跑了，没有办理离婚手续，也没有迁户口。

49号农户家的儿媳妇，结婚后生了一个儿子，儿子3岁的时候，媳妇在外面打工跟别人跑了，没有办理离婚手续，也没有迁户口。

**阳洼汉族自然村**

13号农户家的儿媳妇，结婚后生了一个女儿，女儿1岁的时候跟别人跑了，结婚时没有登记，也没有迁户口。

19号农户家的儿媳妇，结婚后生了一个儿子，儿子2岁的时候跑了，至今不知去向，结婚时没有登记，也没有迁户口。

26号农户家的儿媳妇，结婚后生了三个孩子（2男1女），2005年离家出走，2008年12月因交通事故死亡。

63号农户家的儿媳妇，结婚后生了一个儿子，儿子1岁多的时候跑了，至今不知去向，结婚时没有登记，也没有迁户口。

**刘庄汉族自然村**

10号农户家的儿媳妇，结婚后生了两个儿子，两个儿子还没有长大成人，就离家出走了，至今已有8年左右，没有办理离婚手续，户口也没有迁走。

12号农户家的儿媳妇，结婚后生了一个女儿，女儿3岁的时候，去上海打工不回来了，没有办理离婚手续，也没有迁户口。

17号农户家的儿媳妇，结婚后生了一个女儿，女儿12岁的时候跑了，至今不知去向，没有办理离婚手续，也没有迁户口。

21号农户家的儿媳妇，结婚后生了一个儿子，儿子5岁的时候跑了，据说是跑回了安徽娘家，结婚时没有登记，也没有迁户口。

26号农户家的儿媳妇，结婚后生了一个儿子，儿子2岁的时候跑了，至今不知去向，结婚时没有登记，也没有迁户口。

50号农户家的儿媳妇，结婚后生了一个女儿，女儿3岁的时候，

去上海打工不回来了，结婚时没有登记，也没有迁户口。

51号农户家的儿媳妇，结婚后生了一个儿子，儿子3岁的时候跑了，至今不知去向，结婚时没有登记，也没有迁户口。

55号农户家的儿媳妇，结婚后生了两个孩子（1女1男），女儿上高中的时候离家出走，三四年后才回到村里办理了离婚手续。

83号农户家的儿媳妇，刚结婚没多久就跑了，结婚时没有登记，也没有迁户口。

94号农户家的儿媳妇，结婚后生了一个女儿，女儿10岁的时候跑了，结婚时没有登记，也没有迁户口。

103号农户家的儿媳妇，结婚后生了三个孩子（2男1女），最小的女儿1岁的时候跑了，两年之后才回来办理了离婚手续。

**樊庄汉族自然村**

32号农户家的儿媳妇，结婚后生了一儿一女，女儿8岁的时候，去上海打工不回来了，2015年才办理了离婚手续，但是没有迁户口。

39号农户家的儿媳妇（回族），结婚后生了一个儿子，儿子1岁的时候跑了，把儿子带走了，至今不知去向，结婚时没有登记，也没有迁户口。

82号农户家的儿媳妇，结婚后生了一儿一女，女儿8岁的时候，去新疆打工不回来了，2014年才办理了离婚手续，户口迁走了。

**马其沟汉族自然村**

8号农户家的儿媳妇，结婚后生了一儿一女，两个孩子还都不满18岁就跑了，没有办理离婚手续，也没有迁户口。

26号农户家的儿媳妇，结婚后生了一个女儿，女儿3岁的时候跑了，至今不知去向，没有办理离婚手续，也没有迁户口。

32号农户家的儿媳妇，结婚后生了一儿一女，女儿8岁、儿子5岁的时候跑了，据说是在外打工跟别人走了，没有办理离婚手续，也没有迁户口。

37号农户家的儿媳妇，结婚后生了一个有智力障碍的女儿，女儿8岁、儿子5岁的时候跑了，据说是在外打工跟别人走了，没有办理离婚手续，也没有迁户口。

73号农户家的儿媳妇，结婚后生了一个女儿，女儿3岁的时候跑了，至今不知去向，没有办理离婚手续，也没有迁户口。

今天固原的天气，上午还是大晴天，下午就阴沉起来。整理完骆驼巷村这些年来跑了媳妇的农户的资料，我的心情也和天气一样变得阴沉起来。我在骆驼巷村曾经专门看望过不少这样的农户家的孩子，也和他们在一起聊过妈妈走了的感受。例如，樊庄村82号农户家的女儿13岁的时候曾经这样说：

我记不清楚妈妈是什么时候走的。但是，我小的时候，对和妈妈在一起的印象特别深，妈妈对我特别好，我受妈妈的影响也很大。我不知道妈妈为什么要走，她走得很突然，走之前连声招呼都没有打，那年我才8岁。记得妈妈在的时候，晚上睡觉都要给我盖被子，还会给我讲故事，嘱咐我晚上不要出门，不然的话会被狼吃掉。那时候，妈妈一讲到狼来了，不听话就会被狼吃掉的时候，我们俩就会互相看着咯咯地笑。我就对妈妈说，"那我现在就出去，看看狼会不会来"。妈妈就会说，"只要你走出去，就会被狼吃掉"。这个狼会吃掉不听话的小女孩的故事，妈妈一直讲到我上小学。妈妈走了以后，一到晚上睡觉我就哭，就想妈妈，想和妈妈在一起的时候……

在妈妈走之前，我的学习不太好，所以我认为妈妈走与我学习不努力有关系。妈妈走后，我就开始努力学习，学习成绩慢慢好起来。考初中的时候，我想考固原二中，但没有考上，我不愿意上张易中学，家里就托人找关系，交了4000元钱，上了固原四中。班上大多数人是从农村来的，我在学习上没有什么压力，学习成绩一直是班里的第二名。

记得我在上小学五年级的时候，我们班同学宋甜甜的妈妈到学校来看她（笔者注：樊庄村32号农户家的儿媳妇），于是同学们就开始议论起单亲家庭的问题，从宋甜甜的妈妈说到了我的妈妈。有同学

说，我妈妈不回来是因为外面有人了，是因为有了别人的孩子了，还说我妈妈不管我了。我当时听了，觉得特别委屈，眼泪一个劲儿地往下流，哭得特别伤心。回到家里以后，我就告诉家里人了。

打那以后，我经常会偷偷地哭，只要一个人在家里的时候就会哭，家里有人回来了就不哭了，生怕家里的人看见。上中学的时候开始写周记，我一写周记就会哭，周记的内容都是想妈妈的。我刚上中学不久，哥哥和别人打架住院了，妈妈到固原看住院的哥哥，顺便来看了我。那次和妈妈见面，我是流着眼泪微笑的，妈妈也微笑着看着我，眼睛里含着泪水，但是始终没有流下来……

类似这样的采访还有不少，每个单亲家庭的孩子，心里都装着自己的故事，在这里就不一一列举了。

晚饭时，见到了北京四中来的老师们。说来也巧，固原连续的雪天今天上午刚刚放晴，北京四中的老师们就到了。今晚，到达固原的有7位老师，这7位老师都在北京四中教毕业班。高中三年级共有九大学科，除英语、历史两门课程的老师未能来，其余7门课程的老师全部到了。他们是数学老师谷丹（特级教师）、地理老师李京燕（特级教师）、化学老师谭小青（副校长）、物理老师厉璀琳（教学处主任）、政治老师冀通宇（教研室主任）、语文老师黄春（教学处副主任）、生物老师赵晓刚（高三数理化组组长）。

## 十七 2014年农历正月十三（2014年2月12日）

昨天刚刚放晴的天，今天又阴沉起来。低暗灰涩的天空，飘落着一道道白色的细沙，又下起了烦人的"地油子"。早上7点半，固原五中的吴老师来接我，不到8点，我们就到了固原五中的校园。我从车上下来，第一脚踩下去就差点滑倒。固原五中主楼前的水泥地面上，落了薄薄的一层"地油子"，又湿又滑，走起来感觉比走山路还要费劲儿，特别是主楼前的那几道石砖台阶，走上去真有点像是走在溜冰场，即便是小心翼翼，脚底下也免不了打滑。

北京四中的老师们到固原五中讲学

今天,我作为一名志愿者,采访记录北京四中的老师们给固原五中师生送课的实况。走进教学楼,吴老师先带我去了李学勤校长的办公室,敲敲门里面没有回应,原来,李校长和北京四中的老师们已经去了会议室。

尽管昨夜固原又下起了雪,天气寒冷,但是北京四中的老师们早早就到固原五中了,看得出来,北京四中的老师们也期待能早点儿走进教室,和西海固的学生们见面。在会议室里,李校长做了几分钟简短的介绍,之后,北京四中的老师们便在固原五中老师的带领下分别走进了各科的教室。

我跟着吴老师先去了高三(2)班的教室,化学老师谭小青开始了题为"电解质溶液"的讲座。我在教室里听了十几分钟,谭老师讲课时表情生动,声音抑扬顿挫,板书很少,多数时间是在和学生互动,启发学生提高理解力。刚开始互动时学生有些不好意思,回答问题的声音很小,随着谭老师的引导和带动,学生们回答问题越来越主动,回答问题的声音也越来越大。

北京四中化学老师谭小青指导学生做习题

接着，我去了高三（1）班的教室，物理老师厉璀琳正在给学生做题为"带电粒子在复合场中的运动"的讲座。黑板前站着一位男生，手里拿着一把木制的三角尺，正在黑板上画图，教室里的学生也在座位上画图，教室里非常安静。厉老师在教室里边走动边看学生们画图，时而俯下身来看学生画图的步骤，时而对学生画的图低声指点几句，等大家都画好图以后，厉老师走上讲台给大家讲解。他讲课的声音不大，但很幽默，手里拿了根线绳，在黑板上量了几下，学生们便很快理解厉老师的解释了。

在高三（7）班的教室里，地理老师李京燕正在给学生做题为"等值线的判读及应用"的讲座。我走进教室时，看见学生们都抬头看着黑板听李老师讲课，没有一个学生因为我走进教室而转移他们的视线，黑板上显示着一张"海平面等压分布图"，学生们都睁大眼睛看着黑板，前面坐的女生大多戴着眼镜，从镜片里透出聚精会神的目光，不用说，学生们都听得很投入。

在高三（3）班的教室里，生物老师赵晓刚正在给学生做题为"遗传变异"的讲座。走进教室，一股轻松愉快的氛围迎面扑来，赵老师正在和学生们互动，从学生们面带笑容的脸上，就能看出他们很喜欢听赵老师讲课。赵老师站在讲台前问学生问题时风趣幽默，学生们不时地发出笑声，他走下讲台站在学生中间，看上去更像是一位大哥哥，充满着年轻人的活力。

在教学楼一层的大教室里，政治老师冀通宇正在给高三（11、12）班的学生做题为"实现翻番，跨越中等收入的陷阱"的讲座。教室里还有十来位老师，青铜峡一中校长韩宏也坐在教室里。我走进教室的时候，冀老师正站在教室的中央，用生活中的实例解释贫富差距过大给社会带来的危害。冀老师讲解时不停地变换着手势，听课师生的目光随着冀老师变换的手势移动着，学生在回答提问时显得很放松，没有上政治课的那种格式化的感觉。

在教学楼三层的电教室里，数学老师谷丹正在给高三（4、13、14）班的学生做题为"系统、程序、自检——圆锥曲线主要问题"的讲座。从我走进电教室到离开电教室的十几分钟的时间里，谷老师一直没有动地方。她坐在讲台的电脑旁给学生讲解例题，学生们听着谷老师讲解的例题，一会儿抬头看着前方的屏幕，一会儿低头记着笔记，整个电教室里的节奏都在随着谷老师的例题走。

在学术报告厅，语文老师黄春正在给高三（5、6、8、9、10）班的学生做题为"说一说写作中需要注意的几个问题——为写作找一个理由"的讲座。固原五中的学术报告厅在另外一栋楼里，从教学楼走过去有1000米左右的距离，由于结着冰的地面又落上了一层雪，走起来稍有不慎就会滑倒。不长的路上，我两三次险些滑倒，看来要做一名合格的记者，还真不容易。

走进学术报告厅，里面坐满了学生，暖融融的会场与外面的寒气形成了鲜明的对照。黄老师一个人坐在报告厅的讲台上，正有声有色地谈着自己上中学的体会，会场上不时传来阵阵笑声，尽管台上台下离得有些远，但是台下的学生和台上的黄老师早已融为一体。

上午讲座结束后，固原五中的学生们和北京四中的老师们进行了互动，有的学生在和北京四中的老师合影，有的学生在让北京四中的老师签

## 山村的守望

北京四中语文老师黄春和学生们

名,学生们都沉浸在互动、交流的喜悦中。虽然今天又是一个大雪天,学生们赶往学校的路很不好走,但是,这些来听课的学生们的脸上,都流露出了一种收获的满足。

高三(2)班学生杨玲玲说:"听谭老师上化学课我们一点儿也不觉得枯燥,他讲课时不追求速度,而是引导学生如何去思考,每个知识点不仅能讲到位,而且生动具体,能让我们跟着他的讲课内容走,在互动中,提高了我们的思考能力和自主学习能力。"

高三(1)班学生刘亚妮说:"厉老师讲的物理课明了易懂,他首先让我们自己动手画图,然后再对画图的步骤进行讲解,注重培养我们的动手能力和理解能力,通过画图让我们学会自己思考,让画图的每一个步骤都能加深对概念的理解。"

高三(7)班学生张珮伦说:"李老师讲地理课不拘泥于课本知识,而是将我们生活中遇到的常识结合起来,这样不仅听起来容易理解,对拓宽我们的知识面也很有帮助。特别是她讲课给人一种亲切朴实的感觉,听完课后很轻松,收获也很大。"

高三（3）班学生梁旭说："赵老师讲的生物课很有特色，他不仅知识面广，而且语言生动幽默，能把我们几年学到的知识都串起来，让我们系统全面地掌握已经学过的知识，在与我们的互动中也是以鼓励为主，他在课堂上充满了活力和亲和力。"

高三（12）学生李凯说："冀老师讲的政治课由浅入深、由点到面，听起来不枯燥，容易接受。他不仅知识面广，而且举的例子也非常生活化。他告诉我们在答题时应该如何把握脉络，应该如何把各个环节有机地联系在一起，学会抓住问题的本质。"

高三（13）班学生何建宁说："谷老师讲的数学课脉络清晰，注重解题的方法。她在讲解例题时告诉我们，每一类数学题都有自己的特点，但它们之间也有共同点，要通过多做典型的数学题进行归纳和总结，不要稀里糊涂地做数学题。"

高三（9）班学生任佩佩说："黄老师用自己真实的感受、平实的语言道出了写文章的真谛，让我们用心去发现生活中那些常常被忽略的感动，告诉我们要用真性情、真实的故事写真情的文章。他的讲座举例生动，贴近生活，让我们在轻松愉快的气氛中学会了思考。"

下午3点，北京四中谭小青副校长在学术报告厅做了题为"仰望星空、脚踏实地——北京四中教学管理介绍"的专场报告。报告后，北京四中的老师与到会的校领导和固原老师们进行了交流。在交流的过程中，有不少老师对教育的地区差距发出了感慨，他们希望今后能有更多互相交流、互相学习的机会。

显然，今天大家坐在一起吃晚饭的时候，相互之间的距离已经明显拉近了。一整天的教学交流，让北京四中的老师们也有了颇多的感受。大家谈论的话题很丰富，关于学生的，关于老师的，关于中学生教育的，关于西海固的，当然，也有关于骆驼巷村的。如果不是因为后天北京四中就要开学了，老师们真想在固原多待上两天，到贫困学生的家里走一走、看一看。

明天一早北京四中的老师们就要赶往机场返回北京了，所以今天的晚饭很简单，大家吃过晚饭好早点休息。晚饭后和北京四中的老师们道别

时，我对谭校长说："能不能把你们这次固原之行的感受也写一写？"谭校长爽快地答应说："没问题，就让语文老师黄春作为我们的代表吧。"黄老师幽默地回应说："没问题，保证完成作业。"

黄老师的工作效率的确很高，我晚上休息前就收到了他发过来的邮件，邮件的时间记录是：2014年2月1日22：12。黄老师在邮件上这样写道："林博士，我和几位老师又聊了聊，然后写了这些文字。这两天，您真的感动了我们。我会在我自己的教学工作中，更加努力地为国家的教育公平做出自己的微薄贡献。学生：黄春。"

下面，是黄春老师发来的邮件附件的全文。

### 西北高原行
—— 固原五中教学交流有感

我知道，大凡来到老少边穷地区的人，都会带着扶贫济困的慈善之心而来，或多或少；但我更相信，他们也都会带着温暖和感动而去，并且，只多不少。一如我们。

我们北京四中教师一行七人，揣着各自的学科知识，揣着各自的教学经验，也揣着共同的教育理想和社会责任感，在这个大雪纷飞的正月里，一路奔向宁南，来到固原，踏进五中，走上讲台。

其实，也就是两三天的时间；其实，也就是给学生讲讲课，和老师聊聊教书的那些事儿；其实，也就是在固原小城里走了走、看了看。然而，似乎这些就已经足够了，这方土地的古老与神秘，这里人们的纯朴与顽强，全都被这漫山遍野白皑皑的积雪和积雪下边厚厚的黄沙透露无遗。

数学特级教师谷丹老师虽然已经退休了，但也加入了我们此行的队伍。她说："西北学生的眼神，真干净。"

我知道谷老师的意思，这种"干净"的感觉，我曾在青藏高原支教的时候感受过一次，今天是第二回。

所谓"干净"，就是孩子们有纯朴的心灵。尽管同样生活在这个纷繁的时代里，但是西北高原的孩子们，依然保有一份憨实，一份善良。这是极难得的，让人欣慰，给人温暖。

所谓"干净"，就是孩子们有无限的渴求。他们渴求更多的知识，他们渴求更多的见闻，他们渴求不一样的学习，他们渴求不一样的生活。而这，其实让人伤感，让人痛心，让人无助。

所以，站在这样的讲台上的时候，我们这些其实已经算是老教师的老师，总觉得战战兢兢。因为，你生怕亵渎了这种"干净"而心生罪恶感，你自知无法满足这种"干净"而心怀负债感。

下课的时候，我和同行的老师们聊起课堂的情况，大家提到最多的就是"学生的听课状态极好""孩子们其实很爱学习、很想学习"。

其实，学习是人的本能需求，尤其是孩子。只是，我们是否给予了他们足够的学习条件，是否给予了他们足够的学习空间。

趁中午休息的时候，我在自己的微博上，随手写下这么一段感言："中国的中学生，他们最紧缺的东西：自由和快乐。你知道吗？你只要在课堂里给他一点点的空间，他就能爱上一个学科，爱上一位老师。于自由和快乐而言，中国的中学校园，是一片干渴的土地。"

对于教育者而言，我们不怕这方土地数年来不见一滴雨水，我们也不怕风沙淹没了森林，我们更担心的，是连孩子们的校园和课堂都没有了自由和快乐。

这个，本应该有。政府应该努力让"这个必须有"，教育应该努力让"这个真的有"。

交流中，我们感觉到固原五中的学生和老师们都很羡慕首都的教育，都很羡慕北京四中的生活。而我们则认为，大可不必羡慕，各有各的条件，各有各的使命，每个人，每个学校，每个地方，努力地做好自己，是最重要的，也是最光荣的。

我们敬佩这里的学生，他们都在努力地学习，努力地考试，努力地改变自己和家乡的面貌；我们也敬佩这里的老师，他们和我们一道，同样在为教育默默地奉献着，同样在顶着各种困难咬着牙坚持着。

而这些，就是教育的希望，就是一方土地的希望。

此行活动中，没想到我们会有幸邂逅一位学者，一位在宁夏南部山区守望十年的学者——林燕平老师，当地人都亲切地叫她"林博士"。是她，走遍了骆驼巷村的每一村每一户；是她，用一组组数据和一个个故事向世界讲述着西海固农村的现状；是她，通过自己的调查和研究，在为改善农民的生存状况而艰难地奔走呼吁。

这个世界，其实有很多人都在用各自的方式努力着，为了我们的生活都能更加美好。

而教育，理应走在最前边。

我们都相信：今天，只是一个开始。

西北的天空中飘洒着雪花，我们踏着满地的积雪，走在六盘山山脉的黄土高原上，走在固原五中教学楼前滑溜溜的台阶上，心底里臆想着丝绸之路的梦呓，感觉真好。

谢谢固原五中的老师和同学们，我们暑假再见。

北京四中老师：谷丹、李京燕、谭小青、

厉璀琳、冀通宇、赵晓刚、黄春

执笔：黄春

2014年2月12日正月十三

看了黄春老师执笔的文章，觉得心里暖暖的。我希望能有更多的人，走进西海固，了解西海固，关注西海固，像北京四中的老师们一样，留下对西海固的一片真情。

文章中的最后一句话"谢谢固原五中的老师和同学们，我们暑假再见"让我充满了期待。

## 十八　2014年农历正月十四（2014年2月13日）

固原的雪，昨晚已经停息了，今晨又下了起来。早上起来后，去了北京四中的老师们下榻的宾馆。8点过后，北京四中的老师们陆续在大厅集合，8 点半，我们从宾馆出发前往固原机场。

固原机场是三年前通航的，坐落在固原市西北十几公里处，机场不大，通航的小飞机可以乘坐四五十人，目前，只有通往银川和西安的航班。北京四中的老师们准备乘坐上午 11 点从固原飞往银川的航班。因为担心下雪天路不好走，我们上午 8 点半就从宾馆出发，结果 9 点就到了固原机场。在去机场的路上，雪，渐渐地停了，天，一下子又晴了起来，蓝天上舞动的白云，像是在为北京四中的老师们送行。

我们是到固原机场的第一拨客人，到正式办理登机手续还要等一段时间，于是大家走出来在固原机场前照了几张合影，蓝天下大家挥动着手，像是在说再见。仅仅两天的交流时间，大家分手前隐隐有一种说不出来的留恋，也说不清楚是对西海固的留恋，还是对北京的留恋。黄老师和我开玩笑地说："林老师，明天是元宵节，今天和我们一起回北京过节吧，现在赶快决定还来得及。"说实话，前天我从骆驼巷村回到固原，还真动过和北京四中的老师们一起回北京的念头呢！

固原机场——和北京四中的老师们道别

上午 10 点，开始办理登机手续了，北京四中的 7 位老师纷纷和我道

别，进入了安检通道，地理老师李京燕在进候机室之前，还塞给了我一张纸条。不知为什么，每次在固原送北京来的人时，都有一种送亲人回家的感觉，都有一份祝亲人一路平安的心愿。等北京四中的老师们过了安检通道，我便和吴老师一起返回了。

依依不舍——就要过安检了

在吴老师的办公室里，我打开了李京燕老师给我的纸条，纸条上这样写道："这里的孩子们单纯、热情、求学心切；这里的孩子们需要鼓励、信心、眼界；这里的老师们需要丰富自身的知识结构、加大实践力度、更新观念，为课堂教学注入更多的生活知识；这里对西部教育的关注与投入令人振奋、令人鼓舞，我一定还会再来的！"

我相信李老师一定还会再来的。我打开电脑，开始整理昨天照的照片，谭老师讲课时的生动，厉老师讲课时的微笑，赵老师讲课时的幽默，李老师讲课时的亲切，冀老师讲课时的手势，谷老师讲课时的严肃，黄老师讲课时的真情，都栩栩如生地跃在我的眼前。整理好图片，写好新闻稿，传给中国教育网，已经是正午时分了，我这个临时的"记者"，工作就算结束了。

午后，休息了片刻，我又去了骆驼巷村。原计划今天下午和骆驼巷村的老支书、赵队长继续核对数据，把剩下的3个汉族自然村10年来的出生人数和死亡人数统计出来。下午不到3点，我就到了骆驼巷村，因为村干部临时决定下午到农户家里量地，于是我便去了老姜家。前两天返回固原的时候，没有顾得上和老姜打招呼，昨天老姜打来了电话，邀请我到他家里看做灯盏儿。

我到老姜家的时候，他的侄儿媳妇正在捏灯盏儿，于是老姜给我讲起关于灯盏儿的故事。老姜说，他小的时候，一到正月十四的下午，家家户户就开始做灯盏儿。做灯盏儿用的是荞麦面，把荞麦面用开水烫过以后，再兑上些食用油，家里经济条件好一点的就加上一点儿糖，经济条件差的就不放糖。讲究的农户家里捏的灯盏儿可好看了，有捏十二生肖的，也有捏各种花边的，但是现在的农村做灯盏儿的农户越来越少了。灯盏儿做好以后，就放在蒸锅里蒸，蒸熟以后出锅，摆在木制的盘子里，等到正月十五晚饭吃罢，人们就开始点灯盏儿。

老姜说，一般正月十五这一天晚饭吃得都比较早，为的是早点收拾完碗筷好点灯盏儿。正月十五的晚饭，主要是长面、饺子，再做点肉和菜，吃元宵也是最近几年的事情，大多农户家里不吃元宵，有在城里工作的人家，才在市场上买点元宵回来。点灯盏儿的时候，往蒸好的灯盏儿里面倒点食用油，放个灯捻子，然后点火，每个人拿上自己属相的那个灯盏儿，到院子里走两圈，看看天上的月亮，表示对月亮的祭拜，祈求新的一年风调雨顺。

一般来说，成年人祭拜月亮后，就把灯盏儿拿到自己的房间里，让点着的灯盏儿自然地熄灭。娃娃们则一直举着灯盏儿玩耍，等灯盏儿的捻子熄灭以后就给吃了。点上灯盏儿以后，要放鞭炮，讲究的农户家里还要敬香、烧纸钱。现在，农民的生活好了，许多娃娃都不喜欢吃灯盏儿，只是拿着玩玩，以前娃娃们都会抢着吃。

老姜的侄儿媳妇一共做了18个灯盏儿，有6个是生肖的，因为明天下午她的大儿子和大儿媳妇要从固原回来过节，她给家里每个人都捏了一个生肖的灯盏儿。还有12个灯盏儿捏成了小杯子的形状，每个灯盏儿的杯口

上都捏着小嘴儿，说是代表一年里的12个月，代表1月的灯盏儿上就捏一个小嘴儿，代表2月的灯盏儿上就捏两个小嘴儿，代表3月的灯盏儿上就捏三个小嘴儿，依此类推。老姜的侄儿媳妇解释说，做这种灯盏儿主要是看看今年哪个月份雨水多，在蒸好后出锅的灯盏儿里面，哪个灯盏儿里有水，就证明哪个月份雨水多，如果哪个灯盏儿里没有水，就证明哪个月份没有雨，说用这个方法预测每年雨水的多少，还是挺准的。

老姜的侄儿媳妇做好灯盏儿后，带我去了尹忠林家，因为前天尹忠林出院回家了。我们一起去了对面的山坡上，走进尹忠林家的房子，见他正坐在桌子旁边，看上去病情平稳多了，精神状态也还可以，不像是病危的人。尹忠林对我说："谢谢你春节期间到我们家里来看望，我这次出院回家是暂时的，医生说半个月以后还要做心脏支架手术，因为住院的费用太高了，经过医生同意，我先回家休养一段时间。"

我有些好奇地问他："你怎么把家安在这么高的山坡上？"尹忠林回答说："唉，这就是我父亲留给我的遗产，住在这个高坡上，干什么都吃力，我的身体就是这么累垮的。我的祖籍在甘肃静宁，祖辈人很穷，是逃难逃到这个地方来的。当时，逃难过来的人没有住的地方，就拿女儿和当地的人换了一块地方，换的地方都是滩地，又湿又潮，住在滩地上的农户都是外来的农户，不是本地人。"

"1964年夏季，我们住的滩地发了大水，大水一个劲儿地从地底下往上冒，住在滩地上的农户家全部被淹了，土房子都塌了，没办法只好搬家，有五六户搬到了高处，有十几户就搬到了这面的山坡上。当时，我父亲40岁出头，体力还可以，他看中了山坡高处一道山崖下的3个老窑洞，于是就把家安在了这里。那时候，搬家很容易，家里除了农具、锅碗瓢盆，根本就没有什么值钱的东西。"

"我们兄弟姐妹一共7人，2男5女，我是男孩子里的老大。我们小时候连穿的裤子都很少，炕上连席子都没有，更不要说被子、褥子了。在窑洞里盘好土炕，就割些'驴耳朵草'（当地的一种草，叶子出奶白色的汁液）回来，用'驴耳朵草'的叶子在炕上涂抹，涂的时候'驴耳朵草'的叶子里就流出来白色的汁液，土炕上就像是涂了一层薄薄的透明胶，睡在上面滑溜溜的就不扎皮肤了,那时窑洞里什么也没有,就是一张睡觉的土炕。"

"我们家没有搬上来的时候,在河滩上住了两辈人;搬上来以后,在山坡上也住了两辈人。我们在山崖下的窑洞里住了10年左右,后来在山崖前用土坯盖了2间房子,20世纪80年代自然塌了,就盖了现在住的房子。那时候,盖房子就是用一点木料,其余的都是用黄土,花了700元左右。这房子已经有30年了,从2011年开始,年年是外面下雨里面漏雨,房顶都快塌了。更危险的是,90年代架设高压线,就架在了我们家房顶上面的土坡上,如果遇到山体滑坡,高压线倒下来,正好就砸在我们住的地方。村里也分给了我家危房改造的指标,可是由于我们住的地方地势太高,盖房子的施工队都不愿意上来,他们觉得同样的造价在高处盖房子不划算,我们就只好这么凑合着住到现在。我这次病倒了,真的很发愁,如果再有一两场大雨,人住在里面就很危险了。"

"我这一辈子命太苦了,媳妇生第二个娃娃的时候,因难产大出血去世了,那时候大的娃娃才5岁。媳妇生第一个娃娃的时候就难产大出血,那次就很危险,但生孩子是在白天,送到医院给抢救过来了。生第二个娃娃的时候,不巧赶在夜间,那时候想找辆车都非常困难,村里的卫生院不具备抢救的条件,大出血三四个小时,人就不行了。其实,媳妇生第一个娃娃的时候难产,医生就说过不能再要第二个娃娃了,可是我们农民又不懂,也没有把这个当回事儿,结果出了人命。农村生孩子不讲究,在村里找个接生婆帮助一下,在家里就生了,接生婆也不懂什么技术,全凭自己的经验,有的连接生婆也不找,家里有老人的,搭把手就把孩子接生了。"

"媳妇去世以后,我既要照顾老母亲,又要带孩子,全凭着下苦力支撑这个家。当时我父亲为了那几个旧窑洞,把家安在山坡上,让我这辈子把苦吃尽了,别人拉一车洋芋走到路畔就行了,可我一直要拉到山坡上。这几年,家里就靠我种几亩洋芋过日子了。"

"现在,家里有8亩地,2013年种了4亩洋芋、3亩小麦、1亩胡麻。收成好的时候,1亩洋芋可以产4000~5000斤,2013年产量普遍都不高,我家每亩洋芋产2500斤,卖了8000斤,大些的洋芋,每斤的价格是0.5

元，小点的洋芋，每斤的价格是 0.25 元。1 亩小麦产 300 斤，留作自己吃，现在娃娃大了外出打工，粮食勉强够吃。种的 1 亩胡麻，因下大雨没有收成。"

接着，尹忠林的大儿子对我说："我爸真的是太不容易了，一辈子老老实实种地，按理说，我们家应该享受低保户的待遇，可是他从来都不去争。2006 年村里让我去新疆摘棉花，说只要我去新疆摘棉花就给我们家按低保户算，结果我去了 3 个月，也没有挣到钱。去新疆的时候有人组织，只要人去了就行，他们主要是为了凑够去新疆的名额，回来的时候就没有人管了。因为我去了新疆摘棉花，2006 年我们家就享受到了低保户的待遇。2007 年，村里又动员我去新疆摘棉花，说如果我不去新疆摘棉花，就把我们家的低保户待遇取消。我觉得去新疆摘棉花挣不到钱，就和弟弟外出打工了。村里又动员我爸去新疆摘棉花，我爸说家里有老母亲走不开，还要照看家里种的几亩洋芋，那时候我爸种的洋芋都长到半尺高了，村里又劝我爸把种的洋芋转卖了，我爸没有同意。我爸说种的洋芋可以转卖，但老母亲没有人照顾不行。我爸没有去新疆，结果 2008 年就把我们家的低保户待遇取消了，一共享受了一年半。"

"我爸是个老实人，不会说不会道，逢年过节村里发粮油补助什么的，从来就没有给过我们家。后来，有一次村干部把我爸的章子要走，说要给我家办理什么补助之类的事情，章子拿去了两个多月，结果什么也没有给办，也不知道拿我爸的章子干什么去了。这次我爸突然病倒住院，家里没有钱，便去信用社贷款，结果我爸被列入了黑名单，信用社不给贷款。其实，是村里的一个人，借了十几家农民的户口本，以这些农户的名义在信用社贷了款，大概有 30 万元左右，他还不上这笔贷款，信用社不去找他要钱，而是把这十几家农民都列入了黑名单，农民连说理的地方都没有。贷款的人家倒好了，住的是新房子，正房、东房、西房，连车库、牛羊棚都是新的，很是气派。好歹我家和他家还算是个亲戚，可我爸住院时，想跟他家借点钱，结果一分钱都没有借到。像这样以农民的名义在信用社贷款，很多都是因为放高利贷还不上了，信用社不去找贷款的人要钱，却把这些农民纳入黑名单，可这些农民明明就是受害者，遇到困难时连贷款的资格都没有，实际上是信用社和贷款人一起干的这种事情，否则怎么可能有这么多无辜的农民受害。现在，像我爸这样受害的农民都很无奈，人家公开的态度就是要钱没有，要命一条。"

据我了解，类似这种被信用社列入黑名单的农户并不是个别现象。在不少地方的农村，这种事情时有发生。从尹忠林家出来的时候我告诉他，他家的情况我已经和张镇长说过了，叫他安心养病，祝他手术顺利，早日康复。尹忠林和他的儿子眼睛里滚动着泪水，这泪水，在我离开的时候始终没有流下来……

后来，清明节前后我去骆驼巷村时，特意拐到尹忠林家看了看，他已经手术完出院了，手术做得比较成功，已经可以在院子里来回走动了。尹忠林告诉我："这次生病住院，不算日常生活花销，光住院费就花了4万元，医保报销了一半费用，自己掏了一半费用，现在还欠账2万多元。春节前那次住院花了1.6万元，后来2月27日住院、3月1日手术、3月6日出院，又花了3.3万元，其中安心脏支架花了1.5万元。本来做手术时医生建议安两个支架，但是由于家里实在拿不出那么多钱来，最后就先安了一个支架。现在村里正在帮助申请低保户，已经报上去了，还要等着批准，如果低保户能批下来，住院报销的比例就能高一些。"

从尹忠林家出来，天已经蒙蒙黑了。在这望不到尽头的黄土塬下，不知道还有多少像尹忠林这样的农民……

## 十九　2014年农历正月十五（2014年2月14日）

昨晚，又下起了雪；今早，雪渐渐停了。幸亏昨天下午我就从固原到了红庄村。今天，是正月十五。古人把正月十五称作元宵节，习惯在这一天张灯结彩，所以元宵节也称为灯节。可是，在骆驼巷村，正月十五的今天和往日相比，并没有什么特殊的节日气氛。然而，在相邻的红庄村，社火队、秦腔组的成员一大早就忙碌起来了，今天是他们表演的最后一天，也是春节期间活动的最后一个高潮。

上午，红庄村的社火队要去西海子耍社火；下午，红庄村的秦腔组要

在村里演出一台戏。所以，社火队、秦腔组的成员，今天早早就起来了，化妆的化妆，换装的换装，打扮的打扮……

上午9点，红庄村的社火队就从村里出发，前往西海子。尽管去西海子的路上依然是厚厚的积雪，可是天空已经是万里无云，太阳高照，大地泛着亮晃晃的银光。

西海子，位于红庄村东北处的高坡上，距离红庄村大约有10里的路程，海拔2000米左右。我决定上午跟红庄乡社火队去西海子走一走，感受一下大雪后西海子的自然风光。

西海子历史悠久，面积约有千余亩，史称固原八景之一。实际上西海子并不是一片"海子"，而是一展高峡平湖。冬季去西海子，白雪皑皑的群山守护着一池洁冰；夏季去西海子，郁郁苍苍的群山环抱着一潭清水，风景秀丽，悠远宁静。[1]

汉代以前的固原，气候湿润，森林茂密，水源丰富。在六盘山下的固原城西南40里处，有一泓"甚澄且甘"的湖水，古人称"朝那湫"。据史料记载，朝那湫有两源，均出于都卢山（今六盘山），左流者曰东海，右流者曰西海，西海大于东海。西海子群峰环抱，形如掌立，中间有石隙，水由此出，激湍清洌。喷出的水复入两个旋洞，时人称其为东、西龙口。水入洞后由地下行，再复出峡。清光绪年间相传，有龙破空而去，山上建有龙王祠。西海春波，就是这种水出石隙，再入龙洞，复出涌动的流势所构成的绝妙佳境，有春波荡漾之妙。西海周围晴波映带，花草繁茂，山水景物相依，春的气息，水流的空灵，合二融一，悠悠然一处世外桃源。明代正德年间，固原镇守总兵官赵文、兵备副使景佐，因固原城内井水苦咸，不适宜饮用，遂导引西海水入城，环流于街巷，自东门出，入清水河。[2]

我第一次去西海子，是2003年正月的一天，也是一个雪后天晴的日子，那时候去西海子的路，还是一条黄土路。在龙王祠对面五六里处的地

---

[1] 原州区史志办编《原州史地文集》，原州区史志办内部资料，2013，第196~197页。
[2] 刘长青主编《原州历代诗文选》，宁夏人民出版社，2003，第317页。

方，有一二十户搬迁农民留下的旧址，土院墙、土坯房、土炕、土台、土灶、土圈、土厕，依稀能看到曾经生活在这里的农民日常生活的模样。

2006年7月下旬，女儿放假来到骆驼巷村，我们俩还步行去了一次西海子，路上走了一个多小时。一路上女儿都没有说累，行走在一座座山塬下的黄土路上，心怡着在北京大都市里看不到的天然景致。记得在路上我们还碰见了去西海子摘野草莓的山里娃儿，他们的小手上攥着几把水灵灵的野草莓，一小把野草莓能卖1元钱。现在，摘野草莓的山里娃儿已经看不到了。

如今，去西海子的黄土路，已经被改造成了一条水泥马路，天气好的话，从红庄村开车上去，20分钟左右就到了，听说去西海子的水泥马路是在2008年修建成的。现在，西海子的农民搬迁旧址已经看不到任何痕迹了，在那里只住着一户护林的人家，四周早已经是片片树林和林间的潺潺溪水。

红庄村的社火队从村委会出发之后，先去了对面200多米处的南山坡，那里修建了一个方神庙，据说是6年前改造红庄村农贸市场时，把附近的方神庙迁移了过来。附近爱热闹的村民，并不在乎路上的积雪，也跟在社火队的后面去西海子看耍社火。

今天，红庄乡社火队的规模依旧不小，除了没有宣传车和高举的横幅外，其他的布阵和正月初九那天没有什么两样。红庄村村委会对面的方神庙里是杨四将军（杨四郎）的像，社火队先到庙堂里敬香祭拜，祈求今天的活动顺顺利利。社火队的春官一路上高声颂唱，鞭炮声、锣鼓声齐鸣，耍狮子的、划旱船的、扭秧歌的，来回穿梭，尽情舞动，引来了不少围观的农民。

社火队从红庄村的方神庙出来，又去了大店村的方神庙敬香祭拜。因为从红庄村去西海子，必须经过大店村。传说中大店村的方神庙具有千年以上的历史，穆桂英曾经从这里路过，由于穆桂英非常崇拜关羽，就在这里立起了关羽像，供大家前来祭拜。为此，大店村的方神庙，在这一带的村庄比较有影响力，庙堂的建筑规模也比较大，庙堂前有800多平方米的空地，周边村庄的老百姓也常常到这里来敬香祭拜。

大店村的方神庙

前往西海子的社火队

据大店村的老人回忆，新中国成立前大店村的方神庙办了一个私塾，里面有一位老师，老师的名字叫"牛圈养"，他教了十来个学生，当地人都说牛老师是一位地下共产党员。当时，牛老师每月的工资是9个银圆，是印有袁世凯头像的那种银圆。

新中国成立后，牛老师就走了，"破四旧"时把庙堂都拆了，这里就变成了大店村的小学，隶属村里所有。那时候，小学有30多个孩子，请了3位老师，都是小学文化程度，都是民办教师。当地村民说，那个时候，大店村没有一个念过初中的人。

到了人民公社时期，大店村小学的老师，除了每天给记工分以外，每月还发7元钱。一位家住骆驼巷村的老人说，1971~1975年他曾经在驼巷小学当过民办教师，报酬就是除了每天给记工分外，每月还发7元钱。据说在包产到户以前，民办教师的报酬基本上没有变过。那时候，驼巷小学有5位教师、100多名学生，教师也都是民办的。小学共有5个班，一年级到五年级，采取复式教学的办法，一个班里有两个年级的学生同时上课，一位教师轮流着讲两个年级的课。那个时候，整个乡镇也没有几个正式教师，村里的很多小学教师是民办教师。

包产到户以后，大店村新盖了小学，才逐渐有了正式的小学教师。小学搬走以后，大店村的村民就开始自筹资金，重新修复了方神庙。在当地，方神庙是农民心灵寄托的地方，他们很快就自筹了七八千元钱，这在当时也算是一笔不小的钱。

红庄乡社火队在大店村的方神庙前表演了一阵子，大店村的村民三三两两地出来看热闹，使安静的大店村一下子喧腾起来。半个小时之后，社火队前往西海子。一路上绕过几道山弯，背阴的路上积雪很厚，有的路段还结了冰，扭秧歌的队员一边走脚下一边不停地打滑，尽管她们都穿着新发的球鞋，说鞋底是可以防滑的，但还是有几个队员滑倒在路上。

到了西海子，已经是上午11点了，湛蓝的天空突然阴沉下来。社火队先去了龙王祠，赵国仓会长出来迎接。赵会长是守护西海子的一名志愿者，兼任西海子管委会会长，我和他认识已经多年，他今年已经74岁了，但看上去很健康，满面红光。赵会长看见我也跟着来了，非常高兴，他把我叫进龙王祠边上的办公室里烤火，还敬了我一杯白酒，这杯白酒下肚后，感觉火辣辣的。

关于龙王祠有很多传说，但是登上西海子走进龙王祠，眼前只不过是一个普通民房大小的龙王殿，殿里有三尊神像：正中间是龙王的神像，左侧是牛王的神像，右侧是马王的神像。龙王殿的前面，立着一块不大的石碑，石碑是2010年立的，上面刻着一段西海词话。

> 西海地接崆峒，山依六盘，峰环水居，属峡上平湖。春览鄰波秋望月，夏乘凉风冬听雪；鹿饮雉飞兔相欢，花木禅房曲径连；湫影净心言不表，山光悦性锁天蓝；晨兴清逸暮悠闲，清月云影朝霞观；千峰为秀云做伴，幽谷溪鸣鸟飞天；海内鱼龟遨游，山上百花奇葩。皆曰：君何不游海赏山，神韵人间。

赵会长介绍说，这段西海词话，是张易中学卢颖老师写的。卢老师的书法功底也很深，在龙王殿侧房办公室的墙上，挂着卢老师书写的几幅字。据介绍，西海子原来的龙王祠在"破四旧"的运动中被毁坏了，现在看到的龙王殿是1986年由周围的村民捐款义务修建的。当时积极修建龙王殿的主要成员有赵会长、张万有、何义、杨建龙等人，龙王殿的建成，使沉寂多时的西海子又渐渐成为当地老百姓前来祭拜的场所。

站在龙王祠上往下看，一池结着冰的湖面上有几个孩子在玩耍；站在龙王祠上往远处看，三面是层层叠叠的群山相互簇拥，红庄村的社火队正走在北面的山坡上。在龙王祠北面的山坡上，有一个财神庙，财神庙里的墙上，画着一幅财神爷的彩画。从财神庙再往上走百八十米，有一个药王寺，药王寺里立着一尊孙思邈的塑像。当地人说这两个寺庙，都是20世纪末期新建的。

社火队在北山坡上的财神庙、药王寺敬香祭拜后，又上了南山坡上的"灯盏窝子"，那里有一座建了才三四年的"西方三圣大佛殿"，殿里有三尊佛像，即阿弥陀佛、观世音菩萨、大势至菩萨的佛像。当地人说，这三尊佛像是2012年4月12日从兰州接过来的，花了4万多元。社火队在南山坡上的西方三圣大佛殿敬香祭拜完毕，就在村干部的带领下沿着来时的路返回了。此时，正午的太阳高照，路上的积雪逐渐消融。

**西海子龙光寺**

注：西海子是秦朝时期固原八景之一。

红庄村社火队一上午把路过的寺庙都拜了，把寺庙里的神像都敬了，他们代表所有的村民，祈求在新的一年里风调雨顺、国泰民安、五谷丰登、四蹄康泰、百福齐臻、大吉大利。

现在，西海子每年最热闹的时候，是农历六月十二日，每年的这一天，西海子都要举行庙会，要搭戏台子唱秦腔，附近村庄的社火队要到这里表演耍社火，村民们都会到这里看热闹。

红庄村的社火队返回村里时已经是中午1点多了，因为社火队的队员里有唱秦腔的队员，这些身兼两职的农民又急急忙忙赶到红庄剧场。此时，在红庄剧场的后台，秦腔组的队员们正在忙碌着，他们化妆的化妆，换戏服的换戏服，试胡琴的试胡琴，背台词的背台词，在为下午2点开始的演出做准备。

农民演员在化妆

  我走上红庄剧场的后台,看见后台里侧的角落临时搭起了一个简易帐篷,这个帐篷是为唱戏演员换装准备的更衣室。在帐篷的外面,用砖头堆了一个长方形的火槽,里面放满了木炭和煤,用来取暖和烧开水。舞台的中间,挂着一扇蓝色的帷幕,作为唱秦腔时的背景布,蓝色帷幕前的两边,挂着两扇墨绿色的幕布,台前的地面上铺着红色的简易地毯,剧场台前的最前方,装饰着墨绿色的台帘。

  在剧场台前的左侧,坐着十来个伴奏的农民,他们正在调试手中乐器的音调,以胡琴伴奏为主。秦腔组的农民对我说,正月十二他们就把戏台子搭好了,每天下午2点要给村民唱一台戏,遇到下雪天就不唱了,今天是正月十五,要唱两台戏,下午2点一场,晚上7点一场,每场要唱两个小时。

  此时,红庄剧场的周围,已经可以看到陆陆续续前来看戏的村民,有不少村民自己带着小板凳儿。正午后的红庄村,在太阳的照射下显得分外亮堂,环绕红庄剧场的远山近路依旧覆盖着积雪,而剧场的中心洒满了阳光,亮亮堂堂,和和暖暖。从台下向台上望去,露天剧场的上方挂着一条红色的横幅，上面写着"张易镇红庄村农民文化演出"。剧场的两侧竖贴着两条红幅，左侧写着"共同实现中国梦"，右侧写着"众心凝聚正能量"。

我没有等到演出开始，便离开了红庄村，前往骆驼巷村刘庄村49号农户安俊文家。安俊文一家人正在守孝期间，安俊奎的媳妇、两个儿子、弟弟安俊文都在家里。安俊奎往日住的小屋已经恢复了原样，屋子里的小方桌上，摆了一个6寸大小的镜框，镜框里装着安俊奎生前的照片，照片是黑白的，制作得不太清晰。在安俊奎的镜框前，摆着几根点着的线香，就再也没有其他摆设了。

我问了一下安俊奎下葬的情况。安俊奎的弟弟对我说："哥哥埋在了房前西边的山坡上，离家200多米，那里是哥哥生前的自留地。在村民的帮助下，哥哥的丧事办得还算顺利，一共花了4000多元。买了一口最便宜的棺材，花了2400元，请阴阳先生，花了400元，买寿衣、孝布、线香、纸张、烟酒等，花了1000多元。"

安俊奎的两个儿子，看上去也显得平静多了，主动开口和我说起安俊奎临终前的一些情况。大儿子还提到安俊奎临走前吃的晚饭，说他爸爸晚饭吃得特别高兴，吃了十几个饺子，还吃了六个炒鸡蛋。并且说，他爸爸春节前后情况一直都挺好的，有时候躺在炕上还和他们说笑话逗乐子，挺欢的。

我问安俊奎的大儿子说："那天晚上是不是因为鸡蛋吃得太多消化不了？"安俊奎的大儿子回答说："不会的，他之前也吃过这么多鸡蛋。"我接着问："一次就吃好几个鸡蛋，家里哪里来的这么多鸡蛋啊？"大儿子回答说："上学时，学校里每天发一个煮鸡蛋，我都没有吃，给爸爸留下来，每个周末回家时，把带回来的5个鸡蛋都给爸爸吃，他每次都是一气儿吃完的，也没有看到他吃了几个鸡蛋之后感觉过不舒服。"

刘庄村一位帮助埋葬安俊奎的村民告诉我，正月初八下午埋葬安俊奎的时候，很多村民都是义务帮忙的，那天帮助挖坑的就有13个农民，大家连一分钱都没有要，最多也就是在他家里抽几根烟。下葬回来以后，帮忙的人都回家了。村里的人都知道安俊奎家里的情况，都不会去他家吃饭，也不会要他家的钱。安俊奎下葬的那天，正好也是他堂兄弟家烧三年纸的

最后一天，赶在一起了，所以安俊奎家门的人和一些亲朋好友，下葬回来都去了他堂兄弟家，他的堂兄弟就帮助照看了。安俊奎堂兄弟家烧三年纸，一共花了1万多元钱，包括请阴阳先生、搭灵堂、立"出纸"、"送纸"、吃酒席。

由于正月初八下午我没能从固原赶到骆驼巷村，所以没有送安俊奎最后一程。一位村民说，安俊奎下葬，村里的人能来的都来了，尽管安俊奎家里很穷。村里有一个老习惯，现在依然保持着，那就是不管你家里穷富，不管平时农户之间有什么矛盾，谁家里要是有人"下场"了，都要过来一个人敬香祭拜，参加下葬。

在骆驼巷村，人"下场"以后，要马上在地上铺一层麦草，把尸体抬到麦草上，当地人称"落草"。"落草"以后，要马上给去世的人洗身子、换衣服，一般情况下，男的外面还必须套一件长袍子，女的外面还必须套一件长裙子。为了保持遗体的直立形状，换完衣服后，要用麻绳把手脚捆绑好，放在麦草上一直到下葬。

在骆驼巷村，死人下葬的时间和地点都必须请风水先生来决定，风水先生按照死人的生辰八字算好下葬的时间和地点以后，下葬之前还要请阴阳先生，整个下葬的过程，都要由阴阳先生来指挥。安俊奎下葬的时候，也是按照当地习俗来办的。

"下场"的人下葬的过程，大致如下。

下葬前，把放在麦草上的尸体放进棺材，就是常说的入殓。入殓之前的一个小时，阴阳先生就开始念经，家门的人要在念经的过程中把尸体放进棺材，当地人称作"起丧"。入殓之后，在阴阳先生的指挥下，把棺材抬出去，抬棺材的时候，阴阳先生要不停地念经，当地人称作"抬棺"。

"抬棺"之前，家门外就已经准备好了放棺材的龙杠。在当地，必须用龙杠放棺材，龙杠上面捆着8根木棍儿，要有8个人抬棺材，抬棺材的人都是本地的村民，并且都是男性，他们不穿孝服。把棺材在龙杠上放稳，送葬的队伍就排列在龙杠之后，唢呐声一响，抬着棺材的队伍就向埋葬地点走去。在当地，下葬的时候习惯吹"雪梅吊孝"的曲子，像是城里葬礼上的哀乐。

送葬的时候，亡人家门的人都必须穿孝服，直系亲属还要在队伍前面"扯纤"。"扯纤"就是在棺材宽的一头拴着两根细绳子，亡人的孝子们要一手拉着绳子，一手拿着一根丧棒，在队伍前面大哭大喊，一路走向下葬的地点。当地把"扯纤"用的绳子叫作"纤绳"，以前农民家里生活很困难，"扯纤"用的绳子常常是一根细麻绳上包裹着带齿的白纸条，现在农民家里生活都好起来了，就直接拿白布条做"扯纤"用的绳子。送葬的村民都紧跟在棺材的后面，每个人手里都要拿一把铁锹，表示要送亡人入土为安。

安放棺材之前，放棺材的坑就已经挖好了，但是帮助挖坑的人不能先上来，要一直站在坑里等抬棺材的一队人到来。送葬的队伍到达下葬地点以后，阴阳先生开始念经，在念经的过程中，挖坑的人才从坑里站上来。一般情况下，亡人家门的人到达下葬地点以后，要给帮助挖坑的人酬金，现在一天是50元左右，但是由于安俊奎家里生活困难，大家都没有要。

放棺材也是有讲究的。棺材放进坑里以后，要先请阴阳先生看看棺材是否放正了，阴阳先生要跳到坟坑里看，当地人把这个称作"放字"。阴阳先生确定棺材放正了，才从坟坑里上来，上来之后，要先把留在坟坑里的脚印刮平整。"放字"完毕之后，亡人的孝子们要往坟坑里撒上三把土，他们一边撒土还要一边哭出声来，与此同时，阴阳先生要高声诵经，用以表示对亡人的哀悼之情。紧接着，来送葬的村民们拿着手中的铁锹，争先恐后地往坟坑里填土，填埋的土累积到一米高，亡人就算是入土为安了。坟堆堆好以后，亡人的孝子们就跪在坟前敬香、磕头、烧纸、烧纸钱，还要烧亡人的旧衣服、旧被褥等，阴阳先生一边念经，孝子们一边哭泣。

下葬完毕以后，大家就返回了。返回的路上，不再吹唢呐。送葬的村民回来以后还要"跳火堆"，家门的孝子们要跪在火堆旁磕头，表示对前来送葬的村民的感谢之情。跳火堆，就是在亡人家的院子外面点一堆火，送葬的村民回来以后要先从火堆上跳过去，然后到院子里洗手洗脸，洗好后就拿着自己的铁锹各自回家了。

送葬回来以后，亡人家门的人要请来帮忙的人坐在一起吃便饭，吃饭的时候不喝酒、不吃长面、不划拳、不开玩笑。便饭之后，还要留下几个

帮忙的村民，让他们按照阴阳先生的指点把屋子清理一下，屋子清理完以后，要在所有的门上贴上阴阳先生画的字符，用来驱邪辟险，这个过程阴阳先生始终经文不离口。送阴阳先生走的时候，一定要给阴阳先生辛苦钱。

下葬后的第二天，亡人的家人就要开始烧"七期纸"，开始守孝。守孝期间，男的不能剃头、刮胡子，女的不能剪头发、穿红衣服。守孝的人，不能随便进出别人的家门。烧七期纸，是指亡人走后的49天之内，家门的人每隔一周要为亡人烧一次纸，一周为一期。

在不同地区的农村，烧七期纸的讲究是不一样的。骆驼巷村的农民介绍说，当地烧七期纸的第一期是在离家门不远的地方烧，然后每一期烧纸的地方逐渐前移，直到第七期的最后一天，才到坟前烧纸，并且是烧七期纸中间最隆重的一次。七期纸烧完以后，家门的人要聚在一起吃一顿饭，这之后守孝期间的各种禁忌就解除了。为此，当地人称烧第七期纸为"尽期"。在当地还有一个说法，就是不烧第六期纸，据说"六期"的发音和"留期"的发音相近，人们习惯不烧六期纸，留在心里为亡人祭拜。

在骆驼巷村，烧七期纸以后，到亡人去世一百天的时候，还要到坟前烧"百日纸"。烧"百日纸"的时候，亡人家门的人都要前来上坟祭拜。烧"百日纸"过后，还要烧一年纸、烧二年纸、烧三年纸。烧三年纸过后，从形式上来说，对亡人的祭奠活动就结束了。实际上，每个地方的农村对亡人的祭奠活动都不一样，听说甘肃有的地方的农村要烧九年纸，亡人去世九年以后，祭奠活动才结束。

从安俊奎家里出来，我又去了刘庄村16号农户王灯银家，家里只有他的媳妇李俊香。我看见灶房的案板上放了一个长方形的木盘，里面整整齐齐地摆着三排用荞麦面捏成的小碗，每排有7个，一共有21个，这是李俊香做好的灯盏儿，准备今天晚上点的。李俊香见我仔细观看着她做的灯盏儿，有些不好意思地说："做得不好，做得不好，主要是给孩子们做着玩儿的。"

我看时间还早，天气又晴朗，便邀李俊香一道去红庄村的红庄剧场看唱秦腔。一路上李俊香和我聊起家常，她说大女儿正月初三回来了，前两天才回婆家，没有能等上见我。大女儿走的时候，想把我送的那两个相框带走，可是她爸爸说什么也没同意，临走的时候惹得大女儿还不高兴。我听了以后，答应李俊香，有时间一定再去做两个同样的相框，送给她的大女儿。

我们到了红庄剧场，已经是下午3点半了，台上的演员身穿戏装唱得很投入。台下正中央坐着三四十名村民，大多是老人和孩子，有的老人手里还拿着拐杖，看上去年龄不小了，有的老人张着嘴、瞪着眼睛还真听得入了神，有的娃娃来回走动，他们是跟着老人来看戏的。来来往往的村民，大多站在后面，听上一二十分钟就走了。我给台上的演员和台下的观众照了几张照片，就和李俊香一道返回了。

**看戏**

李俊香知道我很想看点灯盏儿，所以又带着我去了她家，因为现在做灯盏儿的农户已经不多了。我们返回的时候，王灯银和孩子们都已经回来了，孩子们和我一样，总是围着灯盏儿转，想早一点感受点灯盏儿的快乐。因为我晚上说好了要去红庄村老姜家凑热闹，所以不能在李俊香家里待太久，李俊香为了能让我看到她家点的灯盏儿，天还没有黑，就准备提

**看戏的老人和孩子们**

前点灯盏儿。

　　正月的西北，晚上五六点钟太阳才渐渐落山，月亮还没有升起，李俊香就拿出事先准备好的棉花，搓成细细的捻子，开始一个一个地放进荞麦面做的小碗里，然后又一个一个地往小碗里倒上清油。王灯银拿出火柴，一个接着一个地点燃小碗里的捻子，孩子们手里拿着线香，也迫不及待地要点灯盏儿，想感受一下自己点着灯盏儿的那份成就感。当21个小碗里的捻子全都点燃的时候，真有些像教堂里的21盏蜡烛一起点亮的感觉，祝福人们永远向往光明。

　　灯盏儿的火苗越燃越高，看着微微摆动着的火苗，大家都开心地笑了。王灯银的两个小儿子很淘气，看着看着就把摆着灯盏儿的木盘端到门外去了，火苗一下子窜得很高，像是端了一盘火，他们把木盘放在地上，然后每个人拿起一个灯盏儿，在空中来回地摇晃，尽情地晃着，尽情地笑着，那一刻，他们的脸上透出了属于孩子的纯真，直到灯盏儿的火苗渐渐变小，最后熄灭，一缕缕白烟随风远去……

　　告谢了王灯银、李俊香一家人，我便去了红庄村老姜家。老姜家今天很热闹，老姜和他的侄儿、侄儿媳妇、大侄儿孙子、大侄儿孙子媳妇都在，除了小侄儿孙子在上海打工没有回来，全家人都团圆了。他家正月十

自制的灯盏儿

点燃的灯盏儿

山村的守望

**手拿灯盏儿的孩子们**

五的晚饭是吃长面，炉子上还炖着一大锅肉骨头，是年前宰的猪，今天专门叫在固原开店的大侄儿孙子两口子回家啃肉骨头，大侄儿孙子媳妇还从固原的超市里买回来了两袋元宵。

老姜家今晚点了8个灯盏儿，其中6个是属相的，2个是金元宝的。老姜属鼠，侄儿属虎，侄儿媳妇属蛇，大侄儿孙子属兔，大侄儿孙子媳妇属蛇，小侄儿孙子属羊，虽然小侄儿孙子没有回来，点灯盏儿的时候，却一个人的也不少。老姜的侄儿媳妇做的属相的灯盏儿不太精制，因为捏的属相的个头比较小，只是大概捏出了个模样儿。晚饭过后，老姜的侄儿媳妇便把小炕桌收拾干净，在上面摆上灯盏儿，她在每个属相的后背上插上一根木签，然后把捻子缠在木签上，再点燃灯盏儿。

老姜家点灯盏儿的时候，已经是晚上7点多了，外面的天已经黑了。但是在老姜家看点灯盏儿，没有了在李俊香家看点灯盏儿的那股兴奋劲儿，因为老姜一家人都是成年人，他们点灯盏儿更多的是例行一种传统的形式。虽然点灯盏儿的时候大家也都围着看，也都觉得很喜庆，但是灯盏儿点燃之后，就不再一直守着看了，更不会像娃娃们那样，咬上两口熄灭的灯盏儿尝尝味道了。

老姜的侄儿媳妇昨天做的看雨水的荞麦面小碗，今天蒸出锅后，只有2个小碗里有水，其中3个嘴儿的小碗里有一点水，5个嘴儿的小碗里水比较多。老姜的侄儿媳妇解释道：今年农历三月有雨但是不大，农历五月雨水比较多，农历六七月不会再像去年那样，被大雨害了。他们的说法挺有意思的，准不准还有待时间去检验。

土法上马——用蒸锅里的灯盏儿来预测雨季

晚上8点多，老姜在家里看电视，我们都去了红庄剧场看热闹。老姜的侄儿媳妇是今天下午唱秦腔的主角，晚上换上了另外一班人马唱，但她依旧台上台下地走动，能看得出来她是一个秦腔迷。由于台上的灯光比较暗，村民们都站在离舞台很近的地方看唱戏，与其说是看戏，不如说是看热闹。今晚，是红庄村秦腔组在春节期间表演的最后一场戏了，不论是台上唱戏的，还是台下看戏的，都很快就要告别这个热闹了一阵子的剧场，准备开始春播了。

在红庄剧场的前面，有一对农民夫妇，他们点着了一盏红色的直径有两尺多的孔明灯，试图把这盏孔明灯送上天，他们用双手托着，尽力保持

放飞心情，祈祷平安

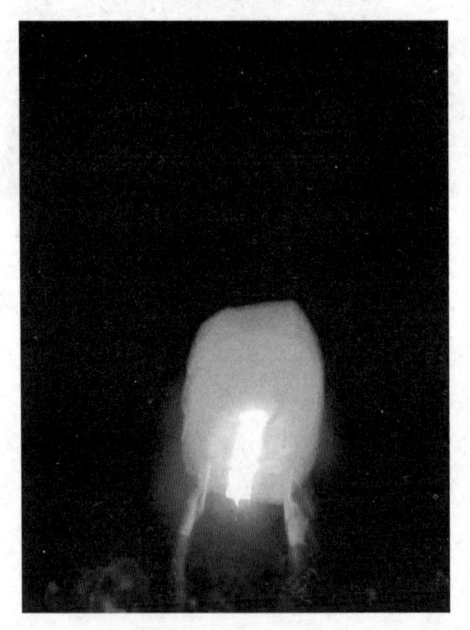

孔明灯飞起来了……

着孔明灯的平衡状态,想送孔明灯上天。第一次没有成功,第二次又失败了,当围观的村民都有些不抱希望的时候,这盏孔明灯从我的头顶飘过,升上了夜空,我拿出相机,照下了孔明灯升空的一瞬间。望着孔明灯一点儿一点儿地升高,一点儿一点儿地变小,渐渐消失在了群星闪烁的天际……

## 二十 2014年农历正月十六(2014年2月15日)

昨晚,住在了老姜家。今天一早,老姜的侄儿和侄儿媳妇就起来包饺子,全家又在一起吃了顿团圆饭,我又给老姜的家人照了全家福。

**道别前还是要包顿饺子**

早饭后,我准备和老姜的大侄儿孙子、大侄儿孙子媳妇一起返回固原。出发前又专门去了一趟骆驼巷村看望马阿舍。马阿舍昨晚回来时,给我发来了短信,我看天色已晚,回复她先好好休息,今早返回固原之前一定过去看她。

今早,我和马阿舍的见面比较匆忙,只有十来分钟的时间,但如果我不来的话,一定会让她失望。在骆驼巷村,我常常以勤走访的方式减少他们的失望,尽管我的走访不能帮助他们解决问题,但有的时候,我的走访,便是他们的依托。马阿舍送我到马路旁,我特意和她站在雪地里合了

影,并告诉她下次再来时一定会把照片送给她,她笑着点了点头。

临别前的合影

马阿舍送来了自制的蜂蜜

山里的天气变化多端,昨夜还是星光灿烂,今早便是阴云满天。坐上老姜的大侄儿孙子的车后,老姜连连嘱咐他车要开得慢一点儿。老姜也是个性情中人,他一直看着我们的车走远。昨晚,老姜很兴奋,我们看戏回来，一直聊到深夜。

老姜说，他小的时候过正月十五，老辈人都要在大门上挂一盏纸灯，纸灯是用扫帚杆做的，在周围糊上一层薄薄的白纸，里面点上清油，也有用蜡烛做灯芯的。有钱的人家，会请人在纸灯上画上彩绘，纸灯做得十分讲究。20世纪60年代，农民的生活很困难，做纸灯的农户越来越少，现在农民的生活都好起来了，但做纸灯的习惯已经渐渐消失了，农村近两年开始流行点孔明灯。

老姜说，他小的时候过年，家里用钱很紧张，根本就没有什么压岁钱，大人给两块糖、两个核桃或两把花生，就高兴得不得了。那时候的糖根本就没有包装，有长形的、三角形的、圆形的，能吃上一块糖，心里就美滋滋的。只有到过年的时候，才能吃上油饼子和白面馒头，所以小的时候老盼着过年，只有过年的时候，才能吃上一点儿好吃的。孩子们吵着要多吃一点儿，还会被大人打一顿，长辈常常舍不得吃自己的那份，背着大的孩子悄悄给小的孩子多吃一点儿。

老姜说，他小的时候家里再穷，过年的时候母亲也要给孩子们做一双新鞋，为了节省布，做的鞋都不跟脚，过年能穿上新鞋心里很高兴，可是穿一天下来脚疼得很，常常是脚不觉得疼了，鞋也被穿烂了。那时候，农村妇女非常辛苦，白天要下地干活儿，前半夜要做针线活儿，到了后半夜还要推磨，特别是快要到过年的时候，还要赶着给家里人做新鞋。

在我看来，老姜的晚年生活是幸福的，他对往事的回忆，其实也是一种生活的享受，一种回首往事的精神享受。

返回固原的路上，下起了小雪，到了固原市里，小雪变成了小雨。宁夏师范学院老校区门前的马路两旁，又恢复了春节前的喧闹，一个挨着一个的地摊摊主叫卖着，过往的车辆和人群拥挤着，我在人群中看见了骆驼巷村阴洼自然村的小张，她穿得整洁漂亮，手上提着大盒小盒的，一边行走一边躲闪着路旁的泥水和垃圾，一看便知道她是到固原城里来购物的。看见小张的那一瞬间，我忽然觉得，自己像是一个农村人，小张倒像是一个城里人……

## 二十一  2014年农历正月二十三（2014年2月22日）

今天，是正月二十三日。用当地回族人说汉族人的话就是："正月二十三日一过，汉族人就该消停了，就该正儿八经地下地干农活儿了。"也就是说，正月二十三日一过，年，就算过完了。

我正月十六日从骆驼巷村返回固原，正月十七日就开始下大雪。骆驼巷村的农民发来短信，说山里的雪下得特别大，比前几场雪下得还要大，正月十八日、十九日两天，雪还是时停时下。

前几天，固原已是雪后天晴，天气渐渐开始回暖，可是，昨天下午一股冷空气袭来，天空突然变阴，气温骤降，仿佛又从初春回到了寒冬，有些让人猝不及防。昨晚，固原城里又下起了小雪，加上寒冷的空气，树木的枝叶又结上了一层薄薄的冰霜。

今天早饭后，我便从固原市前往骆驼巷村。从固原出发的时候，天还是灰蒙蒙的，进了叠叠沟的路口处，天一下子晴朗起来。道路两旁，一行行、一簇簇树木的枝叶上，结满了银白色的冰霜，在太阳的照耀下晶莹闪烁、垂垂欲滴。我禁不住叫车停下来，把大自然的美景收进了相机，如果不是因为今天下乡还要整理、核对数据，我真想在半道上停下来好好欣赏一番。车快要到骆驼巷村的时候，晴朗的天空又阴沉了下来，但是气温已经明显回升，冻土渐渐开始消融。

到了骆驼巷村，我直接去了阳洼自然村赵队长家，今天要在他家继续整理、核对刘庄村、樊庄村、马其沟村10年来的死亡人数和出生人数。这种核对工作很枯燥，要一个村一个村、一个农户一个农户地核对，核对的过程中需要有足够的耐心。今天，我们要加把劲儿，争取把3个自然村的数据核对完。

下午，我利用核对数据中间休息的时间，坐上赵队长的摩托车，转了几户农家。前几天在固原，我去了好几趟照相馆，把答应给农民洗的照片都做成了相框，准备送给他们，以便留下一点儿2014年春节的记忆。我先去了阳洼村72号农户家，把大年三十晚上他们全家吃团圆饭的合影送给了他们，小儿子祁玉强，自生病以后就没有照过相，更没有机会照全家福，他手拿相框入神地看着，看着相框里面的自己，看着相框里面的家人，看着看着便憨憨地笑了。

从阳洼村出来，我去了阴洼村54号农户张国军家。相框里的照片是他们全家正月初二照的合影，这也是他们家的第一张合影，六口人站在院子外面的土坡上，站在蓝天白云下，每个人都在笑，最小的儿子手里还攥着压岁钱。张国军的媳妇拿着相框看了好一阵子，喜悦挂在了脸上。她说："林老师，你给我们全家照了第一张合影，还给我们放大做成这么漂亮的相框，真是太谢谢你了，这张全家合影，是我们家今年春节最好的纪念。"

从阴洼村出来，我去了刘庄村16号农户王灯银家。王灯银的媳妇李俊香正好在院子的大门外和几个妇女聊家常，看见我来了马上迎了过来。我拿出两个做好的相框送给李俊香，她一看见相框就明白是怎么回事了，有些不好意思地笑了。她连连说："林老师，又给你添麻烦了；林老师，又给你添麻烦了。"我回应道："不麻烦，不麻烦。"之后，又坐上赵队长的摩托车，去驼巷村62号农户马阿舍家。

马阿舍正好在家，当我把相框拿出来送给她时，她惊喜了好一阵子。我送给马阿舍的相框是特别制作的，里面有两张照片，一张是夏天的，一张是冬天的。夏天的照片，是去年她过生日我给她梳头的时候照的；冬天的照片，是今年正月十六日早上在她家门前的雪地上照的。这种相框，我特意做了两个，一个摆在了我固原的宿舍里，一个今天送给了马阿舍。马阿舍看着相框爱不释手，抱着相框送我走到门前的马路旁，忽然，她抓住了我的手，哽咽了一下，但什么也没有说出来。看着她那饱含泪水的双眼，我知道，这个相框对马阿舍来说，不仅是时光的记忆，还是一种精神的依托。

晚饭前，红庄村的老姜打来电话，催我去他家吃晚饭。正月十六日上午和老姜一家人分别的时候，老姜一再嘱咐我今天晚上一定要到他家里吃晚饭，要请我啃肉骨头，看"跳火堆"。因为老姜正月二十四日就要返回固原的敬老院了。

今天白天，我们核对了刘庄村和樊庄村的数据，还剩下马其沟村的数

山村的守望

**感受相框里传递的温暖**

据没有核对,我把手上的数据核对工作暂告一个段落,和赵队长打了个招呼,便匆匆赶往老姜家。老姜的家今天很热闹,大侄儿孙子两口子也从固原赶回来了。我把送给老姜家的相框也拿出来,一个大的,两个小的,大相框里面是正月十六日上午老姜一家人在院子里照的合影,小相框里面是正月初五我和老姜的合影。

老姜家里的人围过来看相框的时候,高兴中也带些遗憾,因为今年过年小侄儿孙子在上海打工没有回来,照片上唯独缺了他。老姜很喜欢小的相框,他特别要求我做两个,一个摆在家里,一个明天去敬老院的时候带着。的确,从2003年春节第一次和老姜在红庄乡乡政府见面,至今已经有11年了,我们谁都没有想到,会在2014年春节再次在红庄村相见,相框里的照片,记录了我和老姜久别重逢的喜悦,记录了我和老姜今年春节话说往年春节的时光。

今天的晚饭吃得很开心,肉骨头、猪蹄、萝卜菜、白馍馍,老姜还喝了一小杯白酒,他说,今年这个年过得很高兴。老姜的侄儿媳妇很实在,一头猪一共就4个蹄子,她今晚都拿出来了,老姜、我以及老姜的大侄儿孙子、大侄儿孙子媳妇每人啃了一个,味道好极了。

在当地,正月二十三有"燎疳"的习俗。在这天下午,家人或孩子们就会到外面拾来干柴、蒿草、麦秸等堆在院子里,到了晚上点燃,全家人不分男女老少都要从火堆上跳过去,再跳过来,全家人排着队来回地跳火堆,如果火堆里放上点儿干竹子或者撒上一把盐,还可以发出噼噼啪啪的响声。传统的说法是:人从火堆上跳过去就燎了疳,就会消除疾病和瘟疫,燎掉晦气和霉运,在新的一年里就会大吉大利。

在老姜家吃过晚饭,天已经黑了。老姜家的院子里也点起了一堆火,柴草是午后到外面割的,火堆里还放了五谷杂粮、葱须子、蒜须子等,在春节马上就要结束的时候,大家从火堆上跳过去,驱逐邪气,驱逐疾病,给新的一年开一个好头。老姜带头从火堆上跳了过去,他跳过去的那一瞬间,表情就像是一个孩子,我随后也跳了过去,接着大家都跟着跳了过去,欢笑声、鞭炮声、火苗被风吹的噗噗声不绝于耳,在这个普通的农家小院,充满了对美好生活的向往。

大家正沉浸在"跳火堆"的快乐中,阵阵锣鼓声由远及近传到了老姜家的小院子,原来是红庄村的社火队来到了老姜家的门前,向老姜家表达春节期间的最后祝福。这是我春节期间第三次听红庄村社火队的春官高声颂唱,尽管是在晚上,春官依然是精神抖擞,振振有词。虽然我听不懂他颂唱的是什么,但是能够明白大意,那就是:祝福老姜全家在新的一年里无疾病、无灾害,和和美美,平平安安。据说,在我国北方的农村,正月二十三日都有这个传统的习俗。"燎疳"的传统习俗源于何时,已经无从考证,传说是源于先民们对火的敬畏,对火的崇拜,因为火象征着光明和力量。

随着农村外出打工的农民越来越多,"燎疳"这个传统习俗也越来越被淡化了。我感觉今年骆驼巷村"点火堆"的农户比红庄村少多了,热闹的气氛也不如红庄村,特别是今年红庄村的社火队,在农民"跳火堆"的时候,特意去了一些农户家里助兴,他们敲锣打鼓、燃放鞭炮,祝福红庄村的村民在新春之际勤劳耕种、秋实累累,为2014年正月二十三日"燎疳"增添了不少欢乐的气氛。今晚,也是红庄村社火队在春节期间的最后

一次演出。

点起"燎疳"用的火堆

社火队的狮子翩翩起舞

社火队在送完祝福以后，还要去东山坡"送瘟神"，要把所有的邪气送到村外远远的地方。愿意去"送瘟神"的村民，会跟在社火队的后面，大人们手里拿着火把，娃娃们手里拿着麻绳，到了东山坡上，大家就朝着"送瘟神"的方向，把手中的火把、麻绳、道具等全部烧掉，一直要等到燃烧的火堆完全熄灭以后，才能够一起返回。在"送瘟神"返回的路上，谁都不能说一句话，据说谁要是说了话，"瘟神"就会跟上来，邪气、疾病就会缠身。待大家静悄悄地回到家里以后，把大门关好，一切就可以照常了。

今晚 8 点半，我和老姜一家人辞别，返回骆驼巷村阳洼自然村赵队长家，继续核对数据。屋外，"跳火堆"的人们渐渐安静了，鞭炮的响声渐渐远去了，吼叫了一天的狗歇息了。屋内，灯光依旧亮着，炉火依旧旺着，原始数据依旧摊开着，核对数据依旧进行着。

问：马其沟村第 73 号农户？

答：2003 年 6 月生 1 女。

问：马其沟村第 74 号农户？

答：无。

问：马其沟村第 75 号农户？

答：无。

问：马其沟村第 76 号农户？

答：无。

问：马其沟村第 77 号农户？

答：2005 年 10 月生 1 男。

……

骆驼巷行政村最后一个自然村——马其沟村，近十年来出生人口的核对工作，在夜幕中结束了。

# 第三章
# 调查数据反映的农民生活

本章的调查数据部分，是骆驼巷行政村入户调查最基础的部分。这个章节的内容，主要是对2008年骆驼巷行政村入户调查的原始数据进行加工、整理，并进行图表化、文字化。另外，需要提示的是，这个章节的内容以及对农户生产生活现状的分析顺序，是与2009年2月方志出版社出版的《山村的守望——西海固骆驼巷村实地考察》一书中第三章的内容相对应的。

到目前为止，我对骆驼巷行政村已经进行了三次入户调查，每隔五年进行一次。第一次入户调查的数据收集是在2003年和2004年进行的，数据分析的时点界定为2003年；第二次入户调查的数据收集是在2009年进行的，数据分析的时点界定为2008年；第三次入户调查的数据收集是在2015年进行的，数据分析的时点界定为2014年；第四次入户调查的数据收集计划于2019年进行，数据分析的时点界定为2018年。

为此，本章出现的图表，如果没有做特别的解释和注明，就说明原始数据都是2008年的入户调查数据。这些图表，分别介绍了骆驼巷行政村7个回族和汉族自然村农民的生活状况、生产状况、人口状况、教育状况。为了叙述的简洁，在这里把骆驼巷行政村简称为骆驼巷村，把小庄回族自然村简称为小庄村，把驼巷回族自然村简称为驼巷村，把阴洼汉族自然村简称为阴洼村，把阳洼汉族自然村简称为阳洼村，把刘庄汉族自然村简称为刘庄村，把樊庄汉族自然村简称为樊庄村，把马其沟汉族自然村简称为马其沟村。

为了便于读者对骆驼巷村农民的生产生活有一个大概的了解，对各个章节的第一手数据有一个比较连贯的认知,在这里制作了骆驼巷村主要生产、生活物品价格表。表中的农作物是骆驼巷村农民常年种植的"老四样":小麦、洋芋、胡麻、豆子。表中农作物的卖出价格,是指农作物收获季节时的价格,这个价格会随每家农户生产的农作物质量的不同而上下浮动,但浮动非常有限;表中农作物的买进价格,是指农户粮油不够吃时买进的价格或者是播种季节买种子的价格,这个价格也会随每年农作物的收成以及季节性而上下浮动,一般买进农作物是在每年的年末或者年初。表中的豆子是指豌豆和蚕豆这两个品种,2003年种豆子的农户还比较多,到了2009年种豆子的农户已经没多少了,据农民说主要是由于气候变暖,豆子的亩产量越来越低了,用农民的话说就是豆子长不成了。

从2012年开始,骆驼巷村的农民流行起种糜子,因为糜子的亩产量还算可以,并且糜子的卖出价格比其他农作物要高。但是,由于近两年糜子的收购价格不断下滑,农民种糜子的积极性也不高了。

2013年,骆驼巷村的农民开始试种玉米,近两年种玉米的农户越来越多了,主要是养牛养羊的农户。玉米产量好时每亩可达到200公斤左右,产量不好时每亩能收100公斤左右,种1亩玉米,还可以收获2000多斤的玉米秆用来喂牲畜。2013年玉米粒的卖出价格是1元左右,2016年卖出价格下滑到0.8~0.9元。

2014年,骆驼巷村种大麦的农户越来越多,种大麦的农户也主要是养牛养羊的农户。大麦产量好时每亩可达到250公斤左右,产量不好时每亩能收100公斤左右,种1亩大麦,可以收获500斤左右的大麦秆用来喂牲畜。2015年大麦的卖出价格是0.75元,买进价格是0.85元;2016年大麦的卖出价格是0.8元,买进价格是0.9元。

近年来,随着农民外出打工人数的逐年增加,不少农户家里缺少劳动力,为此,从2013年开始,越来越多的农户一到农忙季节就会租拖拉机用以耕地、播种,租多功能收割机用以收割。据当地农民介绍,租拖拉机耕1亩地收费40元,播种1亩地收费30元;租多功能收割机收割1亩地收费50元。据当地农民介绍,中型拖拉机的价格是5万~8万元,大型拖拉机的价格是15万元左右,多功能收割机的价格是15万元左右。农忙时节,

到处可以看到经营拖拉机、收割机的人帮助农民干农活儿,一部分人已经把这个作为谋生手段。由于西海固地区农民的耕地分散且面积不大,所以人工耕地、播种、收割的农户依然不少,家里缺少劳动力的农户会在收获季节雇人帮忙劳作。据当地农民介绍,请人帮助收割小麦,一天的报酬是120元,一天能收割1亩小麦;请人帮助挖洋芋,一天的报酬是100元,挖1亩洋芋需要两天时间。

2017年8月骆驼巷村主要生产、生活物品价格见表3-1。

表3-1 骆驼巷村主要生产、生活物品价格(2017年8月)

| 项目名称 | | 单位 | 2002年 | 2003年 | 2004年 | 2005年 | 2006年 | 2008年 | 2010年 | 2013年 | 2014年 | 2016年 |
|---|---|---|---|---|---|---|---|---|---|---|---|---|
| 冬小麦 | 最好产量 | 公斤/亩 | 200 | 250 | 250 | 300 | 200 | 200 | 200 | 150 | 250 | 200 |
| | 最差产量 | 公斤/亩 | 100 | 150 | 150 | 150 | 100 | 100 | 100 | 75 | 100 | 100 |
| | 卖出价格 | 元/斤 | 0.50 | 0.65 | 0.68 | 0.70 | 0.75 | 0.80 | 0.90 | 1.00 | 1.00 | 1.00 |
| | 买进价格 | 元/斤 | 0.55 | 0.70 | 0.73 | 0.75 | 0.80 | 0.85 | 1.20 | 1.30 | 1.30 | 1.10 |
| 马铃薯 | 最好产量 | 公斤/亩 | 1500 | 2000 | 2000 | 2500 | 2000 | 2000 | 2000 | 1500 | 1800 | 2000 |
| | 最差产量 | 公斤/亩 | 500 | 750 | 850 | 1300 | 600 | 500 | 600 | 500 | 500 | 500 |
| | 卖出价格 | 元/斤 | 0.12 | 0.13 | 0.15 | 0.20 | 0.50 | 0.40 | 0.35 | 0.35 | 0.40 | 0.50 |
| | 买进价格 | 元/斤 | 0.18 | 0.20 | 0.23 | 0.25 | 0.80 | 0.60 | 0.45 | 0.45 | 0.50 | 0.65 |
| 豆子 | 最好产量 | 公斤/亩 | 100 | 150 | 150 | 160 | 100 | 100 | 糜子 | 200 | 200 | 200 |
| | 最差产量 | 公斤/亩 | 30 | 100 | 75 | 60 | 40 | 45 | | 100 | 100 | 100 |
| | 卖出价格 | 元/斤 | 0.70 | 0.75 | 0.80 | 0.95 | 1.00 | 1.20 | | 1.90 | 1.50 | 1.20 |
| | 买进价格 | 元/斤 | 0.80 | 0.85 | 0.90 | 1.00 | 1.20 | 1.50 | | 2.00 | 1.80 | 1.40 |

续表

| 项目名称 | | 单位 | 2002年 | 2003年 | 2004年 | 2005年 | 2006年 | 2008年 | 2010年 | 2013年 | 2014年 | 2016年 |
|---|---|---|---|---|---|---|---|---|---|---|---|---|
| 胡麻 | 最好产量 | 公斤/亩 | 75 | 150 | 130 | 150 | 100 | 100 | 100 | 100 | 130 | 100 |
| | 最差产量 | 公斤/亩 | 15 | 75 | 60 | 75 | 40 | 45 | 25 | 绝收 | 50 | 40 |
| | 卖出价格 | 元/斤 | 1.40 | 1.40 | 1.60 | 1.80 | 1.90 | 2.00 | 2.80 | 3.50 | 3.20 | 2.80 |
| | 买进价格 | 元/斤 | 1.60 | 1.60 | 1.80 | 2.00 | 2.10 | 2.40 | 3.00 | 4.20 | 3.80 | 3.50 |
| 化肥 | 磷肥 | 元/100斤 | 18 | 18 | 18 | 20 | 20 | 33 | 35 | 40 | 40 | 50 |
| | 尿素 | 元/100斤 | 90 | 90 | 90 | 95 | 100 | 78 | 78 | 78 | 78 | 78 |
| | 磷酸二铵 | 元/100斤 | 90 | 120 | 125 | 125 | 125 | 145 | 150 | 155 | 155 | 150 |
| | 碳酸氢铵 | 元/100斤 | 20 | 25 | 28 | 28 | 28 | 30 | 40 | 40 | 40 | 43 |
| 电 | 家用电 | 元/度 | 0.45 | 0.45 | 0.45 | 0.45 | 0.45 | 0.45 | 0.45 | 0.45 | 0.45 | 0.45 |
| | 动力电 | 元/度 | 0.59 | 0.60 | 0.61 | 0.60 | 0.60 | 0.60 | 0.70 | — | — | — |
| 煤 | 家用燃煤 | 元/吨 | 240 | 260 | 340 | 400 | 430 | 700 | 960 | 900 | 860 | 860 |

注：①2011年11月29日国家发改委下发了《关于居民生活用电试行阶梯电价的指导意见》，明确居民用电分三档，第一档1度电是0.4486元，一般农民家庭不受影响。动力电根据用电时间上下浮动，一般为0.75~0.9元。

②2013年夏季，连续多日的大雨导致胡麻绝收。

2003年第一次走进骆驼巷村时，传统的耕作"二牛抬杠"是比较普遍的，家里有小型拖拉机的农户很少，其中小庄村2户、驼巷村4户、阴洼村4户、阳洼村3户、刘庄村4户、樊庄村9户、马其沟村5户，机械化水平非常低。那时候，没有养牛的农户春耕时需要借牛耕作，采用"二牛抬杠"的传统方式耕作，1亩地的报酬是15~20元（指借2头牛的报酬）。

2009年第二次入户调查时,"二牛抬杠"的传统耕作方式明显减少了,家里有拖拉机的农户比2003年明显增加。2008年,家里有小型拖拉机的农户中,小庄村18户、驼巷村24户、阴洼村17户、阳洼村12户、刘庄村30户、樊庄村26户、马其沟村15户,机械化水平有了显著提升,但是整体水平还是相当低的。

2015年第三次入户调查时,"二牛抬杠"的传统耕作方式已经不多见了,主要是一些零散的小块土地还需要用牛耕种。现在,不少农民已经不种地了,把耕地租给亲戚或者朋友种,但撂荒的农户还是少数,农民养牛主要是为了发展养殖业以增加收入。

农民家里常用的机械化生产工具主要是小型拖拉机、农用三轮车、农用四轮车等。据当地农民介绍,一个拖拉机机头的价格是5000元左右,一辆拖拉机的价格是9000元左右,一辆农用三轮车的价格是15000元左右,一辆农用四轮车的价格是20000元左右。这些小型机械化生产工具除了自家使用之外,本村的农民也会相互之间借用。2010年以前,借用小型拖拉机一天的费用是30元左右,主要是给个油钱;2010年以后,借用小型拖拉机一天的费用涨到了50元左右,尽管现在油价比以前下降了,但是人工费比以前提高了。

下面,简单介绍一下骆驼巷村一带牲畜的价格变动情况,这个价格指的是市场的平均价格。

首先,看一下牛的价格变动。2003年,1头大牛的卖出价格平均在4000元左右,其中公牛是5000元左右,母牛是3000元左右;1头中牛的卖出价格平均在2000元左右,其中公牛是2500元左右,母牛是1500元左右;1头小牛的卖出价格在800元左右。2016年,1头大牛的卖出价格平均在10000元左右,其中公牛是12000元左右,母牛是8000元左右;1头中牛的卖出价格平均在5000元左右,其中公牛是6000元左右,母牛是4000元左右;1头小牛的卖出价格在2000元左右。2003年,1斤牛饲料的成本大约是0.8元;到了2016年,1斤牛饲料的成本大约是1.2元。2003年,1头成长中的牛一天喂4斤饲料;到了2016年,1头成长中的牛一天喂5斤饲料，一般在卖牛的前两个月，每天喂牛的饲料会加倍。一般情况下，1头大牛下小牛的周期是1~2年，好的情况下每年能下1头小牛，不好的情况下每隔一年能下1头小牛。

其次，看一下羊的价格变动。2003年，1只大羊的卖出价格在500元左右，1只小羊的卖出价格在200元左右。2016年，1只大羊的卖出价格在600元左右，1只小羊的卖出价格在200元左右。2012年羊的卖出价格最高，1只大羊的卖出价格达到了1600元甚至更高，1只小羊的卖出价格达到了500元甚至更高；两年之后的2014年，羊的卖出价格大幅回落，1只大羊的卖出价格也就是300~400元。羊饲料的价格变化和牛饲料差不多，1只羊一天吃1斤饲料就可以了。一般情况下，下小羊的周期是两年下三次，1只母羊最多一次可下5只小羊，最少一次下1只小羊，一次下5只小羊时最多也就是成活3只，一般是2只。

最后，看一下猪的价格变动。2003年，1头大猪的卖出价格在600元左右，1头小猪崽儿的卖出价格在100元左右。2016年，1头大猪的卖出价格在2000元左右，1头小猪崽儿的卖出价格在500元左右。2003年以后，猪的卖出价格逐年上升，到2012年达到了顶峰，1头大猪的卖出价格在2500元左右，1头小猪崽儿的卖出价格在600元左右。但是，2013年下半年，猪的卖出价格明显回落，每隔一个月，1斤毛猪的价格就下降1元左右；到了2014年春节前，1斤毛猪的价格下降到5元左右，许多养猪大户都赔了本；此后，养猪的农户急剧减少，随着市场上猪的供应数量的减少，2016年猪的卖出价格又明显回升，接近2012年的水平。2003年，1斤猪饲料的成本大约是1元；到了2016年，1斤猪饲料的成本大约是1.5元。2003年，1头成长中的猪一天要喂5斤饲料；到了2016年，1头成长中的猪一天要喂7斤饲料。一般情况下，下猪崽儿的周期是一年下一次，1头母猪最多一次可下12头猪崽儿，最少一次可下3头猪崽儿，但即便是一次下12头猪崽儿，最多也只能成活8头或者9头，因为母猪的奶头没有那么多，下多了猪崽儿吃不上奶，便夭折了。

根据2009年第二次入户调查的统计数据，2008年，骆驼巷村被调查农户有544户，被调查户数的总人口为2691人，其中男性1417人、女性1274人。从各个自然村来看，小庄回族自然村被调查农户有62户，人口为305人，其中男性156人、女性149人；驼巷回族自然村被调查农户有70户，人口为342人，其中男性194人、女性148人；阴洼汉族自然村被调查农户有56户，人口为291人，其中男性153人、女性138人；阳洼汉族自然村被调查农户有68户，人口为340人，其中男性175人、女性165人；刘庄汉族自然村被调查农户有107户，人口为544人，其中男性282人、女性262人；樊庄汉族自然村被调查农户有105户，人口为496人，其中男性260人、女性236人；马其沟汉族自然村被调查农户有76户，人口为373人，其中男性197人、女性176人。

为了便于读者比较立体、全面地了解骆驼巷村一带农民的生产生活状况，在分析每个自然村农民的生产、人口、教育现状之前，先分别详细记述1户生活相对富裕和1户生活相对贫困的农家情况。读者可以通过案例中农民的生产生活状况，了解骆驼巷村一带农民的生存现状。为了保护农民的个人隐私，在下述各节分析和描述农户的生产生活状况时，将使用数字代码作为各家农户的标识，每个自然村农户的数字代码顺序是按照2003年第一次入户调查时的时间顺序来排列的。例如，小庄村的1号农户，就是2003年第一次入户调查时小庄村被调查的第一家农户，依此类推。各节中根据调查数据整理制作的图表，也延续了2003年入户调查的排序，所不同的是，图表中显示的数据是骆驼巷村2008年的基础数据。

## 一 骆驼巷行政村小庄回族自然村

骆驼巷行政村小庄回族自然村2008年的基础数据是2009年2月入户调查时收集的。参加入户调查的人员还有时任小庄回族自然村队长马志山、时任黎套行政村黎套小学校长杨晓军。

## 1. 小庄村农民的生活状况

### (1) 1号农户家的生活概况

**小庄回族自然村 1 号农户家**

在骆驼巷村，我与小庄回族自然村1号农户家的户主也算得上是老相识了，他当时是骆驼巷村的村支书。记得我们第一次见面，是2003年1月30日的晚饭后，在骆驼巷村简陋的村委会，介绍我们相识的是红庄乡乡政府的马乡长。巧的是1号农户家的户主和我同岁，我们都属马，或许由于是同龄人的缘故，第一次见面的相互介绍，彼此都感觉轻松愉快。

2003年1月31日，正值农历大年三十，这一天上午，在1号农户家户主的陪同下，我看望了骆驼巷村8户生活比较困难的农家，其中5户是汉族，3户是回族。这是我人生中第一次走进西海固，走进骆驼巷村的农民生活。

2003年2月1日至22日，在1号农户家户主的陪同下，我走访了小庄

回族自然村和驼巷回族自然村的 120 户农家，在 20 余天的走访中，我和 1 号农户家的户主之间有了进一步的了解。记得那次走访快要结束的时候，他对我说："林老师，你是第一个走进我们村里了解农民生活现状的城里人，在这之前，我以为陪上你两天你就走了，我的任务也可以完成了，没想到你还真的是挨家挨户地走访，一户都不漏，就连我这个村支书也没有像你这样走访过……"

2003 年 2 月 22 日，1 号农户家的户主特意为我们的即将分别宰了一只自家养的小羊。在当时，农民家里平常是很少吃肉的，用最新鲜的羊羔肉为我饯行，在当地也算得上是最高礼遇了。这一天晚上，红庄乡乡政府的马乡长（回族）、公务员小丁（回族），还有我，围坐在 1 号农户家的炕桌旁，美美地吃了一顿羊羔肉。平时很少吃羊肉的我，每每想起那天晚上热乎乎的羊羔肉，都会回味无穷……

2003 年 2 月 23 日，天气格外晴朗，那是一个在北京很少能看到湛蓝天空的日子。我特意让到红庄乡乡政府前来接我的师傅把车开到了骆驼巷村小庄回族自然村的村口处，下车看望了两户农家的病人，顺手把身上的羽绒外衣穿在了一个紧裹着单薄上衣的男娃儿身上。

蓝天下伫立着的一些村民和孩子，他们跟随 1 号农户家的户主向我缓缓走过来，在一望无际的蓝天白云的衬托下，他们黑黝黝的脸上印刻的生活的磨难与岁月的沧桑令人难忘，他们亮闪闪的眸子里跳动的不曾有的好奇和对未来的期盼令人牵挂，在与他们挥手告别的那一瞬间，我的心流泪了，那一瞬间，注定我还会再来……

2017 年 5 月 28 日，依然是一个在北京很少能看到湛蓝天空的日子，这天上午，我又来到小庄回族自然村 1 号农户家。如今，走访骆驼巷村农民家已经 14 年了，14 年的光阴与岁月都写在了我们的脸上。1 号农户家的户主已经 63 岁了（初中毕业），户主的老婆已经 59 岁了（没有上过学）。因为 1 号农户家的户主于 2005 年就不再担任村支书了，所以我和 1 号农户家的户主之间的交流自然也就越来越少了。

1 号农户家夫妇俩生有 4 个孩子，2 个男孩、2 个女孩。2003 年第一次入户调查时，1 号农户家的大儿子和大女儿都已经结婚了，另立了门户，户口都在本村。那时候在家里常住的有4口人：户主夫妇俩、小儿子、小女儿。1号农户家的小儿子在固原师专读书，小女儿在读高中。2009年第二次入户调查时，1号农户家里只剩下夫妇两人了。户主的小儿子于2004年大专毕业，在海原县城调队工作，2006年结婚，媳妇是海原人，他们的儿子已经2岁了。户主的小女儿高中毕业后也上了固原师专，2008年结婚，嫁到了大武口，在大武口打工。

2017年5月28日，正值端午节小长假，1号农户家在固原市上中学的大孙子、大外孙子都回到老家，在1号农户家经营的磨面坊里帮助干些零活儿。据1号农户家的户主说，现在到磨面坊来磨面的农民越来越少了，一是因为农民种的小麦比以前少了，二是因为在街上买主食吃的农民越来越多了，比如馒头、花卷、油饼等。但是，由于近年来养牛的农民比以前多了，也有些农民到磨面坊加工牲畜饲料。2016年，磨100斤饲料的加工费是6元（1号农户家从2017年开始加工饲料），磨100斤小麦的加工费是10元，一年下来，1号农户家的磨面坊可以净赚5000元左右。

1号农户的家已经从老房子搬出来了，院子在磨面坊的后面，院子的大门坐西朝东，大门是双扇铁制的，大门前是一条南北通向的小路，这条小路于2010年硬化成水泥路。1号农户家的院子大约有300平方米，是和西边大儿子住处的院子连接在一起的，院子里有2棵松树和3棵小梨树；院子的左侧，是磨面坊的后身，有一扇小门与院子相通，院子的右侧，是户主夫妇俩的住房，住房坐北朝南，6米×6米，南面的大窗户阳光通透。据1号农户家的户主说，这间砖木结构的住房是村里2013年的危房改造项目，自己掏了1.4万元，国家补助了2.2万元。

1号农户家的住房里收拾得干净整洁，一进门右侧的窗户下有一盘炕，炕的北侧靠墙摆放着一个长约2米、高不到1米的老式木柜（以前是放被褥用的），木柜的右侧放着一个单人沙发，墙上挂着一个净水器，显得格外醒目。房屋的门紧挨着西墙，墙前摆了一个旧式的高低柜，高低柜的低处摆放了一台彩色电视机，高低柜的北边摆放了一个2米多宽的老式高木柜，高木柜的里侧摆放着一个单人沙发。在这间住房的北侧，隔出了一个6米×2米的里间，里间被隔成了一个小洗澡间和一个小厨房，西侧是洗澡间，东侧是厨房，厨房的西北角摆放着一个老式碗柜，碗柜的右侧放了两个大水缸，厨房的东侧砌了一个不大的灶台，布局简洁实用。

紧贴着1号农户家住房西墙的另一端，是一间6米×6米的客厅，这间不算小的客厅正对着门的墙前，摆了一套约4米宽的转角组合沙发，沙发前摆放了一个大茶几，进门的左侧有一个2米多宽的大双人床，进门的右侧摆着一个小型双人沙发。据1号农户家的户主说："这间客厅也是2013年建成的，具体花了多少钱我也不清楚，因为是大儿子盖的。"

在1号农户的家里，彩色电视机、洗衣机、电冰箱、摩托车、手机、热水器、净水器等日常家用电器都有，平日里蔬菜、蛋、奶、肉也是经常吃的。虽然老两口说随着年龄的增长病也越来越多了，要经常去医院看病，手头上现金很是不宽裕，但相对来说家境还算是殷实的。

据1号农户家的户主说，2016年他老婆患腰椎间盘突出症，在县医院住院一周，花了4000多元，按照农村医保报销的比例，住在县医院可以报销80%，出院后结账，自己花费了1300元，其中医药费800元、住院门槛费500元。只要家里有人生病住院，就感觉手头吃紧。

1号农户家有承包地15亩。2016年，他家种了3亩小麦、1亩洋芋、6亩大麦、3亩青饲料、2亩苜蓿草。其中，每亩小麦上30斤磷酸二铵、20斤尿素，平均亩产约200公斤；每亩洋芋上20斤磷酸二铵、20斤尿素、3农用车农家肥（农用车的1车相当于手推车的6~7车），平均亩产约1000公斤；每亩大麦上20斤磷酸二铵、30斤尿素，平均亩产约200公斤；每亩青饲料上30斤磷酸二铵、30斤尿素，平均亩产约4000公斤（新鲜的）；苜蓿草是前几年种的，顺其自然生长。2016年，1号农户家种的小麦和洋芋留下来自己吃，粮食可以自给自足；种的大麦卖了500斤，1斤的价格是0.8元，收入400元；种的青饲料用来喂牛。这一年，1号农户家养了1头大牛和1头小牛，小牛是当年下的，到现在还没有卖。2016年国家对养牛的农户实行补贴政策，每下1头小牛，可以获得国家补贴500元。1号农户家还养了五六只鸡，鸡蛋、鸡肉自家食用。另外，1号农户家的户主年龄在60岁以上，每月可以领取国家补助的养老金120元。

2008年，1号农户家的15亩承包地种了5亩小麦、3亩洋芋、2亩胡麻、2亩大麦、3亩苜蓿草。其中，每亩小麦上30斤磷酸二铵、1农用车农家肥，平均亩产约200公斤；每亩洋芋上30斤磷酸二铵、10斤尿素、2农用车农家肥，平均亩产约1500公斤；每亩胡麻上20斤磷酸二铵，平均亩产约50公斤；每亩大麦上20斤磷酸二铵，平均亩产约250公斤；苜蓿草平均亩产约2000公斤（新鲜的），用来喂牛。2008年，1号农户家种的小麦留下来自己吃，粮食可以自给自足；种的洋芋卖了8000斤，1斤的价格是0.4元，收入3200元；种的胡麻自己吃；种的大麦卖了500斤，1斤的价格是0.8元，收入400元。这一年，1号农户家养了1头大牛，当年下了1头小牛，把小牛卖了，收入3000元。1号农户家还养了五六只鸡，鸡蛋、鸡肉自家食用。另外，1号农户家的磨面坊，一年下来纯收入约为10000元。

2002年，1号农户家的15亩承包地种了6亩小麦、2亩洋芋、2亩胡麻、3亩豆子、2亩高粱。其中，每亩小麦上15斤磷酸二铵、10斤尿素，平均亩产约200公斤；每亩洋芋上100斤碳酸氢铵、10斤尿素、2农用车农家肥，平均亩产约1500公斤；每亩胡麻上100斤碳酸氢铵、10斤磷酸二铵，平均亩产约100公斤；每亩豆子上100斤磷肥、1农用车农家肥，平均亩产约100公斤；种的2亩高粱作为喂牲畜的草料。2002年，1号农户家种的小麦全部留作口粮，粮食可以自给自足；种的洋芋卖了5000斤，1斤的价格是0.12元，收入600元；种的胡麻自己吃；种的豆子全部卖了，共计600斤，1斤的价格是0.7元，收入420元。这一年，1号农户家养了2头大牛，下了1头小牛，把小牛卖了，收入1300元。1号农户家养的几只小羊不卖，用来过节时吃肉，还养了五六只鸡，鸡蛋、鸡肉自家食用。1号农户家磨面坊的纯收入约为8000元。另外，1号农户家的户主当时是村支书，乡政府每月发放补贴120元。

综上所述，1号农户家自己种的粮食可以自给自足。从农作物种植和牲畜养殖的现金收入来看，2002年农作物收入1020元，养殖收入1300元；2008年农作物收入3600元，养殖收入3000元；2016年农作物收入400元，养殖收入500元（当年下的小牛没有卖）。

## （2）29 号农户家的生活概况

**小庄回族自然村 29 号农户家**

  第一次走进小庄回族自然村 29 号农户家，是 2003 年 2 月 2 日的上午，那天，29 号农户家的夫妇俩都没有在家，大白天的，家里 5 个孩子都和衣蜷缩在炕上。至今，回想起初到 29 号农户家的那一幕，依然有一种挥之不去的悲凉，这种悲凉感是我在北京从未感受过的，我错愕了……

  西海固的冬天格外寒冷，初次见到 29 号农户家的 5 个孩子，一股寒气从心底里往外冒。在一间不到 20 平方米的住房里，看不到一件像样的东西，房间里侧的墙前，有一盘炕，一进门的右侧，架着一张木板，支撑着木板的四脚，是用参差不齐的砖垒的，木板下放了一个破筐，筐里有一些冻伤发黑的洋芋。4 个高矮不一的女孩子，盖着一床黑乎乎的被子蜷缩在炕上，1 个脸色发黄的男孩子，盖着一床旧的蓝格子棉被躺在木板上。那天，当我迈进 29 号农户家的时候，4 个女孩子赶紧从炕上伏起身来，她们望着我，脸上流露出惊诧的表情。我从书包里拿出了一袋包装漂亮的奶糖，递过去的时候女孩子们你看看我、我看看你，谁都不好意思接，气氛显得有些尴尬。听说我是从北京来的，言谈话语又多了几分拘谨，多了几分好奇。我把奶糖放在了炕上，主动剥给她们吃，给她们照相，问她们家的粮食够不够吃，聊着聊着距离便拉近了许多。木板上躺着的男孩始终没有动身，脸色蜡黄，双眼无神，浑身发冷，看上去病得不轻，他枕的小枕头已经被磨得黝黑发亮，看不出原本的颜色了。

说实话，那天给我印象最深的还不是29号农户家里的5个孩子，而是他家的7个吃饭的大碗。一进门在房间左侧的墙前，摆放着一个老掉牙的三屉桌，估计是谁家不要的，三屉桌上放了一个大面板，大面板上整整齐齐地扣着7个吃饭的大碗，不用说，这个家里有7口人吃饭。显然，包装漂亮的奶糖是这5个孩子头一次见，但是这对渴望吃饱肚子的5个孩子来说，只不过是瞬间即去的惊喜罢了，每天吃了上顿不愁下顿才是最实惠的。如今，在写这段文字的时候，我又看了一下电脑里保存的当时拍的照片，那5双呆滞无神的大眼睛，那个年龄的孩子脸上挂着的不应该有的愁容，或许今天再拿给孩子们看，他们一定不愿意再回忆从前……

2017年5月28日，我走访29号农户家的时候，只有户主两口子在家。29号农户夫妇俩生有5个孩子，1个男孩、4个女孩。2003年第一次入户调查时，29号农户家里有7口人：户主夫妇俩、大女儿、二女儿、三女儿、小儿子、小女儿。2009年第二次入户调查时，29号农户家依然是7口人。如今，29号农户家只剩下夫妇两人了，户主已经50岁（上过三年小学），他的老婆也50岁了（没有上过学）。29号农户家的老婆介绍说，他们的大女儿31岁（初中一年级辍学），2009年出嫁，嫁到了西吉，现在已经有了两个孩子，大的是女儿，已经6岁了，小的是儿子，已经4岁了；他们的二女儿29岁（小学四年级辍学），也是2009年出嫁，也嫁到了西吉，现在也已经有了两个孩子，大的是儿子，已经6岁了，小的是女儿，已经4岁了；他们的三女儿26岁（初中毕业），2014年出嫁，嫁到了原州区中河乡，生了一个儿子，现在1岁零3个月；他们的儿子排行老四，24岁，是宁夏大学化工专业三年级的学生；他们的小女儿22岁，是宁夏理工学院经济管理学院（位于石嘴山市）一年级的学生。

29号农户还是住在老房子里，位于1号农户家大门前南北通向的硬化路北端约300米处，他家院子的大门朝西，院子前道路的另一端是一片庄稼地，大门是双扇铁制的。29号农户家的院子比较大，看上去大约有800平方米，走进院子迎面看到的是一堵高七八米的崖面子，崖面子前有一棵大杏树，枝叶繁茂，崖面子的右下方是羊圈，里面大大小小有一二十只羊，羊圈前拴着一条狗，院子里跑着五六只鸡。院子里的左侧，是一排坐北朝南的房子，29号农户家的户主说，这三间坐北朝南的房子分别是6米×4米、4米×4米、6米×4米，其中，西侧的两间是2002年自己盖的，土木结构，花了约1万元；东侧的一间是2010年自己盖的，砖木结构，花了约2万元。因为这排房子的正面外侧贴了一层瓷砖，所以从表面上看还挺像样的，但实际上西侧的两间房子因年久失修已经快不行了。

2017年5月28日，我采访29号农户家的时候，是在他家的一间坐西朝东的小房子里（4米×4米），这间小房子正对着东侧的崖面子，房子的围墙是用砖砌成的，房子的顶部是用保温板盖的，是2014年自己盖的，花了1.1万元。这间小房子一进门靠窗户的一侧有一盘炕，炕头摆放了一台旧缝纫机。对着门里侧的墙前，左边砌了一个长2米多的灶台，右边是隔出的一个小洗澡间，平日里29号农户夫妇俩就住在这里，既是他们睡觉的地方又是他们做饭的厨房。近几年村里的危房改造项目一个接一个，可是29号农户家都没有享受到，因为两个孩子都在上大学，经济负担很重。现在，小儿子每月的生活费大约为1500元，小女儿每月的生活费大约为2000元，学费主要依靠贷款，另外亲戚还支持一部分。

29号农户家的户主说，2016年他老婆做了子宫肌瘤手术，当时住院交了2.7万元（退回了4000元），因为2014年他家的低保待遇被取消了，他老婆的手术费没有超过3万元，大部分费用要自掏腰包。原本打算在村里争取一个低保名额，结果也没有争取上，贷了3.5万元的款，其中在信用社贷款2万元，在农村互助组贷款1.5万元。据了解，当地农民住县医院报销的比例是80%，住市医院报销的比例是40%，如果手术费超过3万元，民政部门还可以补贴一部分。29号农户家的老婆为了保证手术的质量，在市医院做的手术，手术费接近3万元，这对29号农户家来说，的确是一笔不小的费用。

29号农户家的户主还说："尽管现在家里经济上依然很紧张，但是生活确实比以前要好多了，没有粮食吃的日子一去不复返了。现在，3个女儿都有了自己的家庭，生活过得都还可以，小儿子和小女儿也都在上大学，家里彩色电视机、洗衣机、电冰箱等日常家用电器都有，手机也是人手一部，还有一辆电动摩托车。主要的问题就是我们两口子身体都有病，我有高血压、心脏病、肝炎等，老婆患有妇科病、腰椎间盘突出症等，我们俩还都有胆囊炎，平时鸡蛋和肉都不敢多吃，蔬菜基本上是自己种一点，很少到市场上买。"

29号农户家有承包地8亩。2016年，他家种了3亩小麦、3亩大麦、1.3亩洋芋、0.7亩青饲料。其中，每亩小麦上30斤磷酸二铵、半农用车农家肥，平均亩产约50公斤（因老婆做手术住院无人管理而减产）；每亩大麦上20斤磷酸二铵，平均亩产约100公斤；每亩洋芋上30斤复合肥，平均亩产约1500公斤；每亩青饲料上30斤磷酸二铵、20斤复合肥，产量没有计算。2016年，29号农户家种的小麦自己吃，粮食不够吃，用自家下的小羊换面粉吃，不存在吃不饱的问题；种的洋芋卖了3000斤，1斤的价格是0.5元，收入1500元；种的青饲料用来喂羊。这一年，29号农户家养了11只大羊，下了22只小羊，户主的老婆做手术期间死了6只小羊，卖了10只小羊，1只小羊的价格是300元，共收入3000元。29号农户家还养了五六只鸡，鸡蛋、鸡肉自家食用。另外，29号农户家的户主农闲时在固原打工，在建筑工地干小工，每天能挣130元，有活儿干的时间大约是100天，能收入13000元左右。

2008年，29号农户家的8亩承包地种了5亩小麦、2亩洋芋、1亩胡麻。其中，每亩小麦上20斤磷酸二铵，平均亩产约150公斤；每亩洋芋上20斤磷酸二铵、2农用车农家肥，平均亩产约1500公斤；每亩胡麻上20斤磷酸二铵，平均亩产约75公斤。2008年，尽管两个女儿都去银川打工了，但是种的小麦还是不够吃，至少还要买500斤面粉，1斤的价格是1.4元，支出700元；收获的洋芋卖了3000斤，1斤的价格是0.35元，收入1050元；收获的胡麻不够吃，还要买15斤胡麻油，1斤的价格是8元，支出120元。这一年，29号农户家养了1头大牛，下了1头小牛，把小牛卖了，收入2000元。29号农户家的大女儿和二女儿都去了银川的餐馆打工，月薪800元左右，每年打工的时间大约为11个月，两个人一年大约能收入18000元。另外，29号农户家有4人享受低保待遇，每人每月50元，全年补助金是2400元。

2002年，29号农户家的8亩承包地种了3亩小麦、2亩洋芋、2亩豆子、1亩胡麻。其中，每亩小麦上12斤磷酸二铵，平均亩产约150公斤；每亩洋芋上100斤磷肥、10斤磷酸二铵、1农用车农家肥，平均亩产约1000公斤；每亩豆子上100斤磷肥，平均亩产约100公斤；每亩胡麻上10斤磷酸二铵，平均亩产约75公斤。2002年，29号农户家收获的小麦根本不够全家人吃，还要买进3000斤小麦；收获的洋芋全家人当菜吃；收获的豆子全部卖了；收获的胡麻不够吃，还要买10斤胡麻油勉强对付。这一年，29号农户家卖了400斤豆子，1斤的价格是0.7元，收入280元；买了3000斤小麦，1斤的价格是0.6元，支出1800元；买了10斤胡麻油，1斤的价格是5元，支出50元。结果，29号农户家农作物的收入加上买口粮的支出，赤字1710元。

综上所述，29号农户家自己种的粮食不能自给自足。从农作物种植和牲畜养殖的现金收入来看，2002年农作物收入280元，养殖没有收入；2008年农作物收入1050元，养殖收入2000元；2016年农作物收入1500元，养殖收入3000元。

从表3-2可以了解小庄回族自然村农民生活的整体水平。其中，农民自产粮够吃的农户占五成以上。生活富裕的农户仅占4.84%，生活比较好的农户占近三成，生活一般的农户占三成以上，生活比较困难和困难的农户合计占三成多。显然，生活相对困难的农户占比较2003年有大幅下降。主动反映"上学困难""看病困难""缺少零用钱"的农户占比分别为1.61%、11.29%、25.81%，较2003年也有大幅下降。另外，拥有彩色电视机的农户占到了近九成，拥有手机的农户占到了七成以上。

表3-2 小庄回族自然村农民的生活状况

| 指标 | 粮食 | | 生活现状 | | | | 电视机 | | | 电话 | | | 农民反映的主要问题 | | |
|---|---|---|---|---|---|---|---|---|---|---|---|---|---|---|---|
| | 自产粮够吃 | 自产粮不够吃 | 困难 | 比较困难 | 一般 | 比较好 | 富裕 | 彩色 | 黑白 | 没有 | 手机 | 座机 | 无 | 上学困难 | 看病困难 | 缺少零用钱 |
| 户数（户） | 34 | 28 | 3 | 16 | 22 | 18 | 3 | 55 | 3 | 4 | 44 | 12 | 16 | 1 | 7 | 16 |
| 占被调查农户的比例（%） | 54.84 | 45.16 | 4.84 | 25.81 | 35.48 | 29.03 | 4.84 | 88.71 | 4.84 | 6.45 | 70.97 | 19.35 | 25.81 | 1.61 | 11.29 | 25.81 |

表3-3是小庄回族自然村农民家庭年现金收入明细。从表3-3可以看出,农民家庭年现金收入中,农业收入占总收入的36.26%,打工收入占总收入的31.66%,经商收入占总收入的22.81%,工资性收入占总收入的9.27%。

表3-3 小庄回族自然村农民家庭年现金收入明细

单位:元

| 农户编号 | 农业 | 打工 | 经商 | 工资 | 合计 | 备注 |
|---|---|---|---|---|---|---|
| 1 | 6000 | | 10000 | | 16000 | |
| 2 | 3000 | 12000 | | | 15000 | |
| 2-1 | 5000 | 3200 | | | 8200 | |
| 3 | 8000 | | 15000 | | 23000 | |
| 4 | 8000 | 12000 | | | 20000 | |
| 5 | 5000 | 5000 | | | 10000 | |
| 6 | 8000 | 5000 | | | 13000 | |
| 7 | 5000 | 5000 | | | 10000 | |
| 8 | | | | | | 搬迁未销户 |
| 9 | 3000 | | | | 3000 | |
| 10 | | | | | | 去世 |
| 11 | 6000 | | | 2000 | 8000 | |
| 12 | 6000 | 3000 | | | 9000 | |
| 12-1 | 5000 | 3000 | | | 8000 | |
| 13 | 10000 | | | | 10000 | |
| 13-1 | 3000 | 6000 | | | 9000 | |
| 14 | 4000 | | | 2400 | 6400 | |
| 15 | | | | | | 搬迁未销户 |
| 16 | 8000 | | | | 8000 | |
| 17 | 6000 | 12000 | | | 18000 | |
| 18 | 4000 | | 12000 | | 16000 | |
| 19 | 15000 | | 10000 | | 25000 | |
| 20 | 6000 | 12000 | | | 18000 | |
| 21 | 5000 | 18000 | | | 23000 | |
| 22 | 5000 | | | | 5000 | |

续表

| 农户编号 | 农业 | 打工 | 经商 | 工资 | 合计 | 备注 |
|---|---|---|---|---|---|---|
| 23 | 6000 | | | 24000 | 30000 | |
| 24 | | | | | | 搬迁未销户 |
| 25 | 11000 | 9000 | | | 20000 | |
| 25－1 | 3000 | 7000 | | | 10000 | |
| 26 | 8000 | | | | 8000 | |
| 27 | 4000 | | 4000 | | 8000 | |
| 28 | 9000 | | | 31000 | 40000 | 城镇户口1位 |
| 29 | 3000 | 18000 | | | 21000 | |
| 30 | 4000 | 1000 | | | 5000 | |
| 31 | | | | | | 搬迁未销户 |
| 32 | 10000 | | 10000 | | 20000 | |
| 33 | 10000 | | | | 10000 | |
| 34 | 3800 | 3200 | | | 7000 | |
| 35 | 6000 | | 12000 | | 18000 | |
| 36 | 10000 | | | | 10000 | |
| 37 | 8000 | | | | 8000 | |
| 38 | 7000 | | | | 7000 | |
| 39 | | 20000 | | | 20000 | |
| 39－1 | 4000 | 8000 | | | 12000 | |
| 40 | 3000 | | 5000 | | 8000 | |
| 41 | 6000 | 8000 | | | 14000 | |
| 42 | 4000 | 12000 | | | 16000 | |
| 43 | 5000 | 9000 | | | 14000 | |
| 44 | 3000 | 5000 | | | 8000 | |
| 45 | 3000 | 7000 | | | 10000 | |
| 46 | 4000 | 11000 | | | 15000 | |
| 47 | 6000 | 10000 | 5000 | | 21000 | |
| 48 | 8000 | 12000 | | | 20000 | |
| 49 | 10000 | 8000 | 20000 | | 38000 | |
| 50 | 3000 | 5000 | | | 8000 | |

245

续表

| 农户编号 | 农业 | 打工 | 经商 | 工资 | 合计 | 备注 |
|---|---|---|---|---|---|---|
| 51 | 3000 | 10000 | | | 13000 | |
| 52 | 3000 | | | 30000 | 33000 | 城镇户口1位 |
| 53 | 3000 | | 12000 | | 15000 | |
| 54 | 5000 | | 12000 | | 17000 | |
| 55 | 4000 | | 8000 | | 12000 | |
| 56 | 6000 | | | | 6000 | |
| 56-1 | 3000 | 5000 | | | 8000 | |
| 57 | 8000 | 18000 | | | 26000 | |
| 58 | 14000 | 18000 | | | 32000 | |
| 59 | | | 80000 | | 80000 | |
| 60 | 3000 | 5000 | | | 8000 | |
| 61 | 2000 | | 5000 | | 7000 | |
| 合计 | 349800 | 305400 | 220000 | 89400 | 964600 | |

注：①8号农户2004年搬往中宁，未销户；10号农户去世；15号农户2008年搬往新疆，未销户；24号农户2005年搬往新疆，未销户；31号农户2006年搬往新疆，未销户。
②农户编号2-1，表示从2号农户家分离出来的农户，依此类推。

从小庄村家里有经商农户的具体经济活动来看，1号农户经营了一个磨面坊，3号农户贩牛羊，18号农户经营了一个卖调和料的小店，19号农户贩牛羊，27号农户经营了一个凉皮店，32号农户贩羊，35号农户经营了一个榨油坊，40号农户经营了一个小吃店，47号农户贩羊皮，49号农户经营了一个手机店，53号农户经营了一个小食品店，54号农户经营了一个手机店，55号农户开出租车，59号农户经营了一个副食品批发店，61号农户经营了一个小杂货铺。

## 2. 小庄村农民的生产状况

表3-4是小庄回族自然村农民的生产生活状况。表3-4中的各项指标，基本反映了小庄回族自然村农民的生产生活现状。首先，我们把表3-4中各项指标的内涵解释一下，在后文分析其他自然村农民的生产生活现状时，就不再做重复解释。

表3-4 小庄回族自然村农民的生产生活状况

| 农户编号 | 人口（人）总数 | 男性 | 女性 | 土地（亩） | 平均亩产（公斤） | 家庭年现金收入（元） | 家庭年人均收入（元） | 牛（头） | 羊（只） | 猪（头） | 驴（头） | 骡（头） | 三轮车（辆） | 拖拉机（台） | 摩托车（辆） | 其他 | 宅基地（平方米） | 住房（平方米） | 房屋类型 |
|---|---|---|---|---|---|---|---|---|---|---|---|---|---|---|---|---|---|---|---|
| 1 | 2 | 1 | 1 | 15 | 150 | 16000 | 8000 | 1 | | | | | | | 1 | 磨面坊 | 260 | 60 (3) | 土坯结构 |
| 2 | 5 | 2 | 3 | 28 | 150 | 15000 | 3000 | 2 | 1 | | | | | | 1 | | 260 | 100 (4) | 土坯结构 |
| 2-1 | 4 | 2 | 2 | 14 | 100 | 8200 | 2050 | 1 | | | | | | | | | | 75 (5) | 土坯结构 |
| 3 | 7 | 3 | 4 | 20 | 150 | 23000 | 3286 | 1 | | | | | 1 | | 1 | | 260 | 72 (3) | 砖木结构 |
| 4 | 6 | 3 | 3 | 20 | 100 | 20000 | 3333 | | | | | | | | | | 260 | 50 (2) | 砖木结构 |
| 5 | 5 | 3 | 2 | 13 | 100 | 10000 | 2000 | 2 | | | | | | | | | 300 | 30 (2) | 土坯结构 |
| 6 | 7 | 3 | 4 | 20 (1.1) | 100 | 13000 | 1857 | 1 | 9 | | | | | 1 | 1 | | 300 | 50 (1) | 土坯结构 |
| 7 | 5 | 1 | 4 | 10 | 100 | 10000 | 2000 | | 2 | | | | | | | | 260 | 20 (1) | 土坯结构 |
| 8 | | | | | | | | | | | | | | | | | | | |
| 9 | 2 | 1 | 1 | 15 (6.3) | 100 | 3000 | 1500 | | | | | | | | | | 400 | 50 (3) | 土坯结构 |
| 10 | | | | | | | | | | | | | | | | | | | |
| 11 | 5 | 4 | 1 | 20 (3.9) | 100 | 8000 | 1600 | 1 | 3 | | | | | | 1 | | 260 | 50 (3) | 土坯结构 |
| 12 | 4 | 4 | | 20 (8) | 100 | 9000 | 2250 | 1 | | | 1 | | | 1 | | | 300 | 110 (4) | 土坯结构 |
| 12-1 | 3 | 2 | 1 | 10 | 90 | 8000 | 2667 | | 3 | | | | | | 1 | | | 60 (4) | 砖木结构 |
| 13 | 5 | 3 | 2 | 20 (5) | 150 | 10000 | 2000 | 2 | 3 | | | | 1 | | | | 300 | 45 (3) | 砖木结构 |
| 13-1 | 4 | 3 | 1 | 7 | 150 | 9000 | 2250 | 1 | | | | | | | 1 | | | 80 (4) | 砖木结构 |
| 14 | 5 | 2 | 3 | 12 | 150 | 6400 | 1280 | | | | | | | 1 | | | 300 | 100 (4) | 土坯结构 |
| 15 | | | | | | | | | | | | | | | | | | | |
| 16 | 7 | 2 | 5 | 30 (6.3) | 150 | 8000 | 1143 | 1 | 5 | | | | 1 | | | | 250 | 50 (3) | 土坯结构 |

续表

| 农户编号 | 人口(人) | | | 土地(亩) | 平均亩产(公斤) | 家年现金收入(元) | 家庭年人均收入(元) | 生产资料 | | | | | | | | | 宅基地(平方米) | 住房(平方米) | 房屋类型 |
|---|---|---|---|---|---|---|---|---|---|---|---|---|---|---|---|---|---|---|---|
| | 总数 | 男性 | 女性 | | | | | 牛(头) | 羊(只) | 猪(头) | 驴(头) | 骡(头) | 三轮车(辆) | 拖拉机(台) | 摩托车(辆) | 其他 | | | |
| 17 | 5 | 3 | 2 | 12(6.2) | 100 | 18000 | 3600 | 1 | | | | | | | | | 250 | 30(2) | 土坯结构 |
| 18 | 5 | 4 | 1 | 14(0.8) | 100 | 16000 | 3200 | 1 | 3 | | | | | | 1 | | 300 | 50(3) | 土坯结构 |
| 19 | 6 | 4 | 2 | 35(21.4) | 150 | 25000 | 4167 | 4 | | | | | 1 | | 1 | | 300 | 140(7) | 砖木结构 |
| 20 | 5 | 3 | 2 | 20(19.9) | 100 | 18000 | 3600 | 1 | | | | | | | | | 360 | 30(2) | 土坯结构 |
| 21 | 6 | 3 | 3 | 20(16.7) | 100 | 23000 | 3833 | 2 | | | | | | | | | 400 | 50(3) | 土坯结构 |
| 22 | 2 | 1 | 1 | 5(2.8) | 100 | 5000 | 2500 | 1 | 8 | | | | | | | | 300 | 30(2) | 砖木结构 |
| 23 | 5 | 2 | 3 | 12 | 150 | 30000 | 6000 | 2 | 6 | | | | | 1 | 1 | | 300 | 50(3) | 土坯结构 |
| 24 | | | | | | | | | | | | | | | | | | | |
| 25 | 4 | 2 | 2 | 23(11.2) | 150 | 20000 | 5000 | 3 | 5 | | | | | | 1 | | 300 | 40(4) | 砖木结构 |
| 25-1 | 3 | 2 | 1 | 7 | 100 | 10000 | 3333 | 1 | | | | | | | 1 | | 300 | 45(3) | 土坯结构 |
| 26 | 7 | 3 | 4 | 20(4.5) | 150 | 8000 | 1143 | 1 | 5 | | | | 1 | | | | 300 | 60(4) | 砖木结构 |
| 27 | 6 | 3 | 3 | 8(6.6) | 150 | 8000 | 1333 | | | | | | 1 | | | | 300 | 50(2) | 砖木结构 |
| 28 | 5 | 3 | 2 | 25 | 150 | 40000 | 8000 | 2 | | | | | | 1 | | | 300 | 180(9) | 砖木结构 |
| 29 | 7 | 2 | 5 | 8 | 100 | 21000 | 3000 | 1 | | | | | | | | | 260 | 30(2) | 砖木结构 |
| 30 | 4 | 2 | 2 | 10 | 100 | 5000 | 1250 | | 3 | | | | | | | | 260 | 30(2) | 土坯结构 |
| 31 | | | | | | | | | | | | | | | | | | | |
| 32 | 6 | 4 | 2 | 26(13.2) | 100 | 20000 | 3333 | 1 | 16 | | | | | 1 | | | 300 | 110(8) | 土坯结构 |
| 33 | 4 | 1 | 3 | 25(1) | 100 | 10000 | 2500 | | 6 | | 1 | | | | | | 300 | 50(3) | 土坯结构 |
| 34 | 6 | 1 | 5 | 10 | 100 | 7000 | 1167 | 2 | | | | | | | | | 300 | 50(3) | 土坯结构 |

续表

| 农户编号 | 人口(人)总数 | 男性 | 女性 | 土地(亩) | 平均亩产(公斤) | 家庭年现金收入(元) | 家庭年人均收入(元) | 牛(头) | 羊(只) | 猪(头) | 驴(头) | 骡(头) | 三轮车(辆) | 拖拉机(台) | 摩托车(辆) | 其他 | 宅基地(平方米) | 住房(平方米) | 房屋类型 |
|---|---|---|---|---|---|---|---|---|---|---|---|---|---|---|---|---|---|---|---|
| 35 | 5 | 2 | 3 | 10 | 150 | 18000 | 3600 | 1 | 7 | | | | | 1 | 1 | | 260 | 60 (3) | 砖木结构 |
| 36 | 3 | 1 | 2 | 35 | 100 | 10000 | 3333 | 1 | | | | | | 1 | 1 | | 360 | 50 (3) | 土坯结构 |
| 37 | 4 | 2 | 2 | 22 | 100 | 8000 | 2000 | 1 | | | | | | | 1 | | 300 | 50 (3) | 砖木结构 |
| 38 | 5 | 3 | 2 | 18 | 100 | 7000 | 1400 | 2 | | | | | | 1 | | | 260 | 80 (6) | 土坯结构 |
| 39 | 4 | 3 | 1 | 20 (4.2) | 100 | 20000 | 5000 | 2 | 2 | | | | | | | | 260 | 110 (4) | 土坯结构 |
| 39-1 | 3 | 1 | 2 | 10 | 100 | 12000 | 4000 | | | | | | | | 1 | | | 60 (3) | 砖木结构 |
| 40 | 3 | 2 | 1 | 8 (2.3) | 出租 | 8000 | 2667 | 2 | | | | | 1 | | 1 | | 260 | 80 (4) | 土坯结构 |
| 41 | 7 | 4 | 3 | 15 (7) | 100 | 14000 | 2000 | | | | | | | | 1 | | 260 | 80 (4) | 土坯结构 |
| 42 | 4 | 2 | 2 | 10 | 80 | 16000 | 4000 | | 6 | | | | | | 1 | | 260 | 50 (3) | 砖木结构 |
| 43 | 5 | 3 | 2 | 23 (12.1) | 100 | 14000 | 2800 | 1 | 3 | | | | | 1 | | | 260 | 60 (4) | 砖木结构 |
| 44 | 5 | 3 | 2 | 8 | 100 | 8000 | 1600 | | | | | | | | 1 | | 260 | 50 (3) | 砖木结构 |
| 45 | 4 | 2 | 2 | 8 (2.7) | 100 | 10000 | 2500 | 3 | | | | | | | 1 | | 260 | 50 (2) | 砖木结构 |
| 46 | 8 | 5 | 3 | 12 (2.4) | 100 | 15000 | 1875 | | 3 | | | | | 1 | | | 260 | 80 (4) | 砖木结构 |
| 47 | 5 | 3 | 2 | 20 (6.9) | 100 | 21000 | 4200 | 2 | | | | | | 1 | | | 260 | 120 (5) | 砖木结构 |
| 48 | 6 | 2 | 4 | 20 | 100 | 20000 | 3333 | 1 | 3 | | | | | 1 | | | 260 | 70 (3) | 砖木结构 |
| 49 | 7 | 3 | 4 | 25 | 100 | 38000 | 5429 | | 3 | | | | | | | | 260 | 50 (3) | 砖木结构 |
| 50 | 6 | 2 | 4 | 10 (2.6) | 100 | 8000 | 1333 | | | | | | | | 1 | | 260 | 50 (3) | 砖木结构 |
| 51 | 6 | 3 | 3 | 7 | 100 | 13000 | 2167 | | | | | | | | | | 260 | 95 (3) | 砖木结构 |
| 52 | 4 | 2 | 2 | 10 | 100 | 33000 | 8250 | | | | | | | | | | 260 | | 楼房 |

续表

| 农户编号 | 人口(人) 总数 | 男性 | 女性 | 土地(亩) | 平均亩产(公斤) | 家庭年现金收入(元) | 家庭年人均收入(元) | 牛(头) | 羊(只) | 猪(头) | 驴(头) | 骡(头) | 三轮车(辆) | 拖拉机(台) | 摩托车(辆) | 其他 | 宅基地(平方米) | 住房(平方米) | 房屋类型 |
|---|---|---|---|---|---|---|---|---|---|---|---|---|---|---|---|---|---|---|---|
| 53 | 6 | 2 | 4 | 8 | 100 | 15000 | 2500 | | | | | | | | 1 | | 260 | 100 (4) | 砖木结构 |
| 54 | 6 | 3 | 3 | 10 | 100 | 17000 | 2833 | | | | | | | | 1 | | 260 | 70 (4) | 砖木结构 |
| 55 | 5 | 2 | 3 | 8 (5.5) | 150 | 12000 | 2400 | | | | | | | 1 | | 夏利小轿车 | 260 | 80 (4) | 土坯结构 |
| 56 | 4 | 2 | 2 | 20 (3.9) | 80 | 6000 | 1500 | 1 | | | | | | | | | 260 | 45 (3) | 砖木结构 |
| 56-1 | 3 | 2 | 1 | 7 | 100 | 8000 | 2667 | 1 | | | | | | | | | | 30 (2) | 土坯结构 |
| 57 | 5 | 3 | 2 | 23 (8.4) | 80 | 26000 | 5200 | | 3 | | 2 | | 1 | | 1 | | 260 | 30 (2) | 土坯结构 |
| 58 | 8 | 4 | 4 | 28 (7.6) | 100 | 32000 | 4000 | 2 | 25 | | | | | | | | 360 | 60 (4) | 砖木结构 |
| 59 | 4 | 3 | 1 | 8 | 出租 | 80000 | 20000 | | | | | | | | | 批发部 | 260 | 100 (5) | 土坯结构 |
| 60 | 4 | 3 | 1 | 12 (8.5) | 80 | 8000 | 2000 | | | | | | | | | | 260 | 45 (2) | 砖木结构 |
| 61 | 4 | 3 | 1 | 7 | 80 | 7000 | 1750 | | | | | | | | | 小卖部 | | 50 (3) | 土坯结构 |
| 总计 | 305 | 156 | 149 | 976 (209) 3.20 (人均) | 111 (户均) | 15558 (户均) | 3282 (人均) | 58 | 133 | 0 | 4 | 0 | 9 | 18 | 33 | 4 | — | 3932 63 (户均) | 土坯 (37户)、砖木 (22户)、土坯+砖木 (2户)、楼房 (1户) |

注：①土地一栏括号中的数据表示"退耕还林"的亩数。
②住房一栏括号中的数据表示住房间数。
③8号农户2004年搬住中宁，未销户；10号农户去世；15号农户2008年搬住新疆，未销户；24号农户2005年搬住新疆，未销户；31号农户2006年搬住新疆，未销户。
④农户编号2-1，表示从2号农户家分离出来的农户，依此类推。

250

"农户编号"一栏中的数字,是指入户调查时被调查农户的编号。

"人口"一栏中的数字,是指2008年被调查农户家庭的人口数。从表3-4可以看出,小庄村被调查的62户农户的总人口为305人,其中男性156人、女性149人,家庭平均人口为4.92人。

"土地"一栏中的数字,是指农户承包土地的亩数,是每家农户的农民自己报上来的数据,不包括农民的自留地。据骆驼巷村的村干部介绍,在包产到户以前,每家农户都分有自留地,自留地是按人头数分配的,每人1亩左右,家里人口多的,分的自留地就多。但是,在实际调查中,绝大多数农民只报承包土地的亩数,不报自留地的亩数,也有部分农民少报承包土地的亩数。在小庄村被调查的62户农户中,农民自报的承包土地共计976亩,人均3.20亩。

"土地"一栏括号中的数字,是指"退耕还林"的土地亩数。按照当地的规定,凡是坡度在25°以上的耕地都要"退耕还林",小庄村"退耕还林"的土地共有209亩。按照国家规定,"退耕还林"的这部分土地,每亩土地政府补偿100公斤粮食和20元钱(实际补助18元),所以,农民说的这个数字是与他们领取补助的数字相一致的。

"平均亩产"一栏的数字,主要是指小麦、豆子、胡麻这三种农作物的平均亩产量,不包括洋芋的亩产量。在被调查的62户农户中,除了2户农户把承包土地"出租"以外(1亩地的租金为50元左右),其余的农户都耕种土地。这一栏中的数字也是农民自己报的。从表3-4可以看出,2008年小庄村农户的户均亩产量为111公斤。显然,农民自己报的农作物亩产量和土地亩数都是相当保守的。

"家庭年现金收入"一栏中的数字,是指每户家庭2008年可以获得的现金收入,这个数字也是农民自己报的。

"家庭年人均收入"一栏中的数字,是指每户家庭的年现金收入除以该家庭的人口数。从表3-4可以看出,在被调查的62户农户中,小庄村户均家庭年现金收入为15558元,约是2003年的6倍;家庭年人均收入为3282元,约是2003年的7倍。

在国家重点扶持的西海固地区，不少农民在报自家的土地亩数、土地产量、现金收入等与经济利益相关的数字时，要比实际的数字保守一些，越是富裕的农户报的数字越保守，越是贫困的农户报的数字越接近实际生活水平。实际上，根据表3-4中每户农户的生产资料以及他们的生活现状，就可以推算出更接近实际的现金收入，但由于这个推算工作量太大，在这里就不一一计算了。

"生产资料"一栏的数字，是指农户家里拥有的牲畜、农用车等生产工具的数量。例如，"牛"一栏的数字是指入户调查期间每户农户养牛的头数。从表3-4可以看出，在小庄村被调查的62户农户中，养牛的农户共有39户，其中养2头及以上的农户有15户。2003年，这里的大部分农民使用牛来耕作，没有养牛的农户春耕时需要借牛，但是到了2008年，用拖拉机耕地的农户渐渐多了起来，养牛主要是为了卖钱。一般情况下，1头喂得好的小牛可以卖到2000~3000元，1头喂得差的小牛只能卖600~1000元，1头大牛的价格为5000~7000元。

小庄村养羊的农户有24户，规模都不大，其中养3只及以上的农户有21户，农民靠买卖羊可以获得一些零用钱；养驴的农户只有3户。2008年，1只小羊可以卖200元左右，1只大羊可以卖500元左右；1头驴和1头骡子的价格差不多，一般可以卖5000元左右。

"三轮车"是指有三个轮子的小型农用卡车，车的质量不同价格也不同，1辆三轮车的价格为7000~9000元。"四轮车"是指有四个轮子的中型农用卡车，1辆四轮车的价格为11000~13000元。2008年，小庄村有农用三轮车的农户共9户，他们主要是用农用车跑运输，有时也会帮助本村的农民拉农作物、煤等。

"拖拉机"是指小型的手扶拖拉机，价格在8000元左右。2008年，小庄村有手扶拖拉机的农户共18户，比2003年增加了12户，尽管小庄村农业机械化的水平依然比较低，但是借手扶拖拉机耕地的农户越来越多了，耕1亩地收费30元左右。

"其他"一栏的数字主要是指农民从事生产活动时所持有的固定资产。其中，1号农户有一个磨面坊，55号农户有一辆夏利小轿车，59号农户有一个批发部，61号农户有一个小卖部。据介绍，当地农民从事商业经营活动是不纳税的，每个经商点交很少的管理费就可以了。

"住房"一栏的数字是指农户住房的面积，括号中的数字是指农户住房的房间数。因为农户住房面积的数字是在入户调查时观察后估计的，没有进行实际的丈量，所以这一栏的数字并不十分准确，很可能有一些观察不到的地方，一般来说房子越少越容易估计，房子越多越难估计，这一栏的数字仅供参考。

"房屋类型"一栏主要是指农民房屋原材料的品质。从表3-4可以看出，小庄村有37户农户的房屋是土坯结构的，有22户农户的房屋是砖木结构的，有2户农户的房屋既有土坯结构又有砖木结构，还有1户农户在固原市买了楼房。2008年，住房全部是砖木结构的农户占被调查农户的35.48%。

表3-5是小庄回族自然村农民的主要劳动生产方式。从表3-5可以看出，完全以种地为生的农户有10户，占被调查农户的16.13%；既种地又打工的农户有32户，占被调查农户的51.61%；既种地又从事经商活动的农户有12户，占被调查农户的19.35%；既种地又有工资性收入的农户有5户，占被调查农户的8.06%；既种地又打工还从事经商活动的农户有2户，占被调查农户的3.23%；完全从事经商活动的农户有1户，占被调查农户的1.61%。

表3-5 小庄回族自然村农民的主要劳动生产方式

| 劳动生产方式 | 户数（户） | 农户编号 | 占被调查农户的比例（%） |
|---|---|---|---|
| 种地 | 10 | 9、13、16、22、26、33、36、37、38、56 | 16.13 |
| 种地·打工 | 32 | 2、2-1、4、5、6、7、12、12-1、13-1、17、20、21、25、25-1、29、30、34、39、39-1、41、42、43、44、45、46、48、50、51、56-1、57、58、60 | 51.61 |
| 种地·经商 | 12 | 1、3、18、19、27、32、35、40、53、54、55、61 | 19.35 |
| 种地·工资 | 5 | 11、14、23、28、52 | 8.06 |
| 种地·打工·经商 | 2 | 47、49 | 3.23 |

续表

| 劳动生产方式 | 户数（户） | 农户编号 | 占被调查农户的比例（％） |
| --- | --- | --- | --- |
| 经商 | 1 | 59 | 1.61 |
| 总计 | 62 | | 100 |

### 3. 小庄村农民的人口状况

2008年，小庄村被调查的62户农户的总人口为305人，其中男性156人、女性149人。除28号、52号农户的户主为城镇户口外，其余均为农村户口。从表3-4可以看出，小庄村家庭人口数最多的为8人，最少的为2人，家庭平均人口为4.92人。其中，6口人及以上的农户有20户，占被调查农户的32.26％。

记得2003年春节前后第一次在骆驼巷村进行入户调查时，马支书说，骆驼巷村2个回族自然村居住的回民农户，都是一个家族繁衍而来的，他们的回民祖先可以追溯到同一个姓马的祖宗那里。2003年，在小庄村被调查的60户农户中，除了8号和9号农户的户主姓杨外，其余58户农户的户主全部姓马。由于马氏家族里的2位女性分别嫁给了2位姓杨的男性，所以小庄村出现了2户姓杨的家庭。2008年，在小庄村被调查的62户农户中，仅剩下9号农户的户主姓杨了，其余61户农户的户主全部姓马（8号农户2004年全家搬往中宁）。显然，马氏父系亲属关系群体是小庄村社会基础的主流。

表3-6是小庄回族自然村已婚妇女的姓氏分布。在81位已婚妇女中，姓马的有41位，占已婚妇女的50.62％。另外，姓苏的有19位，姓杨的有4位，姓姬的有2位，其余的15位已婚妇女有15个不同姓氏。

表3-6 小庄回族自然村已婚妇女的姓氏分布

单位：人

| 编号 | 姓氏 | 20~29岁 | 30~39岁 | 40~49岁 | 50~59岁 | 60~69岁 | 70~79岁 | 80岁以上 | 总计 |
| --- | --- | --- | --- | --- | --- | --- | --- | --- | --- |
| 1 | 马 | 10 | 10 | 7 | 8 | 1 | 5 | | 41 |
| 2 | 苏 | 3 | 4 | 4 | 3 | 2 | 1 | 2 | 19 |

续表

| 编号 | 姓氏 | 20~29岁 | 30~39岁 | 40~49岁 | 50~59岁 | 60~69岁 | 70~79岁 | 80岁以上 | 总计 |
|---|---|---|---|---|---|---|---|---|---|
| 3 | 杨 | 1 |  | 2 |  | 1 |  |  | 4 |
| 4 | 姬 | 2 |  |  |  |  |  |  | 2 |
| 5 | 单 |  | 1 |  |  |  |  |  | 1 |
| 6 | 丁 |  |  | 1 |  |  |  |  | 1 |
| 7 | 牛 |  | 1 |  |  |  |  |  | 1 |
| 8 | 巴 |  |  |  |  | 1 |  |  | 1 |
| 9 | 宋 |  |  | 1 |  |  |  |  | 1 |
| 10 | 周 |  | 1 |  |  |  |  |  | 1 |
| 11 | 袁 |  |  |  | 1 |  |  |  | 1 |
| 12 | 高 |  | 1 |  |  |  |  |  | 1 |
| 13 | 黄 |  | 1 |  |  |  |  |  | 1 |
| 14 | 童 |  |  | 1 |  |  |  |  | 1 |
| 15 | 卓 |  | 1 |  |  |  |  |  | 1 |
| 16 | 王 | 1 |  |  |  |  |  |  | 1 |
| 17 | 姚 | 1 |  |  |  |  |  |  | 1 |
| 18 | 李 | 1 |  |  |  |  |  |  | 1 |
| 19 | 韩 | 1 |  |  |  |  |  |  | 1 |
| 总计 |  | 20 | 20 | 16 | 12 | 5 | 6 | 2 | 81 |

注：此表包括 1 位已婚未生育妇女。

2008 年，整个小庄村有 19 个姓氏，已婚妇女的年龄越大，马氏以外的姓氏就越少。在 40 岁及以上的已婚妇女中，除了有 12 位姓苏的、3 位姓杨的、1 位姓丁的、1 位姓巴的、1 位姓宋的、1 位姓袁的、1 位姓童的之外全部姓马。也就是说，有一半马氏以外的姓氏，是近一二十年才传到这里来的，这也说明小庄村妇女的社会流动依然是比较缓慢的。

在嫁到小庄村的媳妇中，有 2 位是汉族，其中一位是 42 号农户家姓高的媳妇，一位是 45 号农户家姓牛的媳妇。

表 3-7 是小庄回族自然村人口的年龄结构。从表 3-7 可以看出，0~14 岁的人口占被调查人口的 29.84%，15~64 岁的劳动力人口占被调查人

口的61.97%，65岁及以上的人口占被调查人口的8.20%。在0~5岁的人口占比中，男性明显高于女性；在15~64岁的劳动力人口占比中，男性与女性相差不大。

表3-7 小庄回族自然村人口的年龄结构

单位：人，%

| 年龄 | | 人口数 | 占被调查人口的比例 | 男性 | 占被调查男性的比例 | 女性 | 占被调查女性的比例 |
|---|---|---|---|---|---|---|---|
| 0~14岁 | | 91 | 29.84 | 48 | 30.77 | 43 | 28.86 |
| 其中 | 0~5岁 | 32 | 10.49 | 21 | 13.46 | 11 | 7.38 |
| | 6~14岁 | 59 | 19.34 | 27 | 17.31 | 32 | 21.48 |
| 15~64岁 | | 189 | 61.97 | 97 | 62.18 | 92 | 61.74 |
| 65岁及以上 | | 25 | 8.20 | 11 | 7.05 | 14 | 9.40 |
| 总计 | | 305 | 100 | 156 | 100 | 149 | 100 |

图3-1是小庄回族自然村人口金字塔。从图3-1可以看出，小庄村的男性人口依然呈现较快的增长趋势。

图3-1 小庄回族自然村人口金字塔

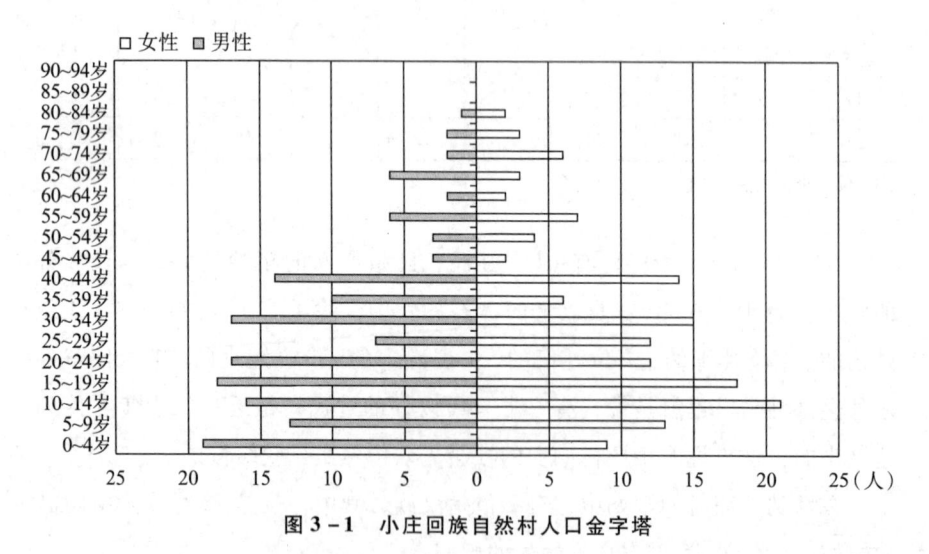

表3-8是小庄回族自然村农民患病情况。由于在调查过程中事先没有对健康问题进行专门的设计，所以这里的统计数据主要来源于走访时看到

的或者农民主动介绍的情况,为此,表3-8只是部分地反映了小庄村农民患病的情况。从表3-8可以看出,患消化系统疾病的人次最多,占患病总人次的21.43%;排在第二位的是患妇科病、心血管病、腰椎间盘突出症的人次,分别占患病总人次的12.50%;排在第三位的是患风湿病的人次,占患病总人次的10.71%。

表3-8 小庄回族自然村农民患病情况

| 疾病种类 | 患病农户编号 | 人数（人次） | 占患病总人次的比例（%） |
| --- | --- | --- | --- |
| 消化系统疾病 | 2、2、5、9、17、18、26、26、29、30、43、49 | 12 | 21.43 |
| 妇科病 | 14、18、23、25、30、40、55 | 7 | 12.50 |
| 心血管病 | 9、16、25、26、27、36、49 | 7 | 12.50 |
| 腰椎间盘突出症 | 1、5、27、33、37、47、50 | 7 | 12.50 |
| 风湿病 | 3、17、22、29、49、57 | 6 | 10.71 |
| 肝炎 | 2、42、58 | 3 | 5.36 |
| 胆囊炎 | 16、18 | 2 | 3.57 |
| 残疾 | 22、57 | 2 | 3.57 |
| 甲状腺炎 | 60 | 1 | 1.79 |
| 结核病 | 3 | 1 | 1.79 |
| 癔症 | 13 | 1 | 1.79 |
| 颈椎病 | 46 | 1 | 1.79 |
| 聋哑 | 56 | 1 | 1.79 |
| 疝气 | 11 | 1 | 1.79 |
| 气管炎 | 36 | 1 | 1.79 |
| 肾炎 | 41 | 1 | 1.79 |
| 眼病 | 3 | 1 | 1.79 |
| 半身不遂 | 57 | 1 | 1.79 |
| 合计 |  | 56 | 100 |

表3-9是小庄回族自然村外出打工人口的年龄、学历分布。表3-9数据显示,小庄村被调查的189个劳动力人口中有39人外出打工,占劳动

力人口的 20.63%。在外出打工的 39 人中，女性有 3 人，仅占外出打工人口的 7.69%。这再一次说明，小庄村女性的社会流动性是相当小的。从外出打工人口的学历来看，初中未毕业和初中毕业的只有 6 人，小学毕业的有 3 人，不识字和小学未毕业的人数多达 30 人，占外出打工人口的 76.92%。从外出打工人口的年龄来看，30 岁及以下的有 25 人，占外出打工人口的 64.10%；31～40 岁的有 11 人，占外出打工人口的 28.21%；41～50 岁的有 2 人，占外出打工人口的 5.13%；50 岁以上的有 1 人，占外出打工人口的 2.56%。这些数据说明，小庄村 40 岁以上男性的社会流动性也是相当小的。

表 3-9  小庄回族自然村外出打工人口的年龄、学历分布

单位：人

| 年龄 | 不识字 | | 小学未毕业 | | 小学毕业 | | 初中未毕业 | | 初中毕业 | | 总计 |
|---|---|---|---|---|---|---|---|---|---|---|---|
| | 男性 | 女性 | 男性 | 女性 | 男性 | 女性 | 男性 | 女性 | 男性 | 女性 | |
| 20 岁及以下 | | | 4 | 1 | | | 1 | | | | 6 |
| 21～30 岁 | 2 | | 11 | 1 | 2 | | 1 | 1 | 1 | | 19 |
| 31～40 岁 | 3 | | 6 | | 1 | | | | 1 | | 11 |
| 41～50 岁 | | | 1 | | | | | | 1 | | 2 |
| 50 岁以上 | 1 | | | | | | | | | | 1 |
| 总计 | 6 | 0 | 22 | 2 | 3 | 0 | 2 | 1 | 3 | 0 | 39 |

### 4. 小庄村农民的教育状况

2003 年第一次走进骆驼巷村做入户调查时，小庄村农民的教育现状给我带来了不小的震撼。在入户调查过程中，许多妇女无法正确地回答问题，她们甚至连自己的姓名和孩子的姓名、自己的出生年月和孩子的出生年月都说不出来。问起她们的年龄，回答的常常是属什么生肖，要让她们说出具体的岁数来，还要掰着手指头算半天。问起她们的名字，回答的都是"阿拜""阿西"等小名儿，和户口本也对不上。这里的回族女孩十五六岁就准备结婚成家了，为了让女儿早些出嫁，父母报户口时常常会把女

儿的年龄虚报 1~3 岁，大一点儿的女孩儿早早就不上学了，在家里等着嫁人。2009 年第二次入户调查时，小庄村农民教育的现状有所改善，但是依然不容乐观。

表 3-10 是 2008 年小庄回族自然村 6 岁及以上农民的受教育水平。从表 3-10 可以看出，小庄村不识字的农民多达 109 人，占 6 岁及以上农民的 40.37%，依然在四成左右，这说明小庄村 6 岁及以上农民的整体受教育水平还是非常低的。在新中国成立快要步入 70 周年的今天，在西海固地区像骆驼巷村这样一个并不是很贫困并且交通还比较方便的村庄，依然有如此之多不识字的农民，再一次说明提高农民受教育水平任务的艰巨性。

表 3-10　小庄回族自然村 6 岁及以上农民的受教育水平

单位：人

| 年龄 | 不识字 | | 小学未毕业 | | 小学毕业 | | 初中未毕业 | | 初中毕业 | | 高中 | | 大学 | | 总计 |
|---|---|---|---|---|---|---|---|---|---|---|---|---|---|---|---|
| | 男性 | 女性 | 男性 | 女性 | 男性 | 女性 | 男性 | 女性 | 男性 | 女性 | 男性 | 女性 | 男性 | 女性 | |
| 6~14 岁 | 3 | 3 | 20 | 29 | | | 1 | | | | | | | | 56 |
| 15~19 岁 | | 6 | 7 | 4 | 2 | | 7 | 6 | 3 | 1 | 1 | | | | 37 |
| 20~24 岁 | | 6 | 14 | 2 | | 1 | 3 | 2 | 2 | | | | | | 30 |
| 25~29 岁 | 1 | 8 | 2 | 3 | 3 | | | 1 | 1 | | | | | | 19 |
| 30~34 岁 | 4 | 13 | 6 | 1 | 3 | | | 1 | 4 | | | | | | 32 |
| 35~39 岁 | 1 | 5 | 6 | | 1 | | | | | 1 | | | | | 14 |
| 40~44 岁 | 2 | 14 | 6 | | | | | | 6 | | | | | | 28 |
| 45~49 岁 | | 2 | 1 | | | | | | 2 | | | | | | 5 |
| 50~54 岁 | | 4 | 2 | | | | | | 1 | | | | | | 7 |
| 55~59 岁 | 4 | 7 | | | | | | | 1 | | | | | | 12 |
| 60~64 岁 | 2 | 1 | | 2 | | | | | | | | | | | 5 |
| 65 岁及以上 | 10 | 13 | 1 | | 1 | | | | | | | | | | 25 |
| 总计 | 27 | 82 | 65 | 41 | 10 | 1 | 11 | 10 | 20 | 2 | 1 | 0 | 0 | 0 | 270 |

注：6~14 岁儿童中不包括正在上学前班的儿童。

从表 3-10 还可以看出，15~59 岁的不识字人口，都是新中国成立后出生的，这部分人口占小庄村不识字人口的 70.64%。也就是说，在小庄村现有的不识字人口中，有七成以上的人是新中国成立后出生的。其中，男性 12 人，占男性不识字人口的 44.44%；女性 65 人，占女性不识字人口的 79.27%。

表 3-11 的数据显示，小庄回族自然村 6 岁及以上农民的平均受教育年限仅为 2.87 年，其中男性为 3.99 年，女性为 1.76 年。6~14 岁人口的平均受教育年限为 3.14 年，其中男性为 3.13 年，女性为 3.16 年。15~64 岁劳动力人口的平均受教育年限为 3.12 年，其中男性为 4.59 年，女性为 1.53 年。65 岁及以上人口的平均受教育年限仅为 0.40 年，其中男性为 0.83 年，女性为 0 年。

表 3-11　小庄回族自然村 6 岁及以上农民的平均受教育年限

| 年龄 | 人口数（人） | 平均受教育年限（年） | 男性（人） | 平均受教育年限（年） | 女性（人） | 平均受教育年限（年） |
| --- | --- | --- | --- | --- | --- | --- |
| 6~14 岁 | 56 | 3.14 | 24 | 3.13 | 32 | 3.16 |
| 15~64 岁 | 189 | 3.12 | 98 | 4.59 | 91 | 1.53 |
| 65 岁及以上 | 25 | 0.40 | 12 | 0.83 | 13 | 0 |
| 总计 | 270 | 2.87 | 134 | 3.99 | 136 | 1.76 |

注：根据表 3-10 制作。

为了便于读者直观地了解小庄村农民的受教育水平，特制作了图 3-2 和表 3-12。从图 3-2 和表 3-12 可以看出，小庄村女性受教育水平低的问题依然突出，其中女性不识字人口占 6 岁及以上不识字人口的 75.23%。在 6 岁及以上的女性中，不识字人口占 60.29%，小学未毕业人口占 30.15%，二者合计占比达 90.44%。也就是说，在小庄村 6 岁及以上的女性中，有超过九成的女性不识字或识字很少。同样，小庄村男性的受教育水平也不容乐观，在 6 岁及以上的男性中，不识字人口占 20.15%，小学未毕业人口占 48.51%，二者合计占比达 68.66%。也就是说，在小庄村有近七成的男性不识字或识字很少。

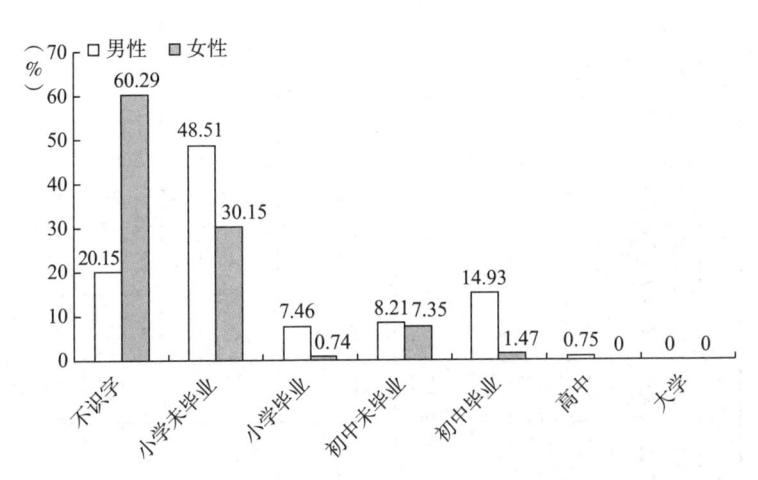

图 3-2 小庄回族自然村 6 岁及以上农民的受教育水平

表 3-12 小庄回族自然村 6 岁及以上农民的教育结构

| 指标 | 不识字 | 小学未毕业 | 小学毕业 | 初中未毕业 | 初中毕业 | 高中 | 大学 |
| --- | --- | --- | --- | --- | --- | --- | --- |
| 男性（人） | 27 | 65 | 10 | 11 | 20 | 1 | 0 |
| 占比（%） | 20.15 | 48.51 | 7.46 | 8.21 | 14.93 | 0.75 | 0 |
| 女性（人） | 82 | 41 | 1 | 10 | 2 | 0 | 0 |
| 占比（%） | 60.29 | 30.15 | 0.74 | 7.35 | 1.47 | 0 | 0 |
| 合计（人） | 109 | 106 | 11 | 21 | 22 | 1 | 0 |
| 占比（%） | 40.37 | 39.26 | 4.07 | 7.78 | 8.15 | 0.37 | 0 |

注：根据表 3-10 制作。

表 3-13 是小庄回族自然村不同年龄、学历已婚已育妇女的生育情况。从表 3-13 可以看出，小庄村已婚已育妇女生育子女数总体与年龄成正比、与学历成反比的趋势依然比较明显。在已婚已育的 80 位妇女中，初中毕业的仅 1 人，初中未毕业的有 2 人，小学毕业的有 1 人，小学未毕业的有 4 人，其余 72 人都没有上过学。在 40 岁及以上的已婚已育妇女中，只有 1 人上过小学二年级，这严重制约了农村下一代或者下几代人的健康发展。

表 3–13 小庄回族自然村不同年龄、学历已婚已育妇女的生育情况

单位：人

| 指标 | 不识字 | | | 小学未毕业 | | | 小学毕业 | | | 初中未毕业 | | | 初中毕业 | | | 总计 | | |
|---|---|---|---|---|---|---|---|---|---|---|---|---|---|---|---|---|---|---|
| | 妇女人数 | 生育男孩数 | 生育女孩数 | 妇女人数 | 生育男孩数 | 生育女孩数 | 妇女人数 | 生育男孩数 | 生育女孩数 | 妇女人数 | 生育男孩数 | 生育女孩数 | 妇女人数 | 生育男孩数 | 生育女孩数 | 妇女人数 | 生育男孩数 | 生育女孩数 |
| 20~24岁合计 | 4 | 3 | 2 | | | | 1 | 1 | | | | | | | | 5 | 4 | 2 |
| 一个孩子 | 3 | 2 | 1 | | | | 1 | 1 | | | | | | | | 4 | 3 | 1 |
| 两个孩子 | 1 | 1 | 1 | | | | | | | | | | | | | 1 | 1 | 1 |
| 25~29岁合计 | 8 | 8 | 7 | 2 | 3 | 1 | | | | 1 | 1 | 2 | | | | 11 | 12 | 10 |
| 一个孩子 | 2 | 1 | 1 | | | | | | | | | | | | | 2 | 1 | 1 |
| 两个孩子 | 5 | 7 | 3 | 2 | 3 | 1 | | | | | | | | | | 7 | 10 | 4 |
| 三个孩子 | 1 | | 3 | | | | | | | 1 | 1 | 2 | | | | 2 | 1 | 5 |
| 30~34岁合计 | 15 | 16 | 20 | 1 | 1 | 1 | | | | 1 | 1 | 3 | | | | 17 | 18 | 24 |
| 一个孩子 | 3 | 3 | | | | | | | | | | | | | | 3 | 3 | |
| 两个孩子 | 4 | 7 | 1 | 1 | 1 | 1 | | | | | | | | | | 5 | 8 | 2 |
| 三个孩子 | 7 | 5 | 16 | | | | | | | | | | | | | 7 | 5 | 16 |
| 四个孩子 | 1 | 1 | 3 | | | | | | | 1 | 1 | 3 | | | | 2 | 2 | 6 |
| 35~39岁合计 | 5 | 8 | 8 | | | | | | | 1 | 1 | 3 | 1 | 1 | 3 | 7 | 9 | 11 |
| 两个孩子 | 1 | 2 | 3 | | | | | | | | | | 1 | 1 | 3 | 2 | 3 | 6 |
| 三个孩子 | 2 | 3 | 3 | | | | | | | | | | | | | 2 | 3 | 3 |
| 四个孩子 | 2 | 3 | 5 | | | | | | | 1 | 1 | 3 | | | | 3 | 4 | 8 |
| 40~44岁合计 | 14 | 29 | 18 | | | | | | | | | | | | | 14 | 29 | 18 |
| 两个孩子 | 1 | 2 | | | | | | | | | | | | | | 1 | 2 | |

续表

| 指标 | 不识字 | | | 小学未毕业 | | | 小学毕业 | | | 初中未毕业 | | | 初中毕业 | | | 总计 | | |
|---|---|---|---|---|---|---|---|---|---|---|---|---|---|---|---|---|---|---|
| | 妇女人数 | 生育男孩数 | 生育女孩数 | 妇女人数 | 生育男孩数 | 生育女孩数 | 妇女人数 | 生育男孩数 | 生育女孩数 | 妇女人数 | 生育男孩数 | 生育女孩数 | 妇女人数 | 生育男孩数 | 生育女孩数 | 妇女人数 | 生育男孩数 | 生育女孩数 |
| 三个孩子 | 8 | 16 | 8 | | | | | | | | | | | | | 8 | 16 | 8 |
| 四个孩子 | 4 | 10 | 6 | | | | | | | | | | | | | 4 | 10 | 6 |
| 五个孩子 | 1 | 1 | 4 | | | | | | | | | | | | | 1 | 1 | 4 |
| 45～49岁合计 | 2 | 5 | 3 | | | | | | | | | | | | | 2 | 5 | 3 |
| 四个孩子 | 2 | 5 | 3 | | | | | | | | | | | | | 2 | 5 | 3 |
| 50～54岁合计 | 4 | 5 | 11 | | | | | | | | | | | | | 4 | 5 | 11 |
| 两个孩子 | 1 | 1 | 1 | | | | | | | | | | | | | 1 | 1 | 1 |
| 三个孩子 | 1 | 2 | 1 | | | | | | | | | | | | | 1 | 2 | 1 |
| 五个孩子 | 1 | 2 | 3 | | | | | | | | | | | | | 1 | 2 | 3 |
| 六个孩子 | 1 | | 6 | | | | | | | | | | | | | 1 | | 6 |
| 55～59岁合计 | 8 | 17 | 23 | | | | | | | | | | | | | 8 | 17 | 23 |
| 三个孩子 | 1 | 2 | 1 | | | | | | | | | | | | | 1 | 2 | 1 |
| 四个孩子 | 1 | 3 | 1 | | | | | | | | | | | | | 1 | 3 | 1 |
| 五个孩子 | 4 | 9 | 11 | | | | | | | | | | | | | 4 | 9 | 11 |
| 六个孩子 | 1 | 1 | 5 | | | | | | | | | | | | | 1 | 1 | 5 |
| 七个孩子 | 1 | 2 | 5 | | | | | | | | | | | | | 1 | 2 | 5 |
| 60～64岁合计 | 2 | 3 | 5 | | | | | | | | | | | | | 2 | 3 | 5 |
| 一个孩子 | 1 | 1 | | | | | | | | | | | | | | 1 | 1 | |

263

续表

| 指标 | 不识字 | | | 小学未毕业 | | | 小学毕业 | | | 初中未毕业 | | | 初中毕业 | | | 总计 | | |
|---|---|---|---|---|---|---|---|---|---|---|---|---|---|---|---|---|---|---|
| | 妇女人数 | 生育男孩数 | 生育女孩数 | 妇女人数 | 生育男孩数 | 生育女孩数 | 妇女人数 | 生育男孩数 | 生育女孩数 | 妇女人数 | 生育男孩数 | 生育女孩数 | 妇女人数 | 生育男孩数 | 生育女孩数 | 妇女人数 | 生育男孩数 | 生育女孩数 |
| 七个孩子 | 1 | 2 | 5 | | | | | | | | | | | | | 1 | 2 | 5 |
| 65~69岁合计 | 3 | 11 | 8 | | | | | | | | | | | | | 3 | 11 | 8 |
| 五个孩子 | 1 | 2 | 3 | | | | | | | | | | | | | 1 | 2 | 3 |
| 六个孩子 | 1 | 4 | 2 | | | | | | | | | | | | | 1 | 4 | 2 |
| 八个孩子 | 1 | 5 | 3 | | | | | | | | | | | | | 1 | 5 | 3 |
| 70~74合计 | 4 | 11 | 12 | | | | | | | | | | | | | 4 | 11 | 12 |
| 五个孩子 | 2 | 6 | 4 | | | | | | | | | | | | | 2 | 6 | 4 |
| 六个孩子 | 1 | 2 | 4 | | | | | | | | | | | | | 1 | 2 | 4 |
| 七个孩子 | 1 | 3 | 4 | | | | | | | | | | | | | 1 | 3 | 4 |
| 75~79合计 | 2 | 5 | 9 | | | | | | | | | | | | | 2 | 5 | 9 |
| 六个孩子 | 1 | 1 | 5 | | | | | | | | | | | | | 1 | 1 | 5 |
| 八个孩子 | 1 | 4 | 4 | | | | | | | | | | | | | 1 | 4 | 4 |
| 80~84合计 | 2 | 7 | 7 | | | | | | | | | | | | | 2 | 7 | 7 |
| 六个孩子 | 1 | 3 | 3 | | | | | | | | | | | | | 1 | 3 | 3 |
| 八个孩子 | 1 | 4 | 4 | | | | | | | | | | | | | 1 | 4 | 4 |
| 总计 | 72 | 127 | 133 | 4 | 5 | 2 | 1 | 1 | 0 | 2 | 2 | 5 | 1 | 1 | 3 | 80 | 136 | 143 |

## 二 骆驼巷行政村驼巷回族自然村

骆驼巷行政村驼巷回族自然村位于小庄村的西侧，在这个自然村里居住的回民和小庄村的回民同是一个姓马的祖先。驼巷村2008年的基础数据也是2009年2月入户调查时收集的。参加入户调查的人员还有时任骆驼巷行政村村委会会计马如俊、时任黎套行政村黎套小学校长杨晓军。

### 1. 骆巷村农民的生活状况

**(1) 25号农户家的生活概况**

**驼巷回族自然村25号农户家**

第一次到驼巷回族自然村25号农户家，是2003年1月31日下午，那天是大年三十。尽管回族人不过春节，但是在回族和汉族混居的骆驼巷村，春节对于回族的农民来说也是喜庆的日子。然而，在喜庆时节，

我迈进25号农户家的门槛,看到他们一家人的时候,还真的不知道喜该从何来。这次的到访,让我一下子记住了驼巷回族自然村的25号农户家。

初到25号农户家,给我印象最深的是他们居住的黄泥土屋。25号农户家位于骆驼巷村清真寺以西100多米处的北边,家里有4口人,户主夫妇和两个正在上小学的女儿。听说三年前家里生了一个男娃儿,但因患先天性心脏病无钱去银川的医院医治,结果好不容易盼来的男娃儿,半岁的时候就夭折了。25号农户家4口人挤在这间用土坯盖的十几平方米大小的房子里,墙上、窗户上落满了灰尘和油烟,冬季为了节省买煤的钱,就在架在房子中间的小炉子上烧柴做饭,这间黄泥小屋既是住房又是厨房。

25号农户家户主的媳妇患有耳失聪和心脏病,她虽然听不见我们在说什么,但是她能看出来我是来看望他们的,从始至终脸上挂着憨厚的笑容。而25号农户家的户主,言语中总显得有些不知所措,一眼看上去,就是一个不善言辞、老实巴交的农民。那天,从25号农户家离开的时候,我在他家的周围环顾了一会儿,破旧不堪的土坯房给人一种要塌的感觉,房子外面没有围墙,四周光秃秃的,显得格外孤单。25号农户全家的生计,就落在了这个连张口说话都会觉得不好意思的男人身上……

2003年2月5日,我专程走访了25号农户家。听25号农户家的户主说,他家原来有7亩承包地,2001年"退耕还林"时退掉了4亩土地,现在全家的可耕地平均下来每人还不到1亩,只要全家能对付着吃饱肚子,就算是好日子了。25号农户家的户主还说,平时家里吃的主食就是馍馍和洋芋,调味料基本上就是大盐,连酱油都很少买,过节时也舍不得买肉吃,有时候看着孩子们实在是太可怜了,就给做几个油香,炖点儿粉条儿哄一哄。两个上学的女娃儿除了校服以外基本上没有穿过新衣服,经常是这家给两件儿、那家给两件儿,捡别人的旧衣服穿。因为家里穷,左邻右舍的村民都看不起他们,生活遇到难处的时候,只能是苦水往肚子里咽……

为此，25 号农户家是我至今还在关注的贫困户之一。现在回想起来一件事情，依然有一种庆幸的感觉。

2006 年 3 月上旬和中旬，我在骆驼巷村核对调查数据，临时住在了驼巷小学。3 月 10 日晚上 8 点多，我出来散步，无意中去了 25 号农户家，远远望去一片漆黑，原以为他们家人休息得早，没想到走到了房子跟前，才知道他家还没有拉上电。我走进屋子一看，两个女儿正围坐在小炕桌旁写作业，小炕桌上点燃的煤油灯还不如我手里拿着的手电筒亮，只能照到方圆一米左右的地方。25 号农户家的户主，坐在几乎没有光亮的地方发呆，户主的媳妇坐在炕边儿，她正借着煤油灯的光亮绣着鞋垫儿。看到这一幕，我顿时愣住了，因为在我眼里村里早就没有还没拉上电的农户了。25 号农户家的两个女儿说，有一次她们正在写作业，不小心把煤油灯碰倒了，结果把头发烧焦了一缕，现在她们最希望的就是家里能够拉上电，如果能拉上电，就可以在灯光下放心地写作业了。第二天我就和村支书协调，并出钱帮助 25 号农户家拉上了电。如果不是那天晚上无意中走到 25 号农户家，我怎么也不会想到他家在 2006 年竟然还没有拉上电……

2017 年 5 月 28 日上午，我又走访了 25 号农户家。走访 25 号农户家，有一种走亲戚的感觉，因为每年我都会去他们家多转几次。那天，正好 25 号农户家的大女儿回娘家了，她的个子高挑，已经是一个孩子的妈妈了。如今，大女儿已经 27 岁（初中毕业），2013 年出嫁，嫁到了海原，有一个 3 岁的儿子；二女儿已经 24 岁（初中毕业），2015 年出嫁，嫁到了固原新长途汽车站附近，有一个 1 岁半的女儿。现在，25 号农户家享受着低保待遇，吃饱肚子的问题已经彻底解决了。

如今，25 号农户家里只剩下老两口了。户主已经 64 岁（没有上过学），户主的老婆也已 57 岁（没有上过学）。他家现在的住房，盖在了老房子的前面，原来的老房子还没有拆，成了鸡窝。25 号农户家的户主说，现在住的两间砖木结构的房子（10 米×5 米），是国家 2010 年进行危房改造时建的，总共花了 4.7 万元，其中国家补助了 1.2 万元，大女儿外出打工积攒了 3.5 万元。两间房子坐北朝南，东边的一间是老两口的住房，房

间里的摆设没有太多的变化，彩色电视机放在这间房子里；西边的一间地板铺了瓷砖，屋子里的西北角有一盘炕，西南角放了一个大沙发，沙发前摆了一个茶几，东北角放了一个大衣柜，大衣柜的南边有一个电冰箱，女儿回来的时候就住在这间房子里。在我的眼里，25号农户家的破房子早就应该淘汰了，但是他家生活困难一直凑不上盖房子的钱，直到2010年才算是把盖房子的这块心病给解除了。

25号农户家的户主说，他们两口子现在身体都不好，2016年他因为脑梗死住了2次医院，自掏腰包2000元（生活费等）；他老婆因心脏供血不足、血压低等疾病，2016年住了4次医院，自掏腰包4000元（生活费等）。现在，当地医院对低保户住院的期限设定为10天，如果住院期间病情没有明显好转还需要继续住院治疗的话，必须先办理出院手续，第二天再重新办理住院手续，他老婆就是这样一次生病反复办了4次入院手续，结果光住院的门槛费就花了2000元（一次住院收取门槛费500元）。

现在，25号农户家两口子享受低保待遇，2016年7月以前，每人每月是190元；2016年7月以后，每人每月是270元。2016年，他们获得的低保补助金是5520元，这些钱都用来看病了，每年女儿还要帮助一些，这样生活才能过得去。所以，25号农户家的生活依然是比较困难的，虽然吃饱肚子的问题已经解决了，但是平日里还是不舍得花钱买肉吃的，只有过年过节时才舍得花钱买些肉吃。

由于25号农户家的可耕地只有3亩（还有一些自留地），粮食不能自给自足。2016年，他家种了2亩豌豆、1.5亩大麦、不到半亩洋芋。每亩豌豆上30斤磷酸二铵、40斤复合肥，平均亩产175公斤；每亩大麦上30斤磷酸二铵、40斤复合肥，亩产不清楚；种的洋芋上20斤尿素、10手推车农家肥，亩产不清楚。2016年，25号农户家收获的700斤豆子，自己留了200斤，卖了500斤，1斤的价格是1.3元，收入650元。这一年，25号农户家养了7只羊，全部卖了，1只羊的价格是700元，收入4900元。25号农户家没有种小麦，平日里都是买面粉吃，两个人每月有50斤面粉就够吃了，一年需要买600斤，1斤面粉的价格是

1.1元，支出660元。

2008年，25号农户家种了3亩小麦、2亩洋芋、2亩胡麻（4亩地是租亲戚家的，每亩租金40元）。其中，每亩小麦上15斤磷酸二铵，平均亩产约150公斤；每亩洋芋上100斤专用肥，平均亩产约1000公斤；每亩胡麻上10斤磷酸二铵、10斤尿素，平均亩产约75公斤。2008年，25号农户家种的小麦不够吃，赊了700斤面粉，1斤的价格是1元（当时付钱1斤的价格是0.9元）；种的洋芋自己留1000斤，卖了3000斤，1斤的价格是0.35元，收入1050元。这一年，25号农户家养了1头牛，下了1头小牛，小牛卖了，收入1200元。25号农户家4个人享受低保，每人每月50元，全年的低保补助金是2400元。另外，25号农户家的大女儿到北京的餐馆打工，月薪约800元，按照一年干10个月计算，收入约8000元。

2002年，25号农户家种了3亩小麦、半亩洋芋、半亩豆子、半亩胡麻。其中，每亩小麦上10斤磷酸二铵、50斤磷肥、6手推车农家肥，平均亩产约100公斤；半亩洋芋上4手推车农家肥，产了1500斤洋芋；半亩豆子上100斤磷肥，产了100斤豆子；半亩胡麻上50斤碳酸氢铵，产了80斤胡麻。2002年，25号农户家收获的600斤小麦根本不够全家的口粮，又买进了700斤小麦、300斤玉米。1斤小麦的价格是0.73元，支出511元；1斤玉米的价格是0.65元，支出195元。收获的100斤豆子全部卖了，1斤的价格是0.72元，收入72元。收获的1500斤洋芋留下900斤，一部分自己吃，一部分留作种子，卖了600斤，1斤的价格是0.12元，收入72元。收获的胡麻用作全家一年的食用油，即使不够吃也不再买了。为了解决口粮问题，一买一卖，2002年的赤字是562元。这一年，25号农户家养了1头大牛，下了1头小牛，小牛卖了1000元。

综上所述，25号农户家自己种的粮食不能自给自足。从农作物种植和牲畜养殖的现金收入来看，2002年农作物收入144元，入不敷出，养殖收入1000元；2008年农作物收入1050元，养殖收入1200元；2016年农作物收入650元，养殖收入4900元。

### （2）58号农户家的生活概况

**驼巷回族自然村58号农户家**

2003年2月11日，我第一次走访驼巷回族自然村58号农户家。58号农户家位于清真寺东侧大约50米处，他家院子的大铁门朝南，正对着骆驼巷村东西相向的主路（2009年硬化），院子大门前的空地上拴着2头大牛。那天，58号农户家的户主和几个人正忙着盖房子，看样子工程还不小，在当时，村里绝大多数农户住的是土坯房，能盖得起新房子的农户还很少。

第一次走访58号农户家，给我印象最深的就是他家的那部电话座机。因为在2003年，整个骆驼巷村就只有3部电话：村里1部、村支书家1部、58号农户家1部。据58号农户家的户主说，1997年电话刚进村的时候，他家就安上了，那时1部电话的安装费是980元。后来，听驼巷村的村民说，58号农户家是当时驼巷回族自然村生活最富裕的农户。

58号农户家夫妇俩生有4个孩子，全部是男孩儿。2003年第一次入户调查时，他家共有7口人在一起生活，户主夫妇俩、4个儿子、户主的父亲。那个时候，他家的大儿子在深圳的餐馆打工；他家的二儿子毕业于中央民族大学，是当时驼巷回族自然村唯一的大学毕业生，毕业后留在了北京创业；他家的三儿子正在上大学，是宁夏大学三年级的学生，也是驼巷回族自然村唯一的在校大学生；他家的小儿子也去了深圳，和大儿子一起在餐馆打工；家里还有一位74岁的老父亲。

2009年第二次入户调查时，58号农户家还是7口人，户主夫妇俩、大儿子、大儿媳、二儿子、二儿媳、户主的父亲。那时候，大儿子夫妇俩在深圳餐馆打工；小儿子夫妇俩在福建石狮市，小儿子后来上了阿语学校，毕业后在福建石狮市教阿语。58号农户家的户主说，其实他家小儿子上中学的时候学习成绩最好，但是当时家里正供着二儿子和三儿子上大学，经济上十分紧张，只好放弃让小儿子上大学。后来，小儿子学习阿语很努力，毕业后成为一名阿语老师。

2017年5月29日下午，我走访58号农户家的时候，家里只有夫妇俩和一个4岁的孙子（大儿子的孩子）。如今，58号农户家的户主已经66岁（上过小学三年），户主的老婆已经63岁（没有上过学），家里现在的户口上是6口人：户主夫妇俩、小儿子夫妇俩和小儿子的两个孩子（女儿7岁、儿子3岁）。户主的小儿子一直在福建石狮市教阿语，大儿子已经另立门户，2015年大儿子在福建石狮市开了一家样品服饰商店，生意很一般。

58号农户家的院子比较大，院子的双扇大铁门敞开着，一眼就能看到院子正中央的花坛，花坛矗立着的三棵挺拔的松树格外抢眼，树下种的草莓、黄花菜正开着花儿，透着一种清爽别样的感觉。院子正对大门右侧的空地上，停放了一辆白色的电动汽车（无须驾驶执照），户主说是2016年大儿子给买的，花了3.5万元，用于接送在红庄上幼儿园的孙子。一进院子大门的左侧是一个用钢架搭建的半开放式棚屋，有二三十平方米，里面放着杂物、摩托车、小孩的玩具车等。花坛的后面是坐北朝南的正房（8米×4米），已经有29年了，土木结构，花了大约2万元，当时在农村2万元应该算是很多钱了（户主当时买卖木头，一年下来能赚两三万元）。花坛右侧坐东朝西的三间砖木结构的房子（13米×5米）是2003年盖的，当时1平方米的手工费是40元，总共花了3.5万元。花坛左侧坐西朝东的砖木结构的房子（7米×5米）是2016年国家危房改造时建的，自己花了3.2万元，国家补助了2.2万元。在正房的西侧有一间厨房（6米×3.3米），这间厨房是2014年自己盖的，花了大约1万元。

值得一提的是，2016年盖的这间新房子，装修很讲究，摆设也不一般。屋子的正中央摆放了一张大圆桌，圆桌旁围放着8把木椅子，给人一种走进宴会厅的感觉，这在农村实属不多见。屋子的左侧放了一套4米左右的组合沙发，屋子的右侧放了一张2米多宽的大双人床，屋子的东北角放了一张写字台。不用说，像彩色电视机、洗衣机、电冰箱等家用电器，58号农户家都有。

58号农户家有承包地33亩，2001年"退耕还林"了5.5亩土地，他家的粮食可以自给自足。2016年，他家种了10亩大麦、2亩青饲料（玉米）、半亩洋芋，其余的15亩地租给别人种了（每亩租金50元）。每亩大麦上30斤磷酸二铵、30斤尿素，平均亩产150公斤；每亩青饲料上30斤磷酸二铵、30斤尿素，平均亩产1000公斤（户主年龄大了没有管理）；种的半亩洋芋产了2500斤，上了20斤磷酸二铵、2农用车农家肥。2016年，58号农户家种的大麦和青饲料用来喂牛，种的洋芋自己吃，粮食和油都买着吃。这一年，58号农户家养了2头牛，下了1头小牛，小牛卖了，收入6500元，获得国家补贴500元。另外，58号农户家夫妇俩都已60多岁，每人每月有养老金120元，全年2880元。

2008年，58号农户家种了10亩小麦、5亩洋芋、4亩胡麻、4亩豆子、2亩燕麦、2.5亩高粱。其中，每亩小麦上100斤碳酸氢铵、20斤磷酸二铵，平均亩产约175公斤；每亩洋芋上100斤碳酸氢铵、20斤磷酸二铵、20斤尿素、2手扶拖拉机农家肥，平均亩产约2500公斤；每亩胡麻上20斤磷酸二铵、10斤尿素，平均亩产约85公斤；每亩豆子上100斤磷肥，平均亩产约100公斤；每亩燕麦上50斤碳酸氢铵、10斤磷酸二铵、10斤尿素，平均亩产约175公斤；每亩高粱上20斤磷酸二铵、10斤尿素，平均亩产约2000公斤（湿的）。2008年，58号农户家收获的小麦自己留1500斤，卖了2000斤，1斤的价格是0.6元，收入1200元；收获的洋芋自己留了3000斤，卖了22000斤，1斤的价格是0.4元，收入8800元；收获的胡麻自己吃；收获的豆子留作种子100斤，卖了700斤，1斤的价格是1.05元，收入735元；种的燕麦和高粱用来喂牛。这一年，58号农户家养了2头大牛、1头小牛，小牛卖了，收入3200元。

2002年，58号农户家种了13亩小麦、3亩洋芋、6亩豆子、5亩胡麻、半亩燕麦。其中，每亩小麦上15斤磷酸二铵、10斤尿素，平均亩产约70公斤；每亩洋芋上2农用车农家肥，平均亩产约1750公斤；每亩豆子上50斤磷肥、1农用车农家肥，平均亩产约45公斤；每亩胡麻上10斤磷酸二铵、10斤尿素，平均亩产约75公斤；种的燕麦用来喂牛和羊。2002年，58号农户家收获的小麦全部留下当口粮吃；收获的洋芋卖了7000斤，1斤的价格是0.13元，收入910元；收获的豆子卖了350斤，1斤的价格是0.65元，收入227.5元；收获的胡麻留一部分自己吃，卖了500斤，1斤的价格是1.3元，收入650元。这一年，58号农户家养了2头牛，下了1头小牛，小牛卖了，收入1500元，养的3只羊自己留着吃肉。

综上所述，58号农户家自己种的粮食可以自给自足。从农作物种植和牲畜养殖的现金收入来看，2002年农作物收入1787.5元，养殖收入1500元；2008年农作物收入10735元，养殖收入3200元；2016年农作物没有收入，养殖收入7000元。

从表3-14可以了解驼巷回族自然村农民生活的整体水平。其中，农民自产粮够吃的农户占八成多。生活富裕的农户仅占2.86%，生活比较好的农户占六成，生活一般的农户占两成多，生活比较困难和困难的农户合计占比不到两成，较2003年有大幅下降。主动反映"上学困难""看病困难""缺少零用钱"的农户占比分别为7.14%、7.14%、11.43%。另外，拥有彩色电视机的农户占到了近八成，拥有手机的农户也占到了七成以上。

表3-15是驼巷回族自然村农民家庭年现金收入明细。从表3-15可以看出，农民家庭年现金收入中，农业收入占总收入的21.07%，打工收入占总收入的60.30%，经商收入占总收入的12.25%，工资性收入占总收入的6.38%。

表 3-14 驼巷回族自然村农民的生活状况

| 指标 | 粮食 | | 生活现状 | | | | 电视机 | | | 电话 | | | 农民反映的主要问题 | | |
|---|---|---|---|---|---|---|---|---|---|---|---|---|---|---|---|
| | 自产粮够吃 | 自产粮不够吃 | 困难 | 比较困难 | 一般 | 比较好 | 富裕 | 彩色 | 黑白 | 没有 | 手机 | 座机 | 无 | 上学困难 | 看病困难 | 缺少零用钱 |
| 户数（户） | 57 | 13 | 3 | 7 | 16 | 42 | 2 | 55 | 7 | 8 | 52 | 16 | 12 | 5 | 5 | 8 |
| 占被调查农户的比例（%） | 81.43 | 18.57 | 4.29 | 10.00 | 22.86 | 60.00 | 2.86 | 78.57 | 10.00 | 11.43 | 74.29 | 22.86 | 17.14 | 7.14 | 7.14 | 11.43 |

表3-15 驼巷回族自然村农民家庭年现金收入明细

单位：元

| 农户编号 | 农业 | 打工 | 经商 | 工资 | 合计 | 备注 |
|---|---|---|---|---|---|---|
| 1 | 8000 | 6000 | | | 14000 | |
| 2 | | | | | | 搬迁未销户 |
| 3 | 10000 | 23000 | | | 33000 | |
| 4 | 5000 | 20000 | | | 25000 | |
| 5 | 6000 | 44000 | | | 50000 | |
| 6 | 5000 | 35000 | | | 40000 | |
| 6-1 | | | | 24000 | 24000 | 城镇户口1位 |
| 7 | 5000 | | | 10000 | 15000 | |
| 8 | 9000 | 34000 | | | 43000 | |
| 9 | 8000 | | | | 8000 | |
| 10 | | | | | | 搬迁未销户 |
| 11 | 6000 | 20000 | | | 26000 | |
| 12 | 6000 | 5000 | | | 11000 | |
| 13 | 5000 | 8000 | | | 13000 | |
| 14 | | 24000 | | | 24000 | |
| 15 | 10000 | | | | 10000 | |
| 15-1 | 6000 | 2000 | | | 8000 | |
| 16 | | 20000 | | | 20000 | |
| 16-1 | | 24000 | | | 24000 | |
| 17 | 15000 | | 10000 | | 25000 | |
| 18 | 7000 | 21000 | | | 28000 | |
| 18-1 | 2000 | 24000 | | | 26000 | |
| 19 | 7000 | | 4000 | | 11000 | |
| 20 | | 33000 | | | 3300 | |
| 21 | 4000 | 16000 | | | 20000 | |
| 22 | 4000 | 7000 | | | 11000 | |
| 23 | 3000 | | 12000 | | 15000 | |
| 24 | 6000 | 20000 | | | 26000 | |
| 25 | 4000 | 8000 | | | 12000 | |

续表

| 农户编号 | 农业 | 打工 | 经商 | 工资 | 合计 | 备注 |
|---|---|---|---|---|---|---|
| 26 | 4000 | | 6000 | | 10000 | |
| 27 | 8000 | 6000 | | | 14000 | |
| 28 | 4000 | 24000 | | | 28000 | |
| 29 | 7000 | 5000 | | | 12000 | |
| 30 | 12000 | | | | 12000 | |
| 31 | 3000 | | | | 3000 | |
| 32 | | 10000 | | | 10000 | |
| 33 | 8000 | 8000 | 10000 | | 26000 | |
| 34 | 4000 | 18000 | | 28000 | 50000 | 城镇户口1位 |
| 35 | 5000 | 33000 | 10000 | | 48000 | |
| 36 | 7000 | | 8000 | | 15000 | |
| 37 | 6000 | 16000 | | 18000 | 40000 | 城镇户口1位 |
| 38 | 5000 | 25000 | | | 30000 | |
| 39 | 8000 | 18000 | | | 26000 | |
| 39-1 | | 15000 | | | 15000 | |
| 40 | | 18000 | | | 18000 | |
| 41 | 5000 | 30000 | | | 35000 | |
| 41-1 | 3000 | | 50000 | | 53000 | |
| 42 | 10000 | 35000 | | | 45000 | |
| 43 | 7000 | | 8000 | | 15000 | |
| 44 | 5000 | | | | 5000 | |
| 45 | 4000 | 16000 | | | 20000 | |
| 46 | 6000 | 20000 | | | 26000 | |
| 47 | 8000 | 12000 | | | 20000 | |
| 48 | 9000 | 6000 | | | 15000 | |
| 48-1 | 4000 | 6000 | | | 10000 | |
| 49 | 8000 | 8000 | | | 16000 | |
| 50 | | 30000 | 10000 | | 40000 | |
| 51 | 7000 | 43000 | | | 50000 | |
| 52 | 4000 | 48000 | | | 52000 | |

续表

| 农户编号 | 农业 | 打工 | 经商 | 工资 | 合计 | 备注 |
|---|---|---|---|---|---|---|
| 53 | 4000 | 18000 | | | 22000 | |
| 54 | 4000 | 16000 | | | 20000 | |
| 55 | 5000 | | | | 5000 | |
| 56 | 3000 | 6000 | | | 9000 | |
| 57 | | | | 30000 | 30000 | 城镇户口1位 |
| 58 | 14000 | 36000 | 60000 | | 110000 | |
| 59 | 6000 | | 17000 | | 23000 | |
| 60 | | 70000 | | | 70000 | |
| 61 | 6000 | | 6000 | | 12000 | 回迁户 |
| 62 | 3000 | 5000 | | | 8000 | 回迁户 |
| 63 | 6000 | 14000 | | | 20000 | 回迁户 |
| 64 | 6000 | 24000 | | | 30000 | 回迁户 |
| 65 | 4000 | 6000 | | | 10000 | |
| 合计 | 363000 | 1039000 | 211000 | 110000 | 1723000 | |

注：①2号农户2007年搬往新疆，未销户；10号农户2005年搬往新疆，未销户。
②农户编号6-1，表示从6号农户家分离出来的农户，依此类推。

从驼巷村家里有经商农户的具体经济活动来看，17号农户在红庄经营了一个摩托车店，19号农户在红庄经营了一家小卖部，23号农户在红庄经营了一个小饭店，26号农户经营一台铡草机（加工费为每小时30元），33号农户买了一辆二手四轮车跑运输，35号农户做羊皮生意，36号农户贩羊，41-1号农户买了一辆二手中巴车跑运输，43号农户贩卖粮食，50号农户在固原市郊卖菜（推车卖），58号农户家的儿子在深圳经营一家餐馆，59号农户在红庄经营一家小卖部，61号农户经营一台铡草机（加工费为每小时30元）。

### 2. 驼巷村农民的生产状况

前文已对表3-16中各个指标的定义做过解释，此处不再做重复说明。下面，从表3-16的数据来看一下驼巷村农民的生产生活状况。

表 3-16  驼巷回族自然村农民的生产生活状况

| 农户编号 | 人口总数 | 男性 | 女性 | 土地(亩) | 平均亩产(公斤) | 家庭年现金收入(元) | 家庭年人均收入(元) | 牛(头) | 羊(只) | 猪(头) | 驴(头) | 骡(头) | 三轮车(辆) | 拖拉机(台) | 摩托车(辆) | 其他 | 宅基地(平方米) | 住房(平方米) | 房屋类型 |
|---|---|---|---|---|---|---|---|---|---|---|---|---|---|---|---|---|---|---|---|
| 1 | 8 | 6 | 2 | 28(6.4) | 100 | 14000 | 1750 | 1 | 8 | | | | | 1 | | | 320 | 60(3) | 土坯结构 |
| 2 | | | | | | | | | | | | | | | | | | | |
| 3 | 7 | 5 | 2 | 28(11.6) | 100 | 33000 | 4714 | 1 | 4 | | | | | 1 | | | 260 | 80(4) | 土坯结构 |
| 4 | 6 | 4 | 2 | 20(3.7) | 100 | 25000 | 4167 | 1 | | | | | | 1 | | | 300 | 110(5) | 土坯结构 |
| 5 | 8 | 6 | 2 | 16(4.6) | 100 | 50000 | 6250 | 3 | | | | | | | 1 | | 300 | 80(5) | 土坯结构 |
| 6 | 5 | 4 | 1 | 12(2.9) | 100 | 40000 | 8000 | 3 | | | | | | | | | 260 | 80(4) | 砖木结构 |
| 6-1 | 2 | 1 | 1 | 4 | | 24000 | 12000 | | | | | | | | | | | 20(1) | 砖木结构 |
| 7 | 4 | 2 | 2 | 16(3) | 100 | 15000 | 3750 | 2 | 3 | | | | | 1 | 1 | | 300 | 50(2) | 土坯结构 |
| 8 | 7 | 5 | 2 | 20(2.7) | 100 | 43000 | 6143 | 2 | 2 | | | | | 1 | 1 | | 300 | 60(3) | 土坯结构 |
| 9 | 5 | 1 | 4 | 18(5.9) | 150 | 8000 | 1600 | 1 | 3 | | | | 1 | | | | 260 | 80(4) | 砖木结构 |
| 10 | | | | | | | | | | | | | | | | | | | |
| 11 | 6 | 3 | 3 | 12(3.1) | 100 | 26000 | 4333 | 1 | 4 | | | | 1 | | 1 | | 260 | 50(3) | 土坯结构 |
| 12 | 4 | 3 | 1 | 15(1.2) | 100 | 11000 | 2750 | 2 | 8 | | | | | | | | 260 | 30(3) | 土坯结构 |
| 13 | 6 | 4 | 2 | 11(6.5) | 100 | 13000 | 2167 | 2 | 6 | | | | 1 | | | | 260 | 35(3) | 土坯结构 |
| 14 | 3 | 2 | 1 | 4 | 100 | 24000 | 8000 | | 2 | | | | | | 1 | | 260 | 35(3) | 土坯结构 |
| 15 | 3 | 2 | 1 | 8(15.3) | 100 | 10000 | 3333 | 1 | 12 | | | 1 | | 1 | | | 260 | 40(3) | 土坯结构 |
| 15-1 | 3 | 2 | 1 | 10 | 100 | 8000 | 2667 | | 4 | | | 1 | | | | | | 80(3) | 砖木结构 |

续表

| 农户编号 | 人口(人) | | | 土地(亩) | 平均亩产(公斤) | 家庭年现金收入(元) | 家庭年人均收入(元) | 生产资料 | | | | | | | | | 宅基地(平方米) | 住房(平方米) | 房屋类型 |
|---|---|---|---|---|---|---|---|---|---|---|---|---|---|---|---|---|---|---|
| | 总数 | 男性 | 女性 | | | | | 牛(头) | 羊(只) | 猪(头) | 驴(头) | 骡(头) | 三轮车(辆) | 拖拉机(台) | 摩托车(辆) | 其他 | | | |
| 16 | 3 | 2 | 1 | 15(3.5) | 100 | 30000 | 10000 | 3 | 12 | | | | | | | | 260 | 60(3) | 砖木结构 |
| 16-1 | 4 | 3 | 1 | 5(5) | | 24000 | 6000 | | | | | | | | | | | 30(2) | 土坯结构 |
| 17 | 8 | 4 | 4 | 44(11.6) | 100 | 25000 | 3125 | 3 | 5 | | | | 1 | 1 | 1 | | 280 | 50(3) | 砖木结构 |
| 18 | 4 | 2 | 2 | 8 | 100 | 28000 | 7000 | 3 | 13 | | | | 1 | | | | 280 | 50(4) | 土坯结构 |
| 18-1 | 4 | 2 | 2 | 5 | 100 | 26000 | 6500 | | | | | | | | 1 | | | 60(3) | 砖木结构 |
| 19 | 5 | 3 | 2 | 16(6) | 100 | 11000 | 2200 | 1 | 2 | | | | | 1 | | | 280 | 60(3) | 土坯结构 |
| 20 | 4 | 3 | 1 | 12(4.8) | 100(代种) | 33000 | 8250 | | | | | 1 | | | | | 300 | 30(3) | 土坯结构 |
| 21 | 3 | 2 | 1 | 15 | 100 | 20000 | 6667 | 1 | 2 | | | | | | | | 280 | 40(3) | 土坯结构 |
| 22 | 5 | 3 | 2 | 13(7.3) | 100 | 11000 | 2200 | 1 | 2 | | | | | | | | 300 | 30(3) | 土坯结构 |
| 23 | 4 | 2 | 2 | 8(4.7) | 100 | 15000 | 3750 | 1 | 4 | | | | | 1 | | 小饭店 | 280 | 40(3) | 土坯结构 |
| 24 | 5 | 3 | 2 | 16(3.5) | 100 | 26000 | 5200 | 2 | 4 | | | | | | | | 280 | 40(3) | 土坯结构 |
| 25 | 4 | 1 | 3 | 7(4) | 80 | 12000 | 3000 | 1 | | | | | | | 1 | | 100 | 20(1) | 砖木结构 |
| 26 | 4 | 2 | 2 | 6 | 100 | 10000 | 2500 | 1 | | | | | | | | 铡草机 | 100 | 30(2) | 土坯结构 |
| 27 | 5 | 4 | 1 | 20(4.7) | 100 | 14000 | 2800 | 1 | 3 | | | | | 1 | | | 260 | 50(3) | 砖木结构 |
| 28 | 5 | 4 | 1 | 12(8.3) | 100 | 28000 | 5600 | 1 | 2 | | | | | 1 | 1 | | 260 | 50(2) | 砖木结构 |
| 29 | 4 | 2 | 2 | 20(2.7) | 100 | 12000 | 3000 | 1 | 5 | | | | 1 | | | | 300 | 60(4) | 砖木结构 |
| 30 | 8 | 3 | 5 | 30(7) | 100 | 12000 | 1500 | 1 | 6 | | | | | 1 | | | 300 | 50(4) | 土坯结构 |

续表

| 农户编号 | 人口（人） | | | 土地（亩） | 平均亩产（公斤） | 家庭年现金收入（元） | 家庭年人均收入（元） | 生产资料 | | | | | | | 宅基地（平方米） | 住房（平方米） | 房屋类型 |
|---|---|---|---|---|---|---|---|---|---|---|---|---|---|---|---|---|---|
| | 总数 | 男性 | 女性 | | | | | 牛（头） | 羊（只） | 猪（头） | 驴（头） | 骡（头） | 三轮车（辆） | 拖拉机（台） | 摩托车（辆） | 其他 | | | |
| 31 | 2 | 1 | 1 | 6 (4.9) | 80 | 3000 | 1500 | | 2 | | | | | | | | | 25 (2) | 土坯结构 |
| 32 | 4 | 2 | 2 | 8 | 100 | 10000 | 2500 | 2 | 2 | | | | | 1 | 1 | | 300 | 25 (2) | 土坯结构 |
| 33 | 5 | 3 | 2 | 21 (4.7) | 100 | 26000 | 52000 | 3 | 5 | | | | | 1 | 1 | 四轮车 | 360 | 60 (3) | 砖木结构 |
| 34 | 4 | 2 | 2 | 8 (0.3) | 100 | 50000 | 12500 | 1 | 3 | | | | | | 1 | | 260 | 45 (5) | 土坯结构楼房 |
| 35 | 5 | 3 | 2 | 10 (2.6) | 100 | 48000 | 9600 | 1 | | | | | | | 1 | 四轮车 | 240 | 50 (3) | 砖木结构 |
| 36 | 5 | 3 | 2 | 13 (8.6) | 100 | 15000 | 3000 | 1 | 5 | | | | | | | | 200 | 50 (3) | 砖木结构 |
| 37 | 5 | 3 | 2 | 8 | 100 | 40000 | 8000 | 2 | 4 | | | | 1 | 1 | | | 200 | 40 (3) | 砖木结构 |
| 38 | 5 | 3 | 2 | 13 (9.7) | 100 | 30000 | 6000 | 2 | 5 | | | | 1 | | | | 200 | 50 (4) | 砖木结构 |
| 39 | 3 | 2 | 1 | 10 (6.2) | 100 | 26000 | 8667 | 2 | 8 | | | | | 1 | 1 | | 260 | 60 (3) | 砖木结构 |
| 39-1 | 3 | 2 | 1 | 10 | 100 | 15000 | 5000 | | | | | | | | | | | 30 (2) | 其他 |
| 40 | 4 | 3 | 1 | 8 (6.5) | 100 | 18000 | 4500 | 1 | 4 | | | | | | | | | 金文孝院 | |
| 41 | 5 | 3 | 2 | 14 (9.7) | 80 | 35000 | 7000 | 1 | | | | | 1 | | | | 260 | 48 (6) | 土坯结构 |
| 41-1 | 2 | 1 | 1 | 8 | 100 | 53000 | 26500 | | | | | | | | | 中巴车 | | 50 (3) | 砖木结构 |
| 42 | 8 | 4 | 4 | 30 (7.3) | 100 | 45000 | 5625 | 2 | 7 | | | | | 1 | | | 300 | 50 (3) | 土坯结构 |
| 43 | 4 | 2 | 2 | 13 | 100 | 15000 | 3750 | 2 | 15 | | | | | 1 | | | 240 | 70 (5) | 土坯结构 |
| 44 | 3 | 2 | 1 | 13 | 100 | 5000 | 1667 | | 6 | | | | | | | | 260 | 100 (9) | 土坯结构 |
| 45 | 8 | 3 | 5 | 14 (4.1) | 100 | 20000 | 2500 | 2 | | | | | | | | | 240 | 50 (3) | 土坯结构 |

续表

| 农户编号 | 人口（人）总数 | 男性 | 女性 | 土地（亩） | 平均亩产（公斤） | 家庭年现金收入（元） | 家庭年人均收入（元） | 生产资料 | | | | | | | 宅基地（平方米） | 住房（平方米） | 房屋类型 |
|---|---|---|---|---|---|---|---|---|---|---|---|---|---|---|---|---|
| | | | | | | | | 牛（头） | 羊（只） | 猪（头） | 驴（头） | 骡（头） | 三轮车（辆） | 拖拉机（台） | 摩托车（辆） | 其他 | | | |
| 46 | 5 | 3 | 2 | 12 (8.1) | 100 | 26000 | 5200 | 2 | 7 | | | | | | | 四轮车 | 240 | 60 (3) | 砖木结构 |
| 47 | 4 | 2 | 2 | 16 (2.6) | 100 | 20000 | 5000 | 1 | 5 | | | | 1 | | 1 | | 240 | 80 (3) | 砖木结构 |
| 48 | 5 | 2 | 3 | 18 (13.8) | 100 | 15000 | 3000 | 1 | 8 | | | | 1 | 1 | 1 | | 260 | 50 (3) | 砖木结构 |
| 48-1 | 3 | 2 | 1 | 10 | 100 | 10000 | 3333 | 1 | | | | | | | | | | 60 (3) | 砖木结构 |
| 49 | 5 | 3 | 2 | 20 (1.7) | 150 | 16000 | 3200 | 2 | 10 | | | | | | 1 | | 300 | 60 (3) | 砖木结构 |
| 50 | 5 | 4 | 1 | 9 | 100 | 40000 | 8000 | | | | | | | | | | 240 | 25 (2) | 土坯结构 |
| 51 | 9 | 4 | 5 | 30 (9.2) | 100 | 50000 | 5556 | 2 | 5 | | | | | 1 | 1 | | 300 | 50 (5) | 土坯结构 |
| 52 | 6 | 4 | 2 | 14 (6.6) | 100 | 52000 | 8667 | 1 | 4 | | | | 1 | 1 | 1 | | 300 | 50 (4) | 土坯结构 |
| 53 | 6 | 2 | 4 | 12 (4) | 100 | 22000 | 3667 | | 4 | | | 1 | | | | | 300 | 45 (3) | 土坯结构 |
| 54 | 5 | 3 | 2 | 15 (4) | 80 | 20000 | 4000 | 1 | | | | | | | | | 240 | 20 (2) | 砖木结构 |
| 55 | 5 | 2 | 3 | 14 (4.9) | 100 | 5000 | 1000 | 1 | 5 | | | | | | | | 260 | 100 (5) | 砖木结构 |
| 56 | 5 | 2 | 3 | 6 (4.9) | 100 | 9000 | 1800 | 1 | 3 | | | | | | 1 | | 200 | 30 (2) | 砖木结构 |
| 57 | 4 | 2 | 2 | 10 (7.6) | 100 | 30000 | 7500 | | | | | | | | 1 | | 200 | 50 (3) | 砖木结构 |
| 58 | 7 | 4 | 3 | 28 (5.5) | 150 | 110000 | 15714 | 3 | | | | | | | | 小轿车 | 320 | 400 (8) | 砖木结构 |
| 59 | 8 | 4 | 4 | 16 (3.9) | 100 | 23000 | 2875 | 1 | 5 | | | | | | 1 | | 300 | 60 (3) | 砖木结构 |
| 60 | 6 | 3 | 3 | 8 | 100 | 70000 | 11667 | | 2 | | | | | | | | 240 | 25 (2) | 土坯结构 |
| 61 | 5 | 2 | 3 | 6 | 150 | 12000 | 2400 | | | | | | 1 | | 1 | | | 30 (2) | 土坯结构 |

281

续表

| 农户编号 | 人口（人）总数 | 男性 | 女性 | 土地（亩） | 平均亩产（公斤） | 家庭年现金收入（元） | 家庭年人均收入（元） | 生产资料 牛（头） | 羊（只） | 猪（头） | 驴（头） | 骡（头） | 三轮车（辆） | 拖拉机（台） | 摩托车（辆） | 其他 | 宅基地（平方米） | 住房（平方米） | 房屋类型 |
|---|---|---|---|---|---|---|---|---|---|---|---|---|---|---|---|---|---|---|---|
| 62 | 5 | 3 | 2 | 8 | 100 | 8000 | 1600 | | | | | | | | | | | 马汉武老房子 | 其他 |
| 63 | 5 | 3 | 2 | 8 | 100 | 20000 | 4000 | 2 | 5 | | | | | 1 | 1 | | | 40（3） | 土坯结构 |
| 64 | 4 | 2 | 2 | 10 | 100 | 30000 | 7500 | 1 | | | | | | 1 | 1 | | | 80（3） | 砖木结构 |
| 65 | 4 | 2 | 2 | 14 | 100 | 10000 | 2500 | 1 | 3 | | | | | | | | | 50（3） | 砖木结构 |
| 总计 | 342 | 194 | 148 | 965（281.4）2.82（人均） | 102（户均） | 24757（户均） | 5991（人均） | 82 | 253 | 0 | 0 | 4 | 13 | 24 | 29 | 7 | — | 3808 56（户均） | 土坯（39户）、土坯+楼房（1户）、砖木（28户）、其他（2户） |

注：①"土地"一栏括号中的数据表示"退耕还林"的亩数。
②"住房"一栏括号中的数据表示住房间数。
③2号农户2007年搬住新疆，未销户；10号农户2005年搬住新疆，未销户。
④农户编号6-1，表示从6号农户家分离出来的农户，依此类推。

282

2008年，驼巷村被调查的70户农户的总人口为342人，其中男性194人、女性148人，家庭平均人口为4.89人。被调查的70户农户自报上来的承包土地共计965亩，人均2.82亩，其中"退耕还林"的土地是281.4亩。驼巷村农户自报的粮食户均亩产量为102公斤，户均家庭年现金收入为24757元，约是2003年的9倍；家庭年人均收入为5991元，约是2003年的12倍，是骆驼巷行政村7个回族和汉族自然村中年现金收入最高的自然村。

表3－16数据显示，在驼巷村被调查的70户农户中，养牛的农户有52户，其中养2头及以上的农户有23户；养羊的农户有49户，其中养3只及以上的农户有40户；养骡子的农户有4户。数据显示，驼巷村饲养家畜的农户也是骆驼巷行政村7个回族和汉族自然村中最多的，这说明驼巷村的家庭养殖业相对要发达一些。另外，有农用三轮车的农户有13户，有小型手扶拖拉机的农户有24户，驼巷村农业机械化水平比2003年明显提升。

表3－16中的"其他"一栏，主要是指从事商业经营活动的农户所持有的固定资产。其中，23号农户有一个小饭店，26号农户有一台铡草机，33号、35号、46号农户各有1辆农用四轮车，41－1号农户有一辆中巴车，59号农户有1辆小轿车。

表3－17是驼巷回族自然村农民的主要劳动生产方式。从表3－17可以看出，完全以种地为生的农户有6户，占被调查农户的8.57%；完全以打工为生的农户有8户，占被调查农户的11.43%；既种地又打工的农户有39户，占被调查农户的55.71%；既种地又从事经商活动的农户有9户，占被调查农户的12.86%；既种地又打工还从事经商活动的农户有3户，占被调查农户的4.29%；既种地又打工还有工资性收入的农户有2户，占被调查农户的2.86%；完全靠工资性收入、既打工又从事经商活动、既种地又有工资性收入的农户各有1户，分别占被调查农户的1.43%。

表 3-17　驼巷回族自然村农民的主要劳动生产方式

| 劳动生产方式 | 户数（户） | 农户编号 | 占被调查农户的比例（%） |
|---|---|---|---|
| 种地 | 6 | 9、15、30、31、44、55 | 8.57 |
| 打工 | 8 | 6-1、14、20、16-1、32、39-1、40、60 | 11.43 |
| 工资 | 1 | 57 | 1.43 |
| 种地·打工 | 39 | 1、3、4、5、6、8、11、12、13、15-1、16、18、18-1、21、22、24、25、27、28、29、38、39、41、42、45、46、47、48、48-1、49、51、52、53、54、56、62、63、64、65 | 55.71 |
| 打工·经商 | 1 | 50 | 1.43 |
| 种地·工资 | 1 | 7 | 1.43 |
| 种地·经商 | 9 | 17、19、23、26、36、41-1、43、59、61 | 12.86 |
| 种地·打工·工资 | 2 | 34、37 | 2.86 |
| 种地·打工·经商 | 3 | 33、35、58 | 4.29 |
| 总计 | 70 | | 100 |

### 3. 驼巷村农民的人口状况

2008 年，驼巷村被调查的 70 户农户的总人口为 342 人，其中男性 194 人、女性 148 人。除 34 号、37 号、57 号农户的户主以及 6-1 号农户家的儿媳妇为城镇户口外，其余均为农村户口。从表 3-16 可以看出，驼巷村家庭人口数最多的为 9 人，最少的为 2 人，家庭平均人口为 4.89 人。其中，6 口人及以上的农户有 17 户，占被调查农户的 24.29%。

驼巷回族自然村和小庄回族自然村的回民都是从一个马姓家族繁衍而来的，为此，户主大多姓马的现状并没有改变。2003 年，在驼巷村被调查的 60 户农户中，除了 17 号、24 号、38 号、39 号、40 号、41 号、57 号这 7 户的户主姓金外，其余 53 户农户的户主全部姓马。2008 年，在驼巷村被调查的 70 户农户中，除了 17 号、24 号、38 号、39 号、39-1 号、40 号、41 号、41-1 号、57 号、63 号这 10 户农户的户主姓金，以及 4 号、5 号农户的户主姓苏，64 号农户的户主姓张外，其余 57 户农户的户主全部姓马。

表 3-18 是驼巷回族自然村已婚妇女的姓氏分布。在 92 位已婚妇女

中，姓马的有41位，占已婚妇女的44.57%。另外，姓苏的有18位，姓海的有7位，其余的26位已婚妇女有17个不同姓氏。

表3-18 驼巷回族自然村已婚妇女的姓氏分布

单位：人

| 编号 | 姓氏 | 20~29岁 | 30~39岁 | 40~49岁 | 50~59岁 | 60~69岁 | 70~79岁 | 总计 |
|---|---|---|---|---|---|---|---|---|
| 1 | 马 | 11 | 10 | 9 | 6 | 3 | 2 | 41 |
| 2 | 苏 | 4 | 3 | 4 | 4 | 2 | 1 | 18 |
| 3 | 海 | 3 | 1 |  | 2 | 1 |  | 7 |
| 4 | 王 | 1 | 2 | 1 |  |  |  | 4 |
| 5 | 杨 | 1 | 2 | 1 |  |  |  | 4 |
| 6 | 张 |  | 1 |  | 2 |  |  | 3 |
| 7 | 金 |  |  | 1 | 1 |  |  | 2 |
| 8 | 叶 |  |  | 1 |  |  |  | 1 |
| 9 | 冯 |  |  |  | 1 |  |  | 1 |
| 10 | 孙 |  |  |  | 1 |  |  | 1 |
| 11 | 李 | 1 |  |  |  |  |  | 1 |
| 12 | 柯 |  |  |  |  | 1 |  | 1 |
| 13 | 韩 |  | 1 |  |  |  |  | 1 |
| 14 | 妥 | 1 |  |  |  |  |  | 1 |
| 15 | 明 |  |  |  | 1 |  |  | 1 |
| 16 | 黄 |  |  |  |  | 1 |  | 1 |
| 17 | 胡 | 1 |  |  |  |  |  | 1 |
| 18 | 曹 | 1 |  |  |  |  |  | 1 |
| 19 | 母 | 1 |  |  |  |  |  | 1 |
| 20 | 白 | 1 |  |  |  |  |  | 1 |
| 总计 |  | 26 | 20 | 17 | 18 | 8 | 3 | 92 |

注：此表包括8位已婚未生育妇女。

表3-19是驼巷回族自然村人口的年龄结构。从表3-19可以看出，0~14岁的人口占被调查人口的22.81%，15~64岁的劳动力人口占被调查人口的71.64%，65岁及以上的人口占被调查人口的5.56%。在0~5岁的人口占比中，男性明显高于女性；在15~64岁的劳动力人口占比中，

同样是男性明显高于女性,其中男性占比为54.29%,女性占比为45.71%。

表3-19 驼巷回族自然村人口的年龄结构

单位:人,%

| 年龄 | | 人口数 | 占被调查人口的比例 | 男性 | 占被调查男性的比例 | 女性 | 占被调查女性的比例 |
| --- | --- | --- | --- | --- | --- | --- | --- |
| 0~14岁 | | 78 | 22.81 | 49 | 25.26 | 29 | 19.59 |
| 其中 | 0~5岁 | 24 | 7.02 | 19 | 9.79 | 5 | 3.38 |
| | 6~14岁 | 54 | 15.79 | 30 | 15.46 | 24 | 16.22 |
| 15~64岁 | | 245 | 71.64 | 133 | 68.56 | 112 | 75.68 |
| 65岁及以上 | | 19 | 5.56 | 12 | 6.19 | 7 | 4.73 |
| 总计 | | 342 | 100 | 194 | 100 | 148 | 100 |

图3-3是驼巷回族自然村人口金字塔。从图3-3可以看出,近年来驼巷回族自然村的人口增长速度明显放缓。

图3-3 驼巷回族自然村人口金字塔

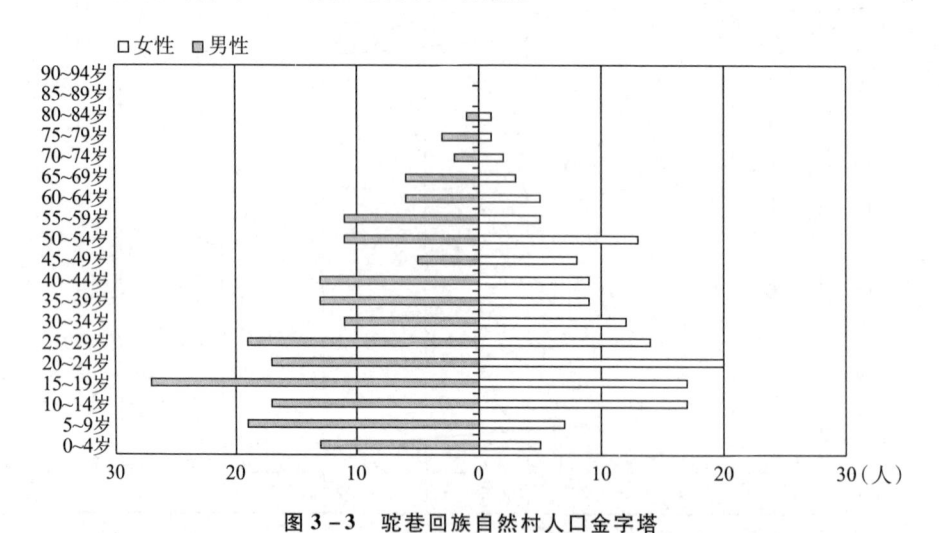

表3-20是驼巷回族自然村农民患病情况。由于在调查过程中事先没有对健康问题进行专门的设计,所以这里的统计数据主要来源于走访时看到的或者农民主动介绍的情况,为此,表3-20只是部分地反映了驼巷村农民患病的情况。从表3-20可以看出,患腰腿痛的人次最多,占患病总人次的16.44%;排在第二位的是患妇科病的人次,占患病总人次的13.70%;排

在第三位的是患消化系统疾病的人次，占患病总人次的 12.33%。

表 3-20　驼巷回族自然村农民患病情况

| 疾病种类 | 患病农户编号 | 人数（人次） | 占患病总人次的比例（%） |
|---|---|---|---|
| 腰腿痛 | 3、3、7、28、30、32、33、45、48、52、59、60 | 12 | 16.44 |
| 妇科病 | 11、14、16、35、38、41-1、48、55、56、58 | 10 | 13.70 |
| 消化系统疾病 | 9、11、11、18、21、26、38、41、42 | 9 | 12.33 |
| 骨骼系统疾病 | 13、18-1、37、38、45、57 | 6 | 8.22 |
| 风湿病 | 1、36、41、43、55、57 | 6 | 8.22 |
| 呼吸系统疾病 | 1、29、31、42、45 | 5 | 6.85 |
| 残疾 | 1、22、45、55、56 | 5 | 6.85 |
| 心脏病 | 13、16、24、48 | 4 | 5.48 |
| 头痛 | 18、43、59 | 3 | 4.11 |
| 眼病 | 19、28、31 | 3 | 4.11 |
| 聋哑 | 25、36、54 | 3 | 4.11 |
| 精神病 | 17、54、61 | 3 | 4.11 |
| 心血管病 | 33、51 | 2 | 2.74 |
| 肝病 | 30 | 1 | 1.37 |
| 坐骨神经痛 | 26 | 1 | 1.37 |
| 合计 |  | 73 | 100 |

表 3-21 是驼巷回族自然村外出打工人口的年龄、学历分布。表 3-21 数据显示，驼巷村被调查的 245 个劳动力人口中有 82 人外出打工，占劳动力人口的 33.47%。在外出打工的 82 人中，女性有 17 人，占外出打工人口的 20.73%，尽管女性外出打工人数比 2003 年明显增加，但女性的社会流动性依然比较小。从外出打工人口的学历来看，高中及以上的有 7 人，占外出打工人口的 8.54%；初中毕业和初中未毕业的有 30 人，占外出打工人口的 36.59%；小学毕业的有 6 人，占外出打工人口的 7.32%；不识字和小学未毕业的有 39 人，占外出打工人口的 47.56%。从外出打工人口的

年龄来看，30岁及以下的有54人，占外出打工人口的65.85%；31~40岁的有14人，占外出打工人口的17.07%；41~50岁的有11人，占外出打工人口的13.41%；50岁以上的有3人，占外出打工人口的3.66%。这些数据说明，驼巷村40岁以上男性的社会流动性也是比较小的。

表3-21 驼巷回族自然村外出打工人口的年龄、学历分布

单位：人

| 年龄 | 不识字 | | 小学未毕业 | | 小学毕业 | | 初中未毕业 | | 初中毕业 | | 高中 | | 大学 | | 总计 |
| --- | --- | --- | --- | --- | --- | --- | --- | --- | --- | --- | --- | --- | --- | --- | --- |
| | 男性 | 女性 | 男性 | 女性 | 男性 | 女性 | 男性 | 女性 | 男性 | 女性 | 男性 | 女性 | 男性 | 女性 | |
| 20岁及以下 | | | 2 | 2 | 2 | | 1 | | 5 | 2 | 1 | | | | 15 |
| 21~30岁 | 5 | 3 | 9 | | 1 | 1 | 7 | | 5 | 3 | 2 | 2 | | 1 | 39 |
| 31~40岁 | 3 | | 5 | | 1 | | 2 | | 2 | 1 | 1 | | | | 14 |
| 41~50岁 | | 2 | 5 | | | | 1 | | 3 | | | | | | 11 |
| 50岁以上 | 2 | | 1 | | | | | | | | | | | | 3 |
| 总计 | 10 | 5 | 22 | 2 | 5 | 1 | 9 | 0 | 15 | 6 | 4 | 2 | 0 | 1 | 82 |

#### 4. 驼巷村农民的教育状况

表3-22是2008年驼巷回族自然村6岁及以上农民的受教育水平。从表3-22可以看出，驼巷村不识字的农民多达113人，占6岁及以上农民的36.81%，依然占近四成，这说明驼巷村6岁及以上农民的整体受教育水平也是相当低的，提高农民的受教育水平依然迫在眉睫。

表3-22 驼巷回族自然村6岁及以上农民的受教育水平

单位：人

| 年龄 | 不识字 | | 小学未毕业 | | 小学毕业 | | 初中未毕业 | | 初中毕业 | | 高中 | | 大学 | | 总计 |
| --- | --- | --- | --- | --- | --- | --- | --- | --- | --- | --- | --- | --- | --- | --- | --- |
| | 男性 | 女性 | 男性 | 女性 | 男性 | 女性 | 男性 | 女性 | 男性 | 女性 | 男性 | 女性 | 男性 | 女性 | |
| 6~14岁 | 5 | 2 | 22 | 21 | 1 | 1 | 1 | | | | | | | | 53 |
| 15~19岁 | | 1 | 2 | 3 | 4 | 1 | 14 | 3 | 4 | 5 | 2 | 4 | | | 43 |
| 20~24岁 | | 6 | 6 | 2 | 3 | 1 | 4 | | 3 | 7 | 1 | 4 | 2 | 1 | 36 |
| 25~29岁 | 3 | 10 | 3 | 2 | 2 | 3 | 5 | | 6 | | 2 | | 1 | 1 | 36 |
| 30~34岁 | 3 | 10 | 4 | | 1 | | 1 | | 1 | | 1 | | | | 21 |

续表

| 年龄 | 不识字 | | 小学未毕业 | | 小学毕业 | | 初中未毕业 | | 初中毕业 | | 高中 | | 大学 | | 总计 |
| --- | --- | --- | --- | --- | --- | --- | --- | --- | --- | --- | --- | --- | --- | --- | --- |
| | 男性 | 女性 | 男性 | 女性 | 男性 | 女性 | 男性 | 女性 | 男性 | 女性 | 男性 | 女性 | 男性 | 女性 | |
| 35~39岁 | 4 | 3 | 5 | 2 | | 1 | 1 | 1 | 2 | | 1 | | | | 20 |
| 40~44岁 | 1 | 5 | 4 | 3 | | | 2 | | 4 | | | | | | 19 |
| 45~49岁 | 1 | 7 | 2 | | | | 1 | | | | 1 | 1 | | | 13 |
| 50~54岁 | 5 | 11 | 3 | 1 | 1 | | | | 1 | | 1 | | | | 23 |
| 55~59岁 | 7 | 5 | 2 | | | | | | 1 | | | | | | 15 |
| 60~64岁 | 4 | 5 | 2 | | | | | | | | | | | | 11 |
| 65岁及以上 | 9 | 6 | 3 | | | | | | | | | | | | 18 |
| 总计 | 42 | 71 | 58 | 34 | 12 | 7 | 27 | 4 | 22 | 9 | 8 | 9 | 3 | 2 | 308 |

注：6~14岁儿童中不包括正在上学前班的儿童。

从表3-22还可以看出，15~59岁的不识字人口，都是新中国成立后出生的，这部分人口占驼巷村不识字人口的72.57%。也就是说，在驼巷村现有的不识字人口中，有七成以上的人是新中国成立后出生的。其中，男性24人，占男性不识字人口的57.14%；女性58人，占女性不识字人口的81.69%。

表3-23数据显示，驼巷回族自然村6岁及以上农民的平均受教育年限为3.01年，其中男性为3.56年，女性为2.33年。6~14岁人口的平均受教育年限为3.47年，其中男性为3.44年，女性为3.50年。15~64岁劳动力人口的平均受教育年限为3.16年，其中男性为3.89年，女性为2.25年。65岁及以上人口的平均受教育年限仅为0.50年，其中男性为0.75年，女性为0年。

表3-23 驼巷回族自然村6岁及以上农民的平均受教育年限

| 年龄 | 人口数（人） | 平均受教育年限（年） | 男性（人） | 平均受教育年限（年） | 女性（人） | 平均受教育年限（年） |
| --- | --- | --- | --- | --- | --- | --- |
| 6~14岁 | 53 | 3.47 | 29 | 3.44 | 24 | 3.50 |
| 15~64岁 | 237 | 3.16 | 131 | 3.89 | 106 | 2.25 |
| 65岁及以上 | 18 | 0.50 | 12 | 0.75 | 6 | 0 |
| 总计 | 308 | 3.01 | 172 | 3.56 | 136 | 2.33 |

注：根据表3-22制作。

为了便于读者直观地了解驼巷村农民的受教育水平,特制作了图3-4和表3-24。从图3-4和表3-24可以看出,驼巷村女性受教育水平低的问题依然突出,其中女性不识字人口占6岁及以上不识字人口的62.83%。在6岁及以上的女性中,不识字人口占52.21%,小学未毕业人口占25.00%,二者合计占比达77.21%。也就是说,在驼巷村6岁及以上的女性中,有近八成的女性不识字或识字很少。同样,驼巷村男性受教育的水平也不容乐观,在6岁及以上的男性中,不识字人口占24.42%,小学未毕业人口占33.72%,二者合计占比达58.14%。也就是说,在驼巷村有近六成的男性不识字或识字很少。

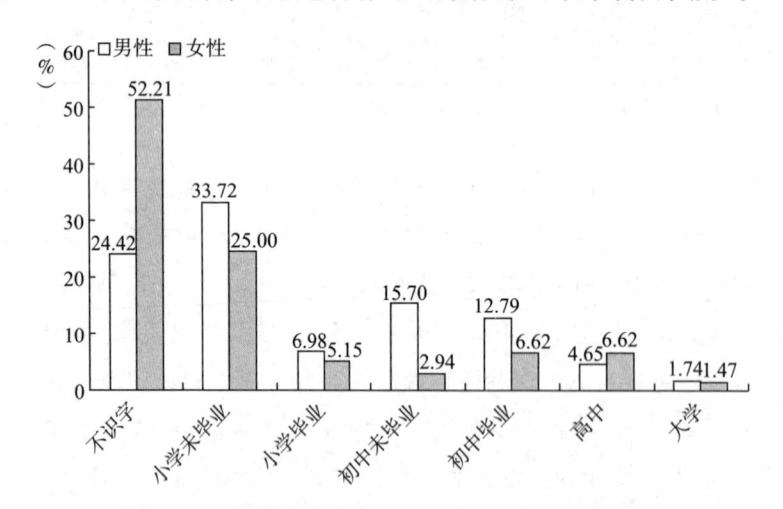

图3-4 驼巷回族自然村6岁及以上农民的受教育水平

表3-24 驼巷回族自然村6岁及以上农民的教育结构

| 指标 | 不识字 | 小学未毕业 | 小学毕业 | 初中未毕业 | 初中毕业 | 高中 | 大学 |
|---|---|---|---|---|---|---|---|
| 男性(人) | 42 | 58 | 12 | 27 | 22 | 8 | 3 |
| 占比(%) | 24.42 | 33.72 | 6.98 | 15.70 | 12.79 | 4.65 | 1.74 |
| 女性(人) | 71 | 34 | 7 | 4 | 9 | 9 | 2 |
| 占比(%) | 52.21 | 25.00 | 5.15 | 2.94 | 6.62 | 6.62 | 1.47 |
| 合计(人) | 113 | 92 | 19 | 31 | 31 | 17 | 5 |
| 占比(%) | 36.69 | 29.87 | 6.17 | 10.06 | 10.06 | 5.52 | 1.62 |

注:根据表3-22制作。

表3-25是驼巷回族自然村不同年龄、学历已婚已育妇女的生育情况。

表 3-25 驼巷回族自然村不同年龄、学历已婚已育妇女的生育情况

单位：人

| 指标 | 不识字 | | | 小学未毕业 | | | 小学毕业 | | | 初中未毕业 | | | 初中毕业 | | | 总计 | | |
|---|---|---|---|---|---|---|---|---|---|---|---|---|---|---|---|---|---|---|
| | 妇女人数 | 生育男孩数 | 生育女孩数 | 妇女人数 | 生育男孩数 | 生育女孩数 | 妇女人数 | 生育男孩数 | 生育女孩数 | 妇女人数 | 生育男孩数 | 生育女孩数 | 妇女人数 | 生育男孩数 | 生育女孩数 | 妇女人数 | 生育男孩数 | 生育女孩数 |
| 20~24岁合计 | 5 | 3 | 4 | 1 | 1 | | 1 | 1 | | | | | 2 | 2 | | 9 | 7 | 4 |
| 一个孩子 | 3 | 1 | 2 | 1 | 1 | | 1 | 1 | | | | | 2 | 2 | | 7 | 5 | 2 |
| 两个孩子 | 2 | 2 | 2 | | | | | | | | | | | | | 2 | 2 | 2 |
| 25~29岁合计 | 5 | 6 | 4 | 1 | 1 | 1 | 1 | 1 | 1 | | | | | | | 7 | 8 | 5 |
| 一个孩子 | | | | 1 | 1 | | | | 1 | | | | | | | 1 | 1 | 1 |
| 两个孩子 | 5 | 6 | 4 | | | | 1 | 1 | | | | | | | | 6 | 7 | 5 |
| 30~34岁合计 | 9 | 8 | 9 | | | | 1 | 2 | | 1 | 1 | 1 | 1 | 1 | | 11 | 11 | 10 |
| 一个孩子 | 4 | 3 | 1 | | | | | | | 1 | 1 | | 1 | 1 | | 5 | 4 | 1 |
| 两个孩子 | 2 | 2 | 2 | | | | | | | | | | | | | 2 | 2 | 2 |
| 三个孩子 | 3 | 3 | 6 | | | | 1 | 2 | 1 | | | | | | | 4 | 5 | 7 |
| 35~39岁合计 | 4 | 6 | 4 | 3 | 3 | 5 | 1 | 2 | | 1 | 1 | 1 | | | | 9 | 12 | 10 |
| 两个孩子 | 3 | 4 | 2 | 2 | 2 | 2 | 1 | 2 | | 1 | 1 | 1 | | | | 7 | 9 | 5 |
| 三个孩子 | 1 | 2 | 2 | 1 | 1 | 3 | | | | | | | | | | 2 | 3 | 5 |
| 40~44岁合计 | 7 | 12 | 7 | 3 | 6 | 6 | 2 | 2 | | | | | | | | 10 | 18 | 13 |
| 两个孩子 | 3 | 4 | 2 | | | | | | | | | | | | | 3 | 4 | 2 |
| 三个孩子 | 3 | 6 | 3 | 2 | 4 | 2 | | | | | | | | | | 5 | 10 | 5 |
| 四个孩子 | 1 | 2 | 2 | | | | | | | | | | | | | 1 | 2 | 2 |

续表

| 指标 | 不识字 妇女人数 | 不识字 生育男孩数 | 不识字 生育女孩数 | 小学未毕业 妇女人数 | 小学未毕业 生育男孩数 | 小学未毕业 生育女孩数 | 小学毕业 妇女人数 | 小学毕业 生育男孩数 | 小学毕业 生育女孩数 | 初中未毕业 妇女人数 | 初中未毕业 生育男孩数 | 初中未毕业 生育女孩数 | 初中毕业 妇女人数 | 初中毕业 生育男孩数 | 初中毕业 生育女孩数 | 总计 妇女人数 | 总计 生育男孩数 | 总计 生育女孩数 |
|---|---|---|---|---|---|---|---|---|---|---|---|---|---|---|---|---|---|---|
| 六个孩子 |  |  |  | 1 | 2 | 4 |  |  |  |  |  |  |  |  |  | 1 | 2 | 4 |
| 45~49岁合计 | 7 | 11 | 13 |  |  |  |  |  |  |  |  |  |  |  |  | 7 | 11 | 13 |
| 两个孩子 | 2 | 2 | 2 |  |  |  |  |  |  |  |  |  |  |  |  | 2 | 2 | 2 |
| 三个孩子 | 2 | 5 | 1 |  |  |  |  |  |  |  |  |  |  |  |  | 2 | 5 | 1 |
| 四个孩子 | 1 | 2 | 2 |  |  |  |  |  |  |  |  |  |  |  |  | 1 | 2 | 2 |
| 五个孩子 | 2 | 2 | 8 |  |  |  |  |  |  |  |  |  |  |  |  | 2 | 2 | 8 |
| 50~54岁合计 | 12 | 25 | 23 | 1 | 2 | 2 |  |  |  |  |  |  |  |  |  | 13 | 27 | 25 |
| 两个孩子 | 1 | 2 |  |  |  |  |  |  |  |  |  |  |  |  |  | 1 | 2 |  |
| 三个孩子 | 2 | 2 | 4 |  |  |  |  |  |  |  |  |  |  |  |  | 2 | 2 | 4 |
| 四个孩子 | 6 | 15 | 9 | 1 | 2 | 2 |  |  |  |  |  |  |  |  |  | 7 | 17 | 11 |
| 五个孩子 | 2 | 4 | 6 |  |  |  |  |  |  |  |  |  |  |  |  | 2 | 4 | 6 |
| 六个孩子 | 1 | 2 | 4 |  |  |  |  |  |  |  |  |  |  |  |  | 1 | 2 | 4 |
| 55~59岁合计 | 5 | 11 | 11 |  |  |  |  |  |  |  |  |  |  |  |  | 5 | 11 | 11 |
| 四个孩子 | 3 | 7 | 5 |  |  |  |  |  |  |  |  |  |  |  |  | 3 | 7 | 5 |
| 五个孩子 | 2 | 4 | 6 |  |  |  |  |  |  |  |  |  |  |  |  | 2 | 4 | 6 |
| 六个孩子 |  |  |  |  |  |  |  |  |  |  |  |  |  |  |  |  |  |  |
| 60~64岁合计 | 5 | 11 | 13 |  |  |  |  |  |  |  |  |  |  |  |  | 5 | 11 | 13 |
| 一个孩子 | 1 | 1 |  |  |  |  |  |  |  |  |  |  |  |  |  | 1 | 1 |  |
| 三个孩子 | 1 | 1 | 2 |  |  |  |  |  |  |  |  |  |  |  |  | 1 | 1 | 2 |

续表

| 指标 | 不识字 | | | 小学未毕业 | | | 小学毕业 | | | 初中未毕业 | | | 初中毕业 | | | 总计 | | |
|---|---|---|---|---|---|---|---|---|---|---|---|---|---|---|---|---|---|---|
| | 妇女人数 | 生育男孩数 | 生育女孩数 | 妇女人数 | 生育男孩数 | 生育女孩数 | 妇女人数 | 生育男孩数 | 生育女孩数 | 妇女人数 | 生育男孩数 | 生育女孩数 | 妇女人数 | 生育男孩数 | 生育女孩数 | 妇女人数 | 生育男孩数 | 生育女孩数 |
| 六个孩子 | 1 | 3 | 3 | | | | | | | | | | | | | 1 | 3 | 3 |
| 七个孩子 | 2 | 6 | 8 | | | | | | | | | | | | | 2 | 6 | 8 |
| 65~69岁合计 | 4 | 14 | 9 | | | | | | | | | | | | | 4 | 14 | 9 |
| 两个孩子 | 1 | 2 | | | | | | | | | | | | | | 1 | 2 | |
| 六个孩子 | 1 | 5 | 1 | | | | | | | | | | | | | 1 | 5 | 1 |
| 七个孩子 | 1 | 3 | 4 | | | | | | | | | | | | | 1 | 3 | 4 |
| 八个孩子 | 1 | 4 | 4 | | | | | | | | | | | | | 1 | 4 | 4 |
| 70~74岁合计 | 2 | 10 | 10 | | | | | | | | | | | | | 2 | 10 | 10 |
| 十个孩子 | 2 | 10 | 10 | | | | | | | | | | | | | 2 | 10 | 10 |
| 75~79岁合计 | 1 | 3 | 1 | | | | | | | | | | | | | 1 | 3 | 1 |
| 四个孩子 | 1 | 3 | 1 | | | | | | | | | | | | | 1 | 3 | 1 |
| 十个孩子 | 1 | 5 | 5 | | | | | | | | | | | | | 1 | 5 | 5 |
| 80~84岁合计 | 1 | 5 | 5 | | | | | | | | | | | | | 1 | 5 | 5 |
| 总计 | 67 | 125 | 113 | 9 | 13 | 13 | 4 | 6 | 2 | 1 | 1 | 1 | 3 | 3 | 0 | 84 | 148 | 129 |

从表 3-25 可以看出，驼巷村已婚已育妇女生育子女数总体与年龄成正比、与学历成反比的趋势依然比较明显。在已婚已育的 84 位妇女中，初中毕业的有 3 人，初中未毕业的有 1 人，小学毕业的有 4 人，小学未毕业的有 9 人，其余 67 人都没有上过学。在 55 岁及以上的已婚已育妇女中，没有一人上过学。农村已婚已育妇女受教育水平低的现状，如果长期得不到改善，不仅会严重影响农村人口素质的提升，而且会严重制约农村下一代或者下几代人的健康发展。

## 三 骆驼巷行政村阴洼汉族自然村

骆驼巷行政村阴洼汉族自然村 2008 年的基础数据是 2009 年 9 月入户调查时收集的。参加入户调查的人员还有时任骆驼巷行政村村委会村支书马正清、时任阴洼村队长姜国荣。

1. 阴洼村农民的生活状况

**(1) 24 号农户家的生活概况**

**阴洼汉族自然村 24 号农户家**

2003年11月25日，一个天上飘落雪花的日子。那天，是我第一次走进阴洼汉族自然村24号农户家。24号农户的家，位于阴洼村一条东北至西南通向的小路（2014年硬化成水泥路）旁的一个高坡上，他家的院子不大，大约有100平方米，院子门前有一块空地，院子的门朝东，是用几根破木头拼接成的。一进门的四五米处有一间坐西朝东的土坯房，面积大约有20平方米，房间里的地面是泥土地，看上去凹凸不平。这间房子的门，正对着院子的木门，算是24号农户家的正房。

走进正房的门，一眼看到的就是右侧的一盘大炕，大炕对着的西南角放着两只旧木箱子。进门左边的空地上，堆落着整袋整袋的粮食，这些粮食是他们全家今冬明春的口粮。正对着房间门口的墙前，摆着一个方桌，方桌的左边放了一个旧木柜，柜子上的黑白电视机正发着声音，但是看不到画面，成了收音机。屋子的正中央架着一个炉子，炉子边儿上放着十来个洋芋。24号农户家小院子的右侧，是一间坐北朝南的土坯房，大约有15平方米，房子里的左侧有一盘炕，房子里的右侧砌了一个灶台。紧挨着这间灶房东墙的地方，有一个6平方米左右的土坯房，又矮又小，像是一间装破烂的仓库。

2003年第一次入户调查时，24号农户家有7口人：户主夫妇和5个女儿。当时，户主48岁，没有上过学；他的媳妇42岁，也没有上过学。他们生有5女1男（男娃夭折）。大女儿17岁，小学四年级辍学，半年前去银川给人家当保姆，每月能挣300元；二女儿14岁，正上小学五年级；三女儿13岁，正上小学三年级；四女儿11岁，正上小学三年级；最小的女儿刚刚3岁，在家里生的，还没有报上户口。

说实话，第一次走进24号农户家的时候，我就被户主的老婆惊到了，她的双脚变形，双腿萎缩，不能站立，只能依靠双手和双膝爬行生活。就是这样一位残疾妇女，生育了5个孩子，还要下地干农活儿。24号农户家的户主是一位不善言辞的农民，个头儿看上去不矮，患有严重的风湿病，不能干重体力活儿，尽管他的老婆身体残疾，但是能看得出来，在这个7口之家，主事儿的人是他的老婆。

2003年11月27日，是一个大风天。我又去了一趟24号农户家，特意去看望一下这位身残志坚的农村妇女，因为我觉得她的人生太不容易了，她让我重新认识了生命的力量，我很想在返回银川之前和她道个别。记得道别的那天还发生了一个小插曲，这让我记忆犹新。第一次去24号农户家的时候，我问他们家有几口人，户主的老婆告诉我家里有6口人，她以为我是检查计划生育的，便把最小的女儿藏在了那间灶房里。但是，当我再次去她家，她知道了我是特意去看望她的时候，一下子拉近了和我的距离。她把小女儿抱到我的跟前，毫不隐讳地对我说："其实，我5年前曾经生过一个儿子，但是临产的时候丈夫不在家，女娃儿们都上学去了，家里只有我一个人，眼看着儿子的头已经出来了，情急之下，我就自己用剪刀剪断了胎儿的脐带，然后用块破布把孩子包裹起来，没想到儿子刚生下来就受了风寒，发烧、抽搐，三天后就在家里夭折了。本想再努力一下要一个男娃儿，谁知道又生了这个女娃儿……"

听了这一席话，突然觉得眼前的这位残疾妇女挺要强的，她好像并不在意自己身体上的残疾，和所有的母亲一样全力维系着家里的生计，在她的身上我看到了一股劲儿，一股努力做一个正常母亲的韧劲儿。我答应她，我一定会再来看她，希望她和女儿们好好地生活。记得那天我走出24号农户家的时候，这位残疾妇女爬行着跟在我的身后，一直爬到院子前的空地上为我送行，这一幕让我的心里很不是滋味，可在她的脸上看到的始终是感激的笑容。当我从她家院子门前的高坡上走到小路口时，回头望过去，她依然跪在院子的大门外目送着我，直到我走远。一位残疾的农村妇女，跪在一个寒冷的大风天中，久久地望着大门外那条小路的方向，一动不动……每当我回想起这一幕，都会有一种涌上心头的感动，一种挥之不去的对生命的感动。

在骆驼巷村，像24号农户家户主的老婆这样自己在家里生孩子的现象非常普遍，不论是回族还是汉族的已婚妇女，绝大多数人是在家里生的孩子。按照当地的风俗习惯，孕妇生产前，要把炕席掀起来铺上晒透的黄土，然后产妇在炕上铺的黄土上生孩子。孩子生下来后，产妇仍然要坐在黄土上，后背垫上一个大草垫儿，坐靠在墙上，3天之后把炕上的黄土倒掉，才能让产妇躺下身来休息。有的生过孩子的妇女说要靠一周，一周之后才能躺下身来休息。不知道"坐月子"的说法，是否源于这种旧的风俗习惯（近十年来绝大多数农村的孕妇去医院生孩子）。

2004年4月中旬，我去刘庄汉族自然村做入户调查的时候，专门到阴洼村看望了24号农户家。那是4月16日上午，一个大晴天，24号农户家户主的老婆看见我来了，激动得不得了，她简直不敢相信我真的又来了。当我递给她春播的种子钱的时候，她连连地说："林老师是第一，林老师是第一。"当我把去年冬季见面时穿的那件羽绒服送给她的时候，她马上就把羽绒服套在了身上，一边看一边说："真暖和，真暖和，我还是头一回穿上这么暖和的衣服。"我告诉她，以后我还会再来看她，她满足地笑了。那天道别的时候，她依然爬行着为我送行，依然是一直爬到了院子的大门外，蓝天白云下跪着的这位残疾妇女，目送我走下高坡，当我回过头再看她的时候，她跪着一个劲儿地向我挥手，脸上露出发自内心的憨笑。

2009年第二次入户调查时，24号农户家还是7口人：户主夫妇和5个女儿。这一年，24号农户家的户主53岁，他的老婆47岁。他们的大女儿22岁，在广州一家电子厂打工，月薪约1200元；他们的二女儿19岁，初中毕业后去了银川的一家餐馆打工，月薪约800元；他们的三女儿18岁，初中二年级辍学在家；他们的四女儿16岁，正上初中二年级；最小的女儿8岁，正上小学二年级。

从2003年第一次入户调查到2009年第二次入户调查，其间我曾多次去24号农户家看望，给他们的女儿送去衣物和学习用品，他们的二女儿还参加过我组织的贫困学生去银川的活动。后来，听阴洼村的农民说，24号农户家于2010年搬到了中宁渠口，但是户口没有转走，他们家在那里买了几亩地，全家依然以种地为生。24号农户家搬走之后，我曾经和户主的老婆通过几次电话，电话中她告诉我，搬到中宁以后，由于没有迁户口，当地的惠农政策都无法享受，好在大女儿于2009年嫁到安徽，二女儿于2010年嫁到苏州，家里经济上宽裕了一些，盖了两间砖木结构的房子，花了4.3万元，生活条件比前几年改善了……说实话，每次我们通电话，我脑海里都会浮现她为我送行的那一幕。再后来，就没有了她的消息。大概过了一年多，有一次在村委会，无意间听说她于2012年病逝了，走的时候很突然，浑身痉挛，口吐白沫，还没来得及送往医院，人就不行了。

2017年5月29日下午,我又去了24号农户家的老房子,小院子的木门没有关,我便走进了院子。院子的地上长满了杂草,正面的房子上着锁,房子看上去快要塌了,右侧的小房子已经塌了一半,小仓库也早已经露了天。看着这个荒芜的小院子,不知为什么总有一种奇怪的感觉,好像那位残疾妇女并没有走远,不管是刮风天还是下雪天,不管是太阳高照还是阴云密布,她都会跪在院子门外的高坡上,一动不动地注视着高坡下通往那条小路的方向……

从24号农户家的老院子出来,我去了24号农户家户主的外甥家,他家就住在24号农户家老房子的南边,据他们家人介绍,现在24号农户家的三女儿已经结婚了,嫁到了固原市原州区头营镇,四女儿也初中毕业了,在中宁渠口的一家超市里打工,最小的女儿在中宁职业学校上学,是一年级学生。24号农户家的户主已经不种地了,和四女儿在一起生活。

24号农户家有承包地12亩。2008年,他家种了4亩小麦、3亩洋芋、3亩胡麻、1亩豆子、1亩燕麦。其中,每亩小麦上100斤磷肥、20斤磷酸二铵、10斤尿素,平均亩产约150公斤;每亩洋芋上50斤磷肥、6手推车农家肥(1手推车农家肥约200公斤),平均亩产约1000公斤;每亩胡麻上30斤碳酸氢铵、10斤磷酸二铵、10斤尿素,平均亩产约50公斤;每亩豆子上45斤磷肥、10斤尿素,平均亩产约50公斤;种的1亩燕麦用来喂牲畜。2008年,24号农户家收获的小麦全部留下来也不够吃,还要买1000斤小麦,1斤的价格是0.89元,支出890元;收获的洋芋卖了4000斤,1斤的价格是0.35元,收入1400元;收获的胡麻和豆子自家食用。这一年,24号农户家养了1头驴、1头猪,养的猪不舍得吃肉,卖了600元,还养了五六只鸡,鸡蛋、鸡肉自家食用。由于24号农户家超生,享受的低保待遇在2007年就被取消了,好在两个女儿在外打工,经济上比起前几年宽松了不少。

2003年,24号农户家的12亩承包地种了5亩小麦、1亩洋芋、2亩胡麻、3亩豆子、1亩燕麦。其中,每亩小麦上30斤磷肥、10斤磷酸二铵、5斤尿素,平均亩产约150公斤;每亩洋芋上5手推车农家肥,平均亩产约1500公斤;每亩胡麻上30斤碳酸氢铵、8斤尿素,平均亩产约50公斤;每亩豆子上30斤磷肥、5斤尿素,平均亩产约60公斤;种的1亩燕麦用来喂牲畜。2003年，24号农户家收获的小麦全部留下来当口粮也不够吃，还要买进1000斤小麦，1斤的价格是0.7元，支出700元；收获的洋芋除了自己吃、留种子外，还卖了1000斤，1斤的价格是0.3元，收入300元；收获的胡麻用作全家一年的食用油；收获的豆子卖了300斤，1斤的价格是0.9元，收入270元。就这样，24号农户家买卖农作物，赤字为130元。这一年，24号农户家养了1头驴、1头猪和五六只土鸡。喂的猪是留作过年吃肉的，土鸡和鸡蛋是用来换零用钱的。在当地，1只公鸡能换30元，1个土鸡蛋能换0.3元，养鸡一年可以收入200元左右。另外，24号农户家夫妇俩是村里的低保户，每人每月享受国家低保补助金20元，一年共480元。

综上所述，24号农户家的粮食不能自给自足。从农作物种植和牲畜养殖的现金收入来看，2003年农作物收入570元，养殖收入200元；2008年农作物收入1400元，养殖收入600元。

(2) 36号农户家的生活概况

**阴洼汉族自然村36号农户家**

2003年11月26日,一个太阳高照的日子,头天下了一天的雪,没想到第二天又放晴了。第一次走进阴洼村36号农户家,是11月26日的下午,尽管是个大晴天,但走在外面的感觉还是非常寒冷。说来也巧,那天下午,我在阴洼村那条东北至西南通向的小路上(2014年硬化成水泥路),碰见了一位身背药箱的农民,他个头不高,说起话来不紧不慢,还挺健谈的。村里的人介绍说,他是赤脚医生,自学成才,自学的是中医,从1962年就开始给附近的村民看病,医术受到广大村民的认可。

36号农户家的户主,便是这位身背药箱的人,第一次采访他,就是在他家的小药铺里。36号农户的家离24号农户家不远,向南走七八分钟就到了,在阴洼村那条东北至西南通向的小路东侧。他家的院子不大,看上去有200平方米左右,院子的铁门朝南,正对着院子大门的是一间坐北朝南的正房,大约有20平方米,正房的外墙是用灰色的砖砌成的,看上去新鲜别致,但房子的主体是土坯结构。正房的左侧有三间不大的土坯房,其中一间是灶房,院子的右侧有两间砖砌的房子,院子门口的左侧有一个工具棚、一个牲畜棚,牲畜棚里拴着2头驴,圈着1头肥胖的母猪和两只猪崽儿,还有十来只大大小小的土鸡。

36号农户家院子大门外的右侧,有一间10平方米左右的小药铺,36号农户家的户主平时经常住在这间小药铺里,不出诊的时候,就会在这间小药铺里给前来看病的村民把脉问诊。小药铺坐北朝南,也是土坯结构,里面的摆设简单陈旧。小药铺的门靠东,一进门右侧的西北角有一盘不大的炕,对着门的北墙前摆放着一排高高的中药柜,中药柜的门面有很多小抽屉,小抽屉里是各种各样的中草药,中药柜的前面有一张桌子、两把椅子、两个圆凳子。

36号农户夫妇生有8个孩子,5男3女,老大、老二、老三、老四都是儿子,老五、老六、老七都是女儿,排行最小的是个儿子。2003年第一次入户调查时,36号农户家的户口簿上有9口人,但实际上是10口人:户主夫妇俩、大儿子夫妇俩和他们的3个孩子(2男1女)、三儿子、小女儿、小儿子。2003年，户主57岁，初中毕业；他的老婆56岁，没有上过学。大儿子35岁，读过两年小学，大儿媳28岁，没有上过学。他们的3个孩子中，老大12岁，是个男娃儿，上小学五年级；老二8岁，是个女娃儿，上小学二年级（没有上户口）；老三6岁，是个男娃儿，上小学一年级。据说因为大儿子和媳妇的关系不和睦，两三年前大儿媳妇带上女娃儿离家出走了，直到2004年才办理了离婚手续，但是户口没有转走。三儿子30岁，小学毕业，农闲时去同心打工。小女儿21岁，中专毕业，在银川工作，当时没有转户口（现在已转为城镇户口）。小儿子20岁，在安徽的合肥工业大学上学，是二年级学生。36号农户家的二儿子毕业于山西的太原重型机械学院，当时在银川工作；四儿子毕业于北京的中央财经大学，当时在北京工作；大女儿已经结婚，嫁到了西吉；二女儿也已经结婚，嫁到了贺兰。

2009年第二次入户调查时，36号农户家剩下6口人：户主夫妇俩、大儿子和他的2个男娃儿，还有三儿子。2009年，大儿子家的大男娃儿17岁，上初中三年级；小男娃儿11岁，上小学五年级。大儿子没有外出打工，在家种地；三儿子在内蒙古的一家奶牛场打工，月薪1000多元。小女儿于2007年结婚，嫁到了银川。小儿子大学毕业后留校，家安在了安徽。据了解，36号农户家的户主2007年被张易镇卫生院聘为坐诊医生，专门为前来看病的农民把脉问诊，看一天病给他100元的报酬；2009年又转到了红庄乡卫生院，报酬不变，因为离家近，每天都可以回家。

2017年6月21日上午，我又特意去了一趟36号农户家，他家院子的周围显得冷清萧条，小药铺的门和窗都掉了下来，里面装满了牲畜饲料。36号农户家户主的堂弟带我走进院子里看了看，一进院子，左侧的牲畜棚里就钻出来十几只大大小小的羊，还有七八只鸡，院子左侧的房子也成了羊圈。正房看上去变化不大，门上挂着一把大锁。院子右侧的房前立着一个大铁笼子，铁笼子里关着一只1米多长的藏獒，不停地冲着我吼叫。36号农户家户主的堂弟对我说："我老哥2010年下半年害了眼疾，渐渐双目

失明，行动不便，对生活越来越没有信心，几次想了结自己的生命，都被家里人及时发现抢救过来了，最终，还是于2011年农历三月初七在家中上吊身亡了……"

从36号农户家的院子出来的时候，有一种人去楼空的感觉。据了解，2015年36号农户家都搬到贺兰县了，户口也都迁走了，这个院子以及院子周围的自留地，被36号农户家户主的堂弟买了下来，花了1万元，现在暂时在院子里饲养牲畜。临走时我拿出手机，专门拍了一下破旧的小药铺，曾经，我也来这里把过脉、问过诊，桌子上的那只小药箱，依稀在我的眼前，那只长约50厘米、宽约20厘米、高约30厘米的皮革制的小药箱，里面放着老三样——体温计、血压计、听诊器，还有一些常用药、急救药以及消毒过的针头、针管……

逝者长已矣，生者如斯夫。

36号农户家有25亩承包地，没有和儿子分家。2008年，他家种了8亩小麦、3亩洋芋、6亩胡麻、3亩豆子、3亩莜麦、2亩苜蓿草。其中，每亩小麦上30斤磷酸二铵、20斤尿素，平均亩产约200公斤；每亩洋芋上50斤碳酸氢铵、15斤磷酸二铵、20斤尿素、1拖拉机农家肥，平均亩产约1500公斤；每亩胡麻上20斤磷酸二铵，平均亩产约75公斤；每亩豆子上30斤复合肥、1拖拉机农家肥，平均亩产约50公斤；每亩莜麦上30斤复合肥、1拖拉机农家肥，平均亩产约75公斤；苜蓿草顺其自然生长，没有计算产量。2008年，36号农户家收获的小麦全部留下来当口粮吃，粮食可以自给自足；收获的洋芋卖了9000斤，1斤的价格是0.35元，收入3150元；收获的胡麻作为自家的食用油；收获的豆子卖了300斤，1斤的价格是1.3元，收入390元；收获的莜麦自家食用；苜蓿草用来喂牲畜。这一年，36号农户家养了1头驴、1头猪和七八只鸡，养的猪留着过年吃肉，养的鸡自家食用。

2003年，36号农户家的25亩承包地种了7亩小麦、8亩豆子、2亩洋芋、5亩胡麻、1.5亩燕麦、1.5亩苜蓿草。其中，每亩小麦上50斤磷肥、20斤磷酸二铵、10斤尿素，平均亩产约200公斤；每亩豆子上50斤磷肥、

10 斤尿素、4 手推车农家肥（1 手推车农家肥 500 斤左右），平均亩产约 100 公斤；每亩洋芋上 100 斤磷肥、10 斤尿素、6 手推车农家肥，平均亩产约 1500 公斤；每亩胡麻上 50 斤碳酸铵、20 斤尿素，平均亩产约 75 公斤；种的燕麦、苜蓿草是牲畜的草料。2003 年，36 号农户家收获的小麦全部留下当口粮吃，粮食可以自给自足；收获的豆子卖了 1600 斤，1 斤的价格是 0.65 元，收入 1040 元；收获的洋芋卖了 5000 斤，1 斤的价格是 0.13 元，收入 650 元；收获的胡麻除了自家吃以外还卖了 450 斤，1 斤的价格是 1.2 元，收入 540 元。这一年，36 号农户家卖了 1 头小驴，收入 600 元；养的猪不卖，留着过年吃肉；养的土鸡和下的鸡蛋自家食用。另外，36 号农户家的户主还开了一个小药铺，平时不仅卖药，而且给村里的农民看病，一年可以收入 5000 元左右。为了便于给附近的农民看病，他还特意买了一部手机，虽然在家时接收不到信号，但是走到村口处就可以接收到信号了，在当时使用手机的农民为数不多。

综上所述，36 号农户家的粮食可以自给自足。从农作物种植和牲畜养殖的现金收入来看，2003 年农作物收入 2230 元，养殖收入 600 元；2008 年农作物收入 3540 元，养殖没有收入。

从表 3-26 可以了解阴洼汉族自然村农民生活的整体水平。其中，农民自产粮够吃的农户占八成以上。生活富裕的农户占比仅为 1.79%，生活比较好的农户占近三成，生活一般的农户占近六成，生活比较困难和困难的农户合计占一成多。显然，生活相对困难的农户占比较 2003 年有大幅下降。主动反映"上学困难""看病困难""缺少零用钱"的农户占比分别为 3.57%、3.57%、12.50%。另外，拥有彩色电视机的农户占到了近九成，拥有手机的农户占到了七成以上。

表 3-27 是阴洼汉族自然村农民家庭年现金收入明细。从表 3-27 可以看出，农民家庭年现金收入中，农业收入占总收入的 24.58%，打工收入占总收入的 47.13%，经商收入占总收入的 20.86%，工资性收入占总收入的 7.41%。

表3-26 阴洼汉族自然村农民的生活状况

| 指标 | 粮食 | | | 生活现状 | | | | 电视机 | | | 电话 | | | 农民反映的主要问题 | | |
|---|---|---|---|---|---|---|---|---|---|---|---|---|---|---|---|---|
| | 自产粮够吃 | 自产粮不够吃 | 困难 | 比较困难 | 一般 | 比较好 | 富裕 | 彩色 | 黑白 | 没有 | 手机 | 座机 | 无 | 上学困难 | 看病困难 | 缺少零用钱 |
| 户数（户） | 47 | 9 | 1 | 6 | 32 | 16 | 1 | 50 | 5 | 1 | 41 | 29 | 7 | 2 | 2 | 7 |
| 占被调查农户的比例（%） | 83.93 | 16.07 | 1.79 | 10.71 | 57.14 | 28.57 | 1.79 | 89.29 | 8.93 | 1.79 | 73.21 | 51.79 | 12.50 | 3.57 | 3.57 | 12.50 |

表 3-27　阴洼汉族自然村农民家庭年现金收入明细

单位：元

| 农户编号 | 农业 | 打工 | 经商 | 工资 | 合计 | 备注 |
|---|---|---|---|---|---|---|
| 1 | 3000 | 10000 | | | 13000 | |
| 2 | 3000 | 17000 | | | 20000 | |
| 3 | 4000 | 40000 | | | 44000 | |
| 4 | 4000 | 8000 | | | 12000 | |
| 5 | 10000 | 4000 | | | 14000 | |
| 6 | 7000 | 6000 | | | 13000 | |
| 7 | 8000 | 28000 | | | 36000 | |
| 8 | | 26000 | | 14000 | 40000 | 城镇户口1位 |
| 9 | 5000 | 15000 | | | 20000 | |
| 10 | 10000 | 18000 | | | 28000 | |
| 11 | 5000 | 25000 | | | 30000 | |
| 12 | 5000 | 30000 | | | 35000 | |
| 13 | 8000 | 18000 | | | 26000 | |
| 14 | 5000 | 15000 | | | 20000 | |
| 15 | 4000 | 6000 | | | 10000 | |
| 16 | 4000 | 6000 | | 30000 | 40000 | 城镇户口1位 |
| 17 | 10000 | 5000 | 3000 | | 18000 | |
| 18 | 6000 | 12000 | | | 18000 | |
| 19 | | | 120000 | | 120000 | |
| 20 | 3000 | | 50000 | | 53000 | |
| 21 | 5000 | 5000 | 3000 | | 13000 | |
| 22 | 6000 | 14000 | | | 20000 | |
| 23 | 6000 | 4000 | | | 10000 | |
| 24 | 3000 | 10000 | | | 13000 | |
| 25 | 5000 | 5000 | | | 10000 | |
| 26 | | 2000 | 20000 | | 22000 | 城镇户口1位 |
| 27 | 5000 | 10000 | | | 15000 | |
| 28 | 3000 | 20000 | | | 23000 | |
| 29 | 3000 | | | | 3000 | |

续表

| 农户编号 | 农业 | 打工 | 经商 | 工资 | 合计 | 备注 |
|---|---|---|---|---|---|---|
| 30 | 5000 | 15000 | | | 20000 | |
| 31 | 4000 | 2000 | 6000 | | 12000 | |
| 32 | 3000 | 3000 | | | 6000 | |
| 33 | 5000 | 10000 | | 30000 | 45000 | 城镇户口 1 位 |
| 34 | 3000 | 30000 | | | 33000 | |
| 35 | 4000 | | | 2000 | 6000 | |
| 36 | 8000 | 12000 | 5000 | | 25000 | |
| 37 | | | | | | 搬迁未销户 |
| 38 | 10000 | 8000 | | 12000 | 30000 | 城镇户口 1 位 |
| 39 | 3000 | 2000 | | | 5000 | |
| 40 | 2000 | | | | 2000 | |
| 41 | 5000 | 4000 | | | 9000 | |
| 42 | 10000 | 12000 | | | 22000 | |
| 43 | 5000 | 5000 | | | 10000 | |
| 44 | 5000 | 6000 | | | 11000 | |
| 45 | 12000 | | | | 12000 | |
| 46 | 5000 | 10000 | | | 15000 | |
| 47 | 10000 | 20000 | 10000 | | 40000 | |
| 48 | 5000 | | 30000 | | 35000 | |
| 49 | 3000 | | | | 3000 | |
| 50 | 10000 | 6000 | | | 16000 | |
| 51 | 3000 | 10000 | | | 13000 | |
| 52 | 5000 | 5000 | | | 10000 | |
| 53 | 10000 | 5000 | | | 15000 | |
| 54 | 3000 | 5000 | | | 8000 | |
| 55 | 4000 | 18000 | | | 22000 | |
| 56 | 4000 | 6000 | | | 10000 | |
| 57 | 5000 | 5000 | | | 10000 | |
| 合计 | 291000 | 558000 | 247000 | 88000 | 1184000 | |

注：37 号农户搬迁，未销户。

从阴洼村家里有经商农户的具体经济活动来看，17号农户在本村经营了一个小卖部；19号农户买了3辆二手吊车，在银川开吊车赚钱；20号农户2007年买了1辆新吊车，在银川开吊车赚钱；21号农户在红庄经营了一个小百货店；26号农户开吊车赚钱；31号农户在本村经营了一个小卖部；36号农户在村里经营了一家私人诊所；47号农户在银川市新华街经营了一个鞋店（摊位）；48号农户在石嘴山市大武口运输煤。

2. 阴洼村农民的生产状况

下面，从表3-28的数据来看一下阴洼汉族自然村农民的生产生活状况。2008年，阴洼村被调查的56户农户的总人口为291人，其中男性153人、女性138人，家庭平均人口为5.11人。在阴洼村，没有"退耕还林"的农户，被调查的56户农户自报上来的承包土地共计886亩，人均3.04亩，粮食的平均亩产量为124公斤。户均家庭年现金收入为21143元，约是2003年的8倍；家庭年人均收入为4069元，约是2003年的8倍。

表3-28显示，在阴洼村被调查的56户农户中，养牛的农户有24户，其中养2头及以上的农户有10户；养羊的农户有22户，其中养3只及以上的农户有21户；养猪的农户有44户；养驴的农户有10户；养骡子的农户有1户。另外，有农用三轮车的农户有17户，有小型手扶拖拉机的农户也有17户，机械化程度还是相对比较低的。

表3-28的"其他"一栏，是指从事商业经营活动的农户所持有的固定资产。其中，17号农户有一个小卖部，19号农户有3辆二手吊车，31号农户有一个小卖部，48号农户有一辆电动自行车。

表3-29是阴洼汉族自然村农民的主要劳动生产方式。从表3-29可以看出，完全以土地为生的农户有4户，占被调查农户的7.14%；既种地又打工的农户有38户，占被调查农户的67.86%；既种地又从事经商活动的农户有2户，占被调查农户的3.57%；既种地又打工还从事经商活动的农户有5户，占被调查农户的8.93%；既种地又打工还有工资性收入的农户有3户，占被调查农户的5.36%；既种地又有工资性收入、既打工又从事经商活动、既打工又有工资性收入以及完全从事经商活动的农户各有1

表 3-28 阴洼汉族自然村农民的生产生活状况

| 农户编号 | 人口(人) 总数 | 男性 | 女性 | 土地(亩) | 平均亩产(公斤) | 家庭年现金收入(元) | 家庭年人均收入(元) | 牛(头) | 羊(只) | 猪(头) | 驴(头) | 骡(头) | 三轮车(辆) | 拖拉机(台) | 摩托车(辆) | 其他 | 宅基地(平方米) | 住房(平方米) | 房屋类型 |
|---|---|---|---|---|---|---|---|---|---|---|---|---|---|---|---|---|---|---|---|
| 1 | 4 | 1 | 3 | 12 | 100 | 13000 | 3250 |  |  | 1 |  |  |  |  |  |  | 220 | 40 (3) | 砖木结构 |
| 2 | 8 | 3 | 5 | 14 | 120 | 20000 | 2500 | 1 | 3 | 2 |  |  |  | 1 |  |  | 250 | 50 (4) | 砖木结构 |
| 3 | 6 | 3 | 3 | 12 | 120 | 44000 | 7333 |  | 4 | 1 |  |  |  |  | 1 |  | 200 | 40 (3) | 砖木结构 |
| 4 | 4 | 2 | 2 | 7 | 150 | 12000 | 3000 | 1 |  |  |  |  |  |  | 1 |  | 200 | 40 (3) | 土坯结构 |
| 5 | 6 | 2 | 4 | 12 | 150 | 14000 | 2333 | 2 |  | 1 |  |  |  | 1 | 1 |  | 220 | 30 (2) | 砖木结构 |
| 6 | 5 | 2 | 3 | 15 | 100 | 13000 | 2600 |  |  |  |  |  |  | 1 | 1 |  | 200 | 40 (3) | 土坯结构 |
| 7 | 4 | 3 | 1 | 8 | 120 | 36000 | 9000 | 2 | 15 |  |  |  |  | 1 | 2 |  | 220 | 80 (5) | 砖木结构 |
| 8 | 7 | 3 | 4 | 16 | 150 | 40000 | 5714 |  | 6 | 1 |  |  |  |  | 1 |  | 260 | 60 (4) | 砖木结构 |
| 9 | 4 | 2 | 2 | 14 | 100 | 20000 | 5000 |  |  |  |  |  | 1 |  |  |  | 220 | 50 (4) | 砖木结构 |
| 10 | 5 | 4 | 1 | 20 | 150 | 28000 | 5600 | 1 | 10 | 1 |  |  |  | 1 |  |  | 200 | 30 (2) | 砖木结构 |
| 11 | 4 | 2 | 2 | 18 | 150 | 30000 | 7500 |  |  |  | 1 |  |  |  |  |  | 180 | 30 (2) | 土坯结构 |
| 12 | 7 | 4 | 3 | 12 | 120 | 35000 | 5000 | 1 | 5 | 1 |  |  | 1 |  | 1 |  | 250 | 50 (3) | 砖木结构 |
| 13 | 5 | 3 | 2 | 15 | 120 | 26000 | 5200 | 2 | 5 | 1 |  |  |  |  | 1 |  | 260 | 50 (4) | 土坯结构 |
| 14 | 4 | 2 | 2 | 14 | 120 | 20000 | 5000 |  |  | 1 |  |  |  |  |  |  | 250 | 40 (4) | 砖木结构 |
| 15 | 5 | 1 | 4 | 16 | 150 | 10000 | 2000 |  |  |  |  |  |  | 1 | 1 |  | 200 | 50 (3) | 土坯结构 |
| 16 | 4 | 2 | 2 | 7 | 100 | 40000 | 10000 |  |  |  |  |  |  |  | 1 |  | 200 | 50 (3) | 砖木结构 |
| 17 | 4 | 2 | 2 | 7 | 150 | 18000 | 4500 | 2 | 8 | 1 |  |  | 1 |  |  | 小卖部 | 160 | 50 (3) | 土坯结构 |

续表

| 农户编号 | 人口(人) | | | 土地(亩) | 平均亩产(公斤) | 家庭年现金收入(元) | 家庭年人均收入(元) | 生产资料 | | | | | | | | | 宅基地(平方米) | 住房(平方米) | 房屋类型 |
|---|---|---|---|---|---|---|---|---|---|---|---|---|---|---|---|---|---|---|---|
| | 总数 | 男性 | 女性 | | | | | 牛(头) | 羊(只) | 猪(头) | 驴(头) | 骡(头) | 三轮车(辆) | 拖拉机(台) | 摩托车(辆) | 其他 | | | |
| 18 | 4 | 2 | 2 | 10 | 100 | 18000 | 4500 | 1 | 4 | 1 | | | 1 | | | | 160 | 40 (3) | 砖木结构 |
| 19 | 4 | 3 | 1 | 8 | 出租 | 120000 | 30000 | | | | | | | | | 3辆吊车 | 160 | 40 (3) | 砖木结构 |
| 20 | 4 | 3 | 1 | 12 | 100 | 53000 | 13250 | | | 1 | | | | | | | 260 | 30 (2) | 砖木结构 |
| 21 | 10 | 4 | 6 | 20 | 120 | 13000 | 1300 | | | 2 | 3 | | 3 | | | | 220 | 60 (4) | 砖木结构/土坯结构 |
| 22 | 5 | 3 | 2 | 20 | 120 | 20000 | 4000 | 2 | 5 | 1 | 1 | | 1 | | | | 180 | 40 (3) | 砖木结构 |
| 23 | 5 | 3 | 2 | 12 | 120 | 10000 | 2000 | | | 2 | 1 | | | 1 | 1 | | 220 | 60 (4) | 砖木结构 |
| 24 | 7 | 1 | 6 | 12 | 100 | 13000 | 1857 | 1 | | 1 | | | | | | | 250 | 30 (2) | 土坯结构 |
| 25 | 5 | 3 | 2 | 14 | 120 | 10000 | 2000 | | | 1 | 1 | | | | | | 200 | 60 (3) | 砖木结构 |
| 26 | 2 | 1 | 1 | 22 | 100 | 22000 | 11000 | 1 | 3 | | | | 1 | | 1 | | 160 | 60 (3) | 砖木结构 |
| 27 | 4 | 2 | 2 | 10 | 100 | 15000 | 3750 | 2 | 1 | | | | | | | | 160 | 30 (2) | 土坯结构 |
| 28 | 5 | 2 | 3 | 12 | 120 | 23000 | 4600 | | | 1 | | | | | 1 | | 160 | 30 (2) | 砖木结构 |
| 29 | 3 | 2 | 1 | 12 | 100 | 3000 | 1000 | | | 2 | 1 | | | | | | 120 | 60 (3) | 砖木结构 |
| 30 | 6 | 4 | 2 | 14 | 120 | 20000 | 3333 | 1 | 6 | 2 | | | 1 | | 1 | | 220 | 70 (5) | 砖木结构 |
| 31 | 6 | 3 | 3 | 7 | 150 | 12000 | 2000 | 2 | | 1 | | | | 1 | 1 | 小卖部 | 180 | 60 (3) | 砖木结构 |
| 32 | 7 | 3 | 4 | 15 | 100 | 6000 | 857 | | | 1 | | | | | | | 240 | 30 (2) | 土坯结构 |
| 33 | 7 | 3 | 4 | 22 | 200 | 45000 | 6429 | | | | | | | | 2 | | 250 | 40 (2) | 砖木结构 |

续表

| 农户编号 | 人口(人) 总数 | 男性 | 女性 | 土地(亩) | 平均亩产(公斤) | 家庭年现金收入(元) | 家庭年人均收入(元) | 牛(头) | 羊(只) | 猪(头) | 驴(头) | 骡(头) | 三轮车(辆) | 拖拉机(台) | 摩托车(辆) | 其他 | 宅基地(平方米) | 住房(平方米) | 房屋类型 |
|---|---|---|---|---|---|---|---|---|---|---|---|---|---|---|---|---|---|---|---|
| | | | | | | | | | | | | | | | | | | | |
| | | | | | | | | | | | | | | 生产资料 | | | | | |
| 34 | 6 | 4 | 2 | 9 | 150 | 33000 | 5500 | 1 | 4 | 1 | | | 1 | | | | 250 | 30 (2) | 砖木结构 |
| 35 | 4 | 3 | 1 | 22 | 120 | 6000 | 1500 | 2 | | 2 | | | | 1 | 1 | | 300 | 40 (3) | 土坯结构 |
| 36 | 6 | 5 | 1 | 25 | 150 | 25000 | 4167 | | | 1 | 1 | | | | | | 220 | 50 (3) | 土坯结构 |
| 37 | | | | | | | | | | | | | | | | | | | |
| 38 | 9 | 6 | 3 | 30 | 150 | 30000 | 3333 | 4 | 3 | 1 | | | | 1 | | | 280 | 50 (3) | 砖木结构 |
| 39 | 4 | 2 | 2 | 18 | 100 | 5000 | 1250 | | | | | | | | | | 200 | 30 (2) | 土坯结构 |
| 40 | 2 | 2 | 0 | 15 | 100 | 2000 | 1000 | | | 1 | | | | | 1 | | 250 | 35 (3) | 土坯结构 |
| 41 | 5 | 2 | 3 | 10 | 120 | 9000 | 1800 | | | 1 | | | | 1 | 1 | | 200 | 50 (3) | 砖木结构 |
| 42 | 4 | 3 | 1 | 40 | 150 | 22000 | 5500 | 1 | 6 | 1 | | | | | 1 | | 250 | 50 (3) | 砖木结构 |
| 43 | 4 | 3 | 1 | 16 | 150 | 10000 | 2500 | | | 2 | | | | 1 | | | 200 | 50 (3) | 砖木结构 |
| 44 | 5 | 2 | 3 | 16 | 150 | 11000 | 2200 | 2 | 5 | 1 | | | 1 | | 1 | | 220 | 80 (5) | 砖木结构 |
| 45 | 6 | 4 | 2 | 40 | 150 | 12000 | 2000 | 1 | 5 | 1 | | | | 1 | | | 250 | 40 (3) | 土坯结构 |
| 46 | 4 | 2 | 2 | 12 | 100 | 15000 | 3750 | | | 1 | | | | | 1 | | 180 | 30 (2) | 砖木结构 |
| 47 | 10 | 4 | 6 | 20 | 120 | 40000 | 4000 | | | 1 | 2 | | | | 1 | | 220 | 50 (3) | 砖木结构 |
| 48 | 5 | 2 | 3 | 20 | 150 | 35000 | 7000 | | | 2 | 2 | | | | | 电动自行车 | 260 | 70 (5) | 土坯结构 |
| 49 | 6 | 3 | 3 | 30 | 80 | 3000 | 500 | | | 1 | | | | 1 | | | 260 | 40 (3) | 土坯结构 |
| 50 | 7 | 4 | 3 | 30 | 150 | 16000 | 2286 | | 4 | | | 1 | | | | | 180 | 50 (3) | 土坯结构 |

续表

| 农户编号 | 人口（人）总数 | 男性 | 女性 | 土地（亩） | 平均亩产（公斤） | 家庭年现金收入（元） | 家庭年人均收入（元） | 牛（头） | 羊（只） | 猪（头） | 驴（头） | 骡（头） | 三轮车（辆） | 拖拉机（台） | 摩托车（辆） | 其他 | 宅基地（平方米） | 住房（平方米） | 房屋类型 |
|---|---|---|---|---|---|---|---|---|---|---|---|---|---|---|---|---|---|---|---|
| 51 | 4 | 3 | 1 | 11 | 100 | 13000 | 3250 | | | 1 | 1 | | | | | | 220 | 40（3） | 土坯结构 |
| 52 | 5 | 2 | 3 | 15 | 120 | 10000 | 2000 | | 8 | | 1 | | | | | | 200 | 25（2） | 土坯结构 |
| 53 | 5 | 4 | 1 | 26 | 150 | 15000 | 3000 | 1 | | 2 | | | | 1 | 1 | | 180 | 40（3） | 砖木结构 |
| 54 | 6 | 2 | 4 | 12 | 100 | 8000 | 1333 | | | 1 | | | | | 1 | | | 30（2） | 砖木结构 |
| 55 | 6 | 2 | 4 | 10 | 100 | 22000 | 3667 | | | 1 | | | | | 1 | | | 80（3） | 砖木结构 |
| 56 | 4 | 3 | 1 | 10 | 100 | 10000 | 2500 | | 3 | | | | | 1 | | | | 30（2） | 砖木结构 |
| 57 | 4 | 3 | 1 | 8 | 120 | 10000 | 2500 | 2 | | 1 | | | | | 1 | | | 40（3） | 土坯结构 |
| 总计 | 291 | 153 | 138 | 886 3.04（人均） | 124（户均） | 21143（户均） | 4069（人均） | 36 | 118 | 52 | 14 | 1 | 19 | 17 | 34 | 4 | — | 2550 46（户均） | 土坯（22户），土坯+砖木（1户），砖木（33户） |

注：①"住房"一栏括号中的数据表示住房间数。
②37号农户搬迁，未销户。

311

户，分别占被调查农户的 1.79%。

表 3-29 阴洼汉族自然村农民的主要劳动生产方式

| 劳动生产方式 | 户数（户） | 农户编号 | 占被调查农户的比例（%） |
|---|---|---|---|
| 种地 | 4 | 29、40、45、49 | 7.14 |
| 种地·打工 | 38 | 1、2、3、4、5、6、7、9、10、11、12、13、14、15、18、22、23、24、25、27、28、30、32、34、39、41、42、43、44、46、50、51、52、53、54、55、56、57 | 67.86 |
| 种地·经商 | 2 | 20、48 | 3.57 |
| 种地·工资 | 1 | 35 | 1.79 |
| 打工·经商 | 1 | 26 | 1.79 |
| 打工·工资 | 1 | 8 | 1.79 |
| 种地·打工·经商 | 5 | 17、21、31、36、47 | 8.93 |
| 种地·打工·工资 | 3 | 16、33、38 | 5.36 |
| 经商 | 1 | 19 | 1.79 |
| 总计 | 56 | | 100 |

### 3. 阴洼村农民的人口状况

2008 年，阴洼村被调查的 56 户农户的总人口为 291 人，其中男性 153 人、女性 138 人。除 16 号、33 号农户的户主，8 号、38 号农户家的儿媳妇，以及 26 号农户家的一个儿子为城镇户口外，其余均为农村户口。从表 3-28 可以看出，阴洼村家庭人口数最多的为 10 人，最少的为 2 人，家庭平均人口为 5.11 人。其中，6 口人及以上的农户有 20 户，占被调查农户的 35.09%。

表 3-30 是阴洼汉族自然村农户户主的姓氏分布。在被调查的 56 户农户中，户主的姓氏共有 14 个，除了鲁、张、姜、马、白、路 6 个姓氏相对集中外，其他姓氏还是比较分散的。在阴洼村，尽管同姓的农户基本上同属一个家族的人，但比起回族自然村来，已经打破了"同宗同族同村"的局面。

表 3-30 阴洼汉族自然村农户户主的姓氏分布

| 编号 | 户主姓氏 | 户数（户） | 家族情况 |
| --- | --- | --- | --- |
| 1 | 鲁 | 9 | 一个家族 |
| 2 | 张 | 9 | 两个家族 |
| 3 | 姜 | 8 | 一个家族 |
| 4 | 马 | 7 | 两个家族 |
| 5 | 白 | 6 | 一个家族 |
| 6 | 路 | 6 | 一个家族 |
| 7 | 关 | 2 | 一个家族 |
| 8 | 夏 | 2 | 一个家族 |
| 9 | 徐 | 2 | 和白氏同族 |
| 10 | 梁 | 1 | 一个家族 |
| 11 | 王 | 1 | 和马氏同族 |
| 12 | 刘 | 1 | 一个家族 |
| 13 | 成 | 1 | 一个家族 |
| 14 | 杨 | 1 | 一个家族 |
| 总计 | | 56 | |

表 3-31 是阴洼汉族自然村已婚妇女的姓氏分布。在 79 位已婚妇女中，共有 42 个姓氏。除了张、王、樊 3 个姓氏相对集中外，其余 39 个姓氏分别来自 55 位已婚妇女。

表 3-31 阴洼汉族自然村已婚妇女的姓氏分布

单位：人

| 序号 | 姓氏 | 20~29 岁 | 30~39 岁 | 40~49 岁 | 50~59 岁 | 60~69 岁 | 70~79 岁 | 80 岁及以上 | 总计 |
| --- | --- | --- | --- | --- | --- | --- | --- | --- | --- |
| 1 | 张 | | 7 | 3 | | 2 | | | 12 |
| 2 | 王 | | 1 | 3 | 3 | | | | 7 |
| 3 | 樊 | 1 | 1 | | | 2 | 1 | | 5 |
| 4 | 任 | 2 | 1 | | | | | | 3 |
| 5 | 刘 | 1 | | | 1 | | 1 | | 3 |
| 6 | 李 | | 1 | | | 1 | | | 2 |

续表

| 序号 | 姓氏 | 20~29岁 | 30~39岁 | 40~49岁 | 50~59岁 | 60~69岁 | 70~79岁 | 80岁及以上 | 总计 |
|---|---|---|---|---|---|---|---|---|---|
| 7 | 马 | 1 | 1 | | 1 | | | | 3 |
| 8 | 何 | | | | | 1 | | | 1 |
| 9 | 陈 | | 2 | | | | | | 2 |
| 10 | 郑 | | 1 | | | 1 | | | 2 |
| 11 | 姜 | | 1 | 1 | | | | 1 | 3 |
| 12 | 赵 | 1 | | 1 | | | | | 2 |
| 13 | 梁 | | | | | 1 | | | 1 |
| 14 | 韩 | | 1 | 1 | | | | | 2 |
| 15 | 魏 | | 1 | | 1 | 1 | | | 3 |
| 16 | 付 | | | | | 1 | | | 1 |
| 17 | 司 | | | | | | 1 | | 1 |
| 18 | 朱 | 1 | 1 | | | | | | 2 |
| 19 | 杨 | | | | | 1 | | | 1 |
| 20 | 苏 | | | | | | 1 | | 1 |
| 21 | 周 | | 1 | | | | | | 1 |
| 22 | 庞 | | | | 1 | | | | 1 |
| 23 | 欧 | 1 | | | | | | | 1 |
| 24 | 苟 | | | | | 1 | | | 1 |
| 25 | 柏 | | | | 1 | | | | 1 |
| 26 | 柳 | | 1 | | | | | | 1 |
| 27 | 胡 | | | | 1 | | | | 1 |
| 28 | 夏 | | | | 1 | | | | 1 |
| 29 | 高 | | | | 1 | | | | 1 |
| 30 | 曹 | | | 1 | | | | | 1 |
| 31 | 黄 | | | 1 | | | | | 1 |
| 32 | 蒋 | | 1 | | | | | | 1 |
| 33 | 鲁 | | | 1 | | | | | 1 |
| 34 | 潘 | 1 | | | | | | | 1 |
| 35 | 袁 | 1 | | | | | | | 1 |

续表

| 序号 | 姓氏 | 20~29岁 | 30~39岁 | 40~49岁 | 50~59岁 | 60~69岁 | 70~79岁 | 80岁及以上 | 总计 |
|---|---|---|---|---|---|---|---|---|---|
| 36 | 陆 | | 1 | | | | | | 1 |
| 37 | 路 | | 1 | | | | | | 1 |
| 38 | 关 | | 1 | | | | | | 1 |
| 39 | 史 | 1 | | | | | | | 1 |
| 40 | 宋 | | | 1 | | | | | 1 |
| 41 | 安 | | 1 | | | | | | 1 |
| 42 | 吕 | | | 1 | | | | | 1 |
| 总计 | | 11 | 26 | 14 | 11 | 11 | 5 | 1 | 79 |

注：此表包括3位已婚未生育妇女。

从表3-31可以看出，40岁以下已婚妇女的姓氏数量明显增多，显然，在阴洼汉族自然村妇女的社会流动性要比回族自然村大。在阴洼村，已婚妇女的姓氏数量明显多于男性户主的姓氏数量，并且在骆驼巷行政村7个自然村中最多，已婚妇女的姓氏数量是户主姓氏数量的3倍。这一事实说明，以家族为中心的父系亲属关系在汉族自然村虽然有了明显减弱，但依然是农村社会基础的主流。在阴洼村被调查的56户农户中，嫁过来的媳妇没有回民。

表3-32是阴洼汉族自然村人口的年龄结构。从表3-32可以看出，0~14岁的人口占被调查人口的24.74%，15~64岁的劳动力人口占被调查人口的67.01%，65岁及以上的人口占被调查人口的8.25%。在15~64岁的劳动力人口占比中，男性明显高于女性，其中男性占比为53.33%，女性占比为46.67%。

表3-32　阴洼汉族自然村人口的年龄结构

单位：人，%

| 年龄 | 人口数 | 占被调查人口的比例 | 男性 | 占被调查男性的比例 | 女性 | 占被调查女性的比例 |
|---|---|---|---|---|---|---|
| 0~14岁 | 72 | 24.74 | 37 | 24.18 | 35 | 25.36 |

续表

| 年龄 | | 人口数 | 占被调查人口的比例 | 男性 | 占被调查男性的比例 | 女性 | 占被调查女性的比例 |
|---|---|---|---|---|---|---|---|
| 其中 | 0~5 岁 | 19 | 6.53 | 7 | 4.58 | 12 | 8.70 |
| | 6~14 岁 | 53 | 18.21 | 30 | 19.61 | 23 | 16.67 |
| 15~64 岁 | | 195 | 67.01 | 104 | 67.97 | 91 | 65.94 |
| 65 岁及以上 | | 24 | 8.25 | 12 | 7.84 | 12 | 8.70 |
| 总计 | | 291 | 100 | 153 | 100 | 138 | 100 |

图 3-5 是阴洼汉族自然村人口金字塔。从图 3-5 可以看出，10 年前这个自然村是一个典型的人口增长型的村庄，但是近 10 年来人口增长速度明显放缓。

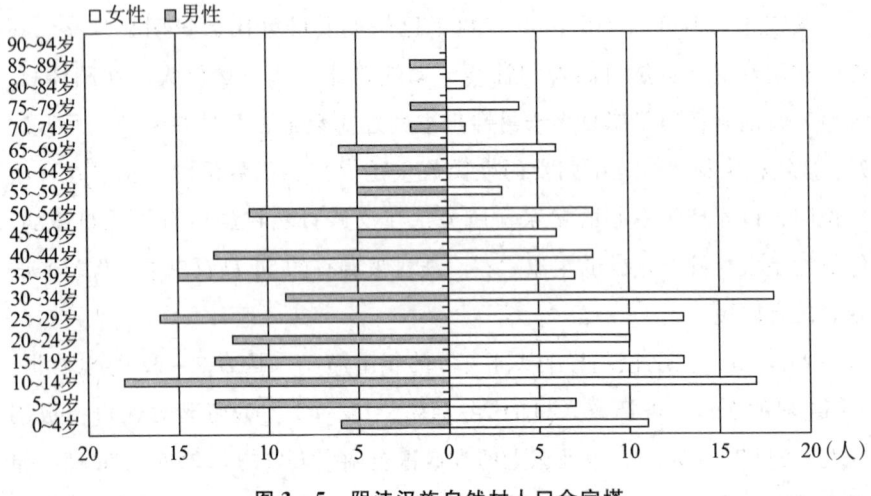

图 3-5 阴洼汉族自然村人口金字塔

表 3-33 是阴洼汉族自然村农民患病情况，从疾病的种类来看还是相对分散的。值得注意的是，在阴洼村有 6 户农户家有残疾人，占被调查农户的 10.71%。其中，24 号农户家里有 1 位下肢萎缩的残疾人，31 号农户家里有 1 位生下来就没有手指的残疾人，34 号农户家里有 1 位下肢被拖拉机弄伤的残疾人，35 号农户家的户主因车祸致残，39 号农户家里有 1 位双目失明的残疾人，49 号农户家里有 1 位患小儿麻痹症的残疾人。

表 3-33  阴洼汉族自然村农民患病情况

| 疾病种类 | 患病农户编号 | 人数（人次） | 占患病总人次的比例（%） |
|---|---|---|---|
| 残疾 | 24、31、34、35、39、49 | 6 | 23.08 |
| 呼吸系统疾病 | 22、24、29 | 3 | 11.54 |
| 心脏病 | 12、28、54 | 3 | 11.54 |
| 妇科病 | 14、42 | 2 | 7.69 |
| 消化系统疾病 | 29、40 | 2 | 7.69 |
| 风湿病 | 13、24 | 2 | 7.69 |
| 眼病 | 15、27 | 2 | 7.69 |
| 智力障碍 | 30 | 1 | 3.85 |
| 耳聋 | 21 | 1 | 3.85 |
| 神经系统疾病 | 42 | 1 | 3.85 |
| 胆囊炎 | 14 | 1 | 3.85 |
| 疝气 | 24 | 1 | 3.85 |
| 癫痫 | 29 | 1 | 3.85 |
| 合计 |  | 26 | 100 |

表 3-34 是阴洼汉族自然村外出打工人口的年龄、学历分布。表 3-34 数据显示，阴洼村被调查的 195 个劳动力人口中有 56 人外出打工，占劳动力人口的 28.72%。在外出打工的 56 人中，女性有 10 人，占外出打工人口的 17.86%。从外出打工人口的学历看，上过大学的有 0 人，上过高中的有 2 人，初中毕业的有 18 人，初中未毕业的有 10 人，小学毕业的有 12 人，不识字和小学未毕业的有 14 人。其中，不识字和小学未毕业的人口占外出打工人口的 25.00%。从外出打工人口的年龄来看，30 岁及以下的有 28 人，占外出打工人口的 50.00%；31~40 岁的有 21 人，占外出打工人口的 37.50%；41~50 岁的仅 7 人，占外出打工人口的 12.50%。这些数据显示，阴洼村的女性和中年以上男性的社会流动性比较小。

表 3-34 阴洼汉族自然村打工人口的年龄、学历分布

单位：人

| 年龄 | 不识字 | | 小学未毕业 | | 小学毕业 | | 初中未毕业 | | 初中毕业 | | 高中 | | 大学 | | 总计 |
|---|---|---|---|---|---|---|---|---|---|---|---|---|---|---|---|
| | 男性 | 女性 | 男性 | 女性 | 男性 | 女性 | 男性 | 女性 | 男性 | 女性 | 男性 | 女性 | 男性 | 女性 | |
| 20 岁及以下 | | | | | 1 | | 1 | 2 | 1 | 2 | | | | | 7 |
| 21~30 岁 | 1 | | 5 | 1 | 4 | 1 | 5 | | 1 | 1 | 1 | 1 | | | 21 |
| 31~40 岁 | 1 | | 4 | 1 | 4 | | 1 | | 9 | 1 | | | | | 21 |
| 41~50 岁 | | | 1 | | 2 | | 1 | | 3 | | | | | | 7 |
| 50 岁及以上 | | | | | | | | | | | | | | | 0 |
| 总计 | 2 | 0 | 10 | 2 | 11 | 1 | 8 | 2 | 14 | 4 | 1 | 1 | 0 | 0 | 56 |

### 4. 阴洼村农民的教育状况

表 3-35 是阴洼汉族自然村 6 岁及以上农民的受教育水平。从表 3-35 可以看出，阴洼村不识字和小学未毕业的农民比回族自然村有所减少，但是依然占 6 岁及以上农民的 61.36%，其中不识字的农民占 6 岁及以上农民的 24.62%，小学未毕业的农民占 6 岁及以上农民的 36.74%。尽管阴洼村农民受教育的整体水平要比回民村相对高一些，但是农民整体的受教育水平还是比较低的。

表 3-35 阴洼汉族自然村 6 岁及以上农民的受教育水平

单位：人

| 年龄 | 不识字 | | 小学未毕业 | | 小学毕业 | | 初中未毕业 | | 初中毕业 | | 高中 | | 大学 | | 总计 |
|---|---|---|---|---|---|---|---|---|---|---|---|---|---|---|---|
| | 男性 | 女性 | 男性 | 女性 | 男性 | 女性 | 男性 | 女性 | 男性 | 女性 | 男性 | 女性 | 男性 | 女性 | |
| 6~14 岁 | | | 27 | 19 | | | 1 | 3 | 1 | | | | | | 51 |
| 15~19 岁 | | | | 1 | 1 | 1 | 8 | 7 | 1 | 2 | 4 | 2 | | | 27 |
| 20~24 岁 | 1 | | 1 | 2 | 1 | 1 | | 3 | 1 | 1 | 3 | 2 | | | 20 |
| 25~29 岁 | 2 | 4 | 4 | 3 | | 4 | 1 | | 2 | | 2 | 1 | | | 27 |
| 30~34 岁 | | 5 | 5 | 7 | | 2 | 1 | 1 | 4 | 2 | | | | | 27 |
| 35~39 岁 | 1 | 2 | | 4 | | | | | 6 | 1 | | | | | 22 |
| 40~44 岁 | | 5 | 4 | 1 | 3 | 1 | 2 | | 4 | 1 | | | | | 21 |

续表

| 年龄 | 不识字 | | 小学未毕业 | | 小学毕业 | | 初中未毕业 | | 初中毕业 | | 高中 | | 大学 | | 总计 |
|---|---|---|---|---|---|---|---|---|---|---|---|---|---|---|---|
| | 男性 | 女性 | 男性 | 女性 | 男性 | 女性 | 男性 | 女性 | 男性 | 女性 | 男性 | 女性 | 男性 | 女性 | |
| 45~49岁 | 2 | 4 | 1 | 1 | 2 | | | 1 | | | | | | | 11 |
| 50~54岁 | 5 | 4 | 3 | 2 | | | | | 2 | | 1 | | | | 17 |
| 55~59岁 | 2 | 3 | 1 | | 1 | | | | | | | | | | 7 |
| 60~64岁 | 2 | 5 | 2 | | | | | | 1 | | | | | | 10 |
| 65岁及以上 | 6 | 12 | 5 | | 1 | | | | | | | | | | 24 |
| 总计 | 21 | 44 | 57 | 40 | 17 | 9 | 17 | 15 | 21 | 8 | 7 | 6 | 2 | 0 | 264 |

注：6~14岁儿童中不包括正在上学前班的儿童。

从表3-35还可以看出，15~59岁的不识字人口，都是新中国成立后出生的，这部分人口占阴洼村不识字人口的67.80%。也就是说，在阴洼村现有的不识字人口中，有近七成的人是新中国成立后出生的。其中，男性13人，占男性不识字人口的61.90%；女性27人，占女性不识字人口的61.36%。

表3-36是阴洼汉族自然村6岁及以上农民的平均受教育年限。从表3-36可以看出，阴洼汉族自然村6岁及以上农民的平均受教育年限为4.35年，其中男性为4.93年，女性为3.66年。6~14岁人口的平均受教育年限为3.80年，其中男性为3.50年，女性为4.74年。15~64岁劳动力人口的平均受教育年限为4.96年，其中男性为5.75年，女性为4.03年。65岁及以上人口的平均受教育年限仅为0.67年，其中男性为1.33年，女性为0年。显然，随着年龄的增长，女性的平均受教育年限要明显低于男性。

表3-36 阴洼汉族自然村6岁及以上农民平均受教育年限

| 年龄 | 人口数（人） | 平均受教育年限（年） | 男性（人） | 平均受教育年限（年） | 女性（人） | 平均受教育年限（年） |
|---|---|---|---|---|---|---|
| 6~14岁 | 51 | 3.80 | 28 | 3.50 | 23 | 4.74 |
| 15~64岁 | 189 | 4.96 | 102 | 5.75 | 87 | 4.03 |
| 65岁及以上 | 24 | 0.67 | 12 | 1.33 | 12 | 0 |
| 总计 | 264 | 4.35 | 142 | 4.93 | 122 | 3.66 |

注：根据表3-35制作。

为了便于读者直观地了解阴洼村农民的受教育水平，特制作了图3-6和表3-37。从图3-6和表3-37可以看出，阴洼村女性受教育水平低的问题也是比较突出的。阴洼村女性不识字人口占6岁及以上不识字人口的67.69%。其中，在6岁及以上的女性中，不识字人口占36.07%，小学未毕业人口占32.79%，二者合计占比达68.85%。也就是说，在这个自然村有近七成的妇女不识字或识字很少。同样，阴洼村男性的受教育水平也不容乐观，在6岁及以上的男性中，不识字人口占14.79%，小学未毕业人口占40.14%，二者合计占比达54.93%。也就是说，在这个自然村有五成以上的男性不识字或识字很少。

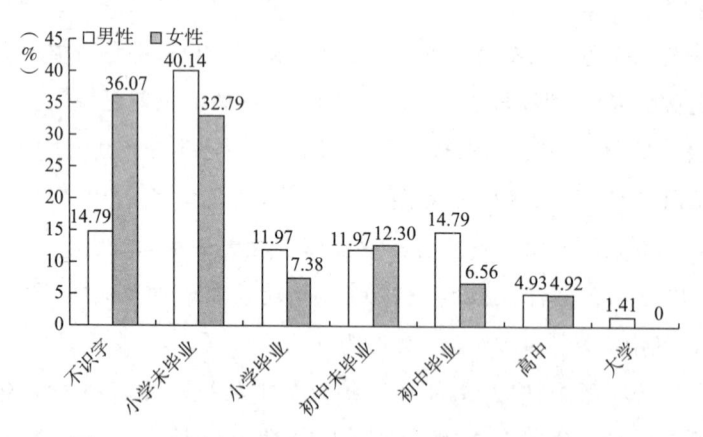

图3-6 阴洼汉族自然村6岁及以上农民的受教育水平

表3-37 阴洼汉族自然村6岁及以上农民的教育结构

| 指标 | 不识字 | 小学未毕业 | 小学毕业 | 初中未毕业 | 初中毕业 | 高中 | 大学 |
|---|---|---|---|---|---|---|---|
| 男性（人） | 21 | 57 | 17 | 17 | 21 | 7 | 2 |
| 占比（%） | 14.79 | 40.14 | 11.97 | 11.97 | 14.79 | 4.93 | 1.41 |
| 女性（人） | 44 | 40 | 9 | 15 | 8 | 6 | 0 |
| 占比（%） | 36.07 | 32.79 | 7.38 | 12.30 | 6.56 | 4.92 | 0 |
| 合计（人） | 65 | 97 | 26 | 32 | 29 | 13 | 2 |
| 占比（%） | 24.62 | 36.74 | 9.85 | 12.12 | 10.98 | 4.92 | 0.76 |

注：根据表3-35制作。

表3-38是阴洼汉族自然村不同年龄、学历已婚已育妇女的生育情况。

表 3-38 阴洼汉族自然村不同年龄、学历已婚已育妇女的生育情况

单位：人

| 指标 | 不识字 | | | 小学未毕业 | | | 小学毕业 | | | 初中未毕业 | | | 初中毕业 | | | 大学 | | | 总计 | | |
|---|---|---|---|---|---|---|---|---|---|---|---|---|---|---|---|---|---|---|---|---|---|
| | 妇女人数 | 生育男孩数 | 生育女孩数 | 妇女人数 | 生育男孩数 | 生育女孩数 | 妇女人数 | 生育男孩数 | 生育女孩数 | 妇女人数 | 生育男孩数 | 生育女孩数 | 妇女人数 | 生育男孩数 | 生育女孩数 | 妇女人数 | 生育男孩数 | 生育女孩数 | 妇女人数 | 生育男孩数 | 生育女孩数 |
| 20~24岁合计 | | | | | | | | | | | | | | | | 1 | | | 1 | | 1 |
| 一个孩子 | | | | | | | | | | | | | | | | 1 | | | 1 | | 1 |
| 25~29岁合计 | 4 | 5 | 2 | 3 | 3 | 1 | 1 | 1 | 1 | | | | 1 | | 1 | | | | 9 | 7 | 7 |
| 一个孩子 | 1 | 1 | | 1 | 1 | | 1 | 1 | 1 | | | | 1 | | 1 | | | | 4 | 1 | 3 |
| 两个孩子 | 3 | 4 | 2 | 2 | 2 | | | | | | | | | | | | | | 5 | 6 | 4 |
| 30~34岁合计 | 5 | 6 | 7 | 7 | 10 | 2 | 4 | | 3 | 4 | 1 | | | | | | | | 18 | 23 | 17 |
| 一个孩子 | 1 | 1 | 1 | | | | | | 2 | 2 | 1 | | | | | | | | 4 | 3 | 1 |
| 两个孩子 | 1 | 2 | | 5 | 6 | 4 | 2 | 4 | 1 | 1 | 1 | | | | | | | | 9 | 14 | 4 |
| 三个孩子 | 2 | 3 | 3 | 1 | 1 | | | | | | | | | | | | | | 3 | 4 | 5 |
| 四个孩子 | 1 | 1 | 3 | | 1 | | | | | | | | | | | | | | 1 | 1 | 3 |
| 五个孩子 | | | | 1 | 1 | 4 | | | | | | | | | | | | | 1 | 1 | 4 |
| 35~39岁合计 | 2 | 2 | 5 | 4 | 3 | 6 | | | | | | | 1 | | 1 | | | | 7 | 5 | 12 |
| 一个孩子 | | | | | | | | | | | | | 1 | | 1 | | | | 1 | | 1 |
| 两个孩子 | 1 | 1 | 2 | 3 | 2 | 4 | | | | | | | | | | | | | 3 | 2 | 4 |
| 三个孩子 | 1 | 1 | | 1 | 1 | 2 | | | | | | | | | | | | | 2 | 2 | 4 |
| 四个孩子 | 1 | | 3 | | | | | | | | | | | | | | | | 1 | | 3 |
| 40~44岁合计 | 5 | 9 | 4 | 1 | 1 | 2 | | | | | | | 1 | 3 | 1 | | | | 8 | 13 | 8 |

续表

| 指标 | 不识字 | | | 小学未毕业 | | | 小学毕业 | | | 初中未毕业 | | | 初中毕业 | | | 大学 | | | 总计 | | |
|---|---|---|---|---|---|---|---|---|---|---|---|---|---|---|---|---|---|---|---|---|---|
| | 妇女人数 | 生育男孩数 | 生育女孩数 | 妇女人数 | 生育男孩数 | 生育女孩数 | 妇女人数 | 生育男孩数 | 生育女孩数 | 妇女人数 | 生育男孩数 | 生育女孩数 | 妇女人数 | 生育男孩数 | 生育女孩数 | 妇女人数 | 生育男孩数 | 生育女孩数 | 妇女人数 | 生育男孩数 | 生育女孩数 |
| 两个孩子 | 3 | 5 | 1 | 1 | 1 | 1 | 1 | 2 | | | | | | | | | | | 5 | 8 | 2 |
| 三个孩子 | 1 | 2 | 1 | | | | | | | | | | | | | | | | 1 | 2 | 1 |
| 四个孩子 | 1 | 2 | 2 | 1 | 1 | 3 | | | | | | | | | | | | | 2 | 3 | 5 |
| 45~49岁合计 | 4 | 6 | 11 | 1 | 3 | | | | | 1 | 1 | 2 | 1 | 1 | 3 | | | | 6 | 11 | 11 |
| 两个孩子 | 1 | 1 | 1 | 1 | 3 | | | | | 1 | 1 | 2 | | | | | | | 2 | 3 | 1 |
| 三个孩子 | | | | | | | | | | | | | | | | | | | | | |
| 四个孩子 | 1 | 3 | 1 | | | | | | | | | | | | | | | | 1 | 3 | 1 |
| 五个孩子 | 1 | 1 | 4 | | | | | | | | | | | | | | | | 1 | 1 | 4 |
| 六个孩子 | 1 | 1 | 5 | | | | | | | | | | | | | | | | 1 | 1 | 5 |
| 50~54岁合计 | 5 | 10 | 7 | 3 | 4 | 3 | | | | 1 | 1 | 2 | | | | | | | 8 | 14 | 10 |
| 一个孩子 | | | | 1 | 1 | | | | | | | | | | | | | | 1 | 1 | |
| 三个孩子 | 3 | 5 | 4 | 2 | 3 | 3 | | | | | | | | | | | | | 5 | 8 | 7 |
| 四个孩子 | 2 | 5 | 3 | | | | | | | | | | | | | | | | 2 | 5 | 3 |
| 55~59岁合计 | 3 | 8 | 3 | 3 | 4 | 3 | | | | | | | | | | | | | 8 | 8 | 3 |
| 一个孩子 | 1 | 1 | | | 1 | | | | | | | | | | | | | | 1 | 1 | |
| 四个孩子 | 1 | 2 | 2 | 1 | 1 | | | | | | | | | | | | | | 1 | 2 | 2 |
| 六个孩子 | 1 | 5 | 1 | | | | | | | | | | | | | | | | 1 | 5 | 1 |
| 60~64岁合计 | 5 | 16 | 17 | 5 | | | | | | | | | | | | | | | 5 | 16 | 17 |

322

续表

| 指标 | 不识字 | | | 小学未毕业 | | | 小学毕业 | | | 初中未毕业 | | | 初中毕业 | | | 大学 | | | 总计 | | |
|---|---|---|---|---|---|---|---|---|---|---|---|---|---|---|---|---|---|---|---|---|---|
| | 妇女人数 | 生育男孩数 | 生育女孩数 | 妇女人数 | 生育男孩数 | 生育女孩数 | 妇女人数 | 生育男孩数 | 生育女孩数 | 妇女人数 | 生育男孩数 | 生育女孩数 | 妇女人数 | 生育男孩数 | 生育女孩数 | 妇女人数 | 生育男孩数 | 生育女孩数 | 妇女人数 | 生育男孩数 | 生育女孩数 |
| 四个孩子 | 1 | 2 | 2 | | | | | | | | | | | | | | | | 1 | 2 | 2 |
| 六个孩子 | 1 | 3 | 3 | | | | | | | | | | | | | | | | 1 | 3 | 3 |
| 七个孩子 | 1 | 4 | 3 | | | | | | | | | | | | | | | | 1 | 4 | 3 |
| 八个孩子 | 2 | 7 | 9 | | | | | | | | | | | | | | | | 2 | 7 | 9 |
| 65~69岁合计 | 6 | 21 | 16 | | | | | | | | | | | | | | | | 6 | 21 | 16 |
| 四个孩子 | 1 | 2 | 2 | | | | | | | | | | | | | | | | 1 | 2 | 2 |
| 五个孩子 | 2 | 5 | 5 | | | | | | | | | | | | | | | | 2 | 5 | 5 |
| 七个孩子 | 1 | 4 | 3 | | | | | | | | | | | | | | | | 1 | 4 | 3 |
| 八个孩子 | 2 | 10 | 6 | | | | | | | | | | | | | | | | 2 | 10 | 6 |
| 70~74岁合计 | 1 | 4 | 3 | | | | | | | | | | | | | | | | 1 | 4 | 3 |
| 七个孩子 | 1 | 4 | 3 | | | | | | | | | | | | | | | | 1 | 4 | 3 |
| 75~79岁合计 | 3 | 12 | 4 | | | | | | | | | | | | | | | | 3 | 12 | 4 |
| 四个孩子 | 2 | 6 | 2 | | | | | | | | | | | | | | | | 2 | 6 | 2 |
| 八个孩子 | 1 | 6 | 2 | | | | | | | | | | | | | | | | 1 | 6 | 2 |
| 80~84岁合计 | 1 | 3 | 4 | | | | | | | | | | | | | | | | 1 | 3 | 4 |
| 七个孩子 | 1 | 3 | 4 | | | | | | | | | | | | | | | | 1 | 3 | 4 |
| 总计 | 44 | 102 | 83 | 20 | 21 | 24 | 4 | 6 | 6 | 4 | 6 | 0 | 3 | 2 | 4 | 1 | 0 | 1 | 76 | 137 | 113 |

323

从表 3-38 可以看出，阴洼村已婚已育妇女生育子女数总体与年龄成正比、与学历成反比的趋势明显。在已婚已育的 76 位妇女中，大学毕业的有 1 人，初中毕业的有 3 人，初中未毕业的有 4 人，小学毕业的有 4 人，小学未毕业的有 20 人，其余 44 人都没有上过学。其中，55 岁及以上的已婚已育妇女都没有上过学。表 3-38 数据显示，阴洼村已婚已育妇女的受教育水平比 2003 年有明显的提升，但是阴洼村女性整体受教育水平低的问题始终没有得到根本性的解决。

## 四 骆驼巷行政村阳洼汉族自然村

骆驼巷行政村阳洼汉族自然村 2008 年的基础数据是 2009 年 9 月入户调查时收集的。参加入户调查的人员还有时任阳洼村队长赵小明、原骆驼巷行政村村委会主任陈生某。

### 1. 阳洼村农民的生活状况

**(1) 1 号农户家的生活概况**

阳洼汉族自然村 1 号农户家

第三章 调查数据反映的农民生活

在骆驼巷村，我与阳洼汉族自然村1号农户家的户主也算得上是老相识了。记得2003年11月下旬我在阳洼汉族自然村进行第一次入户调查的时候，就是1号农户家的户主陪同的，他当时是骆驼巷村的村主任。在为期10多天的入户调查中，不管是刮风天还是下雪天他都跟随我左右，对我帮助不小，因为那时我与村民交流听方言还比较困难。

2003年11月20日，我吃过早饭，从原红庄乡乡政府的临时住处（红庄乡乡政府已经并入张易镇），步行到1号农户家和户主接头。记得那天一大早，天空就飘起了雪花，纷纷扬扬的雪花落地后即混入了泥，雪虽然下得不大，但走起来脚下不停地打滑，七八里的路程不算远，却走了一个多小时，到1号农户家的时候已经是上午11点了。为了节约时间，阳洼汉族自然村入户调查的第一家，便从1号农户家开始。这一天，在1号农户家户主的陪同下，我走访了16家农户，中午连饭都没顾得上吃。

1号农户的家，位于对着驼巷回族自然村南北走向的一条黄土小路东侧（2014年硬化成水泥路），离驼巷回族自然村约有两三里地的路程。1号农户家的院子大约有300平方米，院子的大门朝西，正对着那条南北走向的小路。院子的大门是木头的，迈进院子的大门，就可以看见对面七八米高的崖面子（土山崖），崖面子下有一块二三十平方米的空地，这块空地便是1号农户家的牲畜棚，牲畜棚里的驴、猪、羊、鸡一看见有生人来，也跟着兴奋起来。崖面子下的东北角是一个土厕所，实际上就是围出了一小块地皮，地皮上挖一个浅坑，便是厕所。土厕所和牲畜棚紧挨在一起，在当地的农村，习惯在崖面子下的一角搭建这种简易厕所。

1号农户家夫妇俩生有3个孩子，2个男孩、1个女孩。2003年第一次入户调查时，1号农户家有8口人：户主夫妇俩、大儿子夫妇俩和他们的2个孩子（1对双胞胎）、小儿子、小女儿。当时，大儿子夫妇俩都在新疆，他们于1999年结婚，婚后生了一对双胞胎，才1岁多，两个都是男娃儿。1号农户家的户主说，大儿子初中毕业后先是去了天津一家工厂打工，干了三四年工厂倒闭了，1995年又去了新疆，在火车站干装卸工，月薪约800元；大儿子的媳妇是张易镇宋洼村人，没有上过学，在新疆帮助做家务，打点零工。小儿子读完小学就不念书了，1994年自己跑到银川，在一

家餐馆打工,月薪约300元,干了两年又跑回来了,1998年去了新疆,和大儿子一起在火车站干装卸工,月薪约1000元。最小的女儿在固原师专上学,是三年级学生。

2009年第二次入户调查时,1号农户家还是8口人:户主夫妇俩、大儿子夫妇俩和他们的2个孩子、小儿子夫妇俩。2004年小女儿从固原师专毕业,毕业后在驼巷小学代课,每月200元报酬。小女儿于2008年结婚,嫁到了刘庄汉族自然村。1号农户家的户主说,大儿子夫妇俩在2005年前后去了上海打工,大儿子干电焊工,月薪约3000元;大儿子的媳妇在上海一家做铅笔的工厂打工,月薪约1500元。小儿子还在新疆打工,自己跑运输,每个月能赚三四千元。小儿子也是2008年结婚的,媳妇是张易镇石嘴村人,没有上过学,结婚后去了新疆和小儿子一起生活。

2017年5月27日下午,端午节小长假前一天,再次走访1号农户家的时候,只有户主一个人看家,当时他正在家门口的广场上和一群老人下象棋,正好让我碰见了。如今,1号农户家的户主已经68岁(初中毕业),户主的老婆已经67岁(没有上过学),他家的户口本上只有老两口了,大儿子和小儿子都已经另立门户。大儿子的一对双胞胎男娃儿已经15岁了,都在固原城里上中学,一个在固原五原中学,一个在固原六中。大儿子于2013年在固原买了楼房(80多平方米),花了20多万元(除了贷款还借了亲戚一部分),从上海回到固原创业。2015年投资8万元开了一家奶茶店,在固原租房的费用每年是3.4万元,一年下来纯利润是10万元左右,每年还要还房贷,生意做得并不轻松。他家的小儿子还在新疆,后来开了两年出租车也不干了,现在给一个老板开车,一年下来能挣两三万元;小儿子的媳妇帮助做做饭,吃饭的人不多,每月能挣1500元左右。小儿子家有了一个男娃儿,已经7岁了,在固原六小上小学,户主的老婆在固原城里租了间房子,每月房租200元,帮助小儿子接送孙子上学。最小的女儿也有了2个孩子,她的大女儿7岁、小儿子4岁。

现在,1号农户家的院子位于阳洼村南北走向的水泥路西侧两三百米处,在原来老房子对面的崖面子下,崖面子下有十来户新建的院子,一户紧挨着一户,院子前面有一条新修的南北走向的水泥路,一眼望过去干净整洁，真是旧貌换了新颜。1号农户家的户主说，这些新建的院子是2014年阳洼汉族自然村"整村推进"的危房改造项目，只要是村里的农民，都可以享受到，自家掏1.4万元，其余的费用由国家补助，统一收费、统一建筑材料、统一包工施工。

1号农户家的院子在这排新建院子的最南端，院子的大门面向东南，大门外左边不到两平方米的空地上，高高地耸立着3棵杨树。院子大约有100平方米，一进院子就能看见左侧的一棵大杏树。院子的大门、围墙等都是标准化设计，大门是铁制的，围墙是红砖砌成的，房子是砖木结构的。2017年5月27日下午的采访，是在1号农户家的正房进行的，这间正房为10米×5米，砖木结构，坐西朝东，正对着院子的大门。1号农户家的户主说，盖这间正房的总共费用是6.7万元，他家自己掏了1.4万元，国家补助了5.3万元。这间正房里的摆设很一般，看上去有些日子没有人打扫房间的卫生了。房子正对着门的墙前摆放了一个三屉桌，三屉桌的左侧摆放了一个三人沙发，沙发前有一个大茶几，三屉桌的右侧摆放了一把单人皮椅子。房子的南侧摆放了一套组合柜，组合柜上摆放着彩色电视机。房子的西北角砌了一个大炕，房子的东北角有一个简易单人床，床头摆放了一把单人皮椅子。一进门的左侧，有一个木制的面柜，面柜旁有一个腌制咸菜的大缸；一进门的右侧，摆放着一台洗衣机。不用说，在1号农户家，彩色电视机、洗衣机、电冰箱、摩托车、热水器、净水器等日常家用电器都有，平日里蔬菜、蛋、奶、肉也是经常吃的。1号农户家的院子里还盖了一间坐北朝南的厨房，5米×4米，砖木结构，大约花了1.5万元。

1号农户家的户主说，2014年阳洼村进行"整村推进"危房改造的时候，他家的老院子也进行了改造，院子里的老房子全部拆了，在原来主屋的地方盖了一间新房子，在新房子的南侧，自己盖了一间厨房。现在，这个老院子是小儿子家的住处。

1号农户家有承包地18亩，因为大儿子和小儿子都另立了户口，所以18亩承包地分给了大儿子家10亩，分给了小儿子家8亩。2016年，1号农户家的18亩承包地没有撂荒，是雇人种的，种了10亩小麦、3亩

洋芋、4亩胡麻、1亩大麦。其中，每亩小麦上20斤磷酸二铵，平均亩产约200公斤；每亩洋芋上80斤专用肥、2农用车农家肥，平均亩产约2500公斤；每亩胡麻上20斤磷酸二铵、2农用车农家肥，平均亩产约75公斤；每亩大麦上80斤复合肥，平均亩产约300公斤。1号农户家租村里的拖拉机耕地，1亩的租金是30元；租村里的播种机播种，1亩的租金是30元；租村里的收割机收小麦和胡麻，1亩的租金是40元；雇人挖洋芋，每天的费用是100元，挖1亩洋芋需要2天时间。2016年，1号农户家收获的小麦和胡麻留下来自己吃，粮食可以自给自足；收获的洋芋卖了10000斤，1斤的价格是0.4元，收入4000元；收获的大麦用来喂牛。这一年，1号农户家养了1头牛，没有下小牛，还养了五六只鸡，鸡蛋、鸡肉自家食用。另外，1号农户家的户主夫妇俩年龄都在60岁以上，每人每月可以领取养老金125元，共计3000元；两口子都享受低保待遇，每人每月180元，共计4320元；1号农户家还是阳洼村"精准扶贫"的建档立卡户。

2008年，1号农户家的18亩承包地种了8亩小麦、3亩洋芋、5亩胡麻、2亩豆子。其中，每亩小麦上15斤磷酸二铵、8手推车农家肥，平均亩产约200公斤；每亩洋芋上100斤磷肥、10手推车农家肥，平均亩产约1500公斤；每亩胡麻上15斤磷酸二铵、5手推车农家肥，平均亩产约70公斤；每亩豆子上20斤磷酸二铵、15斤尿素、10手推车农家肥，平均亩产约100公斤。2008年，1号农户家种的小麦和胡麻留下来自己吃，粮食可以自给自足；种的洋芋卖了8000斤，1斤的价格是0.35元，收入2800元；种的豆子卖了400斤，1斤的价格是1.2元，收入480元。这一年，1号农户家养了2头驴，卖了1头驴，收入5200元；养了1头猪，留着过年的时候吃肉；养了2只羊，没有卖；养了五六只鸡，鸡蛋、鸡肉自家食用。

2003年，1号农户家的18亩承包地种了6亩小麦、4亩豆子、3亩洋芋、2亩胡麻、3亩燕麦。其中，每亩小麦上15斤磷酸二铵、8手推车农家肥，平均亩产约200公斤；每亩豆子上10斤磷酸二铵，平均亩产约125公斤；每亩洋芋上100斤磷肥、8手推车农家肥，平均亩产约1500公斤；每亩胡麻上12斤磷酸二铵，平均亩产约75公斤；种的3亩燕麦用来喂牲畜。2003年，1号农户家收获的2400斤小麦留下来自己吃，粮食可以自给自足；收获的1000斤豆子全部卖了，1斤的价格是0.47元，收入470元；收获的洋芋卖了7000斤，1斤的价格是0.16元，收入1120元；收获的胡麻全部留下作为全家一年的食用油。这一年，1号农户家养的猪没有卖，留着过年过节时吃肉；养的鸡和下的蛋自家平时食用；卖了1只小羊，收入130元。另外，1号农户家的户主当时是村委会主任，每年由乡政府发给他800元报酬。平日吃的菜基本上是自留地里种的季节菜，吃的肉、蛋也基本上是自家的，生活相对富裕。

综上所述，1号农户家自己种的粮食可以自给自足。从农作物种植和牲畜养殖的现金收入来看，2003年农作物收入1590元，养殖收入130元；2008年农作物收入3280元，养殖收入5200元；2016年农作物收入4000元，养殖没有收入（当年没有下小牛）。

(2) 53号农户家的生活概况

**阳洼汉族自然村53号农户家**

53号农户家在1号农户家对面的山坡上，大约相隔2里地的路程。第一次走进53号农户家，是2003年1月31日上午，这一天是大年三十。记

得快走到他家的时候下起了大雪，上土坡的路又陡又滑，稍不小心就会往后出溜两步，好不容易走到了他家，却让人不禁倒吸一口凉气儿。

53号农户家的院子很小，院子的围墙是用黄泥堆砌的，围墙上立着干枯的野草，院子的小门朝东，是用几块破木板钉起来的，破木板还没有人高，门框是用烂砖头垒的，残缺不全，连个锁头都没有。用手推开破旧的小木门，眼前是一堵四五米高的黄土山崖，崖面子下的右侧，有两间坐北朝南的土坯房，土坯房的小窗户被油烟熏得黑乎乎的。一进小木门的左侧，堆放着几根粗细不一的圆木桩，整个院子冷冷清清的，显得与大年三十这个日子很不协调，特别是在风雪交加的冬季，不禁令人有一种荒凉凄楚的感觉。

53号农户家的两间土坯房，大约有20平方米，靠东的一间住房稍大一些，大约有12平方米；靠西的一间灶房小一些，大约有6平方米。一进住房右侧的墙前有一盘炕，炕头上放了两只旧木箱；住房左侧挨着门的地方放了一个脸盆架子，脸盆架子的里侧放了一张破旧的两屉桌，连把椅子都没有，房子中央架了一个最小号的炉子，炉子旁有两个小板凳儿。因为那天是大年三十，我特意走进灶房看了看，西侧的墙前有一盘小炕，炕上没有被子，灶台周围什么都没有，整个灶房里冷冰冰的，进去感觉冻手冻脚，像是很长时间都没有用了。

走进住房，53号农户家的户主正一个人躺在炕上，看见我来了忙坐起身来，他双眼凹陷，骨瘦如柴，说起话来有些吃力。他告诉我说，他得了肺癌，因为没有钱住院治疗，只能买些消炎药在家里维持，现在连下地走路的力气都没有了。53号农户家的户主50多岁了，还没有成家，他还有一个40岁的弟弟，也没有成家，这让我第一次近距离地看到了"穷光棍儿"的生活模样儿。我拿给他们一份节日的慰问品，临走时留下了随身带的零用钱，这位户主凹陷的双眼里闪动着感激之情，他用有些奇怪的表情望着我，张着嘴不住地点头，一直到我走出屋门。在他那深陷的双眸里，我看到了一种对生命的渴望。后来听村民说，我走了以后，一直躺在炕上的他，竟然下地走路了……

2003年11月22日，星期六，我到53号农户家做调查，来之前特意给他带了些药品和衣物。那天，他家的小屋子挤满了人，人们围坐在炕上打牌，或许因为那是个周末，小屋子充满了人气和烟气，53号农户家的户主也在其中围观。他的身体状况看上去越来越差了，因为没有钱看病，已经放弃了治疗。2003年第一次入户调查时，53号农户家有兄弟两人：户主53岁，没有上过学；户主的弟弟40岁，也没有上过学。当时他的弟弟没有在家，利用农闲外出打工挣钱去了。

2004年7月19日，是我和53号农户家户主的最后一次见面。那天，午后的阳光直射，53号农户家的院子里静悄悄的，住房的门敞开着，苍蝇飞来飞去。53号农户家的户主一个人躺在炕上呻吟，他看见我来了，挪动了一下身体，但是已经没有了气力，只能用深陷的双眼看着我，我下意识地感觉到，这次给他带的食品和衣物很可能用不上了。他的上身没有穿衣服，下身盖着一条红布面的旧被子，肚子上搭着一件黑色的外衣，肋骨一条一条地清晰可见，炕席边上放着烟盒、打火机，抽烟也许是他生命中最后的寄托。他的弟弟没有在家，外出打零工去了。我给他打开了一瓶纯净水，放在了他的炕头……

后来听说，我走后一个星期，53号农户家的户主就在家中病逝了，那年他54岁。在亲朋好友的帮助下，用他家门口的那几根圆木桩做了一口简易棺材，花了6元钱买了一小桶红色的油漆，装点了一下棺材。送户主走的那天（埋在他家的后山上），村里为他举行了一个最简单的仪式，送葬回来之后，大家在一起吃了一顿便饭——烩菜、饼子、洋芋面，还花30元钱买了12盒兰州牌香烟，每盒2.5元，丧事总共花了900元。

2009年第二次入户调查时，53号农户家有3口人。户主的弟弟成了这家的新主人，并且于2005年结婚，2006年还生了个儿子。这一年，53号农户家的户主45岁，他的老婆40岁，没有上过学，他们的儿子快3岁了。采访中，户主告诉我，他们姐弟共4人，老大是姐姐，再就是他们三兄弟。1964年10月，他们的父亲赶着马车到张易镇缴公粮，在回来的路上，走到张易镇店房河附近时，出了交通事故，不幸去世。父亲去世后，母亲改嫁到阴洼村，把他们姐弟4人也带过去了，但是他大哥和二哥都不愿意跟着母亲过继到阴洼村，自己又跑了回来。那时候，他大哥11岁，他二哥8岁，他才1岁半。大哥和二哥跑回来以后生活贫穷，难免为家事发生口角，

后来二哥忍受不了这种生活，在后山上吊自杀了。他在母亲那里长到18岁，也回到大哥身边，兄弟俩过起了相依为命的生活。

53号农户家的大哥病逝后，便剩下了小弟孤零零的一个人，眼看着他已经是40岁出头的人了，还说不上个媳妇，后来亲戚给他说了一门亲事，对方是一个39岁的残疾妇女，患有先天性小儿麻痹症，两手畸形，面相扭曲，不能正常说话，生活不能自理。为了传宗接代，53号农户家的户主没有花彩礼钱，也没有办理结婚手续，就和这位残疾妇女生活在一起了。从此，他的生活被改变了，不仅不能外出打工，而且要日夜照看这位残疾妇女，既要给她做饭吃，也要给她喂饭吃。就这样，在一起生活了几个月，户主不堪重负，就把这位残疾妇女送回了娘家。本以为这段没有合法手续的夫妻生活可以结束了，没想到这位残疾妇女回娘家后不久便被发现有了身孕，尽管谁也不愿意和一位面相难看且连生活都不能自理的残疾妇女生活在一起，但毕竟53号农户家的"香火"可以续上了。2006年2月的最后一天，53号农户家的孩子出生了，让亲戚邻里们庆幸的是，这个苦难的家庭有了一个儿子。

2006年3月中旬，我在骆驼巷村核对数据，又特意去看望了53号农户。那天，是一个阴天，空中飘落着稀松的雪花，前来开院子门的是一位老人，原来她是53号农户家户主的岳母，这一天，是户主儿子出生后的第11天。户主的岳母临时住在那间小灶房里，正在给出世不久的孩子缝棉袄，尽管屋子里面依然感觉很冷，但收拾得干干净净，炉灶又重新点燃，灶台上放了七八个鸡蛋。户主的媳妇在东侧的房间里坐月子，儿子由老岳母照看，襁褓中的孩子很乖，正在睡觉。就这样，53号农户家得了一个儿子，一个看上去还健康的儿子。老岳母对我说，等女儿坐完月子，她还要回自己家，因为家里还有几个孙子、孙女需要照看。

53号农户家的媳妇生下孩子后一直没有奶，双手畸形的她连孩子都抱不起来，家里除了灶台上那七八个鸡蛋外，我没有看到其他营养品，生活依然是一贫如洗，整个院子依旧显得冷冷清清。我主动问户主："你岳母走了以后谁来照顾残疾的媳妇和孩子？"户主看了看我没有回答，脸上露出了一抹无奈的苦涩。后来户主对我说，其实他和这位残疾妇女没有感情，和她在一起生活只是为了要一个孩子，倒是这位残疾妇女已经习惯于依赖他的这种生活，儿子出生后，他们才补办了结婚证，给孩子补报了户口。听村里的邻居说，53号农户家的户主原本有自己喜欢的女人，因为家里太穷不能走到一起，但是为了传宗接代，最终和一个自己根本不喜欢的残疾妇女生活在了一起，这对他来说有很多无奈，也许今后还会有这般或那般的无奈……

2017年5月27日下午，正值端午节小长假，我再次走访了53号农户家。如今，53号农户家的户主已经54岁，他的老婆已经49岁，他们的儿子已经11岁，上小学五年级。53号农户家原来的小院子在2012年5月就被夷为平地了，空地的北边建了一个200多平方米的院子，院子的周围有几棵杏树，远远望去也是一道田园风景。这个新院子以及院子里的房子，都是当地政府帮助盖的。

或许命中注定，我和53号农户家有一种说不清楚的缘分，他家不仅成了我关注的贫困农户之一，而且说起来我还救了户主一命。自2003年春节前第一次走进骆驼巷村后，几乎每年的春节前，我都会到骆驼巷村的贫困农户家里走一走。2011年1月18日，在去往阳洼村的路上，天上突然落下鹅毛大雪，我走进53号农户家的院子。几年过去了，53号农户家还是那个破旧的小院子，小院子还是那扇破旧的小木门，但令人欣慰的是，他家的儿子再有一个月就5岁了，看上去还挺聪明，小名叫昊昊。

我的突然到访，让他们全家有些意想不到，更何况是在一个大雪天。他们全家三口人正围坐在炕上取暖，昊昊穿了一件戴帽子的棉外套，帽子系得严严实实的，手里抱着一个毛绒玩具狗，正在炕上玩耍；户主的老婆也穿着一身棉衣，胸前戴着一个皮革料的大围裙，头上包了一块绿色的头巾，嘴角不停地流着口水，靠坐在炕里端的墙前；户主穿着一件磨破边的黑色棉袄，头上戴着一顶帽子，右脚搭在炕上，左脚垂落在炕边。

让我不解的是，户主搭放在床上的右脚包得鼓鼓囊囊的，最外层还包了一个红色的塑料袋，炕边的墙前立着一副自制的木拐杖。我问户主右脚怎么了，他说脚底长了个疙瘩，越来越疼，要靠双拐才敢下地走路。那天，户主的右脚并没有引起我太多注意，以为他在用什么偏方治疗脚上的疙瘩。看着眼前这位又当爹又当妈的户主，还不到50岁，嘴里的牙就掉得只剩下一颗了，真觉得他的命实在是太苦了。临走的时候，我给了昊昊200元钱，他怎么也不肯要，我特意放到了他的小手上，没想到他却哇的一声大哭起来，嘴里不停地说，不要林阿姨，不要林阿姨。原来他是以为拿了我给的钱就会把他的爸爸带走。我走出门的时候，昊昊还一脸的委屈，双眼里噙满了泪花，这时候的昊昊，还不懂得嫌弃妈妈，不懂得嫌弃这个家。

2012年4月初，我再次来到骆驼巷村做实地调查，又去了53号农户家，我发现户主的右脚依旧包得鼓鼓囊囊的，只是最外层的红色塑料袋换成了黄色，这次引起了我的注意。我让户主把包着的右脚打开，发现右脚的脚趾变成了紫黑色，小脚趾头已经开始溃烂。我问户主为什么不去医院看，他说孩子小，老婆又残疾，家里离不开人，经济上也困难，去固原市医院看过两三次，医院建议再去西安的大医院看看。

2012年4月13日，天气晴朗，早饭后，我带53号农户家的户主去了固原市医院。的确，经医生检查后，还是建议去大医院治疗。这之后，就有了户主去北京武警医院住院治病的故事。为此，户主还成了村里的名人，不仅上了各大主流报纸，而且上了5月28日的焦点访谈节目。53号农户家的户主从北京治病回来后，他家的旧院子就换了新颜。

2013年4月，我在骆驼巷村做实地调查，多次去53号农户家看望，户主说从北京治病回来快一年了，希望能做一下巩固治疗，为了不惊动媒体，我一个人带户主到银川河东机场，乘坐4月25日SC1196航班前往北京武警医院，在医院的积极协调和帮助下，户主做了为期一个月的巩固治疗。近几年，户主的病情基本稳定，第一次从北京回来就扔掉了双拐，种地、养牛、喂鸡等农活儿全是他干，一如既往地支撑着全家的生活。村里的农民常说，我救了一个命比黄连还苦的人，可是在我的心底，始终有一个情结，那就是昊昊不能没有爹。在53号农户家里，昊昊的爹就是他的天，昊昊就是他爹的天，这个天不能塌……

不用说，我已经成了53号农户家的常客，只要到了骆驼巷村，肯定会去他家转一转。2017年6月19日晚饭后，我步行去了他家，他家正在吃晚饭，有意思的是三个人坐在三个地方吃，户主端着碗面条儿坐在院子里吃，户主的老婆坐在屋子窗前的桌子旁吃，好大的一个碗盛满了面条儿放在桌上，可能是为了省去再添加的麻烦，而昊昊端着个不锈钢的饭盒坐在炉子边上吃，边吃边看电视。如今昊昊已经长成大小伙子了，他再也不愿意跟在娘身旁了，有时候还会嫌弃他娘。看着这一家三口，看着户主呆呆傻傻的老婆，我不禁想起了王恒绩的短篇小说《我娘是个疯子》中的娘……

53号农户家的新院子大门朝南，院子的围墙是红砖砌成的，院子的大门是双扇铁制的，院子里正对着大门的是正房，6米×4米，坐北朝南，砖木结构，正房的左侧有一个3米×4米的简易牛棚，正房的右侧有一个3米×3米的简易鸡舍。院子里西侧的围墙前有一间灶房，4米×4米，坐西朝东，砖木结构。一进院子大门的东侧，有一个3米×4米的简易敞篷，坐东朝西，敞篷顶是一块保温板，下面停放了一辆"三二八"（蹦蹦车）。在简易敞篷和简易鸡舍之间，还临时搭建了一间2米×2米的简易房，里面只能放下一张床板、一把椅子，夏天户主就临时住在这里，算是自己散心的一个私人空间。在这个院子里，已经看不到一点儿老院子的痕迹。

53号农户家正房的西北角有一盘炕，正对着门的墙前放了一个三屉桌，三屉桌的右侧有一个腌咸菜的大缸。正房东侧的墙前摆放着一套矮型的电视组合柜，组合柜上有一台旧的彩色电视机，组合柜的右侧有一个装东西的小柜子。正房西侧靠窗户的墙前摆放着一个带镜子的大衣柜，窗户下有一个老掉牙的两屉桌，两屉桌的桌面上放着一块大面板，桌子旁有两个圆凳子，两屉桌的左侧摆放着一台旧洗衣机。在屋子的正中央，架着一个大炉子，大炉子的旁边有两把黄色的塑料椅子。53号农户家的户主说，家里的家具都是搬迁的农户留下来的。在我看来，尽管房间里的家具依然陈旧，卫生也很差，但是比起我第一次到他家的时候，已经是鸟枪换炮了。值得一提的是，53号农户家还联上了网，每月的费用是72元，户主肯花这笔钱，或许可以说网络是他的精神世界了。

53号农户家有5亩承包地。2016年，他家种了3亩小麦、1亩洋芋、1亩胡麻。其中，每亩小麦上30斤磷酸二铵、20斤尿素，平均亩产约150公斤；每亩洋芋上100斤专用肥、20斤尿素、1农用车农家肥，平均亩产约500公斤；每亩胡麻上30斤磷酸二铵，平均亩产约100公斤。2016年，

53号农户家收获的小麦留下来自己吃,不够吃,至少需要再买300斤小麦,1斤的价格是1.1元;收获的洋芋和胡麻也留作自家食用。这一年,53号农户家养了2头牛、4只羊,还有四五只鸡。养的牛下了1头小牛,获得国家补贴500元,小牛养了几个月之后卖了,收入7000元;养的4只羊全卖了,1只的价格是200元,收入800元;养的鸡自家食用。另外,53号农户家3口人都享受低保待遇,2016年7月以前,每人每月是190元,2016年7月以后,每人每月是270元,全年获得的低保补助金是8280元。户主的老婆是二级残疾,每月国家补助200元,全年补助金是2400元。53号农户家还有独生子女费,每月国家补助50元,全年补助金是600元。53号农户家还是村上"精准扶贫"的建档立卡户。

2008年,53号农户家的5亩承包地种了3亩小麦、1亩洋芋、1亩胡麻。其中,每亩小麦上30斤磷酸二铵、20斤尿素,平均亩产约120公斤;每亩洋芋上100斤磷肥、20斤磷酸二铵、20斤尿素,平均亩产约1000公斤;每亩胡麻上20斤磷酸二铵,平均亩产约50公斤。2008年,53号农户家收获的小麦留下来自己吃,不够吃,至少需要再买500斤小麦,1斤的价格是0.8元,支出400元;收获的洋芋卖了1500斤,1斤的价格是0.3元,收入450元;收获的胡麻自家食用,不够吃就凑合着。这一年,53号农户家养了5只羊,全部卖了,1只的价格是400元,收入2000元。

2003年,53号农户家的5亩承包地种了3亩小麦、2亩洋芋。其中,每亩小麦上100斤磷肥、13斤磷酸二铵、15斤尿素、2手推车农家肥,平均亩产约150公斤;每亩洋芋上150斤磷肥、100斤碳酸氢铵、6手推车农家肥,平均亩产约2500公斤。2003年,53号农户家收获的小麦留下来自己吃,勉强够吃;收获的洋芋产量比往年都高,特意把洋芋拉到张易镇上去卖,卖了8000斤,1斤的价格是0.2元,收入1600元。

综上所述,53号农户家自己种的粮食不能自给自足。从农作物种植和牲畜养殖的现金收入来看,2003年农作物收入1600元,养殖没有收入;2008年农作物收入450元,养殖收入2000元;2016年农作物没有收入,养殖收入7500元。

从表3-39可以了解阳洼汉族自然村农民生活的整体水平。其中,农

表 3-39 阳洼汉族自然村农民的生活状况

| 指标 | 粮食 | | | 生活现状 | | | | 电视机 | | | 电话 | | | 农民反映的主要问题 | | |
|---|---|---|---|---|---|---|---|---|---|---|---|---|---|---|---|---|
| | 自产粮够吃 | 自产粮不够吃 | 困难 | 比较困难 | 一般 | 比较好 | 富裕 | 彩色 | 黑白 | 没有 | 手机 | 座机 | 无 | 上学困难 | 看病困难 | 缺少零用钱 |
| 户数（户） | 56 | 12 | 0 | 3 | 43 | 22 | 0 | 66 | 2 | 0 | 38 | 39 | 7 | 1 | 3 | 0 |
| 占被调查农户的比例（%） | 82.35 | 17.65 | 0 | 4.41 | 63.24 | 32.35 | 0 | 97.06 | 2.94 | 0 | 55.88 | 57.35 | 10.29 | 1.47 | 4.41 | 0 |

民自产粮够吃的农户占八成以上。生活富裕和生活困难的农户没有,生活比较好的农户占三成以上,生活一般的农户占六成以上,生活比较困难的农户占不到一成。显然,生活相对困难的农户占比较 2003 年有大幅下降。主动反映"上学困难""看病困难"的农户占比分别为 1.47%、4.41%。例外的是,在阳洼村没有主动反映"缺少零用钱"的农户,这从另一个侧面说明阳洼村的农民在回答问题时比较含蓄,不愿意透露自己的隐私。另外,拥有彩色电视机的农户占到了 97.06%,拥有手机的农户占到了五成以上。

表 3-40 是阳洼汉族自然村农民家庭年现金收入明细。从表 3-40 可以看出,农民家庭年现金收入中,农业收入占总收入的 33.87%,打工收入占总收入的 57.16%,经商收入占总收入的 5.08%,工资性收入占总收入的 3.65%。

表 3-40　阳洼汉族自然村农民家庭年现金收入明细

单位:元

| 农户编号 | 农业 | 打工 | 经商 | 工资 | 合计 | 备注 |
| --- | --- | --- | --- | --- | --- | --- |
| 1 | 8000 | 40000 | 40000 | | 88000 | |
| 2 | 5000 | 5000 | | | 10000 | |
| 3 | 10000 | 30000 | | | 40000 | |
| 4 | 3000 | 22000 | 5000 | | 30000 | |
| 5 | 10000 | 8000 | | | 18000 | |
| 6 | 3000 | 12000 | | | 15000 | |
| 7 | 14800 | | | 200 | 15000 | |
| 8 | 10000 | 5000 | | | 15000 | |
| 9 | 6000 | 12000 | | | 18000 | |
| 10 | | | | | | 搬迁未销户 |
| 11 | 6000 | 24000 | | | 30000 | |
| 12 | 5000 | | | | 5000 | |
| 13 | 28000 | 17000 | | | 45000 | |
| 14 | 12000 | 8000 | | | 20000 | |
| 15 | 8000 | 3000 | 2000 | | 13000 | |

续表

| 农户编号 | 农业 | 打工 | 经商 | 工资 | 合计 | 备注 |
|---|---|---|---|---|---|---|
| 16 | 12000 | | | | 12000 | |
| 17 | 3000 | 5000 | | | 8000 | |
| 18 | 5000 | 10000 | | | 15000 | |
| 19 | 2000 | 20000 | | | 22000 | |
| 20 | | | | | | 搬迁未销户 |
| 21 | 10000 | 5000 | | | 15000 | |
| 22 | 6000 | | | | 6000 | |
| 23 | 3000 | 35000 | | | 38000 | |
| 24 | 4000 | 16000 | | | 20000 | |
| 25 | 6000 | 24000 | | | 30000 | |
| 26 | 4000 | | | | 4000 | |
| 27 | 2000 | | | | 2000 | |
| 28 | 12000 | 4000 | | | 16000 | |
| 29 | 7000 | 5000 | | | 12000 | |
| 30 | 3000 | | | | 3000 | |
| 31 | 5000 | 5000 | | | 10000 | |
| 32 | 5000 | 5000 | | | 10000 | |
| 33 | 10000 | 6000 | | | 16000 | |
| 34 | 6000 | 6000 | | | 12000 | |
| 35 | 10000 | 8000 | | | 18000 | |
| 36 | 10000 | 20000 | | | 30000 | |
| 37 | 10000 | 40000 | | | 50000 | |
| 38 | 2000 | 8000 | | | 10000 | |
| 39 | | | | | | 搬迁未销户 |
| 40 | 6000 | 4000 | | | 10000 | |
| 41 | | | | | | 搬迁未销户 |
| 42 | | | | | | 搬迁未销户 |
| 43 | 5000 | 8000 | | | 13000 | |
| 44 | 5000 | 7000 | | | 12000 | |
| 45 | 4000 | 20000 | | | 24000 | |
| 46 | 3000 | 5000 | | | 8000 | |

续表

| 农户编号 | 农业 | 打工 | 经商 | 工资 | 合计 | 备注 |
|---|---|---|---|---|---|---|
| 47 | | | | | | 搬迁未销户 |
| 48 | 4000 | 6000 | | | 10000 | |
| 49 | 5000 | 10000 | | | 15000 | |
| 50 | 12000 | 6000 | | | 18000 | |
| 51 | 13000 | 5000 | | | 18000 | |
| 52 | 4000 | 12000 | | | 16000 | |
| 53 | 2000 | | | | 2000 | |
| 54 | 3000 | 4000 | | | 7000 | |
| 55 | 3000 | 10000 | | | 13000 | |
| 56 | 10000 | | | | 10000 | |
| 57 | 12000 | | | 18000 | 30000 | |
| 58 | 4000 | 26000 | | | 30000 | |
| 59 | 4000 | 24000 | | | 28000 | |
| 60 | | | | 30000 | 30000 | 城镇户口1位 |
| 61 | 6000 | 4000 | | | 10000 | |
| 62 | 10000 | 6000 | | | 16000 | |
| 63 | | 18000 | | | 18000 | |
| 64 | 10000 | 5000 | | | 15000 | |
| 65 | 5000 | 5000 | | | 10000 | |
| 66 | 4000 | 6000 | | | 10000 | |
| 67 | 5000 | 45000 | | | 50000 | 城镇户口1位 |
| 68 | 8000 | 10000 | | | 18000 | |
| 69 | 7000 | 5000 | | | 12000 | |
| 70 | 4000 | 30000 | | | 34000 | |
| 71 | 5000 | 3000 | | | 8000 | |
| 72 | 5000 | 27000 | | | 32000 | |
| 73 | 5000 | 35000 | | | 40000 | |
| 74 | 8000 | | 20000 | | 28000 | |
| 合计 | 446800 | 754000 | 67000 | 48200 | 1316000 | |

注：10号农户2008年搬往银川，未销户；20号农户2007年搬往银川，未销户；39号农户2005年搬往中宁，未销户；41号农户2007年搬往中宁，未销户；42号农户2007年搬往中宁，未销户；47号农户2007年搬往中宁，未销户。

从阳洼村家里有经商农户的具体经济活动来看，1号农户户主的儿子在新疆跑运输；4号农户的户主开出租车；15号农户在本村有一个小卖部；74号农户贩粮食，从农民家里收，再卖给大粮贩，100斤粮食可以赚到8~10元钱。

2．阳洼村农民的生产状况

下面，从表3-41的数据来看一下阳洼汉族自然村农民的生产生活状况。2008年，阳洼村被调查的68户农户的总人口为340人，其中男性175人、女性165人。在阳洼村，被调查的68户农户自报上来的承包土地共计998亩，人均2.94亩，其中"退耕还林"了187.1亩，粮食的平均亩产量为132公斤。户均家庭年现金收入为18765元，约是2003年的7倍；家庭年人均收入为4005元，约是2003年的8倍。

表3-41数据显示，在阳洼村被调查的68户农户中，养牛的农户有44户，其中养2头及以上的农户有25户；养羊的农户25户，其中养3只及以上的农户有19户；养猪的农户有60户；养驴的农户有20户；没有养骡子的农户。另外，有农用三轮车的农户有29户，有小型手扶拖拉机的农户有12户，有摩托车的农户有45户。从整体上看，阴洼村的机械化程度还是相对比较低的。

表3-41中的"其他"一栏，是指阳洼村从事商业经营活动的农户所持有的固定资产。其中，25号、58号、68号农户家各有一辆农用四轮车，45号农户家有一辆农用三轮车。

表3-42是阳洼汉族自然村农民的主要劳动生产方式。从表3-42可以看出，完全以种地为生的农户有8户，占被调查农户的11.76%；既种地又打工的农户有52户，占被调查农户的76.47%；既种地又有工资性收入的农户有2户，占被调查农户的2.94%；既种地又打工还从事经商活动的农户有3户，占被调查农户的4.41%；完全靠工资性收入、既种地又从事经商活动、完全靠打工的农户各有1户，分别占被调查农户的1.47%。

表 3-41 阳洼汉族自然村农民的生产生活状况

| 农户编号 | 人口(人) 总数 | 男性 | 女性 | 土地(亩) | 平均亩产(公斤) | 家庭年现金收入(元) | 家庭年人均收入(元) | 牛(头) | 羊(只) | 猪(头) | 驴(头) | 骡(头) | 三轮车(辆) | 拖拉机(台) | 摩托车(辆) | 其他 | 宅基地(平方米) | 住房(平方米) | 房屋类型 |
|---|---|---|---|---|---|---|---|---|---|---|---|---|---|---|---|---|---|---|---|
| 1 | 8 | 5 | 3 | 18 | 150 | 88000 | 11000 |  | 2 | 1 | 1 |  |  |  | 1 |  | 260 | 90 (5) | 土砖结构 |
| 2 | 5 | 2 | 3 | 18 (2.3) | 120 | 10000 | 2000 | 2 |  | 1 |  |  |  |  |  |  | 260 | 90 (3) | 砖瓦结构 |
| 3 | 6 | 4 | 2 | 13 | 150 | 40000 | 6667 | 2 | 5 | 2 | 1 |  |  |  | 1 |  | 200 | 30 (2) | 砖木结构 |
| 4 | 4 | 3 | 1 | 20 (6.1) | 150 | 30000 | 7500 | 1 |  | 1 |  |  | 1 |  |  |  | 250 | 40 (2) | 土坯结构 |
| 5 | 6 | 4 | 2 | 25 | 150 | 18000 | 3000 |  | 6 | 1 | 1 |  |  | 1 | 1 |  | 240 | 30 (2) | 砖木结构 |
| 6 | 4 | 3 | 1 | 11 | 100 | 15000 | 3750 | 1 |  | 1 |  |  |  |  |  |  | 200 | 30 (2) | 砖木结构 |
| 7 | 4 | 1 | 3 | 7 (4) | 200 | 15000 | 3750 |  | 15 | 1 | 1 |  |  | 1 | 1 |  | 200 | 30 (2) | 砖木结构 |
| 8 | 4 | 3 | 1 | 8 | 150 | 15000 | 3750 | 2 | 5 | 1 |  |  |  |  | 1 |  | 180 | 30 (2) | 砖木结构 |
| 9 | 5 | 3 | 2 | 18 (1.8) | 120 | 18000 | 3600 | 1 |  | 1 |  |  | 1 |  |  |  | 250 | 60 (3) | 土坯结构 |
| 10 |  |  |  |  |  |  |  |  |  |  |  |  |  |  |  |  |  |  |  |
| 11 | 5 | 3 | 2 | 15 (2.7) | 150 | 30000 | 6000 | 1 | 2 | 1 | 1 |  |  |  | 1 |  | 230 | 45 (3) | 土坯结构 |
| 12 | 5 | 2 | 3 | 8 (3.6) | 100 | 5000 | 1000 |  |  | 1 |  |  |  | 1 | 1 |  | 200 | 40 (2) | 土坯结构 |
| 13 | 10 | 5 | 5 | 28 (0.8) | 120 | 45000 | 4500 | 2 | 5 | 3 |  |  |  | 1 |  |  | 260 | 50 (3) | 砖木结构 |
| 14 | 6 | 3 | 3 | 11 | 150 | 2000 | 333 | 2 | 5 | 1 |  |  |  |  | 1 |  | 240 | 50 (3) | 土坯结构 |
| 15 | 6 | 3 | 3 | 29 (1.9) | 150 | 13000 | 2167 | 1 | 2 | 1 |  |  |  | 1 | 1 |  | 260 | 80 (5) | 土坯结构 |
| 16 | 4 | 2 | 2 | 10 | 150 | 12000 | 3000 | 2 | 15 | 2 |  |  |  | 1 | 1 |  | 230 | 45 (3) | 砖木结构 |
| 17 | 4 | 2 | 2 | 10 | 150 | 8000 | 2000 |  |  | 1 |  |  | 1 |  | 1 |  | 220 | 30 (2) | 砖木结构 |

## 第三章 调查数据反映的农民生活

续表

| 农户编号 | 人口(人) 总数 | 男性 | 女性 | 土地(亩) | 平均亩产(公斤) | 家庭年现金收入(元) | 家庭年人均收入(元) | 生产资料 牛(头) | 羊(只) | 猪(头) | 驴(头) | 骡(头) | 三轮车(辆) | 拖拉机(台) | 摩托车(辆) | 其他 | 宅基地(平方米) | 住房(平方米) | 房屋类型 |
|---|---|---|---|---|---|---|---|---|---|---|---|---|---|---|---|---|---|---|---|
| 18 | 3 | 2 | 1 | 14 (2.6) | 150 | 15000 | 5000 |  |  | 1 |  |  |  |  | 1 |  | 200 | 60 (3) | 砖木结构 |
| 19 | 4 | 2 | 2 | 8 (2) | 100 | 22000 | 5500 |  |  | 1 | 1 |  |  |  | 1 |  | 200 | 30 (2) | 砖木结构 |
| 20 |  |  |  |  |  |  |  |  |  |  |  |  |  |  |  |  |  |  |  |
| 21 | 7 | 3 | 4 | 30 (18) | 150 | 15000 | 2143 | 1 |  | 2 | 2 |  |  |  | 1 |  | 240 | 40 (3) | 土坯结构 |
| 22 | 5 | 2 | 3 | 20 (7.4) | 150 | 6000 | 1200 |  |  | 1 | 2 |  |  |  | 1 |  | 240 | 40 (3) | 土坯结构 |
| 23 | 5 | 2 | 3 | 14 (12) | 100 | 38000 | 7600 | 2 |  |  | 1 |  | 1 |  |  |  | 180 | 70 (5) | 土坯结构 |
| 24 | 3 | 2 | 1 | 20 (7.9) | 150 | 20000 | 6667 |  |  | 2 |  |  |  |  | 1 |  | 200 | 30 (2) | 土坯结构 |
| 25 | 6 | 3 | 3 | 12 (6.7) | 150 | 30000 | 5000 | 1 |  | 1 | 1 |  |  |  |  | 四轮车 | 220 | 40 (3) | 砖木结构 |
| 26 | 5 | 2 | 3 | 11 (6.7) | 100 | 4000 | 800 |  |  |  |  |  |  |  | 1 |  | 230 | 35 (3) | 土坯结构 |
| 27 | 2 | 1 | 1 | 12 | 100 | 2000 | 1000 |  |  | 1 |  |  |  |  |  |  | 200 | 40 (3) | 土坯结构 |
| 28 | 4 | 2 | 2 | 12 (1.8) | 150 | 16000 | 4000 | 2 | 10 | 1 |  |  |  |  | 1 |  | 200 | 30 (2) | 砖木结构 |
| 29 | 5 | 2 | 3 | 11 | 150 | 12000 | 2400 | 2 |  | 2 |  |  |  | 1 | 1 |  | 200 | 40 (3) | 土坯结构 |
| 30 | 3 | 1 | 2 | 18 (5.7) | 100 | 3000 | 1500 |  |  |  | 1 |  |  |  | 1 |  | 200 | 30 (2) | 砖木结构 |
| 31 | 5 | 2 | 3 | 8 (3.9) | 150 | 10000 | 2000 | 1 |  | 2 |  |  |  | 1 | 1 |  | 180 | 60 (3) | 砖木结构 |
| 32 | 6 | 1 | 5 | 9 (2.8) | 150 | 10000 | 1667 |  | 12 | 2 | 2 |  | 1 |  |  |  | 200 | 60 (4) | 土坯结构 |
| 33 | 4 | 3 | 1 | 8 (3.8) | 150 | 16000 | 4000 | 1 |  |  |  |  |  | 1 | 1 |  | 200 | 30 (2) | 砖木结构 |
| 34 | 5 | 3 | 2 | 20 (3.2) | 130 | 12000 | 2400 | 2 |  | 1 |  |  |  |  |  |  | 200 | 50 (4) | 土坯结构 |

续表

| 农户编号 | 人口(人) | | | 土地(亩) | 平均亩产(公斤) | 家庭年现金收入(元) | 家庭年人均收入(元) | 生产资料 | | | | | | | | | 宅基地(平方米) | 住房(平方米) | 房屋类型 |
|---|---|---|---|---|---|---|---|---|---|---|---|---|---|---|---|---|---|---|---|
| | 总数 | 男性 | 女性 | | | | | 牛(头) | 羊(只) | 猪(头) | 驴(头) | 骡(头) | 三轮车(辆) | 拖拉机(台) | 摩托车(辆) | 其他 | | | |
| 35 | 3 | 2 | 1 | 16(1.9) | 150 | 18000 | 6000 | | 10 | 1 | 1 | | | | 1 | | 240 | 60(4) | 砖木结构 |
| 36 | 7 | 4 | 3 | 20(3.1) | 150 | 30000 | 4286 | 4 | 5 | 2 | 1 | | 1 | | 1 | | 200 | 50(4) | 土坯结构 |
| 37 | 9 | 5 | 4 | 33(10.3) | 100 | 50000 | 5556 | | | 1 | 1 | | | | | | 180 | 40(3) | 土坯结构 |
| 38 | 6 | 2 | 4 | 5 | 100 | 10000 | 1667 | | | | | | | | | | 200 | 35(2) | 土坯结构 |
| 39 | | | | | | | | | | | | | | | | | | | |
| 40 | 8 | 1 | 7 | 16 | 150 | 10000 | 1250 | 2 | | 2 | | | | | 1 | | 200 | 30(2) | 土坯结构 |
| 41 | | | | | | | | | | | | | | | | | | | |
| 42 | | | | | | | | | | | | | | | | | | | |
| 43 | 4 | 2 | 2 | 7(3.3) | 130 | 13000 | 3250 | 1 | 4 | 1 | | | 1 | | | | 180 | 30(2) | 砖木结构 |
| 44 | 3 | 1 | 2 | 18 | 100 | 12000 | 4000 | | | | 1 | | | | | | 200 | 45(3) | 土坯结构 |
| 45 | 6 | 4 | 2 | 13(1.5) | 130 | 24000 | 4000 | | | 1 | 1 | | | 1 | | 三轮车 | 160 | 40(3) | 砖木结构 |
| 46 | 4 | 1 | 3 | 7 | 130 | 8000 | 2000 | | | | 1 | | | | | | 200 | 30(2) | 砖木结构 |
| 47 | | | | | | | | | | | | | | | | | | | |
| 48 | 5 | 3 | 2 | 16(5.1) | 130 | 10000 | 2000 | 1 | | 1 | | | | 1 | 1 | | 160 | 50(3) | 砖木结构 |
| 49 | 3 | 2 | 1 | 18(3.8) | 150 | 15000 | 5000 | | | 2 | 2 | | | | 1 | | 220 | 40(3) | 砖木结构 |
| 50 | 7 | 5 | 2 | 24(5.6) | 150 | 18000 | 2571 | 3 | | 2 | | | | | 1 | | 220 | 50(3) | 砖木结构 |
| 51 | 7 | 3 | 4 | 21(4.9) | 150 | 18000 | 2571 | 3 | 5 | 1 | | 1 | | | 1 | | 220 | 60(3) | 砖木结构 |

续表

| 农户编号 | 人口(人) 总数 | 男性 | 女性 | 土地(亩) | 平均亩产(公斤) | 家庭年现金收入(元) | 家庭年人均收入(元) | 生产资料 牛(头) | 羊(只) | 猪(头) | 驴(头) | 骡(头) | 三轮车(辆) | 拖拉机(台) | 摩托车(辆) | 其他 | 宅基地(平方米) | 住房(平方米) | 房屋类型 |
|---|---|---|---|---|---|---|---|---|---|---|---|---|---|---|---|---|---|---|---|
| 52 | 4 | 2 | 2 | 9 (5.9) | 130 | 16000 | 4000 | 2 | | 1 | 2 | | | | | | 160 | 30 (2) | 砖木结构 |
| 53 | 3 | 2 | 1 | 5 | 100 | 2000 | 667 | | 5 | | | | | | | | 180 | 20 (2) | 土坯结构 |
| 54 | 6 | 2 | 4 | 14 | 100 | 7000 | 1167 | 2 | | 1 | | | | | 1 | | 200 | 30 (3) | 土坯结构 |
| 55 | 6 | 4 | 2 | 8 (5.1) | 130 | 13000 | 2167 | 1 | | | | | 1 | | 1 | | 220 | 30 (2) | 土坯结构 |
| 56 | 5 | 3 | 2 | 4 (3.8) | 150 | 10000 | 2000 | 3 | 5 | 1 | | | | | | | 200 | 40 (2) | 砖木结构 |
| 57 | 3 | 2 | 1 | 12 (1) | 130 | 30000 | 10000 | 2 | 14 | 1 | | | | | | | 200 | 30 (2) | 砖木结构 |
| 58 | 7 | 4 | 3 | 24 | 120 | 30000 | 4286 | 3 | 2 | | | | | | | 四轮车 | 240 | 45 (3) | 砖木结构 |
| 59 | 4 | 3 | 1 | 8 (3) | 130 | 28000 | 7000 | 2 | | | | | 1 | | 1 | | 220 | 40 (2) | 砖木结构 |
| 60 | 2 | 1 | 1 | 12 | 出租 | 30000 | 15000 | 1 | | | | | | | 1 | | 200 | 40 (3) | 砖木结构 |
| 61 | 6 | 2 | 4 | 20 (1.2) | 130 | 10000 | 1667 | | | 2 | | | 1 | | 1 | | 240 | 60 (3) | 砖木结构 |
| 62 | 6 | 3 | 3 | 18 (0.9) | 150 | 16000 | 2667 | 2 | | 1 | 1 | | | | | | 220 | 75 (5) | 砖木结构 |
| 63 | 4 | 2 | 2 | 12 (2.6) | 100 | 18000 | 4500 | | | | | | | | | | 260 | 40 (3) | 砖木结构 |
| 64 | 5 | 2 | 3 | 8 (0.9) | 130 | 15000 | 3000 | 1 | | 1 | | | | | 1 | | 230 | 60 (3) | 砖木结构 |
| 65 | 2 | 1 | 1 | 16 | 100 | 10000 | 5000 | | 1 | | | | | | | | 220 | 20 (2) | 土坯结构 |
| 66 | 6 | 2 | 4 | 10 | 150 | 10000 | 1667 | | | 1 | | | | 1 | | | 240 | 30 (2) | 砖木结构 |
| 67 | 3 | 2 | 1 | 12 | 130 | 50000 | 16667 | 2 | | 1 | | | | | 1 | | 260 | 35 (2) | 土坯结构 |
| 68 | 7 | 4 | 3 | 22 | 130 | 18000 | 2571 | 2 | 1 | 2 | | | | | | 四轮车 | 260 | 40 (3) | 土坯结构 |

续表

| 农户编号 | 人口（人） | | | 土地（亩） | 平均亩产（公斤） | 家庭年现金收入（元） | 家庭年人均收入（元） | 生产资料 | | | | | | | | | 宅基地（平方米） | 住房（平方米） | 房屋类型 |
|---|---|---|---|---|---|---|---|---|---|---|---|---|---|---|---|---|---|---|---|
| | 总数 | 男性 | 女性 | | | | | 牛（头） | 羊（只） | 猪（头） | 驴（头） | 骡（头） | 三轮车（辆） | 拖拉机（台） | 摩托车（辆） | 其他 | | | |
| 69 | 6 | 3 | 3 | 15 (2.1) | 100 | 12000 | 2000 | 1 | | 1 | 1 | | 1 | | | | 200 | 45 (3) | 土坯结构 |
| 70 | 4 | 3 | 1 | 13 (7.9) | 130 | 34000 | 8500 | 2 | 4 | 1 | 1 | | 1 | | 1 | | 200 | 45 (3) | 土坯结构 |
| 71 | 7 | 2 | 5 | 15 | 120 | 8000 | 1143 | 1 | | | | | 1 | | | | 260 | 30 (2) | 砖木结构 |
| 72 | 5 | 4 | 1 | 13 (5.5) | 130 | 10000 | 2000 | 2 | | 2 | | | | | | | 240 | 40 (3) | 土坯结构 |
| 73 | 6 | 3 | 3 | 18 | 120 | 40000 | 6667 | | 5 | 1 | | | | | 1 | | 260 | 50 (4) | 砖木结构 |
| 74 | 4 | 2 | 2 | 20 | 150 | 28000 | 7000 | 1 | 5 | | | | 1 | | 1 | | | 50 (3) | 砖木结构 |
| 总计 | 340 | 175 | 165 | 998 (187.1) 2.94（人均） | 132 (户均) | 18765 (户均) | 4005 (人均) | 75 | 150 | 76 | 25 | 0 | 29 | 12 | 45 | 4 | — | 2940 43（户均） | 土坯（34户），砖木（32户），土砖（1户），砖瓦（1户） |

注：
① "土地"一栏括号中的数据表示"退耕还林"的亩数。
② "住房"一栏括号中的数据表示住房间数。
③10号农户 2008 年搬往银川，未销户；20 号农户 2007 年搬往银川，未销户；39 号农户 2005 年搬往中宁，未销户；41 号农户 2007 年搬往中宁，未销户；42 号农户 2007 年搬往银川，未销户；47 号农户 2007 年搬住中宁，未销户。

表 3-42 阳洼汉族自然村农民的主要劳动生产方式

| 劳动生产方式 | 户数（户） | 农户编号 | 占被调查农户的比例（%） |
|---|---|---|---|
| 种地 | 8 | 12、16、22、26、27、30、53、56 | 11.76 |
| 工资 | 1 | 60 | 1.47 |
| 种地·打工 | 52 | 2、3、5、6、8、9、11、13、14、17、18、19、21、23、24、25、28、29、31、32、33、34、35、36、37、38、40、43、44、45、46、48、49、50、51、52、54、55、58、59、61、62、64、65、66、67、68、69、70、71、72、73 | 76.47 |
| 种地·工资 | 2 | 57、7 | 2.94 |
| 种地·经商 | 1 | 74 | 1.47 |
| 种地·打工·经商 | 3 | 1、4、15 | 4.41 |
| 打工 | 1 | 63 | 1.47 |
| 总计 | 68 |  | 100 |

### 3. 阳洼村农民的人口状况

2008 年，阳洼村被调查的 68 户农户的总人口为 340 人，其中男性 175 人、女性 165 人。除 60 号、67 号农户的户主为城镇户口外，其余均为农村户口。从表 3-41 可以看出，阳洼村家庭人口数最多的为 10 人，最少的为 2 人，家庭平均人口为 5 人。其中，6 口人及以上的农户有 26 户，占被调查农户的 38.24%。

表 3-43 是阳洼汉族自然村农户户主的姓氏分布。在被调查的 68 户农户中，户主的姓氏共有 17 个，除了陈、王、黄这三个姓氏相对集中以外，其余姓氏还是相对比较分散的。同样，在阳洼村同姓的农户中，基本上同属一个家族。

表 3-43 阳洼汉族自然村农户户主的姓氏分布

| 编号 | 户主姓氏 | 户数（户） | 家族情况 |
|---|---|---|---|
| 1 | 陈 | 11 | 两个家族 |
| 2 | 王 | 8 | 一个家族 |

续表

| 编号 | 户主姓氏 | 户数（户） | 家族情况 |
|---|---|---|---|
| 3 | 黄 | 8 | 一个家族 |
| 4 | 刘 | 5 | 一个家族 |
| 5 | 何 | 5 | 两个家族 |
| 6 | 祁 | 3 | 一个家族 |
| 7 | 张 | 5 | 一个家族 |
| 8 | 曹 | 3 | 一个家族 |
| 9 | 赵 | 3 | 一个家族 |
| 10 | 高 | 3 | 一个家族 |
| 11 | 杨 | 3 | 一个家族 |
| 12 | 白 | 4 | 和王氏同族 |
| 13 | 毛 | 2 | 一个家族 |
| 14 | 孙 | 2 | 一个家族 |
| 15 | 楚 | 1 | 一个家族 |
| 16 | 雷 | 1 | 一个家族 |
| 17 | 樊 | 1 | 和樊庄樊氏同族 |
| 总计 | | 68 | |

表3-44是阳洼汉族自然村已婚妇女的姓氏分布。在104位已婚妇女中，共有39个姓氏。除了张、王、陈、马、刘5个姓氏相对集中外，其余34个姓氏分别来自50位已婚妇女。

表3-44 阳洼汉族自然村已婚妇女的姓氏分布

单位：人

| 编号 | 姓氏 | 20~29岁 | 30~39岁 | 40~49岁 | 50~59岁 | 60~69岁 | 70~79岁 | 80岁及以上 | 总计 |
|---|---|---|---|---|---|---|---|---|---|
| 1 | 张 | 6 | 1 | 2 | 3 | 2 | 1 | 1 | 16 |
| 2 | 王 | 2 | 4 | 4 | 1 | 1 | 2 | 1 | 15 |
| 3 | 陈 | 2 | 1 | 1 | | 2 | 1 | 2 | 9 |
| 4 | 马 | 3 | 1 | 1 | 2 | 1 | | | 8 |
| 5 | 刘 | | | 2 | 2 | | 2 | | 6 |

续表

| 编号 | 姓氏 | 20~29岁 | 30~39岁 | 40~49岁 | 50~59岁 | 60~69岁 | 70~79岁 | 80岁及以上 | 总计 |
|---|---|---|---|---|---|---|---|---|---|
| 6 | 杨 | 1 | | 1 | | 1 | 2 | | 5 |
| 7 | 李 | | 3 | 1 | | | | | 4 |
| 8 | 高 | 1 | 1 | | | | 1 | | 3 |
| 9 | 赵 | | | 2 | | | | | 2 |
| 10 | 曹 | | | 1 | 1 | | | | 2 |
| 11 | 樊 | | | | 1 | | | | 1 |
| 12 | 宋 | | | | 1 | | | | 1 |
| 13 | 卜 | | | | 1 | | | | 1 |
| 14 | 牛 | | 1 | | | | | | 1 |
| 15 | 毛 | | 1 | | | | | | 1 |
| 16 | 常 | 1 | | | | | | | 1 |
| 17 | 朱 | | | | | 1 | | | 1 |
| 18 | 孙 | 2 | | | | | | | 2 |
| 19 | 冯 | | 1 | | | | | | 1 |
| 20 | 成 | | | | | 1 | | | 1 |
| 21 | 祁 | | | | 1 | | | | 1 |
| 22 | 任 | | | | 1 | | | | 1 |
| 23 | 沈 | | | | 1 | | | | 1 |
| 24 | 闫 | | | | | 1 | | | 1 |
| 25 | 蒋 | 1 | | | | | | | 1 |
| 26 | 方 | | | 1 | | | | | 1 |
| 27 | 周 | 1 | | | | | | | 1 |
| 28 | 陆 | | | 1 | | | | | 1 |
| 29 | 郑 | 2 | | | | | | | 2 |
| 30 | 武 | | 1 | | | | | | 1 |
| 31 | 姚 | 2 | | | | | | | 2 |
| 32 | 贾 | | 1 | | | | | | 1 |
| 33 | 夏 | | | 1 | | | | | 1 |
| 34 | 鲁 | | | 1 | | | | | 1 |

续表

| 编号 | 姓氏 | 20~29岁 | 30~39岁 | 40~49岁 | 50~59岁 | 60~69岁 | 70~79岁 | 80岁及以上 | 总计 |
|---|---|---|---|---|---|---|---|---|---|
| 35 | 路 | 1 | | | | | 1 | | 2 |
| 36 | 谢 | | 2 | | | | | | 2 |
| 37 | 福 | | | | | 1 | | | 1 |
| 38 | 潘 | | | | 1 | | | | 1 |
| 39 | 魏 | | | 1 | | | | | 1 |
| 合计 | | 25 | 20 | 20 | 14 | 13 | 8 | 4 | 104 |

注：此表包括4位已婚未生育妇女。

从表3-44可以看出，40岁以下已婚妇女的姓氏数量明显增多，显然，阳洼汉族自然村妇女的社会流动性相对于回族自然村要大。在阳洼汉族自然村，已婚妇女的姓氏数量是男性户主姓氏数量的2.29倍。这一事实说明，虽然以家族为中心的父系亲属关系在汉族自然村有了明显弱化，但父系亲属关系依然是农村社会基础的主流。在阳洼村被调查的68户农户中，嫁过来的媳妇没有回民。

表3-45是阳洼汉族自然村人口的年龄结构。从表3-45可以看出，0~14岁的人口占被调查人口的23.82%，15~64岁的劳动力人口占被调查人口的66.47%，65岁及以上的人口占被调查人口的9.71%。在15~64岁的劳动力人口占比中，男性略高于女性，其中男性占比为68.00%，女性占比为64.85%。

表3-45 阳洼汉族自然村人口的年龄结构

单位：人，%

| 年龄 | | 人口数 | 占被调查人口的比例 | 男性 | 占被调查男性的比例 | 女性 | 占被调查女性的比例 |
|---|---|---|---|---|---|---|---|
| 0~14岁 | | 81 | 23.82 | 41 | 23.43 | 40 | 24.24 |
| 其中 | 0~5岁 | 26 | 7.65 | 14 | 8.00 | 12 | 7.27 |
| | 6~14岁 | 55 | 16.18 | 27 | 15.43 | 28 | 16.97 |
| 15~64岁 | | 226 | 66.47 | 119 | 68.00 | 107 | 64.85 |

续表

| 年龄 | 人口数 | 占被调查人口的比例 | 男性 | 占被调查男性的比例 | 女性 | 占被调查女性的比例 |
|---|---|---|---|---|---|---|
| 65岁及以上 | 33 | 9.71 | 15 | 8.57 | 18 | 10.91 |
| 总计 | 340 | 100 | 175 | 100 | 165 | 100 |

图 3-7 是阳洼汉族自然村人口金字塔。从图 3-7 可以看出，近年来阳洼汉族自然村的人口增长速度有所放缓，但放缓的速度并不显著。

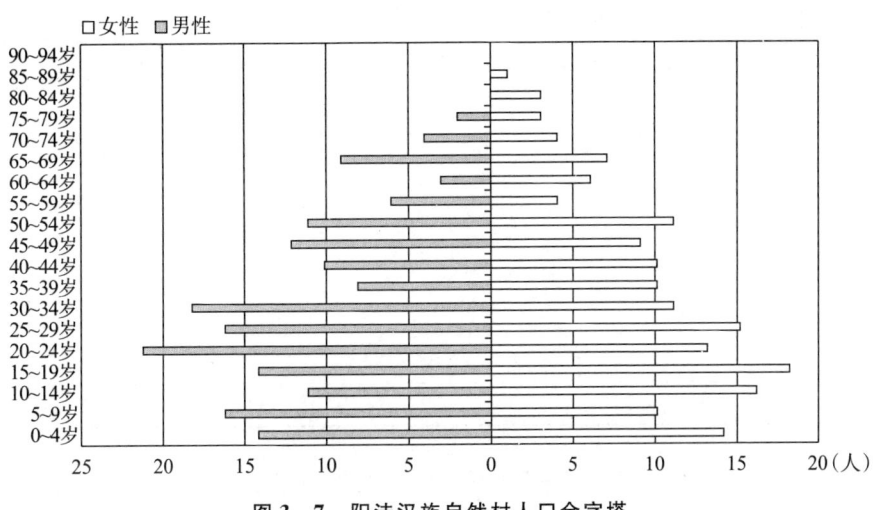

图 3-7 阳洼汉族自然村人口金字塔

表 3-46 是阳洼汉族自然村农民患病情况。其中，残疾、心血管病、妇科病、眼病患者相对比较集中。值得注意的是，在阳洼村被调查的 68 户农户中，有 8 户农户家有残疾人，这个占比是不低的。其中，9 号农户家里有 1 位因事故手被切断的残疾人，12 号农户家里有 1 位耳朵失聪的残疾人，13 号农户家里有 1 位生下来手就残疾的人，15 号农户家的媳妇因患脑膜炎大脑致残（生的 8 个孩子中有 3 个患癫痫），15 号农户家的儿子患有智力障碍，23 号农户的户主因公伤下肢残疾，36 号农户家里有 1 位下肢残疾的人，53 号农户家里有 1 位上肢残疾的人。

表 3-46  阳洼汉族自然村农民患病情况

| 疾病种类 | 患病农户编号 | 人数（人次） | 占患病总人次的比例（%） |
|---|---|---|---|
| 残疾 | 9、12、13、15、15、32、36、53、58 | 9 | 21.43 |
| 心血管病 | 10、18、21、25、26 | 5 | 11.90 |
| 妇科病 | 52、56、67、68 | 4 | 9.52 |
| 眼病 | 13、32、58、71 | 4 | 9.52 |
| 呼吸系统疾病 | 49、56、57 | 3 | 7.14 |
| 半身不遂 | 63、68、72 | 3 | 7.14 |
| 聋哑 | 12、58、69 | 3 | 7.14 |
| 风湿病 | 13、13、70 | 3 | 7.14 |
| 消化系统疾病 | 6、57 | 2 | 4.76 |
| 关节炎 | 65 | 1 | 2.38 |
| 神经系统疾病 | 15 | 1 | 2.38 |
| 高血压 | 51 | 1 | 2.38 |
| 心脏病 | 51 | 1 | 2.38 |
| 癫痫 | 15 | 1 | 2.38 |
| 肾炎 | 2 | 1 | 2.38 |
| 合计 |  | 42 | 100 |

表 3-47 是阳洼汉族自然村外出打工人口的年龄、学历分布。表 3-47 数据显示，阳洼村被调查的 226 个劳动力人口中有 77 人外出打工，占劳动力人口的 34.07%。在外出打工的 77 人中，女性有 8 人，占外出打工人口的 10.39%。从外出打工人口的学历看，上过大学的有 0 人，上过高中的有 5 人，初中毕业的有 27 人，初中未毕业的有 2 人，小学毕业的有 18 人，不识字和小学未毕业的有 25 人。其中，不识字和小学未毕业的人口占外出打工人口的 32.47%。从外出打工人口的年龄来看，30 岁及以下的有 45 人，占外出打工人口的 58.44%；31~40 岁的有 22 人，占外出打工人口的 28.57%；41~50 岁的有 8 人，占外出打工人口的 10.39%；50 岁以上的有 2 人，占外出打工人口的 2.60%。数据显示，阳洼村的女性和中年及以上男性的社会流动性同样比较小。

### 表 3-47　阳洼汉族自然村打工人口的年龄、学历分布

单位：人

| 年龄 | 不识字 | | 小学未毕业 | | 小学毕业 | | 初中未毕业 | | 初中毕业 | | 高中 | | 大学 | | 总计 |
|---|---|---|---|---|---|---|---|---|---|---|---|---|---|---|---|
| | 男性 | 女性 | 男性 | 女性 | 男性 | 女性 | 男性 | 女性 | 男性 | 女性 | 男性 | 女性 | 男性 | 女性 | |
| 20岁及以下 | | | | | 1 | 1 | | | 4 | | | | | | 6 |
| 21~30岁 | 3 | 1 | 5 | | 12 | | 2 | | 10 | 2 | 2 | 2 | | | 39 |
| 31~40岁 | 3 | 2 | 6 | | 3 | | | | 7 | | 1 | | | | 22 |
| 41~50岁 | 1 | | 2 | | 1 | | | | 4 | | | | | | 8 |
| 50岁以上 | 2 | | | | | | | | | | | | | | 2 |
| 总计 | 9 | 3 | 13 | 0 | 17 | 1 | 2 | 0 | 25 | 2 | 3 | 2 | 0 | 0 | 77 |

### 4．阳洼村农民的教育状况

表 3-48 是阳洼汉族自然村 6 岁及以上农民的受教育水平。从表 3-48 可以看出，阳洼村不识字和小学未毕业的农民合计达 187 人，占 6 岁及以上农民的 60.71%。其中，不识字的农民占 6 岁及以上农民的 34.74%，小学未毕业的农民占 6 岁及以上农民的 25.97%。尽管不识字和小学未毕业的人数相比 2003 年有所下降，但是农民受教育的整体水平依然还是比较低的。

### 表 3-48　阳洼汉族自然村 6 岁及以上农民的受教育水平

| 年龄 | 不识字 | | 小学未毕业 | | 小学毕业 | | 初中未毕业 | | 初中毕业 | | 高中 | | 大学 | | 总计 |
|---|---|---|---|---|---|---|---|---|---|---|---|---|---|---|---|
| | 男性 | 女性 | 男性 | 女性 | 男性 | 女性 | 男性 | 女性 | 男性 | 女性 | 男性 | 女性 | 男性 | 女性 | |
| 6~14岁 | 4 | 2 | 17 | 24 | | | 1 | 1 | | | | | | | 49 |
| 15~19岁 | | 1 | | 4 | 1 | 1 | 11 | 9 | | 2 | 2 | 1 | | | 32 |
| 20~24岁 | | 1 | 2 | 2 | 3 | 4 | 1 | | 12 | 3 | 4 | 4 | | | 36 |
| 25~29岁 | 2 | 6 | 2 | 3 | 8 | 2 | 1 | | 3 | 3 | | | | | 30 |
| 30~34岁 | 4 | 5 | 6 | 2 | 3 | | | | 5 | 4 | 1 | | | | 30 |
| 35~39岁 | 2 | 6 | 1 | 3 | 1 | | | | 3 | 1 | | | | | 17 |
| 40~44岁 | 1 | 9 | 2 | | 2 | | | | 5 | 1 | | | | | 20 |
| 45~49岁 | 3 | 6 | | | | 2 | | | 7 | 1 | 2 | | | | 21 |

续表

| 年龄 | 不识字 | | 小学未毕业 | | 小学毕业 | | 初中未毕业 | | 初中毕业 | | 高中 | | 大学 | | 总计 |
| --- | --- | --- | --- | --- | --- | --- | --- | --- | --- | --- | --- | --- | --- | --- | --- |
| | 男性 | 女性 | 男性 | 女性 | 男性 | 女性 | 男性 | 女性 | 男性 | 女性 | 男性 | 女性 | 男性 | 女性 | |
| 50~54岁 | 10 | 10 | | 1 | | | | | | 1 | | | | | 22 |
| 55~59岁 | 1 | 3 | 2 | | | 2 | | | | 1 | | | | | 9 |
| 60~64岁 | | 6 | 1 | 1 | | | | | | 1 | | | | | 9 |
| 65岁及以上 | 8 | 17 | 6 | 1 | | 1 | | | | | | | | | 33 |
| 总计 | 35 | 72 | 39 | 41 | 21 | 9 | 14 | 10 | 38 | 15 | 9 | 5 | | | 308 |

注：6~14岁儿童中不包括正在上学前班的儿童。

从表3-48还可以看出，15~59岁的不识字人口，都是新中国成立后出生的，这部分人口占阳洼村不识字人口的65.42%。也就是说，在阳洼村现有的不识字人口中，有六成以上的人是新中国成立后出生的。其中，男性23人，占男性不识字人口的65.71%；女性47人，占女性不识字人口的65.28%。

表3-49是阳洼汉族自然村6岁及以上农民的平均受教育年限。从表3-49可以看出，阳洼汉族自然村6岁及以上农民的平均受教育年限为4.13年，其中男性为5.14年，女性为3.10年。6~14岁人口的平均受教育年限为2.94年，其中男性为2.50年，女性为3.30年。15~64岁劳动力人口的平均受教育年限为4.91年，其中男性为6.13年，女性为3.54年。65岁及以上人口的平均受教育年限仅为0.61年，其中男性为1.13年，女性为0.17年。显然，随着年龄的增长，女性的文化水平明显低于男性。

表3-49　阳洼汉族自然村6岁及以上农民的平均受教育年限

| 年龄 | 人口数（人） | 平均受教育年限（年） | 男性（人） | 平均受教育年限（年） | 女性（人） | 平均受教育年限（年） |
| --- | --- | --- | --- | --- | --- | --- |
| 6~14岁 | 49 | 2.94 | 22 | 2.50 | 27 | 3.30 |
| 15~64岁 | 226 | 4.91 | 119 | 6.13 | 107 | 3.54 |
| 65岁及以上 | 33 | 0.61 | 15 | 1.13 | 18 | 0.17 |
| 总计 | 308 | 4.13 | 156 | 5.14 | 152 | 3.10 |

注：根据表3-48制作。

为了便于读者直观地了解阳洼村农民的受教育水平，特制作了图3-8和表3-50。从图3-8和表3-50可以看出，阳洼村女性受教育水平低的问题也是比较突出的。阳洼村女性不识字人口占6岁及以上不识字人口的67.29%。其中，在6岁及以上的女性中，不识字人口占47.37%，小学未毕业人口占26.97%，二者合计占比达74.34%。也就是说，在阳洼村有七成以上的妇女不识字或识字很少。同样，阳洼村男性的受教育水平也不容乐观，在6岁及以上的男性中，不识字人口占22.44%，小学未毕业人口占25.00%，二者合计占比达47.44%。也就是说，在阳洼村有近半数的男性不识字或识字很少。

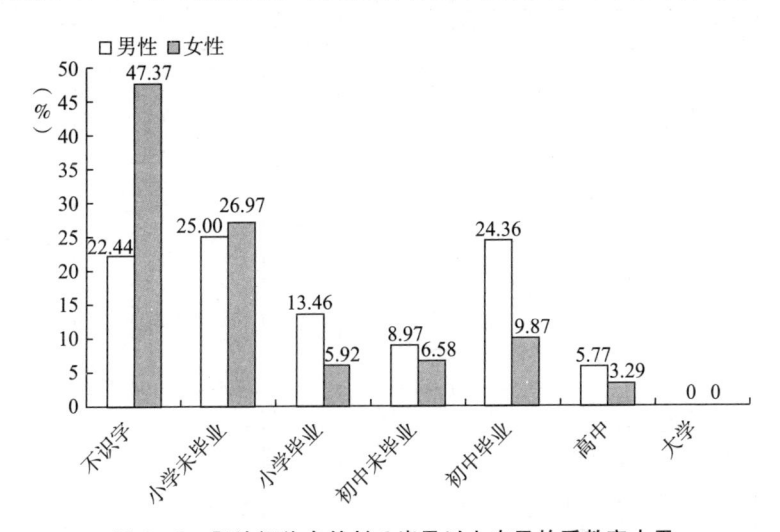

图3-8 阳洼汉族自然村6岁及以上农民的受教育水平

表3-50 阳洼汉族自然村6岁及以上农民的教育结构

| 指标 | 不识字 | 小学未毕业 | 小学毕业 | 初中未毕业 | 初中毕业 | 高中 | 大学 |
|---|---|---|---|---|---|---|---|
| 男性（人） | 35 | 39 | 21 | 14 | 38 | 9 | 0 |
| 占比（%） | 22.44 | 25.00 | 13.46 | 8.97 | 24.36 | 5.77 | 0 |
| 女性（人） | 72 | 41 | 9 | 10 | 15 | 5 | 0 |
| 占比（%） | 47.37 | 26.97 | 5.92 | 6.58 | 9.87 | 3.29 | 0 |
| 合计（人） | 107 | 80 | 30 | 24 | 53 | 14 | 0 |
| 占比（%） | 34.74 | 25.97 | 9.74 | 7.79 | 17.21 | 4.55 | 0 |

注：根据表3-48制作。

表3-51是阳洼汉族自然村不同年龄、学历已婚已育妇女的生育情

表 3－51　阳洼村汉族自然村不同年龄、学历已婚已育妇女的生育情况

单位：人

| 指标 | 不识字 |  |  | 小学未毕业 |  |  | 小学毕业 |  |  | 初中毕业 |  |  | 总计 |  |  |
|---|---|---|---|---|---|---|---|---|---|---|---|---|---|---|---|
|  | 妇女人数 | 生育男孩数 | 生育女孩数 | 妇女人数 | 生育男孩数 | 生育女孩数 | 妇女人数 | 生育男孩数 | 生育女孩数 | 妇女人数 | 生育男孩数 | 生育女孩数 | 妇女人数 | 生育男孩数 | 生育女孩数 |
| 20~24岁合计 | 1 |  | 2 | 1 | 1 |  | 2 | 2 |  | 3 | 2 | 1 | 7 | 5 | 3 |
| 一个孩子 |  |  |  | 1 | 1 |  |  |  |  | 3 | 2 | 1 | 6 | 5 | 1 |
| 两个孩子 | 1 |  | 2 |  |  |  |  |  |  |  |  |  | 1 |  | 2 |
| 25~29岁合计 | 7 | 8 | 3 | 2 | 2 |  | 2 | 2 | 3 | 3 | 2 | 1 | 14 | 13 | 9 |
| 一个孩子 | 3 | 2 | 1 |  |  |  |  |  |  | 3 | 2 | 1 | 6 | 4 | 2 |
| 两个孩子 | 4 | 6 | 2 | 2 | 2 | 2 | 2 | 1 | 3 |  |  |  | 8 | 9 | 7 |
| 30~34岁合计 | 5 | 5 | 7 | 2 | 4 | 2 |  |  |  | 4 | 5 | 5 | 11 | 14 | 14 |
| 两个孩子 | 4 | 4 | 4 | 2 | 4 | 2 |  |  |  | 3 | 4 | 2 | 7 | 8 | 6 |
| 三个孩子 |  |  |  |  |  |  |  |  |  | 1 | 1 | 3 | 2 | 4 | 2 |
| 四个孩子 | 1 | 1 | 3 |  |  |  |  |  |  |  |  |  | 2 | 2 | 6 |
| 35~39岁合计 | 6 | 4 | 16 | 3 | 3 | 4 |  |  |  | 1 | 2 |  | 10 | 9 | 20 |
| 两个孩子 | 2 | 2 | 2 | 2 | 2 |  |  |  |  | 1 | 2 |  | 5 | 6 | 4 |
| 三个孩子 | 1 | 1 | 2 | 1 | 1 | 2 |  |  |  |  |  |  | 2 | 2 | 4 |
| 四个孩子 | 2 | 1 | 7 |  |  |  |  |  |  |  |  |  | 2 | 1 | 7 |
| 五个孩子 | 1 |  | 5 |  |  |  |  |  |  |  |  |  | 1 |  | 5 |
| 40~44岁合计 | 9 | 13 | 7 |  |  |  |  |  |  | 1 | 2 |  | 10 | 15 | 7 |
| 一个孩子 | 1 | 1 |  |  |  |  |  |  |  |  |  |  | 1 | 1 |  |
| 两个孩子 | 5 | 8 | 2 |  |  |  |  |  |  | 1 | 2 |  | 6 | 10 | 2 |

续表

| 指标 | 不识字 | | | 小学未毕业 | | | 小学毕业 | | | 初中毕业 | | | 总计 | | |
|---|---|---|---|---|---|---|---|---|---|---|---|---|---|---|---|
| | 妇女人数 | 生育男孩数 | 生育女孩数 | 妇女人数 | 生育男孩数 | 生育女孩数 | 妇女人数 | 生育男孩数 | 生育女孩数 | 妇女人数 | 生育男孩数 | 生育女孩数 | 妇女人数 | 生育男孩数 | 生育女孩数 |
| 三个孩子 | 3 | 4 | 5 | | | | | | | | | | 3 | 4 | 5 |
| 45~49岁合计 | 6 | 11 | 6 | | | | 2 | 5 | | 1 | 2 | 1 | 9 | 18 | 7 |
| 两个孩子 | 2 | 4 | | | | | 1 | 2 | | | | | 3 | 6 | |
| 三个孩子 | 3 | 5 | 4 | | | | 1 | 3 | | 1 | 2 | 1 | 5 | 10 | 5 |
| 四个孩子 | 1 | 2 | 2 | | | | | | | | | | 1 | 2 | 2 |
| 50~54岁合计 | 11 | 19 | 26 | 1 | 3 | 1 | | | | | | | 12 | 22 | 27 |
| 三个孩子 | 2 | 2 | 4 | | | | | | | | | | 2 | 2 | 4 |
| 四个孩子 | 6 | 13 | 11 | 1 | 3 | 1 | | | | | | | 7 | 16 | 12 |
| 五个孩子 | 3 | 4 | 11 | | | | | | | | | | 3 | 4 | 11 |
| 55~59岁合计 | 3 | 6 | 7 | | | | | | | | | | 3 | 6 | 7 |
| 三个孩子 | 1 | 2 | 1 | | | | | | | | | | 1 | 2 | 1 |
| 四个孩子 | 2 | 4 | 6 | | | | | | | | | | 2 | 4 | 6 |
| 60~64岁合计 | 5 | 7 | 15 | 1 | 5 | 3 | | | | | | | 6 | 12 | 18 |
| 一个孩子 | 1 | | 1 | | | | | | | | | | 1 | | 1 |
| 四个孩子 | 2 | 4 | 4 | | | | | | | | | | 2 | 4 | 4 |
| 六个孩子 | 1 | 1 | 5 | | | | | | | | | | 1 | 1 | 5 |
| 七个孩子 | 1 | 2 | 2 | | | | | | | | | | 1 | 2 | 5 |
| 八个孩子 | 1 | 5 | 3 | | | | | | | | | | 1 | 5 | 3 |

续表

| 指标 | 不识字 | | | 小学未毕业 | | | 小学毕业 | | | 初中毕业 | | | 总计 | | |
|---|---|---|---|---|---|---|---|---|---|---|---|---|---|---|---|
| | 妇女人数 | 生育男孩数 | 生育女孩数 | 妇女人数 | 生育男孩数 | 生育女孩数 | 妇女人数 | 生育男孩数 | 生育女孩数 | 妇女人数 | 生育男孩数 | 生育女孩数 | 妇女人数 | 生育男孩数 | 生育女孩数 |
| 65~69岁合计 | 6 | 17 | 23 | 1 | 2 | 3 | | | | | | | 7 | 19 | 26 |
| 五个孩子 | 1 | 4 | 1 | 1 | 2 | 3 | | | | | | | 2 | 6 | 4 |
| 六个孩子 | 2 | 4 | 8 | | | | | | | | | | 2 | 4 | 8 |
| 七个孩子 | 2 | 6 | 8 | | | | | | | | | | 2 | 6 | 8 |
| 九个孩子 | 1 | 3 | 6 | | | | | | | | | | 1 | 3 | 6 |
| 70~74岁合计 | 4 | 12 | 13 | | | | | | | | | | 4 | 12 | 13 |
| 六个孩子 | 3 | 7 | 11 | | | | | | | | | | 3 | 7 | 11 |
| 七个孩子 | 1 | 5 | 2 | | | | | | | | | | 1 | 5 | 2 |
| 75~79岁合计 | 3 | 10 | 6 | | | | | | | | | | 3 | 10 | 6 |
| 五个孩子 | 2 | 7 | 3 | | | | | | | | | | 2 | 7 | 3 |
| 六个孩子 | 1 | 3 | 3 | | | | | | | | | | 1 | 3 | 3 |
| 80~84岁合计 | 3 | 8 | 11 | | | | | | | | | | 3 | 8 | 11 |
| 五个孩子 | 1 | 2 | 3 | | | | | | | | | | 1 | 2 | 3 |
| 六个孩子 | 1 | 2 | 4 | | | | | | | | | | 1 | 2 | 4 |
| 八个孩子 | 1 | 4 | 4 | | | | | | | | | | 1 | 4 | 4 |
| 85~89岁合计 | 1 | 1 | 5 | | | | | | | | | | 1 | 1 | 5 |
| 六个孩子 | 1 | 1 | 5 | | | | | | | | | | 1 | 1 | 5 |
| 总计 | 70 | 121 | 147 | 11 | 20 | 15 | 6 | 8 | 3 | 13 | 15 | 8 | 100 | 164 | 173 |

况。从表 3-51 可以看出,阳洼村已婚已育妇女生育子女数总体与年龄成正比、与学历成反比的趋势明显。在已婚已育的 100 位妇女中,初中毕业的有 14 人,小学毕业的有 5 人,小学未毕业的有 11 人,其余 70 人都没有上过学。表 3-51 数据显示,尽管阳洼村已婚已育妇女的受教育水平比 2003 年有明显提升,但依然停留在低水平上,阳洼村女性受教育水平低的问题始终没有得到根本性的改善。

## 五 骆驼巷行政村刘庄汉族自然村

骆驼巷行政村刘庄汉族自然村 2008 年的基础数据是 2009 年 9 月入户调查时收集的。参加入户调查的人员还有时任骆驼巷行政村村委会主任王宝成、时任刘庄村队长呼俊学。

### 1. 刘庄村农民的生活状况

**(1) 16 号农户家的生活概况**

刘庄汉族自然村 16 号农户家

2004年4月中旬，我去骆驼巷村开始做刘庄汉族自然村的入户调查。4月13日，星期二，阴云压顶，空中时而落下颗颗白沙，北京早已是春暖花开，而这里依然是灰突突的一片，除了麦苗儿，看不到绿色，走在山间小道上，有一种寒气逼人的感觉。走着走着，忽然发现一位头裹着围巾的妇女跟在我们的后面，我们走她也走，我们停她也停，嘴里还念叨着什么。我很好奇，问陪同的人这位妇女是谁，得到的回答是：不要理她，这个妇人神经不太正常。这位妇人，就是刘庄汉族自然村16号农户家的婆娘。后来，我竟然成了16号农户家的常客，她家也成了我关注的贫困农户之一，每次走到骆驼巷村，我都会去她家转一转，给她家的孩子们带些学习用品和衣物。

4月13日下午，我采访了16号农户家。16号农户家在骆驼巷村东西相通的主路（2009年硬化）的东南侧，离驼巷小学不远，孩子们上学只需要走三四分钟就到了。16号农户家的院子大约有200平方米，院子的大门是木制的，面朝东南方向。走进院子，正对着一间坐西北朝东南的土坯房，算是他家的正房，大约有16平方米。院子里紧靠大门的右侧是一个面墙已经塌损的"高房"，"高房"的左侧是一小间坐东北朝西南的土坯房，大约有8平方米，应该是一间灶房。

一走进16号农户家的院子，给人的第一感觉就是到处凌乱不堪，院子里堆放的杂物乱七八糟，正房里有4个大大小小、衣着不整的孩子，炕上的被子、枕头、衣服、袜子等搅和在一起，乱成一团。我的到访，有些惊吓到了孩子们，他们黑乎乎的脸蛋上，四双大眼睛闪动着惊奇的目光，显得有些紧张。孩子们有的穿着鞋没有穿袜子，有的穿着袜子没有穿鞋，还有的一只脚穿着鞋另一只脚穿着袜子，脚脖子已经看不出原本的颜色。看着眼前的这番光景，也难怪村里的人说16号农户家的妇人神经不太正常。

要说和16号农户家的妇人结缘，应该是4月16日。那天，晴空万里，太阳高照，《宁夏日报》来了两名记者，说想和我一起去农民家里走一走，我选了几户相对贫穷的农家。我们从阴洼村24号农户家里出来，便去了刘庄村16号农户家。没想到进了16号农户家，我们还没有说上几句话，这家的妇人就犯病了，她突然摔倒，双眼紧闭，浑身抽搐，口吐白沫，着实把在场的人吓坏了。我们停止了手头上的调查工作，和 16 号农户家的户主一起把这位妇人送到固原市人民医院，挂了神经内科、妇科等的门诊号，给她做了脑电图、心电图、胸部透视、验血、验尿等检查，结果并没有发现什么异常。在检查的过程中，这位妇人又犯了两次癫痫，弄得我们手忙脚乱，真的是把人给折腾坏了，直到下午 5 点多，才把病人送回了家。在送这位妇人回家的路上，我和她拉起家常，我发现她不犯病的时候说话和正常人一样，她一直惦记着家里的孩子们，说孩子们一天都没人管了，也真难为了这位 4 个孩子的母亲。

2004 年第一次入户调查时，16 号农户家有 7 口人：户主夫妇俩、4 个孩子、户主的母亲。这一年，户主 29 岁，小学毕业；户主的媳妇 29 岁，没有上过学。他们的大女儿 11 岁，上小学一年级；大儿子 7 岁，上学前班；二儿子和二女儿 4 岁（双胞胎）。户主的母亲 65 岁，没有上过学。

据了解，16 号农户家的媳妇患有癫痫病，动不动就会不明原因地犯病，犯病时会突然躺倒，浑身抽搐，口吐白沫，尽管她属于计划生育的对象，但是医生不敢给她做结扎手术，担心手术中她突然发病。她屡屡怀孕，精神上十分痛苦。特别是一旦犯起病来，就不能正常料理家务，日子过得十分糟糕，4 个孩子的 4 双鞋常常会出现 8 种颜色，孩子们穿的鞋袜时常大小不一，衣裤也经常是长短不齐，更不要说孩子们的个人卫生了。16 号农户家的院子里除了那 2 头牛长得周周正正的，其他地方简直可以用"脏乱差"来形容，邻居们不愿意走近他们，就连亲戚也都看不起他们。生活这般光景的一家人，着实让人生怜。2005 年秋季，在我的帮助下，村里给他们家盖了两间砖木结构的正房，房子坐北朝南，左侧的一间是 4 米×4 米，右侧的一间是 6 米×4 米。2005 年 11 月，全家人住进了新房子。

2009 年第二次入户调查时，16 号农户家有 7 口人：户主夫妇俩和 5 个孩子。这一年，户主 34 岁，户主的媳妇 34 岁，他们的大女儿 16 岁，大儿子 12 岁，二儿子和二女儿 9 岁（双胞胎），小儿子 2 岁，户主的母亲于 2005 年去世。我和 16 号农户家的妇人经常拉家常，渐渐地她愿意和我聊一些过去的事情，这主要缘于我经常帮助她，与她拉近了距离。

2012年4月24日下午，是我第三次送16号农户家的妇人去固原市人民医院看病。那天，突然接到16号农户家户主的电话，说他的媳妇腹部疼痛难耐。我原本计划那天下午到阳洼村接53号农户家的户主去固原，因为第二天一早要带他赶往银川河东机场去北京看病。接到电话后，可把我忙坏了，一下午要接两家的病人。那天下午，我把53号农户家的户主安排在固原市人民医院对面的华盛宾馆，把16号农户家的妇人送到固原市人民医院急诊室，晚上打电话帮助联系医院。第二天一早天还没亮，我就赶往固原市人民医院急诊室，我给了16号农户家的妇人一张银川附属医院的名片，让她天亮后去银川附属医院就诊，告诉她已经在昨天晚上帮助她联系好。2012年4月25日，53号农户家的户主顺利地住进了北京武警医院，16号农户家的妇人也顺利地住进了银川附属医院，我心里的两块石头终于落地了。

后来，16号农户家的妇人告诉我，她的娘家在张易镇魏家山，兄弟姐妹共6人，老大、老二是男的，老三、老四、老五、老六都是女的，她在兄弟姐妹中排行老四，由于家里生活贫困，为了能给二哥说上媳妇，父母就把她交换给了刘庄村的王家。她和丈夫都是1975年出生的，她的丈夫即16号农户家的户主，兄弟姐妹共5人，老大是男的，老二是女的，老三是男的，老四是女的，户主是兄弟姐妹中最小的。16号农户家户主的媳妇，就是用户主的二姐交换过来的。1993年正月十一日，16号农户家的户主正式娶了媳妇，户主的二姐正式嫁给了他媳妇的二哥，这对亲家在同一天举办了婚礼，成就了两门亲事，这在农村称作"换头亲"，现在已经很少见了。

16号农户家的户主夫妇在结婚后的14年里总共生了8个孩子：1992年农历腊月初八，他们的大女儿出生了；1994年农历五月二十一日，他们的大儿子出生了，但是生下来没多少时日就在家里夭折了；1995年农历十月二十二日，他们的二女儿出生了，不幸的是半岁时因为受了一场风寒，抱到村里的卫生站打了一针，回家后没多久就咽气了；1997年农历二月十二日，他们的二儿子出生了；2000年农历十月二十九日，他们的三儿子和三女儿出生了（双胞胎）；2005年农历二月十八日，他们的四儿子出生了（送给了内蒙古的一户人家）；2007年农历六月二十七日，他们的五儿子出生了。他们生育的8个孩子中，夭折了2个，送人了1个，身边还有5个。这对一个无法做绝育手术的农村妇女来说，应该也是很纠结、很无奈的事情。据了解，这些孩子们都是按照当地的风俗习惯，在自家炕上铺的黄土上出生的，而这些孩子们的父母，至今也没有领取结婚证。

2017年5月28日，太阳高照，骆驼巷村接近午时已经能感觉到初夏的炎热。一走进16号农户家的院子，就看到院子当中停放了一辆农用三轮车，户主说是去年买的二手车，花了7000元，因为没有驾驶执照，平日里只是在村子里用一下，干点农活儿。院子里除了2005年盖的两间砖木结构的正房外，又在院子里的右侧盖了两间坐东朝西的房子，8米×6米，砖木结构，新房是2014年国家危房改造时盖的，总费用是3.5万元，自己掏了1.3万元，国家补贴了2.2万元。

走进16号农户家，家里只有夫妇两人在家，大女儿于2011年结婚，嫁到甘肃静宁，已经是两个孩子的妈妈了（大儿子3岁半、小儿子才3个月）；大儿子最近去了上海打工，说是做电脑屏幕的，干一天活儿给200元；二儿子在张易镇中学就读，今年初中毕业；二女儿2016年到了宝鸡三合专修学院学习护士专业；小儿子在驼巷小学上学，今年小学毕业。

现在，16号农户家的院子里看上去还有些凌乱，但是比起从前已经改观了不少，院子里破损的"高房"还没有拆，显得和左侧新盖的房子有些格格不入，院子的大门框也破损了一角，"高房"支撑着大门一侧的土围墙。我问户主，"高房"和大门框破损了很长时间为什么不翻修，他回答说，在农村翻修大门是讲究时日的，"高房"还烂在那里，主要是因为家里还没有这个经济能力。新盖的房子左侧是一间住房，住房里的家具摆得满满当当的，据说都是别人淘汰的。住房里左侧的内墙角有一盘炕，右侧的内墙角是一张简易床，左侧墙前的中段摆放着一个大双人沙发，右侧墙前的中段摆放着一个近2米长的大茶几，一进门的左侧摆放着一个小柜子和一个单人沙发，一进门的右侧放着一台旧洗衣机。新盖的房子右侧是一间灶房，灶房里放着一台电冰箱，说是今年女儿才给买上的。的确，16号农户家用的彩色电视机、洗衣机还有部分家具都是我曾经用过的。让人没想到的是，今年他家也安装了网络，据说每月交100元可以返30元，有事的时候我也会用网络和他们家联系。

16号农户家有20亩承包土地，粮食可以自给自足。2016年，16号农户家种了6亩小麦、4亩胡麻、半亩洋芋、3.5亩糜子、2亩玉米、4亩青饲料。其中，每亩小麦上30斤磷酸二铵、10斤尿素，平均亩产约100公斤；每亩胡麻上20斤磷酸二铵、10斤尿素、10斤复合肥，平均亩产约50公斤；半亩洋芋上20斤磷酸二铵、40斤复合肥、1农用车农家肥，没有计算产量；每亩糜子上20斤磷酸二铵、10斤尿素，平均亩产约60公斤；每亩玉米上25斤磷酸二铵、25斤尿素、2农用车农家肥，平均亩产约300公斤；每亩青饲料上25斤磷酸二铵、25斤尿素、2农用车农家肥，平均亩产约1000公斤（晒干）。2016年，16号农户家种的小麦、胡麻、洋芋、糜子都留着自家吃，因为上学的娃娃基本上在学校里吃饭，所以尽管农作物收成不好，粮食也勉强够吃，开春时再买500斤面粉就可以了，1袋50斤的面粉价格是90元。种的玉米和青饲料用来喂牛。这一年，16号农户家养了3头牛，下了1头小牛，国家补贴500元，小牛没有卖，卖了1头两年多没有下小牛的大牛，收入7000元，为了下小牛，又花了6000元买进了1头牛。养的五六只鸡自家食用。另外，16号农户家的户主还利用农闲时在村里打点零工，一年的收入大约是3000元。

16号农户家的户主说现在农民养牛很难赚到钱，1头大牛一天要吃两顿草料，每顿至少要吃20斤，一个月下来就需要1200斤草料。另外，还需加喂玉米、小麦、油渣等混合饲料，1头大牛每顿要吃5斤，一天要吃10斤，一个月下来就需要300斤左右的混合饲料。现在市场上卖的牛饲料，最便宜的1斤也要1元，一般的1斤要1.5元，营养成分高的1斤要2元，所以一年下来，光牛饲料的费用也要近4000元。为了生计，16号农户家现在还贷款2.5万元，其中2015年贷款1万元，2016年贷款1.5万元，贷款如果能在2年内还清，利率为6%。如果是"精准扶贫"的建档立卡户，贷款利率为4.35%。16号农户家的低保待遇于2014年被取消。

2008年，16号农户家的20亩承包地种了8亩小麦、3亩胡麻、6亩洋芋、3亩苜蓿草。其中，每亩小麦上50斤磷肥、25斤磷酸二铵、10斤尿素、25 元钱的除草剂和增长剂，平均亩产约 100 公斤；每亩胡麻上 20 斤磷酸二铵、10 斤尿素、25 元钱的除草剂和增长剂，平均亩产约 50 公斤；每亩洋芋上 100 斤碳酸氢铵、25 斤磷酸二铵、15 斤尿素、1 手扶拖拉机农家肥，平均亩产约 1000 公斤；每亩苜蓿草上 10 斤尿素（下雨时撒），平均亩产约 300 公斤（晒干）。2008 年，16 号农户家收获的小麦不够吃（其中留种子 500 斤），还要买 1000 斤小麦，1 斤的价格是 0.9 元，支出 900 元；收获的胡麻作为自家的食用油；收获的洋芋卖了 10000 斤，1 斤的价格是 0.3 元，收入 3000 元；收获的苜蓿草用来喂牛。这一年，16 号农户家养了 2 头牛、1 头猪，还有七八只鸡。卖了 1 头牛，收入 5800 元，猪不卖，留着过年吃肉，养的土鸡自家食用。另外，16 号农户家原来还享受了 4 个人的低保，因为超生，2007 年低保待遇被取消了。

2003 年，16 号农户家的 20 亩承包地因为"推地"（把坡地推成平地），有 4 亩地没有耕种。这一年，他家种了 8 亩小麦、2 亩胡麻、2 亩洋芋、4 亩豆子。16 号农户家的户主没有清楚地说明农作物要上什么肥料、上多少肥料，只是笼统地告诉我，种 1 亩地所需的种子、化肥、农药等的花销是 100 元左右。16 号农户家种的小麦平均亩产约 150 公斤，胡麻平均亩产约 90 公斤，洋芋平均亩产约 1600 公斤，豆子平均亩产约 100 公斤。2003 年，16 号农户家收获的 2400 斤小麦全部留作口粮也不够吃，还要买进 600 斤小麦，1 斤的价格是 0.75 元，支出 450 元；收获的胡麻卖了 100 斤，1 斤的价格是 1.2 元，收入 120 元；收获的洋芋卖了 6000 斤，1 斤的价格是 0.2 元，收入 1200 元；收获的豆子卖了 600 斤，1 斤的价格是 0.85 元，收入 510 元。这一年，16 号农户家养了 2 头牛，下了 1 头小牛，因为小牛喂得不好，只卖了 600 元。另外，户主还会做点木匠活儿，每年能挣 1000~1500 元。

综上所述，16 号农户家自己种的粮食不能自给自足。从农作物种植和牲畜养殖的现金收入来看，2003 年农作物收入 1830 元，养殖收入 600 元；2008 年农作物收入 3000 元，养殖收入 5800 元；2016 年农作物没有收入，养殖收入 7500 元。

(2) 18号农户家的生活概况

**刘庄汉族自然村18号农户家**

刘庄汉族自然村18号农户家和16号农户家离得不远,位于骆驼巷村东西相通的主路(2009年硬化)的西北侧,两家可以隔路相望。2004年4月14日上午,是我第一次走进18号农户家。那天,我对18号农户家印象最深的就是他家的承包地最多,是个种粮大户。户主对我说,当时分地的时候他家里有10口人,奶奶、父亲、母亲和7个兄弟姐妹,户主是7人中唯一的男孩,排行老三。在一二十年前的西北农村,无论是穷人家还是富人家,多子多福的观念依然根深蒂固。人多地就多,人多劳动力就多,人多家门就兴旺,人多"香火"就隆升。

由于18号农户家的户主是兄弟姐妹7人中唯一的男孩子,所以他的父母希望他多生几个孩子,户主讲了一段他为了超生躲避计划生育检查的故事。户主说,1992~1995年这三年时间,是他人生中过得最艰难的日子,在这之前虽然已经有了一儿一女,但是为了实现父母让多生几个孩子的愿望,他就像逃难一样有家不敢回。1993年他家的二女儿出生,他担心回来被村里罚款，让做绝育手术，只能在外面租房子住，后来还是让村里知道了，找到他家里来，不见人回来，就把一台黑白电视机抱走了。这之后，他和媳妇一直过着躲躲藏藏的日子，心里惦着父母，惦着大儿子和大女儿，却不敢回家，生怕被人发现。1995年他家的二儿子出生，村里的人又听说了，又找到他家里来，还是不见人回来，就把一台录音机拿走了，看着家里实在找不出来什么值钱的东西，就罚了400元。这种在外面躲躲藏藏、家里又不时地有人来找麻烦的日子实在是太难过了，于是1996年下决心带着媳妇和孩子回家了，媳妇也在1996年做了绝育手术。

18号农户家的户主自1996年回家以后，就挑起了家里种地的大梁。户主说，每年他都要先把地种好，然后再利用农闲时间去银川或者固原等地打工。他从来没有因打工而荒废了土地，这在骆驼巷村是比较典型的。户主还说，他主要是在建筑工地打工，干的是匠工，1995年干一天匠工的报酬是20元左右，2000年干一天匠工的报酬是40元左右，2003年干一天匠工的报酬是50元左右，2008年干一天匠工的报酬是80元左右，2015年干一天匠工的报酬是200元左右，2017年干一天匠工的报酬是240元左右。户主2014年开始在固原建筑行业做包工头，但是每年到了种庄稼的时节依然会回来把地种上。

2004年第一次入户调查时，18号农户家有7口人：户主夫妇俩、4个孩子、户主的父亲。当年，户主36岁，初中毕业；户主的媳妇35岁，没有上过学。他们的大儿子15岁，上初中二年级；大女儿13岁，上初中一年级；小女儿11岁，上小学三年级；小儿子9岁，上小学二年级。户主的父亲63岁，没有上过学。

2009年第二次入户调查时，18号农户家还是7口人。

2017年端午节小长假期间，我去了两三次18号农户家，户主都没有在家，户主的媳妇说他每天都要开车去固原，早出晚归。因为户主的媳妇不清楚他家里盖房、打工、种地等具体情况，所以把户主的电话告诉了我，我和户主通了电话，约好5月28日晚上再来采访他。

18号农户家还是那个老院子，但是院子里多了几处新房。他家的院子比较大，大约有800平方米，院子的大门朝南，院子的正中央栽了一片芍

药花。院子里侧正对着大门的正房是2011年盖的，16米×6米，砖木结构，大约花了8万元。院子左侧坐西朝东的房子是1994年盖的，11米×6米，砖木结构，大约花了8000元；紧挨着这排房子的南端是一个"高房"，1995年盖的，6米×4米，砖木结构，大约花了6000元，2012年自己又翻新了，大约花了5000元。院子右侧坐东朝西的房子是2015年的危房改造项目，7米×5米，砖木结构，自己掏了1.4万元，国家补贴2.2万元；紧挨着这排房子的南端，有一个小洗澡间，是2015年自己盖的，4米×3米，砖木结构，大约花了5000元。

2017年5月28日晚上我去18号农户家的时候，户主正在正房西侧的房间看电视。18号农户家的正房隔成了三间屋子，西侧的屋子是5米×5米，中间的屋子是6米×5米，东侧的屋子是5米×5米。中间的屋子是客厅，西侧的屋子是户主夫妇俩的住房，东侧的屋子是户主父亲的住房。那天晚上，我是在西侧的屋子里采访18号农户家户主的。西侧的屋子在东侧开了一个门，走进正房中间的屋子向左，就是西侧的屋子。中间屋子里的家具看上去还很新，屋子的西北角摆放着一套组合沙发，沙发中间有一个大茶几，屋子的西北角摆放着一个大组合柜，屋子东侧的墙前摆放着一套较矮的电视组合柜，电视组合柜前摆放着很多花盆，一进门的右边有一张圆桌。西侧屋子的西北角有一盘炕，炕的南端是一个写字台，写字台的左边是一台近2米高的电冰箱，写字台的右边放了一把椅子，写字台上方的墙上挂着中国地图和世界地图。正对着炕的窗户下摆放着一张桌子，桌子上有一台32英寸的平板电视机，屋子的正中间架着一个炉子。

如今，18号农户家的户主已经49岁，他的老婆已经48岁，家里有5口人：户主的父亲、户主夫妇俩以及他们的小女儿、小儿子。他们的小女儿在宁夏师范学院英语专业就读，是大学三年级学生；小儿子高中毕业，在固原回民中学补习准备参加今年的高考。户主的父亲已经76岁，70岁以上的老人可以享受国家每月补贴的125元养老金。

18号农户家的户主说，他家的大儿子初中毕业后去了福建打工，在装修工程队学习装修房子，一开始就是干个小工，一年以后慢慢熟练了就开始做匠工，月薪约3000元，在福建打了三四年工后回固原创业，现在和几个人合伙创办了一家装修公司，一年下来个人纯收入能有 6 万元左右。2014 年，大儿子在固原买了楼房，面积为 116 平方米，花了 48 万元，首付 16 万元，其余靠银行贷款。2015 年大儿子结婚，媳妇是张易镇陈沟村人，初中毕业，他们现在有一个 7 个月大的女娃儿。他家的大女儿初中毕业后在银川上了三年技校，毕业后去了上海，在上海一家电子工厂打工，打工期间谈恋爱，2014 年结婚，嫁到了河南信阳，她的女儿已经 3 岁了。现在，大女儿两口子在安徽打工，把孩子放在了 18 号农户家，户主的老婆帮助带孩子。

18 号农户家院子大门外的左侧，有一个简易棚子，棚子里停放了一辆北京现代轿车，花 8 万元买的。18 号农户家的户主说，这辆轿车是 2014 年购买的，他每天开车去固原干活儿，一大早就出门，晚上才回来，在固原市建筑行业包工程，在当地叫作"包工头"。一般包工程都要自己先垫付一部分资金，活儿干完了再结算，18 号农户家的户主也就算是一个小包工头，垫付资金的规模是十几万元。18 号农户家的户主说，他们主要是帮助建楼房，有活儿干的月份是每年的 3~11 月。2014 年活儿不算很多，一年下来能赚到手的钱也就是五六万元，2015 年开始就一直有活儿干，一年下来能赚到手的钱是 10 万元左右。18 号农户家的户主开了三年车，还没有拿到驾照，现在正在考驾照，但是刚过科目三。

现在，18 号农户家里有彩色电视机 3 台、洗衣机 2 台、电冰箱 1 台、摩托车 1 辆、农用四轮车 1 辆。手机有 7 部，家里安装了网络，网络费用每年是 1200 元。18 号农户家的户主说，现在家里的粮食每年都能自给自足，平日里蔬菜、肉、蛋、奶经常吃，全年日常生活支出有 1 万元就差不多了（包括电费 600 元左右、水费 200 元左右）。家里主要的经济负担是娃娃上学，再就是还房贷，现在还有两个娃娃上学，每年要支出 1 万元左右，房贷每月要还 3000 元左右。

18 号农户家里有 40 亩承包地，粮食能够自给自足。2016 年，他家种了 10 亩小麦、4 亩胡麻、10 亩大麦、10 亩糜子、3 亩青饲料（玉米）、3 亩苜蓿草。其中，每亩小麦上 40 斤磷酸二铵、20 斤尿素、4 农用车农家肥，平均亩产约 200 公斤；每亩胡麻上 20 斤磷酸二铵、4 农用车农家肥，

平均亩产约100公斤;每亩大麦上40斤磷酸二铵、20斤尿素,平均亩产约250公斤;每亩糜子上30斤磷酸二铵,平均亩产约200公斤;种的青饲料和苜蓿草没有计算产量,用作饲料。2016年,18号农户家种的小麦和胡麻自家留着吃,种的大麦用来喂牛,种的糜子全部卖了,卖了4000斤,1斤的价格是1.2元,收入4800元,种的青饲料和苜蓿草用来喂牛。这一年,18号农户家养了2头牛,当年没有下小牛。院子里还养了五六只鸡,鸡蛋、鸡肉自家食用。

2008年,18号农户家的40亩承包地种了20亩小麦、10亩胡麻、6亩洋芋、4亩苜蓿草。其中,每亩小麦上30斤磷酸二铵、20斤尿素、1农用车农家肥,平均亩产约150公斤;每亩胡麻上20斤磷酸二铵、10斤尿素、1农用车农家肥,平均亩产约60公斤;每亩洋芋上100斤磷肥、20斤尿素、2农用车农家肥,平均亩产约1000公斤;苜蓿草自然生长。2008年,18号农户家种的小麦自家留着吃;种的胡麻卖了800斤,1斤的价格是2.5元,收入2000元;种的洋芋卖了10000斤,1斤的价格是0.3元,收入3000元;种的青饲料和苜蓿草用来喂牛。这一年,18号农户家养了1头牛,当年没有下小牛。养了6只羊,下了12只小羊,死了6只小羊,卖了6只大羊,1只羊的价格是600元,收入3600元。养的猪不卖,留着过年吃肉。还养了七八只鸡,鸡蛋、鸡肉自家食用。另外,18号农户家的户主还利用农闲时间去固原打工,在建筑工地干小工,每天能挣80元,一年能干120天左右,打工收入大约为10000元。

2003年,18号农户家的40亩承包地种了20亩小麦、12亩豆子、3亩洋芋、5亩胡麻。其中,每亩小麦上20斤磷酸二铵、10斤尿素,打两次增长素(每亩地一次打一支10毫升的),平均亩产约250公斤;每亩豆子上50斤磷肥、10斤磷酸二铵、10斤尿素、1农用车农家肥,平均亩产约200公斤;每亩洋芋上50斤磷肥、50斤碳酸氢铵、1农用车农家肥,平均亩产约2000公斤;每亩胡麻上20斤磷酸二铵、10斤尿素、半农用车农家肥,平均亩产约100公斤。2003年,18号农户家种的小麦丰收了,收获了10000斤,尽管这些小麦全家人吃不完,但还是全部留下了;收获的豆子卖了4500斤,1斤的价格是0.6元,收入2700元;收获的洋芋卖了10000斤，个头大些的1斤的价格是0.12元，个头小些的1斤的价格是0.08元，收入1000元；收获的胡麻除留下自家食用的卖了600斤，1斤的价格是1.2元，收入720元。这一年，18号农户家养的2头牛用于耕地，养的2头猪不卖，留着过年过节吃肉，还养了五六只土鸡，鸡蛋、鸡肉自家食用。另外，18号农户家的户主还利用农闲时间去银川建筑工地干瓦工，刚开始一天能挣35元，后来一天能挣45元，每年能拿回家4000元左右。

综上所述，18号农户家自己种的粮食可以自给自足。从农作物种植和牲畜养殖的现金收入来看，2003年农作物收入4420元，养殖没有收入；2008年农作物收入5000元，养殖收入3600元；2016年农作物收入4800元，养殖没有收入（当年没有下小牛）。

从表3-52可以了解刘庄汉族自然村农民生活的整体水平。其中，农民自产粮够吃的农户占七成以上。生活富裕的农户没有，生活比较好的农户占三成以上，生活一般的农户占近四成，生活比较困难和困难的农户合计占近三成。尽管刘庄村生活比较困难和困难的农户占比较2003年有明显下降，但是在骆驼巷行政村7个回族和汉族自然村中是最高的。主动反映"上学困难""看病困难"的农户并不多，但是主动反映"缺少零用钱"的农户占到了近两成。另外，拥有彩色电视机的农户占到了九成以上，拥有手机的农户占到了五成以上。

表3-53是刘庄汉族自然村农民家庭年现金收入明细。从表3-53可以看出，农民家庭年现金收入中，农业收入占总收入的23.97%，打工收入占总收入的63.35%，经商收入占总收入的4.79%，工资性收入占总收入的7.89%。

从刘庄村家里有经商农户的具体经济活动来看，5号农户在本村经营了一个小卖部，13号农户在本村经营了一个小药铺，48号农户在固原推车卖菜，69号农户的户主贩猪，85号农户在本村经营了一个小卖部，86号农户的户主做木匠活儿，87号农户在本村经营了一个小卖部，99号农户在本村经营了一个磨面坊，104号农户在青铜峡经营了一个小卖部。

表 3-52 刘庄汉族自然村农民的生活状况

| 指标 | 粮食 | | | 生活现状 | | | | 电视机 | | | 电话 | | | 农民反映的主要问题 | | | |
|---|---|---|---|---|---|---|---|---|---|---|---|---|---|---|---|---|---|
| | 自产粮够吃 | 自产粮不够吃 | 困难 | 比较困难 | 一般 | 比较好 | 富裕 | 彩色 | 黑白 | 没有 | 手机 | 座机 | 无 | 上学困难 | 看病困难 | 缺少零用钱 | |
| 户数（户） | 76 | 31 | 7 | 24 | 40 | 36 | 0 | 98 | 8 | 1 | 58 | 40 | 34 | 2 | 1 | 19 | |
| 占被调查农户的比例（%） | 71.03 | 28.97 | 6.54 | 22.43 | 37.38 | 33.64 | 0 | 91.59 | 7.48 | 0.93 | 54.21 | 37.38 | 31.78 | 1.87 | 0.93 | 17.76 | |

## 表3-53 刘庄汉族自然村农民家庭年现金收入明细

单位：元

| 农户编号 | 农业 | 打工 | 经商 | 工资 | 合计 | 备注 |
|---|---|---|---|---|---|---|
| 1 | 5000 | | | | 5000 | |
| 2 | 5000 | 40000 | | | 45000 | |
| 3 | 5000 | 25000 | | | 30000 | |
| 4 | 5000 | 35000 | | | 40000 | |
| 5 | 3000 | 5000 | 6000 | | 14000 | |
| 6 | 2000 | | | | 2000 | |
| 7 | | 8000 | | | 8000 | |
| 8 | 5000 | 5000 | | | 10000 | |
| 9 | 6000 | 30000 | | | 36000 | |
| 10 | 3000 | 12000 | | | 15000 | |
| 11 | 2000 | 6000 | | | 8000 | |
| 12 | 5000 | 3000 | | | 8000 | |
| 13 | 3000 | 30000 | 7000 | | 40000 | |
| 14 | 3000 | 20000 | | | 23000 | |
| 15 | 5000 | 3000 | | | 8000 | |
| 16 | 6000 | | | | 6000 | |
| 17 | 3000 | 7000 | | | 10000 | |
| 18 | 10000 | 10000 | | | 20000 | |
| 19 | 3000 | 35000 | | | 38000 | |
| 20 | 8000 | 12000 | | | 20000 | |
| 21 | 5000 | 40000 | | 40000 | 85000 | 城镇户口1位 |
| 22 | 8000 | 32000 | | | 40000 | |
| 23 | 3000 | 12000 | | | 15000 | |
| 24 | 6000 | | | | 6000 | |
| 25 | 5000 | 5000 | | | 10000 | |
| 26 | 3000 | 20000 | | | 23000 | 城镇户口2位 |
| 27 | 3000 | | | | 3000 | |
| 28 | 3000 | 20000 | | | 23000 | |
| 29 | 5000 | 3000 | | | 8000 | |

续表

| 农户编号 | 农业 | 打工 | 经商 | 工资 | 合计 | 备注 |
| --- | --- | --- | --- | --- | --- | --- |
| 30 | 3000 | 10000 | | | 13000 | |
| 31 | 1000 | 4000 | | | 5000 | |
| 32 | 3000 | 20000 | | | 23000 | |
| 33 | 7000 | 8000 | | | 15000 | |
| 33-1 | | 15000 | | | 15000 | |
| 34 | 6000 | 24000 | | | 30000 | |
| 35 | 15000 | 15000 | | | 30000 | |
| 36 | 5000 | 5000 | | | 10000 | |
| 37 | | 6000 | | | 6000 | |
| 38 | 3000 | 20000 | | | 23000 | |
| 39 | 5000 | 10000 | | | 15000 | |
| 40 | 8000 | 12000 | | | 20000 | |
| 41 | 10000 | 50000 | | | 60000 | |
| 42 | 3000 | | | | 3000 | |
| 43 | 5000 | 22000 | | | 27000 | |
| 44 | 6000 | 20000 | | | 26000 | |
| 45 | | | | | | 无收入来源 |
| 46 | 4000 | | | | 4000 | |
| 47 | 5000 | | | | 5000 | |
| 48 | 6000 | | | 12000 | 18000 | |
| 49 | 3000 | | | | 3000 | |
| 50 | 3000 | 30000 | | | 33000 | |
| 51 | 10000 | 30000 | | | 40000 | |
| 52 | 3000 | 10000 | | | 13000 | |
| 53 | 2000 | 3000 | | | 5000 | |
| 54 | 3000 | 6000 | | | 9000 | |
| 55 | 4000 | 8000 | | | 12000 | |
| 56 | 2000 | 10000 | | | 12000 | |
| 57 | 10000 | | | | 10000 | |
| 58 | 5000 | 30000 | | | 35000 | |

续表

| 农户编号 | 农业 | 打工 | 经商 | 工资 | 合计 | 备注 |
|---|---|---|---|---|---|---|
| 59 | 6000 | 48000 | | | 54000 | |
| 60 | 3000 | 10000 | | | 13000 | |
| 61 | 3000 | | | 5000 | 8000 | 城镇户口2位 |
| 62 | 6000 | 3000 | | | 9000 | |
| 63 | 3000 | 20000 | | | 23000 | |
| 64 | 3000 | 12000 | | | 15000 | |
| 65 | 10000 | | | | 10000 | |
| 66 | 5000 | 10000 | | | 15000 | |
| 67 | 5000 | 10000 | | | 15000 | |
| 68 | 4000 | 6000 | | | 10000 | |
| 69 | 2000 | | 10000 | | 12000 | |
| 69-1 | 2000 | 6000 | | | 8000 | |
| 70 | 5000 | | | | 5000 | |
| 71 | 6000 | 18000 | | | 24000 | |
| 72 | 3000 | 20000 | | | 23000 | |
| 73 | 4000 | 2000 | | | 6000 | |
| 74 | 3000 | | | | 3000 | |
| 75 | 4000 | 6000 | | | 10000 | |
| 76 | 3000 | 6000 | | | 9000 | |
| 77 | 5000 | 8000 | | | 13000 | |
| 78 | 3000 | 8000 | | | 11000 | |
| 79 | 3000 | 6000 | | | 9000 | |
| 79-1 | 3000 | | | | 3000 | |
| 80 | 6000 | 10000 | | | 16000 | |
| 81 | 3000 | 5000 | | | 8000 | |
| 82 | 3000 | 5000 | | 2000 | 10000 | |
| 83 | 3000 | | | 30000 | 33000 | 城镇户口2位 |
| 84 | 8000 | 12000 | | | 20000 | |
| 85 | 4000 | | 21000 | | 25000 | |
| 86 | 5000 | 30000 | 10000 | | 45000 | |

续表

| 农户编号 | 农业 | 打工 | 经商 | 工资 | 合计 | 备注 |
|---|---|---|---|---|---|---|
| 87 | 7000 | | 11000 | | 18000 | |
| 88 | 6000 | 18000 | | | 24000 | |
| 89 | 5000 | 32000 | | 28000 | 65000 | 城镇户口1位 |
| 89-1 | 3000 | | | | 3000 | |
| 90 | 5000 | | | 30000 | 35000 | 城镇户口1位 |
| 91 | | 10000 | | | 10000 | |
| 92 | | | | | | 死亡 |
| 93 | 5000 | 5000 | | | 10000 | |
| 94 | 4000 | 3000 | | | 7000 | |
| 95 | 8000 | | | | 8000 | |
| 96 | 3000 | 30000 | | | 33000 | |
| 97 | 4000 | 26000 | | | 30000 | |
| 98 | | 12000 | | | 12000 | |
| 99 | 4000 | 15000 | 6000 | | 25000 | |
| 100 | 4000 | 3000 | | | 7000 | |
| 101 | 5000 | 20000 | | | 25000 | |
| 102 | 5000 | | | 18000 | 23000 | 城镇户口1位 |
| 103 | 2000 | 3000 | | | 5000 | |
| 104 | 1000 | 5000 | 10000 | | 16000 | |
| 合计 | 465000 | 1229000 | 93000 | 153000 | 1940000 | |

注：①农户33-1，表示从33号农户家分离出来的农户，依此类推。
②92号农户死亡。

## 2. 刘庄村农民的生产状况

下面，从表3-54的数据来看一下刘庄汉族自然村农民的生产生活状况。2008年，刘庄村被调查的107户农户的总人口为544人，其中男性282人、女性262人，家庭平均人口为5.08人。被调查的107户农户自报上来的承包土地共计1648亩，人均3.03亩，其中"退耕还林"59.5亩，农户粮食的平均亩产量为106公斤，户均家庭年现金收入为18566元，约是2003年的4倍；家庭年人均收入为3782元，约是2003年的5倍。

表 3-54 刘庄汉族自然村农民的生产生活状况

| 农户编号 | 人口（人） 总数 | 人口（人） 男性 | 人口（人） 女性 | 土地（亩） | 平均亩产（公斤） | 家庭年现金收入（元） | 家庭年人均收入（元） | 生产资料 牛（头） | 生产资料 羊（只） | 生产资料 猪（头） | 生产资料 驴（头） | 生产资料 骡（头） | 生产资料 三轮车（辆） | 生产资料 拖拉机（台） | 生产资料 摩托车（辆） | 生产资料 其他 | 宅基地（平方米） | 住房（平方米） | 房屋类型 |
|---|---|---|---|---|---|---|---|---|---|---|---|---|---|---|---|---|---|---|---|
| 1 | 2 | 1 | 1 | 14 | 80 | 5000 | 2500 | | | 2 | | | | | 1 | | 200 | 30 (2) | 土坯结构 |
| 2 | 5 | 2 | 3 | 20 (3.3) | 100 | 45000 | 9000 | | | 1 | 1 | | | 1 | 1 | 农用四轮车 | 200 | 50 (5) | 砖木结构 土坯结构 |
| 3 | 7 | 2 | 5 | 18 | 100 | 30000 | 4286 | | | 2 | 1 | | | 1 | 1 | | 200 | 60 (4) | 土坯结构 |
| 4 | 6 | 4 | 2 | 9 | 100 | 40000 | 6667 | 1 | | 2 | | | 1 | | | | 200 | 50 (6) | 砖木结构 土坯结构 |
| 5 | 4 | 2 | 2 | 7 | 100 | 14000 | 3500 | | | 10 | | | | | | 小卖部 | 240 | 60 (3) | 土坯结构 |
| 6 | 2 | 1 | 1 | 5 | 100 | 2000 | 1000 | | | 2 | | | | | | | 180 | 12 (1) | 土坯结构 |
| 7 | 4 | 2 | 2 | 9 | 出租 | 8000 | 2000 | | | | | | | | 1 | | 240 | 30 (2) | 土坯结构 |
| 8 | 3 | 2 | 1 | 30 (2.2) | 100 | 10000 | 3333 | | 1 | 1 | | | | 1 | | | 200 | 30 (2) | 土坯结构 |
| 9 | 5 | 3 | 2 | 23 | 100 | 36000 | 7200 | 1 | | 1 | | | | | 1 | 农用四轮车 | 240 | 50 (4) | 砖木结构 |
| 10 | 4 | 3 | 1 | 4 | 100 | 15000 | 3750 | 1 | | 1 | | | | | 1 | | 180 | 30 (3) | 砖木结构 |
| 11 | 4 | 3 | 1 | 10 (0.9) | 80 | 8000 | 2000 | | | 2 | | | | | 1 | | 200 | 30 (2) | 砖木结构 |
| 12 | 5 | 2 | 3 | 13 (0.6) | 80 | 8000 | 1600 | | 6 | 2 | 2 | | | | | | 250 | 60 (5) | 土坯结构 |
| 13 | 8 | 5 | 3 | 22 | 150 | 40000 | 5000 | 2 | | 3 | | | | | 1 | 小药铺、农用四轮车 | 250 | 90 (6) | 砖木结构 土坯结构 |

续表

| 农户编号 | 人口（人） | | | 土地（亩） | 平均亩产（公斤） | 家庭年现金收入（元） | 家庭年人均收入（元） | 生产资料 | | | | | | | | | 宅基地（平方米） | 住房（平方米） | 房屋类型 |
|---|---|---|---|---|---|---|---|---|---|---|---|---|---|---|---|---|---|---|---|
| | 总数 | 男性 | 女性 | | | | | 牛（头） | 羊（只） | 猪（头） | 驴（头） | 骡（头） | 三轮车（辆） | 拖拉机（台） | 摩托车（辆） | 其他 | | | |
| 14 | 6 | 2 | 4 | 10（1.2） | 120 | 23000 | 3833 | 1 | | | | | | 1 | 1 | | 250 | 90（6） | 砖木结构 |
| 15 | 7 | 2 | 5 | 15 | 100 | 8000 | 1143 | 2 | | | | | | | | | 200 | 40（3） | 土坯结构 |
| 16 | 7 | 4 | 3 | 20 | 100 | 6000 | 857 | 2 | | 1 | | | | 1 | | | 200 | 30（2） | 砖木结构 |
| 17 | 3 | 1 | 2 | 8 | 100 | 10000 | 3333 | | | | | | | | | | 120 | 30（2） | 砖木结构 |
| 18 | 7 | 4 | 3 | 40 | 100 | 20000 | 2857 | 1 | 6 | 1 | 1 | | | | 1 | 农用四轮车 | 260 | 60（4） | 砖木结构 |
| 19 | 5 | 3 | 2 | 15 | 80 | 38000 | 7600 | | | 1 | 1 | | | 1 | 1 | | 240 | 45（5） | 土坯结构 |
| 20 | 8 | 3 | 5 | 23（3.8） | 100 | 20000 | 2500 | 3 | 5 | 1 | 1 | | 1 | 1 | 1 | | 240 | 60（4） | 砖木结构 |
| 21 | 7 | 4 | 3 | 16 | 120 | 85000 | 12143 | | | 2 | 1 | | | 1 | 1 | | 240 | 60（7） | 土坯结构 |
| 22 | 8 | 4 | 4 | 25 | 100 | 40000 | 5000 | 2 | 2 | 2 | | | | 1 | 1 | | 240 | 50（3） | 砖木结构 |
| 23 | 4 | 2 | 2 | 15 | 100 | 15000 | 3750 | 2 | | 1 | | | | 1 | | | 220 | 50（3） | 砖木结构 |
| 24 | 5 | 2 | 3 | 20 | 100 | 6000 | 1200 | 2 | | 1 | | | | 1 | | | 220 | 60（3） | 砖木结构 |
| 25 | 4 | 2 | 2 | 10 | 100 | 10000 | 2500 | | 6 | 1 | 1 | | | | 1 | | 200 | 45（6） | 砖木结构 |
| 26 | 8 | 6 | 2 | 18 | 80 | 23000 | 2875 | | | 1 | 2 | | | | | | 200 | 50（3） | 土坯结构 |
| 27 | 3 | 2 | 1 | 7 | 70 | 3000 | 1000 | 2 | | | | | | | | | 200 | 30（3） | 土坯结构 |

续表

| 农户编号 | 人口总数 | 男性 | 女性 | 土地(亩) | 平均亩产(公斤) | 家庭年现金收入(元) | 家庭年人均收入(元) | 牛(头) | 羊(只) | 猪(头) | 驴(头) | 骡(头) | 三轮车(辆) | 拖拉机(台) | 摩托车(辆) | 其他 | 宅基地(平方米) | 住房(平方米) | 房屋类型 |
|---|---|---|---|---|---|---|---|---|---|---|---|---|---|---|---|---|---|---|---|
| 28 | 5 | 2 | 3 | 10 | 100 | 23000 | 4600 | | | 2 | 2 | | 1 | | 1 | | 200 | 35 (3) | 土坯结构 |
| 29 | 6 | 3 | 3 | 28 (3.8) | 100 | 8000 | 1333 | | 9 | 2 | 2 | | 1 | | 1 | | 240 | 70 (3) | 土坯结构 |
| 30 | 6 | 2 | 4 | 40 | 100 | 13000 | 2167 | | 3 | 1 | | | | 1 | | | 240 | 60 (3) | 土坯结构 |
| 31 | 5 | 4 | 1 | 7 | 80 | 5000 | 1000 | | | | 1 | | | | | | 180 | 25 (2) | 土坯结构 |
| 32 | 6 | 3 | 3 | 20 | 80 | 23000 | 3833 | 2 | | 1 | | | | | | 农用四轮车 | 240 | 60 (4) | 砖木结构 |
| 33 | 5 | 3 | 2 | 16 (1.4) | 80 | 15000 | 3000 | 1 | 4 | | | | | | | 农用四轮车 | 200 | 70 (5) | 砖木结构 |
| 33-1 | 1 | 1 | | 6 | 出租 | 15000 | 15000 | | | | | | | | 1 | | | 15 (1) | 砖木结构 |
| 34 | 6 | 3 | 3 | 18 (2) | 100 | 30000 | 5000 | 2 | | 1 | | | | 1 | 1 | | 200 | 50 (3) | 砖木结构 |
| 35 | 17 | 11 | 6 | 20 (0.6) | 80 | 30000 | 1765 | | 6 | 1 | 2 | | | 1 | 1 | | 220 | 90 (7) | 砖木结构土坯结构 |
| 36 | 3 | 2 | 1 | 15 (1.1) | 80 | 10000 | 3333 | 2 | | 1 | | | | | | | 150 | 50 (3) | 砖木结构 |
| 37 | 5 | 3 | 2 | 20 | 100 | 44000 | 8800 | | | | | | | | | | 200 | 80 (8) | 砖木结构 |
| 38 | 5 | 2 | 3 | 7 | 100 | 23000 | 4600 | | | | | | | | | | 200 | 25 (2) | 土坯结构 |
| 39 | 5 | 2 | 3 | 12 (0.8) | 100 | 15000 | 3000 | 1 | 5 | 1 | | | | | 1 | | 200 | 80 (4) | 砖木结构 |

续表

| 农户编号 | 人口(人) 总数 | 男性 | 女性 | 土地(亩) | 平均亩产(公斤) | 家庭年现金收入(元) | 家庭年人均收入(元) | 生产资料 牛(头) | 羊(只) | 猪(头) | 驴(头) | 骡(头) | 三轮车(辆) | 拖拉机(台) | 摩托车(辆) | 其他 | 宅基地(平方米) | 住房(平方米) | 房屋类型 |
|---|---|---|---|---|---|---|---|---|---|---|---|---|---|---|---|---|---|---|---|
| 40 | 5 | 3 | 2 | 20(2.4) | 100 | 20000 | 4000 | 1 | 3 | 1 | | | | | 1 | | 200 | 80(4) | 砖木结构/土坯结构 |
| 41 | 9 | 6 | 3 | 14 | 100 | 60000 | 6667 | 1 | | | | | | | | 农用四轮车 | 200 | 50(6) | 砖木结构/土坯结构 |
| 42 | 3 | 1 | 2 | 13 | 100 | 3000 | 1000 | | 1 | 1 | | | | | | | 200 | 60(3) | 土坯结构 |
| 43 | 5 | 3 | 2 | 25 | 80 | 27000 | 5400 | 2 | | | | | | | 1 | | 200 | 50(3) | 土坯结构 |
| 44 | 3 | 2 | 1 | 17 | 100 | 26000 | 8667 | | | | 2 | | | | | | 220 | 85(5) | 土坯结构 |
| 45 | 1 | 1 | | 8 | 100 | | | | | | | | | | | | 220 | 50(3) | 土坯结构 |
| 46 | 5 | 3 | 2 | 6(1.4) | 100 | 4000 | 800 | 1 | | 1 | 1 | | | | 1 | | 200 | 35(2) | 土坯结构 |
| 47 | 5 | 3 | 2 | 8(1.4) | 100 | 5000 | 1000 | | 6 | | | | | 1 | | | 200 | 70(4) | 土坯结构 |
| 48 | 4 | 2 | 2 | 16 | 150 | 18000 | 4500 | 1 | | | | | | | 1 | | 180 | 40(2) | 砖木结构 |
| 49 | 6 | 4 | 2 | 15(0.9) | 40 | 3000 | 500 | | | 2 | | | | | | | 200 | 30(2) | 土坯结构 |
| 50 | 9 | 3 | 6 | 12(1.4) | 100 | 33000 | 3667 | 2 | 4 | | | | | | 1 | | 260 | 80(6) | 砖木结构 |
| 51 | 12 | 7 | 5 | 28 | 100 | 40000 | 3333 | 1 | | 1 | | | | 1 | 1 | | 220 | 70(8) | 砖木结构/土坯结构 |
| 52 | 4 | 3 | 1 | 13(2.4) | 100 | 13000 | 3250 | | | | | | | | 1 | | 160 | 50(3) | 砖木结构 |
| 53 | 5 | 2 | 3 | 15 | 100 | 5000 | 1000 | | | 1 | | | | | | | 200 | 30(2) | 土坯结构 |

380

续表

| 农户编号 | 人口(人) 总数 | 男性 | 女性 | 土地(亩) | 平均亩产(公斤) | 家庭年现金收入(元) | 家庭年人均收入(元) | 生产资料 牛(头) | 羊(只) | 猪(头) | 驴(头) | 骡(头) | 三轮车(辆) | 拖拉机(台) | 摩托车(辆) | 其他 | 宅基地(平方米) | 住房(平方米) | 房屋类型 |
|---|---|---|---|---|---|---|---|---|---|---|---|---|---|---|---|---|---|---|---|
| 54 | 4 | 2 | 2 | 12 (1.4) | 100 | 9000 | 2250 |  |  | 1 |  |  |  |  | 1 |  | 200 | 45 (4) | 砖木结构 土坯结构 |
| 55 | 4 | 2 | 2 | 8 (1.9) | 100 | 12000 | 3000 | 1 |  | 1 |  |  |  |  |  |  | 200 | 45 (5) | 砖木结构 土坯结构 |
| 56 | 3 | 1 | 2 | 14 | 100 | 12000 | 4000 |  |  |  |  |  |  |  |  |  | 130 | 60 (3) | 土坯结构 |
| 57 | 6 | 4 | 2 | 30 (1.4) | 100 | 10000 | 1667 |  |  | 1 |  |  |  | 1 | 1 |  | 200 | 70 (3) | 砖木结构 |
| 58 | 4 | 2 | 2 | 8 | 100 | 35000 | 8750 | 2 | 4 |  | 1 |  |  | 1 | 1 |  | 200 | 35 (2) | 土坯结构 |
| 59 | 4 | 3 | 1 | 16 (1.6) | 100 | 54000 | 13500 | 1 |  | 1 |  |  | 1 |  |  |  | 150 | 80 (3) | 土坯结构 |
| 60 | 6 | 3 | 3 | 15 (1.3) | 80 | 13000 | 2167 |  |  |  | 1 |  |  |  |  |  | 180 | 40 (3) | 砖木结构 土坯结构 |
| 61 | 2 | 1 | 1 | 14 | 80 | 8000 | 4000 |  |  | 1 | 1 |  |  |  |  |  | 180 | 35 (2) | 土坯结构 |
| 62 | 5 | 2 | 3 | 20 (2.1) | 120 | 9000 | 1800 | 1 |  |  |  |  |  |  |  |  | 220 | 50 (3) | 土坯结构 |
| 63 | 5 | 3 | 2 | 7 (1.9) | 100 | 23000 | 4600 | 2 | 2 | 1 |  |  |  | 1 | 1 |  | 200 | 40 (5) | 砖木结构 土坯结构 |
| 64 | 5 | 2 | 3 | 18 (1.5) | 100 | 15000 | 3000 | 2 |  | 2 |  |  |  | 1 | 1 |  | 180 | 45 (3) | 砖木结构 |
| 65 | 7 | 5 | 2 | 24 | 100 | 10000 | 1429 | 2 |  | 2 |  |  |  | 1 |  |  | 200 | 60 (4) | 砖木结构 土坯结构 |
| 66 | 5 | 2 | 3 | 16 | 100 | 15000 | 3000 | 1 |  | 1 |  |  |  |  |  |  | 220 | 40 (3) | 砖木结构 |
| 67 | 6 | 3 | 3 | 16 (2.2) | 100 | 15000 | 2500 |  |  | 1 |  |  |  |  | 1 |  | 200 | 50 (3) | 土坯结构 |
| 68 | 6 | 1 | 5 | 8 | 100 | 10000 | 1667 | 1 |  | 1 |  |  |  |  | 1 |  | 200 | 50 (3) | 土坯结构 |

续表

| 农户编号 | 人口(人) 总数 | 男性 | 女性 | 土地(亩) | 平均亩产(公斤) | 家庭年现金收入(元) | 家庭年人均收入(元) | 生产资料 牛(头) | 羊(只) | 猪(头) | 驴(头) | 骡(头) | 三轮车(辆) | 拖拉机(台) | 摩托车(辆) | 其他 | 宅基地(平方米) | 住房(平方米) | 房屋类型 |
|---|---|---|---|---|---|---|---|---|---|---|---|---|---|---|---|---|---|---|---|
| 69 | 2 | 1 | 1 | 8 | 100 | 12000 | 6000 | 1 | | 10 | | | | | 1 | 农用四轮车 | 220 | 35 (2) | 土坯结构 |
| 69-1 | 3 | 2 | 1 | 7 | 100 | 8000 | 2667 | | | | | | | | | | | 35 (2) | 土坯结构 |
| 70 | 2 | 1 | 1 | 20 | 100 | 5000 | 2500 | | | 1 | | | | | | | 200 | 45 (3) | 土坯结构 |
| 71 | 8 | 2 | 6 | 9 (1.7) | 150 | 24000 | 3000 | 2 | | | | | | 1 | | 铡草机 | 200 | 45 (3) | 土坯结构 |
| 72 | 6 | 3 | 3 | 20 (1.1) | 100 | 23000 | 3833 | 1 | | 2 | 1 | | | | 1 | | 220 | 70 (4) | 砖木结构 |
| 73 | 5 | 2 | 3 | 20 | 80 | 6000 | 1200 | | | 1 | | | | 1 | | | 200 | 40 (5) | 土坯结构 |
| 74 | 6 | 3 | 3 | 12 | 100 | 3000 | 500 | 1 | | 1 | | | | | | | 200 | 40 (2) | 土坯结构 |
| 75 | 4 | 2 | 2 | 8 | 100 | 10000 | 2500 | 1 | | 1 | | | | | 1 | | 200 | 45 (6) | 砖木结构 |
| 76 | 6 | 2 | 4 | 8 | 100 | 9000 | 1500 | 1 | | 1 | | | | | | | 140 | 50 (3) | 砖木结构 |
| 77 | 4 | 2 | 2 | 13 (1.3) | 100 | 13000 | 3250 | 2 | | 1 | | | | | 1 | | 180 | 90 (3) | 砖木结构 |
| 78 | 4 | 3 | 1 | 8 (1.4) | 100 | 11000 | 2750 | | | 3 | | | | 1 | | | 180 | 70 (4) | 土坯结构 |
| 79 | 3 | 2 | 1 | 7 | 120 | 9000 | 3000 | | 6 | | | | 1 | | | | 200 | 50 (3) | 土坯结构 |
| 79-1 | 3 | 1 | 2 | 7 | 100 | 3000 | 1000 | | | | | | | | 1 | | | 30 (2) | 土坯结构 |
| 80 | 3 | 2 | 1 | 20 | 100 | 16000 | 5333 | | 5 | 1 | 1 | | 1 | | | | 330 | 80 (5) | 土坯结构 |
| 81 | 5 | 2 | 3 | 8 | 100 | 8000 | 1600 | | | 1 | | | | | 1 | | 260 | 50 (3) | 土坯结构 |
| 82 | 5 | 3 | 2 | 8 | 120 | 10000 | 2000 | | | | | | | | | | 260 | 60 (3) | 砖木结构 |

续表

| 农户编号 | 人口(人) 总数 | 男性 | 女性 | 土地(亩) | 平均亩产(公斤) | 家庭年现金收入(元) | 家庭年人均收入(元) | 生产资料 牛(头) | 羊(只) | 猪(头) | 驴(头) | 骡(头) | 三轮车(辆) | 拖拉机(台) | 摩托车(辆) | 其他 | 宅基地(平方米) | 住房(平方米) | 房屋类型 |
|---|---|---|---|---|---|---|---|---|---|---|---|---|---|---|---|---|---|---|---|
| 83 | 3 | 2 | 1 | 12 | 100 | 33000 | 11000 | 2 | | | | | | | 1 | | 200 | 50 (3) | 土坯结构 |
| 84 | 3 | 2 | 1 | 36 (1.2) | 100 | 20000 | 6667 | | 5 | 1 | 1 | | | | | | 200 | 30 (5) | 砖木结构 |
| 85 | 7 | 5 | 2 | 30 (3.1) | 100 | 25000 | 3571 | 1 | | 1 | | | | | 1 | 小卖部、出租车 | 180 | 80 (4) | 土坯结构 |
| 86 | 6 | 3 | 3 | 12 | 100 | 45000 | 6429 | | | 2 | | 1 | | 1 | 1 | | 200 | 70 (3) | 砖木结构 |
| 87 | 5 | 1 | 4 | 17 | 100 | 18000 | 3600 | | | 1 | | 1 | | 1 | | 小卖部、农用四轮车 | 200 | 80 (5) | 土坯结构 |
| 88 | 4 | 1 | 3 | 20 | 100 | 24000 | 6000 | 2 | | 1 | | | | | | | 130 | 60 (4) | 砖木结构 |
| 89 | 4 | 3 | 1 | 20 | 120 | 50000 | 12500 | | | | | | | | 1 | | 200 | 50 (6) | 砖木结构 土坯结构 |
| 89-1 | 5 | 3 | 2 | 10 | 120 | 3000 | 600 | | | | | | | | | | | 45 (2) | 砖木结构 |
| 90 | 5 | 3 | 2 | 15 | 100 | 35000 | 7000 | | | 1 | | | 1 | | 1 | | 120 | 50 (3) | 土坯结构 |
| 91 | 4 | 3 | 1 | 12 (1.5) | 100 | 15000 | 3750 | 1 | | 1 | | | | | | | 150 | 60 (5) | 砖木结构 |
| 92 | | | | | | | | | | | | | | | | | | | |
| 93 | 6 | 2 | 4 | 16 | 100 | 10000 | 1667 | 2 | | 1 | | | | | 1 | | 200 | 65 (5) | 土坯结构 |
| 94 | 4 | 1 | 3 | 16 | 100 | 7000 | 1750 | | | | | | | | 1 | | 150 | 50 (3) | 砖木结构 |
| 95 | 5 | 2 | 3 | 20 (1.3) | 800 | 8000 | 1600 | | | 1 | | | 1 | | | | 160 | 35 (3) | 砖木结构 |

383

续表

| 农户编号 | 人口(人) 总数 | 男性 | 女性 | 土地(亩) | 平均亩产(公斤) | 家庭年现金收入(元) | 家庭年人均收入(元) | 生产资料 牛(头) | 羊(只) | 猪(头) | 驴(头) | 骡(头) | 三轮车(辆) | 拖拉机(台) | 摩托车(辆) | 其他 | 宅基地(平方米) | 住房(平方米) | 房屋类型 |
|---|---|---|---|---|---|---|---|---|---|---|---|---|---|---|---|---|---|---|---|
| 96 | 6 | 2 | 4 | 8 | 100 | 33000 | 5500 |  |  | 1 |  |  |  |  | 1 |  |  | 65(6) | 砖木结构 |
| 97 | 10 | 5 | 5 | 24 | 100 | 30000 | 3000 | 1 | 3 |  |  |  |  |  |  |  |  | 60(4) | 土坯砖结构 |
| 98 | 5 | 2 | 3 | 12 | 撂荒 | 12000 | 2400 |  |  |  |  |  |  |  |  |  |  | 60(3) | 土坯结构 |
| 99 | 6 | 2 | 4 | 18 | 100 | 25000 | 4167 |  |  | 1 |  |  |  |  | 1 | 磨面坊 |  | 60(4) | 砖木结构 |
| 100 | 3 | 2 | 1 | 18 | 100 | 7000 | 2333 |  |  |  |  |  |  | 1 | 1 |  |  | 60(3) | 土坯结构 |
| 101 | 5 | 2 | 3 | 12 | 100 | 25000 | 5000 |  |  |  |  |  |  | 1 | 1 |  |  | 50(3) | 土坯结构 |
| 102 | 5 | 3 | 2 | 40 | 100 | 23000 | 4600 | 2 |  | 2 |  |  | 1 |  | 1 | 农用四轮车 |  | 100(6) | 砖木结构 |
| 103 | 5 | 3 | 2 | 8 | 80 | 5000 | 1000 |  |  | 1 |  |  |  |  |  | 小卖部 |  | 60(4) | 土坯结构 |
| 104 | 5 | 4 | 1 | 8 | 80 | 16000 | 3200 |  |  |  |  |  |  |  |  | 15 |  | 80(6) | 土坯结构 |
| 总计 | 544 | 282 | 262 | 1648(59.5) 3.03(人均) | 106(户均) | 18566(户均) | 3782(人均) | 69 | 92 | 118 | 28 | 2 | 14 | 30 | 57 | 15 | — | 5672 53(户均) | 土坯(59户)、土坯+砖木(20户)、砖木(28户) |

注：①"土地"一栏括号中的数据表示"退耕还林"的亩数。
②"住房"一栏括号中的数据表示住房间数。
③农户33-1，表示从33号农户家分离出来的农户，依此类推。
④92号农户死亡。

表 3-54 数据显示，在刘庄村被调查的 107 户农户中，养牛的农户有 46 户，其中养 2 头及以上的农户有 22 户；养羊的农户有 21 户，其中养 3 只及以上的农户有 17 户；养猪的农户有 81 户；养驴的农户有 22 户；养骡子的农户有 2 户。刘庄村养猪的农户相对多一些，比 2003 年有所增加。另外，家里有农用三轮车的农户共 14 户，有小型手扶拖拉机的农户共 30 户，比 2003 年大幅增加，农业机械化程度明显提高。

表 3-54 的"其他"一栏是指刘庄村从事商业经营活动的农户所持有的固定资产。其中，5 号、85 号、87 号、104 号农户各有一个小卖部，2 号、9 号、13 号、18 号、32 号、33 号、41 号、69 号、87 号、102 号农户各有一辆农用四轮车，13 号农户有一个小药铺，71 号农户有一台铡草机，85 号农户有一辆出租车，99 号农户有一个磨面坊。

表 3-55 是刘庄汉族自然村农民的主要劳动生产方式。从表 3-55 可以看出，完全以种地为生的农户有 16 户，占被调查农户的 14.95%；完全以打工为生的农户有 5 户，占被调查农户的 4.67%；既种地又打工的农户有 69 户，占被调查农户的 64.49%；既种地又打工还从事经商活动的农户有 5 户，占被调查农户的 4.67%；既种地又从事经商活动的农户有 4 户，占被调查农户的 3.74%；既种地又有工资性收入的农户有 4 户，占被调查农户的 3.74%；既种地又打工还有工资性收入的农户有 3 户，占被调查农户的 2.80%。

表 3-55 刘庄汉族自然村农民的主要劳动生产方式

| 劳动生产方式 | 户数（户） | 农户编号 | 占被调查农户的比例（%） |
| --- | --- | --- | --- |
| 种地 | 16 | 1、6、16、24、27、42、46、47、49、57、65、70、74、79-1、89-1、95 | 14.95 |
| 打工 | 5 | 7、33-1、37、91、98 | 4.67 |
| 种地·打工 | 69 | 2、3、4、8、9、10、11、12、14、15、17、18、19、20、22、23、25、26、28、29、30、31、32、33、34、35、36、38、39、40、41、43、44、50、51、52、53、54、55、58、59、60、62、63、64、66、67、68、69-1、71、72、73、75、76、77、78、79、80、81、84、88、93、94、96、97、100、101、103 | 64.49 |

续表

| 劳动生产方式 | 户数（户） | 农户编号 | 占被调查农户的比例（%） |
|---|---|---|---|
| 种地·打工·经商 | 5 | 5、13、86、99、104 | 4.67 |
| 种地·经商 | 4 | 48、69、85、87 | 3.74 |
| 种地·工资 | 4 | 61、83、90、102 | 3.74 |
| 种地·打工·工资 | 3 | 21、82、89 | 2.80 |
| 其他 | 1 | 45 | 0.93 |
| 总计 | 107 | | 100 |

### 3. 刘庄村农民的人口状况

2008年，刘庄村被调查的107户农户的总人口为544人，其中男性282人、女性262人。刘庄村有城镇户口的人相比其他自然村要多一些，除26号农户家的儿子和儿媳、61号农户家的母亲和儿子、83号农户家的父亲和儿子以及21号、89号、90号、102号农户家的户主为城镇户口外，其余均为农村户口。从表3-54中可以看出，刘庄村家庭人口数最多的为17人，最少的为1人，家庭平均人口为5.08人。其中，6口人及以上的农户有35户，占被调查农户的32.71%。

表3-56是刘庄汉族自然村农户户主的姓氏分布。在被调查的107户农户中，户主的姓氏共有11个，姓任的农户多达35户，占被调查农户的32.71%，王、魏2个姓氏也比较集中，姓安的户主相对集中，其他姓氏还是比较分散的。在刘庄村，同姓的农户也基本上同属一个家族的人。

**表3-56 刘庄汉族自然村农户户主的姓氏分布**

| 编号 | 户主姓氏 | 户数（户） | 家族情况 |
|---|---|---|---|
| 1 | 任 | 35 | 一个家族 |
| 2 | 王 | 29 | 一个家族 |
| 3 | 魏 | 19 | 一个家族 |
| 4 | 安 | 8 | 一个家族 |
| 5 | 呼 | 4 | 一个家族 |

续表

| 编号 | 户主姓氏 | 户数（户） | 家族情况 |
|---|---|---|---|
| 6 | 胡 | 4 | 一个家族 |
| 7 | 成 | 3 | 一个家族 |
| 8 | 郭 | 2 | 和魏氏同族 |
| 9 | 樊 | 1 | 和任氏同族 |
| 10 | 薛 | 1 | 和安氏同族 |
| 11 | 柯 | 1 | 和任氏同族 |
| 总计 | | 107 | |

表3-57是刘庄汉族自然村已婚妇女的姓氏分布。在141位已婚妇女中，共有42个姓氏。除了王、宋、李、张、马、刘、魏7个姓氏相对集中外，其他35个姓氏分别来自53位已婚妇女。

表3-57 刘庄汉族自然村已婚妇女的姓氏分布

单位：人

| 编号 | 姓氏 | 20~29岁 | 30~39岁 | 40~49岁 | 50~59岁 | 60~69岁 | 70~79岁 | 80岁及以上 | 总计 |
|---|---|---|---|---|---|---|---|---|---|
| 1 | 王 | 2 | 6 | 8 | 3 | 1 | 2 | 1 | 23 |
| 2 | 宋 | 5 | 6 | 4 | 1 | 1 | | | 17 |
| 3 | 李 | | 5 | | 6 | 1 | | | 12 |
| 4 | 张 | 4 | 1 | 1 | 3 | | 3 | | 12 |
| 5 | 马 | | 2 | 5 | 2 | | | | 9 |
| 6 | 刘 | 1 | 6 | | | 1 | | | 8 |
| 7 | 魏 | 1 | 2 | 1 | | 2 | 1 | | 7 |
| 8 | 孙 | | 1 | | 1 | | | | 2 |
| 9 | 成 | 2 | | | 1 | | 1 | | 4 |
| 10 | 任 | 1 | 1 | 1 | 1 | | | | 4 |
| 11 | 安 | | | 1 | 2 | | | | 3 |
| 12 | 樊 | | 2 | | | 1 | | | 3 |
| 13 | 何 | | 1 | 1 | | | | | 2 |
| 14 | 陈 | | | 1 | 1 | | | | 2 |

续表

| 编号 | 姓氏 | 20~29岁 | 30~39岁 | 40~49岁 | 50~59岁 | 60~69岁 | 70~79岁 | 80岁及以上 | 总计 |
|---|---|---|---|---|---|---|---|---|---|
| 15 | 郑 | 1 | | 1 | | | 1 | | 3 |
| 16 | 胡 | | 1 | | | | | | 1 |
| 17 | 赵 | | 1 | | 2 | | | | 3 |
| 18 | 牛 | | 1 | | | | | | 1 |
| 19 | 叶 | | | 1 | | | | | 1 |
| 20 | 吕 | 1 | | | | | | | 1 |
| 21 | 毛 | | | 1 | | | | | 1 |
| 22 | 吴 | | | | 1 | | | | 1 |
| 23 | 杨 | | | | | 1 | | | 1 |
| 24 | 周 | | 1 | | | | | | 1 |
| 25 | 呼 | | 1 | | | 1 | | | 2 |
| 26 | 侯 | | | | 1 | | | | 1 |
| 27 | 姜 | | 1 | | | | | | 1 |
| 28 | 柏 | | 1 | | | | | | 1 |
| 29 | 段 | | | | | 1 | | | 1 |
| 30 | 凌 | | 1 | | | | | | 1 |
| 31 | 夏 | 1 | | | | | | | 1 |
| 32 | 姬 | | | 1 | | | | | 1 |
| 33 | 郭 | | 1 | | | | | | 1 |
| 34 | 高 | | 1 | | | | | | 1 |
| 35 | 薛 | | | | 1 | | | | 1 |
| 36 | 余 | 1 | | | | | | | 1 |
| 37 | 闫 | | 1 | | | | | | 1 |
| 38 | 白 | 1 | | | | | | | 1 |
| 39 | 谢 | 1 | | | | | | | 1 |
| 40 | 徐 | 1 | | | | | | | 1 |
| 41 | 敖 | 1 | | | | | | | 1 |
| 42 | 卜 | 1 | | | | | | | 1 |
| 总计 | | 25 | 44 | 27 | 26 | 10 | 8 | 1 | 141 |

注：此表包括3位已婚未生育妇女。

从表 3-57 中可以看出，40 岁以下已婚妇女的姓氏数量明显增多，显然，刘庄汉族自然村妇女的社会流动性要比回族自然村大。在刘庄村被调查的 107 户农户中，已婚妇女的姓氏数量是男性户主姓氏数量的 3.82 倍。这一事实说明，以家族为中心的父系亲属关系在汉族自然村虽然有了明显减弱，但依然是农村社会基础的主流。在刘庄村被调查的 107 户农户中，嫁过来的媳妇没有回民。

表 3-58 是刘庄汉族自然村人口的年龄结构。从表 3-58 可以看出，0~14 岁的人口占被调查人口的 24.08%，15~64 岁的劳动力人口占被调查人口的 71.14%，65 岁及以上的人口占被调查人口的 4.78%。在 15~64 岁的劳动力人口占比中，男性明显高于女性，其中男性占比为 52.97%，女性占比为 47.03%。

表 3-58 刘庄汉族自然村人口的年龄结构

单位：人，%

| 年龄 | | 人口数 | 占被调查人口的比例 | 男性 | 占被调查男性的比例 | 女性 | 占被调查女性的比例 |
|---|---|---|---|---|---|---|---|
| 0~14 岁 | | 131 | 24.08 | 66 | 23.40 | 65 | 24.81 |
| 其中 | 0~5 岁 | 37 | 6.80 | 19 | 6.74 | 18 | 6.87 |
| | 6~14 岁 | 94 | 17.28 | 47 | 16.67 | 47 | 17.94 |
| 15~64 岁 | | 387 | 71.14 | 205 | 72.70 | 182 | 69.47 |
| 65 岁及以上 | | 26 | 4.78 | 11 | 3.90 | 15 | 5.73 |
| 总计 | | 544 | 100 | 282 | 100 | 262 | 100 |

图 3-9 是刘庄汉族自然村人口金字塔。从图 3-9 可以看出，10 年前这个自然村还是一个典型的人口增长型的村庄，但是近 10 年来人口增长的速度明显放缓。

表 3-59 是刘庄汉族自然村农民患病情况。从表 3-59 可以看出，排在第一位的是患消化系统疾病的人次，占患病总人次的 16.42%；排在第二位的是患风湿病和心血管病的人次，分别占患病总人次的 12.69%；排在第三位的是患腰腿痛的人次，占到患病总人次的 11.94%。

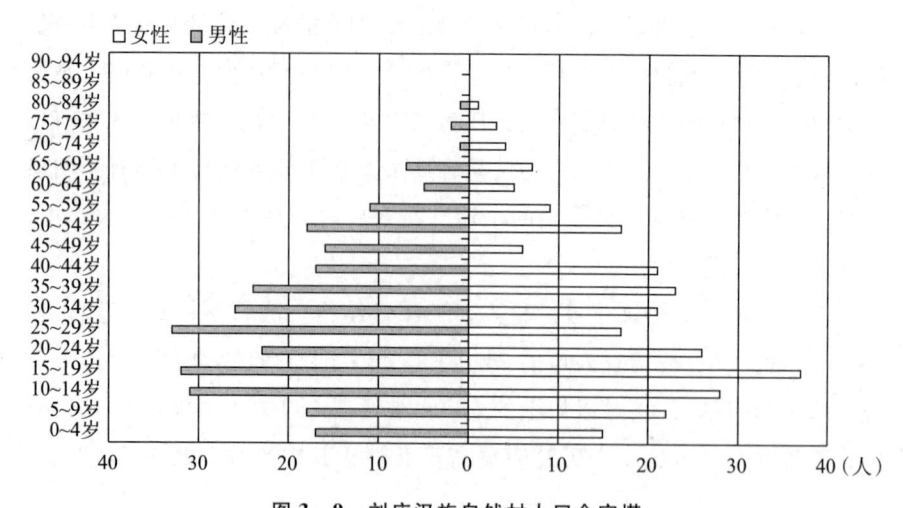

```
                    □女性    ■男性
90~94岁
85~89岁
80~84岁
75~79岁
70~74岁
65~69岁
60~64岁
55~59岁
50~54岁
45~49岁
40~44岁
35~39岁
30~34岁
25~29岁
20~24岁
15~19岁
10~14岁
 5~9岁
 0~4岁
     40   30   20   10   0   10   20   30   40（人）
```

图 3-9　刘庄汉族自然村人口金字塔

表 3-59　刘庄汉族自然村农民患病情况

| 疾病种类 | 患病农户编号 | 人数（人次） | 占患病总人次的比例（%） |
| --- | --- | --- | --- |
| 消化系统疾病 | 6、12、13、19、24、27、36、39、40、43、47、51、57、59、61、67、76、78、81、84、93、97 | 22 | 16.42 |
| 风湿病 | 1、3、12、19、26、29、31、32、36、42、44、61、71、74、86、88、91 | 17 | 12.69 |
| 心血管病 | 1、17、23、25、30、31、、57、59、61、62、72、79、81、84、88、95、103 | 17 | 12.69 |
| 腰腿痛 | 2、4、6、36、42、54、68、71、73、75、77、87、93、96、97、101 | 16 | 11.94 |
| 神经系统疾病 | 2、16、26、29、45、54、73、89、91 | 9 | 6.72 |
| 骨骼系统疾病 | 3、21、27、46、49、51、58 | 7 | 5.22 |
| 妇科病 | 26、39、57、58、62、73、77、79、82、84、99 | 11 | 8.21 |
| 高血压 | 1、13、30、32、35、57、62、79、84、94 | 10 | 7.46 |
| 残疾 | 26、26、27、39、49、67 | 6 | 4.48 |
| 胆囊炎 | 43、51、59、74 | 4 | 2.99 |
| 呼吸系统疾病 | 28、34、53、62 | 4 | 2.99 |
| 肾炎 | 8、13、82、99 | 4 | 2.99 |

续表

| 疾病种类 | 患病农户编号 | 人数（人次） | 占患病总人次的比例（%） |
|---|---|---|---|
| 泌尿系统疾病 | 74、76 | 2 | 1.49 |
| 肝炎 | 36、55 | 2 | 1.49 |
| 结核病 | 38 | 1 | 0.75 |
| 眼病 | 54 | 1 | 0.75 |
| 阿尔茨海默病 | 59 | 1 | 0.75 |
| 合计 | | 134 | 100 |

表3-60是刘庄汉族自然村外出打工人口的年龄、学历分布。表3-60数据显示，在刘庄村被调查的387个劳动力人口中，有123人外出打工，占劳动力人口的31.78%。在外出打工的123人中，女性有24人，占外出打工人口的19.51%。从外出打工人口的学历看，上过大学的有2人，上过高中的有16人，初中毕业的有49人，初中未毕业的有12人，小学毕业的有14人，不识字和小学未毕业的有30人。其中，不识字和小学未毕业的人口占外出打工人口的24.39%。从外出打工人口的年龄来看，30岁及以下的有66人，占外出打工人口的53.66%；31~40岁的有40人，占外出打工人口的32.52%；41~50岁的有12人，占外出打工人口的9.76%；50岁以上的有5人，占外出打工人口的4.07%。数据显示，刘庄村的女性和中年及以上男性的社会流动性同样比较小。

表3-60 刘庄汉族自然村打工人口的年龄、学历分布

单位：人

| 年龄 | 不识字 | | 小学未毕业 | | 小学毕业 | | 初中未毕业 | | 初中毕业 | | 高中 | | 大学 | | 总计 |
|---|---|---|---|---|---|---|---|---|---|---|---|---|---|---|---|
| | 男性 | 女性 | 男性 | 女性 | 男性 | 女性 | 男性 | 女性 | 男性 | 女性 | 男性 | 女性 | 男性 | 女性 | |
| 20岁及以下 | | | | | 1 | 3 | 1 | 1 | 2 | 4 | 1 | | | | 13 |
| 21~30岁 | | | 4 | 1 | 4 | 1 | 3 | 1 | 19 | 6 | 8 | 4 | 2 | | 53 |
| 31~40岁 | 7 | | 9 | | 4 | | 4 | | 13 | 1 | 1 | 1 | | | 40 |
| 41~50岁 | 2 | | 3 | | 1 | | 2 | | 3 | | 1 | | | | 12 |
| 50岁以上 | 3 | | 1 | | | | | | 1 | | | | | | 5 |
| 总计 | 12 | 0 | 17 | 1 | 10 | 4 | 10 | 2 | 38 | 11 | 10 | 6 | 2 | 0 | 123 |

## 4. 刘庄村农民的教育状况

表3-61是刘庄汉族自然村6岁及以上农民的受教育水平。从表3-61可以看出，刘庄汉族自然村不识字和小学未毕业的农民相比回族自然村有所减少，但是依然占6岁及以上农民的52.42%。其中，不识字的农民占6岁及以上农民的27.82%，小学未毕业的农民占6岁及以上农民的24.60%。尽管刘庄汉族自然村农民受教育的整体情况要比回族自然村好一些，但是农民整体的受教育水平还是比较低的。

表3-61 刘庄汉族自然村6岁及以上农民的受教育水平

单位：人

| 年龄 | 不识字 | | 小学未毕业 | | 小学毕业 | | 初中未毕业 | | 初中毕业 | | 高中 | | 大学 | | 总计 |
| --- | --- | --- | --- | --- | --- | --- | --- | --- | --- | --- | --- | --- | --- | --- | --- |
| | 男性 | 女性 | 男性 | 女性 | 男性 | 女性 | 男性 | 女性 | 男性 | 女性 | 男性 | 女性 | 男性 | 女性 | |
| 6~14岁 | 5 | 5 | 35 | 36 | | | 6 | 4 | | | | | | | 91 |
| 15~19岁 | | | 1 | 1 | 1 | 1 | 18 | 20 | 8 | 9 | 3 | 5 | | 1 | 68 |
| 20~24岁 | | | 2 | | 6 | 6 | 3 | 2 | 7 | 12 | 4 | 3 | 4 | 2 | 51 |
| 25~29岁 | | 5 | 4 | 2 | 6 | 3 | 2 | 1 | 12 | 4 | 6 | 2 | 3 | | 50 |
| 30~34岁 | 2 | 13 | 6 | 2 | 5 | 2 | 4 | | 7 | 2 | 3 | 1 | | | 47 |
| 35~39岁 | 5 | 12 | 8 | 5 | 3 | 3 | 2 | | 5 | 3 | | | | | 46 |
| 40~44岁 | 3 | 17 | 2 | | 3 | | 3 | | 5 | 1 | | | | | 37 |
| 45~49岁 | | 6 | 4 | | 2 | | 1 | | 6 | | 2 | | | | 21 |
| 50~54岁 | 9 | 14 | 3 | 2 | 1 | | | | 2 | | 1 | 1 | | | 33 |
| 55~59岁 | 7 | 9 | 3 | | | | | | | | | | | | 19 |
| 60~64岁 | 2 | 3 | 2 | | | 1 | | | 1 | | | | | | 9 |
| 65岁及以上 | 6 | 15 | 2 | | | | | | 1 | | | | | | 24 |
| 总计 | 39 | 99 | 72 | 50 | 27 | 16 | 39 | 28 | 54 | 31 | 19 | 12 | 7 | 3 | 496 |

注：6~14岁儿童中不包括正在上学前班的儿童。

从表3-61还可以看出，15~59岁的不识字人口，都是新中国成立后出生的，这部分人口占刘庄村不识字人口的73.91%。也就是说，在刘庄村现有的不识字人口中，有七成以上的人是新中国成立后出生的。其中，男性 26 人，占男性不识字人口的 66.67%；女性 76 人，占女性不识字人口的 76.77%。

表 3-62 是刘庄汉族自然村 6 岁及以上农民的平均受教育年限。从表 3-62 可以看出，刘庄汉族自然村 6 岁及以上农民的平均受教育年限为 2.87 年，其中男性为 3.33 年，女性为 2.37 年。6~14 岁人口的平均受教育年限为 3.75 年，其中男性为 3.89 年，女性为 3.60 年。15~64 岁劳动力人口的平均受教育年限为 2.82 年，其中男性为 3.32 年，女性为 2.26 年。65 岁及以上人口的平均受教育年限仅为 0.25 年，其中男性为 0.67 年，女性为 0 年。显然，随着年龄的增长，女性的平均受教育年限要明显少于男性。

表 3-62　刘庄汉族自然村 6 岁及以上农民的平均受教育年限

| 年龄 | 人口数（人） | 平均受教育年限（年） | 男性（人） | 平均受教育年限（年） | 女性（人） | 平均受教育年限（年） |
|---|---|---|---|---|---|---|
| 6~14 岁 | 91 | 3.75 | 46 | 3.89 | 45 | 3.60 |
| 15~64 岁 | 381 | 2.82 | 202 | 3.32 | 179 | 2.26 |
| 65 岁及以上 | 24 | 0.25 | 9 | 0.67 | 15 | 0 |
| 总计 | 496 | 2.87 | 257 | 3.33 | 239 | 2.37 |

注：根据表 3-61 制作。

为了便于读者直观地了解刘庄村农民的受教育水平，特制作了图 3-10 和表 3-63。从图 3-10 和表 3-63 可以看出，刘庄村女性受教育水平低的问题也是比较突出的。刘庄村女性不识字人口占 6 岁及以上不识字人口的 71.74%。其中，在 6 岁及以上的女性人口中，不识字人口占 41.42%，小学未毕业人口占 20.92%，二者合计占比达 62.34%。也就是说，在刘庄村有六成以上的妇女不识字或识字很少。同样，刘庄村男性的受教育水平也不容乐观，在 6 岁及以上的男性中，不识字人口占 15.18%，小学未毕业人口占 28.02%，二者合计占比达 43.20%。也就是说，在刘庄村有四成以上的男性不识字或识字很少。

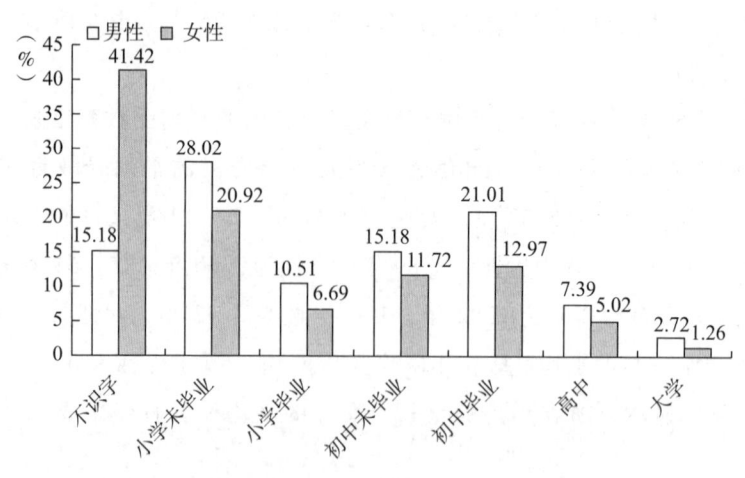

图 3-10　刘庄汉族自然村 6 岁及以上农民的受教育水平

表 3-63　刘庄汉族自然村 6 岁及以上农民的教育结构

| 指标 | 不识字 | 小学未毕业 | 小学毕业 | 初中未毕业 | 初中毕业 | 高中 | 大学 |
|---|---|---|---|---|---|---|---|
| 男性（人） | 39 | 72 | 27 | 39 | 54 | 19 | 7 |
| 占比（%） | 15.18 | 28.02 | 10.51 | 15.18 | 21.01 | 7.39 | 2.72 |
| 女性（人） | 99 | 50 | 16 | 28 | 31 | 12 | 3 |
| 占比（%） | 41.42 | 20.92 | 6.69 | 11.72 | 12.97 | 5.02 | 1.26 |
| 合计（人） | 138 | 122 | 43 | 67 | 85 | 31 | 10 |
| 占比（%） | 27.82 | 24.60 | 8.67 | 13.51 | 17.14 | 6.25 | 2.02 |

注：根据表 3-61 制作。

表 3-64 是刘庄汉族自然村不同年龄、学历已婚已育妇女的生育情况。从表 3-64 可以看出，刘庄村已婚已育妇女生育子女数总体与年龄成正比、与学历成反比的趋势依然比较明显。在已婚已育的 138 位妇女中，高中毕业的有 5 人，初中毕业的有 13 人，初中未毕业的有 2 人，小学毕业的有 12 人，小学未毕业的有 13 人，其余 93 人都没有上过学。在 55 岁及以上的已婚已育妇女中，没有一位上过学。尽管刘庄村已婚已育妇女上学的人数比 2003 年有明显增加，但是整体受教育水平依然比较低。

表 3-64　刘庄汉族自然村不同年龄、学历已婚已育妇女的生育情况

单位：人

| 指标 | 不识字 | | | 小学未毕业 | | | 小学毕业 | | | 初中未毕业 | | | 初中毕业 | | | 高中 | | | 总计 | | |
|---|---|---|---|---|---|---|---|---|---|---|---|---|---|---|---|---|---|---|---|---|---|
| | 妇女人数 | 生育男孩数 | 生育女孩数 | 妇女人数 | 生育男孩数 | 生育女孩数 | 妇女人数 | 生育男孩数 | 生育女孩数 | 妇女人数 | 生育男孩数 | 生育女孩数 | 妇女人数 | 生育男孩数 | 生育女孩数 | 妇女人数 | 生育男孩数 | 生育女孩数 | 妇女人数 | 生育男孩数 | 生育女孩数 |
| 20~24岁合计 | | | | | | | 4 | 2 | 2 | | | | 3 | 1 | 2 | | | | 7 | 3 | 4 |
| 一个孩子 | | | | | | | 4 | 2 | 2 | | | | 3 | 1 | 2 | | | | 7 | 3 | 4 |
| 25~29岁合计 | 4 | 2 | 6 | 2 | 3 | 1 | 3 | 2 | 2 | 1 | 1 | | 4 | 4 | 2 | 1 | 1 | 1 | 15 | 13 | 12 |
| 一个孩子 | 1 | 1 | 1 | | | | 2 | 1 | 1 | 1 | 1 | | 2 | 1 | 1 | | | | 5 | 3 | 3 |
| 两个孩子 | 2 | 1 | 3 | 2 | 3 | 1 | 1 | 1 | 1 | | | | 2 | 3 | 1 | 1 | 1 | 1 | 8 | 9 | 7 |
| 三个孩子 | 1 | | 2 | 1 | | | | | | | | | | | | | | | 1 | 1 | 2 |
| 30~34岁合计 | 12 | 12 | 20 | 2 | 2 | 2 | 2 | 2 | 2 | | | | 2 | 3 | 3 | 3 | 4 | 1 | 21 | 23 | 25 |
| 一个孩子 | 3 | 2 | 3 | 1 | | | | | | | | | 1 | 1 | 1 | 1 | | 1 | 6 | 1 | 5 |
| 两个孩子 | 2 | 2 | 2 | 1 | 2 | 1 | 2 | 2 | 2 | | | | 1 | 2 | 2 | 2 | 4 | | 7 | 10 | 4 |
| 三个孩子 | 4 | 5 | 7 | | | | | | | | | | | | | | | | 5 | 7 | 8 |
| 四个孩子 | 2 | 2 | 6 | 2 | 2 | 1 | | | | | | | | | | | | | 2 | 2 | 6 |
| 五个孩子 | 1 | 3 | 2 | | | | | | | | | | | | | | | | 1 | 3 | 2 |
| 35~39岁合计 | 12 | 21 | 20 | 5 | 5 | 9 | 3 | 4 | 2 | | | | 3 | 5 | 3 | | | | 23 | 35 | 34 |
| 两个孩子 | 4 | 6 | 2 | 2 | 2 | 2 | 3 | 4 | 2 | | | | 2 | 4 | | | | | 11 | 16 | 6 |
| 三个孩子 | 4 | 9 | 3 | 2 | 1 | 4 | | | | | | | 1 | 1 | 3 | | | | 6 | 11 | 7 |
| 四个孩子 | 2 | 3 | 5 | 1 | | 3 | | | | | | | | | | | | | 4 | 5 | 11 |
| 五个孩子 | 1 | | 5 | | | | | | | | | | | | | | | | 1 | | 5 |
| 八个孩子 | 1 | 3 | 5 | | | | | | | | | | | | | | | | 1 | 3 | 5 |
| 40~44岁合计 | 17 | 28 | 25 | 2 | 2 | 6 | | | | 1 | 1 | 1 | 1 | 3 | | | | | 21 | 34 | 32 |

续表

| 指标 | 不识字 | | | 小学未毕业 | | | 小学毕业 | | | 初中未毕业 | | | 初中毕业 | | | 高中 | | | 总计 | | |
|---|---|---|---|---|---|---|---|---|---|---|---|---|---|---|---|---|---|---|---|---|---|
| | 妇女人数 | 生育男孩数 | 生育女孩数 | 妇女人数 | 生育男孩数 | 生育女孩数 | 妇女人数 | 生育男孩数 | 生育女孩数 | 妇女人数 | 生育男孩数 | 生育女孩数 | 妇女人数 | 生育男孩数 | 生育女孩数 | 妇女人数 | 生育男孩数 | 生育女孩数 | 妇女人数 | 生育男孩数 | 生育女孩数 |
| 两个孩子 | 3 | 5 | 1 | 1 | 1 | | | | | 1 | 1 | 1 | | | | | | | 5 | 7 | 3 |
| 三个孩子 | 10 | 17 | 13 | | | | | | | 1 | 3 | | | | | | | | 11 | 20 | 13 |
| 四个孩子 | 3 | 5 | 7 | | | | | | | | | | | | | | | | 3 | 5 | 7 |
| 五个孩子 | 1 | 1 | 4 | | | | | | | | | | | | | | | | 1 | 1 | 4 |
| 六个孩子 | | | 5 | 1 | 1 | | | | | | | | | | | | | | | | 5 |
| 45~49岁合计 | 6 | 11 | 12 | 2 | 4 | 1 | | | | 2 | 4 | 1 | | | | | | | 17 | 32 | 29 |
| 三个孩子 | 1 | 2 | 1 | | | | | | | | | | | | | 1 | 2 | | 1 | 2 | 1 |
| 四个孩子 | 5 | 9 | 11 | | | | | | | | | | | | | | | | 5 | 9 | 11 |
| 50~54岁合计 | 14 | 26 | 25 | 2 | 4 | | | | | | | | | | | 1 | 2 | | 17 | 32 | 29 |
| 两个孩子 | 1 | 1 | | | | | | | | | | | | | | | | | 1 | 3 | 1 |
| 三个孩子 | 6 | 11 | 7 | 2 | 4 | | | | | | | | | | | | | | 6 | 11 | 7 |
| 四个孩子 | 4 | 9 | 10 | | | 4 | | | | | | | | | | | | | 6 | 13 | 11 |
| 五个孩子 | 3 | 5 | 5 | | | | | | | | | | | | | | | | 3 | 5 | 10 |
| 55~59岁合计 | 10 | 28 | 22 | | | | | | | | | | | | | | | | 10 | 28 | 22 |
| 两个孩子 | 1 | 1 | 1 | | | | | | | | | | | | | | | | 1 | 1 | 1 |
| 四个孩子 | 2 | 4 | 4 | | | | | | | | | | | | | | | | 2 | 4 | 4 |
| 五个孩子 | 3 | 8 | 7 | | | | | | | | | | | | | | | | 3 | 8 | 7 |
| 六个孩子 | 3 | 12 | 6 | | | | | | | | | | | | | | | | 3 | 12 | 6 |
| 七个孩子 | 1 | 3 | 4 | | | | | | | | | | | | | | | | 1 | 3 | 4 |

续表

| 指标 | 不识字 ||| 小学未毕业 ||| 小学毕业 ||| 初中未毕业 ||| 初中毕业 ||| 高中 ||| 总计 |||
|---|---|---|---|---|---|---|---|---|---|---|---|---|---|---|---|---|---|---|---|---|---|
| | 妇女人数 | 生育男孩数 | 生育女孩数 | 妇女人数 | 生育男孩数 | 生育女孩数 | 妇女人数 | 生育男孩数 | 生育女孩数 | 妇女人数 | 生育男孩数 | 生育女孩数 | 妇女人数 | 生育男孩数 | 生育女孩数 | 妇女人数 | 生育男孩数 | 生育女孩数 | 妇女人数 | 生育男孩数 | 生育女孩数 |
| 60~64岁合计 | 4 | 6 | | | | | | | | | | | | | | | | | 4 | 6 | |
| 一个孩子 | 2 | 2 | | | | | | | | | | | | | | | | | 2 | 2 | |
| 两个孩子 | 2 | 4 | | | | | | | | | | | | | | | | | 2 | 4 | |
| 65~69岁合计 | 7 | 28 | 16 | | | | | | | | | | | | | | | | 7 | 28 | 16 |
| 三个孩子 | 1 | 1 | 2 | | | | | | | | | | | | | | | | 1 | 1 | 2 |
| 四个孩子 | 1 | 3 | 1 | | | | | | | | | | | | | | | | 1 | 3 | 1 |
| 六个孩子 | 2 | 9 | 3 | | | | | | | | | | | | | | | | 2 | 9 | 3 |
| 八个孩子 | 2 | 10 | 6 | | | | | | | | | | | | | | | | 2 | 10 | 6 |
| 十个孩子 | 1 | 6 | 4 | | | | | | | | | | | | | | | | 1 | 6 | 4 |
| 70~74岁合计 | 4 | 16 | 9 | | | | | | | | | | | | | | | | 4 | 16 | 9 |
| 四个孩子 | 2 | 6 | 2 | | | | | | | | | | | | | | | | 2 | 6 | 2 |
| 八个孩子 | 1 | 6 | 2 | | | | | | | | | | | | | | | | 1 | 6 | 2 |
| 九个孩子 | 1 | 4 | 5 | | | | | | | | | | | | | | | | 1 | 4 | 5 |
| 75~79岁合计 | 2 | 6 | 11 | | | | | | | | | | | | | 5 | 7 | 0 | 2 | 6 | 11 |
| 八个孩子 | 1 | 3 | 5 | | | | | | | | | | | | | | | | 1 | 3 | 5 |
| 九个孩子 | 1 | 3 | 6 | | | | | | | | | | | | | | | | 1 | 3 | 6 |
| 80~84岁合计 | 1 | 4 | 2 | | | | | | | | | | | | | | | | 1 | 4 | 2 |
| 六个孩子 | 1 | 4 | 2 | | | | | | | | | | | | | | | | 1 | 4 | 2 |
| 总计 | 93 | 188 | 168 | 13 | 16 | 22 | 12 | 10 | 8 | 2 | 2 | 1 | 13 | 16 | 7 | 5 | 7 | 0 | 138 | 239 | 208 |

## 六 骆驼巷行政村樊庄汉族自然村

骆驼巷行政村樊庄汉族自然村 2008 年的基础数据是 2009 年 9 月入户调查时收集的。参加入户调查的人员还有时任樊庄村队长宋玉辉、樊庄村农民郑生强。

### 1. 樊庄村农民的生活状况

**（1）52 号农户家的生活概况**

**樊庄汉族自然村 52 号农户家**

第一次走进樊庄汉族自然村 52 号农户家，是 2004 年 4 月 15 日傍晚。选 52 号农户作为重点跟踪调查的农户，有这样一段小插曲。记得那天我和宁夏社会科学院社会所的同志分头入户，我主要是去刘庄村，小杨他们主要是去樊庄村。傍晚我们碰头的时候，小杨告诉我说，樊庄村有一户农民家里有好几个大学生，我听后感到很好奇，于是就亲自过去看了看，这家农户便是52号农户。

2004年第一次入户调查时，52号农户家里有7口人：户主夫妇俩、大儿子、小女儿、二儿子、小儿子、户主的母亲。当年，52号农户家的户主54岁，没有上过学；户主的老婆52岁，也没有上过学。他们生有3男2女。大女儿28岁，小学二年级时辍学，已经出嫁，嫁到了刘庄村。大儿子26岁，在宁夏大学上学，四年级学生，马上就要毕业。小女儿24岁，也在宁夏大学上学，四年级学生，马上就要毕业。二儿子21岁，在重庆大学上学，三年级学生。小儿子19岁，在固原一中上学，高中三年级学生，正在准备高考。户主的母亲78岁，没有上过学。

52号农户家的户主说，他们家祖上三代都是农民，只知道种地，大字不识一个。1985年冬季的一天，他收到了一封来信，是他在兰州当兵的堂弟寄来的，结果他打开信后，全家却没有一个人能看懂，实在没办法，只好找邻居帮忙看看，可是邻居也没有人能看懂信，最后只好冒着大雪，去找驼巷小学的魏老师，总算是弄明白了来信的内容。这件事儿对户主的触动很大，他感到不识字可不是一件小事儿，如果将来有一天去兰州，不识字恐怕连厕所都找不到。于是，52号农户家的户主对他的几个孩子说："今后只要你们好好读书，能好好认字，能够帮助爸爸看懂信，爸爸这辈子就算心满意足了。"

几年过去了，52号农户家的大儿子果真考上了固原市最好的中学，被固原市一中录取了。52号农户家的户主第一次感觉到农村的娃娃并不比城里的娃娃笨，农村的娃娃只要肯努力，照样可以去城里读书。他对孩子们的要求不断提高，每当孩子们学习进步了，他都会给予赞扬和鼓励，孩子们读书的兴趣也越来越高。后来，他的大儿子考上了大学，成了他家族里的第一个大学生，户主高兴得很，并鼓励其他孩子向哥哥学习，哥哥考入大学这件事对弟弟妹妹们来说也是一个不小的动力，结果，弟弟妹妹们也都相继考上了大学，用实际行动圆了爸爸的心愿。

52号农户家的户主说："我这辈子的心愿只有一个，就是希望孩子们好好读书，和城里人一样生活。"我第一次去52号农户家的那天傍晚，正巧他的大女儿回娘家，她也在一旁听我们聊天，当听到她爸爸夸奖上大学的弟弟妹妹们时,她既自豪又后悔,后悔自己过早地辍学,怨她爸爸当初没有让她读书,能看得出来,在她的内心深处始终有一个结,有一种对父母抹不去的怨叹。

2009年第二次入户调查时,52号农户家就剩下户主夫妇俩了。户主的母亲于2006年去世,几个孩子大学毕业后也都工作了。

2017年5月27日下午,我去了52号农户家,不巧家里没有人,户主夫妇俩去了固原的小儿子家。6月18日下午,我再次去了52号农户家,正赶上他们两口子从固原回来了。户主每次见到我都很高兴,不是沏茶就是递上饮料,他向我介绍了儿女们近几年的情况。

52号农户家嫁到刘庄村的大女儿,全家已经搬到了固原市,在固原市里买了楼房,她的丈夫在固原市开出租车,他们生有4个孩子。大女儿今年20岁,初中毕业,2016年结婚,嫁到了中卫;二女儿今年16岁,在固原市五原中学上学,初中三年级学生,今年考高中;三女儿今年14岁,在固原市五原中学上学,初中一年级学生;小儿子今年12岁,在固原市一所小学上学。52号农户家的大儿子大学毕业后在银川一中教数学,全家生活在银川,有一个11岁的男孩,正上小学五年级。小女儿大学毕业后在兰州一所中学教语文,全家生活在兰州,有一个10岁的男孩,正上小学四年级。二儿子大学毕业后在西安公路局工作,全家生活在西安,有两个孩子,大的是男孩,5岁了,小的是女孩,1岁半了。小儿子大学毕业后在固原一中教物理,全家生活在固原,有一个4岁的男孩儿。

52号农户家的院子紧挨着樊庄村的主路(2010年硬化),位于主路的东侧,一进樊庄村的村口就能看到。他们家2006年就搬到了这个新院子,以前的老院子给侄儿住了。52号农户家的院子大约有400平方米,大门是双扇铁制的,朝东,紧挨着马路。正对着院子大门的正房是2006年盖的,9米×6米,坐北朝南,砖木结构,像是一间大客厅,大约花了6万元。正房的西墙前从外到里摆放着大衣柜、电冰箱、电视柜、小酒柜,正对着门的墙前摆放着一个写字台,写字台的两侧各放了一把皮椅子,写字台的左侧摆放了一套组合沙发。正房的东北角有一盘炕,炕头放了一张桌子,正房的东南角架了一张双人床,一进门左侧的窗下有一个写字台,一进门的右侧有一个单人沙发,屋子的正中央架了一个大炉子。52号农户家院子里的左侧,有三间砖木结构的房子,9米×5米,坐西朝东,2008年盖的,没有装修墙面,大约花了3万元。院子里的右侧,有两间砖木结构的房子,9米×5米,坐东朝西,2008年盖的,没有装修墙面,大约花了3万元。院子里有两棵梨树,里侧的梨树大一些,外侧的梨树小一些。

52号农户家院子大门外的左侧,有一个1亩多的园子,里面种了很多蔬菜、两棵李子树和十几棵小杏树,园子里还有20多个蜂箱,蜂箱大多是用废弃的垃圾桶改造的,这些垃圾桶都是前几年国家配置的,基本上被农民废弃,有不少成了农民家门口的狗窝。园子靠主路的一侧有一块空地,空地上停放了一辆崭新的吊车,车牌是河南的,户主说是小儿子存放在家里的。52号农户家的户主说,他现在和老婆两头跑,在固原的小儿子家住几天,然后再回村里住几天,因为还要照看园子里的蔬菜和蜜蜂。

52号农户家有26亩承包地,2016年,他家种了1亩洋芋、1亩豌豆。户主说,现在都老了,种不动地了,其余的24亩地给侄儿种了,侄儿每年给他们600斤小麦也够吃了,其他需要什么就花钱买一点儿,自己种点儿地也是为了吃口新鲜的,不在乎产量有多少,所以也不怎么管理。他家种的1亩洋芋上10斤磷酸二铵、10斤复合肥,平均亩产约500公斤;种的1亩豌豆上30斤磷酸二铵、10斤复合肥、10斤尿素,平均亩产约100公斤,都留着自己家吃了。52号农户家的户主夫妇都60岁以上了,每人每月有养老金120元,全年是2880元。另外,52号农户家的户主2015年开始养蜂,投资了2万元,投资的钱是儿子给的,当年卖了200斤蜂蜜,1斤蜂蜜的价格是100元,把本钱赚回来了。2016年卖了150斤蜂蜜,1斤蜂蜜的价格还是100元,收入15000元。

2008年,52号农户家的26亩承包地种了10亩小麦、8亩洋芋、8亩胡麻。其中,每亩小麦上30斤磷酸二铵、15斤尿素,平均亩产约175公斤;每亩洋芋上30斤磷酸二铵、20斤尿素、1农用车农家肥,平均亩产约1500公斤;每亩胡麻上30斤磷酸二铵、15斤尿素,平均亩产约75公斤。2008年,52号农户家收获的小麦自家食用,粮食可以自给自足;收获的洋芋卖了20000斤,1斤的价格是0.3元,收入6000元;收获的胡麻自家食

用。这一年，52号农户家养了2头猪，卖了1头猪，收入700元。另外，52号农户家的户主经营了一个磨面坊，1袋面粉的加工费是5元，一年下来净收入大约5000元（村民说实际收入还要多）。

2003年，52号农户家的26亩承包地种了8亩小麦、8亩豆子、7亩洋芋、3亩胡麻。其中，每亩小麦上100斤磷肥、25斤磷酸二铵，平均亩产约150公斤；每亩豆子上100斤磷肥、50斤碳酸氢铵、10斤磷酸二铵、15斤尿素，平均亩产约175公斤；每亩洋芋上100斤磷肥、50斤碳酸氢铵、10斤磷酸二铵、10斤尿素，平均亩产约1500公斤；每亩胡麻上50~100斤碳酸氢铵、10斤磷酸二铵、15斤尿素，平均亩产约100公斤。2003年，52号农户家收获的2400斤小麦全部留下来当作口粮，粮食可以自给自足。收获的2800斤豆子留下500斤做种子和自家吃，余下的2300斤全部卖了，1斤的价格是0.85元，收入1955元。收获的21000斤洋芋都卖了，1斤的价格是0.18元，收入3780元。收获的600斤胡麻留下来自家吃。52号农户家每年都要养1头母猪和1头肉猪，肉猪留着过年过节吃肉，母猪用来产崽儿，一年可以收入2000元。养的土鸡和下的鸡蛋自家食用。另外，52号农户家的户主还开了一个磨面坊，2001年更新了一台全自动磨面机，磨面坊位于樊庄村的入口处，生意还不错，1袋面粉的加工费是3.5元，一年下来收入能够达到8000元。

综上所述，52号农户家自己种的粮食可以自给自足。从农作物种植和牲畜养殖的现金收入来看，2003年农作物收入5735元，养殖收入2000元；2008年农作物收入6000元，养殖收入700元；2016年农作物没有收入（不种地），养蜂收入15000元。

**（2）93号农户家的生活概况**

我已经有五六年没有看到樊庄村93号农户家里的人了，最近到骆驼巷村核对调查数据，去了好几趟樊庄村，都没有打听到他家的详情。2017年6月24日上午，我又特意去了93号农户家的院子，院子的大门已经被焊条焊住，院子外的两侧长满了杂草，我从门缝往院子里望，发现院子里的杂草也已经齐腰深了，看来93号农户家很久没有人回来了。

**樊庄汉族自然村 93 号农户家**

  第一次采访 93 号农户家的户主，是 2004 年 4 月 17 日。选 93 号农户家作为入户调查的跟踪对象，主要是因为当时他家的 3 个孩子都在上海打工，是樊庄村远近闻名的富裕户。他家是在 2000 年盖的新房子，这在当时算是骆驼巷村最现代的了。93 号农户家位于樊庄村的西北，离樊庄村的主路有一两里地。他家的院子大约有 400 平方米，院子的大门是铁制的，铁门两侧的院墙上各有 4 个黄泥制的蜂房，看来曾经养过蜂。院子的前后各拴着一条大黑狗，一有生人来就狂吠，看这阵势就像是一户富裕的人家。93 号农户家院子的大门朝南，一进院子就可以看见两侧的新砖房，正对着院子大门的是一间坐北朝南的正房，6 米×5 米，屋子里宽敞堂亮，户主说当时盖新房子花了 6 万元左右，这在当时也算是数额不小的一笔钱。正房里装饰得也相当时尚，一进去根本没有在农村的感觉，不仅面墙、地板是用瓷砖装饰的，而且大炕的周围也用瓷砖包起来了。房间左侧的墙前摆了一套乳白色的组合柜，干净大方，组合柜上 29 英寸的彩色电视机十分抢眼。两套双人沙发和茶几，分别摆在正面和左面的墙前，右侧大炕的两侧，一边放了一个单人沙发，另一边放了一个床头柜。正对着门口的墙前放了一张长方形的餐桌，餐桌的样式新颖，简洁时尚，上面放着一部电话

机。唯独房间中央架着的大炉子,显示着乡村的气息。

然而,13年后的今天故地重游,93号农户家院子的前前后后已经是新房耸立,他家的院子显得有些过时了。据樊庄村小队长说,93号农户家的3个孩子都已经成家了,也都有了自己的孩子,并且都在上海打工生活,93号农户家夫妇俩在上海帮助带孩子,家里的承包地给亲戚种了。至于在上海买没买房子不清楚,但肯定是买车了。

2004年第一次入户调查时,93号农户家里有5口人:户主夫妇俩、大儿子、二儿子、小女儿。当年,户主45岁,没有上过学;户主的媳妇43岁,也没有上过学。他家的大儿子22岁,初中毕业,已经在上海打工3年了;二儿子21岁,初中毕业,也在上海打工3年了;小女儿20岁,初中毕业,已经在上海打工2年了。兄妹3人初中毕业后全都去了上海打工,这在当时的骆驼巷村是不多见的,据说是经亲戚介绍去上海的。由于兄妹3人都是初中毕业,当时在村里也算是高学历,所以一开始打工月薪就在1000元左右,两个儿子后来掌握了电焊技术,每月可以挣到2000元左右。

2009年第二次入户调查时,93号农户家里有6口人:户主夫妇俩、大儿子一家三口、二儿子。当年,户主50岁,户主的媳妇48岁。他们的大儿子27岁,于2007年结婚,大儿子的媳妇22岁,初中毕业,生了个女孩,刚半岁(回老家生的,在家里接生),夫妇两人都在上海打工,大儿子月薪2000元以上,大儿媳妇月薪1300元。二儿子25岁,也在上海打工,月薪2000元以上。小女儿于2005年结婚,嫁到了固原。

93号农户家里有18亩承包地。2008年,他家种了8亩小麦、2亩洋芋、6亩胡麻、2亩燕麦。其中,每亩小麦上20斤磷酸二铵、20斤尿素、1农用车农家肥,平均亩产约200公斤;每亩洋芋上50斤磷肥、50斤磷酸二铵、2农用车农家肥,平均亩产约1500公斤;每亩胡麻上50斤碳酸氢铵、50斤磷酸二铵,平均亩产约75公斤;每亩燕麦上50斤碳酸氢铵、50斤磷酸二铵,平均亩产约150公斤。2008年,93号农户家收获的小麦全部留下来当口粮,粮食可以自给自足;收获的6000斤洋芋全部卖了,1斤的价格是0.3元,收入1800元;收获的胡麻用作全家一年的食用油;收获的燕麦用来喂羊。这一年,93号农户家养了2头牛、12只羊、1头猪,卖了

1头牛，收入7000元；卖了12只羊，1只的价格是420元，收入5040元；养的猪不卖，留着过年过节吃肉。

2003年，93号农户家的18亩承包地种了8亩小麦、8亩豆子、1亩洋芋、1亩胡麻。其中，每亩小麦上100斤磷肥，打3次农药，平均亩产约300公斤；每亩豆子上100斤磷肥、1农用车农家肥，打2次农药，平均亩产约150公斤；每亩洋芋上100斤磷肥、20斤磷酸二铵、15斤尿素、2农用车农家肥，平均亩产约2000公斤；每亩胡麻上20斤磷酸二铵、20斤尿素，平均亩产约150公斤。2003年，93号农户家收获的4800斤小麦全部留下来当口粮，粮食可以自给自足，磨出来的白面自己吃，磨出来的黑面喂牲口；收获的2400斤豆子全部卖了，1斤的价格是0.8元，收入1920元；收获的4000斤洋芋卖了2000斤，1斤的价格是0.12元，收入240元；收获的胡麻用作全家一年的食用油。这一年，93号农户家养了2头牛、6只羊，户主说他家每年卖1头小牛，收入1500元；卖了10只羊，1只的价格是300元，收入3000元。另外，93号农户家还有一台磨面机、一台碎草机，20世纪80年代末开始给村里的农民加工面粉和草料，磨100斤小麦收加工费2.5元，粉碎100斤草料收加工费4.5元，直到2003年才不做加工的生意了。

综上所述，93号农户家自己种的粮食可以自给自足。从农作物种植和牲畜养殖的现金收入来看，2003年农作物收入2160元，养殖收入4500元；2008年农作物收入1800元，养殖收入12040元。

**（3）81号农户家的生活概况**

樊庄汉族自然村81号农户家，位于樊庄村村口处主路的西南侧，只要走到樊庄村的村口向左望去，一眼就可以看到一个孤零零的黄土围墙圈起来的院子，院子四周是庄稼地，除了偶尔能听见门前小路上过往农用车的响声，便没有了任何动静，不用问就知道这是一户门庭冷落的贫寒农户。第一次走进81号农户家，是2003年1月31日上午，那天是大年三十，可是81号农户家的灶台旁只有一捆绿油油的小葱和一把宽粉条儿，灶台旁站着3个眼巴巴地望着我的孩子，一股悲凉由心而生，让我一下子记住了81号农户家。

**樊庄汉族自然村 81 号农户家**

81 号农户家院子的小门朝北，正对着樊庄村的主路，院子的黄土围墙还没有人高，土围墙高矮不一、残缺不全，用旧木桩钉的小门关都关不严实，这和 93 号农户家的院子相比可谓天壤之别。81 号农户家的院子不到 200 平方米，走进院子的小木门，就可以看见右侧的黄泥小屋，小屋的对面是一块空地，空地上拴着 1 头驴，圈着 1 头猪，堆着一垛干麦秆，麦秆垛的旁边放着一辆拉粪的木制手推车，手推车看上去用的年头不短了。院子东南角围了一个 1 米多高的土墙，墙根儿下是 81 号农户家的厕所。

81 号农户家不到 20 平方米的黄泥小屋坐西朝东，小屋被隔成两间，靠南一侧的房间大一点，有 8 平方米左右，全家 5 口人就住在这里，小屋右侧的土炕占去了屋子的一半空间，炕边架着一个小炉子。对着门的墙前，勉强挤下一个旧方桌、两把旧椅子，左侧的墙前放着一个旧木柜、两只旧木箱。整个屋子只有一扇小窗户，白天走进去也会觉得黑乎乎的。靠北一侧的房间小一些，有 6 平方米左右，是一个灶房，灶房里的空地上堆放着一些柴火和粮食，灶房的顶棚露着一道很长的缝儿，从灶房里就能直接望见天，显然，在白天这间灶房要比住房亮堂不少。

81 号农户家的户主因为家里穷，30 岁才娶上媳妇，夫妇俩都是不善言语的农民，看上去脑子还不太灵活。户主说他前两年出了交通事故，弄伤了肋骨，现在肋骨还经常疼痛，媳妇患有风湿病，动不动就腰疼腿疼的，小女儿患有先天性心脏病，家里人一看病就要借钱，常常是三天两头地借钱，为了维持全家人的生计，一年到头都不敢乱花一分钱。在樊庄村，像81号农户家住的这种土坯房，由于是盖在滩地上的，最多也就能支撑八九年，但是他家的土坯房已经有十年光景了，依然还在凑合着住。平日里吃的是洋芋、馍馍、大盐，过年过节时才买点酱油、醋等调料，更不用说吃肉和新鲜蔬菜了，日常开支精打细算，能节省的就节省。

在樊庄村，农民生存现状的差距尤为明显。像81号农户家生活如此困难的农户并不多，为此，他们家也成了我特别关注的贫困户之一。记得2003年2月15日是元宵节，我看望了村里几户贫困的农家，81号农户就是其中之一。那天，是个晴天，81号农户家的3个孩子一看见我来了都迎了出来，我拿出了一张春节时给他们全家拍的彩色照片，孩子们都围过来看，这是他们家第一次照全家福，而且是彩色的，能看得出来，孩子们很喜欢，于是我在照片的背面写道："祝你们插上知识的翅膀飞出大山。"我把照片送给了孩子们，孩子们拿着照片开心地笑了。

2009年春节期间，我连续两天都去了81号农户家看望。81号农户家依然住在那两间黄泥小屋里，灶房顶棚的裂缝越来越大，灶房北侧的土坯墙看上去快塌了，用一根粗木桩顶着。尽管81号农户家的生活依然很贫穷，但看上去2009年的春节要比2003年的春节过得好了不少，至少，在孩子们的脸上我看到了笑容。特别是他们家的大女儿已经长成大姑娘了，是一名初中三年级的学生，并且学习很努力，她那既懂事又乖巧还带几分腼腆的样子，让我看到了这个家庭的希望。

2004年第一次入户调查时，81号农户家有5口人：户主夫妇俩、大女儿、二女儿、小儿子。81号农户家的户主48岁，没有上过学；户主的媳妇38岁，也没有上过学。他们有3个孩子，大女儿13岁，上小学五年级；二女儿11岁，因患有先天性心脏病，还没有上学；小儿子8岁，上小学一年级。

2009年第二次入户调查时，81号农户家还是5口人。户主53岁，户主的媳妇43岁。他们的大女儿18岁，初中毕业后在固原五中补习；二女儿16岁，

因患有先天性心脏病，小学五年级辍学；小儿子13岁，上小学五年级。

2017年5月28日下午，我又去了81号农户家，正好户主夫妇俩和小儿子在家。他家现在的院子，在樊庄村主路东北侧五六百米处的一个高坡上，和以前的老院子隔路相望。院子的北侧是一个三四米高的崖面子，院子的南侧和西侧各有一个1尺多高的土围子，院子的东侧有一个斜坡，这个斜坡算是院子的入口，没有大门，也没有围墙。一上斜坡，就能看见对面有一棵又高又大的杏树，右侧的崖面子下，有三间坐北朝南的旧房子，12米×8米，土砖结构。这三间旧房子是原来的住户2010年搬走后赊给81号农户家的，赊了21800元，到现在还没有还上。自81号农户家搬到这里以后，家里接二连三地出事情，大女儿于2011年9月4日在固原市医院病逝，二女儿于2012年7月21日在家中病逝，一个五口之家，在不到两年的时间内变成了三口之家。从此，我寄托在81号农户家大女儿身上的希望彻底破灭了。如今，户主已经61岁，户主的媳妇51岁，他们的儿子21岁，初中毕业。

2017年5月28日下午去81号农户家的时候，右侧崖面子下的三间坐北朝南的旧房子已经被拆得差不多了，他家用拆出来的旧砖，又配上了一些材料，自己动手在院子的西侧盖了两间坐西朝东的房子，10米×5米。据了解，81号农户家赊账的那三间房子，在搬进去的第二年就成了危房，两侧房子的房顶渐渐露了天，而且露天的地方越来越大。就这样，81号农户家又住进了危房，并且这一住就是5年。因为家里贫穷，拿不出钱盖房，直到2016年，才在村里贷款享受了国家危房改造的待遇。这个危房改造项目的选址，在81号农户家的老房子那里，虽然老院子早已被推掉，看到的只是一间坐北朝南的新房子，但是81号农户家总算盖起了一间新房子。据了解，这间新盖的砖木结构的房子（8米×5米），总共花了4万元，自己掏了1.8万元，政府补助了2.2元，目前房子里还是空的，没有住人。

2017年6月18日下午，我去81号农户家采访，就是在他家自己盖的坐西朝东的北侧房间里，尽管房子的外表看起来质量很差，村里已经几乎没有人用旧砖头盖房子了，但是住人还算安全，房子里的摆设也比以前好了不少，至少进去以后有了可以坐的地方。房间西侧的墙前，由南向北摆放着一个老式木桌、一个粮食柜、一个大沙发，老式木桌上有一台旧的彩色电视机,沙发是别人淘汰的;房间的东北角有一盘炕,炕的西侧和大沙发的东侧之间有一个简易衣橱;一进门左侧的墙前,有一个小木柜、一个脸盆架子,一进门的右侧,放着一个别人不要的破桌子,屋子中间架了一个不大的炉子。81号农户现在就住在这间房子里。

81号农户家有10亩承包地,"退耕还林"时退掉了2亩。2016年,他家种了3亩小麦、2亩洋芋、1亩豆子、2亩大麦。其中,每亩小麦上20斤磷酸二铵、8手推车农家肥,平均亩产约250公斤;每亩洋芋上30斤磷酸二铵、20斤尿素、8手推车农家肥,平均亩产约1500公斤;每亩豆子上15斤磷酸二铵、10斤尿素,平均亩产约150公斤;每亩大麦上30斤磷酸二铵、20斤尿素,平均亩产约225公斤。2016年,81号农户家收获的小麦自己吃,基本上够吃;收获的洋芋卖了5000斤,1斤的价格是0.45元,收入2250元;收获的豆子自己吃;收获的大麦喂牛。这一年,81号农户家养了2头大牛,下了3头小牛,每头小牛获得国家补助500元,共获得1500元,小牛没有卖;养了6只大羊,其中4只是政府扶贫的基础母羊,下了9只小羊,小羊全部卖了,1只的价格是350元,收入3150元。另外,81号农户家的小儿子自2015年开始去固原的餐馆打工,月薪约1200元,每天工作时间长达15个小时左右,打工一年以后,月薪才涨到2000元。因为在餐馆打工的时间和报酬不成正比,于是2017年放弃打工,在家里帮助盖房子、养牛。81号农户家还享受了3个人的低保,2016年7月以前,每人每月190元,2016年7月以后,每人每月270元,全年低保补助金共计8280元。2016年7月,81号农户家添置了一个烧柴油的拖拉机头,花了2600元;2016年8月,添置了一辆小型电动自行车,花了1500元。

2008年,81号农户家的8亩承包地种了2亩小麦、5亩洋芋、1亩胡麻。其中,每亩小麦上50斤磷酸二铵、7手推车农家肥,平均亩产约150公斤;每亩洋芋上7手推车农家肥,平均亩产约1000公斤;每亩胡麻上20斤磷酸二铵、6手推车农家肥,平均亩产约75公斤。2008年,81号农户家收获的小麦自己吃,不够吃,又买了2000斤小麦,1斤的价格是1元,支出2000元;收获的洋芋卖了7000斤,1斤的价格是0.45元,收入3150元;收获的胡麻自己吃。这一年,81号农户家养了2头大牛,下了1

头小牛,因为家中三个人要看病,卖了1头大牛和1头小牛,收入8000元,养的1头猪没卖,过年自家食用。另外,81号农户家的户主还利用农闲时间在附近打零工,一年能挣3000元左右。81号农户家享受了3个人的低保待遇,每人每季度50元,一年可以拿到低保补助金600元。

2003年,81号农户家的8亩承包地种了3亩小麦、2亩洋芋、1亩胡麻,还有2亩薄地种了苜蓿草。其中,每亩小麦上30斤磷酸二铵、5手推车农家肥,平均亩产约200公斤;每亩洋芋上100斤磷肥、5手推车农家肥,平均亩产约1200公斤;每亩胡麻上30斤磷酸二铵,平均亩产约110公斤;种的苜蓿草用来喂牲口。2003年,81号农户家收获的1200斤小麦全部留下来当口粮,不够吃,还要买进1500斤小麦,1斤的价格是0.75元,支出1125元;收获的4800斤洋芋,挑出一部分留作种子,其余的当主食吃;收获的胡麻用作全家的食用油,不够吃也不再买了;种的苜蓿草用来喂牲口。这一年,81号农户家把1头驴卖了,又买了1头牛;把母猪下的小猪崽卖了,收入800元。另外,81号农户家的户主还利用农闲时间去附近的砖厂打工,一年能挣1500元左右,打工挣来的钱便是81号农户家全年的零用钱。81号农户家夫妇两人享受低保待遇,每人每季度50元,一年可以拿到低保补助金400元。

综上所述,81号农户家自己种的粮食不能自给自足。从农作物种植和牲畜养殖的现金收入来看,2003年农作物入不敷出,养殖收入800元;2008年农作物收入3150元,养殖收入8000元;2016年农作物收入2250元,养殖收入4650元。

从表3-65可以了解樊庄汉族自然村农民生活的整体水平。其中,农民自产粮够吃的农户占八成以上。生活富裕的农户仅占1.90%,生活比较好的农户占两成以上,生活一般的农户占六成,生活比较困难的农户占一成多,没有主动反映生活困难的农户。显然,樊庄村生活比较困难和困难的农户较2003年有明显下降。主动反映"看病困难"的农户有3户,没有主动反映"上学困难"和"缺少零用钱"的农户。另外,拥有彩色电视机的农户占到了九成以上,拥有手机的农户占近三成,近六成的农户家依然在使用座机,这在骆驼巷行政村是不多见的。

表 3-65 樊庄汉族自然农村农民的生活状况

| 指标 | 粮食 | | | 生活现状 | | | | 电视机 | | | 电话 | | | 农民反映的主要问题 | | | |
|---|---|---|---|---|---|---|---|---|---|---|---|---|---|---|---|---|---|
| | 自产粮够吃 | 自产粮不够吃 | 困难 | 比较困难 | 一般 | 比较好 | 富裕 | 彩色 | 黑白 | 没有 | 手机 | 座机 | 无 | 上学困难 | 看病困难 | 缺少零用钱 | |
| 户数（户） | 85 | 20 | 0 | 16 | 63 | 24 | 2 | 95 | 10 | 0 | 31 | 61 | 24 | 0 | 3 | 0 | |
| 占被调查农户的比例（%） | 80.95 | 19.05 | 0 | 15.24 | 60.00 | 22.86 | 1.90 | 90.48 | 9.52 | 0 | 29.52 | 58.10 | 22.86 | 0 | 2.86 | 0 | |

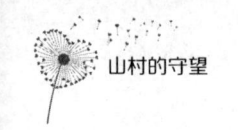

表3-66是樊庄汉族自然村农民家庭年现金收入明细。从表3-66可以看出，农民家庭年现金收入中，农业收入占总收入的23.67%，打工收入占总收入的64.08%，经商收入占总收入的6.89%，工资性收入占总收入的5.36%。

表3-66 樊庄汉族自然村农民家庭年现金收入明细

单位：元

| 农户编号 | 农业 | 打工 | 经商 | 工资 | 合计 | 备注 |
| --- | --- | --- | --- | --- | --- | --- |
| 1 | 8000 | | | | 8000 | |
| 2 | 5000 | | | 15000 | 20000 | 城镇户口1位 |
| 3 | 2000 | 15000 | | | 17000 | |
| 4 | 3000 | | | | 3000 | |
| 5 | 3000 | | 30000 | | 33000 | |
| 6 | 4000 | 50000 | | | 54000 | |
| 7 | 6000 | | 没赚到钱 | | 6000 | |
| 8 | 2000 | 15000 | | | 17000 | |
| 9 | 5000 | 20000 | | | 25000 | |
| 10 | 8000 | 15000 | | | 23000 | |
| 11 | 3000 | 20000 | | | 23000 | |
| 12 | 4000 | 4000 | | | 8000 | |
| 13 | 4000 | 6000 | | | 10000 | |
| 14 | 5000 | | | | 5000 | |
| 14-1 | 10000 | | | | 10000 | |
| 15 | 8000 | 12000 | | | 20000 | |
| 16 | 3000 | | | | 3000 | |
| 17 | 5000 | 27000 | | | 32000 | |
| 18 | 2000 | 24000 | | | 26000 | |
| 19 | 10000 | 10000 | | | 20000 | |
| 20 | 7000 | 14000 | | | 21000 | |
| 21 | 4000 | 36000 | | | 40000 | |
| 22 | 3000 | 15000 | | | 18000 | |
| 23 | 3000 | | | | 3000 | |

续表

| 农户编号 | 农业 | 打工 | 经商 | 工资 | 合计 | 备注 |
|---|---|---|---|---|---|---|
| 24 | 4000 | 5000 | | | 9000 | |
| 25 | 2000 | 10000 | | | 12000 | |
| 26 | 2000 | 20000 | | | 22000 | |
| 27 | 2000 | 18000 | | | 20000 | |
| 28 | 13000 | 12000 | | | 25000 | |
| 29 | 5000 | | | | 5000 | |
| 30 | 6000 | 12000 | | | 18000 | |
| 31 | 2000 | 5000 | | | 7000 | |
| 32 | 2000 | 18000 | | | 20000 | |
| 33 | 13000 | 30000 | | | 43000 | |
| 34 | 10000 | 4000 | | | 14000 | |
| 35 | 6000 | 20000 | | | 26000 | |
| 36 | 3000 | | | | 3000 | |
| 37 | 3000 | 12000 | | | 15000 | |
| 38 | 4000 | 6000 | | | 10000 | |
| 39 | 6000 | | | | 6000 | |
| 40 | 3000 | 5000 | | | 8000 | |
| 41 | 4000 | 4000 | | | 8000 | |
| 42 | 6000 | 18000 | | | 24000 | |
| 43 | 2000 | | | | 2000 | |
| 44 | 2000 | 6000 | | | 8000 | |
| 45 | 6000 | 6000 | | | 12000 | |
| 46 | 2000 | 33000 | | 30000 | 65000 | 城镇户口 1 位 |
| 47 | 5000 | 50000 | | | 55000 | |
| 48 | 4000 | 24000 | | | 28000 | |
| 49 | 2000 | 6000 | | | 8000 | |
| 50 | 2000 | 3000 | | | 5000 | |
| 51 | 3000 | 72000 | | | 75000 | |
| 51-1 | 2000 | 25000 | | | 27000 | |
| 52 | 5000 | | | 20000 | 25000 | |

413

续表

| 农户编号 | 农业 | 打工 | 经商 | 工资 | 合计 | 备注 |
|---|---|---|---|---|---|---|
| 53 | 5000 | 25000 | | | 30000 | |
| 54 | 3000 | 18000 | | | 21000 | |
| 55 | 5000 | 12000 | | | 17000 | |
| 56 | 3000 | 3000 | | | 6000 | |
| 57 | 4000 | 24000 | | | 28000 | |
| 57-1 | 3000 | 5000 | | | 8000 | |
| 58 | 2000 | 18000 | | | 20000 | |
| 59 | 4000 | 6000 | | | 10000 | |
| 60 | 5000 | 30000 | | 20000 | 55000 | 城镇户口1位 |
| 61 | 3000 | 4000 | | | 7000 | |
| 62 | 3000 | 12000 | | | 15000 | |
| 63 | 3000 | 12000 | | | 15000 | |
| 64 | 4000 | 4000 | | | 8000 | |
| 65 | 6000 | 24000 | | 18000 | 48000 | |
| 66 | 8000 | 22000 | | | 30000 | |
| 67 | 5000 | 5000 | | | 10000 | |
| 68 | 5000 | 15000 | | | 20000 | |
| 68-1 | 3000 | 17000 | | | 20000 | |
| 68-2 | 3000 | 17000 | | | 20000 | |
| 69 | 3000 | | | 22000 | 25000 | 城镇户口1位 |
| 70 | 1000 | | 20000 | | 21000 | |
| 71 | 3000 | | 20000 | | 23000 | |
| 72 | 3000 | | | | 3000 | |
| 73 | 6000 | | 20000 | | 26000 | |
| 74 | 3000 | 30000 | | | 33000 | |
| 75 | 6000 | | | | 6000 | |
| 76 | 6000 | 8000 | 2000 | | 16000 | |
| 77 | 4000 | 8000 | | | 12000 | |
| 78 | 6000 | 10000 | | | 16000 | |
| 79 | 5000 | | 10000 | | 15000 | |

续表

| 农户编号 | 农业 | 打工 | 经商 | 工资 | 合计 | 备注 |
|---|---|---|---|---|---|---|
| 80 | 2000 | 6000 | | | 8000 | |
| 81 | 3000 | 3000 | | | 6000 | |
| 82 | 6000 | 3000 | | | 9000 | |
| 83 | 2000 | 5000 | | | 7000 | |
| 84 | 3000 | 5000 | | | 8000 | |
| 85 | 10000 | 14000 | 10000 | | 34000 | |
| 86 | 4000 | 1000 | | | 5000 | |
| 87 | 6000 | | | | 6000 | |
| 88 | | 10000 | 3000 | | 13000 | |
| 89 | 6000 | 24000 | | | 30000 | |
| 90 | 3000 | 20000 | | | 23000 | |
| 91 | 5000 | 5000 | | | 10000 | |
| 92 | | 24000 | | | 24000 | |
| 93 | 10000 | 60000 | | | 70000 | |
| 94 | 3000 | 5000 | | | 8000 | |
| 95 | 3000 | 5000 | | | 8000 | |
| 96 | 6000 | 6000 | | | 12000 | |
| 97 | 6000 | 4000 | | | 10000 | |
| 98 | 5000 | 5000 | | | 10000 | |
| 99 | 8000 | | | | 8000 | |
| 100 | 2000 | 15000 | | | 17000 | |
| 合计 | 464000 | 1256000 | 135000 | 105000 | 1960000 | |

注：农户 14-1，表示从 14 号农户家分离出来的农户，依此类推。

从樊庄村家里有经商农户的具体经济活动来看，5 号农户在甘肃做煤炭生意；7 号农户在固原经营了一个小卖店，被偷盗没有赚到钱；52 号农户在本村经营了一个磨面坊；70 号农户在红寺堡经营了一个小五金门市部；71 号农户在红庄经营了一个卖牛筋面的小铺子；73 号农户贩牛羊；76 号农户在本村经营了一个小卖部；79 号农户在本村经营了一个小卖部；85 号农户的户主在张易镇街道经营了一个家电维修部；88 号农户在本村经营了一个小药铺。

## 2. 樊庄村农民的生产状况

下面，从表3-67中的数据来看一下樊庄汉族自然村农民的生产生活状况。2008年，樊庄村被调查的105户农户的总人口为496人，其中男性260人、女性236人，家庭平均人口为4.72人。被调查的105户农户自报上来的承包土地共计1365亩，人均2.75亩，其中"退耕还林"134.7亩，农户粮食的平均亩产量为114公斤，户均家庭年现金收入为18486元，约是2003年的5倍；家庭年人均收入为4000元，约是2003年的5倍。

表3-67数据显示，在樊庄村被调查的105户农户中，养牛的农户有18户，其中养2头及以上的农户有5户；养羊的农户有21户，其中养3只及以上的农户有20户；养猪的农户有92户；养驴的农户有47户；养骡子的农户有21户。

表3-67数据显示，樊庄村养牛的农户相比2003年有所减少，养猪、养驴、养骡子的农户比2003年有所增加，特别是养驴、养骡子的农户在骆驼巷村7个自然村中是最多的。另外，有农用三轮车的农户共14户，有小型手扶拖拉机的农户共26户，这两个数据和2003年相比均有所增加，但增加的幅度并不算大，农业机械化程度还是相对比较低的。

表3-67的"其他"一栏是指樊庄村从事商业经营活动的农户所持有的固定资产。其中，5号农户有一辆小汽车，7号农户有一匹马，10号农户有一辆农用四轮车，52号农户有一个磨面坊，70号农户有一个五金门市部，71号农户有一个面馆，76号、79号农户各有一个小卖部，88号农户有一个私人诊所。

表3-68是樊庄汉族自然村农民的主要劳动生产方式。从表3-68可以看出，完全以种地为生的农户有14户，占被调查农户的13.33%；既种地又打工的农户有75户，占被调查农户的71.43%；既种地又从事经商活动的农户有6户，占被调查农户的5.71%；既种地又打工还有工资性收入的农户有3户，占被调查农户的2.86%；既种地又打工还从事经商活动、既种地又有工资性收入以及完全以打工为生的农户各有2户，分别占被调查农户的1.90%；既种地又从事经商活动的农户有1户，仅占被调查农户的0.95%。

表 3-67 樊庄汉族自然村农民的生产生活状况

| 农户编号 | 人口（人）总数 | 男性 | 女性 | 土地（亩） | 平均亩产（公斤） | 家庭年现金收入（元） | 家庭年人均收入（元） | 牛（头） | 羊（只） | 猪（头） | 驴（头） | 骡（头） | 三轮车（辆） | 拖拉机（台） | 摩托车（辆） | 其他 | 宅基地（平方米） | 住房（平方米） | 房屋类型 |
|---|---|---|---|---|---|---|---|---|---|---|---|---|---|---|---|---|---|---|---|
| 1 | 4 | 2 | 2 | 20 (6.9) | 150 | 8000 | 2000 | | | 1 | | | | | 1 | | 220 | 40 (3) | 砖木结构 |
| 2 | 3 | 2 | 1 | 12 (5.3) | 100 | 20000 | 6667 | | 5 | 1 | | 1 | | | 1 | | 260 | 80 (6) | 土坯结构 |
| 3 | 4 | 3 | 1 | 12 (3) | 100 | 17000 | 4250 | | | | | | | 1 | | | 300 | 50 (2) | 土坯结构 |
| 4 | 4 | 2 | 2 | 10 (2.9) | 120 | 3000 | 750 | 1 | | 1 | | | | | | | 260 | 60 (3) | 土坯结构 |
| 5 | 5 | 2 | 3 | 12 (3.3) | 150 | 33000 | 6600 | | | 1 | 1 | | | | 1 | 小汽车 | 260 | 100 (6) | 砖木结构 |
| 6 | 10 | 5 | 5 | 13 (3.5) | 150 | 54000 | 5400 | | 4 | 1 | 2 | | | | | | 280 | 50 (3) | 土坯结构 |
| 7 | 6 | 3 | 3 | 13 | 150 | 6000 | 1000 | | | 1 | | | | | | 马 | 280 | 60 (4) | 砖木结构 |
| 8 | 6 | 4 | 2 | 8 (3.4) | 100 | 17000 | 2833 | | 6 | 1 | | | | | | | 260 | 60 (3) | 砖木结构 |
| 9 | 6 | 3 | 3 | 12 | 150 | 25000 | 4167 | | 6 | 1 | 2 | 1 | | | | | 280 | 50 (4) | 土坯结构 |
| 10 | 3 | 2 | 1 | 17 (1.6) | 150 | 23000 | 7667 | 1 | | 1 | | | | | 1 | 农用四轮车 | 300 | 60 (4) | 土坯结构 |
| 11 | 4 | 3 | 1 | 16 | 100 | 23000 | 5750 | | | 1 | 1 | | | | | | 220 | 50 (3) | 土坯结构 |
| 12 | 5 | 3 | 2 | 15 | 100 | 8000 | 1600 | | | | | | | | 1 | | 260 | 50 (4) | 砖木结构 |
| 13 | 4 | 2 | 2 | 10 | 150 | 10000 | 2500 | | | | | | | | 1 | | 200 | 50 (3) | 砖木结构 |
| 14 | 3 | 2 | 1 | 8 (5.6) | 100 | 5000 | 1667 | | | 2 | | | | | | | 300 | 50 (4) | 土坯结构 |
| 14-1 | 4 | 2 | 2 | 13 | 150 | 10000 | 2500 | | 3 | | 1 | | | | 1 | | | 50 (3) | 砖木结构 |
| 15 | 6 | 3 | 3 | 14 (7.3) | 100 | 20000 | 3333 | | 8 | | 1 | | | 1 | | | 300 | 40 (3) | 砖木结构 |
| 16 | 3 | 2 | 1 | 14 | 100 | 3000 | 1000 | | | 1 | | | | | | | 240 | 40 (3) | 土坯结构 |

续表

| 农户编号 | 人口(人) 总数 | 男性 | 女性 | 土地(亩) | 平均亩产(公斤) | 家庭年现金收入(元) | 家庭年人均收入(元) | 牛(头) | 羊(只) | 猪(头) | 驴(头) | 骡(头) | 三轮车(辆) | 拖拉机(台) | 摩托车(辆) | 其他 | 宅基地(平方米) | 住房(平方米) | 房屋类型 |
|---|---|---|---|---|---|---|---|---|---|---|---|---|---|---|---|---|---|---|---|
| 17 | 7 | 5 | 2 | 8 (1.8) | 100 | 32000 | 4571 | | 4 | | 1 | | | | | | 260 | 60 (3) | 砖木结构 |
| 18 | 6 | 3 | 3 | 15 | 100 | 26000 | 4333 | | | 1 | 1 | | | | | | 250 | 30 (2) | 土坯结构 |
| 19 | 3 | 2 | 1 | 12 | 100 | 20000 | 6667 | 1 | 10 | 1 | | 1 | | 1 | | | 250 | 50 (3) | 土坯结构 |
| 20 | 7 | 3 | 4 | 17 | 100 | 21000 | 3000 | 2 | 6 | 1 | | | | 1 | | | 300 | 40 (3) | 土砖结构 |
| 21 | 6 | 3 | 3 | 12 | 120 | 40000 | 6667 | | | 1 | | 1 | 1 | | | | 280 | 50 (3) | 砖木结构 |
| 22 | 5 | 2 | 3 | 15 (1.8) | 100 | 18000 | 3600 | | 4 | 1 | 1 | | | | | | 260 | 50 (2) | 砖木结构 |
| 23 | 5 | 3 | 2 | 10 (2.4) | 100 | 3000 | 600 | | | 1 | 1 | | | | | | 260 | 40 (3) | 土坯结构 |
| 24 | 6 | 3 | 3 | 12 (8.9) | 80 | 9000 | 1500 | | | 2 | 2 | 1 | | | | | 220 | 60 (4) | 砖木结构 |
| 25 | 4 | 3 | 1 | 8 | 100 | 12000 | 3000 | | 8 | 1 | 2 | | | | | | 220 | 50 (3) | 土坯结构 |
| 26 | 9 | 2 | 7 | 20 | 60 | 22000 | 2444 | | | 1 | | 1 | | 1 | 1 | | 280 | 40 (3) | 土坯结构 |
| 27 | 6 | 3 | 3 | 20 | 100 | 20000 | 3333 | | | 1 | | | | | | | 300 | 40 (3) | 土坯结构 |
| 28 | 7 | 3 | 4 | 17 | 100 | 25000 | 3571 | | | 1 | | | | 1 | 1 | | 280 | 60 (5) | 砖木结构 |
| 29 | 4 | 3 | 1 | 23 | 100 | 5000 | 1250 | | | 1 | | | | | | | 280 | 50 (3) | 砖木结构 |
| 30 | 4 | 2 | 2 | 20 | 100 | 18000 | 4500 | 1 | | 1 | | | | 1 | 1 | | 280 | 90 (4) | 砖木结构 |
| 31 | 4 | 2 | 2 | 8 | 100 | 7000 | 1750 | | | 1 | | | | | | | 280 | 60 (3) | 砖木结构 |
| 32 | 4 | 2 | 2 | 9 (2.6) | 100 | 20000 | 5000 | | | 1 | 1 | | | 1 | | | 220 | 30 (2) | 砖木结构 |
| 33 | 5 | 2 | 3 | 15 | 100 | 43000 | 8600 | | | 1 | | | | 1 | 1 | | 260 | 50 (3) | 砖木结构 |
| 34 | 6 | 5 | 1 | 28 (2.3) | 80 | 14000 | 2333 | | 10 | 1 | 2 | | | | | | 240 | 80 (3) | 土坯结构 |
| 35 | 5 | 4 | 1 | 20 (6.4) | 150 | 26000 | 5200 | | 5 | | 1 | | 1 | | 1 | | 260 | 60 (4) | 土坯结构 |

续表

| 农户编号 | 人口(人) 总数 | 男性 | 女性 | 土地(亩) | 平均亩产(公斤) | 家庭年现金收入(元) | 家庭年人均收入(元) | 牛(头) | 羊(只) | 猪(头) | 驴(头) | 骡(头) | 三轮车(辆) | 拖拉机(台) | 摩托车(辆) | 其他 | 宅基地(平方米) | 住房(平方米) | 房屋类型 |
|---|---|---|---|---|---|---|---|---|---|---|---|---|---|---|---|---|---|---|---|
| 36 | 4 | 3 | 1 | 10 | 100 | 3000 | 750 | 1 | | 1 | | | | | | | 270 | 50 (3) | 土坯结构 |
| 37 | 3 | 2 | 1 | 10 (1.5) | 100 | 15000 | 5000 | | | 1 | 2 | | | | | | 260 | 50 (4) | 土坯结构 |
| 38 | 5 | 2 | 3 | 7 (1.7) | 120 | 10000 | 2000 | | | 1 | | | | | 1 | | 270 | 50 (3) | 砖木结构 |
| 39 | 3 | 2 | 1 | 15 | 100 | 6000 | 2000 | | 6 | | | 1 | | | | | 200 | 20 (1) | 土坯结构 |
| 40 | 4 | 3 | 1 | 7 | 150 | 8000 | 2000 | | | 1 | 1 | | | | 1 | | 220 | 60 (4) | 土坯结构 |
| 41 | 7 | 3 | 4 | 8 | 100 | 8000 | 1143 | | | 1 | 2 | | | | | | 240 | 120 (4) | 土坯结构 |
| 42 | 5 | 4 | 1 | 17 | 100 | 24000 | 4800 | | | 1 | | | | | 1 | | 300 | 50 (4) | 土坯结构 |
| 43 | 2 | 1 | 1 | 15 | 100 | 2000 | 1000 | | | | | | | | | | 280 | 40 (3) | 土坯结构 |
| 44 | 6 | 2 | 4 | 12 (1.6) | 100 | 8000 | 1333 | | | 1 | | 1 | | | 1 | | 290 | 60 (4) | 砖木结构 |
| 45 | 6 | 2 | 4 | 20 | 100 | 12000 | 2000 | | | 1 | 1 | 1 | 1 | | 1 | | 300 | 80 (4) | 土坯结构 |
| 46 | 5 | 2 | 3 | 12 | 100 | 65000 | 13000 | | 3 | 2 | | | | | 1 | | 320 | 50 (3) | 砖木结构 |
| 47 | 4 | 3 | 1 | 12 (0.9) | 120 | 55000 | 13750 | | | 1 | | 1 | 1 | | 1 | | 280 | 50 (4) | 砖木结构 |
| 48 | 4 | 2 | 2 | 10 (5.6) | 100 | 28000 | 7000 | | | 2 | 1 | | | | 1 | | 300 | 80 (5) | 砖木结构 |
| 49 | 6 | 2 | 4 | 14 | 150 | 8000 | 1333 | | | | | 1 | | | 1 | | 280 | 45 (5) | 土坯结构 |
| 50 | 4 | 2 | 2 | 7 (0.5) | 100 | 5000 | 1250 | | | 2 | 1 | | | 1 | | | 200 | 30 (2) | 砖木结构 |
| 51 | 6 | 2 | 4 | 10 (1.3) | 100 | 75000 | 12500 | | | 1 | | 1 | | | 1 | | 280 | 80 (4) | 砖木结构 |
| 51-1 | 4 | 2 | 2 | 10 | 100 | 27000 | 6750 | | | | | | | | 1 | | | 50 (3) | 土坯结构 |
| 52 | 3 | 1 | 2 | 26 | 100 | 25000 | 8333 | | | 2 | 1 | | | | 1 | 磨面坊 | 280 | 120 (5) | 砖木结构 |
| 53 | 7 | 3 | 4 | 15 (0.9) | 150 | 30000 | 4286 | | 2 | 1 | 2 | | | 1 | 1 | | 300 | 80 (5) | 土坯结构 |

续表

| 农户编号 | 人口(人) 总数 | 男性 | 女性 | 土地(亩) | 平均亩产(公斤) | 家庭年现金收入(元) | 家庭年人均收入(元) | 牛(头) | 羊(只) | 猪(头) | 驴(头) | 骡(头) | 三轮车(辆) | 拖拉机(台) | 摩托车(辆) | 其他 | 宅基地(平方米) | 住房(平方米) | 房屋类型 |
|---|---|---|---|---|---|---|---|---|---|---|---|---|---|---|---|---|---|---|---|
| 54 | 5 | 4 | 1 | 12 (3.9) | 100 | 21000 | 4200 | | | 1 | 2 | | 1 | | | | 300 | 50 (3) | 土坯结构 |
| 55 | 6 | 2 | 4 | 17 (1.6) | 100 | 17000 | 2833 | | | 1 | 1 | | | 1 | 1 | | 260 | 50 (3) | 砖木结构 |
| 56 | 4 | 2 | 2 | 18 | 150 | 6000 | 1500 | | | | 1 | | | 1 | | | 280 | 50 (4) | 土坯结构 |
| 57 | 6 | 2 | 4 | 12 (1.4) | 100 | 28000 | 4667 | | | 1 | 2 | | | 1 | | | 280 | 60 (4) | 砖木结构 |
| 57-1 | 4 | 2 | 2 | 10 | 100 | 8000 | 2000 | | | | | | | | 1 | | | 60 (3) | 砖木结构 |
| 58 | 4 | 2 | 2 | 8 | 100 | 20000 | 5000 | | | 1 | 1 | | | | | | 290 | 50 (3) | 土坯结构 |
| 59 | 5 | 1 | 4 | 6 (5.5) | 150 | 10000 | 2000 | | | | 2 | | | | | | 280 | 80 (3) | 砖木结构 |
| 60 | 5 | 3 | 2 | 14 | 100 | 55000 | 11000 | | | 1 | | | | | | | 260 | 40 (3) | 土坯结构 |
| 61 | 4 | 2 | 2 | 8 (0.9) | 150 | 7000 | 1750 | | | 1 | 2 | | | | | | 200 | 50 (3) | 砖木结构 |
| 62 | 4 | 2 | 2 | 12 (2.1) | 150 | 15000 | 3750 | 1 | | 1 | 1 | 1 | | | | | 230 | 50 (3) | 土坯结构 |
| 63 | 6 | 3 | 3 | 11 | 100 | 15000 | 2500 | | | 1 | 2 | | | | | | 240 | 40 (3) | 砖木结构 |
| 64 | 5 | 3 | 2 | 14 (1.9) | 150 | 8000 | 1600 | 1 | | 1 | | | | 1 | | | 240 | 50 (3) | 土坯结构 |
| 65 | 3 | 2 | 1 | 16 (1.2) | 100 | 48000 | 16000 | 1 | | 1 | | | | | 1 | | 220 | 40 (3) | 砖木结构 |
| 66 | 4 | 2 | 2 | 28 | 100 | 30000 | 7500 | | | 2 | | | | | | | 220 | 40 (3) | 土坯结构 |
| 67 | 3 | 2 | 1 | 22 (1.3) | 120 | 10000 | 3333 | | | 2 | | | | | | | 240 | 40 (3) | 砖木结构 |
| 68 | 4 | 2 | 2 | 8 (2.3) | 100 | 20000 | 5000 | 2 | | 1 | | | | | | | 240 | 40 (3) | 土坯结构 |
| 68-1 | 4 | 1 | 3 | 5 | 100 | 20000 | 5000 | | | | 1 | | | | | | | 40 (3) | 砖木结构 |
| 68-2 | 4 | 3 | 1 | 5 | 100 | 20000 | 5000 | | | 1 | | | | | 1 | | | 50 (3) | 砖木结构 |
| 69 | 5 | 2 | 3 | 12 (1.4) | 100 | 25000 | 5000 | | | | 1 | | | | | | 240 | 50 (4) | 土坯结构 |

续表

| 农户编号 | 人口（人） | | | 土地（亩） | 平均亩产（公斤） | 家庭年现金收入（元） | 家庭年人均收入（元） | 生产资料 | | | | | | | | 其他 | 宅基地（平方米） | 住房（平方米） | 房屋类型 |
|---|---|---|---|---|---|---|---|---|---|---|---|---|---|---|---|---|---|---|---|
| | 总数 | 男性 | 女性 | | | | | 牛（头） | 羊（只） | 猪（头） | 驴（头） | 骡（头） | 三轮车（辆） | 拖拉机（台） | 摩托车（辆） | | | | |
| 70 | 4 | 2 | 2 | 4（1.5） | 100 | 2000 | 500 | | | | | | | | | | 200 | 60（5） | 砖木结构 |
| 71 | 4 | 1 | 3 | 4 | 100 | 23000 | 5750 | | | | | | | | 1 | | 240 | 30（2） | 砖木结构 |
| 72 | 5 | 3 | 2 | 7 | 100 | 3000 | 600 | 1 | | | | | | | 1 | | 300 | 60（5） | 土坯结构 |
| 73 | 5 | 2 | 3 | 7 | 150 | 26000 | 5200 | 2 | | 1 | | | 1 | | 1 | 五金门市部 | 220 | 100（6） | 砖木结构 |
| 74 | 4 | 2 | 2 | 12 | 120 | 33000 | 8250 | | | 1 | 2 | | | | 1 | 面馆 | 240 | 100（6） | 土坯结构 |
| 75 | 1 | 1 | | 15 | | 6000 | 6000 | | | | | | | | | | 240 | 50（3） | 砖木结构 |
| 76 | 7 | 3 | 4 | 22（3.9） | 150 | 16000 | 2286 | 1 | | | | 1 | | | | | 260 | 100（5） | 砖木结构 |
| 77 | 5 | 4 | 1 | 14（1） | 100 | 12000 | 2400 | | | 1 | 1 | 1 | | 1 | | 小卖部 | 260 | 40（3） | 土坯结构 |
| 78 | 4 | 3 | 1 | 10（4） | 110 | 16000 | 4000 | | | | 1 | 1 | 1 | | | | 240 | 40（3） | 砖木结构 |
| 79 | 4 | 2 | 2 | 10 | 150 | 15000 | 3750 | | | 1 | | | | 1 | 1 | | 280 | 40（3） | 砖木结构 |
| 80 | 4 | 3 | 1 | 7 | 100 | 8000 | 2000 | | | | 1 | | | | | 小卖部 | 280 | 50（3） | 砖木结构 |
| 81 | 5 | 2 | 3 | 10（2） | 100 | 6000 | 1200 | | | 1 | 1 | | | | | | 220 | 30（2） | 砖木结构 |
| 82 | 4 | 2 | 2 | 14 | 150 | 9000 | 2250 | 2 | | 1 | 1 | | | | | | 300 | 60（3） | 土坯结构 |
| 83 | 4 | 2 | 2 | 7 | 100 | 7000 | 1750 | 1 | | | 1 | | | | | | 240 | 30（2） | 砖木结构 |
| 84 | 4 | 3 | 1 | 7 | 100 | 8000 | 2000 | | | | | | 1 | 1 | | | 240 | 40（2） | 砖木结构 |
| 85 | 7 | 4 | 3 | 24（1.5） | 100 | 34000 | 4857 | | | 1 | 1 | | | 1 | 1 | 五金门市部 | 300 | 50（4） | 砖木结构 |
| 86 | 4 | 2 | 2 | 8 | 100 | 5000 | 1250 | | 3 | 1 | 1 | | | | | 面馆 | 260 | 30（2） | 土坯结构 |
| 87 | 3 | 2 | 1 | 12（2.9） | 150 | 6000 | 2000 | 1 | | 1 | 1 | | | 1 | | | 280 | 40（3） | 土坯结构 |

续表

| 农户编号 | 人口(人) 总数 | 男性 | 女性 | 土地(亩) | 平均亩产(公斤) | 家庭年现金收入(元) | 家庭年人均收入(元) | 牛(头) | 羊(只) | 猪(头) | 驴(头) | 骡(头) | 三轮车(辆) | 拖拉机(台) | 摩托车(辆) | 其他 | 宅基地(平方米) | 住房(平方米) | 房屋类型 |
|---|---|---|---|---|---|---|---|---|---|---|---|---|---|---|---|---|---|---|---|
| 88 | 4 | 2 | 2 | 7 | 150 | 13000 | 3250 |  |  | 1 |  |  |  |  |  | 私人诊所 | 260 | 40（3） | 土坯结构 |
| 89 | 5 | 2 | 3 | 13（1.5） | 150 | 30000 | 6000 | 1 |  | 1 |  |  | 1 |  |  |  | 260 | 40（3） | 砖木结构 |
| 90 | 3 | 2 | 1 | 12（3.5） | 150 | 23000 | 7667 |  |  |  | 1 |  |  | 1 |  |  | 280 | 40（3） | 土坯结构 |
| 91 | 4 | 3 | 1 | 8 |  | 10000 | 2500 |  | 8 |  | 2 |  |  |  |  |  | 240 | 70（5） | 砖木结构 |
| 92 | 4 | 3 | 1 | 12 |  | 24000 | 6000 |  |  |  |  |  |  |  |  |  | 260 | 40（3） | 土坯结构 |
| 93 | 6 | 3 | 3 | 18 | 100 | 70000 | 11667 | 2 | 12 | 2 | 1 |  |  |  | 1 |  | 260 | 90（5） | 砖木结构 |
| 94 | 3 | 2 | 1 | 15 | 150 | 8000 | 2667 |  | 3 | 1 | 1 |  |  | 1 |  |  | 240 | 50（3） | 土坯结构 |
| 95 | 4 | 2 | 2 | 8 | 150 | 8000 | 2000 |  |  | 1 | 1 |  |  |  |  |  | 200 | 40（2） | 土坯结构 |
| 96 | 4 | 3 | 1 | 26 | 100 | 12000 | 3000 |  | 5 |  | 1 |  |  |  |  |  | 300 | 50（4） | 砖木结构 |
| 97 | 5 | 3 | 2 | 26 | 100 | 10000 | 2000 |  |  | 1 |  | 1 |  |  |  |  | 280 | 50（3） | 土坯结构 |
| 98 | 5 | 2 | 3 | 16 | 150 | 10000 | 2000 |  |  | 1 | 1 |  | 1 | 1 | 1 |  | 300 | 70（3） | 砖木结构 |
| 99 | 9 | 4 | 5 | 20（6.4） | 50 | 8000 | 889 |  |  | 8 |  |  |  |  |  |  | 240 | 40（3） | 土坯结构 |
| 100 | 6 | 2 | 4 | 7 | 150 | 17000 | 2833 |  |  | 1 |  |  |  |  |  |  |  | 60（3） | 土坯结构 |
| 总计 | 496 | 260 | 236 | 1365（134.7）2.75（人均） | 114（户均） | 18486（户均） | 4000（人均） | 23 | 121 | 109 | 64 | 21 | 14 | 26 | 43 | 9 | — | 5665 54（户均） | 土坯（61户）、砖木（44户） |

注：①"土地"一栏括号中的数据表示"退耕还林"的亩数。
②"住房"一栏括号中的数据表示住房间数。
③农户编号14-1，表示从14号农户家分离出来的农户，依此类推。

表 3-68 樊庄汉族自然村农民的主要劳动生产方式

| 劳动生产方式 | 户数（户） | 农户编号 | 占被调查农户的比例（％） |
|---|---|---|---|
| 种地 | 14 | 1、4、7、14、14-1、16、23、29、36、39、43、72、87、99 | 13.33 |
| 种地·打工 | 75 | 3、6、8、9、10、11、12、13、15、17、18、19、20、21、22、24、25、26、27、28、30、31、32、33、34、35、37、38、40、41、42、44、45、47、48、49、50、51、51-1、53、54、55、56、57、57-1、58、59、61、62、63、64、66、67、68、68-1、68-2、74、77、78、80、81、82、83、84、86、89、90、91、93、94、95、96、97、98、100 | 71.43 |
| 种地·经商 | 6 | 5、52、70、71、73、79 | 5.71 |
| 种地·打工·经商 | 2 | 76、85 | 1.90 |
| 种地·打工·工资 | 3 | 46、60、65 | 2.86 |
| 打工·经商 | 1 | 88 | 0.95 |
| 种地·工资 | 2 | 2、69 | 1.90 |
| 打工 | 2 | 75、92 | 1.90 |
| 总计 | 105 | | 100 |

## 3. 樊庄村农民的人口状况

2008 年，樊庄村被调查的 105 户农户的总人口为 496 人，其中男性 260 人、女性 236 人。樊庄村除了 46 号、69 号农户家的户主，以及 2 号、60 号农户家的儿子为城镇户口外，其余均为农村户口。从表 3-67 可以看出，樊庄村家庭人口数最多的为 10 人，最少的为 1 人，家庭平均人口为 4.72 人。其中，6 口人及以上的农户有 28 户，占被调查农户的 26.67％。

表 3-69 是樊庄汉族自然村农户户主的姓氏分布。在被调查的 105 户农户中，户主的姓氏共有 11 个，除了宋、樊、郑 3 个姓氏相对集中外，其他姓氏还是比较分散的。在樊庄村，同姓的农户也基本上同属一个家族的人，基本上打破了"同宗同族同村"的局面。

表 3-69 樊庄汉族自然村农户户主的姓氏分布

| 编号 | 户主姓氏 | 户数（户） | 家族情况 |
|---|---|---|---|
| 1 | 宋 | 54 | 一个家族 |
| 2 | 樊 | 27 | 一个家族 |
| 3 | 郑 | 8 | 一个家族 |
| 4 | 杨 | 4 | 一个家族 |
| 5 | 梁 | 3 | 一个家族 |
| 6 | 王 | 2 | 两个家族 |
| 7 | 张 | 2 | 一个家族 |
| 8 | 姚 | 2 | 一个家族 |
| 9 | 何 | 1 | 和阳洼村何氏同族 |
| 10 | 赵 | 1 | 和郑氏同族 |
| 11 | 魏 | 1 | 和刘庄村魏氏同族 |
| 总计 |  | 105 |  |

表 3-70 是樊庄汉族自然村已婚妇女的姓氏分布。在 139 位已婚妇女中，共有 44 个姓氏。除了王、李、马、赵、张、魏、杨、刘 8 个姓氏相对集中外，其他 36 个姓氏分别来自 63 位已婚妇女。

表 3-70 樊庄汉族自然村已婚妇女的姓氏分布

单位：人

| 编号 | 姓氏 | 20~29岁 | 30~39岁 | 40~49岁 | 50~59岁 | 60~69岁 | 70~79岁 | 80岁及以上 | 总计 |
|---|---|---|---|---|---|---|---|---|---|
| 1 | 王 | 3 | 7 | 2 | 3 | 2 |  |  | 17 |
| 2 | 李 | 4 | 4 |  | 2 | 2 | 1 |  | 13 |
| 3 | 马 |  | 2 | 2 | 6 | 1 |  |  | 11 |
| 4 | 赵 |  | 4 | 1 | 2 | 1 |  |  | 8 |
| 5 | 张 |  | 6 | 1 |  |  | 1 |  | 8 |
| 6 | 魏 | 1 | 5 |  | 1 |  |  |  | 7 |
| 7 | 杨 |  | 1 | 1 | 2 | 2 |  |  | 6 |
| 8 | 刘 | 4 | 1 | 1 |  |  |  |  | 6 |
| 9 | 宋 |  | 1 |  | 1 | 1 |  |  | 4 |
| 10 | 姚 | 1 | 1 |  | 1 |  | 1 |  | 4 |

续表

| 编号 | 姓氏 | 20~29岁 | 30~39岁 | 40~49岁 | 50~59岁 | 60~69岁 | 70~79岁 | 80岁及以上 | 总计 |
|---|---|---|---|---|---|---|---|---|---|
| 11 | 付 |  | 1 | 1 | 1 |  |  |  | 3 |
| 12 | 牛 | 1 | 1 | 1 |  |  |  |  | 3 |
| 13 | 郭 | 1 | 1 |  | 1 |  |  |  | 3 |
| 14 | 高 |  |  | 2 | 1 |  |  |  | 3 |
| 15 | 梁 |  | 2 | 1 |  |  |  |  | 3 |
| 16 | 黄 | 1 |  | 1 |  |  |  |  | 2 |
| 17 | 任 |  |  | 2 |  |  |  |  | 2 |
| 18 | 吕 | 1 |  |  |  |  |  | 1 | 2 |
| 19 | 何 |  | 1 |  | 1 |  |  |  | 2 |
| 20 | 吴 | 1 |  |  |  |  |  | 1 | 2 |
| 21 | 金 |  | 1 |  |  |  |  |  | 1 |
| 22 | 柏 | 1 |  |  |  |  | 1 |  | 2 |
| 23 | 柯 |  |  |  |  | 2 |  |  | 2 |
| 24 | 胡 | 1 |  | 1 |  |  |  |  | 2 |
| 25 | 路 |  |  |  |  |  | 1 |  | 1 |
| 26 | 翟 |  |  | 1 | 1 |  |  |  | 2 |
| 27 | 叶 |  |  | 1 |  |  |  |  | 1 |
| 28 | 司 |  |  |  |  |  | 1 |  | 1 |
| 29 | 白 |  | 1 |  |  |  |  |  | 1 |
| 30 | 安 |  |  |  |  | 1 |  |  | 1 |
| 31 | 陈 |  | 1 |  |  |  |  |  | 1 |
| 32 | 罗 | 1 |  |  |  |  |  |  | 1 |
| 33 | 敖 | 1 |  |  |  |  |  |  | 1 |
| 34 | 林 |  | 1 |  |  |  |  |  | 1 |
| 35 | 苟 | 1 | 1 |  |  |  |  |  | 2 |
| 36 | 郑 | 1 |  | 1 |  |  |  |  | 2 |
| 37 | 柳 |  |  |  | 1 |  |  |  | 1 |
| 38 | 贾 | 1 |  |  |  |  |  |  | 1 |
| 39 | 曹 |  | 1 |  |  |  |  |  | 1 |
| 40 | 谢 |  |  | 1 |  |  |  |  | 1 |

续表

| 编号 | 姓氏 | 20~29岁 | 30~39岁 | 40~49岁 | 50~59岁 | 60~69岁 | 70~79岁 | 80岁及以上 | 总计 |
|---|---|---|---|---|---|---|---|---|---|
| 41 | 黎 | | 1 | | | | | | 1 |
| 42 | 屈 | 1 | | | | | | | 1 |
| 43 | 靳 | | | | | | | 1 | 1 |
| 44 | 庞 | | | | 1 | | | | 1 |
| 总计 | | 26 | 47 | 20 | 27 | 10 | 6 | 3 | 139 |

注：此表包括8位已婚未生育妇女。

从表3-70可以看出，40岁以下已婚妇女的姓氏数量明显增多，显然，樊庄汉族自然村妇女的社会流动性要比回族自然村大。在骆驼巷行政村的7个自然村中，樊庄村已婚妇女的姓氏数量是最多的，是男性户主姓氏数量的4倍。这一事实说明，以家族为中心的父系亲属关系在汉族自然村虽然有了明显减弱，但依然是农村社会基础的主流。

另外，在樊庄村被调查的105户农户中，有两位嫁过来的媳妇是回民，其中一位是35号农户家的媳妇，2014年因病去世了；另一位是39号农户家的媳妇，2015年没打招呼人就走了，把孩子也带走了，没有办理离婚手续，也没有办理转户籍手续。

表3-71是樊庄汉族自然村人口的年龄结构。从表3-71可以看出，0~14岁的人口占被调查人口的21.17%，15~64岁的劳动力人口占被调查人口的73.99%，65岁及以上的人口占被调查人口的4.84%。在15~64岁的劳动力人口占比中，男性高于女性，其中男性占比为53.13%，女性占比为46.87%。

表3-71 樊庄汉族自然村人口的年龄结构

单位：人，%

| 年龄 | | 人口数 | 占被调查人口的比例 | 男性 | 占被调查男性的比例 | 女性 | 占被调查女性的比例 |
|---|---|---|---|---|---|---|---|
| 0~14岁 | | 105 | 21.17 | 53 | 20.38 | 52 | 22.03 |
| 其中 | 0~5岁 | 31 | 6.25 | 16 | 6.15 | 15 | 6.36 |
| | 6~14岁 | 74 | 14.92 | 37 | 14.23 | 37 | 15.68 |

续表

| 年龄 | 人口数 | 占被调查人口的比例 | 男性 | 占被调查男性的比例 | 女性 | 占被调查女性的比例 |
|---|---|---|---|---|---|---|
| 15~64岁 | 367 | 73.99 | 195 | 75.00 | 172 | 72.88 |
| 65岁及以上 | 24 | 4.84 | 12 | 4.62 | 12 | 5.08 |
| 总计 | 496 | 100 | 260 | 100 | 236 | 100 |

图 3-11 是樊庄汉族自然村人口金字塔。从图 3-11 可以看出，10 年前这个自然村也是一个典型的人口增长型的村庄，但是近 10 年来人口增长的速度明显放缓。

图 3-11 樊庄汉族自然村人口金字塔

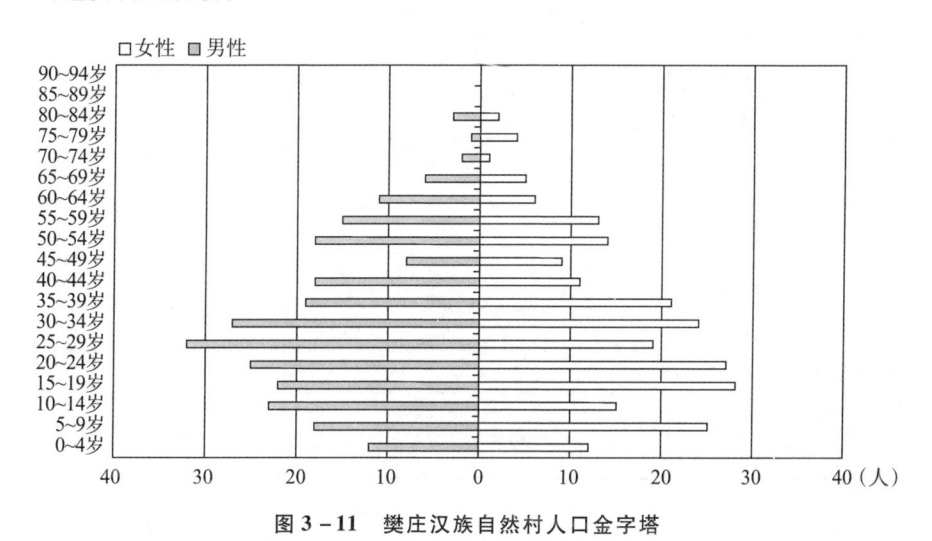

表 3-72 是樊庄汉族自然村农民患病情况。从表 3-72 可以看出，排在第一位的是患消化系统疾病的人次，占患病总人次的 18.68%；排在第二位的是患骨骼系统疾病的人次，占患病总人次的 15.38%；排在第三位的是患风湿病和心脏病的人次，分别占患病总人次的 13.19%。

表 3-72 樊庄汉族自然村农民患病情况

| 疾病种类 | 患病农户编号 | 人数（人次） | 占患病总人次的比例（%） |
|---|---|---|---|
| 消化系统疾病 | 1、3、4、6、7、7、8、12、37、58、62、63、69、74、74、84、87 | 17 | 18.68 |

续表

| 疾病种类 | 患病农户编号 | 人数（人次） | 占患病总人次的比例（%） |
| --- | --- | --- | --- |
| 骨骼系统疾病 | 8、21、28、34、41、43、48、51、60、62、67、76、81、91 | 14 | 15.38 |
| 风湿病 | 10、12、19、28、29、39、41、47、53、63、81、91 | 12 | 13.19 |
| 心脏病 | 4、9、18、19、29、36、43、62、66、72、76、81 | 12 | 13.19 |
| 神经系统疾病 | 5、15、24、35、47、82 | 6 | 6.59 |
| 妇科病 | 22、46、64、78、86 | 5 | 5.49 |
| 高血压 | 34、53、67、80 | 4 | 4.40 |
| 呼吸系统疾病 | 16、27、28、94 | 4 | 4.40 |
| 泌尿系统疾病 | 8、20、63 | 3 | 3.30 |
| 残疾 | 20、34、97 | 3 | 3.30 |
| 心血管病 | 1、98 | 2 | 2.20 |
| 肝炎 | 9、70 | 2 | 2.20 |
| 胆囊炎 | 6、63 | 2 | 2.20 |
| 眼病 | 17、32 | 2 | 2.20 |
| 皮肤病 | 14 | 1 | 1.10 |
| 糖尿病 | 35 | 1 | 1.10 |
| 舌癌 | 94 | 1 | 1.10 |
| 合计 |  | 91 | 100 |

表3-73是樊庄汉族自然村外出打工人口的年龄、学历分布。表3-73数据显示，在樊庄村被调查的367个劳动力人口中，有108人外出打工，占劳动力人口的29.43%。在外出打工的108人中，女性有13人，占外出打工人口的12.04%。从外出打工人口的学历看，上过大学的有1人，上过高中的有5人，初中毕业的有48人，初中未毕业的有9人，小学毕业的有11人，不识字和小学未毕业的有34人。其中，不识字和小学未毕业的人口占外出打工人口的31.48%。从外出打工人口的年龄来看，30岁及以下的有58人，占外出打工人口的53.70%；31~40岁的有34人，占外出打工人口的31.48%；41~50岁的有13人，占外出打工人口的12.04%；50岁以上的有3人，占外出打工人口的2.78%。数据显示，樊庄村的女性

和中年及以上男性的社会流动性同样比较小。

表 3-73 樊庄汉族自然村外出打工人口的年龄、学历分布

单位：人

| 年龄 | 不识字 | | 小学未毕业 | | 小学毕业 | | 初中未毕业 | | 初中毕业 | | 高中 | | 大学 | | 总计 |
|---|---|---|---|---|---|---|---|---|---|---|---|---|---|---|---|
| | 男性 | 女性 | 男性 | 女性 | 男性 | 女性 | 男性 | 女性 | 男性 | 女性 | 男性 | 女性 | 男性 | 女性 | |
| 20 岁及以下 | | | | | 2 | 1 | | 2 | 5 | | | | | | 10 |
| 21~30 岁 | 2 | | 6 | 3 | 3 | 1 | 4 | | 22 | 5 | 2 | | | | 48 |
| 31~40 岁 | 7 | | 6 | | 2 | | | 3 | 12 | 1 | 2 | | 1 | | 34 |
| 41~50 岁 | 7 | | 1 | | 1 | | | | 3 | | 1 | | | | 13 |
| 50 岁以上 | 2 | | | | 1 | | | | | | | | | | 3 |
| 总计 | 18 | 0 | 13 | 3 | 9 | 2 | 7 | 2 | 42 | 6 | 5 | 0 | 1 | 0 | 108 |

### 4. 樊庄村农民的教育状况

表 3-74 是樊庄汉族自然村 6 岁及以上农民的受教育水平。从表 3-74 可以看出，樊庄汉族自然村不识字和小学未毕业的农民相比回族自然村有所减少，但是依然占 6 岁及以上农民的 56.34%。其中，不识字的农民占 6 岁及以上农民的 34.41%，小学未毕业的农民占 6 岁及以上农民的 21.94%。尽管樊庄汉族自然村农民受教育的整体情况要比回族自然村好一些，但是农民整体的受教育水平还是比较低的。

表 3-74 樊庄汉族自然村 6 岁及以上农民的受教育水平

单位：人

| 年龄 | 不识字 | | 小学未毕业 | | 小学毕业 | | 初中未毕业 | | 初中毕业 | | 高中 | | 大学 | | 总计 |
|---|---|---|---|---|---|---|---|---|---|---|---|---|---|---|---|
| | 男性 | 女性 | 男性 | 女性 | 男性 | 女性 | 男性 | 女性 | 男性 | 女性 | 男性 | 女性 | 男性 | 女性 | |
| 6~14 岁 | 4 | 13 | 31 | 22 | | | 3 | 3 | | | | | | | 76 |
| 15~19 岁 | 1 | | 2 | 7 | 1 | 1 | 10 | 12 | 3 | 3 | 4 | 4 | 1 | | 49 |
| 20~24 岁 | | 2 | | 2 | 5 | 3 | 2 | 2 | 12 | 11 | 3 | 3 | 3 | 2 | 50 |
| 25~29 岁 | 3 | 1 | 4 | 3 | 2 | 3 | 4 | | 13 | 10 | 2 | | 1 | | 50 |
| 30~34 岁 | 4 | 10 | 3 | 6 | 1 | 3 | 3 | | 15 | 3 | 1 | | | | 49 |
| 35~39 岁 | 6 | 16 | 6 | 3 | | 1 | 1 | | 4 | 3 | 2 | 1 | | | 43 |

续表

| 年龄 | 不识字 | | 小学未毕业 | | 小学毕业 | | 初中未毕业 | | 初中毕业 | | 高中 | | 大学 | | 总计 |
|---|---|---|---|---|---|---|---|---|---|---|---|---|---|---|---|
| | 男性 | 女性 | 男性 | 女性 | 男性 | 女性 | 男性 | 女性 | 男性 | 女性 | 男性 | 女性 | 男性 | 女性 | |
| 40~44岁 | 7 | 7 | 4 | 1 | 3 | | | 2 | 3 | 2 | 1 | | | | 30 |
| 45~49岁 | 3 | 7 | 1 | | | 1 | | | 3 | 1 | | | | | 16 |
| 50~54岁 | 9 | 13 | 2 | | 2 | | 1 | | 4 | 1 | | | | | 32 |
| 55~59岁 | 9 | 13 | 1 | | 2 | | 2 | | | | | | | | 27 |
| 60~64岁 | 3 | 5 | 3 | 1 | 5 | | | | | | | | | | 17 |
| 65岁及以上 | 11 | 13 | | | | | 1 | | | 1 | | | | | 26 |
| 总计 | 60 | 100 | 57 | 45 | 22 | 11 | 27 | 19 | 58 | 34 | 12 | 9 | 8 | 3 | 465 |

注：6~14岁儿童中不包括正在上学前班的儿童。

从表3-74还可以看出，15~59岁的不识字人口，都是新中国成立后出生的，这部分人口占樊庄村不识字人口的69.38%。也就是说，在樊庄村现有的不识字人口中，有近七成的人是新中国成立后出生的。其中，男性42人，占男性不识字人口的70%；女性69人，占女性不识字人口的69%。

表3-75是樊庄汉族自然村6岁及以上农民的平均受教育年限。从表3-75可以看出，樊庄汉族自然村6岁及以上农民的平均受教育年限为4.66年，其中男性为5.42年，女性为3.83年。6~14岁人口的平均受教育年限为3.08年，其中男性为3.63年，女性为2.53年。15~64岁劳动力人口的平均受教育年限为5.29年，其中男性为6.06年，女性为4.41年。65岁及以上人口的平均受教育年限仅为0.58年，其中男性为1.15年，女性为0年。显然，随着年龄的增长，女性的平均受教育年限要明显少于男性。

表3-75 樊庄汉族自然村6岁及以上农民的平均受教育年限

| 年龄 | 人口数（人） | 平均受教育年限（年） | 男性（人） | 平均受教育年限（年） | 女性（人） | 平均受教育年限（年） |
|---|---|---|---|---|---|---|
| 6~14岁 | 76 | 3.08 | 38 | 3.63 | 38 | 2.53 |
| 15~64岁 | 363 | 5.29 | 193 | 6.06 | 170 | 4.41 |
| 65岁及以上 | 26 | 0.58 | 13 | 1.15 | 13 | 0 |
| 总计 | 465 | 4.66 | 244 | 5.42 | 221 | 3.83 |

注：根据表3-74制作。

为了便于读者直观地了解樊庄村农民的受教育水平,特制作了图3-12和表3-76。从图3-12和表3-76可以看出,樊庄村女性受教育水平低的问题也是比较突出的。樊庄村女性不识字人口占6岁及以上不识字人口的62.5%。在6岁及以上的女性人口中,不识字人口占45.25%,小学未毕业人口占20.36%,二者合计占比达65.61%。也就是说,在这个自然村有六成以上的妇女不识字或识字很少。同样,樊庄村男性受教育的水平也不容乐观,在6岁及以上的男性人口中,不识字人口占24.59%,小学未毕业人口占23.36%,二者合计占比达47.95%。也就是说,在这个自然村有近五成的男性不识字或识字很少。

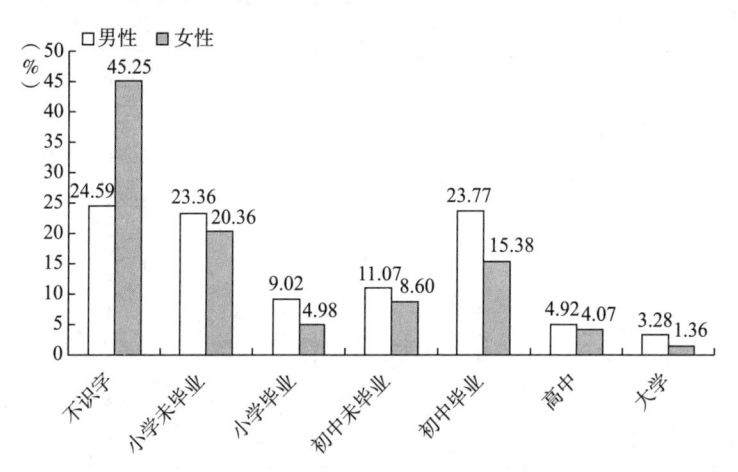

图3-12 樊庄汉族自然村6岁及以上农民的受教育水平

表3-76 樊庄汉族自然村6岁及以上农民的教育结构

| 指标 | 不识字 | 小学未毕业 | 小学毕业 | 初中未毕业 | 初中毕业 | 高中 | 大学 |
|---|---|---|---|---|---|---|---|
| 男性（人） | 60 | 57 | 22 | 27 | 58 | 12 | 8 |
| 占比（%） | 24.59 | 23.36 | 9.02 | 11.07 | 23.77 | 4.92 | 3.28 |
| 女性（人） | 100 | 45 | 11 | 19 | 34 | 9 | 3 |
| 占比（%） | 45.25 | 20.36 | 4.98 | 8.60 | 15.38 | 4.07 | 1.36 |
| 合计（人） | 160 | 102 | 33 | 46 | 92 | 21 | 11 |
| 占比（%） | 34.41 | 21.94 | 7.10 | 9.89 | 19.78 | 4.52 | 2.37 |

注：根据表3-74制作。

表3-77是樊庄汉族自然村不同年龄、学历已婚已育妇女的生育情况。

表 3－77  樊庄汉族自然村不同年龄、学历已婚已育妇女的生育情况

单位：人

| 指标 | 不识字 | | | 小学未毕业 | | | 小学毕业 | | | 初中未毕业 | | | 初中毕业 | | | 高中 | | | 大学 | | | 总计 | | |
|---|---|---|---|---|---|---|---|---|---|---|---|---|---|---|---|---|---|---|---|---|---|---|---|---|
| | 妇女人数 | 生育男孩数 | 生育女孩数 | 妇女人数 | 生育男孩数 | 生育女孩数 | 妇女人数 | 生育男孩数 | 生育女孩数 | 妇女人数 | 生育男孩数 | 生育女孩数 | 妇女人数 | 生育男孩数 | 生育女孩数 | 妇女人数 | 生育男孩数 | 生育女孩数 | 妇女人数 | 生育男孩数 | 生育女孩数 | 妇女人数 | 生育男孩数 | 生育女孩数 |
| 20～24岁合计 | | | | | | | 2 | | 3 | | | | 3 | 1 | 2 | | | | | | | 5 | 1 | 5 |
| 一个孩子 | | | | | | | 1 | | 1 | | | | 3 | 1 | 2 | | | | | | | 4 | 1 | 3 |
| 两个孩子 | | | | | | | 1 | | 2 | | | | | | | | | | | | | 1 | | 2 |
| 25～29岁合计 | 1 | 1 | 1 | 2 | 2 | 1 | 1 | 1 | 4 | | | | 7 | 4 | 5 | 1 | | 1 | 1 | 1 | 1 | 13 | 8 | 13 |
| 一个孩子 | 1 | 1 | | 1 | 1 | | | | | | | | 5 | 3 | 2 | 1 | | 1 | 1 | 1 | | 8 | 3 | 5 |
| 两个孩子 | | | | 1 | 1 | 1 | 1 | 1 | | | | | 2 | 1 | 3 | | | | | | 1 | 4 | 4 | 4 |
| 五个孩子 | | | | | | | | | | | | | | | | | | | | | | 1 | 1 | 4 |
| 30～34岁合计 | 10 | 9 | 11 | 7 | 7 | 6 | 3 | | 1 | | | | 3 | 3 | 2 | 1 | 1 | 1 | | | | 21 | 25 | 21 |
| 一个孩子 | 2 | 2 | | 2 | 1 | 1 | | | | | | | 1 | 1 | 1 | 1 | 1 | 1 | | | | 4 | 3 | 3 |
| 两个孩子 | 6 | 6 | 6 | 4 | 5 | 3 | 3 | | 5 | | | | 2 | 3 | 1 | | | | | | | 15 | 19 | 11 |
| 三个孩子 | 2 | 1 | 5 | 1 | 1 | 2 | | | | | | | | | | | | | | | | 3 | 2 | 7 |
| 35～39岁合计 | 16 | 22 | 16 | 3 | 3 | 4 | 1 | 2 | | | | | 3 | 1 | 4 | | | | | | | 23 | 28 | 24 |
| 一个孩子 | | | | | | | | | | | | | 1 | | 1 | | | | | | | 1 | | 1 |
| 两个孩子 | 13 | 20 | 6 | 2 | 2 | 2 | 1 | 2 | | | | | 2 | 1 | 3 | | | | | | | 18 | 25 | 11 |
| 三个孩子 | 2 | 2 | 4 | 1 | 1 | 2 | | | | | | | | | | | | | | | | 3 | 3 | 6 |
| 六个孩子 | 1 | | 6 | | | | | | | | | | | | | | | | | | | 1 | | 6 |
| 40～44岁合计 | 7 | 10 | 10 | 1 | 2 | 1 | | | | 2 | 4 | 1 | 2 | 3 | 4 | | | | | | | 12 | 19 | 16 |
| 两个孩子 | 4 | 4 | 4 | | | | | | | 1 | 2 | | | | | | | | | | | 5 | 6 | 4 |

续表

| 指标 | 不识字 妇女人数 | 不识字 生育男孩数 | 不识字 生育女孩数 | 小学未毕业 妇女人数 | 小学未毕业 生育男孩数 | 小学未毕业 生育女孩数 | 小学毕业 妇女人数 | 小学毕业 生育男孩数 | 小学毕业 生育女孩数 | 初中未毕业 妇女人数 | 初中未毕业 生育男孩数 | 初中未毕业 生育女孩数 | 初中毕业 妇女人数 | 初中毕业 生育男孩数 | 初中毕业 生育女孩数 | 高中 妇女人数 | 高中 生育男孩数 | 高中 生育女孩数 | 大学 妇女人数 | 大学 生育男孩数 | 大学 生育女孩数 | 总计 妇女人数 | 总计 生育男孩数 | 总计 生育女孩数 |
|---|---|---|---|---|---|---|---|---|---|---|---|---|---|---|---|---|---|---|---|---|---|---|---|---|
| 三个孩子 | 1 | 1 | 2 | 1 | 2 | 1 | | | | 1 | 2 | 1 | 1 | 2 | 1 | | | | | | | 4 | 7 | 5 |
| 四个孩子 | 1 | 1 | 3 | | | | | | | | | | 1 | 1 | 3 | | | | | | | 2 | 2 | 6 |
| 五个孩子 | 1 | 4 | 1 | | | | | | | | | | | | | | | | | | | 1 | 4 | 1 |
| 45~49岁合计 | 7 | 13 | 7 | 1 | 2 | 1 | | | | 1 | 2 | 1 | 2 | 3 | 4 | | | | | | | 8 | 15 | 7 |
| 一个孩子 | 1 | 1 | | | | | | | | | | | | | | | | | | | | 1 | 1 | |
| 两个孩子 | 2 | 2 | | | | | | | | | | | | | | | | | | | | 2 | 4 | |
| 三个孩子 | 3 | 5 | 4 | | | | | | | | | | | | | | | | | | | 3 | 5 | 4 |
| 四个孩子 | 2 | 5 | 3 | | | | | | | | | | | | | | | | | | | 2 | 5 | 3 |
| 50~54岁合计 | 13 | 21 | 23 | | | | | | | 1 | 2 | 1 | | | | | | | | | | 14 | 23 | 24 |
| 两个孩子 | 3 | 4 | 2 | | | | | | | | | | | | | | | | | | | 3 | 4 | 2 |
| 三个孩子 | 3 | 4 | 5 | | | | | | | 1 | 2 | 1 | | | | | | | | | | 4 | 6 | 6 |
| 四个孩子 | 6 | 12 | 12 | | | | | | | | | | | | | | | | | | | 6 | 12 | 12 |
| 五个孩子 | 1 | 1 | 4 | | | | | | | | | | | | | | | | | | | 1 | 1 | 4 |
| 55~59岁合计 | 12 | 26 | 20 | | | | | | | | | | | | | | | | | | | 12 | 26 | 20 |
| 一个孩子 | 1 | 1 | | | | | | | | | | | | | | | | | | | | 1 | 1 | 1 |
| 两个孩子 | 1 | 1 | 1 | | | | | | | | | | | | | | | | | | | 1 | 2 | 1 |
| 三个孩子 | 2 | 2 | 4 | | | | | | | | | | | | | | | | | | | 2 | 2 | 4 |
| 四个孩子 | 3 | 9 | 3 | | | | | | | | | | | | | | | | | | | 3 | 9 | 3 |
| 五个孩子 | 5 | 13 | 12 | | | | | | | | | | | | | | | | | | | 5 | 13 | 12 |
| 60~64岁合计 | 5 | 15 | 12 | 2 | 4 | 1 | | | | | | | | | | | | | | | | 7 | 19 | 13 |

续表

| 指标 | 不识字 妇女人数 | 不识字 生育男孩数 | 不识字 生育女孩数 | 小学未毕业 妇女人数 | 小学未毕业 生育男孩数 | 小学未毕业 生育女孩数 | 小学毕业 妇女人数 | 小学毕业 生育男孩数 | 小学毕业 生育女孩数 | 初中未毕业 妇女人数 | 初中未毕业 生育男孩数 | 初中未毕业 生育女孩数 | 初中毕业 妇女人数 | 初中毕业 生育男孩数 | 初中毕业 生育女孩数 | 高中 妇女人数 | 高中 生育男孩数 | 高中 生育女孩数 | 大学 妇女人数 | 大学 生育男孩数 | 大学 生育女孩数 | 总计 妇女人数 | 总计 生育男孩数 | 总计 生育女孩数 |
|---|---|---|---|---|---|---|---|---|---|---|---|---|---|---|---|---|---|---|---|---|---|---|---|---|
| 一个孩子 |  |  |  | 1 | 1 |  |  |  |  |  |  |  |  |  |  |  |  |  |  |  |  | 1 | 1 |  |
| 四个孩子 |  |  |  | 1 | 3 | 1 |  |  |  |  |  |  |  |  |  |  |  |  |  |  |  | 1 | 3 | 1 |
| 五个孩子 | 3 | 7 | 8 |  |  |  |  |  |  |  |  |  |  |  |  |  |  |  |  |  |  | 3 | 7 | 8 |
| 六个孩子 | 2 | 8 | 4 |  |  |  |  |  |  |  |  |  |  |  |  |  |  |  |  |  |  | 2 | 8 | 4 |
| 65～69岁合计 | 5 | 18 | 24 |  |  |  |  |  |  |  |  |  |  |  |  |  |  |  |  |  |  | 5 | 18 | 24 |
| 六个孩子 | 1 | 3 | 3 |  |  |  |  |  |  |  |  |  |  |  |  |  |  |  |  |  |  | 1 | 3 | 3 |
| 八个孩子 | 2 | 8 | 8 |  |  |  |  |  |  |  |  |  |  |  |  |  |  |  |  |  |  | 2 | 8 | 8 |
| 十个孩子 | 2 | 7 | 13 |  |  |  |  |  |  |  |  |  |  |  |  |  |  |  |  |  |  | 2 | 7 | 13 |
| 70～74岁合计 | 5 | 5 | 5 |  |  |  |  |  |  |  |  |  |  |  |  |  |  |  |  |  |  | 5 | 5 | 5 |
| 四个孩子 | 1 | 1 | 3 |  |  |  |  |  |  |  |  |  |  |  |  |  |  |  |  |  |  | 1 | 1 | 3 |
| 六个孩子 | 1 | 4 | 2 |  |  |  |  |  |  |  |  |  |  |  |  |  |  |  |  |  |  | 1 | 4 | 2 |
| 75～79岁合计 | 2 | 20 | 13 |  |  |  |  |  |  |  |  |  |  |  |  |  |  |  |  |  |  | 4 | 20 | 13 |
| 六个孩子 | 1 | 5 | 1 |  |  |  |  |  |  |  |  |  |  |  |  |  |  |  |  |  |  | 1 | 5 | 1 |
| 八个孩子 | 1 | 5 | 3 |  |  |  |  |  |  |  |  |  |  |  |  |  |  |  |  |  |  | 1 | 5 | 3 |
| 九个孩子 | 1 | 5 | 4 |  |  |  |  |  |  |  |  |  |  |  |  |  |  |  |  |  |  | 1 | 5 | 4 |
| 十个孩子 | 1 | 5 | 5 |  |  |  |  |  |  |  |  |  |  |  |  |  |  |  |  |  |  | 1 | 5 | 5 |
| 80～84岁合计 | 4 | 20 | 13 |  |  |  |  |  |  |  |  |  |  |  |  |  |  |  |  |  |  | 4 | 20 | 13 |
| 三个孩子 | 1 | 2 | 1 |  |  |  |  |  |  |  |  |  |  |  |  |  |  |  |  |  |  | 2 | 7 | 3 |
| 七个孩子 | 1 | 5 | 2 |  |  |  |  |  |  |  |  |  |  |  |  |  |  |  |  |  |  | 1 | 2 | 1 |
| 总计 | 84 | 167 | 145 | 15 | 18 | 13 | 7 | 8 | 8 | 2 | 4 | 1 | 20 | 16 | 18 | 2 | 1 | 2 | 1 | 0 | 1 | 131 | 214 | 188 |

434

从表 3-77 可以看出，樊庄村已婚已育妇女生育子女数总体与年龄成正比、与学历成反比的趋势依然比较明显。在已婚已育的 131 位妇女中，具有大专文化程度的仅 1 人，具有高中文化程度的仅 2 人，初中毕业的有 19 人，初中未毕业的有 3 人，小学毕业的有 7 人，小学未毕业的有 15 人，其余 84 人都没有上过学。尽管樊庄村已婚已育妇女上学的人数有明显增加，但是整体受教育水平依然比较低。

## 七　骆驼巷行政村马其沟汉族自然村

骆驼巷行政村马其沟汉族自然村 2008 年的基础数据是 2009 年 9 月入户调查时收集的。参加入户调查的人员还有时任马其沟村队长王宝学、马其沟村农民王学宗。

### 1. 马其沟村农民的生活状况

**(1) 4 号农户家的生活概况**

**马其沟汉族自然村 4 号农户家**

第一次走进马其沟汉族自然村4号农户家是2004年4月20日，那天刮大风，伴有沙尘，据说是新疆吹过来的沙尘暴。4号农户家住在马其沟村西侧的山腰上，顺着半山腰的一条南北走向的黄土小路，可以看到小路西侧山崖下的一排民房。这排民房由北向南、一户一户地紧挨着，尽管家家户户都有自己的门脸，但院子都非常窄小，一进院门便是农民的房屋，和山下那些独门独户的院子相比显得很狭窄。

4号农户的家就是这排民房中的一个，小院的门脸儿朝东，院子的门是用木头钉的，脚刚迈过门槛就可以看见左侧坐南朝北的房子，右侧围墙的另一端便是邻家的小院。住在这道山湾的农户，因为家里的院子太小，常常把牲畜拴在门口外的小路旁。4号农户家的土坯房是10米×4米，被隔成了三小间，左侧的两小间是住房，右侧的一小间是灶房。第一次采访4号农户家的户主，是在左侧的房间里，房间的地面是用黄泥抹的，坑坑洼洼的，房间的左侧有一盘一面墙宽的大炕，大炕占满了半个小屋，正对着门口的墙前摆着一个方桌、两把椅子，右边立着一个木柜，木柜上的彩色电视机像是家里唯一一件值钱的物品，房间门口的右侧放了一个脸盆架，右墙前的一小块空地上放着一辆自行车，整个小屋摆放得满满当当。

选择马其沟村4号农户家作为重点跟踪调查对象，主要是因为他们家是一户典型的想要生儿子结果却生了好多女儿的农户。2004年第一次入户调查时，4号农户家共有7口人：户主夫妇俩和5个女儿。那一年，户主40岁，小学毕业；户主的媳妇40岁，没有上过学。他们的大女儿19岁，上初中三年级；二女儿17岁，小学毕业辍学；三女儿15岁，上初中一年级；四女儿13岁，上小学三年级；小女儿11岁，上小学三年级。

2009年第二次入户调查时，4号农户家依然是7口人：户主夫妇俩和5个女儿。2009年，4号农户家的大女儿24岁，初中毕业，准备出嫁；二女儿22岁，小学毕业辍学一年后又上了中学，初中毕业后去了广州打工，在一家电子厂干活儿，月薪约1200元；三女儿20岁，初中毕业，在固原商城打工，月薪约600元；四女儿18岁，上初中一年级；小女儿16岁，上初中一年级。

2009年第二次入户调查时，4号农户家已经从马其沟村西侧的半山腰上搬下来两年多了，他家在往东200米左右的平地上建了一个新院子，新院子有200平方米左右，院子的大门是双扇铁制的，大门朝南，院子里正对着大门有一排坐北朝南的新房子，14米×6米，砖木结构，院子大门外的左侧拴着一条大花狗，叫个不停。4号农户家的户主说，他们家从2005年开始盖新房子，当时向亲戚借了一些钱，女儿在外打工挣了一些钱，盖新房子总共花了6万多元钱。新盖的房子被隔成了三间，左侧的一间4米×6米，是放东西的仓库；中间的一间6米×6米，是客厅；右侧的一间4米×6米，是住房。

记得我是在4号农户家的客厅里采访户主的，客厅看上去宽敞亮堂，里面的家具很新。客厅里的西北角摆放了一套组合沙发，沙发前是一个大茶几；客厅里的东北角有一盘大炕，正对着门的墙前摆放着一套木桌椅。客厅里西侧的墙前摆放了一套电视组合柜，组合柜上是一台很新的彩色电视机；东南角面对面地摆放了两个皮革制的大沙发，两个大沙发之间是一个大茶几。显然，4号农户家的日子过得比前几年要好多了。

2017年5月29日，晴朗了几天的天气突然阴沉下来，气温骤降，我来到4号农户家的时候，夫妇两人都在家里。在他家院子的右侧，又多了两间砖木结构的房子，7米×4米，坐东朝西，户主说是2011年自己备料盖的，也没有计算花了多少钱。给我印象最深的，就是4号农户家院子外面的一片空地，空地大约有600平方米，周围绿树环绕，户主还特意让我给他在院子门前新栽的两棵小梨树拍了照，当时正值梨树花开，可惜天公不作美，照出来的照片灰蒙蒙的。

如今，4号农户家里只有4口人了，户主夫妇俩和两个女儿。户主53岁，户主的媳妇也53岁。他们的大女儿已经32岁，于2009年结婚，嫁到张易镇大店村，现在已经有了两个儿子，大的7岁，小的5岁；二女儿已经30岁，于2010年结婚，嫁到中宁大战场，也已经有了两个孩子，大的是女儿，4岁了，小的是儿子，3岁了；三女儿已经28岁，于2012年结婚，嫁到马其沟村王宝学家，有一个儿子还不到1岁；四女儿已经26岁，初中毕业，现在在银川美容院打工，月薪约3000元；小女儿已经24岁，初中毕业，现在也在银川美容院打工，月薪约3000元。从某种意义上来说，4号农户家因为没有生儿子，省了娶媳妇的钱，反倒成了村里生活比较富裕的农户。试想，如果4号农户家的5个女儿是5个儿子的话，那如今的日子就可想而知了。现在，农村娶一个媳妇，就要20万元左右，这还是最一般的，不少儿子多的农户家里，都背了一屁股的债。

不用说，4号农户家里彩电、冰箱、洗衣机等家用电器样样都有，还有洗澡间、热水器等，手机有4部，家里还安装了网络，网络费每年960元，夫妇两人一年的电话费都在2000元左右。4号农户家2010年买了1辆手扶拖拉机，花了9000多元，每年的加油费为600元左右；2011年买了1辆摩托车，花了4000多元，每年的加油费为500元左右。家里冬季取暖用煤1.5吨，每年买煤的费用为1300元左右。4号农户家的户主说，现在女儿经常给家里钱，平日里肉、蛋、奶经常吃，生活的确变好了，自己重男轻女的观念也逐渐转变了，尽管在农村没有生儿子还或多或少被人家歧视，但是只要自己勤劳、讲信誉、走正道，家里的日子总会越过越好的。户主还说，现在家里生活好了，老婆的身体却出现"三高"了，需要常年吃药，以前是没有钱不敢生病，现在生活好了病也主动找上门了。

4号农户家有14亩承包土地，2016年他家种了6亩小麦、2亩洋芋、3亩胡麻、3亩大麦。其中，每亩小麦需要买60斤种子（1斤的价格是1.5元），上20斤磷酸二铵、1农用车农家肥，平均亩产约175公斤；每亩洋芋需要240斤种子，种子是自己留的，上100斤碳酸氢铵、50斤磷酸二铵、2农用车农家肥，平均亩产约1000公斤；每亩胡麻需要买14斤种子（1斤的价格是3.2元），除了上30斤磷酸二铵外每年还要打两次农药（每亩农药30元），平均亩产约80公斤；每亩大麦需要买40斤种子（1斤的价格是1.2元），上20斤磷酸二铵，平均亩产约175公斤。2016年，4号农户家收获的小麦自家食用，粮食可以自给自足；收获的洋芋卖了3000斤，1斤的价格是0.4元，收入1200元；收获的胡麻自家食用；收获的大麦用来喂牛。这一年，4号农户家养了2头牛，下了1头小牛，获国家补贴500元，当年没有卖小牛。养了1头猪，留着过年吃肉；养了五六只鸡，鸡蛋、鸡肉自家食用。

2008年，4号农户家的14亩承包地种了6亩小麦、4亩洋芋、4亩胡麻。其中，每亩小麦上20斤磷酸二铵、30斤尿素、1农用车农家肥，平均亩产约150公斤；每亩洋芋上40斤碳酸氢铵、20斤磷酸二铵、20斤尿素、1农用车农家肥，平均亩产约1250公斤；每亩胡麻上20斤磷酸二铵、20斤尿素，平均亩产约65公斤。2008年，4号农户家收获的小麦留作自家食用，不够吃，还要买进1000斤小麦，1斤的价格是0.9元，支出900元；收获的洋芋卖了6000斤，1斤的价格是0.2元，收入1200元；收获的胡麻自家食用。这一年，4号农户家养了1头牛，下的1头小牛卖了，收入3000元；养了1头猪，过年自家食用；养了几只土鸡，鸡蛋、鸡肉自家食用。

2003年，4号农户家的14亩承包地种了6亩小麦、1亩洋芋、2亩胡麻、4亩豆子、半亩燕麦、半亩高粱。其中，每亩小麦上5斤磷酸二铵、30斤尿素，平均亩产约150公斤；每亩洋芋上50斤磷肥、50斤碳酸氢铵、10斤尿素、1农用车农家肥，平均亩产约1300公斤；每亩胡麻上20斤磷酸二铵、50斤碳酸氢铵，平均亩产约75公斤；每亩豆子上100斤磷肥、15斤尿素、1农用车农家肥，平均亩产约150公斤；种的半亩燕麦和半亩高粱用来喂驴。2003年，4号农户家收获的1800斤小麦全部留作口粮，不够吃，还要买2000斤小麦，1斤的价格是0.7元，支出1400元；收获的洋芋卖了1000斤，1斤的价格0.15元，收入150元；收获的豆子卖了1000斤，1斤的价格是0.8元，收入800元。这一年，4号农户家养了1头驴，干活儿用。另外，为了维持全家人的生活，4号农户家的户主还利用农闲时间外出打工，每年能挣2000元左右，补上买口粮的赤字后，剩下的钱用于全家7口人的日常开销。

综上所述，81号农户家自己种的粮食在2012年以前不能自给自足。从农作物种植和牲畜养殖的现金收入来看，2003年农作物入不敷出，养殖没有收入；2008年农作物收入1200元，养殖收入3000元；2016年农作物收入1200元，养殖收入500元（没有卖小牛）。

### (2) 62号农户家的生活概况

第一次走进马其沟村62号农户家是2004年4月21日,这天是一个大晴天,还不到5月,正午的太阳就火辣辣的。62号农户家位于马其沟村的正南,他家的院子在海拔300米左右的半山坡上,爬上去还真的要有点体力和耐力。62号农户家院子的围墙是用黄泥砌的,院子大约有200平方米,院子的大门是双扇木制的,朝南,大门外的左侧拴着一条黑狗,眼睛特别亮,脖子上还系了一个暗红色的项链,见到陌生人来就跳来跳去的。院子里正对着大门的里侧有一间土坯房,坐北朝南,7米×4米,户主夫妇俩平时就住在这间房子里。院子的右侧有一排坐东朝西的土坯房,12米×3米,已经有50年左右的历史了,平时基本上没有人住,成了放东西的地方。记得第一次去62号农户家的那天,他家的大女儿正好回来了,我进屋的时候他们正在包饺子,我特意看了看饺子馅儿,里面搭配的是洋芋、韭菜、小葱,馅儿里的肉不多。

**马其沟汉族自然村62号农户家**

62号农户家夫妇俩生有4个孩子,2男2女。家里的常住人口有3人:

户主夫妇俩和小儿子。户主52岁，小学毕业；户主的媳妇48岁，没有上过学。他们的小儿子17岁，初中毕业后去了银川打工。62号农户家的大儿子29岁，小学毕业，于1995年结婚，他的媳妇27岁，中宁大战场人，初中毕业，他们生有两个男娃儿，大的7岁，小的才1岁。户主说，大儿子全家的户口落在了中宁，他们在那里经营了一个商店，一年下来利润能有一两万元。62号农户家的大女儿25岁，没有上过学，于1997年结婚，嫁到了本村，她的丈夫是35号农户家的户主，25岁，小学毕业，他们生了两个女娃儿，大的5岁，小的3岁。62号农户家的二女儿24岁，小学三年级辍学，于2000年结婚，嫁到了甘肃会宁，生了两个女娃儿，大的3岁，小的1岁。

选择62号农户家作为重点跟踪调查对象，主要是因为户主当时在马其沟村经营了一个小卖部和一个小药铺，并且地点就在马其沟村的入口处，是村民来往交流比较频繁的地方。62号农户家的小卖部和小药铺是连接在一起的，小卖部大约有10平方米，门脸儿朝西，小药铺大约有6平方米，门脸儿朝南，两个店铺组成了一个倒"L"形。小药铺的规模很小，里面除了一个小炕、一个小药柜、一张小木桌外，就再也没有什么家什了，62号农户家的户主平日就住在小药铺里。

62号农户家的户主很健谈，他告诉我，小药铺1970年就有了，当时是村集体办的，主要是服务性的，每天给记几个工分，包产到户以后承包给了个人，但是由于小药铺的规模很小，药品的种类很有限，村民有个头疼脑热的小毛病才会到这里买点药，一年下来利润也就是500元左右。小卖部是1983年开始经营的，当时村民买东西还很不方便，他就把目光集中到了山村短缺的生活日用品上，如手提包、儿童服装、牛仔裤、文具等，村民青睐什么他就卖什么，小卖部受到了邻近村民的欢迎，着实火了三五年，一年下来至少能赚5000元。但是，到了20世纪90年代中期，随着山村的开放，外出打工的农民越来越多，光顾他家小商店的村民渐渐少了，小卖部也越来越安静了。2000年以后，商业网点渐渐增多，村民对生活日用品的需求也逐步增大，小卖部的生意大不如开业的头几年，一年下来，也就能赚3000元左右。

2009年第二次入户调查时，62号农户家的常住人口还是3人：户主夫妇俩和小儿子。这一年，户主57岁，户主的媳妇53岁，他们的小儿子22岁，当时在内蒙古的一家生产锌矿的工厂打工，月薪约3000元。户主夫妇俩已经不种地了，把承包地租给了亲戚种，1亩地的租金是50元。一年下来，小卖部和小药铺的收入为7000元左右。

2017年5月29日，在马其沟村4号农户家采访之后，我去了62号农户家的大女儿家（35号农户家），因为62号农户家夫妇俩自2009年小儿子结婚以后，就去了中宁大战场的大儿子家，帮助大儿子带孩子。不巧的是，35号农户家夫妇俩去了红庄集市，等了一个小时才回来。35号农户家的夫妇俩看见我来了很高兴，他家的媳妇对我说："我爸爸经常问起您，前几天打电话时还问林老师最近来过没有。"我让他们给62号农户家的户主拨通了电话，对方听到我的声音非常兴奋，问我好不好，家人都好不好，是不是还经常来，并叫我有时间一定去他们那里转转。说来我们相识13年，已经有七八年没有见面了。

如今，62号农户家的户主已经65岁，户主的老婆已经61岁。他们的二女儿已经37岁，成了4个孩子的母亲：大女儿16岁，上初中三年级；二女儿14岁，上初中一年级；三女儿12岁，上小学六年级；小女儿10岁，上小学三年级。他们的小儿子已经30岁，于2009年结婚，媳妇28岁，甘肃静宁人，初中毕业，他们也有了两个孩子，大的是儿子，7岁了，上小学二年级，小的是女儿，2岁了。

现在，62号农户家的老院子已经荒了，周围只剩下了1户人家。在马其沟村，绝大多数农户已经从坡地搬到平地了（当地人把平地称为滩地）。我还特意去了小卖部一趟照了几张照片，小卖部的门锁着，房子已经破旧不堪，小药铺的窗户都没有了。紧挨着小卖部的南边，盖起了一间坐东朝西的新房子，7米×5米，砖木结构，是村里2014年危房改造的项目，个人掏了1.4万元，国家补助了2.2万元。这间新房子和原来的小药铺形成了鲜明对比，烙上了时光的印记。62号农户家的户主曾在电话里对我说，他们的户口都没有转，再过几年孙子大了，他们还是要回来的。

62号农户家有12亩承包地，2008年租给亲戚种了，但是最近三四年没有人愿意种了，所以地都荒了。2003年，他家种了4亩小麦、5亩豆子、2亩洋芋、1亩胡麻。其中，每亩小麦上15斤磷酸二铵、10斤尿素，平均亩产约150公斤；每亩豆子上50斤磷肥、50斤碳酸氢铵、10斤尿素，平均亩产约150公斤；每亩洋芋上50斤磷肥、50斤碳酸氢铵、20斤尿素，平均亩产约1500公斤；每亩胡麻上20斤磷酸二铵、50斤碳酸氢铵，平均亩产约75公斤。2003年，62号农户家收获的1200斤小麦全部留下当口粮吃，因为孩子们平时都不在家，粮食可以自给自足；收获的1500斤豆子全卖了，1斤的价格是0.65元，收入975元；收获的洋芋卖了5000斤，1斤的价格是0.13元，收入650元；收获的胡麻自家食用。

综上所述，62号农户家2003年粮食可以自给自足，农作物收入1625元，经商收入3000元左右；2008年把地租给亲戚种，1亩地的租金是50元，收入600元，经商收入7000元左右；2016年土地撂荒了，户主夫妇俩在中宁大战场的大儿子家住，具体经济情况不清楚。

从表3-78可以了解马其沟汉族自然村农民生活的整体水平。其中，农民自产粮够吃的农户占九成以上。生活富裕的农户仅占2.63%，生活比较好的农户占两成以上，生活一般的农户占五成以上，生活比较困难和困难的农户合计占近两成。显然，马其沟村生活比较困难和困难的农户较2003年有明显下降。主动反映"上学困难"的农户有1户，主动反映"缺少零用钱"的农户不到一成，没有主动反映"看病困难"的农户。另外，拥有彩色电视机的农户已经接近九成，拥有手机的农户接近五成。

表3-79是马其沟汉族自然村农民家庭年现金收入明细。从表3-79可以看出，农民家庭年现金收入中，农业收入占总收入的28.84%，打工收入占总收入的57.25%，经商收入占总收入的3.99%，工资性收入占总收入的9.93%。

从马其沟村家里有经商农户的具体经济活动来看，57号农户的户主开出租车，62号农户在本村经营了一个小药铺和一个小卖部，71号农户在红庄街道经营了一个副食品店，72号农户在红庄街道经营了一个小药铺兼坐诊开药方。

表 3-78　马其沟汉族自然村农民的生活状况

| 指标 | 粮食 | | 生活现状 | | | | 电视机 | | | 电话 | | | 农民反映的主要问题 | | | |
|---|---|---|---|---|---|---|---|---|---|---|---|---|---|---|---|---|
| | 自产粮够吃 | 自产粮不够吃困难 | 比较困难 | 一般 | 比较好 | 富裕 | 彩色 | 黑白 | 没有 | 手机 | 座机 | 无 | 上学困难 | 看病困难 | 缺少零用钱 | |
| 户数（户）| 69 | 7 | 3 | 11 | 42 | 18 | 2 | 67 | 5 | 4 | 37 | 30 | 17 | 1 | 0 | 4 |
| 占被调查农户的比例（%）| 90.79 | 9.21 | 3.95 | 14.47 | 55.26 | 23.68 | 2.63 | 88.16 | 6.58 | 5.26 | 48.68 | 39.47 | 22.37 | 1.32 | 0 | 5.26 |

### 表 3-79 马其沟汉族自然村农民家庭年现金收入明细

单位：元

| 农户编号 | 农业 | 打工 | 经商 | 工资 | 合计 | 备注 |
|---|---|---|---|---|---|---|
| 1 | 4000 | 6000 | | | 10000 | |
| 2 | 8000 | 24000 | | | 32000 | |
| 3 | 7000 | 30000 | | | 37000 | |
| 4 | 4000 | 22000 | | | 26000 | |
| 5 | 8000 | 32000 | | | 40000 | |
| 6 | | | | | | 无收入来源 |
| 7 | 10000 | | | | 10000 | |
| 8 | 5000 | 15000 | | | 20000 | |
| 9 | | 10000 | | | 10000 | |
| 10 | 6000 | 6000 | | | 12000 | |
| 11 | 6000 | 28000 | | | 34000 | |
| 12 | 6000 | | | | 6000 | |
| 13 | 10000 | 50000 | | | 60000 | |
| 14 | 7000 | 5000 | | | 12000 | |
| 15 | 5000 | 5000 | | | 10000 | |
| 16 | 3000 | 6000 | | | 9000 | |
| 17 | | 24000 | | | 24000 | |
| 18 | | 52000 | | | 52000 | |
| 19 | 6000 | 20000 | | | 26000 | |
| 20 | 8000 | | | | 8000 | |
| 21 | 3000 | | | | 3000 | |
| 22 | 8000 | | | | 8000 | |
| 23 | 8000 | | | | 8000 | |
| 24 | 4000 | | | | 4000 | |
| 25 | 7000 | 53000 | | | 60000 | |
| 26 | 5000 | 3000 | | 20000 | 28000 | 城镇户口1位 |
| 27 | 10000 | 26000 | | | 36000 | |
| 28 | 5000 | | | | 5000 | |
| 29 | 5000 | 20000 | | | 25000 | |

续表

| 农户编号 | 农业 | 打工 | 经商 | 工资 | 合计 | 备注 |
|---|---|---|---|---|---|---|
| 30 | 5000 | 5000 | | | 10000 | |
| 31 | 5000 | | | | 5000 | |
| 32 | 6000 | 24000 | | | 30000 | |
| 33 | 5000 | 7000 | | | 12000 | |
| 34 | 6000 | 10000 | | | 16000 | |
| 35 | 6000 | | | | 6000 | |
| 36 | 4000 | | | | 4000 | |
| 37 | 1000 | | | | 1000 | |
| 38 | 7000 | 12000 | | | 19000 | |
| 39 | 3000 | 5000 | | | 8000 | |
| 40 | 4000 | | | | 4000 | |
| 41 | | | | | | 重复登记，参考45 |
| 42 | | | | 30000 | 30000 | |
| 43 | 8000 | 5000 | | | 13000 | |
| 44 | 5000 | | | | 5000 | |
| 44－1 | 4000 | 4000 | | | 8000 | |
| 45 | 6000 | 5000 | | | 11000 | |
| 46 | 4000 | 4000 | | | 8000 | |
| 47 | 8000 | 20000 | | | 28000 | |
| 48 | 5000 | | | | 5000 | |
| 49 | | | | | | 搬迁未销户 |
| 50 | 6000 | 6000 | | | 12000 | |
| 51 | 6000 | 14000 | | | 20000 | |
| 52 | 5000 | 10000 | | | 15000 | |
| 53 | 16000 | | | | 16000 | |
| 54 | 3000 | 5000 | | | 8000 | |
| 55 | 4000 | 12000 | | | 16000 | |
| 56 | 3000 | | | | 3000 | |
| 57 | 4000 | 10000 | 6000 | | 20000 | |
| 58 | | | | | | 搬迁未销户 |

续表

| 农户编号 | 农业 | 打工 | 经商 | 工资 | 合计 | 备注 |
|---|---|---|---|---|---|---|
| 59 | 5000 | 25000 | | | 30000 | |
| 60 | 10000 | 30000 | | | 40000 | |
| 61 | 4000 | | | 30000 | 34000 | 城镇户口1位 |
| 62 | 6000 | 30000 | 7000 | | 43000 | |
| 63 | 3000 | 30000 | | | 33000 | |
| 64 | 5000 | 30000 | | | 35000 | |
| 65 | | 12000 | | | 12000 | |
| 66 | 5000 | | | | 5000 | |
| 67 | 7000 | 30000 | | | 37000 | |
| 68 | 3000 | | | | 3000 | |
| 69 | 5000 | | | | 5000 | |
| 70 | 8000 | | | | 8000 | |
| 71 | | | 12000 | 33000 | 45000 | 城镇户口1位 |
| 72 | 5000 | | 30000 | | 35000 | |
| 73 | 3000 | | | | 3000 | |
| 74 | 3000 | 5000 | | | 8000 | |
| 75 | 10000 | 3000 | | 24000 | 37000 | 城镇户口1位 |
| 76 | 15000 | | | | 15000 | |
| 77 | 4000 | | | | 4000 | |
| 78 | | | | | | 生活依靠父亲 |
| 合计 | 398000 | 790000 | 55000 | 137000 | 1380000 | |

注：①农户44-1，表示从44号农户家分离出来的农户。
②49号、58号农户搬迁，未销户。
③41号农户重复登记，参考45号农户数据。

## 2. 马其沟村农民的生产状况

下面，从表3-80的数据来看一下马其沟汉族自然村农民的生产生活状况。2008年，马其沟村被调查的76户农户的总人口为373人，其中男性197人、女性176人，家庭平均人口为4.91人。被调查的76户农户自报上来的承包土地共计1117亩，人均2.99亩。马其沟村没有"退耕还

447

表 3-80 马其沟汉族自然村农民的生产生活状况

| 农户编号 | 人口(人)总数 | 男性 | 女性 | 土地(亩) | 平均亩产(公斤) | 家庭年现金收入(元) | 家庭年人均收入(元) | 牛(头) | 羊(只) | 猪(头) | 驴(头) | 骡(头) | 三轮车(辆) | 拖拉机(台) | 摩托车(辆) | 其他 | 宅基地(平方米) | 住房(平方米) | 房屋类型 |
|---|---|---|---|---|---|---|---|---|---|---|---|---|---|---|---|---|---|---|---|
| 1 | 5 | 2 | 3 | 8 | 120 | 10000 | 2000 | 1 | | 1 | | | | | | | 170 | 60 (3) | 砖木结构 |
| 2 | 8 | 4 | 4 | 20 | 150 | 32000 | 4000 | 1 | | 2 | | | | | | | 200 | 60 (3) | 砖木结构 |
| 3 | 9 | 4 | 5 | 20 | 100 | 37000 | 4111 | | 9 | 1 | | 1 | | | | | 220 | 50 (4) | 土坯结构 |
| 4 | 7 | 1 | 6 | 14 | 120 | 26000 | 3714 | 1 | | | | | | | | | 180 | 40 (3) | 砖木结构 |
| 5 | 5 | 4 | 1 | 25 | 100 | 40000 | 8000 | 1 | | | | | | | | | 200 | 40 (3) | 砖木结构 |
| 6 | 1 | | 1 | 14 | | | | | | | | | | | | | | | — |
| 7 | 4 | 2 | 2 | 10 | 150 | 10000 | 2500 | | 8 | 1 | 2 | | | | | | 180 | 50 (3) | 土坯结构 |
| 8 | 4 | 2 | 2 | 23 | 100 | 20000 | 5000 | 1 | | | 1 | | | | 1 | | 240 | 40 (3) | 砖木结构 |
| 9 | 2 | | 2 | 12 | | 10000 | 5000 | | | | | | | | | | 260 | 30 (2) | 土坯结构 |
| 10 | 7 | 5 | 2 | 21 | 100 | 12000 | 1714 | | | | | | | 1 | 1 | | 260 | 30 (2) | 砖木结构 |
| 11 | 5 | 3 | 2 | 9 | 100 | 34000 | 6800 | 1 | 2 | 1 | | | 1 | 1 | | | 200 | 45 (3) | 砖木结构 |
| 12 | 5 | 3 | 2 | 10 | 120 | 6000 | 1200 | 1 | | | | | | | | | 200 | 45 (3) | 砖木结构 |
| 13 | 6 | 3 | 3 | 26 | 150 | 60000 | 10000 | | 8 | 2 | 1 | | 1 | 1 | 1 | | 200 | 60 (4) | 砖木结构 |
| 14 | 6 | 2 | 4 | 23 | 100 | 12000 | 2000 | 1 | 2 | 1 | 1 | | | | | | 280 | 50 (4) | 土坯结构 |
| 15 | 5 | 2 | 3 | 6 | 150 | 10000 | 2000 | | | 1 | | | | | | | 200 | 50 (3) | 砖木结构 |
| 16 | 4 | 2 | 2 | 8 | 150 | 9000 | 2250 | 1 | | 1 | 1 | | | | | | 180 | 35 (2) | 土坯结构 |
| 17 | 4 | 2 | 2 | 8 | | 24000 | 6000 | | | | | | | | | | 200 | 30 (2) | 砖木结构 |
| 18 | 4 | 2 | 2 | 12 | | 52000 | 13000 | | | 1 | | | | | | | 220 | 60 (4) | 土坯结构 |

续表

| 农户编号 | 人口总数 | 男性 | 女性 | 土地(亩) | 平均亩产(公斤) | 家庭年现金收入(元) | 家庭年人均收入(元) | 牛(头) | 羊(只) | 猪(头) | 驴(头) | 骡(头) | 三轮车(辆) | 拖拉机(台) | 摩托车(辆) | 其他 | 宅基地(平方米) | 住房(平方米) | 房屋类型 |
|---|---|---|---|---|---|---|---|---|---|---|---|---|---|---|---|---|---|---|---|
| 19 | 7 | 5 | 2 | 15 | 150 | 26000 | 3714 |  |  |  |  |  |  |  | 1 |  | 200 | 60 (5) | 土坯结构 |
| 20 | 6 | 4 | 2 | 22 | 100 | 8000 | 1333 | 1 | 1 |  |  |  |  | 1 |  |  | 250 | 50 (3) | 土坯结构 |
| 21 | 5 | 3 | 2 | 10 | 100 | 3000 | 600 | 1 |  | 1 |  |  |  |  |  |  | 200 | 30 (2) | 土坯结构 |
| 22 | 4 | 3 | 1 | 20 | 150 | 8000 | 2000 | 1 |  | 1 |  |  |  | 1 | 1 |  | 230 | 45 (3) | 砖木结构 |
| 23 | 6 | 4 | 2 | 20 | 150 | 8000 | 1333 | 2 |  | 1 |  |  |  | 1 | 1 |  | 200 | 60 (4) | 土坯结构 |
| 24 | 4 | 3 | 1 | 7 | 100 | 4000 | 1000 | 1 |  | 1 |  |  |  |  | 1 |  | 240 | 40 (3) | 土坯结构 |
| 25 | 14 | 5 | 9 | 20 | 100 | 60000 | 4285 |  |  | 1 | 2 |  |  |  |  |  | 280 | 100 (7) | 土坯结构 |
| 26 | 5 | 2 | 3 | 15 | 150 | 28000 | 5600 |  |  | 1 | 2 |  |  |  |  |  | 200 | 30 (3) | 土坯结构 |
| 27 | 6 | 5 | 1 | 31 | 150 | 36000 | 6000 |  |  | 1 | 1 |  |  |  | 1 |  | 260 | 50 (4) | 砖木结构 |
| 28 | 4 | 2 | 2 | 16 | 100 | 5000 | 1250 | 1 | 2 | 1 |  |  | 1 |  |  |  | 200 | 40 (3) | 土坯结构 |
| 29 | 5 | 3 | 2 | 15 | 100 | 25000 | 1000 | 2 |  | 1 |  |  | 1 |  |  |  | 240 | 40 (2) | 砖木结构 |
| 30 | 4 | 3 | 1 | 13 | 100 | 10000 | 2500 |  | 6 | 1 |  |  | 1 |  |  |  | 200 | 40 (3) | 砖木结构 |
| 31 | 4 | 2 | 2 | 7 | 100 | 5000 | 1250 | 2 |  |  |  |  |  |  | 1 |  | 200 | 30 (3) | 砖木结构 |
| 32 | 3 | 2 | 1 | 8 | 100 | 30000 | 10000 | 2 |  |  |  |  |  |  |  |  | 200 | 80 (5) | 土坯结构 |
| 33 | 4 | 2 | 2 | 12 | 100 | 12000 | 3000 |  |  | 1 |  |  | 1 |  | 1 |  | 200 | 40 (3) | 土坯结构 |
| 34 | 6 | 3 | 3 | 15 | 130 | 16000 | 2667 | 3 |  | 1 |  |  | 1 |  |  |  | 200 | 30 (2) | 土坯结构 |
| 35 | 5 | 1 | 4 | 20 | 150 | 6000 | 1200 |  |  |  |  |  |  |  |  |  | 200 | 40 (3) | 土坯结构 |
| 36 | 2 | 1 | 1 | 8 | 150 | 4000 | 2000 | 1 |  | 1 |  |  | 1 |  | 1 |  | 180 | 40 (3) | 土坯结构 |

449

续表

| 农户编号 | 人口(人)总数 | 男性 | 女性 | 土地(亩) | 平均亩产(公斤) | 家庭年现金收入(元) | 家庭年人均收入(元) | 牛(头) | 羊(只) | 猪(头) | 驴(头) | 骡(头) | 三轮车(辆) | 拖拉机(台) | 摩托车(辆) | 其他 | 宅基地(平方米) | 住房(平方米) | 房屋类型 |
|---|---|---|---|---|---|---|---|---|---|---|---|---|---|---|---|---|---|---|---|
| 37 | 3 | 1 | 2 | 5 | 100 | 1000 | 333 | | | | | | | | | | 150 | 30 (2) | 土坯结构 |
| 38 | 4 | 2 | 2 | 17 | 100 | 19000 | 4750 | | | | | | | | | | 160 | 30 (2) | 土坯结构 |
| 39 | 6 | 3 | 3 | 7 | 100 | 8000 | 1333 | 1 | | | | | | | | | 200 | 60 (4) | 土坯结构 |
| 40 | 4 | 3 | 1 | 10 | 100 | 4000 | 1000 | 1 | | | 1 | | | | | | 200 | 30 (2) | 土坯结构 |
| 41 | | | | | | | | | | | | | | | | | | | |
| 42 | 2 | 1 | 1 | 19 | | 30000 | 15000 | | | 1 | 1 | | | | | | 240 | 35 (3) | 土坯结构 |
| 43 | 9 | 4 | 5 | 24 | 100 | 13000 | 1444 | | | 1 | | 1 | | | | | 250 | 40 (3) | 土坯结构 |
| 44 | 5 | 3 | 2 | 10 | 150 | 5000 | 1000 | 1 | 2 | 1 | | | | | 1 | | 200 | 80 (6) | 土坯结构 |
| 44-1 | 4 | 1 | 3 | 11 | 150 | 8000 | 2000 | | | | | | 1 | | | | 200 | 50 (2) | 土坯结构 |
| 45 | 6 | 3 | 3 | 20 | 120 | 11000 | 1833 | 1 | 3 | | | | | 1 | 1 | | 200 | 55 (3) | 土坯结构 |
| 46 | 4 | 2 | 2 | 13 | 150 | 8000 | 2000 | 1 | | 1 | | | | | 1 | | 200 | 50 (3) | 砖木结构 |
| 47 | 5 | 3 | 2 | 14 | 150 | 28000 | 5600 | | | | 2 | | 1 | | 1 | | 200 | 60 (4) | 土坯结构 |
| 48 | 4 | 3 | 1 | 11 | 100 | 5000 | 1250 | 1 | | 1 | 1 | | | | | | 220 | 40 (3) | 土坯结构 |
| 49 | | | | | | | | | | | | | | | | | | | |
| 50 | 5 | 2 | 3 | 20 | 150 | 12000 | 2400 | | | | | | | 1 | 1 | | 200 | 40 (3) | 土坯结构 |
| 51 | 9 | 5 | 4 | 20 | 100 | 20000 | 2222 | 1 | | 1 | | | | | 1 | | 200 | 45 (5) | 土坯结构 |
| 52 | 4 | 2 | 2 | 8 | 150 | 15000 | 3750 | 1 | | | | | | | | | 200 | 40 (2) | 砖木结构 |
| 53 | 6 | 3 | 3 | 26 | 150 | 16000 | 2667 | 1 | 10 | | | | | | 1 | | 330 | 60 (4) | 土坯结构 |

续表

| 农户编号 | 人口(人) 总数 | 人口(人) 男性 | 人口(人) 女性 | 土地(亩) | 平均亩产(公斤) | 家庭年现金收入(元) | 家庭年人均收入(元) | 生产资料 牛(头) | 生产资料 羊(只) | 生产资料 猪(头) | 生产资料 驴(头) | 生产资料 骡(头) | 生产资料 三轮车(辆) | 生产资料 拖拉机(台) | 生产资料 摩托车(辆) | 生产资料 其他 | 宅基地(平方米) | 住房(平方米) | 房屋类型 |
|---|---|---|---|---|---|---|---|---|---|---|---|---|---|---|---|---|---|---|---|
| 54 | 4 | 2 | 2 | 10 | 100 | 8000 | 2000 | 1 |  | 1 |  |  |  |  |  |  | 220 | 40 (2) | 砖木结构 |
| 55 | 6 | 2 | 4 | 8 | 100 | 16000 | 2667 | 1 | 2 | 1 |  |  |  |  |  |  | 200 | 50 (3) | 土坯结构 |
| 56 | 5 | 3 | 2 | 10 | 100 | 3000 | 600 |  |  | 1 | 1 |  |  |  |  |  | 220 | 40 (3) | 土坯结构 |
| 57 | 5 | 2 | 3 | 10 | 100 | 20000 | 4000 |  | 2 |  |  |  |  |  |  | 夏利小汽车 | 240 | 40 (3) | 土坯结构 |
| 58 |  |  |  |  |  |  |  |  |  |  |  |  |  |  |  |  |  |  |  |
| 59 | 4 | 2 | 2 | 13 | 150 | 30000 | 7500 |  |  | 2 | 2 |  |  |  | 1 |  | 250 | 50 (3) | 砖木结构 |
| 60 | 6 | 5 | 1 | 24 | 100 | 40000 | 6667 |  |  | 1 |  | 1 | 1 |  |  |  | 240 | 60 (3) | 砖木结构 |
| 61 | 4 | 2 | 2 | 12 | 120 | 34000 | 8500 | 2 |  |  |  |  | 1 |  | 1 |  | 240 | 30 (2) | 砖木结构 |
| 62 | 3 | 2 | 1 | 12 | 出租 | 43000 | 14333 |  |  |  |  |  |  |  |  | 小卖部小药铺 | 180 | 50 (4) | 土坯结构 |
| 63 | 3 | 2 | 1 | 8 | 120 | 33000 | 11000 | 1 | 2 | 1 | 1 |  |  |  |  |  | 200 | 30 (2) | 土坯结构 |
| 64 | 7 | 3 | 4 | 13 | 100 | 35000 | 5000 |  |  |  |  |  |  |  | 1 |  | 200 | 50 (3) | 砖木结构 |
| 65 | 3 | 2 | 1 | 10 | 出租 | 12000 | 4000 |  |  |  |  |  | 1 |  |  |  | 200 | 40 (2) | 砖木结构 |
| 66 | 4 | 2 | 2 | 8 | 100 | 5000 | 1250 | 1 | 6 | 1 |  |  | 1 |  |  |  | 200 | 40 (3) | 砖木结构 |
| 67 | 6 | 4 | 2 | 17 | 100 | 37000 | 6167 | 1 | 6 | 1 |  |  | 1 |  |  |  | 200 | 25 (3) | 砖木结构土坯结构 |
| 68 | 5 | 2 | 3 | 11 | 80 | 3000 | 600 |  | 5 | 1 |  |  |  |  |  |  | 200 | 40 (3) | 土坯结构 |

续表

| 农户编号 | 人口（人） | | | 土地（亩） | 平均亩产（公斤） | 家庭年现金收入（元） | 家庭年人均收入（元） | 生产资料 | | | | | | | | 宅基地（平方米） | 住房（平方米） | 房屋类型 |
|---|---|---|---|---|---|---|---|---|---|---|---|---|---|---|---|---|---|---|
| | 总数 | 男性 | 女性 | | | | | 牛（头） | 羊（只） | 猪（头） | 驴（头） | 骡（头） | 三轮车（辆） | 拖拉机（台） | 摩托车（辆） | 其他 | | | |
| 69 | 5 | 3 | 2 | 25 | 100 | 5000 | 1000 | 1 | | | | | | | | | 220 | 30（5） | 砖木结构 |
| 70 | 4 | 2 | 2 | 20 | 100 | 8000 | 2000 | 1 | | 1 | | | | 1 | 1 | | 220 | 50（3） | 土坯结构 |
| 71 | 4 | 2 | 2 | 26 | 出租 | 45000 | 11250 | | | | | | | | | 小卖部 | 220 | 公房 | 土坯结构 |
| 72 | 5 | 3 | 2 | 20 | 100 | 50000 | 10000 | 2 | | 1 | | | | | 1 | 小药铺 | | 60（3） | 砖木结构 |
| 73 | 4 | 1 | 3 | 10 | 100 | 3000 | 750 | 1 | 4 | 1 | | | | | | | | 40（3） | 土坯结构 |
| 74 | 4 | 3 | 1 | 7 | 100 | 8000 | 2000 | | | 1 | 1 | | | | 1 | | | 30（2） | 土坯结构 |
| 75 | 4 | 3 | 1 | 19 | 150 | 37000 | 9250 | | | | | | 1 | | | | | 60（3） | 土坯结构 |
| 76 | 5 | 2 | 3 | 20 | 出租 | 15000 | 3000 | 1 | 3 | | | | | | 1 | | | 30（2） | 土坯结构 |
| 77 | 4 | 3 | 1 | 12 | 100 | 4000 | 1000 | | | | | | | | | | | 30（2） | 土坯结构 |
| 78 | 4 | 3 | 1 | 8 | 出租 | | | | | | | | | | | | | 30（2） | 土坯结构 |
| 总计 | 373 | 197 | 176 | 1117 2.99（人均） | 118（户均） | 18600（户均） | 3908（人均） | 47 | 84 | 52 | 21 | 3 | 20 | 15 | 28 | 4 | — | 3310 44（户均） | 土坯（51户），土坯+砖木（2户），砖木（22户） |

注：① "住房"一栏括号中的数据表示住房间数。
② 农户编号 41-1，表示从 41 号农户家分离出来的农户。
③ 49 号、58 号农户搬迁，未销户。
④ 41 号农户重复登记，参考 45 号农户数据。

林"的农户，农户粮食的平均亩产量为118公斤，户均家庭年现金收入为18600元，约是2003年的5倍；家庭年人均收入为3908元，约是2003年的5倍。

表3-80数据显示，在马其沟村被调查的76户农户中，养牛的农户有39户，其中养2头及以上的农户有7户；养羊的农户有20户，其中养3只及以上的农户有11户；养猪的农户有49户；养驴的农户有16户；养骡子的农户有3户。数据显示，马其沟村养牛、养羊、养猪的农户相比2003年有所增加，但增加的幅度不大，养驴的农户比2003年明显减少。另外，有农用三轮车的农户共20户，有小型手扶拖拉机的农户共15户，这两个数据和2003年相比均有所增加，但增加的幅度也不算大，农业机械化程度依然相对比较低。

表3-80的"其他"一栏是指马其沟村从事商业经营活动的农户所持有的固定资产。其中，57号农户有一辆夏利小汽车，62号农户有一个小卖部和一个小药铺，71号农户有一个小卖部，72号农户有一个小药铺。

表3-81是马其沟汉族自然村农民的主要劳动生产方式。从表3-81可以看出，完全以种地为生的农户有24户，占被调查农户的31.58%；既种地又打工的农户有38户，占被调查农户的50.00%；完全以打工为生的农户有4户，占被调查农户的5.26%；既种地又打工还从事经商活动以及既种地又打工还有工资性收入的农户各有2户，分别占被调查农户的2.63%；既种地又从事经商活动、既种地又有工资性收入、完全靠工资性收入以及既有工资性收入又从事经商活动的农户各有1户，分别占被调查农户的1.32%。

表3-81 马其沟汉族自然村农民的主要劳动生产方式

| 劳动生产方式 | 户数（户） | 农户编号 | 占被调查农户的比例（%） |
| --- | --- | --- | --- |
| 种地 | 24 | 7、12、20、21、22、23、24、28、31、35、36、37、40、44、48、53、56、66、68、69、70、73、76、77 | 31.58 |
| 种地·打工 | 38 | 1、2、3、4、5、8、10、11、13、14、15、16、19、25、27、29、30、32、33、34、38、39、43、44-1、45、46、47、50、51、52、54、55、59、60、63、64、67、74 | 50.00 |

续表

| 劳动生产方式 | 户数（户） | 农户编号 | 占被调查农户的比例（%） |
| --- | --- | --- | --- |
| 种地·经商 | 1 | 72 | 1.32 |
| 种地·工资 | 1 | 61 | 1.32 |
| 种地·打工·经商 | 2 | 57、62 | 2.63 |
| 打工 | 4 | 9、17、18、65 | 5.26 |
| 工资 | 1 | 42 | 1.32 |
| 工资·经商 | 1 | 71 | 1.32 |
| 种地·打工·工资 | 2 | 26、75 | 2.63 |
| 其他 | 2 | 6、78 | 2.63 |
| 总计 | 76 | | 100 |

### 3. 马其沟村农民的人口状况

2008年，马其沟村被调查的76户农户的总人口为373人，其中男性197人、女性176人。马其沟村除了26号、61号、71号农户家的户主以及75号农户家的儿子是城镇户口外，其余均为农村户口。从表3-80可以看出，马其沟村家庭人口数最多的为14人，最少的为1人，家庭平均人口为4.93人。其中，6口人及以上的农户有21户，占被调查农户的27.63%。

表3-82是马其沟汉族自然村农户户主的姓氏分布。在被调查的76户农户中，户主的姓氏共有15个，姓王的户主最集中，占被调查农户的34.21%。此外，庞、李、樊、范4个姓氏也相对集中，其他户主姓氏还是比较分散的。在马其沟村，同姓的农户也基本上同属一个家族的人，基本上打破了"同宗同族同村"的局面。

表3-82 马其沟汉族自然村农户户主的姓氏分布

| 编号 | 户主姓氏 | 户数（户） | 家族情况 |
| --- | --- | --- | --- |
| 1 | 王 | 26 | 一个家族 |
| 2 | 庞 | 8 | 一个家族 |
| 3 | 李 | 7 | 一个家族 |

续表

| 编号 | 户主姓氏 | 户数（户） | 家族情况 |
|---|---|---|---|
| 4 | 樊 | 5 | 和樊庄村樊氏同族 |
| 5 | 范 | 5 | 一个家族 |
| 6 | 吴 | 4 | 一个家族 |
| 7 | 郭 | 4 | 一个家族 |
| 8 | 伏 | 4 | 一个家族 |
| 9 | 任 | 3 | 和刘庄村任氏同族 |
| 10 | 陈 | 3 | 和阳洼村陈氏同族 |
| 11 | 马 | 2 | 一个家族 |
| 12 | 高 | 2 | 一个家族 |
| 13 | 孔 | 1 | 一个家族 |
| 14 | 魏 | 1 | 一个家族 |
| 15 | 易 | 1 | 一个家族 |
| 总计 | | 76 | |

表3-83是马其沟汉族自然村已婚妇女的姓氏分布。在107位已婚妇女中，共有40个姓氏。其中，姓王的已婚妇女数量最多，占被调查已婚妇女的16.82%。此外，张、杨、宋、赵4个姓氏也相对集中，其他35个姓氏分别来自63位已婚妇女。在马其沟村被调查的76户农户中，嫁过来的媳妇没有回民。

表3-83 马其沟汉族自然村已婚妇女的姓氏分布

单位：人

| 编号 | 姓氏 | 20~29岁 | 30~39岁 | 40~49岁 | 50~59岁 | 60~69岁 | 70~79岁 | 80岁及以上 | 总计 |
|---|---|---|---|---|---|---|---|---|---|
| 1 | 王 | 2 | 3 | 6 | 2 | 1 | 4 | | 18 |
| 2 | 张 | 1 | 2 | 3 | | | 1 | | 7 |
| 3 | 杨 | | 1 | 3 | | 2 | 1 | | 7 |
| 4 | 马 | | 1 | | 1 | 1 | | | 3 |
| 5 | 刘 | 2 | 1 | | | 2 | | | 5 |
| 6 | 侯 | | 1 | 1 | | | | | 2 |

续表

| 编号 | 姓氏 | 20～29岁 | 30～39岁 | 40～49岁 | 50～59岁 | 60～69岁 | 70～79岁 | 80岁及以上 | 总计 |
|---|---|---|---|---|---|---|---|---|---|
| 7 | 宋 | 1 |  | 2 | 1 |  | 1 | 1 | 6 |
| 8 | 李 | 1 | 1 |  |  |  | 1 |  | 3 |
| 9 | 陈 | 2 |  | 1 |  | 1 |  |  | 4 |
| 10 | 郑 |  |  | 1 | 2 |  |  |  | 3 |
| 11 | 柯 |  |  | 2 | 1 |  |  |  | 3 |
| 12 | 赵 | 1 | 2 | 1 |  | 2 |  |  | 6 |
| 13 | 樊 | 1 |  |  | 1 | 1 |  |  | 3 |
| 14 | 孔 |  | 2 |  |  |  |  |  | 2 |
| 15 | 孙 |  |  | 1 |  |  |  |  | 1 |
| 16 | 周 |  | 1 |  | 1 |  |  |  | 2 |
| 17 | 武 |  | 2 |  |  |  |  |  | 2 |
| 18 | 柏 |  | 2 |  |  |  |  |  | 2 |
| 19 | 郭 | 2 | 1 |  |  |  |  |  | 3 |
| 20 | 丁 | 2 |  |  |  |  |  |  | 2 |
| 21 | 毛 |  | 1 |  |  |  |  |  | 1 |
| 22 | 朱 | 1 |  |  |  |  |  |  | 1 |
| 23 | 任 | 1 |  |  |  |  |  |  | 1 |
| 24 | 祁 |  | 1 |  |  |  |  |  | 1 |
| 25 | 何 | 1 |  |  |  |  |  |  | 1 |
| 26 | 杜 |  | 1 |  |  |  |  |  | 1 |
| 27 | 苏 |  | 1 |  |  |  |  |  | 1 |
| 28 | 范 |  | 1 |  |  |  |  |  | 1 |
| 29 | 姚 |  | 1 | 1 |  |  |  |  | 2 |
| 30 | 姜 |  |  | 1 |  |  |  |  | 1 |
| 31 | 鲁 |  | 1 |  |  |  | 1 |  | 2 |
| 32 | 靳 |  |  |  |  | 1 |  |  | 1 |
| 33 | 魏 | 1 |  |  | 1 |  |  |  | 2 |
| 34 | 吴 | 1 |  |  |  |  |  |  | 1 |
| 35 | 胡 | 1 |  |  |  |  |  |  | 1 |

续表

| 编号 | 姓氏 | 20~29岁 | 30~39岁 | 40~49岁 | 50~59岁 | 60~69岁 | 70~79岁 | 80岁及以上 | 总计 |
|---|---|---|---|---|---|---|---|---|---|
| 36 | 白 | 1 | | | | | | | 1 |
| 37 | 梁 | 1 | | | | | | | 1 |
| 38 | 傅 | 1 | | | | | | | 1 |
| 39 | 罗 | 1 | | | | | | | 1 |
| 40 | 苟 | 1 | | | | | | | 1 |
| 总计 | | 26 | 27 | 23 | 10 | 11 | 9 | 1 | 107 |

注：此表包含4位已婚未生育妇女。

从表3-83可以看出，40岁以下已婚妇女的姓氏数量明显增多，显然，马其沟汉族自然村妇女的社会流动性要比回族自然村大。在马其沟村，已婚妇女的姓氏数量是男性户主姓氏数量的2.67倍。尽管以家族为中心的父系亲属关系在马其沟村有了明显的减弱，但父系亲属关系依然是农村社会基础的主流。

表3-84是马其沟汉族自然村人口的年龄结构。从表3-84可以看出，0~14岁的人口占被调查人口的21.18%，15~64岁的劳动力人口占被调查人口的72.12%，65岁及以上的人口占被调查人口的6.70%。在15~64岁的劳动力人口占比中，男性高于女性，其中男性占比为52.42%，女性占比为47.58%。

表3-84　马其沟汉族自然村人口的年龄结构

单位：人，%

| 年龄 | | 人口数 | 占被调查人口的比例 | 男性 | 占被调查男性的比例 | 女性 | 占被调查女性的比例 |
|---|---|---|---|---|---|---|---|
| 0~14岁 | | 79 | 21.18 | 47 | 23.86 | 32 | 18.18 |
| 其中 | 0~5岁 | 28 | 7.51 | 13 | 6.60 | 15 | 8.52 |
| | 6~14岁 | 51 | 13.67 | 34 | 17.26 | 17 | 9.66 |
| 15~64岁 | | 269 | 72.12 | 141 | 71.57 | 128 | 72.73 |
| 65岁及以上 | | 25 | 6.70 | 9 | 4.57 | 16 | 9.09 |
| 总计 | | 373 | 100 | 197 | 100 | 176 | 100 |

图 3-13 是马其沟汉族自然村人口金字塔。从图 3-13 可以看出,近 10 年来人口增长的速度明显放缓。

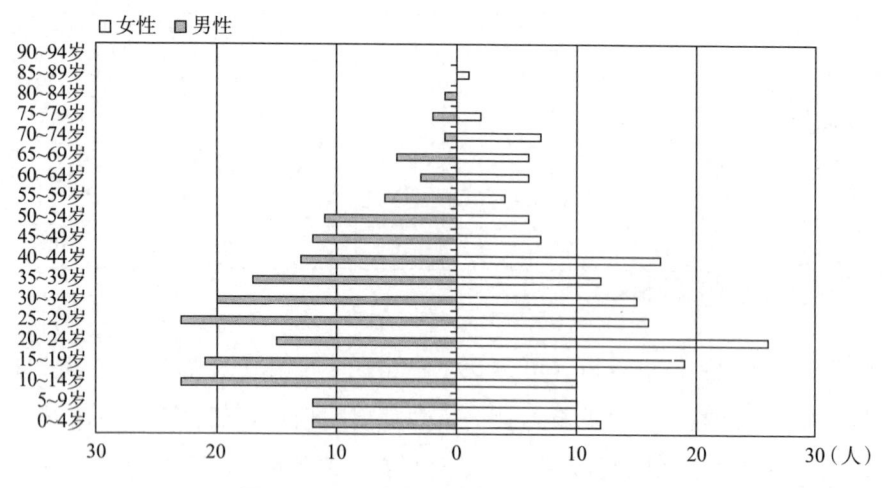

图 3-13 马其沟汉族自然村人口金字塔

表 3-85 是马其沟汉族自然村农民患病情况。从表 3-85 可以看出,排在第一位的是患骨骼系统疾病的人次,占患病总人次的 15.69%;排在第二位的是患消化系统疾病的人次,占患病总人次的 13.73%;排在第三位的是患心血管病的人次,占患病总人次的 11.76%。

表 3-85 马其沟汉族自然村农民患病情况

| 疾病种类 | 患病农户编号 | 人数(人次) | 占患病总人次的比例(%) |
|---|---|---|---|
| 骨骼系统疾病 | 16、22、34、46、48、50、50、74 | 8 | 15.69 |
| 消化系统疾病 | 2、10、28、39、43、44、56 | 7 | 13.73 |
| 心血管病 | 43、44、48、56、65、76 | 6 | 11.76 |
| 呼吸系统疾病 | 3、3、14、26、46 | 5 | 9.80 |
| 神经系统疾病 | 29、30、53、53 | 4 | 7.84 |
| 泌尿系统疾病 | 11、13、24、48 | 4 | 7.84 |
| 肝胆病 | 12、34、43 | 3 | 5.88 |
| 腰腿痛 | 10、21、26 | 3 | 5.88 |
| 妇科病 | 46、48、54 | 3 | 5.88 |
| 风湿病 | 2、19 | 2 | 3.92 |

续表

| 疾病种类 | 患病农户编号 | 人数（人次） | 占患病总人次的比例（%） |
|---|---|---|---|
| 残疾 | 20、51 | 2 | 3.92 |
| 疝气 | 56 | 1 | 1.96 |
| 皮肤病 | 34 | 1 | 1.96 |
| 白血病 | 78 | 1 | 1.96 |
| 痔疮 | 55 | 1 | 1.96 |
| 合计 | | 51 | 100 |

表3-86是马其沟汉族自然村外出打工人口的年龄、学历分布。表3-86数据显示，在马其沟村被调查的269个劳动力人口中，有67人外出打工，占劳动力人口的24.91%。在外出打工的67人中，女性有17人，占外出打工人口的25.37%。从外出打工人口的学历看，上过大学的有1人，上过高中的有6人，初中毕业的有26人，初中未毕业的有4人，小学毕业的有9人，不识字和小学未毕业的有21人。其中，不识字和小学未毕业的人口占外出打工人口的31.34%。从外出打工人口的年龄来看，30岁及以下的有46人，占外出打工人口的68.66%；31~40岁的有15人，占外出打工人口的22.39%；41~50岁的有5人，占外出打工人口的7.46%；50岁以上的有1人，占外出打工人口的1.49%。数据显示，马其沟村的女性和中年及以上男性的社会流动性同样比较小。

表3-86 马其沟汉族自然村外出打工人口的年龄、学历分布

单位：人

| 年龄 | 不识字 | | 小学未毕业 | | 小学毕业 | | 初中未毕业 | | 初中毕业 | | 高中 | | 大学 | | 总计 |
|---|---|---|---|---|---|---|---|---|---|---|---|---|---|---|---|
| | 男性 | 女性 | 男性 | 女性 | 男性 | 女性 | 男性 | 女性 | 男性 | 女性 | 男性 | 女性 | 男性 | 女性 | |
| 20岁及以下 | | | 1 | 1 | 2 | | 1 | 2 | 2 | 3 | | | | | 12 |
| 21~30岁 | 1 | | 4 | 1 | 4 | 1 | 1 | | 11 | 5 | 4 | 1 | 1 | | 34 |
| 31~40岁 | 3 | | 6 | 1 | 2 | | | | 3 | | | | | | 15 |
| 41~50岁 | 1 | | 1 | | | | | | 1 | 1 | 1 | | | | 5 |
| 50岁以上 | 1 | | | | | | | | | | | | | | 1 |
| 总计 | 6 | 0 | 12 | 3 | 8 | 1 | 2 | 2 | 17 | 9 | 5 | 1 | 1 | 0 | 67 |

### 4. 马其沟村农民的教育状况

表3-87是马其沟汉族自然村6岁及以上农民的受教育水平。从表3-87可以看出,马其沟汉族自然村不识字和小学未毕业的农民相比回族自然村有所减少,但是依然占6岁及以上农民的58.82%。其中,不识字的农民占6岁及以上农民的28.53%,小学未毕业的农民占6岁及以上农民的30.29%。尽管马其沟村农民受教育的整体情况要比回族自然村好一些,但是农民整体的受教育水平还是比较低的。

表3-87 马其沟汉族自然村6岁及以上农民的受教育水平

单位:人

| 年龄 | 不识字 | | 小学未毕业 | | 小学毕业 | | 初中未毕业 | | 初中毕业 | | 高中 | | 大学 | | 总计 |
| --- | --- | --- | --- | --- | --- | --- | --- | --- | --- | --- | --- | --- | --- | --- | --- |
| | 男性 | 女性 | 男性 | 女性 | 男性 | 女性 | 男性 | 女性 | 男性 | 女性 | 男性 | 女性 | 男性 | 女性 | |
| 6~14岁 | 2 | | 29 | 14 | | | 3 | 3 | | | | | | | 51 |
| 15~19岁 | | | 1 | 2 | 4 | 1 | 7 | 11 | 3 | 3 | 6 | 1 | 1 | | 40 |
| 20~24岁 | | 2 | 1 | 6 | 1 | 2 | 1 | | 7 | 12 | 2 | 2 | 3 | 1 | 40 |
| 25~29岁 | 1 | 5 | 4 | 2 | 6 | 2 | 3 | | 6 | 5 | 3 | | | 1 | 38 |
| 30~34岁 | 1 | 8 | 9 | 6 | 4 | 2 | | | 4 | | 1 | | | | 35 |
| 35~39岁 | 3 | 6 | 7 | 2 | 3 | | | 1 | 4 | 3 | | | | | 29 |
| 40~44岁 | 2 | 14 | 5 | 1 | 2 | 1 | 1 | | 1 | 1 | 2 | | | | 30 |
| 45~49岁 | | 5 | 3 | | | | | | 5 | 1 | | | | | 17 |
| 50~54岁 | 3 | 6 | 4 | | | | | | 1 | | 2 | | | | 16 |
| 55~59岁 | 3 | 4 | 2 | | 1 | | | | | | | | | | 10 |
| 60~64岁 | 1 | 5 | 2 | | | | | | | | | | | | 8 |
| 65岁及以上 | 8 | 15 | 2 | 1 | | | | | | | | | | | 26 |
| 总计 | 27 | 70 | 69 | 34 | 21 | 8 | 15 | 15 | 31 | 25 | 16 | 3 | 4 | 2 | 340 |

注:6~14岁儿童中不包括正在上学前班的儿童。

从表3-87还可以看出,15~59岁的不识字人口,都是新中国成立后出生的,这部分人口占马其沟村不识字人口的68.04%。也就是说,在马其沟村现有的不识字人口中,有近七成的人是新中国成立后出生的。其中,男性16人,占男性不识字人口的59.26%;女性50人,占女性不识字人口的 71.43%。

表 3-88 是马其沟汉族自然村 6 岁及以上农民的平均受教育年限。从表 3-88 可以看出，马其沟汉族自然村 6 岁及以上农民的平均受教育年限为 4.59 年，其中男性为 5.34 年，女性为 3.72 年。6~14 岁人口的平均受教育年限为 4.16 年，其中男性为 4.26 年，女性为 3.94 年。15~64 岁劳动力人口的平均受教育年限为 5.09 年，其中男性为 5.94 年，女性为 4.14 年。65 岁及以上人口的平均受教育年限仅为 0.38 年，其中男性为 0.60 年，女性为 0.25 年。显然，随着年龄的增长，女性的平均受教育年限要明显少于男性。

表 3-88　马其沟汉族自然村 6 岁及以上农民的平均受教育年限

| 年龄 | 人口数（人） | 平均受教育年限（年） | 男性（人） | 平均受教育年限（年） | 女性（人） | 平均受教育年限（年） |
| --- | --- | --- | --- | --- | --- | --- |
| 6~14 岁 | 51 | 4.16 | 34 | 4.26 | 17 | 3.94 |
| 15~64 岁 | 263 | 5.09 | 139 | 5.94 | 124 | 4.14 |
| 65 岁及以上 | 26 | 0.38 | 10 | 0.60 | 16 | 0.25 |
| 总计 | 340 | 4.59 | 183 | 5.34 | 157 | 3.72 |

注：根据表 3-87 制作。

为了便于读者直观地了解马其沟村农民的受教育水平，特制作了图 3-14 和表 3-89。从图 3-14 和表 3-89 可以看出，樊庄村女性受教育水平低的问题也是比较突出的。樊庄村女性不识字人口占 6 岁及以上不识字人口的 72.16%。在 6 岁及以上的女性人口中，不识字人口占 44.59%，小学未毕业人口占 21.66%，二者合计占比达 66.25%。也就是说，在这个自然村有六成以上的妇女不识字或识字很少。同样，樊庄村男性受教育的水平也不容乐观，在 6 岁及以上的男性人口中，不识字人口占 14.75%，小学未毕业人口占 37.70%，二者合计占比达 52.45%。也就是说，在这个自然村有五成以上的男性不识字或识字很少。

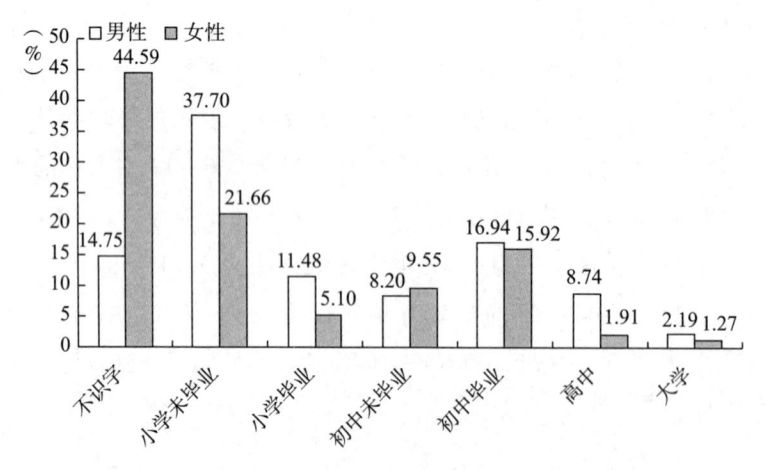

图 3-14 马其沟汉族自然村 6 岁及以上农民的受教育水平

表 3-89 马其沟汉族自然村 6 岁及以上农民的教育结构

| 指标 | 不识字 | 小学未毕业 | 小学毕业 | 初中未毕业 | 初中毕业 | 高中 | 大学 |
| --- | --- | --- | --- | --- | --- | --- | --- |
| 男性（人） | 27 | 69 | 21 | 15 | 31 | 16 | 4 |
| 占比（%） | 14.75 | 37.70 | 11.48 | 8.20 | 16.94 | 8.74 | 2.19 |
| 女性（人） | 70 | 34 | 8 | 15 | 25 | 3 | 2 |
| 占比（%） | 44.59 | 21.66 | 5.10 | 9.55 | 15.92 | 1.91 | 1.27 |
| 合计（人） | 97 | 103 | 29 | 30 | 56 | 19 | 6 |
| 占比（%） | 28.53 | 30.29 | 8.53 | 8.82 | 16.47 | 5.59 | 1.76 |

注：根据表 3-87 制作。

表 3-90 是马其沟汉族自然村不同年龄、学历已婚已育妇女的生育情况。从表 3-90 可以看出，马其沟村已婚已育妇女生育子女数总体与年龄成正比、与学历成反比的趋势依然比较明显。在已婚已育的 103 位妇女中，高中毕业的仅 1 人，初中毕业的有 11 人，初中未毕业的有 1 人，小学毕业的有 7 人，小学未毕业的有 15 人，其余 68 人都没有上过学。在 50 岁及以上的已婚已育妇女中，只有 2 人上过小学二年级，其余都没有上过学。尽管马其沟村已婚已育妇女上学的人数较 2003 年明显增加，但是整体受教育水平依然比较低。

第三章 调查数据反映的农民生活

表 3-90 马其沟汉族自然村不同年龄、学历已婚已育妇女的生育情况

单位：人

| 指标 | 不识字 | | | 小学未毕业 | | | 小学毕业 | | | 初中未毕业 | | | 初中毕业 | | | 高中 | | | 总计 | | |
|---|---|---|---|---|---|---|---|---|---|---|---|---|---|---|---|---|---|---|---|---|---|
| | 妇女人数 | 生育男孩数 | 生育女孩数 | 妇女人数 | 生育男孩数 | 生育女孩数 | 妇女人数 | 生育男孩数 | 生育女孩数 | 妇女人数 | 生育男孩数 | 生育女孩数 | 妇女人数 | 生育男孩数 | 生育女孩数 | 妇女人数 | 生育男孩数 | 生育女孩数 | 妇女人数 | 生育男孩数 | 生育女孩数 |
| 20~24岁合计 | 1 | | 1 | 2 | 1 | 2 | 2 | 1 | 1 | | | | 2 | 1 | 1 | 1 | 1 | 1 | 8 | 4 | 6 |
| 一个孩子 | 1 | | 1 | 1 | | 1 | 2 | 1 | 1 | | | | 2 | 1 | 1 | 1 | 1 | 1 | 7 | 2 | 5 |
| 两个孩子 | | | | 1 | 1 | 1 | | | | | | | | | | | | | 1 | 1 | 1 |
| 25~29岁合计 | 6 | 3 | 5 | 2 | 1 | 2 | 4 | 2 | 2 | | | | 4 | 1 | 4 | | | | 14 | 7 | 11 |
| 一个孩子 | 4 | 3 | 1 | 1 | | 1 | 3 | 2 | 1 | | | | 3 | 1 | 2 | | | | 10 | 6 | 4 |
| 两个孩子 | 2 | | 4 | 1 | 1 | 1 | 1 | | 2 | | | | 1 | | | | | | 4 | 1 | 7 |
| 30~34岁合计 | 7 | 7 | 6 | 6 | 10 | | | | | 1 | 1 | 1 | 3 | 4 | | | | | 15 | 19 | 8 |
| 一个孩子 | 2 | | 2 | 1 | 1 | 1 | | | | | | | 2 | 3 | 1 | | | | 4 | 2 | 2 |
| 两个孩子 | 4 | 5 | 3 | 5 | 9 | | | | | 1 | 1 | 1 | 1 | 1 | | | | | 10 | 15 | 5 |
| 三个孩子 | 1 | 2 | 1 | | | 1 | | | | | | | | | | | | | 1 | 2 | 1 |
| 35~39岁合计 | 6 | 8 | 6 | 2 | 2 | | | | | 2 | 2 | 3 | 3 | 4 | 3 | | | | 12 | 16 | 13 |
| 两个孩子 | 5 | 7 | 3 | | | | | | | | | | 2 | 3 | 1 | | | | 8 | 12 | 4 |
| 三个孩子 | | | | 2 | 2 | 4 | | | | 2 | 2 | 3 | 1 | 1 | 2 | | | | 3 | 3 | 6 |
| 四个孩子 | 1 | 1 | 3 | | | | | | | | | | | | | | | | 1 | 1 | 3 |
| 40~44岁合计 | 13 | 17 | 17 | 1 | 2 | 2 | 1 | 1 | 1 | | | | 1 | 1 | | | | | 16 | 21 | 19 |
| 两个孩子 | 7 | 8 | 6 | 1 | 2 | 2 | 1 | 1 | 1 | | | | 1 | 1 | | | | | 10 | 12 | 8 |
| 三个孩子 | 5 | 9 | 6 | | | | | | | | | | | | | | | | 5 | 9 | 6 |
| 五个孩子 | 1 | | 5 | | | | | | | | | | | | | | | | 1 | | 5 |

463

续表

| 指标 | 不识字 | | | 小学未毕业 | | | 小学毕业 | | | 初中未毕业 | | | 初中毕业 | | | 高中 | | | 总计 | | |
|---|---|---|---|---|---|---|---|---|---|---|---|---|---|---|---|---|---|---|---|---|---|
| | 妇女人数 | 生育男孩数 | 生育女孩数 | 妇女人数 | 生育男孩数 | 生育女孩数 | 妇女人数 | 生育男孩数 | 生育女孩数 | 妇女人数 | 生育男孩数 | 生育女孩数 | 妇女人数 | 生育男孩数 | 生育女孩数 | 妇女人数 | 生育男孩数 | 生育女孩数 | 妇女人数 | 生育男孩数 | 生育女孩数 |
| 45~49岁合计 | 5 | 9 | 3 | | | | | | | | | | 1 | 1 | 6 | | | | 6 | 10 | 9 |
| 两个孩子 | 3 | 4 | 2 | | | | | | | | | | | | | | | | 3 | 4 | 2 |
| 三个孩子 | 2 | 5 | 1 | | | | | | | | | | | | | | | | 2 | 5 | 1 |
| 七个孩子 | | | | | | | | | | | | | 1 | 1 | 6 | | | | 1 | 1 | 6 |
| 50~54岁合计 | 6 | 15 | 6 | | | | | | | | | | | | | | | | 6 | 15 | 6 |
| 两个孩子 | 2 | 4 | | | | | | | | | | | | | | | | | 2 | 4 | |
| 三个孩子 | 1 | 3 | | | | | | | | | | | | | | | | | 1 | 3 | |
| 四个孩子 | 2 | 4 | 4 | | | | | | | | | | | | | | | | 2 | 4 | 4 |
| 六个孩子 | 1 | 4 | 2 | | | | | | | | | | | | | | | | 1 | 4 | 2 |
| 55~59岁合计 | 4 | 8 | 10 | | | | | | | | | | | | | | | | 4 | 8 | 10 |
| 三个孩子 | 1 | 1 | 2 | | | | | | | | | | | | | | | | 1 | 1 | 2 |
| 四个孩子 | 2 | 5 | 3 | | | | | | | | | | | | | | | | 2 | 5 | 3 |
| 七个孩子 | 1 | 2 | 5 | | | | | | | | | | | | | | | | 1 | 2 | 5 |
| 60~64岁合计 | 5 | 17 | 13 | | | | | | | | | | | | | | | | 5 | 17 | 13 |
| 五个孩子 | 2 | 7 | 3 | | | | | | | | | | | | | | | | 2 | 7 | 3 |
| 六个孩子 | 1 | 4 | 2 | | | | | | | | | | | | | | | | 1 | 4 | 2 |
| 七个孩子 | 2 | 6 | 8 | | | | | | | | | | | | | | | | 2 | 6 | 8 |

续表

| 指标 | 不识字 | | | 小学未毕业 | | | 小学毕业 | | | 初中未毕业 | | | 初中毕业 | | | 高中 | | | 总计 | | |
|---|---|---|---|---|---|---|---|---|---|---|---|---|---|---|---|---|---|---|---|---|---|
| | 妇女人数 | 生育男孩数 | 生育女孩数 | 妇女人数 | 生育男孩数 | 生育女孩数 | 妇女人数 | 生育男孩数 | 生育女孩数 | 妇女人数 | 生育男孩数 | 生育女孩数 | 妇女人数 | 生育男孩数 | 生育女孩数 | 妇女人数 | 生育男孩数 | 生育女孩数 | 妇女人数 | 生育男孩数 | 生育女孩数 |
| 65~69岁合计 | 5 | 19 | 15 | 2 | 6 | 6 | | | | | | | | | | | | | 7 | 25 | 21 |
| 四个孩子 | 1 | 2 | 2 | | | | | | | | | | | | | | | | 1 | 2 | 2 |
| 六个孩子 | 1 | 3 | 3 | 2 | 6 | 6 | | | | | | | | | | | | | 3 | 9 | 9 |
| 七个孩子 | 2 | 9 | 5 | | | | | | | | | | | | | | | | 2 | 9 | 5 |
| 十个孩子 | 1 | 5 | 5 | | | | | | | | | | | | | | | | 1 | 5 | 5 |
| 70~74岁合计 | 7 | 24 | 24 | | | | | | | | | | | | | | | | 7 | 24 | 24 |
| 四个孩子 | 1 | 2 | 2 | | | | | | | | | | | | | | | | 1 | 2 | 2 |
| 六个孩子 | 1 | 5 | 1 | | | | | | | | | | | | | | | | 1 | 5 | 1 |
| 七个孩子 | 3 | 11 | 10 | | | | | | | | | | | | | | | | 3 | 11 | 10 |
| 八个孩子 | 1 | 4 | 4 | | | | | | | | | | | | | | | | 1 | 4 | 4 |
| 九个孩子 | 1 | 2 | 7 | | | | | | | | | | | | | | | | 1 | 2 | 7 |
| 75~79岁合计 | 2 | 6 | 6 | | | | | | | | | | | | | | | | 2 | 6 | 6 |
| 四个孩子 | 1 | 1 | 3 | | | | | | | | | | | | | | | | 1 | 1 | 3 |
| 八个孩子 | 1 | 5 | 3 | | | | | | | | | | | | | | | | 1 | 5 | 3 |
| 85~89岁合计 | 1 | 1 | 3 | | | | | | | | | | | | | | | | 1 | 1 | 3 |
| 四个孩子 | 1 | 1 | 3 | | | | | | | | | | | | | | | | 1 | 1 | 3 |
| 总计 | 68 | 135 | 115 | 15 | 22 | 15 | 7 | 6 | 3 | 1 | 2 | 0 | 11 | 8 | 15 | 1 | 0 | 1 | 103 | 173 | 149 |

## 八 骆驼巷行政村回族和汉族农民的生活、生产、人口及教育状况比较

前文分别介绍了宁夏固原市原州区张易镇骆驼巷行政村的 2 个回族自然村和 5 个汉族自然村被调查的 544 户农户（2691 人）在 2008 年的生活、生产、人口及教育的现状。本部分汇总了骆驼巷村 7 个回族和汉族自然村的入户调查数据，以对回族和汉族自然村农民的生活状况、生产状况、人口状况及教育状况进行综合比较。

1. 骆驼巷村回族和汉族农民的生活状况

表 3-91 是对骆驼巷行政村 2 个回族自然村和 5 个汉族自然村农民生活状况调查数据的汇总，各个栏目的数据是根据入户调查时农民自己叙述的情况记录整理的。

"粮食"一栏的数据主要反映骆驼巷村农民的粮食自给率，这个数据基本上反映了农民的实际情况。2008 年，骆驼巷村的农民还没有出现撂荒的现象，虽然外出打工的人员比 2003 年明显增多，但是家家户户还是很在乎粮食种植的。数据显示，2008 年，骆驼巷村除了小庄村的粮食自给率在五成左右、刘庄村的粮食自给率在七成左右外，其余 5 个自然村的粮食自给率都在八成以上，其中马其沟村的粮食自给率达到了九成以上。

"生活现状"一栏的数据主要反映骆驼巷村农民的整体生活水平，这一栏的数据除了参考农户自己的叙述以外，还参考了一起入户调查的村干部和村民的意见。这一栏的数据主要是根据农民的温饱情况来界定的。例如，解决吃饱肚子的问题还有困难，就算作生活困难的农户；勉强能解决吃饱肚子的问题，就算作生活比较困难的农户；能解决吃饱肚子的问题但是平时很少吃肉和新鲜蔬菜，就算作生活一般的农户；能解决吃饱肚子的问题且平时也能吃上肉和新鲜蔬菜，就算作生活比较好的农户；不愁吃不愁喝、不愁生计的农户，就算作生活富裕的农户。数据显示，2008 年骆驼巷村农民吃饱肚子的问题应该说是基本解决了，除了小庄村、刘庄村与马

表 3-91 骆驼巷村回族和汉族农民的生活状况

单位：户，%

| 自然村名 | 被调查户数 | 粮食 | | | 生活现状 | | | | 电视机 | | | 电话 | | | 农民反映的主要问题 | | |
|---|---|---|---|---|---|---|---|---|---|---|---|---|---|---|---|---|---|
| | | 自产粮够吃 | 自产粮不够吃 | 困难 | 比较困难 | 一般 | 比较好 | 富裕 | 彩色 | 黑白 | 没有 | 手机 | 座机 | 无 | 上学困难 | 看病困难 | 缺少零用钱 |
| 小庄村（回族） | 62 | 54.84 | 45.16 | 4.84 | 25.81 | 35.48 | 29.03 | 4.84 | 88.71 | 4.84 | 6.45 | 70.97 | 19.35 | 25.81 | 1.61 | 11.29 | 25.81 |
| 驼巷村（回族） | 70 | 81.43 | 18.57 | 4.29 | 10.00 | 22.86 | 60.00 | 2.86 | 78.57 | 10.00 | 11.43 | 74.29 | 22.86 | 17.14 | 7.14 | 7.14 | 11.43 |
| 阴洼村（汉族） | 56 | 83.93 | 16.07 | 1.79 | 10.71 | 57.14 | 28.57 | 1.79 | 89.29 | 8.93 | 1.79 | 73.21 | 51.79 | 12.50 | 3.57 | 3.57 | 12.50 |
| 阳洼村（汉族） | 68 | 82.35 | 17.65 | 0 | 4.41 | 63.24 | 32.35 | 0 | 97.06 | 2.94 | 0 | 55.88 | 57.35 | 10.29 | 1.47 | 4.41 | 0 |
| 刘庄村（汉族） | 107 | 71.03 | 28.97 | 6.54 | 22.43 | 37.38 | 33.64 | 0 | 91.59 | 7.48 | 0.93 | 54.21 | 37.38 | 31.78 | 1.87 | 0.93 | 17.76 |
| 樊庄村（汉族） | 105 | 80.95 | 19.05 | 0 | 15.24 | 60.00 | 22.86 | 1.90 | 90.48 | 9.52 | 0 | 29.52 | 58.10 | 22.86 | 0 | 2.86 | 0 |
| 马其沟村（汉族） | 76 | 90.79 | 9.21 | 3.95 | 14.47 | 55.26 | 23.68 | 2.63 | 88.16 | 6.58 | 5.26 | 48.68 | 39.47 | 22.37 | 1.32 | 0 | 5.26 |

注：表中的占比为选择该项目的农户占被调查农户的比例。

其沟村生活一般和生活比较好的农户占比不到八成外，其余4个自然村生活一般和生活比较好的农户都占到八成以上，其中阳洼村占到了九成以上。当然，在对农民是否解决了温饱问题的界定上，难免会有一些随机性、偶然性、不均匀性、夸大或保守评述等缺陷，但是从统计学的意义上来说，在代表趋势变化的倾向上是具有较大的现实意义和较高的参考价值的。

"电视机"一栏的数据是入户调查的统计结果。数据显示，2008年骆驼巷村农户的彩色电视机普及率除驼巷村为近八成外，其余均在八成以上。其中，彩色电视机普及率最高的是阳洼村，达到了97.06%；普及率最低的是驼巷村，为78.57%。

"电话"一栏的数据也是入户调查的统计结果。2003年，电话在骆驼巷村还算是稀有物品，整个行政村才有三四部座机（在被调查的511户农户中）。但是到了2008年，电话已经普及了。数据显示，2008年骆驼巷村农户的手机普及率除樊庄村和马其沟村外，其余5个自然村均在五成以上，有的自然村甚至在七成以上。其中，手机普及率最高的是驼巷村，达到了74.29%；普及率最低的是樊庄村，仅为29.52%。

"农民反映的主要问题"一栏的数据是非常感性的数据，在入户调查过程中，有的农民愿意谈自己的感受，有的农民不愿意谈自己的感受，因此，关于农民对"上学困难""看病困难""缺少零用钱"的感受，没有一个具体的数量界定，主动反映问题的就记录下来了，没有主动反映问题的就没有记录，这一栏的数据从一个侧面反映了农民对目前生活状况的满意程度。数据显示，与2003年相比，主动反映"上学困难""看病困难""缺少零用钱"的农户大幅度降低了，这也说明2008年农民的生存现状比2003年明显改善了。

表3-92是骆驼巷村7个回族和汉族自然村农民家庭年现金收入明细。从表3-92可以看出，2008年骆驼巷村农民家庭年现金收入中，农业收入占总收入的26.54%，其中占比最高的是小庄村的36.26%，占比最低的是驼巷村的21.07%；打工收入占总收入的56.66%，其中占比最高的是樊庄村的64.08%，占比最低的是小庄村的31.66%；经商收入占总收入的

9.82%，其中占比最高的是小庄村的 22.81%，占比最低的是马其沟村的 3.99%；工资性收入占总收入的 6.98%，其中占比最高的是马其沟村的 9.93%，占比最低的是阳洼村的 3.65%。数据显示，2008 年外出打工的收入是骆驼巷村农民家庭经济的主要来源。

表 3-92　骆驼巷村回族和汉族农民家庭年现金收入明细

| 自然村名 | | 农业 | 打工 | 经商 | 工资 | 合计 |
|---|---|---|---|---|---|---|
| 小庄村（回族） | （元） | 349800 | 305400 | 220000 | 89400 | 964600 |
| | （％） | 36.26 | 31.66 | 22.81 | 9.27 | 100 |
| 驼巷村（回族） | （元） | 363000 | 1039000 | 211000 | 110000 | 1723000 |
| | （％） | 21.07 | 60.30 | 12.25 | 6.38 | 100 |
| 阴洼村（汉族） | （元） | 291000 | 558000 | 247000 | 88000 | 1184000 |
| | （％） | 24.58 | 47.13 | 20.86 | 7.41 | 100 |
| 阳洼村（汉族） | （元） | 446800 | 754000 | 67000 | 48200 | 1316000 |
| | （％） | 33.87 | 57.16 | 5.08 | 3.65 | 100 |
| 刘庄村（汉族） | （元） | 465000 | 1229000 | 93000 | 153000 | 1940000 |
| | （％） | 23.97 | 63.35 | 4.79 | 7.89 | 100 |
| 樊庄村（汉族） | （元） | 464000 | 1256000 | 135000 | 105000 | 1960000 |
| | （％） | 23.67 | 64.08 | 6.89 | 5.36 | 100 |
| 马其沟村（汉族） | （元） | 398000 | 790000 | 55000 | 137000 | 1380000 |
| | （％） | 28.84 | 57.25 | 3.99 | 9.93 | 100 |
| 合计 | （元） | 2777600 | 5931400 | 1028000 | 730600 | 10467600 |
| | （％） | 26.54 | 56.66 | 9.82 | 6.98 | 100 |

## 2. 骆驼巷村回族和汉族农民的生产状况

表 3-93 的数据反映了骆驼巷村回族和汉族农民的生产状况。从农民的主要生产资料情况可以看出，骆驼巷村农业生产的机械化程度还是比较低的。2008 年，骆驼巷村的农民还是种着传统的农作物，即小麦、洋芋、胡麻、蚕豆、豌豆等。一般是农历的正月施肥、三月播种、九月收获。骆驼巷村的农民种植农作物，首先还是要考虑解决吃饱肚子的问题，所以在

表 3-93 骆驼巷村回族和汉族农民的生产生活状况

| 自然村名 | 户均人口（人） | 人均土地（亩） | 户均亩产（公斤） | 户均家庭现金收入（元） | 家庭年人均收入（元） | 牛（头） | 羊（只） | 猪（头） | 驴（头） | 骡（头） | 三轮车（辆） | 拖拉机（台） | 摩托车（辆） | 其他 | 经商户数（户） | 住房（平方米） | 房屋类型 |
|---|---|---|---|---|---|---|---|---|---|---|---|---|---|---|---|---|---|
| 小庄村（回族） | 4.92 | 3.20 | 111 | 15558 | 3282 | 58 | 133 | 0 | 4 | 0 | 9 | 18 | 33 | 4 | 15 | 3932 63（户均） | 土坯（37户）砖木（22户）土坯+砖木（2户）楼房（1户） |
| 驼巷村（回族） | 4.89 | 2.82 | 102 | 24757 | 5991 | 82 | 253 | 0 | 0 | 4 | 13 | 24 | 29 | 7 | 13 | 3808 56（户均） | 土坯（39户）砖木（28户）土坯+楼房（1户）其他（2户） |
| 阴洼村（汉族） | 5.11 | 3.04 | 124 | 21143 | 4069 | 36 | 118 | 52 | 14 | 1 | 19 | 17 | 34 | 4 | 9 | 2550 46（户均） | 土坯（22户）砖木（33户）土坯+砖木（1户） |
| 阳洼村（汉族） | 5.00 | 2.94 | 132 | 18765 | 4005 | 75 | 150 | 76 | 25 | 0 | 29 | 12 | 45 | 4 | 4 | 2940 43（户均） | 土坯（34户）砖木（32户）土砖（1户）砖瓦（1户） |
| 刘庄村（汉族） | 5.08 | 3.03 | 106 | 18566 | 3782 | 69 | 92 | 118 | 28 | 2 | 14 | 30 | 57 | 15 | 9 | 5672 53（户均） | 土坯（59户）砖木（28户）土坯+砖木（20户） |
| 樊庄村（汉族） | 4.72 | 2.75 | 114 | 18486 | 4000 | 23 | 121 | 109 | 64 | 21 | 14 | 26 | 43 | 9 | 10 | 5665 54（户均） | 土坯（61户）砖木（44户） |
| 马其沟村（汉族） | 4.91 | 2.99 | 118 | 18600 | 3908 | 47 | 84 | 52 | 21 | 3 | 20 | 15 | 28 | 4 | 4 | 3310 44（户均） | 土坯（51户）砖木（22户）土坯+砖木（2户） |

播种期都要种植一定比例的小麦,以保证全家一年的主要口粮。种植胡麻的农户基本是为了解决全家当年的食用油来源问题。种植的洋芋、豆子一部分留下来自己吃,一部分用来卖钱。在当地,大面积地种植洋芋是 2003 年才开始的,在此之前,洋芋的价格一直很低,1 斤才卖几分钱,价格高的时候 1 斤也才 1 角钱左右。2003 年 1 斤洋芋的价格涨到 2 角钱左右,2007 年 1 斤洋芋的价格涨到 3 角钱左右,价格高时 1 斤洋芋可以卖到 6 角钱左右,农民种洋芋的积极性渐渐高起来。但是,2010 年以后,洋芋的价格开始下滑。农民种植少量的燕麦、高粱、苜蓿草等主要是作为牲畜的草料,2010 年以后种燕麦、高粱的农户也越来越少,种大麦、青玉米(喂牛)的农户渐渐多了。

表 3-93 中各个自然村"主要生产资料"一栏的数据显示,骆驼巷村的农业生产还是以传统的农业生产方式为主,畜牧业的发展比 2003 年有所改善,但是提升的幅度并不明显。养牛、养羊、养猪、养鸡的农户,饲养的规模都不大并且零散,主要是用于自己家里食用或者挣两个零用钱。"封山禁牧"以后,牲畜改为圈养,饲养牲畜的规模也受到制约,据当地农民说,圈养的牲畜繁殖能力明显下降。

表 3-93 中的"户均人口""人均土地""户均亩产"栏的数据显示,当地的人口与粮食之间的矛盾还是比较突出的。据《固原县志》介绍,固原县 1950 年人均耕地为 16.61 亩,1983 年人均耕地为 5.93 亩,1990 年人均耕地为 4.58 亩。尽管人均耕地的减少是长期自然的、人为的作用所致,但是不可否认,人口的快速增长也是其中一个主要因素。

值得注意的是,2008 年农作物的户均亩产和 2003 年相比变化不大,前文中关于骆驼巷村主要生产生活物品价格中显现出的农作物历年的平均亩产量的上下浮动是非常有限的。这一特征说明,在"靠天吃饭"的西海固地区,农作物产量的提升受到自然环境的严重制约。

表 3-93 中的"户均家庭年现金收入"和"家庭年人均收入"一栏的数据显示,现金收入最高的是驼巷村,最低的是小庄村。2008 年,骆驼巷村农民户均家庭年现金收入和家庭年人均收入比 2003 年大幅度提升,其主要的现金收入来源是外出打工。尽管种地仍然是当地农民主要的劳动生产

方式，土地仍然是农民的主要劳动资料，但是传统的粗放式的农作物耕种，很难解决农民最低限的吃饱肚子的问题。

表 3-94 数据显示，在骆驼巷村，完全以土地为生的农户只有二成左右了，其中占比最高的是马其沟村的 32.89%，最低的是阴洼村的 7.14%。既种地又打工的农户占到了六成左右，其中占比最高的是阳洼村的 76.47%，最低的是马其沟村的 50.00%。

表 3-94 骆驼巷村回族和汉族农民的主要劳动生产方式

单位：%

| 劳动生产方式 | 小庄村（回族） | 驼巷村（回族） | 阴洼村（汉族） | 阳洼村（汉族） | 刘庄村（汉族） | 樊庄村（汉族） | 马其沟村（汉族） |
|---|---|---|---|---|---|---|---|
| 种地 | 16.13 | 8.57 | 7.14 | 11.76 | 14.95 | 13.33 | 32.89 |
| 打工 |  | 11.43 |  | 1.47 | 4.67 | 1.90 | 5.26 |
| 工资 |  | 1.43 |  | 1.47 |  |  | 1.32 |
| 经商 | 1.61 |  |  | 1.79 |  |  |  |
| 种地·打工 | 51.61 | 55.71 | 67.86 | 76.47 | 64.49 | 71.43 | 50.00 |
| 种地·经商 | 19.35 | 12.86 | 3.57 | 1.47 | 3.74 | 5.71 | 1.32 |
| 种地·工资 | 8.06 | 1.43 | 1.79 | 2.94 | 3.74 | 1.90 | 1.32 |
| 种地·打工·经商 | 3.23 | 4.29 | 8.93 | 4.41 | 4.67 | 1.90 | 2.63 |
| 种地·打工·工资 |  | 2.86 | 5.36 |  | 2.80 | 2.86 | 2.63 |
| 打工·经商 |  | 1.43 | 1.79 |  |  | 0.95 |  |
| 打工·工资 |  |  | 1.79 |  |  |  |  |
| 工资·经商 |  |  |  |  |  |  | 1.32 |
| 其他 |  |  |  |  | 0.93 |  | 2.63 |
| 总计 | 100 | 100 | 100 | 100 | 100 | 100 | 100 |

注：表中的数据表示采取各种劳动生产方式的农户占被调查农户的比例。

从表 3-95 可以看出，骆驼巷村外出打工人口占劳动力人口的近三成，其中占比最高的是驼巷村的 33.47%，最低的是小庄村的 20.63%。数据显示，2008 年骆驼巷村外出打工的农民比 2003 年有所增加，但是增加的幅度并不明显。

表 3-95 骆驼巷村回族和汉族农民外出打工人口情况

| 自然村名 | 调查户数/人数（户/人） | 劳动力人口（人） | 打工人口（人） | 打工人口占劳动力人口的比例（%） |
|---|---|---|---|---|
| 小庄村（回族） | 62（305） | 189 | 39 | 20.63 |
| 驼巷村（回族） | 70（342） | 245 | 82 | 33.47 |
| 阴洼村（汉族） | 56（291） | 195 | 56 | 28.72 |
| 阳洼村（汉族） | 68（340） | 226 | 77 | 34.07 |
| 刘庄村（汉族） | 107（544） | 387 | 123 | 31.78 |
| 樊庄村（汉族） | 105（496） | 367 | 108 | 29.43 |
| 马其沟村（汉族） | 76（373） | 269 | 67 | 24.91 |
| 合计 | 544（2691） | 1878 | 552 | 29.39 |

表 3-96 是回族和汉族农民外出打工人口的年龄、性别结构。数据显示，无论是回族自然村还是汉族自然村，30 岁及以下的年轻人都占到了打工人口的五成及以上，这个特征在回族自然村更为明显。在骆驼巷回族自然村，30 岁及以下的打工人口占比高达六成以上；31~40 岁的打工人口占两成左右；41~50 岁的打工人口占一成左右；50 岁以上的打工人口就很少了。从性别来看，外出打工人口主要为男性，男性打工人口占比为 82.97%，其中占比最高的是小庄村的 92.31%，最低的是马其沟村的 76.12%；女性打工人口的占比为 17.03%，其中占比最高的是马其沟村的 23.88%，最低的是小庄村的 7.69%。

表 3-96 骆驼巷村回族和汉族农民外出打工人口的年龄、性别结构

单位：人，%

| 自然村名 | | 20 岁及以下 | | 21~30 岁 | | 31~40 岁 | | 41~50 岁 | | 50 岁以上 | | 总计 | | 合计 |
|---|---|---|---|---|---|---|---|---|---|---|---|---|---|---|
| | | 男性 | 女性 | 男性 | 女性 | 男性 | 女性 | 男性 | 女性 | 男性 | 女性 | 男性 | 女性 | |
| 小庄村（回族） | 人数 | 5 | 1 | 17 | 2 | 11 | | 2 | | 1 | | 36 | 3 | 39 |
| | 占比 | 12.82 | 2.56 | 43.59 | 5.13 | 28.21 | | 5.13 | | 2.56 | | 92.31 | 7.69 | 100 |
| 驼巷村（回族） | 人数 | 11 | 4 | 29 | 10 | 12 | 2 | 9 | 2 | 3 | | 64 | 18 | 82 |
| | 占比 | 13.41 | 4.88 | 35.37 | 12.20 | 14.63 | 2.44 | 10.98 | 2.44 | 3.66 | | 78.05 | 21.95 | 100 |

续表

| 自然村名 | | 20岁及以下 | | 21~30岁 | | 31~40岁 | | 41~50岁 | | 50岁以上 | | 总计 | | 合计 |
|---|---|---|---|---|---|---|---|---|---|---|---|---|---|---|
| | | 男性 | 女性 | 男性 | 女性 | 男性 | 女性 | 男性 | 女性 | 男性 | 女性 | 男性 | 女性 | |
| 阴洼村（汉族） | 人数 | 3 | 4 | 17 | 4 | 19 | 2 | 7 | | | | 46 | 10 | 56 |
| | 占比 | 5.36 | 7.14 | 30.36 | 7.14 | 33.93 | 3.57 | 12.50 | | | | 82.14 | 17.86 | 100 |
| 阳洼村（汉族） | 人数 | 5 | 1 | 34 | 5 | 20 | 2 | 8 | | 2 | | 69 | 8 | 77 |
| | 占比 | 6.49 | 1.30 | 44.16 | 6.49 | 25.97 | 2.60 | 10.39 | | 2.60 | | 89.61 | 10.39 | 100 |
| 刘庄村（汉族） | 人数 | 4 | 9 | 40 | 13 | 38 | 2 | 12 | | 4 | 1 | 98 | 25 | 123 |
| | 占比 | 3.25 | 7.32 | 32.52 | 10.57 | 30.89 | 1.63 | 9.76 | | 3.25 | 0.81 | 79.67 | 20.33 | 100 |
| 樊庄村（汉族） | 人数 | 7 | 3 | 39 | 9 | 33 | 1 | 12 | 1 | 3 | | 94 | 14 | 108 |
| | 占比 | 6.48 | 2.78 | 36.11 | 8.33 | 30.56 | 0.93 | 11.11 | 0.93 | 2.78 | | 87.04 | 12.96 | 100 |
| 马其沟村（汉族） | 人数 | 6 | 6 | 26 | 8 | 14 | 1 | 4 | 1 | 1 | | 51 | 16 | 67 |
| | 占比 | 8.96 | 8.96 | 38.81 | 11.94 | 20.90 | 1.49 | 5.97 | 1.49 | 1.49 | | 76.12 | 23.88 | 100 |
| 总计 | 人数 | 41 | 28 | 202 | 51 | 147 | 10 | 54 | 4 | 14 | 1 | 458 | 94 | 552 |
| | 占比 | 7.43 | 5.07 | 36.59 | 9.24 | 26.63 | 1.81 | 9.78 | 0.72 | 2.54 | 0.18 | 82.97 | 17.03 | 100 |

表3-97是回族和汉族农民外出打工人口的学历结构，从整体水平来看，2008年比2003年有明显提升，但是外出打工人口的学历依然是比较低的。在骆驼巷村外出打工的人口中，不识字和识字很少的人占到了34.96%，特别是小庄回族自然村，不识字和识字很少的人占到了76.92%。显然，骆驼巷村外出打工人口的低学历结构也严重制约了骆驼巷村自身的发展。

### 3. 骆驼巷村回族和汉族农民的人口状况

2008年，小庄回族自然村被调查的62户农户的总人口为305人，其中男性156人、女性149人；驼巷回族自然村被调查的70户农户的总人口为342人，其中男性194人、女性148人；阴洼汉族自然村被调查的56户农户的总人口为291人，其中男性153人、女性138人；阳洼汉族自然村被调查的68户农户的总人口为340人，其中男性175人、女性165人；刘庄汉族自然村被调查的107户农户的总人口为544人，其中男性282人、女性262人；樊庄汉族自然村被调查的105户农户的总人口为496人，其

表 3-97 骆驼巷村回族和汉族农民外出打工人口的学历结构

单位：人，%

| 自然村名 | | 不识字 | | 小学未毕业 | | 小学毕业 | | 初中未毕业 | | 初中毕业 | | 高中 | | 大学 | | 总计 |
|---|---|---|---|---|---|---|---|---|---|---|---|---|---|---|---|---|
| | | 男性 | 女性 | 男性 | 女性 | 男性 | 女性 | 男性 | 女性 | 男性 | 女性 | 男性 | 女性 | 男性 | 女性 | |
| 小庄村（回族） | 人数 | 6 | | 22 | 2 | 3 | | 2 | 1 | 3 | | | | | | 39 |
| | 占比 | 15.38 | | 56.41 | 5.13 | 7.69 | | 5.13 | 2.56 | 7.69 | | | | | | 100 |
| 驼巷村（回族） | 人数 | 10 | 5 | 22 | 2 | 5 | 1 | 9 | | 15 | 6 | 4 | 2 | | 1 | 82 |
| | 占比 | 12.20 | 6.10 | 26.83 | 2.44 | 6.10 | 1.22 | 10.98 | | 18.29 | 7.32 | 4.88 | 2.44 | | 1.22 | 100 |
| 阴洼村（汉族） | 人数 | 2 | | 10 | 2 | 11 | 1 | 8 | 2 | 14 | 4 | 1 | 1 | | | 56 |
| | 占比 | 3.57 | | 17.86 | 3.57 | 19.64 | 1.79 | 14.29 | 3.57 | 25.00 | 7.14 | 1.79 | 1.79 | | | 100 |
| 阳洼村（汉族） | 人数 | 9 | 3 | 13 | | 17 | 1 | 2 | | 25 | 2 | 3 | 2 | | | 77 |
| | 占比 | 11.69 | 3.90 | 16.88 | | 16.88 | 1.30 | 2.60 | | 32.47 | 2.60 | 3.90 | 2.60 | | | 100 |
| 刘庄村（汉族） | 人数 | 12 | | 17 | 1 | 10 | 4 | 10 | 2 | 38 | 11 | 10 | 6 | 2 | | 123 |
| | 占比 | 9.76 | | 13.82 | 0.81 | 8.13 | 3.25 | 8.13 | 1.63 | 30.89 | 8.94 | 8.13 | 4.88 | 1.63 | | 100 |
| 樊庄村（汉族） | 人数 | 18 | | 13 | 3 | 9 | 2 | 7 | 2 | 42 | 6 | 5 | | 1 | | 108 |
| | 占比 | 16.67 | | 12.04 | 2.78 | 8.33 | 1.85 | 6.48 | 1.85 | 38.89 | 5.56 | 4.63 | | 0.93 | | 100 |
| 马其沟村（汉族） | 人数 | 6 | | 12 | 3 | 8 | 1 | 2 | 2 | 17 | 9 | 5 | 1 | 1 | | 67 |
| | 占比 | 8.96 | | 17.91 | 4.48 | 11.94 | 1.49 | 2.99 | 2.99 | 25.37 | 13.43 | 7.46 | 1.49 | 1.49 | | 100 |
| 总计 | 人数 | 63 | 8 | 109 | 13 | 63 | 10 | 40 | 9 | 154 | 38 | 28 | 12 | 4 | 1 | 552 |
| | 占比 | 11.43 | 1.45 | 19.75 | 2.36 | 11.41 | 1.81 | 7.25 | 1.63 | 27.90 | 6.88 | 5.07 | 2.17 | 0.72 | 0.18 | 100 |

中男性 260 人、女性 236 人；马其沟汉族自然村被调查的 76 户农户的总人口为 373 人，其中男性 197 人、女性 176 人。综上所述，2009 年第二次入户调查，共计调查了骆驼巷村 544 户农户，总人口为 2691 人，其中男性 1417 人、女性 1274 人，家庭平均人口为 4.95 人，比 2003 年的家庭平均人口 5.18 人有所减少。

表 3-98 是骆驼巷村人口的年龄结构和抚养比。数据显示，在 0~14 岁的人口占比中，小庄回族自然村最高，为 29.84%；樊庄汉族自然村最低，为 21.17%。在 15~64 岁的劳动力人口占比中，樊庄汉族自然村最高，为 73.99%；小庄回族自然村最低，为 61.97%。在 65 岁及以上的人口占比中，阳洼汉族自然村最高，为 9.71%；刘庄汉族自然村最低，为 4.78%。

表 3-98　骆驼巷村人口的年龄结构和抚养比

| 自然村名 | 总人数（人） | 0~14 岁 | | 15~64 岁 | | 65 岁及以上 | | 总抚养比（%） | 少年儿童抚养比（%） | 老年人口抚养比（%） |
| --- | --- | --- | --- | --- | --- | --- | --- | --- | --- | --- |
| | | 人数（人） | 占比（%） | 人数（人） | 占比（%） | 人数（人） | 占比（%） | | | |
| 小庄村（回族） | 305 | 91 | 29.84 | 189 | 61.97 | 25 | 8.20 | 61.38 | 48.15 | 13.23 |
| 驼巷村（回族） | 342 | 78 | 22.81 | 245 | 71.64 | 19 | 5.56 | 39.59 | 31.84 | 7.76 |
| 阴洼村（汉族） | 291 | 72 | 24.74 | 195 | 67.01 | 24 | 8.25 | 49.23 | 36.92 | 12.31 |
| 阳洼村（汉族） | 340 | 81 | 23.82 | 226 | 66.47 | 33 | 9.71 | 50.44 | 35.84 | 14.60 |
| 刘庄村（汉族） | 544 | 131 | 24.08 | 387 | 71.14 | 26 | 4.78 | 40.57 | 33.85 | 6.72 |
| 樊庄村（汉族） | 496 | 105 | 21.17 | 367 | 73.99 | 24 | 4.84 | 35.15 | 28.61 | 6.54 |
| 马其沟村（汉族） | 373 | 79 | 21.18 | 269 | 72.12 | 25 | 6.70 | 38.66 | 29.37 | 9.29 |
| 合计 | 2691 | 637 | 23.67 | 1878 | 69.79 | 176 | 6.54 | 43.29 | 33.92 | 9.37 |

表 3-98 中的少年儿童抚养比和老年人口抚养比与上述特征相对应，从人口的总抚养比来看，最低的是樊庄村，这个自然村 15~64 岁的劳动力

人口占比也是最高的，为73.99%。从骆驼巷行政村人口的年龄结构来看，除了小庄回族自然村以外，其他6个自然村15~64岁的劳动力人口占比都在66%以上。也就是说，2008年骆驼巷行政村人口的整体年龄结构还处在一个抚养人口比小于0.5的"人口盈利"时期。

图3-15是骆驼巷行政村人口金字塔。从图3-15可以看出骆驼巷村人口的年龄结构特征，20世纪70年代后期至80年代，骆驼巷村的人口始终处在一个较快的上升阶段，这种上升趋势直到90年代后半期才得到缓解。也就是说，骆驼巷行政村继20世纪50年代的人口增长高峰后，80年代出现第二个人口增长高峰期，近10年来人口增长速度明显放缓。

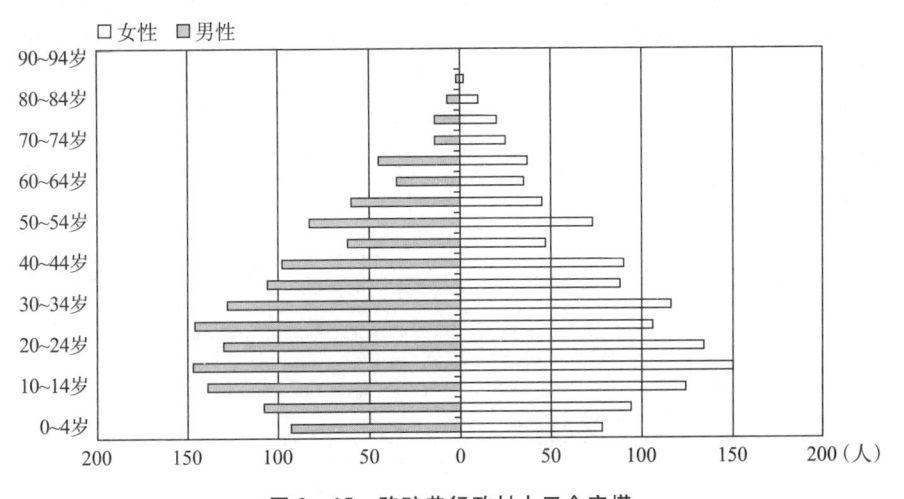

图3-15 骆驼巷行政村人口金字塔

表3-99是骆驼巷村回族和汉族自然村农户户主的姓氏分布。从户主的姓氏分布中可以看出，在21世纪的今天，骆驼巷行政村的两个回族自然村依然是以"同宗同族同村"的生活方式生活，家族式的父系亲属关系依然是回族自然村的主要社会基础。5个汉族自然村虽然已经打破了"同宗同族同村"的局面，但是父系亲属关系的家族社会局面并没有完全被打破，越是农户多的自然村这一特征就表现得越突出。例如，刘庄、樊庄汉族自然村，虽然那里居住的农户较多，但是户主的姓氏分布反而相对集中，家族式的父系亲属关系依然明显。以上特征说明家族式

的父系亲属关系依然是骆驼巷行政村社会基础的主流，社会的开放程度较低，特别是回族自然村的社会流动性较小，人口的社会化还需要一个漫长的过程。

表3-99 骆驼巷村回族和汉族自然村农户户主的姓氏分布

| 自然村名 | 调查户数/人数（户/人） | 户主姓氏分布（户） | 户主姓氏数量（个） | 家族情况 |
|---|---|---|---|---|
| 小庄村（回族） | 62（305） | 马（61）、杨（1） | 2 | 2个家族 |
| 驼巷村（回族） | 70（342） | 马（57）、金（10）、苏（2）、张（1） | 4 | 4个家族 |
| 阴洼村（汉族） | 56（291） | 鲁（9）、张（9）、姜（8）、马（7）、白（6）、路（6）、关（2）、夏（2）、徐（2）、梁（1）、王（1）、刘（1）、成（1）、杨（1） | 14 | 14个家族 |
| 阳洼村（汉族） | 68（340） | 陈（11）、王（8）、黄（8）、刘（5）、何（5）、张（5）、白（4）、祁（3）、曹（3）、赵（3）、高（3）、杨（3）、毛（2）、孙（2）、楚（1）、雷（1）、樊（1） | 17 | 17个家族 |
| 刘庄村（汉族） | 107（544） | 任（35）、王（29）、魏（19）、安（8）、呼（4）、胡（4）、成（3）、郭（2）、樊（1）、薛（1））、柯（1） | 11 | 7个家族 |
| 樊庄村（汉族） | 105（496） | 宋（54）、樊（27）、郑（8）、杨（4）、梁（3）、王（2）、张（2）、姚（2）、何（1）、赵（1）、魏（1） | 11 | 9个家族 |
| 马其沟村（汉族） | 76（373） | 王（26）、庞（8）、李（7）、樊（5）、范（5）、吴（4）、郭（4）、伏（4）、任（3）、陈（3）、高（2）、孔（1）、马（2）、魏（1）、易（1） | 15 | 12个家族 |

表3-100是骆驼巷村回族和汉族自然村已婚妇女的姓氏分布。从已婚妇女的姓氏分布中可以看出，已婚妇女的姓氏相对集中的现象也是比较突出的，特别是回族自然村。这种现象说明目前村与村之间、家族与家族之间的联亲依然是农村婚姻的一种主要形式。在前文各个自然村已婚妇女的姓氏分布中已经分析过，骆驼巷村已婚妇女姓氏数量的半数以上，都是最近20年传进来的。这再一次说明当地农村开放的程度是相当低的，妇女社会流动的主要形式依然体现在婚嫁上，农村妇女自身的权益与地位依然没

有得到充分体现。

表 3-100 骆驼巷村回族和汉族自然村已婚妇女的姓氏分布

| 自然村名 | 调查户数/人数（户/人） | 已婚妇女数量（人） | 姓氏分布（人） | 姓氏数量（个） |
|---|---|---|---|---|
| 小庄村（回族） | 62（305） | 81 | 马（41）、苏（19）、杨（4）、姬（2）、单（1）、丁（1）、牛（1）、巴（1）、宋（1）、周（1）、袁（1）、高（1）、黄（1）、童（1）、卓（1）、王（1）、姚（1）、李（1）、韩（1） | 19 |
| 驼巷村（回族） | 70（342） | 92 | 马（41）、苏（18）、海（7）、王（4）、杨（4）、张（3）、金（2）、叶（1）、冯（1）、孙（1）、李（1）、柯（1）、韩（1）、妥（1）、明（1）、黄（1）、胡（1）、曹（1）、母（1）、白（1） | 20 |
| 阴洼村（汉族） | 56（291） | 79 | 张（12）、王（7）、樊（5）、任（3）、刘（3）、姜（3）、马（3）、魏（3）、李（2）、陈（2）、郑（2）、赵（2）、韩（2）、朱（2）、何（1）、梁（1）、付（1）、司（1）、杨（1）、苏（1）、周（1）、庞（1）、欧（1）、苟（1）、柏（1）、柳（1）、胡（1）、夏（1）、高（1）、曹（1）、黄（1）、蒋（1）、鲁（1）、潘（1）、袁（1）、陆（1）、路（1）、关（1）、史（1）、宋（1）、安（1）、吕（1） | 42 |
| 阳洼村（汉族） | 68（340） | 104 | 张（16）、王（15）、陈（9）、马（8）、刘（6）、杨（5）、李（4）、高（3）、赵（2）、曹（2）、孙（2）、郑（2）、姚（2）、谢（2）、樊（1）、宋（1）、卜（1）、牛（1）、毛（1）、朱（1）、冯（1）、成（1）、祁（1）、任（1）、沈（1）、周（1）、陆（1）、武（1）、贾（1）、夏（1）、鲁（1）、路（2）、福（1）、潘（1）、魏（1）、常（1）、闫（1）、蒋（1）、方（1） | 39 |
| 刘庄村（汉族） | 107（544） | 141 | 王（23）、宋（17）、李（12）、张（12）、马（9）、刘（8）、魏（7）、成（4）、任（4）、安（3）、樊（3）、郑（3）、赵（3）、孙（2）、何（2）、陈（2）、呼（2）、胡（1）、牛（1）、叶（1）、吕（1）、吴（1）、杨（1）、周（1）、侯（1）、姜（1）、柏（1）、段（1）、凌（1）、夏（1）、郭（1）、高（1）、薛（1）、余（1）、闫（1）、白（1）、徐（1）、敖（1）、卜（1）、姬（1）、毛（1） | 42 |

续表

| 自然村名 | 调查户数/人数（户/人） | 已婚妇女数量（人） | 姓氏分布（人） | 姓氏数量（个） |
|---|---|---|---|---|
| 樊庄村（汉族） | 105（496） | 139 | 王（17）、李（13）、马（11）、赵（8）、张（8）、魏（7）、杨（6）、刘（6）、宋（4）、姚（4）、付（3）、牛（3）、郭（3）、高（3）、梁（3）、黄（2）、任（2）、吕（2）、何（2）、吴（2）、柏（2）、柯（2）、胡（2）、翟（2）、路（1）、叶（1）、司（1）、白（1）、安（1）、陈（1）、庞（1）、林（1）、苟（2）、郑（2）、柳（1）、贾（1）、曹（1）、谢（1）、黎（1）、屈（1）、金（1）、罗（1）、敖（1）、靳（1） | 44 |
| 马其沟村（汉族） | 77（375） | 107 | 王（18）、张（7）、杨（7）、宋（6）、赵（6）、刘（5）、陈（4）、马（3）、李（3）、郑（3）、柯（3）、樊（3）、郭（3）、侯（2）、孔（2）、周（2）、武（2）、柏（2）、丁（2）、姚（2）、魏（2）、鲁（2）、孙（1）、毛（1）、任（1）、祁（1）、杜（1）、苏（1）、范（1）、姜（1）、朱（1）、靳（1）、吴（1）、胡（1）、白（1）、梁（1）、傅（1）、罗（1）、苟（1）、何（1） | 40 |

3－101是骆驼巷村回族和汉族自然村农民患病情况。数据显示，农民患病的种类随机性比较大，因为在设计问卷前没有考虑健康指标，只是在采访农民的生活状况时提到了这方面的情况。如果采访的时间比较紧，又没有碰到病人，所提问题就没有那么细，被采访的农民就会一带而过；如果碰到一些有病在家的农户，一见面就会问起他们得的是什么病，记录的就比较详细。所以这里有关疾病的统计数据是很不完全的，只是一个参考数据。但是，从农民患病种类的占比来看，这个结果还是具有一定代表性的。从骆驼巷村被问及农户患病的总体情况来看，患消化系统疾病的人次占比排在第一位，患妇科病、风湿病、心血管病的人次占比也较高。

另外，在骆驼巷村被调查的544户农户中，残疾的有33人次，这个占比相对是比较高的。事实上，驼巷村、阴洼村、阳洼村等自然村的残疾人已经占到了本自然村被调查农户的一成左右。在骆驼巷村一带的农村，不仅存在人口增长过快的问题，而且存在不健康的人口增长过快的问题。在一些地区的农村,计划生育工作偏重控制人口的数量而忽视了人口的质量,尤其是在偏远山区,近亲结婚、残疾人结婚的问题依然没有得到应有的重视,由此带来了一系列的社会问题。

表 3-101 骆驼巷村回族和汉族自然村农民患病情况

| 自然村名 | 调查户数(户) | 患病人数(人次) | 患病人次排在第1位的疾病及其占比 | 患病人次排在第2位的疾病及其占比 | 患病人次排在第3位的疾病及其占比 | 残疾(人次) |
|---|---|---|---|---|---|---|
| 小庄村(回族) | 62 | 56 | 消化系统疾病(21.43%) | 妇科病(12.50%)心血管病(12.50%)腰椎间盘突出症(12.50%) | 风湿病(10.71%) | 2 |
| 驼巷村(回族) | 70 | 73 | 腰腿痛(16.44%) | 妇科病(13.70%) | 消化系统疾病(12.33%) | 5 |
| 阴洼村(汉族) | 56 | 26 | 残疾(23.08%) | 呼吸系统疾病(11.54%) | 心脏病(11.54%) | 6 |
| 阳洼村(汉族) | 68 | 42 | 残疾(21.43%) | 心血管病(11.90%) | 妇科病(9.52%)眼病(9.52%) | 9 |
| 刘庄村(汉族) | 107 | 134 | 消化系统疾病(16.42%) | 风湿病(12.69%)心血管病(12.69%) | 腰腿痛(11.94%) | 6 |
| 樊庄村(汉族) | 105 | 91 | 消化系统疾病(18.68%) | 骨骼系统疾病(15.38%) | 风湿病(13.19%) | 3 |
| 马其沟村(汉族) | 76 | 51 | 骨骼系统疾病(15.69%) | 消化系统疾病(13.73%) | 心血管病(11.76%) | 2 |

### 4. 骆驼巷村回族和汉族农民的教育状况

1991年,我在日本《统计数理》学术杂志上发表的《中国文盲、半文盲的成因分析》一文中指出,我国自然条件的不平衡、城乡发展的不平衡、民族地区发展的不平衡、男女的不平等以及各地市县行政管理机制的不平衡等因素造成了我国不识字人口分布的不平衡。当时我采用的数据是我国人口普查公布的统计数据,然而,当我2003年第一次走进骆驼巷村时,才感到这种不平衡是一种令人震撼的不平衡,比起上述不平衡来,更

481

有一种社会心理的不平衡。在骆驼巷村这样一个并不偏僻的村庄,农民的实际受教育水平如此之低,从一个侧面说明了我国落后地区农村基础教育被忽视的事实。2008年,这些问题虽然得到了明显的改善,但是农民整体受教育水平低的问题依然没有得到根本性的解决。

表3-102是骆驼巷村回族和汉族自然村6岁及以上农民的教育结构。数据显示,在新中国成立近70年的今天,骆驼巷村依然有六成以上的人不识字或识字很少,尽管5个汉族自然村农民的受教育情况要比2个回族自然村好一些,但是并不明显,不识字或识字很少的人依然占被调查人数的五成以上。在不识字或识字很少的人中,有六成左右的人是新中国成立以后出生的。2008年,在骆驼巷村被调查的6岁及以上农民中,初中毕业的仅占15.01%,上过高中的占4.73%,上过大学的仅占1.39%。无疑,如此之低的受教育水平严重阻碍了当地农村社会经济的发展。

表3-102 骆驼巷村回族和汉族自然村6岁及以上农民的教育结构

单位:人,%

| 学历 | 小庄村(回族) | | 驼巷村(回族) | | 阴洼村(汉族) | | 阳洼村(汉族) | | 刘庄村(汉族) | | 樊庄村(汉族) | | 马其沟村(汉族) | | 总计 | |
|---|---|---|---|---|---|---|---|---|---|---|---|---|---|---|---|---|
| | 人数 | 占比 | 人数 | 占比 | 人数 | 占比 | 人数 | 占比 | 人数 | 占比 | 人数 | 占比 | 人数 | 占比 | 人数 | 占比 |
| 不识字 | 109 | 40.37 | 113 | 36.69 | 65 | 24.62 | 107 | 34.74 | 138 | 27.82 | 160 | 34.41 | 97 | 28.53 | 789 | 32.19 |
| 小学未毕业 | 106 | 39.26 | 92 | 29.87 | 97 | 36.74 | 80 | 25.97 | 122 | 24.60 | 102 | 21.94 | 103 | 30.29 | 702 | 28.64 |
| 小学毕业 | 11 | 4.07 | 19 | 6.17 | 26 | 9.85 | 30 | 9.74 | 43 | 8.67 | 33 | 7.10 | 29 | 8.53 | 191 | 7.79 |
| 初中未毕业 | 21 | 7.78 | 31 | 10.06 | 32 | 12.12 | 24 | 7.79 | 67 | 13.51 | 46 | 9.89 | 30 | 8.82 | 251 | 10.24 |
| 初中毕业 | 22 | 8.15 | 31 | 10.06 | 29 | 10.98 | 53 | 17.21 | 85 | 17.14 | 92 | 19.78 | 56 | 16.47 | 368 | 15.01 |
| 高中 | 1 | 0.37 | 17 | 5.52 | 13 | 4.92 | 14 | 4.55 | 31 | 6.25 | 21 | 4.52 | 19 | 5.59 | 116 | 4.73 |
| 大学 | 0 | 0 | 5 | 1.62 | 2 | 0.76 | 0 | 0 | 10 | 2.02 | 11 | 2.37 | 6 | 1.76 | 34 | 1.39 |
| 总计 | 270 | 100 | 308 | 100 | 264 | 100 | 308 | 100 | 496 | 100 | 465 | 100 | 340 | 100 | 2451 | 100 |

表3-103是骆驼巷村回族和汉族自然村6岁及以上农民的平均受教育年限。数据显示,在骆驼巷行政村,2008年6岁及以上农民的平均受教育年限最高的自然村是樊庄汉族自然村,也不过才4.66年;最低的是小庄回族自然村,只有2.87年。尽管这个数据比2003年提高了不少,但是农民

整体受教育水平低的问题依然不能忽视。

表3-103 骆驼巷村回族和汉族自然村6岁及以上农民的平均受教育年限

单位：年

| 自然村名 | 6岁及以上 | | | 6~14岁 | | | 15~64岁 | | | 65岁及以上 | | |
|---|---|---|---|---|---|---|---|---|---|---|---|---|
| | 男性 | 女性 | 合计 | 男性 | 女性 | 合计 | 男性 | 女性 | 合计 | 男性 | 女性 | 合计 |
| 小庄村（回族） | 3.99 | 1.76 | 2.87 | 3.13 | 3.16 | 3.14 | 4.59 | 1.53 | 3.12 | 0.83 | 0 | 0.40 |
| 驼巷村（回族） | 3.56 | 2.33 | 3.01 | 3.44 | 3.50 | 3.47 | 3.89 | 2.25 | 3.16 | 0.75 | 0 | 0.50 |
| 阴洼村（汉族） | 4.93 | 3.66 | 4.35 | 3.50 | 4.74 | 3.80 | 5.75 | 4.03 | 4.96 | 1.33 | 0 | 0.67 |
| 阳洼村（汉族） | 5.14 | 3.10 | 4.13 | 2.50 | 3.30 | 2.94 | 6.13 | 3.54 | 4.91 | 1.13 | 0.17 | 0.61 |
| 刘庄村（汉族） | 3.33 | 2.37 | 2.87 | 3.89 | 3.60 | 3.75 | 3.32 | 2.26 | 2.82 | 0.67 | 0 | 0.25 |
| 樊庄村（汉族） | 5.42 | 3.83 | 4.66 | 3.63 | 2.53 | 3.08 | 6.06 | 4.41 | 5.29 | 1.15 | 0 | 0.58 |
| 马其沟村（汉族） | 5.34 | 3.72 | 4.59 | 4.26 | 3.94 | 4.16 | 5.94 | 4.14 | 5.09 | 0.60 | 0.25 | 0.38 |

如果说骆驼巷村农民的受教育水平较低，那么妇女特别是已婚妇女受教育水平低的问题就更加突出了。表3-104是骆驼巷村回族和汉族自然村已婚已育妇女的受教育情况。数据显示，无论是回族自然村还是汉族自然村，已婚已育妇女中不识字的人口都占到绝大多数。问题最突出的是小庄回族自然村，在80位已婚已育妇女中，就有72人不识字，4人识字很少，小学毕业的有1人，初中未毕业的有2人，初中毕业的有1人。虽然汉族自然村的情况要比回族自然村好一些，但是也不容乐观。例如，在刘庄汉族自然村的138位已婚已育妇女中，有93人不识字，13人识字很少，不识字和识字很少的已婚已育妇女就占到了近八成。尽管2008年骆驼巷村女性受教育水平低的问题相比2003年有所改善，但是问题依然突出。我国农村义务教育的长期滞后，特别是贫困地区、少数民族地区义务教育的长期滞后，不仅阻碍了当地农村社会经济的发展，而且影响了当地农民自身生活质量的提高。

表 3-104  骆驼巷村回族和汉族自然村已婚已育妇女的受教育情况

单位：人，%

| 自然村名 | 不识字 | | 小学未毕业 | | 小学毕业 | | 初中未毕业 | | 初中毕业 | | 高中 | | 大学 | | 合计 | |
|---|---|---|---|---|---|---|---|---|---|---|---|---|---|---|---|---|
| | 人数 | 占比 | 人数 | 占比 | 人数 | 占比 | 人数 | 占比 | 人数 | 占比 | 人数 | 占比 | 人数 | 占比 | 人数 | 占比 |
| 小庄村（回族） | 72 | 90.00 | 4 | 5.00 | 1 | 1.25 | 2 | 2.50 | 1 | 1.25 | 0 | 0 | 0 | 0 | 80 | 100 |
| 驼巷村（回族） | 67 | 79.76 | 9 | 10.71 | 4 | 4.76 | 1 | 1.19 | 3 | 3.57 | 10 | 0 | 0 | 0 | 84 | 100 |
| 阴洼村（汉族） | 44 | 57.89 | 20 | 26.32 | 4 | 5.26 | 4 | 5.26 | 3 | 3.95 | 0 | 0 | 1 | 1.32 | 76 | 100 |
| 阳洼村（汉族） | 70 | 70.00 | 11 | 11.00 | 6 | 6.00 | 0 | 0 | 13 | 13.00 | 0 | 0 | 0 | 0 | 100 | 100 |
| 刘庄村（汉族） | 93 | 67.39 | 13 | 9.42 | 12 | 8.70 | 2 | 1.45 | 13 | 9.42 | 5 | 3.62 | 0 | 0 | 138 | 100 |
| 樊庄村（汉族） | 84 | 64.12 | 15 | 11.45 | 7 | 5.34 | 3 | 2.29 | 19 | 14.50 | 2 | 1.53 | 1 | 0.76 | 131 | 100 |
| 马其沟村（汉族） | 68 | 66.02 | 15 | 14.56 | 7 | 6.80 | 1 | 0.97 | 11 | 10.68 | 1 | 0.97 | 0 | 0 | 103 | 100 |
| 合计 | 498 | 69.94 | 87 | 12.22 | 41 | 5.76 | 13 | 1.83 | 63 | 8.85 | 8 | 1.12 | 2 | 0.28 | 712 | 100 |

# 第四章
# 实地调查过程中的问题思考

## 一 研究农村我是个外行

坦率地说，研究农村我是个外行。

我本科毕业于北京师范大学经济学系，硕士、博士毕业于东京大学研究生院综合文化研究科相关社会科学专业。我的博士论文题目为"从产业结构、人口结构、教育结构分析中国地区间收入差距"。

我在博士论文中指出，通常，像一个人的成长要力求德、智、体全面发展一样，一个国家或一个地区的经济发展也要力求产业结构、人口结构、教育结构的全面优化。发达国家的经济之所以走在了世界的前列，这与它们的高产业结构、高人口结构、高教育结构的平衡发展是分不开的。也就是说，经济发展由低水平向高水平发展的过程，可以理解为产业结构高度化、人口结构社会化、教育结构大众化的过程。

为此，我在博士论文中假设，中国地区收入差距问题日益显在化、深刻化，不仅是各地区经济发展的初期条件极度不平衡所致，而且是各地区经济活动中产业结构的差异所致，更是经济发展中生产过程的产业结构、生殖过程的人口结构、教育过程的教育结构三者极度不平衡所致。

为了论证这一假设的妥当性，我以新中国成立以来公开发表的社会经济统计时间序列数据为主线，运用基尼系数、洛伦兹曲线、变动系数、回归分析及相关分析、顺位相关分析、特化系数、收入水平指数等统计手法，分析检验了我国各地区国民收入的变化与产业结构、人口结构、教育

结构之间的变化关系。通过分析验证，表明了在我国经济发展现阶段，各地区产业结构、人口结构、教育结构的不平衡，加剧了各地区之间经济发展的不平衡，有力地支持了我提出的假设。

2003年春节前，我第一次走进骆驼巷村的时候，并没有想到会在这个村庄做入户跟踪调查，我更多关注的是西海固行政村一级的基层组织建设，更迫切地希望行政村一级的基层组织在社会化管理方面有所迈进、有所突破。当然，也更迫切地希望骆驼巷村的发展与进步不仅仅依靠外生动力，还能够依靠来自农民主体的内生动力。俗话说：内行看门道，外行看热闹。但是，如果研究农村的内行总是坐在城市里研究农村的话，那就很难说能不能看出门道了。相反，如果研究农村的外行总是身处农村实地的话，久而久之，也能看出一点儿门道。

新中国成立以来，对世界做出的一大贡献就是解决了一个发展中人口大国吃饭的问题。党的十八大报告提出全面建成小康社会，要求我国从解决广大农民吃饱饭的问题转向解决广大农民富裕起来的问题。在我看来，西海固的村庄，要想在2020年与全国同步进入小康社会，比起农业增收来，至关重要的是要在行政村一级的基层组织建设方面取得实质性的突破，要让农村管理体系中的行政村这个"阀门"打开，让行政村这个"阀门"的调节功能运转起来。

我国有13亿人口，其中农村人口依然占半数左右，要想解决好中国的问题，就要认真研究解决好农村的问题。关于农村发展建设的中央一号文件的连续发布，说明党和政府对农村的社会经济发展非常重视，说明认真研究解决好农村的问题势在必行。事实上，中国农村、中国农民的未来，与我们的生活息息相关，每一个中国人都需要关注与关切，不管是内行还是外行，不管是圈里人还是圈外人，都要怀揣一颗谦恭的心、敬畏的心。因为中国农村的事儿并不是小事儿，中国人吃饭的事儿并不是小事儿，中国农村的事儿也往往不像我们想象得那么简单，不像文件里、书本里讲得那么顺理成章。

常言道：清官难断家务事。可是现在常常有人说：清官难断农民事。农民的事儿真的是太难办了。说实话，我也有这样的感受。我在骆驼巷村做入户跟踪调查已经 15 年，至今仍有不少事情想说却说不清，想道却道不明，更难说清楚孰是孰非。很多农村的事情，往往是公说公有理、婆说婆有理，不知所云，不知所措。在不少人看来，农民能有什么大事呀，但是，且不可小看农村的这点事儿，因为农村的这点事儿，往往关乎整个中国的事儿，解决不好中国农村的事儿，也就很难解决好整个中国的事儿。

我到西海固骆驼巷村之前，对西海固村庄的认知像是一张白纸，我的感觉大多是在骆驼巷村跟着农民的感觉走。不少人说：读不懂中国农村这部大书，就读不懂中国这部大书。显然，我还没有读懂中国农村这部大书，没有读懂中国农民的生活，没有读懂朝夕相处的骆驼巷村。

我想，这部书稿本身，在骆驼巷村进行入户跟踪调查本身，就是一个努力读解西海固农村的过程，就是一个努力读解西海固农民生活的过程，就是一个努力破解行政村一级基层组织所面临的难点与问题的过程。诚然，中国延续了几千年的农耕文化，想要真正读懂并非易事。我之所以在乎这个努力的过程，之所以在乎这个过程中遇到的每一个生命，之所以在乎每一个生命所展示的一段故事，就是因为这些都是读解中国农村不能省略的环节。

面对广袤无垠的西海固土地，面对千变万化的西海固村庄，面对村庄错落的一个个院墙，面对院墙里发生的一幕幕生活场景，常常会感觉到，我们每一个人都显得那么渺小。或许，我们永远都不能到达认知的彼岸，因为我们每一个人的认知能力都十分有限，更何况我是研究农村问题的外行。但是，这个努力的过程是有意义的。

目前，我国的社会科学研究领域，特别是与村庄变迁相关的研究领域，可供参考的第一手数据相当有限，绝大多数学者都是引用现成的数据或者利用第二手数据进行研究，其结果大大影响了研究成果的质量，影响了政府科学决策的水平。为此，走进村庄，走进农民的生活，从收集村庄的第一手资料开始，做深入细致的调查研究，观察村庄鲜活的经验事实，感受村庄变迁的脉动，读解村庄表象背后的问题，方显得尤为重要。

如今，有 6 亿左右的农民生活在农村，有 2 亿左右的农民穿梭在农村和城市之间，作为一名从事社会科学研究的工作者，无论是内行还是外

行，都应当关注农村，关注农民。用自己的双脚走进骆驼巷村，用自己的双眼观察骆驼巷村的农民生活，用自己的双手记录骆驼巷村农民的农耕细作，用自己的思考读解骆驼巷村农民的喜怒哀乐，并且把发生的、看到的、想过的都原原本本地写在我的这张白纸上，留给后人一点儿经得起时间推敲的第一手资料，这些正是我这个研究农村的外行走进骆驼巷村的初心。

## 二 行政村这个"阀门"锈住了？

改革开放以来，在我国的农村，从人民公社制度的解体到"包产到户"，行政村一级的基层组织逐渐被弱化了。农民赖以生存的地缘单位——行政村，逐渐变得缺少约束力、缺少服务功能。特别是从土地引发的矛盾和纠纷中不难看出，个别农村行政村一级的基层组织被架空，主体功能被削弱，有其名无其实。以何种组织形式保护农民利益，让农民成为建设农村的主体，改变行政村一级的基层组织权力失衡的现状，从根子上解决农村经济增长内生动力和活力不足的问题，应该提上议事日程了。

目前，我国的五级政府中，乡镇政府是管理农村最直接的政府。人们通常说，乡镇干部是农民衣食住行的父母官，但是在现实生活中，中央政府的农村政策到了很多乡镇政府这一级就"短路"了，很难在行政村得到较好的体现和落实。我曾听到农民说："现在中央的政策对我们农民真是太好了，但是一到了下面就走样。"这说明农民与村干部之间、农民与乡镇干部之间还存在一定的矛盾。

我在骆驼巷村进行入户调查的10多年来，在农村听到最多的一句话就是"没有人管"。"没有人管"这句话，都快把我耳朵磨出茧子来了。接到农民反映问题的电话真的是家常便饭，可我只是一个做实地调查研究的学问人，根本就没有解决问题的能力和义务，常常是闹得进退两难，十分无奈。

通过我在骆驼巷村长时间的实地考察，感觉西海固农村问题的关键是：农村行政村一级的基层组织这个"阀门"锈住了、失灵了。因为农村行政村一级的基层组织是农民朝夕相处的地缘单位，也可以说，行政村这个地缘单位，好比整个农村管理系统中的"阀门"，这个"阀门"一旦锈住了、失灵了，那么农村的矛盾自然就会越积越多，问题也会越积越多，往往一个不起眼的小问题，由于没有及时疏导，引发成了社会矛盾。水满则溢，这个道理很简单。

新中国成立60多年来，我国农村的基层组织建设始终是一个短板，包产到户以后，农村行政村一级的基层组织"形有实无""功能缺位"的问题始终没有得到较好的解决。在我国西北地区特别是贫困地区、偏远山区，农村行政村一级的基层组织停留在一种形式上，没有在农民的日常生活中发挥实质性的作用，从而导致一些矛盾由小及大，成为社会不稳定的潜在导火索。事实上，很多突发事件的发生，本来都是可以防患于未然的。

长期以来，乡镇一级政府与行政村一级村委会之间的联系，也只是停留在上一级组织对下一级的联系上，上一级政府叫下一级做什么，下一级就必须做什么。国家制定的许多关乎农村发展和农民切身利益的政策法规、优惠政策等，如何在行政村一级的基层组织中得到切实有效的落实，至今还是一个有待解决的问题。显然，这种乡镇政府对上完成任务、对下分派任务的工作模式，已经远远不能适应当今农村发展的需求，更无法解决农民个体的合理诉求。

无疑，目前农村基层组织的这种行政管理模式存在不少弊端，并且随着时代的发展，这些弊端表现得越来越突出。在西海固的村庄，当前最迫切需要解决的问题，就是行政村这个"阀门"生锈的问题，就是行政村一级的基层组织始终处于一种"形有实无""功能缺位"的问题。如果不能从根子上解决这个问题，国家的政策再好，农民还是会感觉心里不是那么踏实，因为农民在生活中遇到了问题，不知道应该找谁、应该去什么地方找。

当农民吃不饱肚子的时候，无论是物质要求还是精神要求都是很低的，但是农民一旦有吃有穿了，物质要求和精神要求也就随之提高了，对政府的要求自然也就提高了。

一位基层干部说："以前村里让农民做事情是靠命令，现在村里让农民做事情得哄着。"这说明什么？说明现在管理农民再用老一套办法已经不灵了。无疑，目前行政村这种粗放式的管理模式，已经带来了方方面面的问题，已经严重阻碍了农村自身的健康发展，不仅无法适应现代农业的发展，而且会影响整个国家的社会稳定。其主要弊端如下。

1. 行政村一级基层组织权力的真空化

自 20 世纪 80 年代初人民公社制度解体以来，农民赖以生存的地缘单位——行政村便逐渐弱化成为一种形式。据了解，骆驼巷村自 1983 年 10 月实行家庭联产承包责任制，土地包产到户以后，大队部、党员活动室、医疗卫生站等基层组织和公共基础设施也一股脑儿地给处理掉了。农村党支部和行政村一级组织在广大农民心目中的地位日益下降。

在我国的五级政府中，乡镇政府是管理农村最直接的一级政府。但是，自撤社建乡、土地包产到户，特别是在农村免征农业税以后，乡镇政府对行政村一级的基层组织管理也逐渐失去抓手，大多是落实上级部署下来的任务。由于行政村一级的基层组织丧失了原有的调节功能，很多陷入了"空转"状态，而乡镇政府在应对上一级政府的工作方面的任务反而越来越繁重，不少工作在一线的乡镇干部深有体会地说："我们的工作实在是太难干了，经常是绞尽脑汁在完成上级的任务和满足农民的利益之间找对接点，但实际上这个对接点太难找了。我们现在做事情不是靠制度，而是靠能人、靠觉悟、靠奉献，但在实际工作中没有监督、没有可操作的制度做保证，就是累死了农村的工作也搞不好。"

显然，目前农村乡镇政府的治理模式已经很难走出上文所述的困境，至少在西北的农村，这个问题还是比较突出的。原因有两方面：一方面，乡镇政府缺乏直接介入行政村一级基层组织人和事的机制和动力，与行政村的联系浮在表面；另一方面，尽管行政村村委会的常规支出主要来源于乡镇政府，但是其手中的资源和权力很难为村民解决实质性的问题，自然也不需要承担什么责任。其结果是，中央政府的政策到了乡镇一级政府就"短路"了，很难在行政村一级的基层组织中得到较好的体现，有时甚至会偏离落实政策的初衷。

行政村是农民生息繁衍的地方，是最贴近农民生产生活的地方，是农村最基础的地域单元，是执政党在农村最重要的社会基础。我们必须清醒地认识到，行政村一级的基层组织，是农村工作中最重要的一级组织，只有把行政村一级基层组织的工作落到实处，农村的工作才能落到实处，只有抓住了行政村，才能抓住广大的农民。如果乡镇政府的工作与行政村一级的基层组织不能紧密地联系在一起，甚至在工作上脱节、在政治上缺位、在组织指导上流于形式的话，那么行政村一级的基层组织就会出现权力的真空化。

总之，自人民公社解体到包产到户以后，行政村一级的基层组织严重弱化，导致行政村一级基层组织的社会服务体系建设严重滞后，这直接影响了广大农民生产生活的质量，制约了我国农村社会经济的和谐发展，已经到了必须高度警惕的程度。

## 2. 行政村一级基层组织工作的无序化

随着人民公社制度的解体，以及一家一户个体经营模式的恢复，我国农村从新中国成立初期延续下来的行政管理体制渐渐变得松散无力。尽管乡镇政府也经历了几次机构改革，但是都没有能够从制度建设上迈出实质性的、突破性的一步，都没有能够摆脱"想管又管不了、想放又放不了"的尴尬局面。

问题是，对于农民天天生活的地缘单位——行政村的建设与发展，广大农民群众的发言权、建议权没有一个良好的渠道得到充分体现，上一级政府叫你做什么你就得做什么，叫你怎么干你就得怎么干。从表面上看，每个行政村都有党支部和村委会，但实际上这两套班子就是村里那么几个人，那么几个愿意张罗事情的农民，乡镇政府布置下来工作，他们就在一起商量商量、应付应付，农民形象地比喻行政村的干部是"传声筒"，被动地接受任务，被动地完成任务。在农民眼里，这些任务往往与他们的个人利益关系不大，经常是乡镇政府布置个学习任务、传达一下中央文件精神，村干部就给村民象征性地布置一下、宣传一下。

显然，行政村一级基层组织的这种"形有实无"的存在，对广大农民来说没有什么实质性的意义，因为它们非但没有保护农民利益的抓手，还常常去张罗一些费力不讨好的事情，所以农民也不把村干部当回事儿。由于行政村一级的基层组织长期缺失实质性的功能，阻碍了农村社会经济的有序发展。其主要表现如下。

（1）松散状态

我们在这里说的松散状态，不是说农村没有政府，而是说没有一套切实可行的乡村治理办法，或者说没有建立起完善的乡村治理制度。农民迫切需要政府，是因为农民迫切需要政府为他们的安全和财产提供保障。然而，广大农村的末端——行政村长期处于一种职能缺位的状态，导致许多村庄的组织较为松散。

现在，农民的温饱问题基本解决了，生活水平明显提高，但是对农村现状不满的农民并不少，他们抱怨最多、最强烈的就是"没有人管"。有的农民说："现在除非杀了人有人管，其余的干什么事情都没有人管。"显然，农民希望有人关注，希望引起社会关注。

令人担忧的是，在一部分村庄，大姓家族势力、"村霸"势力、地痞流氓势力、黑社会势力乘虚而入，当一些村民或家族之间有矛盾的时候，不是通过正常的渠道协调解决，而是通过家族势力、强者势力、黑社会势力等来强行解决，弱化了农村的政治生态。

（2）村务政务的无序化

我们在这里说的行政村一级的基层组织村务政务的无序化，并不仅仅局限于个别村干部的工作状态，如忙于应付上级、造表造册、走过场、做表面文章以及村务政务不透明、缺少监督管理等，同时也指在落实中央惠农政策中存在的无序化。下面，列举一个信用社给农民贷款的案例，通过这个案例，可以说明村务政务无序化带来的危害。

目前，在西海固地区，不少农村有被无辜列入信用社黑名单的农民，他们至今都无法享受国家在贷款方面的优惠政策。例如，在张易镇、红庄乡等信用社，2006~2008年，国家通过农村信用社为农民办理小额贷款，每户一次性可以贷款2万元，有的村支书就把一部分农民的户口本收上来，以农民的名义从农村信用社贷款，这些农民中有不少人并不知道此事。

显然，把农民的户口本集中起来贷来的款不会是一个小数字，多达几十万元甚至上百万元，这些人中有村支书，也有信用社的工作人员，他们把贷款投入各种私人经济体，没想到2008年遇上了金融危机，不少个体企业纷纷破产，导致这些贷出去的钱打了水漂。但是，从贷款的手续上看，这些钱都是村支书以农民的名义贷出去的，自然也就记在了村支书的身上。

事发后，地方政府处理了农村信用社的相关违纪人员，可是钱已经无法追回了，个别违纪人员至今下落不明，使介入进去的村支书很被动，因为小额贷款的无序背了一屁股债，至今还处在漫漫还债路上。而最冤枉的就是那些不知情的农民，从此他们被列入了信用黑名单，而这些被无辜列入黑名单的农户，国家给予的补助，如低保补助、化肥补助等也被信用社扣下来用于还款。据了解，2012年红庄乡信用社进驻了工作组，把扣下的低保补助、化肥补助等退还给了农民，但是这些农民依然没有被从黑名单中删除，依然不能从信用社贷款。

显然，被无辜列入黑名单的农户很冤枉，可农村信用社也很头疼，贷出去的款不是一个小数目，而这些贷款的记录明明有凭有证，按照规定到时间不还款就不能贷款，这个遗留问题至今都没有解决。前几年，类似这样的例子在农村还有一些，体现在不同的方面，只要国家有政策出台，就会有人钻空子。事实证明，村务政务的无序化，对社会造成的不良影响很难在短期内消失。

（3）自由放任折射的社会矛盾与潜在危机

目前，农村潜伏着各种各样的矛盾，最突出的矛盾就是老百姓和当地政府的矛盾，这种矛盾主要表现在土地问题上。现在，固原有一个新名词叫"拆二代"，用以形容因拆迁而发家致富。我在这里不想说什么强拆的案例，也不关心谁因拆迁而发家致富了，我担忧的是，这种不良风气给社会带来的潜在危机。

前段时间，有一位农民朋友总是往固原城里跑，我问他忙什么，他说忙着给家里盖房，夜里要到工地上看着。我觉得有些奇怪，便问："你白天盖房夜里跑去看什么？"他说："害怕别人把房子推了。"于是，就和我

聊起了农民在城市周边盖房子的事情（2012年）。

他说，政府在固原周边划了一个范围，规定在这个范围之内的村庄，其土地根据政府的需要是可以征用的，政府对农民征收的土地会进行补偿。政府每年都要征用土地，一般征收土地的理由都是进行城市化建设。当地政府开始征收农民的土地大概是在十几年前，那时候征收1亩地才给农民1000元作为补偿。政府征收来的土地，有的用于公共建设，如修公路等，有的卖给了开发商，有的卖给了个体户，其中也有少数卖给了农民。

刚实行包产到户的时候，农民分的土地都是为了耕种，这里的地也不值什么钱。后来，出现了政府卖地的现象，当时虽然地不值钱，但土地税都是一次就收30年的，这些税收积累起来也是一笔钱。刚开始征税时，每亩地只征收几毛钱，后来渐渐涨到了四五元钱。前几年，政府征收农民的土地，每亩地也就补偿3000~4000元。为此，农民意见很大，嫌政府补偿的钱太少。据了解，现在政府征收农民的土地，每亩地的补偿金额已经提高到16000元以上了。

渐渐的，农民到城市周边盖房子的现象越来越多，因为撤乡并镇、撤校并校，不少农民要陪孩子到城里上学，有的为了在城市周边找点活儿干，做点小生意，也想办法在城市周边安营扎寨。但是，按照国家保护农村生产用地的政策，是不允许征收城市周边农村的农业用地的，也不允许乱批宅基地。可是，住在城市周边的农民看见土地越来越值钱，就开始琢磨着如何让自己的土地利益最大化，这样一来在城边村盖房子就火了起来。

现在，无论是住在城市周边的村庄里的农民，还是住在交通不便的山村里的农民，都知道国家对建设用地的补偿要比对农业用地的补偿高出很多，于是农民私下里对小产权房的交易越做越火。这个交易市场在社会上是被默认的，土地买卖有合同，合同也签字盖章，只不过这个合同是农民自己跟自己签订的合同，卖地的价格，也随着市场的需求被逐渐抬高。

正是因为土地可以带来巨大利益，所以在以前看似不值钱的土地，现在成了人人都想找空子钻、都想从中获取利益的"玩意儿"。显然，这种无序化的人口和居住地的迁移，加速了山区的村庄凋落、土地荒芜和农村的"空心化"。

(4) 参与意识的缺失

一方面，农村包产到户以后，一家一户的小农经济成为农村社会组织的主体。与此同时，随着经济的快速发展，以前封闭的农村经济也逐渐参与到市场经济体系中，随着市场经济的渗透，在土地上积存的大量剩余劳动力逐渐向外转移，越来越多的农民为了谋生外出打工。农民工的大量涌现，使农村的生活发生了很大变化，更多的农民把他们的兴趣和投入放在了有望改变自己命运的城镇，而对自己家乡的现状和建设渐渐疏远起来。

另一方面，由于农民朝夕相处的行政村渐渐弱化，农村公共资源长期匮乏，行政村一级的基层组织不仅没有能力维护农民自身的利益，而且没有能力代表农民自身的利益，有的时候还与农民的愿望背道而驰，久而久之，农民对村里的事情大多持漠不关心的态度，谁当选村干部、村干部的能力怎么样、村干部在做什么事情、村子里出现了什么变化等，都不以为然，漠不关心。哪怕是关系到每一个人利益的问题，也往往是抱着"随大流"的态度。

现在，农村很多有文化、有本事的人都外出了，而行政村村委会又没有吸引外出打工的农民回乡创业的手段和平台，这种现状，助长了外出务工农民对家乡建设缺乏参与意识的风气。有不少年轻人，连初中甚至小学都没有毕业，就早早外出打工赚钱去了，有的人一出去就是几年，也不回家，更不要说关心和参与家乡建设了。新农村建设离不开农民的积极参与，离不开农民的建言献策，如果农民的参与意识长期缺失，必然造成农村自身建设的动力不足。

(5) 归属意识的缺失

包产到户以后，农民获得了土地的使用权，一家一户的农民成为个体经营的主体，但从另一方面说，集体意识也弱化了。农民的吃饭问题解决了，农民的物质生活水平也渐渐提高了，但是农民在精神层面的需求则长期被忽视了。

农民迫切希望有一个组织、有一个归宿的需求被长期忽视，农民很难在他们朝夕相处的家园找到归属感。不管你是城里人还是农村人，都不愿

意孤独地生活，都希望有一个归属地，如归属某个家庭、工作单位、政府、组织、民间团体等。人有了归属感，才会有安全感、满足感、幸福感。失去了归属意识，也就失去了自身的责任意识。因为有了归属意识才会有责任意识，归属意识越强，责任意识就越强。

### 3. 农村社会核心价值模糊

我们在这里说的社会核心价值的模糊，是指在中国社会转型时期，原有的价值体系逐渐走向崩溃，新的价值体系还没有建立起来的一种状态。如果这种状态持续下去，会严重影响社会主义核心价值体系在农村的形成，使正风、正气难有立足之地，进而导致社会出现一系列的潜在危机。实事求是地说，随着市场经济在农村的渗透，传统的、封闭的乡村社会发生了巨大的变化，有的人开始从相信政府走向相信市场，从相信党走向相信钱，如何能够赚到钱，如何能够赚到更多的钱，成为一部分农民的生活目标。

新中国成立之前，农村的社会秩序在很大程度上是依靠宗族组织来维系的。新中国成立之后，党领导的新生政权在农村建立起了一套新的管理机制，广大农民显示出了前所未有的政治热情，党在群众中有着很高的威信，"扫黄""扫盲""破除迷信"等行动都得到了广大农民的积极响应和支持，农村发生了很大的变化。

但是，随着人民公社制度的解体，以及包产到户的实施，农民的政治热情也逐渐消退。而村民自治引入的民主方法在西海固的农村很难行得通，暗箱操作、贿选、搞小集体等不良风气，不但没有唤起农民积极参与的热情，反而让农民变得更加消极。

在我看来，解决好农民"吃喝拉撒睡"的问题，就是最大的民生，就是最大的政治，就是最大的中国梦。而解决好农民"吃喝拉撒睡"问题的关键，就在于完善行政村一级的基层组织建设。现在，农民"吃"的问题解决了，"喝"的问题、"拉"的问题、"撒"的问题、"睡"的问题，就随之摆在面前了。行政村，是农民朝夕相处的地缘单位；行政村，是最贴近农民生活的村庄组织；行政村，是连接国家与广大农民群众的纽带；行政村，是广大农民日常生活的平台。行政村建设的好坏，直接关系到广大农民的"吃喝拉撒睡"问题，直接关系到农民生活质量的改善和提高，直接关系到党和国家的稳定。如果行政村这个"阀门"锈住了、失灵了，自然就会波及和影响党在广大农村的执政基础。

要想从根本上解决行政村"形有实无""功能缺位"的问题，让行政村这个"阀门"真正发挥调节作用，就应该把现在农村的基层组织管理农民的观念转向基层组织服务于农民的观念上来，把乡镇政府垂直到行政村的行政化管理模式转向以行政村为轴心的社区化管理和服务的模式上来。

回顾中国共产党近 100 年的奋斗轨迹，每一步的前进都以广大的农村做后盾，都离不开众多农民的积极参与，党在组织农民、教育农民的过程中，适时地提出了核心价值观和指导思想。如今，中国社会转型期多元的思想价值体系并存，这并不能说是一件坏事情，但是，作为执政党的中国共产党，其价值观和指导思想的核心不能变，不能人云亦云，不能失去农村这块幅员广阔的阵地。

## 三 行政村党支部的现状
—— 以骆驼巷村为例

在西海固地区的农村，虽然每个行政村都建有党支部，但农村党支部严重弱化，农民党员难以发挥作用，这是一个比较普遍的问题。道理很简单，农民赖以生存的地缘单位——行政村一级的基层组织，自人民公社制度解体以后，便没有实体经济做支撑了，事实上只剩下一个空架子，那么建立在行政村的党支部，自然也就很难发挥实质性的作用。也就是说，行政村的工作没有了抓手，那么建立在行政村的党支部也就没有了抓手。

我在西海固骆驼巷村做入户跟踪调查已经 15 年了，从 2013 年 7 月开始，骆驼巷村成为固原市财政局负责的对点帮扶村。在邻近村庄的老百姓眼里，这几年骆驼巷村着实火了，如村道硬化、危房改造、牛羊圈舍改建，以及实施自来水工程、太阳能工程、娱乐广场工程、宽带网工程等，

媒体也竞相报道。据了解，这些年来，国家在骆驼巷村的投入达4000多万元，也难怪邻近村庄的老百姓眼热。

骆驼巷村村委会的硬件建设也不在话下。骆驼巷村现在的村委会和2003年我第一次见到的村委会相比，简直是今非昔比。

**2003年骆驼巷村村委会所在地**

我曾经参观过甘肃某某县某某村的村委会，那里的阵势更是不得了。盖的一座小楼里面有办公室、会议室、接待室、人民议事室等，功能很全。据说盖这样一个村委会要花100多万元，到现在盖村委会的钱还没有全部还上。但实际上，平时真正到村委会来的农民很少，相比外表的美观气派，里面却显得空空荡荡、冷冷清清。

近年来，我走访了不少陕甘宁地区的村庄，村委会所在地和从前相比，大多改头换面了。但是和基层干部一聊天儿，大家都觉得村委会的工作实际上越来越难干了，农村党支部的存在感也逐渐下降了。眼下，农村的流动人口越来越多，对这些农民党员的管理长期处于空白，农民党员每人每年需缴纳2.4元的党费，大多采取垫付的形式，更谈不上过组织生活了。

第四章 实地调查过程中的问题思考

现在的骆驼巷村村委会所在地

2003年骆驼巷村村委会用的牌子

# 山村的守望

现在的骆驼巷村村委会用的牌子

要说骆驼巷村，在陕甘宁地区的村庄里还算是可以的，特别是近几年固原市财政局派了1名干部到村里，兼任骆驼巷村的第一书记，每年还组织农民党员搞几次活动。但是，我在入户调查时问村里的农民党员平时是否学习，回答的却是：不学习。问村里的农民党员平时能不能发挥党员的作用，他们大多羞涩地笑一笑，然后有些不好意思地说："唉，发挥啥子作用啊。"看来，农民党员平时不怎么学习，也不知道应该如何发挥党员的模范带头作用，这恐怕在西海固的农村不是个别现象。

记得2003年春节前，我第一次走进骆驼巷村，对那里的一切都充满了好奇，自然对农村基层组织是个什么样子也很好奇。我刚到骆驼巷村的时候，几乎没有人去村委会，谁有事情就直接找到村支书的家里，我也一样，所以那时候根本就不知道村委会在哪里。后来，有一天镇上来了两个人，好像是搞计划生育工作的，正好我也在村里转，于是他们就带着我一起去了村委会。

骆驼巷村村委会设在小庄回族自然村，当时的村委会在一个很小的院子里，正对院子铁栏杆门的里侧，有一排坐北朝南的平房，面积大约有30

平方米，据说这排平房是 2000 年盖的。村干部在最东边的一间小房子里办公，很少有农民到这里来，平时村委会的小院子经常锁着门。前些年，村委会搬家，我才知道原来这个小院子是村委会借农民的宅基地盖起来的，现在又归还给了农民。

第一次进村委会的时候是在冬季，一进去冻得我够呛，一边搓手一边哈气一边跺脚。房间里空空荡荡的，除了一套破旧的沙发、一张桌子、一个柜子、一张三屉桌，就再也没有什么像样的摆设了。一进房门，四处都是灰尘，看上去有段时间没有人来了。马支书从邻居那里要来了两块点着的碳，放进炉子里，再加进去两三块煤，然后在炉子上面放一个小铁壶，半小时之后，屋子里才开始有点热乎气儿。也难怪村委会平时总是锁着门，因为一进村委会就要烧煤、点灯，而烧煤、点灯的费用要自己想办法解决。

马支书对我说，村委会值钱的东西就是上级发的一台彩色电视机，因为担心被偷窃，暂时放在了他家里。当时，村干部嘴里很少用村委会这个词儿，都把这里称作"党员活动室"。在党员活动室里，有一份《固原日报》、一本《共产党人》杂志、一本《求是》杂志，除此之外，就没有任何其他可以阅览的书刊了。党员活动室里也没有电话，记得当时整个骆驼巷村才有 3 部座机。

据马支书介绍，1983 年 10 月，骆驼巷村实行了家庭联产承包责任制，土地包产到户以后，村里的大队部、党员活动室、卫生站等公共设施都被处理了。那时候，村里的党员基本上不学习，除非传达上级重要文件精神或乡镇上发重要通知时，才临时找个农户到他家里聚一聚，至于村里的事情，根本就没有人过问，也没有人关心，党员就都随大流儿。

据马支书介绍，在骆驼巷村，包产到户以前，村里的党支部曾经有过五任支书；包产到户以后，村里的党支部也有五任支书，现在的村支书是第五任，但村里的党支部在农民眼里一下子就变了，支部书记在农民眼里也没有什么威信了，党员在农民心里的地位更是大不如从前了。

马支书说，从形式上看，行政村的党支部和村委会有两套班子，像模像样，但实际上，村里的事情就是那么几个村干部在张罗。无论是村委会

还是党支部,都没有任何公积金,乡镇布置下来一些工作,几个人就一起商量着干,反正给村民也解决不了什么实质性的问题,乡镇布置个啥村干部就干个啥。

在年轻、有能力、生活富裕的农民眼里,村干部也不算个啥;在老、弱、病、残的农民眼里,村干部也指望不上个啥。村里要求入党的农民越来越少,党支部在农村发挥的作用越来越小,带领农民致富、带领农民转变观念、带领农民开展文化娱乐活动等很难落实,农村党支部实际上就是名存实亡了。直到20世纪90年代后期,政府才渐渐关注起农村党支部的存在了。

在相当长的一段时间里,骆驼巷村就是农民各种各的地、各收各的粮、各过各的日子。村里的事情没有人主动过问,更不要说主动帮忙了,人们都抱着多一事不如少一事的态度,行政村党支部成了挂在墙上的一块看板,说它没有,它还有一个组织形式,说它有,可又发挥不了什么实质性的作用。

2005年5月,我对骆驼巷村农民党员的情况进行了摸底调查。从20世纪80年代初到2005年5月这段时间里,骆驼巷村共发展过12名党员,平均两年发展1名党员。在这个500多户2000多人的行政村里,平均100个农民中才有1.1名党员,而在这些党员中,还有的长年在外打工。

从表4-1可以看出,骆驼巷村党员老龄化的问题突出。在骆驼巷村的35名党员中,50岁及以上的党员有26名,占党员总数的74.3%;40岁以下的党员只有6名;全部党员中女性党员只有2名。另外,农民党员的整体文化程度比较低,在骆驼巷村的35名党员中,不识字和识字很少的党员占到了半数以上,读过高中的只有2人。

表4-1　2005年骆驼巷村不同年龄段党员的学历结构

单位:人

| 年龄 | 不识字 | 小学未毕业 | 小学 | 初中 | 高中 | 总计 |
| --- | --- | --- | --- | --- | --- | --- |
| 18~29岁 |  |  |  | 1 |  | 1 |
| 30~39岁 | 1 | 1 |  | 2 | 1 | 5 |

续表

| 年龄 | 不识字 | 小学未毕业 | 小学 | 初中 | 高中 | 总计 |
|---|---|---|---|---|---|---|
| 40~49岁 |  | 1 |  | 1 | 1 | 3 |
| 50~59岁 | 3 | 3 |  | 6 |  | 12 |
| 60岁及以上 | 3 | 6 | 4 | 1 |  | 14 |
| 总计 | 7 | 11 | 4 | 11 | 2 | 35 |

资料来源：骆驼巷村村委会提供。

在农村行政村一级的党支部中，党员文化程度低、党员数量少、党员老龄化、妇女党员少等问题，长期困扰着农村党支部，而农村行政村的"形有实无"，导致农村党支部没有切实可行的抓手，长期处于一种十分尴尬的境地。众所周知，在城市中，在各级组织、各类企事业单位中，党的执政能力都是通过行政实体具体体现的，党员的作用都是通过政务工作具体发挥的。可是，农村行政村一级的党支部，不过也就是有一两间房子、几十个农民党员，连起码的活动经费都没有。农民党员通过什么来发挥作用？行政村一级的党支部通过什么来凝聚农民？恐怕连村支书和农民党员都难以回答这个问题。

据了解，2004年以后，骆驼巷村的村支书、村主任每月可以拿到150元的补贴，7个自然村的7名小队长每年只能平分800元的补贴。按规定，自然村的小队长每人每年应该得到200元的补贴，但是由于当时乡镇政府的财政紧张，在很长一段时间里，只按4名小队长的份额拨给骆驼巷村，实际上每个小队长辛苦了一年，只能拿到110多元。2004年以前，骆驼巷村7个自然村的小队长基本上就是白干工作，每人每年也就能拿二三十元的补贴。

2005年5月至2011年4月，骆驼巷村党支部共发展了6名党员，但是与2005年相比，2011年的党员总数减少了1人。从表4-2可以看出，骆驼巷村党员老龄化的问题依然突出，在34名党员中，50岁及以上的党员有21名，占党员总数的61.8%；40岁以下的党员只有7名；全部党员中女性党员只有2名。另外，农民党员整体文化程度较低的现状也没有得到根本性的改变，在34名党员中，小学及以下学历的党员仍然占到了半数，高中及以上学历的党员只有3人。

表4-2 2011年骆驼巷村不同年龄段党员的学历结构

单位：人

| 年龄 | 不识字 | 小学 | 初中 | 高中 | 大专 | 总计 |
| --- | --- | --- | --- | --- | --- | --- |
| 18~29岁 | | | | | 1 | 1 |
| 30~39岁 | | 2 | 4 | | | 6 |
| 40~49岁 | | 1 | 3 | 1 | 1 | 6 |
| 50~59岁 | | 4 | 4 | | | 8 |
| 60岁及以上 | 4 | 6 | 3 | | | 13 |
| 总计 | 4 | 13 | 14 | 1 | 2 | 34 |

资料来源：骆驼巷村村委会提供。

2011年5月至2016年3月，骆驼巷村党支部共发展了5名党员，再加上在大学入党后关系转到村里的党员，党员的总人数增加到41名。从表4-3可以看出，骆驼巷村党员老龄化的问题有了一些改变，但50岁及以上的党员仍然占半数以上。在41名党员中，50岁及以上的党员有22名，占党员总数的53.7%；40岁以下的党员有11名，比2011年增加了4名；全部党员中女性党员有6名，比2011年增加了4名。另外，农民党员整体文化程度较低的现状依然没有得到根本性的改变，在41名党员中，小学及以下学历的党员仍然占近半数，高中及以上学历的党员增加到6人。

表4-3 2016年3月骆驼巷村不同年龄段党员的学历结构

单位：人

| 年龄 | 不识字 | 小学未毕业 | 小学 | 初中 | 高中 | 大专 | 大学 | 总计 |
| --- | --- | --- | --- | --- | --- | --- | --- | --- |
| 18~29岁 | | | | 2（女1） | | | 2（女1） | 4 |
| 30~39岁 | | 1（女1） | 1 | 3（未毕业2） | 1 | 1 | | 7 |
| 40~49岁 | 1（女1） | 3 | | 4 | | | | 8 |
| 50~59岁 | | | | 2 | | 2（女1） | | 4 |
| 60岁及以上 | 5（女1） | 6 | 3 | 4 | | | | 18 |
| 总计 | 6 | 10 | 4 | 15 | 1 | 3 | 2 | 41 |

资料来源：参考骆驼巷村村委会提供的数据，以入户调查数据为准。

现在，骆驼巷村村委会的院子里，不仅有党员活动室，而且配有图书室、卫生室、会议室等，院子里还有一个新建的篮球场，办公室里配有电脑、打印机、复印机等设备，在硬件设备上确实比十几年前有了很大的改变。但是，从骆驼巷村村委会的软实力来看，并没有什么明显的变化，村干部还是那几个人，看不到新面孔，配备的电脑等设备也不会用，依然是围绕乡镇政府的工作干点儿抄抄写写、跑跑腿的事情，依然难以回应农民生活中迫切需要解决的实际问题，依然没有规划出带领全村农民奔小康的路径。

据了解，骆驼巷村村干部的报酬逐年提高。2011年，村支书、村主任的报酬是4500元，村会计是4000元，自然村小队长是200元；2015年，村支书、村主任的报酬是8500元，村会计是8000元，自然村小队长是200元；2016年，村支书、村主任的报酬是12000元，村会计是11000元，自然村小队长是200元；2017年，村支书、村主任的报酬是12800元，村会计是12800元，自然村小队长是500元，其中300元由乡镇政府自筹。显然，村干部的报酬逐年上升，但是自然村小队长每年200元的报酬从2011年到2016年没有变动，即便是这么少的报酬，骆驼巷村近两年也没有落实到位。骆驼巷村的村干部说，现在小队长真的没有人愿意干了，干一天小工200元也到手了。

从骆驼巷村的事例中可以看出，农村基层党组织弱化、难以发挥作用的问题还是比较突出的。实事求是地说，就目前行政村这种农民管理农民的模式而言，如果不在体制机制上进行深化改革，农村党支部要想真正有所作为，是非常不现实的。尽管骆驼巷村在当地也算得上是一个名声在外的村庄，当地政府也很重视，上级还给分配了大学生村官、公务员、第一书记，但是这些措施都很难从根本上弥补行政村一级基层组织"形有实无"的缺陷。在农民世代生息繁衍的行政村，在农民生活最基本的地缘单位行政村，在农村生产活动最基础的经营单位行政村，如何打破农民管理农民的现状，如何走出农民管理农民的尴尬困境，已经是不能继续回避的问题了。

## 四 农村合作社
―― 案例一

### 1. 采访背景

采访时间：2015年7月11日

采访人：林燕平

被采访人：骆驼巷村小庄回族自然村农民马进军
　　　　　骆驼巷村小庄回族自然村农民马小刚

采访同期声制作：固原五原中学马进峰

采访同期声校对：林燕平

采访提示：2014年春季，骆驼巷村的农民接二连三地给我打电话，他们反映的是同一个问题。他们说，家里享受的"低保户"待遇不知道什么原因被莫名其妙地取消了。来电话的农户中，有的家里生活很困难，有的家里还有患白血病的女儿，涉及的农户还不少。这么多的农户同时反映一个问题，我接了电话以后感到事情有些蹊跷，于是便给村干部、镇干部分别打了电话询问，可是他们也都没有说清楚这件事情的原因。

为此，我专门去了骆驼巷村，才知道这些农民家的"低保户"待遇被取消的原因。2013年底，是国家进行第三次全国经济普查的前夜，原州区扶贫办的工作人员到骆驼巷村视察，他们说，现在农民可以成立农业合作社，只要成立了农业合作社，国家就会给予优惠政策。为此，骆驼巷村的村干部带头组织农户成立了农业合作社。一些村民看到村干部率先成立了农业合作社，认为肯定会有什么好处，于是消息在骆驼巷村传开，农民纷纷前呼后拥地去原州区服务大厅报名，5户一组、10户一组地成立了不少农业合作社。

按道理，成立农业合作社是有具体条件和要求的。据了解，在当地成立农业合作社最少需要5户农家，每户农家最少要有6万元的资金或者资产。可是，骆驼巷村的农民报名成立农业合作社，填写的资金数额或者资产数额大多是虚假的,其中有些农户家里生活还比较困难。在农民看来,随便填写资金数额或者资产数额并不是什么大事情,只不过是提笔写一下的事情,自己也不亏什么,农业合作社一旦成立,还可以享受国家的优惠政策,何乐而不为呢?

可是,农民没有想到,他们参加农业合作社以后,其信息被链接到网上了。结果到了2014年,只要参加农业合作社的农户,家里享受"低保户"待遇的,就全部被取消了。农民知道以后,全都傻眼了,本来是想着参加农业合作社能够得到一点儿好处,结果好处还没有看到,"低保户"的待遇却被取消了。据了解,这种情况并不仅仅限于骆驼巷村,整个原州区的村庄都存在类似问题,这种做法害了不少家里生活真正有困难的农户。

据了解,不少被通知"低保户"待遇被取消的农民,事后非常后悔,特别是家里有危重病人的农民,整天坐立不安,四处找门路,希望能尽快把"低保户"的待遇给"找"回来。结果,找来找去,问题也没有解决,只好又去原州区服务大厅办理退社手续。据了解,办理退社手续之后,2015年,有的农户家里被取消的"低保户"待遇又恢复了。可是,有的农户家里至今没有恢复,不用说,没有恢复"低保户"待遇的农民怨声载道。

2015年7月,我采访了几家农户,他们说起从参加农业合作社到退社的经历,让人哭笑不得。有的农民很坦诚,他们说,从一开始参加农业合作社,就没有打算发展农业生产,只是想着看看能不能占点儿政府的便宜,政府能不能给农民点儿啥好处,没想到便宜没有占上,还把"低保户"的待遇给整没了。

显然,突击成立农业合作社,农民自身存在问题,但是如果没有人误导,没有人带头,光是农民,根本不可能上演这样一出闹剧。第三次全国经济普查以2013年12月31日为标准时点,在此之前,农民竟然一窝蜂地成立农业合作社,到了2014年,又一窝蜂地退出农业合作社,其背后绝非一个入社、退社这么简单的问题。下面,是采访的同期声,相信读者看后,会有一些深层次的思考。

## 2. 采访内容（同期声片段）

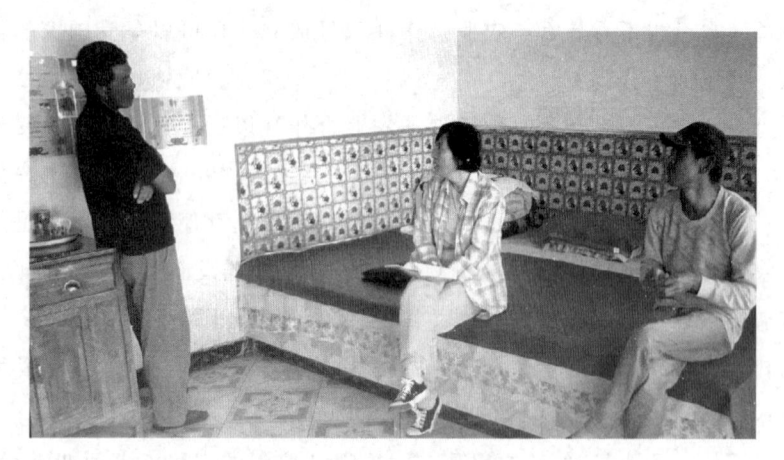

采访马进军、马小刚

林老师：打工，也就 15 天时间，这钱也不够（生活）啊？

马进军：钱不够，那就……

林老师：不对，你是不是应该再多点儿天（数）啊，干小工，你干 15 天才 1500 块钱，就算是零着干，是不是（钱）应该稍微多一点儿？

马进军：稍微多一点儿，那你就填上 200 元，一天按 200 元算。

林老师：不是，得按你的实际情况，你是干一天 150 元？那干了多少天？

马进军：干的时间不长。

林老师：（那）是 200 元还是 150 元？

马进军：200 元。

林老师：200 元，一天 200 元，干的时间不长，（那）是干了多少天啊？

马进军：就干了 15 天。

林老师：15 天？你家是低保户吗？

马进军：我家是低保户。

林老师：几个人的低保？

马进军：两个。

林老师：两个人的低保？去年那个低保，（因为参加农业合作社）被取消的那个，你家也被取消了？

马进军：我家没被取消。

林老师：你家没被取消，为什么啊？

马进军：我也不知道为什么。

林老师：你带大家去参加农业合作社，却把别人家的低保取消了……

马进军：我们参加农民合作社，当时说的是办养羊的合作社，办这个养羊的（合作社），（需要）5个人一组，人家要（求）这么办呢，我们到了政务大厅，人家号召的。

林老师：谁号召你们啦？

马进军：扶贫办的还是哪里的，不太清楚。

马小刚：嗯。

马进军：反正就是来了个扶贫工作组，说你们去（政务）大厅里，给你们办。我们就跑到（政务）大厅里办去了，说是（要）5个人，当时我们5个人办了以后，我们队上就（又）来了2个人。政务大厅办（公）的人说，7个人也能行，到7个人办的（那个窗口）跟前，我们这（些农民），老百姓大多不识字，（政务大厅的工作人员）说，现在给你们办还麻烦得很，你们谁会写字吗？来写一下。本来5个人多好啊，有点啥好处，我们5个人能合得来，这就能行，人一多就不行了。人都想着说是（有点啥好处），这（样）我就去办了，政务大厅的人就说，现在没人会写，那就你（写），（把）这几个人也都写上，共二十几个人，（于是我们）23个人办了一个（合作社），我也就说呢，这是凑热闹呢。

林老师：23个人办一个合作社？

马进军：嗯，23个人办了一个合作社。

林老师：那你把23个人的名字都写上了？

马进军：那23个人都必须到场，签字盖章。

林老师：为什么？你凭什么给那23个人都写上啊？你了解那23家农户的情况吗？

马进军：这23个人是自愿的，他（们）要自愿跟我加入，尤其是他

（们）没人会写字，这会写字还麻烦得很，所以就（让）我给填上了。

林老师：你给填上啦？这23个人参加了合作社你得有资金啊，你们有多少资金啊？有吗？

马进军：有资金，人家当时跟我说的是，你的房子、你的土地，再就是你的牛、你的羊，还有圈舍啥的，这全部（算）上就是有多少资产。老百姓这么一核算，（政务）大厅的人这么一办，城里人1亩地几万块钱，我们农村1亩地（按）2000块钱算，一家种10亩地也是2万块钱对吗？再加上房子、牛羊等，折合成人民币，每家最起码也有五六万块钱了，家庭条件好的就（更多了）。

林老师：那你当时担保了多少钱啊？

马进军：我担保了6万块钱。

林老师：不是你自己，你给这23个人担保了多少钱啊？

马进军：担保了195万呢！

林老师：195万？你有195万吗？

马进军：嗯，195万，那可没有。

林老师：没有，你就敢填195万啊？

马进军：这二十几个人（让）我帮他们填，（有的说）你给我填上10万，所以我就给写上10万呗。

林老师：你填上的10万，你写的10万，是有还是没有啊？

马进军：那都是虚假的，我们当时说，就是办上以后，政府给你个啥项目，给老百姓贷个款，就是贴息款，不要利息。

林老师：那你知道为什么（要）参加合作社吗？

马进军：为什么？还不是想占政府点儿便宜，目的之一，就是看给老百姓办上以后，能有个啥优惠政策，看能给我们一点儿（啥）好处。

林老师：有（好处）吗？

马进军：没有啊，哪里来的（好处）呢？

林老师：那你等于替这23户（填上了），195万你都给填上啦？

马进军：我都给填上了。

林老师：填上了也没有任何保证？都给画押啦？

马进军：嗯。

林老师：（办完）就回来啦？

马进军：假如说，是你让（我）填了10万，你的资产那儿必须（是）你签字盖章，我只不过是代理的，往上写的。

林老师：你给他们往上写？

马进军：嗯，是这样的。

林老师：那后来有什么好处吗？

马进军：后来有啥好处？我是5月份？4月10号？好像是4月10号办的，大概15天之后营业执照就拿上了，营业执照拿上以后，政务大厅里的人说，你（要）到农经站去申报，申请营业执照的正本和副本。

林老师：（正本和副本）都有？正规的？

马进军：正规的，人（家）那儿都有。

林老师：你有合作社吗？实际上农民有合作社吗？

马进军：那时候没有合作社。

林老师：你没有合作社，但是你办了以后，人家就把正规的执照都给你了，实际上你的资金填的195万也是假的，执照实际上也就是一个形式，对不对？

马进军：嗯，执照只是个形式。

林老师：然后呢？最后呢？最后怎么样啦？

马进军：最后我拿着（执照），人家说你拿着（执照）到农经站去，落一个底子，以后有啥好处，人（家）肯定能先想到你呢。这（样）我就去了，跑着去给人（家）落了一个底子，留了一个电话号码，我就回来了，回来就一直再没管，人家还跟我说，叫我挑一个公章，办一个税务登记证，（但）一分钱好处都没给，尤其是这几十户人，要我掏钱呢，我就放着没管，12月二十几号，是全国第二次还是第三次经济普查那时候。

林老师：第三次。

马进军：后来来了两个（人），在我们家里，说你这190多万，共23户人家，一户人家2万块钱，这23户人家就是46万，人家上了（税），（说）给你出资了50万，这50万块钱，其中有你10万块钱，就是饲料

511

啦、人工啦什么的，除了这些，你净落下40万呢。

林老师：（钱）给了没有？40万？

马进军：人家说这是我们的纯收入，40万，人家就给了我个条子，让我在上面签个字。

林老师：给你（钱）了没有？

马进军：没有，给啥呢？就说我们收入了40万，人家就走了，走了之后，2月份，怕是到3月份了，3月份人家就说，把办下合作社的，家里有固定资产的，报10万、5万、6万的，你（有）这么多资产，还享受低保呢，所以就给取消了。

林老师：把你们这里有低保的户全都取消啦？

马进军：嗯，（合作社社员中的低保户）全取消了。

林老师：那后来呢？农民怎么办？

马进军：农民？老百姓现在知道啥？你现在没有啥好处，我立马吼一声，我取走，在政务大厅，人家（工作人员）还不让取，说这一定有好处呢，那我也倒想着（好处）呢。

林老师：把农民的低保户都取消了，有些农民家里不是确实困难吗？

马进军：困难着呢，这个（填）上去，上报了这么多钱，家里有几万块钱的资产，还吃着低保，对吗？你再贫困，可你上报了6万、7万的资产。

林老师：这样你家里也应该被取消啊？按当时的情况。

马进军：我当时也（以为）被取消了，我也不知道我的为啥没被取消，我还是一个法定代表人，我这个也不知道咋没被取消，怎么把有些人取消了，我也说不上来。

林老师：那后来农民有意见怎么办呢？

马进军：农民的意见是，这样不行，那就退了吧，我就给人（家）到大厅里去退了。

林老师：（到）大厅去人（家）就给退了？

马进军：（到）大厅去人（家）也不给退，人（家）说还要到报社登报呢，要去申报，我就到固原报社去登报了。

林老师：为什么不退还要申报？申报什么啊？

马进军：人家说申报是要去注销呢，人家好不容易给你办上了，可能是程序问题吧，人家说你去注销嘛，注销以后，我就去（登报），报纸上见到了才给办呢，这就又退嘛。

林老师：那你后来怎么退的？

马进军：后来就到报社去。

林老师：去的固原报社？

马进军：嗯，就到固原报社去。

林老师：找谁去了？

马进军：到固原报社去找领导，找办公室去，我拿的营业执照，说你给我把营业执照吊销了、注销了吧，人家那里（政务大厅）说要登报呢，登报要500块钱，交500块钱我给你登报，明儿报纸就出来了，500块钱给人（家）了，就给在报纸上登出来了。

林老师：怎么把你的营业执照给登到《固原日报》上啦？

马进军：嗯，营业执照，上面说你叫啥名字，你养羊多少。

林老师：登在《固原日报》上，记者在底下注明的是什么啊？

马进军：注明是注销了嘛。营业执照上说你是啥啥养羊合作社的，把营业执照登记号一登，人家有底呢。

林老师：那这500块钱是谁掏的啊？

马进军：我掏的，还有谁掏？

林老师：哦，那你掏500块钱还少啦，你可好，你一个人会写字，你把二十几户人家给闹进去了，195万，你一分钱也没有，你倒是真敢填。

马进军：那当时办的时候，就说是（有）。

林老师：那是不是最后因为你会写字，你本来是好意，给人家写了，结果大家低保都被取消了，最后是不是对你有意见啊？

马进军：没有啥意见，他们都是自愿的。

林老师：自愿的？

马进军：嗯，自愿的。

林老师：那最后你自己觉得不好啦？

马进军：我觉得这样不好，再一个我的（低保）没被取消，他们都咬着牙说，是你当的头儿，就你的没被取消，把我们的都给取消了，这是政府的事情，我怎么能知道呢？

林老师：等于你们一块儿入的，又是你给填的，结果你家低保没被取消，人家低保都被取消了，对吧？

马进军：嗯，就是的。

林老师：哦，在《固原日报》登了一个（声明），你花了500块钱，那你后来取消这个的时候，就没再花钱是吧？

马进军：取消就到工商局，把这个报纸给他们，我就写了一份材料，人（家）让写材料呢，材料递上后，说是需要45天到55天。

林老师：那要是别的农民，不识字的农民怎么办啊？

马进军：那就掏钱（找人）写嘛，那还能怎么办？

马小刚：写材料还得掏钱。

林老师：写材料还得掏钱？那是不是你这个事情最后办成了，好多农民都找报社写材料去了？

马进军：必须去（报社登报声明）。

马小刚：就抓住法定代表人这一个人说着呢。

马进军：你退的时候必须到报社登报，你不登人家不给你退，不给你注销，这是关键问题。

马小刚：几个人愿意，就把指印拓上，章子盖上。

马进军：退了以后，还要把这些人叫着去，叫着去把章子、指印盖上，退了还要你愿意，有一个人不愿意就退不了，这样我就把他（们）都叫上了，人（家）工商局的同志说，办的时候你（们）都高高兴兴来办，退的时候（有）一个人不来也退不了，必须得来。

林老师：工商局号召你们办的时候给你们讲清楚了没有？

马进军：人家问着呢，问你们有啥不（清）楚的？

马小刚：讲得清楚着呢。

马进军：(问你们）为啥要办这个呢？我就说咱们就是老百姓嘛，看看能套一个啥项目，看看能不能扶贫两个钱。

林老师：是你们自愿去办的还是有人号召你们去办的？

马进军：是到这儿来的工作组号召我们去办的。

林老师：来的工作组号召的？（如果）没有这个工作组是不是农民（就自己去办了）？

马小刚：我也经历过这个事情，因为我是个法定代表人。

林老师：你也是个法定代表人？

马小刚：我是我们合作社的法定代表人，我是听到的小道消息，结果我去办了，不过我（们）这5户人家，他们几家确实和我关系都特别好，我（们）都是邻居，人（家）也是自愿的，都说法定代表人你给咱们当上，我就下去办了，结果办了这么个事情，低保也被取消了。

林老师：你们5个人原来都有低保吗？

马小刚：有3户是低保。

林老师：哦，那不把人家3户都害了？你给人家当法人，你们那个担保的资金是多少啊？实际上是你的合作社注册资金，资金到底有多少？他们这个合作社20多个人资金就多，人多资金就多嘛，有195万，当时你的合作社注册资金是多少？

马小刚：我当时（的注册资金）好像是55万。

林老师：55万？那也是每个人10万以上？

马小刚：嗯，对。别人是10万，我是15万。

林老师：你注册了15万？你家有15万吗？昨天去的你家，哪来的15万？

马小刚：那没有，瞎说的。

林老师：那你为啥瞎说啊？

马小刚：有这么个政策，只要办这个证，看看能套个什么项目，农民的意思，就是把这个证办上，有了这个证看看以后对农民有啥好处没有，比如说无息贷款啊，或者是能多贷点就多贷点，我现在贷款把规模往大里（扩建），把羊往多养一点，就是这么一点好处。

林老师：那你现在带的这5户，担保的这5户，有3户是低保户，后来被取消了几户？都被取消了？

515

马小刚：3户全都被取消了。

林老师：那3户被取消了以后怎么办啊？找你来了？

马小刚：没找，那也没办法，在村上问了一下，说那是政府的事情，是国家的事情，与他们无关。他们是问一下情况，也就是了解一下情况，也没再管。

林老师：那你怎么办呢？

马小刚：注销了。

林老师：那你是怎么注销的？

马小刚：到新闻报社去登报了，我说要注销，把这个（注销了），人（家）说那几个人为啥要办呢？我（们）说农民嘛，听到这么个信息，我们就办了，现在你（们）就把我们有些人的低保取消了，农民嘛，紧张着呢，等着吃低保呢，把低保这么一取消的话，我们说现在就赶紧注销了去，注销了看能不能再把这个低保补回来，结果就去把这个营业执照注销了，低保到这时候也还没有补上。

林老师：还没补上呢？

马小刚：没有。

林老师：像马小军家女儿有白血病，一年花几十万，把人家（的低保）也给取消了，那不是把人家给害了吗？

马小刚：害了也没办法。

林老师：现在补上了没有？

马小刚：马小军家补上了。

林老师：他是因为特殊情况对吧？

马小刚：嗯，（因为）特殊情况补上了。

林老师：那你们到固原报社找谁写的材料啊？

马小刚：我们请人写的。

林老师：请人写，花了多少钱啊？

马小刚：办的时候请人花了200多块钱，就写个材料。

林老师：办的时候也得请？都不会写，请了一个人写？

马小刚：我们都是小学文凭，还有些字写得不正规，再一个上不去网，我（们）就请了一个人。专门有个写材料的铺子，打印铺，我们进去花了 200 块钱叫他们写的，我跟他们怎么说，他们就怎么写，把这个材料打印出来，就拿着去办了，结果申报注销的时候，就得登报声明，人家报社就要 500 块钱呢。

林老师：报社要 500 块钱，写的人要多少钱？替你们写材料的人要多少钱？

马小刚：写材料的人不要钱。

林老师：写材料的人不要钱？

马小刚：嗯嗯，办的时候写的人要钱，注销的时候没再要钱。

林老师：给报社 500 块钱？

马小刚：嗯，对。

林老师：就可以给你注销了？

马小刚：嗯。

林老师：然后报社再看看你这些材料是不是符合撤的要求？

马小刚：嗯，对。那个营业执照收回了。

林老师：《固原日报》就为这个事情，那可就忙起来了，那要求注销的农民多吗？

马小刚：那我不清楚，多还是少咱们也不清楚。

马进军：我那一张报纸不知道弄到哪里去了，我们那一期注销了 3 个还是 4 个。

林老师：哦，注销了三四个法定代表人，你那张报纸没留着啊？

马进军：我搬家拆房呢，我给你试着找找看，看看能不能找见，我有那张报纸呢。

林老师：找见你就留下来，我们还不马上走呢。那咱们村上这些参加合作社的都注销了吧？

马小刚：基本都（注销了），有那么一两户没有注销，据我了解有一两户没有注销，在场的人全都注销了。

林老师：那一两户是因为他本身就有那个基础？

马小刚：不是，这一两户没有注销是因为人家没有吃低保。

林老师：哦，没有吃低保，就是说他在不在无关紧要。

马小刚：是没关系，有他也好，没有也好，就在那放着去。

林老师：放着去，那其实这个合作社是虚的？谁也没有农业合作社？

马小刚：嗯，对。

林老师：里头也没有业务，没有合作社的那些……

马小刚：业务就是办下这个羊啊牛啊的，联合这几户都养着呢，就是规模没有那个大。结果把这个证办下来的，就和没有办的一样，啥作用都没有，没有得到政府的一点啥补贴，看不到办养羊养牛合作社的这些人，拿营业执照的这些人有啥好处，就是这么个，啥作用都没起。

林老师：啥好处都没有，还让你们上税，还把低保都取消了，他（指马进军）那190多万要算这个算那个，每年要交40多万？

马小刚：他这个要上税啊，税务局算这个税，你一年的固定资产是50多万，就像我们这5户，举个例子是55万，人家按着55万给你上税呢，你一年经营下来，你收入多少要收税呢。

林老师：哦，对，你收入多少要相应收你税。

马小刚：是这么个，再一个……

林老师：收税的比例是多少啊？你们那个（合作社）。

马进军：人家说是要上税呢，具体多少那我就不清楚了。

林老师：哦。

马小刚：是这样的，人家都注销了（指合作社）。

马进军：这是注销下的，这就是（找到报纸）。

林老师：你看，有这么多呢。

马进军：这是我的，固原市原州区鸿源养羊农民专业合作社。

林老师：（问马小刚）你的在哪儿呢？

马进军：鸿源，我是鸿源。

林老师：看看你这合作社，固原市原州区鸿源养羊农民专业合作社。还有名有姓的呢，哪来的鸿源养羊农民专业合作社啊？谁给你们起的这个合作社的名字啊？

马进军：自己起的，人家说填表要有个名字呢，我就给编了一个。

马小刚：营业执照得有一个名字。

林老师：所有人都是在那现编的名儿啊？

马小刚：那个名字要想好呢，要有个名字呢，（申请）营业执照得把名字想好呢。

林老师：那你的是啥名啊？

马小刚：这个利达嘛，就是这个利达养羊合作社，利达就是我的。

林老师：利达就是你的？

马小刚：嗯嗯。

林老师：你们还挺会编的，又是鸿源又是利达的，我看看上面这个是谁的？上面这个是惠民，惠民刺绣有限公司。

马进军：人（家）是去年办下这个合作社的，好像办的人多得很，在大厅里办的人也多，退的人也多，就为这个低保，退的人多得很，我退的时候，大厅里那个叫个叶挺嘛，是工商局的科长，对来的人说，你要是办的话你先想好，你要的是啥好处，吃低保的人就不要办了。你一旦办上，低保就给你取消了，早前我们也不知道，他们也不知道。

林老师：工作组一开始要是不来，农民也不会（参加），对不对？还是因为工作组来号召你们，对不对啊？要不然农民怎么会知道合作社的事儿啊？

马小刚：你要说是给农民把这个养羊合作社办上（会）被取消低保的话，那农民肯定是不愿意的，知道了吗？肯定他是不会去办的。

林老师：其实我是这么分析的，不知道是不是这么一回事，可能他们刚开始也不知道这个合作社办了，会把农民的低保取消，他们当时也可能不知道。但是，现在低保信息国家是连着网的，不由你们当地控制，国家一连网你们地区就被动了，老百姓就被拴到里头去了，如果他们要是能控制，肯定不会出现这种情况。

马小刚：也有可能吧。

林老师：对吧？

马小刚：头一条信息是谁得到的，是马正清，马正清当支书呢，人家村支书就和几户人家成立了合作社，我家离村部近，基本上在村部这一块

儿，基本上隔两天就到村部转一圈，支书也是我们一个村上的，问我说你办不办，就跟我悄悄说了一下。

林老师：还以为什么好事呢？

马小刚：是啊，还以为是好事呢，人家跟我说，也是好意，说这恐怕是个好事，以后可能会有啥好处呢。

## 五　农村合作社
　　——案例二

### 1. 采访背景

采访时间：2016年4月10日

采访人：林燕平

被采访人：骆驼巷村小庄回族自然村农民马进军

采访同期声制作：固原五原中学马进峰

采访同期声校对：林燕平

采访提示：农业合作社案例二

### 2. 采访内容（同期声片段）

林老师：（上次）我始终没弄明白，他们来这儿检查，说你每年能赚50万，但是来检查的人这么弄，对他们有什么好处？这背后是什么逻辑呢？

马进军：人家来照了一下，给我填了个单子，我签了个名，他们就走了。

林老师：那时候你还没退（指农业合作社），是吧？

马进军：那时候还没退呢，刚办上，（2013年）4月份办上。

林老师：说你赚了50多万，也没让你上税？

马进军：也没说叫上（税）。

林老师：让你上多少税，到哪个部门上，也没说？

**采访马进军**

马进军：那没说。

林老师：这到底是什么原因啊？我一直没弄明白，所以今天到这儿，想再问问。

马进军：那个条子好像一直在呢，到后来退了以后，我就把那个东西扔了，我可能把那个条子烧了，还盖了一个国务什么什么的（指盖章）。

林老师：国务院第三次经济普查小组是吗？

马进军：对对对。

林老师：他们不是当地人吧？你听着说话像是北京人吗？

马进军：说普通话嘛。

林老师：普通话？

马进军：嗯，有一个是男扮女装，还有一个是女扮男装，好像是，反正是大冬天的。

林老师：你们那个队长最清楚吧？

马进军：他也不清楚，因为那天我最清楚，腊月二十那天。

## 山村的守望

林老师：谁有苏军（小队长）电话，你问问他，你说林老师让我问问你，那天来的两个人，是不是北京来的，一问就知道了。是不是你们当地给推荐的，说参加合作社的哪个人是法人代表，人家就来看看到底有没有这个人？

马进军：走，家里走，站在外面干什么呢？

林老师：你问问他（小队长）的电话，先给帮着问问，拨通了没有？你就说，是林老师问的，我始终没明白它背后是什么逻辑关系，你说是假的吧，他就稀里糊涂给过了，一统计完就给过了，还有人下来检查。那你（指在场的农民马进万）参加合作社没有？

村民一：我没有。

林老师：看吧，做人还得老老实实的，他的低保就没有被取消，像你们这样的，都被取消了，都活该。

以下是马进军打电话内容。

马进军：喂，苏军，我（是）马进军，前年，你领着来了两个经济普查的，咱们办营业执照时来了两个人，那是哪里的？

苏军：那是镇上的，张易镇上的。

马进军：那个条子，是国务院第三次经济普查小组（给的）？

苏军：镇上的，张易镇的。

马进军：人家说是张易镇的。

林老师：干吗来了，你问问。

马进军：那么是干什么来了？不是给了个条子我还签了个字。那次领着呢，23户就盈利50万，你没听见吗？就是你领的那两个年轻人。我把那个证给注销了，现在是上面问着呢，关键是，我就核实一下那是哪里的人。

马进军：哪个单位的，他也不知道。

林老师：你问他上次来的目的是啥？

马进军：那么来的目的是啥？给你怎么说的啊？

马进军：还是不知道。
林老师：你问他去了几家？他带着去了几家？

马进军：那么你带着去了几家？那天。

马进军：去了几家，他也不知道。
马进军挂断电话。
林老师：你就说你们这个小队长带了两个人，给你拿这个单子，要第三次经济普查。
马进军：人家单子上是经济普查，说查你这二十几户人的纯盈利，这195万，一年纯收入要50万呢，这50万加上195万是多少？200多万呢，240多万。这参加一个小组的话，平均每户人就得到2万块钱呢！盈利这50万块钱，再把人工除去，饲料除去，说你一户人盈利就要2万块钱呢，给我来把账都算了。
林老师：让你交50万的税？
马进军：他说这是我们盈利50万，给我们。
林老师：那是不是给你们统计上了？
马进军：给统计上了，我一只羊都没养，咋来那么多的钱呢？
林老师：哦，我听明白了，实际上是说第三次普查，人家就带着到你这儿来了，先对上号，把你这法人一对，加上你这投资了195万，人家说按照这个本金算，你这一年应该盈利50万，人家就给登记上了，登记上你的盈利是50万。
马进军：人家还又给了我个单子，我还签了个字。
林老师：哦，你登记上盈利50万啦？
马进军：那我有什么办法呢？人家给我写上，叫我签个字，我就签了

523

个字。

林老师：我说我怎么一直没弄明白这个呢！

马进军：我给你说吧，到今年为止还有记者采访我着呢，说是叫我们到华旗大酒店来开记者招待会呢，说你这是民营企业嘛。

林老师：你不是退了吗？

马进军：我退了现在还打电话着呢，人家问，你这是个人资产还是和朋友合伙的？我就说你别再胡说了，我这个已经退了，我哪里有那么多钱呢？我就（把电话）挂了。

林老师：我明白了。苏军带着两个人来普查，你是个大户，是个大户呢，人家就让你填那个单子，让你在上面签字，你也签字了？

马进军：我签字了，我就问他们，我一只羊也没养，一座棚还都没盖呢，怎么能盈利这么多呢？人家就笑了，说这只是按你这195万，按这些资金算着呢，盈利50万足有，你这23户人家盈利50万足有。

……

马进军：去年王会计给我打电话，说给我办下营业执照，我说注销了呢。本来他把我的钱收着去了，我是合法的，最后我也知道了，我说，你要给我个收据呢，不然咱们就说个实话吧，要是人家把我低保扣了，这我有个合法手续呢，我退了（指合作社），你要把我低保扣了，这起码咱们能说过去。

马进军：工商的人就注销材料着呢，说你就把这个拿上，我就把这个东西拿来了，那是几月份？我正在地里干活呢，（工商的人）就给我打电话说找我着呢，说你办下这个，办下这个营业执照的呢，我就说我退了，（工商的人问）退了有证明吗？我就回去取了，去年摸底呢。最后他们（工商的人）还说着呢，说是走了，回张易，最近办下这些（指合作社），还转着看呢。最后我就说，我们这23户人家也就打了个响声，他们说再想办的话，就找上这么5个人，去给你们再办一个。

林老师：还要让你们再办呢？

马进军：人家说叫我们再办一个，对我们以后有好处。我就……哎，再……

林老师：怎么又来了？

马进军：这是工商的，他们说这是工商的，那时候在商城五楼的，那个是税务局的，有几道手续呢，要在那里盖章子去呢，麻烦得很。

林老师：现在还有农民办着吗？

村民二：少，今年和去年都没有。

马进军：你现在办，人家（政务）大厅里的人就说，你退的时候就（跟你）说得很明白，你是能占上政府便宜的，政府对你是有好处的，我劝你不要办，办上人家就给你取消了（指好处），大厅里人家就给你说着呢。说你要是吃低保，或者是你能占政府的便宜啊，政府对你是有好处的，你最好不要办，人家大厅里就这么说呢。

村民三：办下的嫌麻烦没有退，有的（农民）。

林老师：办上和不办上的也没啥（区别），经济上也没啥，实际上。

村民三：嗯，就是没有啥。

林老师：办上没好处，退了也没啥好处。

村民二：就是我们有些养牛羊的，有些很贫困的，养不起的，就是希望看能贷个款吗？

林老师：实际上这也不能贷啊？

村民二：还是贷不上嘛，三五万还得要个职工担保呢，农民哪里来个职工担保呢？有些贷一两万的还在黑名单上呢，还不如不贷。

林老师：现在这个精准扶贫，你们觉得弄得怎么样啊？

村民三：就是精准扶贫户，你人在黑名单上的，人家还是不贷给你。

林老师：你是精准扶贫户啊？

村民一：那没有。

林老师：低保？

村民一：低保有呢。

林老师：建档立卡的那些，都是特别穷的是吧？

村民一：不一定，这怎么说呢？有些生活好点的都弄下了贫困户，不行的还真是没弄上。

马进军：张易镇上有人骂着呢，说把穷的弄成好户了，把好户弄成

525

贫困户了,这就这样嘛。

林老师:谁啊?

马进军:人家公示着呢。

村民一:公示栏上公示的那些人,说是有小车的、有农用车的、家庭有工作的、在外面打工的,这些人说是弄不上贫困户,结果还是有呢,人家有几十万的小车还是贫困户。

林老师:有几十万的小车还弄成贫困户?

村民一:有一二十万的还是贫困户。

林老师:是咱们村上的?

村民一:咱们村上没有,就是咱们镇上,有个别的,我们这个村上,那还是有呢,就是外面打工的弄不上贫困户,那还是有呢。

林老师:马进军这事儿,反正我听的是一头雾水,到现在也没听明白,他们为什么要这么做?

马进军:我也不明白他们为什么要给我一个单子呢,给我弄了50万,我也有些害怕,那要是上税怎么办?

林老师:你们参加合作社没要求上税是吧?

村民一:没有,就是办上后给退了,看能把这个低保恢复吗?

林老师:那怎么不能?现在恢复是有可能的,有特殊情况的都给恢复了,普遍恢复也难,所以就说你们农民啊,干什么事儿不能胡签字,要对自己负责任,你没有那么多资产,你还填有那么多资产。

村民一:本身办的时候就编了个虚套子,你没有几十万固定资产,这个证人家就不给你办,全都是编谎的,在大厅里我们还是给编谎着呢。

林老师:明明知道编谎你还在那里编?

村民一:你不编那个证就办不上。

林老师:你办这个证干什么呢?

村民一:就是看把这个证办上,政府能在这个牛羊上……

马进军:就是贷政府这个钱呢。

林老师:那也没给你钱啊。

马进军:那谁知道不给呢?

林老师：你们农民按说也该挨批评，为了套政府的钱，就骗人说瞎话啊？

村民一：那也只能说这个了。

村民二：办这个证也就是为了养牛养羊贷款，就这个贴息款，看能不能贷上，结果就是办上了，办上了现在又把低保取消了，再有一个就是有些扶贫户在这里面牵扯着呢，看能把这个低保再弄上吗，想法是这样。结果退了，还是补不上，还是没办法。所以这个事农民啥也不知道，就被忽悠着呢。这个刚开始办的时候，是老支书说下的，在的人听到耳朵里才办下这个的（指合作社）。

林老师：是不是原州区也有人来啊？什么扶贫办啊？

马进军：那次有个工作组呢。

林老师：有个工作组呢？

马进军：有驻队工作组呢，村上。

村民一：一年还登记了一茬，把养羊合作社办下营业执照的登记了一茬，说是国家有啥好处呢，其实来就只走了个空套子嘛，下来一登记，把你叫啥名字，养羊合作社叫啥名字，这些一登记，人家转过身就走了嘛，这一走，这几年啥也没给这些人兑现，还是走了个空套子嘛。镇上这些领导，咱们张易镇上的领导干部，还是来走个空套子，来一问，把名字、营业执照号一问，一登记，还是个啥作用都没起嘛。

林老师：哦，那苏队长带的那两个人可能就是镇上的，（问一问）谁参加合作社，营业执照号是多少，对吧？他们好有一个把握。

村民一：在村上找个底子，来一登记，咱们驼巷村一共办了多少户，你这个合作社是养什么为主的。

林老师：意思就是他下来检查检查，是不是这么回事儿？

村民二：检查可没有，他就是问了个证号，登记了一下。

林老师：登记了一下，没有看你的羊啊牛啊？就只看证？

村民一：就只看证，羊也从来没有看。

林老师：去年又来摸了一趟底，去年来时有好多都退了。

马进军：退了的人登记了，没退的人也登记了。

村民一：退了的头一年登记了，第二年再没来，没退的还来着呢。

林老师：登记也得有个大背景，什么大背景你们农民也不知道？

村民一：嗯，那不知道。就只说登记了以后，你们到年底，再来申报一下。

林老师：没退的是吧？你没退吧？

村民二：我们没有退，我们这一组是8个人。

林老师：8个人没退，因为你们那里面没低保，是吧？

村民二：没有。

林老师：没退，那你们有什么好处吗？

村民二：没有啥好处。

林老师：也没让你上税？

村民二：那没有，我们拿这个贷款去，还是不贷给。

马进军：税务上免着呢是不？他不能跟老百姓要税嘛。

林老师：农业合作社弄得莫名其妙的，反正知道的大背景，是国家第三次经济普查。

## 六　农村合作社
## ——案例三

### 1. 采访背景

采访时间：2015年7月19日

采访人：林燕平

被采访人：骆驼巷村樊庄汉族自然村农民郑四昌

采访同期声制作：固原五原中学马进峰

采访同期声校对：林燕平

采访提示：2013年，骆驼巷村在樊庄汉族自然村建了一个牛羊圈舍示范点，据说地方政府投入了20多万元，一年之后就报废了。这个示范点，也曾经挂着农村合作社的牌子和执照，光是做的牌照、看板等，就花了1

万多元，但是，这个曾经风光一时的农村合作社，最终还是消失了。

2. 采访内容（同期声片段）

**采访郑四昌**

林老师：这个孩子上几年级？是大儿子？

郑四昌：大儿子，今年上初三考高中呢。

林老师：那去年上初二？那个小的呢？

郑四昌：四年级。

林老师：小学四年级？

郑四昌：嗯，小学四年级。

林老师：那去年上小学三年级？那他有那么大吗？

郑四昌：今年是五年级，去年是四年级。

林老师：他有 13 岁吗？你说的是虚岁吧？

郑四昌：虚岁，今年 13 岁，去年的话，那就是 12 岁。

林老师：那也不对，那周岁才 11 岁。

郑四昌：11 岁，是 11 岁。

林老师：那大的才 13 岁，这就对了。那您今年是 38 周岁，是吧？

郑四昌：1977 年生的嘛，是 38 岁，去年是 37 岁。

林老师：对对对，这就对了。你媳妇比你大两岁，对吧？

郑四昌：嗯，大两岁，你怎么知道的？

林老师：我这原来有底子呢，你这名字（指原始记录的名字）可能是你们村上人瞎说的。那承包地呢？有多少亩？

郑四昌：24亩。

林老师：郑耀英（郑四昌原始记录上的名字），老号是96号，家里4口人。

郑四昌：老号40号嘛。

林老师：这不是96号吗？

郑四昌：40号嘛，我记得是。

林老师：这是你的名字？

郑四昌：名字啊？我记门牌号呢。

林老师：不是门牌号，我是有自己编号的，这不是吗？承包地24亩，去年种什么了？

郑四昌：去年种小麦。

林老师：小麦几亩？

郑四昌：那多了，我还承包了别人的地呢。

林老师：承包了别人的多少亩地？

郑四昌：承包了……去年算下来是十几亩，16亩。

林老师：人家要钱了吗？

郑四昌：有的要了，有的没要。

林老师：种了别人多少亩地？

郑四昌：16亩。

林老师：种了别人16亩地，是吧？

郑四昌：嗯。

林老师：几亩要钱了？

郑四昌：6亩，要了（钱）的就是6亩。

林老师：6亩？要了（钱）的一亩是多少钱？

郑四昌：80块钱。

林老师：6亩，一亩80元是吧？还有10亩没要钱，10亩白种。那一共种了40亩地？

郑四昌：嗯。

林老师：去年你种什么了？

郑四昌：10亩小麦。

林老师：10亩小麦，还有呢？

郑四昌：3亩胡麻。

林老师：3亩胡麻，还有呢？

郑四昌：4亩玉米。

林老师：4亩玉米，还有呢？

郑四昌：4亩洋芋。

林老师：4亩洋芋，还有呢？

郑四昌：7亩高粱。

林老师：7亩高粱，还有呢？

郑四昌：算一下是多少亩了？

林老师：我看看，这20亩、28亩，还差12亩。

郑四昌：12亩，还有12亩大麦。

林老师：你养牛羊了吧？

郑四昌：嗯。

林老师：小麦去年一亩能产多少斤？

郑四昌：去年产了300多斤。

林老师：350斤？

郑四昌：嗯。

林老师：胡麻呢？

郑四昌：胡麻一亩是个100斤左右。

林老师：洋芋一亩是？

郑四昌：2000多斤。

林老师：大麦呢？

郑四昌：大麦一亩是350斤。

林老师：洋芋去年留了多少？卖了多少？

郑四昌：洋芋去年基本都卖了，这里水湿呢（指地下水位高），不能挖窖。

林老师：基本都卖了，你多少钱一斤卖的？

郑四昌：去年洋芋价格差的，算下来就是平均两毛五左右。

林老师：两毛五？嗯，完了，我看看，粮食够吃是吧？

郑四昌：粮食够吃。

林老师：菜是买着吃，是吧？

郑四昌：菜是买着吃呢。

林老师：平时吃点大肉是吧？平时吃吧？

郑四昌：嗯，平时吃。

林老师：羊去年养了多少？

郑四昌：去年25只。

林老师：25只大羊？

郑四昌：嗯嗯。

林老师：下了多少羊羔啊？

郑四昌：羊羔下了有个60只左右。

林老师：死了多少只？

郑四昌：死了二十六七只，大部分死了。

林老师：大部分死了？

郑四昌：死了二十六七只，不知道是（不是）我的羊没出过山，现在不是说封山禁牧嘛。

林老师：死了二十六七只啊？剩下的三十几只卖了？

郑四昌：嗯。

林老师：卖了多少钱啊？

郑四昌：一只也就是个300块钱，300块钱左右。

林老师：均价是300元？那是下了70只小羊还是60只？

郑四昌：60只。

林老师：60只小羊，均价300元，那牛呢？

郑四昌：牛今年养的。

林老师：去年没养？

郑四昌：嗯。

林老师：没养猪是吧？

郑四昌：嗯，没养猪。

林老师：那你就是在家里养牛羊，去年没打工，是吧？

郑四昌：没打工。

林老师：就供两个孩子上学，媳妇干什么？

郑四昌：在家啥都没干。

林老师：啥都没干，对吧？

郑四昌：陪读着呢。

林老师：家里有彩电吧？

郑四昌：破彩电，都十几年了。

林老师：洗衣机有吗？

郑四昌：有呢。

林老师：电冰箱呢？

郑四昌：今年买的，今年买的不算了吧？

林老师：去年没买是吧？

郑四昌：去年没买。

林老师：摩托车有吗？

郑四昌：那个破摩托车十几年了。

林老师：手扶呢？

郑四昌：一样。

林老师：农用？

郑四昌：农用啥？农用工具？

林老师：农用三轮车、农用四轮有吗？你种这么多地，应该有农用三轮车。

郑四昌：有三轮。

林老师：有一辆农用三轮？

郑四昌："三二八"嘛，三轮车。

林老师：哦，是"三二八"？不是农用三轮车（对）吧？是"三二八"1辆，还是"三二八"和农用三轮车各1辆？

郑四昌："三二八"1辆。

林老师：就1辆"三二八"？

郑四昌：就是。

林老师：别的都没了？

郑四昌：别的没有。

林老师：手机就两部？

郑四昌：嗯。

林老师：情况就这样，那你去年买羊的时候是不是很贵啊？

郑四昌：进羊的时候都是1300元左右。

林老师：哦，25只大羊，进羊时均价1300元是吧？

郑四昌：嗯。

林老师：那亏本了，去年养羊。

郑四昌：这两年一直亏着呢。

林老师：每年能亏多少钱？

郑四昌：去年光在羊上就亏了1万块钱，1万多。

林老师：哦。

郑四昌：没赚1分钱，还亏了1万多块钱，将近2万块钱。

林老师：去年没赚钱是吧？草（料）都搭进去了，还赔了1万多？

郑四昌：自己的草，自己的饲料，最后还卖了一部分。

林老师：那国家给补助了吗？

郑四昌：给了，给了6只羊（的补助），给了3000元。

林老师：国家补助了3000元是吧？

郑四昌：嗯，给了3000元，一户人按6只羊嘛，1只羊是500块钱，补了3000块钱。

林老师：不是说最高（补助）8只吗？你怎么就给（补助）6只啊？

郑四昌：给了6只的补助。

林老师：我听村上说是8只啊？

郑四昌：6只，我是6只。

林老师：你是6只啊？那你养那么多只羊，怎么不给8只啊（补助上限是8只）？

郑四昌：那是一个户头嘛，一户人是6只。

林老师：宋队长，你去年养羊最高补到8只，他们家养了那么多羊，怎么补到6只就不给补了？

宋玉辉：他还补牛了嘛。

郑四昌：哦，牛还补了。

宋玉辉：补了牛了嘛。

林老师：去年养牛了吗？

郑四昌：哦，去年给（补）了两头牛。

林老师：养了两头牛？

郑四昌：去年进下的。

宋玉辉：是这么个原因，还有补牛的呢。

郑四昌：牛这个不对，牛是老三的户，牛是老三的（户）补下的，和我没关系。

林老师：那养牛不跟这个一起？应该给你补8只羊就完了呗，那怎么就给你补6只？

郑四昌：啊，就是，6只。

宋玉辉：那怎么可能？

郑四昌：就6只羊嘛，6只羊嘛。

宋玉辉：8只羊嘛，6只？

林老师：对，人家都说补8只羊，怎么到你这儿（就6只了）？

宋玉辉：8只羊！

郑四昌：8只羊？我怎么忘了？

宋玉辉：8只羊。

林老师：那就是4000块钱呗，补8只羊呗。

郑四昌：对对对，8只。

宋玉辉：8只，羊是8只，牛是2只（头）嘛。

郑四昌：牛是另一户人的，（和我）没关系，我去年补的是羊，（牛）是老三进下的。

林老师：行，泽农（北京四中学生）问了吗？

宋玉辉：泽农还没问。

林老师：我这（问）完了（泽农负责问房子）。

走到院子看牛羊圈舍。

林老师：这个（牛羊棚项目）安在你家了？这20多万，扶贫办就给掏了？

郑四昌：我自己掏了不到10万块钱。

林老师：哦。

郑四昌：再加上基础什么的。

林老师：那你这棚，等于花了40万呢？

郑四昌：将近40万。

林老师：那没发挥作用吧？

郑四昌：没发挥作用，现在没钱，停着呢。

林老师：看看你这棚，我还没注意这个。那边（村上）是不是还有一个大棚，没有你这个大？最大的就应该是你这个？

郑四昌：建筑面积是我这个最大，人家弄的东西比我多。

林老师：你说的是哪家东西比你多啊？我看就是你这个大。

郑四昌：就是宋耀东养的二十几头牛、100多只羊，建筑面积是我这个比较大一点儿。

林老师：哦，都烂了现在，棚也烂了。

郑四昌：棚烂了。

林老师：政府投了20多万，那不白投了吗？

郑四昌：几乎说是白投了。

林老师：那多浪费啊！

郑四昌：这质量，建的时候没有放水泥，这质量差得很，一潮一冻，坏了。

林老师：这个（棚）政府投了20多万，现在是这么个样子，那不等于白投了吗?

郑四昌:现在就是这个问题呢。政府已经把钱花在这儿了,放下了,我自己没有能力发展。

林老师:那政府为什么把钱投这儿啊?

郑四昌:就说搞个亮点嘛。

林老师:搞个亮点?

郑四昌:搞个亮点,以我这个为基础,看能不能带动全村发展起来,结果钱现在投下,没人管了,我自己也没能力发展,贷款又贷不上,就这么停着呢。

林老师:刚开始是谁选的这个点?负责人是谁啊?

郑四昌:叫个苏明山。

林老师:哦,是扶贫办主任,都给抓起来了。他是不是就因为这个事儿被抓了?

宋玉辉:那不是,那事情大了。

郑四昌:这个是小事情,苏明山办的这个事情是个实事情,给咱办了个实事情,不是因为这个事情,他那个事情还多着呢,咱们也不清楚,也不敢胡说。

林老师:哦,就说这个点儿,是他定的?

郑四昌:就是人家定下的。

林老师:那你看,国家投 20 多万,你自己又投了 10 来万,最后变成这样,四五十万那就浪费了。

郑四昌:那就浪费了,但浪费了又没办法。

林老师:这一下子就四五十万,这么多资金,当时还不如平均地发展呢。

郑四昌:他的意思是把这个弄成个亮点,然后带动全村呢,他以这个为主,带动全村发展呢。

林老师:那你现在也把农村合作社退了?

郑四昌:退了嘛。

林老师:我原来记得你这好像有一个(农村合作社),那你为什么退啊？

郑四昌：每个月麻烦的，再一个成立也没啥意思。

林老师：哦，这个（牌子）原来在这儿挂着，仔细看，你看钉儿还在这呢，这个我拍过照，这个资料我有，我印象挺深的，但我没跟你家对上号，我看你现在也不像养牛大户，那你这个怎么还留着呢？

郑四昌：没取，现在没啥意思了。

林老师：你哪年给退了（农村合作社）？

郑四昌：去年退下的。

林老师：去年退的？

郑四昌：嗯。

林老师：你为什么要退？怎么没意思了？不退还要上税吗？

郑四昌：没有，不上税。

林老师：不上，那你就不退了呗，反正你也这样了，那你干吗要退啊？肯定是你……

郑四昌：对啊，你要报税呢，麻烦得很，报税什么的，再说咱们也没有会计证，自己就注销了。

林老师：因为你这个（合作社）集资太多了，100多万呢，所以得让你每年上税，是吧？

郑四昌：现在这些税是免呢，麻烦得很，现在的问题，政府投资了这么多，我自己贷款弄什么的，也投资这么多，现在弄得手里没一分钱，还欠下人的一份款，你说这个东西（棚），几十万放在这儿，不发展起来，感觉实在可惜。

林老师：那你现在欠了多少钱？

郑四昌：10多万。

林老师：10多万贷款？

郑四昌：贷款。

林老师：人家不是说农村合作社有一个好处，就是贷款方便吗？

郑四昌：不给贷，证办下来了也不给贷。

林老师：不是有证就可以贷款吗？

郑四昌：不给贷，贷不上。

林老师：有这个营业执照也贷不上款？

郑四昌：贷不上款。

林老师：哦。

郑四昌：贷不上（款），退了嘛，去年是贷不上（款），我就退了。

林老师：上次，前两年我来这儿看还挺气派的呢，盖得挺好的，怎么这才隔了一两年，你看这房子盖的，这也太什么了，你看这……

郑四昌：危房嘛。

林老师：这么贫困的地方，四五十万，就这么糟蹋了，这也太过分了。现在村上知不知道这种情况啊？

郑四昌：知道。

林老师：领导来了怎么不带到这儿来看看？

郑四昌：也没有（来）。

林老师：这么多钱就这么浪费啦？

郑四昌：能不能想想办法，再贷点款，把这儿发展起来，把这儿力争一下吗？

林老师：天哪，你这儿弄得这么烂，怎么再发展啊？

郑四昌：现在，这儿维修一下也花不了几个钱。

林老师：（靠）个人的能力再发展根本不行。

郑四昌：现在就是这样，还要靠政府扶持，政府再给贷点款，看看能不能把这个发展起来，看看能不能合理地利用上。

林老师：不是，现在政府再扶持，还是等于扶持你个人啊，你个人又没有能力做这件事，现在这就是一对矛盾啊！

郑四昌：你说的意思是？

林老师：我的意思就是说，当时政府选这个亮点，等于政府将钱投给你个人了，但是，现实中你个人发展这么大的规模是有困难的。

郑四昌：现在假如说再给我点贷款什么的，我还能发展吗？

林老师：现在再给你贷款，万一牛羊市场不好，又赔进去了呢？

郑四昌：这个东西也没有啥准确的，我也给你回答不上啥保证，牛羊

市场现在是低谷，咱们想这样它还……

林老师：所以我觉得他（们）在当时选这个点的时候，就没有进行可行性分析，都是冒选的一个点儿，是不是这种情况？

郑四昌：基本上就是这样的。

林老师：对吧？要不然不会是这种结局，事先进行可行性分析的话不会是这种结局。

郑四昌：意思就是有点盲目了。

林老师：对啊，实际上这么大的点儿，投入20多万，整个骆驼巷村是不是就这么一个点儿啊？就你们投的这个点儿？

郑四昌：嗯，可能就是的。

林老师：也就一年多，上次来还不这样呢。你看，你看地上这牌子，你看这多气派啊，"昌盛养牛""昌盛养羊"，现在也不见羊了，光见几头牛，你们看，昌盛养羊农民专业合作社，你做这个大牌子就得花好几百吧？

郑四昌：这东西，牌子下来花了2000多元。

林老师：这牌子下来花2000多元啊？

郑四昌：这些牌子，还有那些房子上挂的牌子。

林老师：这还做两块？

郑四昌：嗯。

林老师：为什么做两块啊？

郑四昌：这是，原州区说是……

林老师：一个示范，一个专业？

郑四昌：对对对。

林老师：这不是糊弄洋鬼子吗？这不是……

郑四昌：人家要求就这么干呢，办下来就没人管了。

林老师：谁要求这么干啊？

郑四昌：好像是农业局的，有个叫牛某某的，要求这样干的。

林老师：那搞这么大规模，现在都成一堆烂砖烂铁了，你看现在这……这叫什么事儿啊？对，我当时拍的就是这个（指营业执照等）。

郑四昌：你可能有资料呢。

林老师：当时拍的就是这个，你看看，你给摆一摆……

郑四昌：基本就是这些东西。

林老师：跟真的似的，你看。

郑四昌：事情是真的，搞到最后没人管了，最后成假的了。

林老师：你看看，那些是干吗的？

郑四昌：基本都一样。

林老师：这也没多长时间的项目，这是2013年？这是小庄回族村改造，投了3个大的？

郑四昌：嗯。

林老师：2013年6月，对吧？

郑四昌：嗯，对。

林老师：2013年6月盖的，你看，这才不到两年就变成这样了，合作社也没了，这种情况镇上知道不知道？

郑四昌：镇上？镇上应该知道，但是没有来现场看。

林老师：从建合作社、怎么鼓励你建合作社，然后到你又怎么失败了、现在遇到什么尴尬、你希望怎么样，你也识字，能不能把这些写写？

郑四昌：写书面性的东西？

林老师：嗯，从刚一开始怎么让你建的，然后将整个过程写写，这挺生动的，这就是一个案例啊！

郑四昌：可以。

林老师：怎么让你参加合作社的？最后你们为什么要参加？参加完了怎么又退了？

郑四昌：能行，我写一个书面性的东西。

林老师：好啊。

郑四昌：我往哪里交呢？

林老师：你交给我就行。

郑四昌：可以。

林老师：好吧。

郑四昌：但是你叫我说，我一时半会儿肯定说不了那么全面。

林老师：你肯定说不了那么全面，你就从2013年开始，开始有这个项目，开始有投入，怎么选择的你这个点儿……

郑四昌：写一个书面性的，我把这写详细一点，交给你。

林老师：这不还有好多天（我）才走呢。

郑四昌：能行。

林老师：就算有好多天你写不了，我不是还来吗？

郑四昌：能行。

林老师：你这个也太典型了，我还一直找呢，也没找到，原来就（是）你们家，这么多投入都浪费了，这叫什么事儿啊？

郑四昌：这个棚子是我自己盖下的，其他是政府盖下的。

林老师：政府盖的这个用得了20多万吗？

郑四昌：人家报价就这样，苏明山最后不是出事了嘛，这是包工头叫的评估公司，评估了26万，具体花了多少钱咱们也不知道。

林老师：我就觉得这点东西怎么也不值20多万！

郑四昌：值不了那么多钱，肯定是人家多报下呢。

林老师：这哪值20多万呢？

郑四昌：肯定不值，反正我自己投进去11万，这是真的，这是咱们自己的。

林老师：包工头说的值这么多？

郑四昌：叫的银川评估公司。

林老师：哦，叫的评估公司，还评估呢？

郑四昌：苏明山不是出事了嘛，出事了没人给他（包工头）付款，他（包工头）叫评估公司来，给他评估了26万，还是听说的。

林老师：评估完了给他们了？

郑四昌：那不清楚了。

林老师：评估时，你在场是吧？

郑四昌：嗯，说的时候我听见了。

林老师：现在再叫人评估可能不行了，当时可能还比较好。他这个

（棚）我印象特别深，当时来，可气派了，原来拍的照片都还留着呢，你看，这才过了一年多时间，就破产了。现在村上也没人管了，你把这事儿往上写写，你这例子也太典型了，是吧？

郑四昌：是典型。

林老师：而且当时村上完全是公家掏钱，弄试点，就弄在他这个点上了，你看那个马无旦（驼巷回族自然村农民），那个人还养着（牛羊）呢，就3个大棚嘛，一个是马无旦家，一个是你家，还有一个是村支书家，都是比较大的……

郑四昌：嗯，对，就这3家同时盖下的。

林老师：对不对？你看就这3家是同时盖下的，这就对上号了。都是自己弄的点，自己投点钱，（钱）大部分是政府投的，村支书那个（棚）也是吧？

郑四昌：嗯。

林老师：政府拿的大头是吧？

郑四昌：对对对。

林老师：你这个（大棚）就不行了。回族那两个为什么（行）？回族那两个在村口，你这个在这么里头没人来，你说这有没有关系？你感觉这有没有关系？

郑四昌：绝对有关系，没人管么。

林老师：太典型了这个，没人管，你给村上反映了吗？

郑四昌：村上知道，反映了也是白反映着呢。像今年改造危房，盖牛棚，村领导每天都跑着呢，每天都过来着呢，难道他就看不见？这是他们亲手做的他们不知道？

### 续1-1 采访背景

采访时间：2016年4月10日

采访人：林燕平

被采访人：骆驼巷村樊庄汉族自然村农民郑四昌

采访同期声制作：固原五原中学马进峰

采访同期声校对：林燕平

采访提示：骆驼巷村樊庄汉族自然村

### 续1-2 采访内容（同期声片段）

林老师：你到底是叫郑四昌还是叫郑耀英啊？

郑四昌：以前叫郑耀英，念书的时候叫郑耀英，不是身份证、户口本上是郑四昌没有改嘛，现在就叫郑四昌。

林老师：哦，我说上次材料上写的是郑耀英，你叫过郑耀英啊？

郑四昌：曾经叫过。

林老师：曾用名郑耀英。

郑四昌：嗯，曾用名。

林老师：现在的名字叫郑四昌，那你当时办那个农村合作社时，用的是郑耀英还是郑四昌啊？

郑四昌：郑四昌，现在不是干啥都是联网吗？这个上网呢，网上是这个名字。

林老师：你看，上次不是采访完了吗？让你写那个过程，你就一直没写。

郑四昌：我不会写，我小学没上完就不上了，不念书26年了。

林老师：你这样，你也挺累的（刚从地里回来），你就把你这个情况简单说一下。就是那个（参加农业合作社），上次让你写的过程，你的这个牛羊棚刚开始是怎么建的，后来又怎么不行了，你把这个过程给我们讲讲，行吗？

郑四昌：行，这是从2013年开始，2013年我也刚从上海打工回来。

林老师：到哪儿打工回来？

郑四昌：上海。

林老师：你还去上海打过工呢？打了几年工啊？

郑四昌：嗯，打了3年。

林老师：挣到钱了吗？

郑四昌：打工肯定多多少少能挣一点嘛。

林老师：在上海打工做什么啊？

郑四昌：在汽车配件厂呢。

林老师：哦，一个月能挣多少钱啊？

郑四昌：那时候一个月也好着呢，一个月3000～4000元钱。因为娃娃大了要念书呢，不行就回来了，回来打算自己养羊呢，刚开始我自己养了，投资了两三万块钱，养了十八九只羊，最后我们弟兄几个看着养羊这个行业也可以，我们弟兄4个，合资了十几万块钱，投资了下面这个小羊棚。

林老师：那就是2014年了？

郑四昌：2013年，2013年回来的，5月份。

林老师：嗯，四兄弟，你们怎么就想起来投资了呢？

郑四昌：看着养羊这个行业还可以，那时候。

林老师：四兄弟投资了十几万？

郑四昌：十几万。

林老师：养羊是吧？

郑四昌：嗯。

林老师：然后呢？

郑四昌：不是就建了下面那个羊棚，搞了点简单的设备，再就是在下面盖了一个小的，可以说是看羊住的房子，也就是个办公室。紧接着，就是咱们原州区的这个扶贫办的苏主任，苏明山，不知道是啥情况来的，（不知道是）大队（行政村）这些领导领着来的，还是人家转着过来碰见的，来看了我这个（羊棚）发展的情况，说你这个小伙子还可以，还对这方面有个热情，在养羊这个方面。说你现在搞，咱们给你大力地支持一下，你养羊去。你知道，人家是为了提高政绩，不是真正为了扶持咱们，只是说说，你（以为你）弄就给你扶持呢？

林老师：是不是你当时的规模在村子里算是比较大的？

郑四昌：那是最大的，在驼巷大队算是最大的。

林老师：当时你们四兄弟合伙投资十几万，养了多少羊？

郑四昌：那时候，刚开始的时候羊进的不多，进了四五十只，就是下

面那个棚建的面积挺大的。

林老师：四五十只羊，牛呢？

郑四昌：牛，当时没有。

林老师：就四五十只羊？

郑四昌：当时就是，盖这个羊棚以前，就是四五十只羊，这个羊棚盖成以后，手里面还有点周转资金，打算再进些羊，再发展一下，结果苏明山来说，你们就好好弄，咱们好好把你们扶持一把，那下面不是有一个我们盖下的羊棚吗？那上面是我们早前的院子，他说你把院子一推，咱们美美地给你盖个羊棚，羊棚盖大后，咱们就帮助你养羊，当时就这么说了，可没有签任何合同，也没有给任何书面协议，就口头上这么说了一下。说了后，我们紧接着就把上面的房子推了，房子推了，人没地方住了，搞得和难民一样，结果人家说是给投资盖呢，这上面的，就是人家扶贫办给盖下的，按评估公司算是26万呢，我没有直接投资钱，可间接投进去了十几万，把上面的那座房子推了，我现在这座房子花了8万多⋯⋯

林老师：是不是不算你们四兄弟投资的那些？咱们扶贫办的就说要扶持你，让你把那片地推了？

郑四昌：把那个房子全部推了，把那个院子推了。

林老师：那原来是你的院子，对吧？然后呢？不算政府投入的，你自己又花了十几万，是这个意思吗？

郑四昌：嗯，对对对，就是在盖羊棚期间，我把旧房子推了，我盖了这（新）房子，他们不让我推旧房子，我也不会盖新房子嘛，这就是我间接投进去的，就这座房子8万多，再就是建那个羊棚的时候，间接投进去了十二三万。

林老师：13万左右？

郑四昌：就这么个经过，结果就是这样，我刚才给你说是，苏明山说是给我们承诺下的，叫我们好好养，他能给我们一个大型铡草机，给我投资50只羊，然后再搞三四十万块钱的贴息款，这是苏明山当时给我们许下的条件，我们一听这个条件（觉得）还是相当优越的，所以我们就把旧房子推了，就搞成现在这样的状况了。我新盖的这个小办公室，就花了将近

1万块钱，就这个房子，新房一直没有用嘛，一天都没住就给推了，推了之后就盖下咱们上次进去看的那个房。这其中，里面还有个畜牧局的游某某，你可能慢慢就能调查出来，这个人把我们也骗了，说是我们上面那个房刚盖成，里面没有设备，没有办公设备，没有什么可挂的，就是那些牌子什么的，说是你把这些东西一下搞起来，搞起来我们就向上面给你申报，你搞完了就给你报了。结果，连挂牌子带买办公设施这些，咱们本来就是农民，没钱，咱们就小打小闹的，（本来）好好的，咱们以养羊为主，不要说咱们一下搞这些形式方面的东西，结果是这样一弄，给我答应的事情，我们把这个办公设备啊什么的买了，把牌子挂起来了以后，就不见人了，我们又投资了1万多，这就是（指废弃的牌子和宣传广告等），游某某找不着人了。

　　林老师：就是你的这些牌子啊？就那些什么执照都给办好了，搁在那儿，是不是有人当时来参观过啊？

　　郑四昌：来参观过，好像是畜牧局、扶贫办的都来过。

　　林老师：你有没有那个感觉，是让你弄起来为了让人来参观啊？

　　郑四昌：有这么个现象，有这么个意思，现在咱们也不能说是，人家把钱也投资了，不能说是落井下石，苏明山这个人出事了，咱们不能说是落井下石，他那时候好像就说是有这种嫌疑，他说是为了搞他的政绩了。其实，现在这个事情是我把政府的几十万块钱放在这里了，我也没处用，政府的钱也把我害了，我本来有十几万，我的小羊棚，我随便发展养羊，我可以周转资金，现在政府把钱放下了，我的钱也被套进去放下了，现在几十万放这儿，弄成个死的了，（资金）没办法周转嘛，这个羊棚又不产生效益，只有养羊下羊羔，咱们还试着……

　　林老师：那你现在的感觉是什么啊？你感觉是他们把你忽悠起来的，是吗？

　　郑四昌：有这种感觉，就是这种，说白了就是被人忽悠了。

　　林老师：就是你对他们期望挺高的，结果盖成了呢？给你投资了没有？

　　郑四昌：一分钱都没有，就光免费盖了个羊棚。

林老师：就盖了这么一个棚，然后你把那些什么照啊、牌啊的都挂上了，人家来参观了几回？

郑四昌：苏明山直接就没来，好像就畜牧局的来过一次。财政局的安某某也来过几次，再也没人来过。

林老师：当时看着还挺好的嘛（2013年我也参观过）。

郑四昌：看着挺好的。

林老师：也说要扶持？

郑四昌：说是要扶持呢。

林老师：那后来怎么就垮了呢？

郑四昌：没钱周转，我现在手头就这么点资金，再去贷款也不给贷，没人管了，我手里只有这点资金。还有一个原因，就是这几年养羊行情不行，我们自己也就没有办法养。

林老师：你看，2013年也给你投入了，对吧？你回来了以后，你自己的几个兄弟投资了，也有基础了，也算比较大的，结果呢？人家扶贫办的到这儿来一看，觉得你这个还不错，是吧？是还想给你再投入一点，就是作为我们村上的一个试点，是吧？然后人家就跟你谈了，想把你这儿好好规划一下，让你把你原来的院子，包括你已经盖成的一个小办公室一推，就盖了这个大羊棚，对吧？等于政府花了20多万，你自己又投了10多万，40万左右搁在里头了，我记着2013年来看的时候，还挺好的，到什么时候就不行了？

郑四昌：2014年我坚持了一年，2015年行情就不好了，养殖业行情就不好了，我就没有再……

林老师：2014年赚着钱了吗？

郑四昌：没赚到钱，养羊这几年，谁都不赚钱。

林老师：2014年，你这个规模已经起来了，牌子也挂了，那你这里养羊规模最大的时候，有几百只羊啊？

郑四昌：120多只。

林老师：120多只，最多的时候120多只，那你这120多只羊卖一些，资金不是就可以周转了吗？怎么说没有一点儿周转资金呢？

郑四昌：卖上一部分，能弄点饲料，然后羊就吃了，一直就是羊"吃"羊，羊"吃"羊吃完了，一直吃到20多只，剩下的我全部卖了。

林老师：就是等于卖羊（的钱），买饲料了，又喂羊。

郑四昌：再喂羊，饲料喂完了，羊没有啥起色，然后羊肉不涨价，卖羊行情不行，所以就一直"吃"嘛。

林老师：等于手上一直没有现金，就靠这些羊（周转）。

郑四昌：嗯，对。

林老师：那你当时怎么没养牛呢？

郑四昌：当时也没有想到养牛。

林老师：最后完了，就是去年完了，是吗？我们夏天来看时，那就是最不好的情况了，是吧？就完了？

郑四昌：对，就完了，那时羊有个一二十只。

林老师：我就想问问你这个过程，就这样几十万，你自己也赔了一些，政府的也撂在里头，对这件事，你怎么看啊？

郑四昌：现在，是政府的钱也投在这里了，我的钱也投在这里了，我反正还想着坚持呢，我现在就是羊不养了，我还在牛上坚持着呢，现在养了6只牛，希望政府再搞一些像这样的项目，把我再扶持一下，我这点钱看看能把本捞回来吗？叫政府的这个钱不要再放下了。

林老师：你去年在信用社贷款贷了多少啊？

郑四昌：在信用社贷了7万。

林老师：贷的不少呢，你贷这么多款能还上吗？

郑四昌：养牛和养羊不一样，养牛是……

林老师：你现在养的这个牛，政府补助吗？

郑四昌：去年补助了，今年没补助。除了养牛，我还养驴，现在我养了十几头驴。

林老师：现在有十几头驴？

郑四昌：我现在就去看看。

林老师：驴，现在市场上多少钱一头啊？

郑四昌：五六千？六七千？七千左右。

林老师：那等于你养了驴，也有10万左右。

郑四昌：10万块钱过着呢。

林老师：你养一年能把贷款还上吗？

郑四昌：现在，就说我养的这些驴，资产10万块钱，今天就说是看看借你这个（采访），看能不能申请些贴息款，咱们看看能把这个场子救活吗？叫政府这个钱不能白投了，看在我这些年这么辛苦的份儿上让我也能挣上些。

林老师：那你跟村上把你的愿望也讲一讲，跟村上（讲）啊？

郑四昌：跟村上讲了几次了，村上这些干部，常说他们忙着呢，再一个就是户数多嘛，养羊这个，现在我们村上养羊贴（钱）的人多，也不是我一个人嘛，现在也不是只扶持我一个人的嘛，那话也说不通嘛。也就说，借助林老师这个平台，看看是不是能把政府这个钱，能把这个事情搞活吗？能再搞点贴息款吗？

林老师：不知道村上在养牛养羊这块，有什么项目没有？

郑四昌：暂时也不清楚嘛，政府这政策咱们也不知道。

林老师：你跟村上经常保持沟通呗，现在我的理解就是，我的感觉啊，如果当时没有上面这样鼓动你，你不会搞得规模这么大。

郑四昌：对，正是如此。我给你说，我这个只投资了仅仅10万块钱，咱们是小打小闹，上面的羊棚花了个7万来块钱，反正是花了点钱，手里还有一部分钱，这部分钱打算像滚雪球似的一点一点地发展，结果人家苏明山一来，一忽悠，就没法收拾了，没办法收场了，搞了这么个事情，把我去年那点儿资金全部砸进去了，都没法生存了，那羊是长嘴的，一天要吃呢嘛。

林老师：行，我明白你的意思了。

郑四昌：我这个（人）念书不多，话不会说。

林老师：其实，我能感觉到你还是挺有怨言的，本来养得还算不错，没想到要发展这么大，对吧？结果人家主动到这儿来，要树一个典型，把你这么一扶持，结果，政府的钱也放在里头，你的钱也放在里头了，对吧？你现在欠多少钱啊？

郑四昌：就这点贷款嘛。

林老师：就这点贷款，那还行，看你养的这些（驴），那你贷款能还上。

郑四昌：这就是我觉得养殖业行情不太好，就把羊提前卖了，要是坚持下去，那以后比现在还要赔得多呢，2014年就把一部分，几十只羊，八九十只羊卖了，一千三四进来的羊，七八百一次性就处理了，这就是贴钱，就不再往里面继续贴了，一次性贴了，也没有断断续续再贴。

林老师：那你还算卖得不错的，有的到最后，都三四百元了。

郑四昌：去年，2015年，三四百元，我五百多元就把最后一部分卖了，那还要膘情相当可以呢，都是怀孕的母羊。

林老师：现在就是靠养殖，再种点地？

郑四昌：现在这个事情把我弄得，我就想着，我这个规模，投钱也不多，但不行，行情不行，现在我一个人做着呢，为啥我这么忙啊，就说我老婆在固原给娃陪读着呢，娃娃上学着呢，像这么个情况，我假如做个小规模的，我再出去打工，都行呢，现在是政府投这么多钱，我投资这么多钱，人一旦走了，这东西就这么放下，还是不行，现在就说是苦死了、累死了也要坚持，现在养这些东西，再种一点地，挣点学费。

林老师：你这个棚这么大，现在还能利用上一点，是吧？

郑四昌：现在，多多少少能利用一点，利用价值也不大。

林老师：你现在养的牛、驴不都在那里面吗？

郑四昌：嗯，现在就是想借助你这个机会，我的想法就是我自己没能力发展，向外界呼吁一下，看有没有人，像我现在这个设备齐全着呢，水电路、棚舍、铡草机、粉碎机，现在就是缺资金，我想着有个合作伙伴儿，向外面呼吁一下，看在这方面有发展意向的，那棚里面盖成了，啥东西都没有养，像鸡、鸭、鹅、兔子、牛、羊、驴，啥都可以养。

林老师：咱们村上没有人愿意和你合作吗？

郑四昌：村上？这几年的养殖行情不行，人家都不敢养了，没有那么多资金，就说养成小规模的，现在社会就是这样的，像我们这样的年龄不算太大，养上三五只，一年挣上2万块钱，不划算，不如出去打工，养得

多的养上十只八只的，又没有那么多资金，还不如人家出去打工的，那不划算嘛。现在，真正希望那些钱比较宽裕的，一下子就把这个棚投资起来，像我这个棚，如果养牛，最起码能养 150 头，你算算这样得多少钱，1 头牛按 8000 块钱算，120 万块钱呢！

林老师：养那么大规模，那也得要人工啊，光有钱也不行。

郑四昌：那都是包含在里头的，假如我要是能养 100 多头牛，肯定还要雇人，再雇用一个人，这就是整体规划，再按这个比例分配雇人。

林老师：那就是说你现在还没死心是吧？

郑四昌：肯定不死心，我投资这么多钱了，政府也投资这么多钱了，我死心了那就说不过去了，我就坚持着，等着能有啥好的机遇。

林老师：行，那我们再看看你这棚吧。

郑四昌：那里面，烂的，没啥看的。

看棚。

林老师：他这棚倒是挺大的，但都塌了。

郑四昌：这就是苏明山给我盖下的，前面这是我们自己盖下的。

林老师：还有这么多（牛）呢，牛头还是白的呐。

郑四昌：嗯，这就是品种的牛，西门达尔牛。

林老师：这儿是办公室，在这儿呢。

郑四昌：办公室里就不进去了，那土厚着呢，随便看一下吧。

林老师：就随便看一下。

郑四昌：那土厚的，再加上这几天水（位）上来了，建的这个就是豆腐渣工程。

林老师：就是，地下水位上来了。

郑四昌：这是所有摘下来的牌子，摘下来的牌子现在整个没用了，这就是游某某搞下的事情，一点实际的都没有。

林老师：那个游某某现在还在吗？

郑四昌：可能还在畜牧局呢，一点作用都没起上，就是多花了几万块钱。

林老师：你看他们搞的这个，轰轰烈烈的，昌盛养牛农业合作社，现在还有没有了？

郑四昌：现在可能注销了。

林老师：注销了？你看，他原来弄得可像样了，他这儿还有我 2013 年来的时候照的照片呢，还有执照什么的，这都是他们做的，这得浪费多少钱啊？

郑四昌：这些钱是我自己掏的，这些牌子，一个是 150 块钱，这得多少牌子啊？这些牌子做下来要几千块钱呢，光做这些牌子就花了 1500 块钱。

林老师：他这一条一条的，跟真的一样，这儿多着呢，"职责看板"，跟真的一样，你刚才说什么形式，这肯定就是形式。

郑四昌：咱们是老农民，啥都不懂，这是游某某搞下的事情，咱们是不习惯弄事情，假如我要是找着去，要叫他给我个说法呢？

林老师：那你也可以找他要说法去，你看他弄的这一套一套的。

郑四昌：你说去找游某某能找着说法吗？

林老师：他让你做这么多牌子，也没有用啊，花 1 万多。

郑四昌：没有用，纯粹一点作用都没有起。

林老师：他不让你做，你也不会想着去做那个吧？

郑四昌：这个东西不产生效益，我做这个干啥去呢，没一点意思，我做这个东西，一个牌子 100 多块钱，这 10 多个牌子就 1000 多，我多进几只羊还能产生效益呢！

林老师：那你为什么做这么多牌子呢？

郑四昌：他说这个装成以后，给我们补 1 万多块钱，是这么说的，你要是成立合作社，你必须办这个东西。

林老师：那你验收了没有？

郑四昌：不知道，人家看了，说验收了。

林老师：那你问问他啊？说我这个花了 1 万多验收了没有？

郑四昌：不见人了，现在，找不见人了，你哪里找去呢？

林老师：你看这十几块牌子，尽搞形式。

郑四昌：形式主义，不知道是……

林老师：你看有好几块牌子呢，这儿还竖着一块。

郑四昌：那几块是报废了，人家说是不合格的，这块牌子是260块钱。

林老师：还嫌这个做得不合适？

郑四昌：不合适，又做了一个，做这么一个牌子260块钱。

林老师：尽搞些没用的。

郑四昌：尽搞没用的，那时候你真正有这么多钱，把这直接弄成羊，或者弄成牛，现在就肯定扶持起来了。

林老师：他就要弄合作社，要把你这儿当个典型。

郑四昌：对，搞的这没用的事情嘛，假如那时候真正有二十几万，你直接给成现金，我进上二十几万的牛，现在肯定发展好了，你现在弄成死的放在这儿，这又不产生效益，只有养东西才能产生效益，你把羊这个东西放下才产生效益。

林老师：你看，这里地下水位高了，往上渗水，再想弄，也好像不太好弄了。

郑四昌：现在倒好，现在往那个滩里弄，这就像城市内涝一样，水排不出去，去年不是哪个单位投资了吗？把那个渠直接挖开了，把水给往这排了，现在基本好了。

林老师：看你这个就快塌了。

郑四昌：这工程本来就是劣质工程，你看这……

林老师：看这盖的，还不如你盖的呢！

郑四昌：下面那个棚是先盖下的，我盖的这个棚没有出现任何问题，你看一下，水泥是我自己做下的，像这，早先打下的都是水泥路，这就是他们和的砂灰，你看，就这么个现象（手一捏就碎），你说，这能砌住砖吗？就用这个东西砌砖着呢。

林老师：底下一渗水，水泥就化了。

郑四昌：这是我自己打的，你看我的。

林老师：你自己这水泥怎么就能坐住，他那个怎么就不行？

郑四昌：里面水泥放得少嘛。

林老师：偷工减料了，是吧？

郑四昌：对，全部是河沙，没有放水泥。

### 续 2-1　采访背景

采访时间：2017 年 7 月 8 日

采访人：林燕平

被采访人：骆驼巷村樊庄汉族自然村农民郑四昌

采访同期声制作：固原五原中学马进峰

　　　　　　　　华中师范大学新闻系何子轩（大四学生）

采访同期声校对：林燕平

采访提示：骆驼巷村樊庄汉族自然村

### 续 2-2　采访内容（同期声片段）

林老师：你刚开始不是养牛羊吗，那你是从什么时候开始养驴的啊？

郑四昌：去年养的驴。

林老师：养驴，我记着好像生意不错啊？

郑四昌：不行，没有市场嘛。

林老师：怎么没有市场啊？

郑四昌：咱们队里就没有驴嘛。

林老师：怎么后来又想起养驴了呢？

郑四昌：我有一个堂哥，人家是驴贩子，那时候价格高一些，价高呢，人家就让我养驴去呢，养了一年，效益不行。

林老师：上次我来，2015 年夏天，夏天那会儿，你还剩下十几头牛，没了吧？后来还剩下七八头？

郑四昌：去年，没有的，去年就是 3 头牛。

林老师：我们 2015 年来了之后，你是怎么开始养驴的，市场价是多少？你就给我们讲讲现在的情况，从去年开始吧，因为 2015 年的情况已经问过了，就从 2016 年开始吧。

郑四昌：去年，就是春季，大概是 2 月份，我的一个堂哥是驴贩子，建议我去养驴呢，说是驴的市场还可以，驴肉的营养价值高，驴皮子价格也高。

林老师：堂哥是在咱们村上吗？

郑四昌：是咱们村上的，叫郑生荣。

林老师：哦，郑生荣啊。

郑四昌：他建议我养驴呢。

林老师：他是驴贩子，挣不挣钱啊？

郑四昌：人家肯定是赚钱着呢。

林老师：那为什么你不赚钱啊？

郑四昌：现在这个市场，不管你是养牛还是养羊，搞养殖的不赚钱，叫贩子把钱都赚了，人家贩子赚钱着呢。

林老师：这个环节挺好的，你给好好讲一讲，之后呢？堂哥是驴贩子，然后你就养上（驴）了，是吧？你养的驴怎么样？刚开始进了多少头？

郑四昌：刚开始进了 16 头驴。

林老师：进了 16 头驴共多少钱？

郑四昌：大概就是……

林老师：一头驴多少钱？

郑四昌：6000 元左右。

林老师：养了多长时间？

郑四昌：这个出进一直走着呢，进一部分，出一部分，养到年底，养到 10 月份。

林老师：你第一次开始出驴的时候是几月份？你不是 2 月份进的驴吗？进了 16 头是吧？第一次买驴，养了多长时间？

郑四昌：4 个月左右。

林老师：6 月份开始出了一批，养了 4 个月左右，卖了多少钱啊？那会儿出了多少头啊？

郑四昌：第一次出了……有个明细账呢，这个时间长也就忘了，去年的事情了（找出记账本），第一批是正月二十三号进的，进了 4 头，第二批是正月二十五号进的，进了 4 头。

林老师：花了多少钱啊？

郑四昌：第一批这 4 头，是 26000 元嘛。

林老师：第一批的 4 头是 26000 元？

郑四昌：嗯。

林老师：第二批呢？

郑四昌：第二批是 24000 元。

林老师：第三批？

郑四昌：第三批是 3 头，正月二十九日进的，花了 16000 元。

林老师：第四批呢？不是 16 头吗？现在已经 11 头了。

郑四昌：第四批是骡子，进了 2 头骡子，10300 元，还有一头驴。

林老师：一共花了多钱？

郑四昌：15500 元。

林老师：这是几月份进的？

郑四昌：嗯嗯，第四批。

林老师：具体是哪一天？

郑四昌：这是阳历六月十号进的，第五批是六月十九号进的，进了 4 头驴。

林老师：花了多少钱？

郑四昌：21800 元。现在是多少头了？

林老师：现在 16 头驴 2 头骡子，对吗？

郑四昌：嗯，对着呢。

林老师：然后你就开始养了？

郑四昌：就开始养了。

林老师：嗯，你第一批卖了几头啊？

郑四昌：第一批卖了 14000 元，2 头驴。

林老师：第一批卖了 2 头驴，收入 14000 元，这是哪天啊？

郑四昌：农历的五月十三号。

林老师：你看，我现在为什么问你这个呢？我是想给你算算，你养了这些驴、骡子，养了这么半天，还有饲料等，你到底赚不赚钱？你看，第一批你是农历五月卖的，是正月进的，这不等于养了 4 个月吗？养了 4 个月你就卖了，实际上你买了1头驴，你买进来的时候花了6000多块钱，你才卖了7000块钱，问题是你没赚钱啊，为什么啊？

郑四昌：原因就是现在咱们本地没有市场。

林老师：进一头要6000多块钱，往出卖才7000块钱，那你没赚钱，为什么啊？你看你养1头驴，1个月的饲料得花多少钱啊？

郑四昌：饲料平均1天就是5斤，按5块钱算，5斤草算2块钱，共7块钱，1天能吃7块钱。

林老师：1头驴1天吃5斤饲料和2块钱的草，2块钱的草有几斤啊？

郑四昌：按4毛钱算，5斤多。

林老师：1天7块钱，三七……200块钱。1头驴1个月吃200块钱，那你想想，按进1头驴6000块钱算，除去养驴的每月200块钱，那你就赚了二三百块钱，对吧？

郑四昌：对对，赚了200块钱。

林老师：你卖7000元，1头（驴）才赚200元，那你干吗啊？你费这4个月劲儿？

郑四昌：那没办法，那时候，对养驴不懂，主要问题出在哪里呢？进的时候，就是我这个驴贩子哥看着进的，出的时候，人家看着出下的，所以就是人家在这里面控制着呢。高价进，低价出，所以人家就把我的养殖利润拿去了。假如咱们本地有市场，我自己买驴，我自己出驴的话，利润就应该比较大，就可观一些。我现在是生人，完全不懂，都是由人家说了算呢，比如进驴的时候1头是多少钱，就像这些是五六千块钱。

林老师：就让驴贩子赚了，是吧？

郑四昌：嗯，对对。

林老师：那你为啥啊？你为啥还养啊？你一年下来等于什么都没赚着啊？

郑四昌：其中有2头驴娃子是他看着给我进的，卖时是我自己卖下的，在这2头驴上面，每头赚1000块钱，进的时候他进下的，出的时候我出下的，赚了2000块钱。

林老师：自己买的2头小驴是吧？你买进来时多少钱啊？

郑四昌：一头是 3800 元，另一头是 4000 元。

林老师：自己给卖了，自己卖了多少钱？

郑四昌：那两头卖了 9800 元。

林老师：赚了 2000 块钱，要是让他去卖，那就又不行了。

郑四昌：嗯，所以我今年不养驴了，养驴直接没利钱。

林老师：养驴就没赚钱嘛，你还搭了那么多工夫钱呢，所以就不养了，那今年呢？

郑四昌：今年养的是牛。

林老师：你觉得前景怎么样啊？我听农民说养牛也不赚钱啊？

郑四昌：现在养殖户完全不赚钱，养牛，网上说已经到一种水深火热的地步了，进牛的时候，像我棚里的这些小公牛，每头 8300～8500 元进的，你喂上半年，得朝着 12 个月到 15 个月的喂，你管理得好，再加上牛的品种好，就算一头牛卖上 15000 元，就赚着 6000 多块钱。除去饲料成本，1 头牛 1 天最少也得 12 块钱，你按半年时间算，就算是 10 块钱都很费钱。就说你赚着 3000 块钱，进牛的时候便宜一点，出牛的时候高点，还得看好品种，饲养各个方面都好的。

林老师：那你还在养呢，你先给我说说你今年进牛的情况，你怎么进的，你一说我就清楚了，就是你养牛不赚钱的这个过程，2017 年你就开始养牛了，驴不赚钱，然后你怎么弄了？

郑四昌：刚开始进了 3 头小牛。

林老师：进了 3 头小牛，是什么时候进的？

郑四昌：这可能是年初。

林老师：多少钱进的？

郑四昌：这 3 头里面 5800 元进了 1 头，6600 元进了 1 头，还有 8100 元进了 1 头。

林老师：为什么价格不一样啊？

郑四昌：这是根据大小和品种，牛是我自己进的。

林老师：大小和品种价格不一样，今年就养了 3 头牛啊？

郑四昌：还有呢，最后又进了 3 头小母牛。

林老师：什么时候又进了？

郑四昌：这大概在4月份。

林老师：多少钱啊？

郑四昌：有2头是8300元进的，一共16600元。

林老师：还有1头呢？

郑四昌：还有1头是6000块钱左右。

林老师：现在就这6头牛吗？

郑四昌：还有2头，还有2头基础牛是我自己养下的。

林老师：现在就这8头牛吗？

郑四昌：还生了头小牛。

林老师：小牛娃子是什么时候产的？

郑四昌：在1个月以前。

林老师：小牛娃子现在能卖多少钱？

郑四昌：才1个月嘛，现在卖也就卖个4000块钱。

林老师：半年以后呢？

郑四昌：半年以后就能卖个七八千块钱，8000块钱吧。

林老师：你先给我说这个牛饲料，你养1头牛，1天得需要多少饲料？养1头牛，正常的情况下，1天得吃多少钱啊？

郑四昌：15块钱左右。

林老师：你这15元左右是怎么算的啊？那1个月下来得四五百块钱呗，你算算你是怎么喂的。

郑四昌：嗯，1天12斤饲料，1斤1.2元。

林老师：1天12斤饲料，1斤1.2元，这大约就是15元，（饲料是）混合的对吧？里头都有什么啊？

郑四昌：玉米、小麦、大麦、油渣。

林老师：是人家给你配好的？

郑四昌：我自己配着呢。

林老师：自己配饲料？

郑四昌：里面还有豆子、盐、小苏打，基本上就这些。

林老师：配的这些加在一起，1 斤就是 1.2 元，是吧？

郑四昌：嗯，就是，还有草。

林老师：草是多少斤啊？

郑四昌：10 斤草嘛。

林老师：10 斤草是多少钱？

郑四昌：4 块钱嘛。

林老师：10 斤草是 4 块钱，1 斤草 4 毛钱是吗？全部算下来就是十八九元，每月就是五六百元。然后，你养几个月就可以卖啊？

郑四昌：15 个月。

林老师：现在咱们是展望啊，因为 2017 年你刚进，养 15 个月，可以开始卖了，那你认为 1 头牛能卖多少钱啊？

郑四昌：15000 ~ 16000 元。

林老师：那咱们算一笔账，你看 1 个月 1 头牛咱们就算吃掉 550 元，10 个月就是 5500 元，再加上 2 个月是 1100 元，1 年差不多是 6600 元，不算你的劳动力，6600 元的饲料和草对吧？每头牛就算是 7000 元进的吧，那你卖的时候，就算你卖得好，卖 15000 元，15000 元你现在刨去成本，等于你的利润不到 2000 块钱。你现在还保不住你的牛市场，万一牛市场不好了呢？那你就赔了，是这个道理吧？农民都说养牛不赚钱，是不是这个道理？你说的这个是市场好的情况下卖的，市场不稳定就卖不出去了吧？那你也不知道市场稳定不稳定啊？

郑四昌：那谁也不知道啊。

林老师：养牛也不赚钱，那为什么农民现在还养牛啊？

郑四昌：现在像我这个情况，出去打工也可以，可现在如果我一走，家里的啥东西也就丢下了。其实，算这个账的话，还不如出去打工，养的这些牛，刨去成本，就是饲料和草的成本，一年下来也就能赚两三万块钱，可这个劳动力度要大得多，要比打工出的力多得多呢。就像这些，咱们算的饲料和草都是买的情况下，像我这种情况，我就是种 50 亩地，也只是能解决饲料和草的来源问题，这样一年下来多多少少能挣一点，反正就是没有像人家说得那么乐观。

林老师：你这 50 亩地哪来的啊？

郑四昌：自己一部分，租下的一部分，租了 20 亩，我自己有 30 亩。

林老师：那你这 50 亩地就都种草？

郑四昌：种饲料、种草嘛，像这种情况，就是牛市场比较稳定，牛不要得病的情况下。我今年上半年已经赔了，一头牛腰摔折了，一头牛得病宰了，这两头牛每头赔 1 万块钱左右。还有，这些牛天天感冒、拉肚子，打针花了 2000 多块钱，今年下来直接不挣钱。

林老师：今年上半年赔了两头牛，得病的牛你们怎么处理的？

郑四昌：最后宰了。

林老师：宰了是自己吃还是怎么了？

郑四昌：宰了自己吃，村子里人吃，这是不影响的。

林老师：两头牛没了，就等于是赔了 2 万块钱？

郑四昌：不到 2 万块钱，宰了的这头，还卖了 5000 块钱。

林老师：那就算两头牛差不多损失 16000 元呗。哦，还有那头杀了的牛，就等于是回来了 5000 块钱，损失了 3000 块钱？

郑四昌：嗯，后面这个也就是损失了两三千块钱。

林老师：这个呢？腰摔折的呢？

郑四昌：腰摔折的，卖了。

林老师：卖了多少钱？

郑四昌：10000 元进的，卖了 6500 元。

林老师：10000 元进的，卖了 6500 元，损失 3500 元，其实你只是算卖的钱，你还没有算草料钱呢，上半年你已经赔了，那下半年呢？你还得养，你是因为家里离不开人才不去打工？因为两个孩子都上学是吧？

郑四昌：两个（孩子）都上学着呢。

林老师：那实际上是现在养殖业赚不了钱啊？

郑四昌：现在养殖上啥都不赚钱。

林老师：那为什么农民还养啊？

郑四昌：就像腰摔折的这头牛，人家买了去，在这上面，人家最少挣 1000 块钱，只有贩子把钱挣上了。

林老师：那你现在对养牛的农民有什么建议啊？

郑四昌：建议就是看看政府能把牛的价格调整一下吗？控制着价格不能太低了。

林老师：现在就是中间商赚钱了，农民要是有一个不通过中间商的渠道，就好了是吧？

郑四昌：现在，有些农民就自己到市场上，牛就宰了，宰了就卖了，牛也是卖不出去，卖不了那么多，仅仅只能维持个生活，两个小孩一年就得花将近3万块钱。

林老师：为什么将近3万块钱呢？

郑四昌：学费什么的。

林老师：都在固原上学吗？

郑四昌：都在固原呢。

林老师：上的什么啊？

郑四昌：一个（上）高中，一个（上）初中，（上）高中的（那个）一个学期是500块钱，（上）初中的（那个）要2500元呢。

林老师：在哪个学校啊？

郑四昌：在五原中学呢。

林老师：那这个呢？（上）高中的这个呢？

郑四昌：在固原一中呢，我老婆就是给他们做饭呢。

林老师：在固原租了个房子，是吧？租房多少钱啊？

郑四昌：150元。

林老师：租房每月150元，其他的呢？

郑四昌：水电费50元左右。

林老师：伙食费呢？

郑四昌：1000元左右。

林老师：一年下来也得花个一两万吧？

郑四昌：两万块钱也不够，还有取暖费啊，各种的，一年就得3万块钱，老婆还要回来干活，还有来回跑的交通费。

林老师：那你养这些牛，就等于是把这个力气钱换成一点钱，养家糊口了。

郑四昌：现在就是形不成规模，像马无旦养得多，一头牛能挣上3000块钱，35头牛，一年下来就能挣上10万块钱左右。

林老师：那你们为什么不规模养殖啊？

郑四昌：现在就是养殖不挣钱，人家都不做投资啊。

林老师：那村上怎么说有一个养牛的什么项目啊？

郑四昌：我听说村上有个项目呢，现在就是没有实施。

林老师：那你不可以参与吗？

郑四昌：现在这个合伙生意没法做，自己养都不赚钱。

林老师：人家马无旦那个怎么能行呢？还是人家起点一直比较高，人家刚开始一点也没赔钱？

郑四昌：人家起点是比我高，人家是一直在养牛着呢。

林老师：你是走弯路了？

郑四昌：就是走弯路了，养羊的时候赔钱，行情不行，搞得这个羊场一下子就烂了，人家就一直养牛，养牛相对于养羊来说，市场就相对稳定一些。

林老师：就是等于你养羊走了弯路了，弄这个合作社，现在又养牛，你这个合作社刚开始养的是牛还是羊？

郑四昌：刚成立时我养的是羊。再就是人家马无旦是回民，对这个养殖业比较了解，养牛养羊，对人家回民来说就是特长，人家在技术方面比我懂得多呢。

林老师：你要是刚开始没有这个合作社养羊，是不是就不会像现在这么惨了？

郑四昌：就是的，我从安徽打工回来，贷了10万块钱，全部砸到这里面了，现在手里是一毛钱也没有，全是贷款搞着呢。

林老师：你最早出去打工是哪一年啊？

郑四昌：2009年，2012年回来的，出去了3年，回家待了5年。

林老师：2009年去的安徽，干什么了？

郑四昌：在厂子里面呢，一个汽车配件厂。

林老师：那时候打工能挣多少钱？

郑四昌：刚开始一个月两三千块钱，后来还可以，干了 3 年时间，最后升上去了，五六千，好一点时七八千，干了 3 年，我给带班着呢。

林老师：哪一年回来的啊？

郑四昌：2012 年回来的，2012 年底，回来就开始养羊。

林老师：那你不回来干这个还能好一点。

郑四昌：我不回来在外面打工都好着呢。

林老师：那现在是孩子上学又走不开了。

郑四昌：两个小男孩，我在的时候还算听话，我不在的时候，男孩淘气得很，不听话。

林老师：行，那你还有什么需求啊？还有补充的吗？

郑四昌：现在就是有个请求，看林老师能不能帮个忙，能给两个学生弄一个低保吗？这个低保，现在政府有这么好的优惠政策，我现在完全享受不上啊，像低保、建档立卡，我完全靠边着呢。

林老师：为什么靠边啊？

郑四昌：我有这个羊棚呢，羊棚又不能当饭吃。咱们不是为了拿什么吃，是想看看能把这个上学的费用减免一些吗？看看能解决一个低保问题吗？我自己不想要，就看这两个学生能不能成？

林老师：现在有这种情况吗？上学解决低保问题？咱们村上有没有这种情况？

郑四昌：我也没有问过。

林老师：就是负担比较重是吧？孩子学习还挺好的？

郑四昌：学习还可以，（上）高中这个的学费不多，500 多块钱，就是天天买资料嘛，每天基本上买资料着呢，就这几天买了 500 多块钱的资料。

林老师：买资料？学生一年能买多少钱的资料？

郑四昌：怕就是一两千块钱呢。

## 七　农村合作社
## ——案例四

### 1. 采访背景

采访时间：2017 年 7 月 8 日

采访人：林燕平

被采访人：骆驼巷村小庄回族自然村农民马无旦

采访同期声制作：固原五原中学马进峰

　　　　　　　　华中师范大学新闻系何子轩（大四学生）

采访同期声校对：林燕平

采访提示：采访骆驼巷村小庄回族自然村养牛能人马无旦

### 2. 采访内容（同期声片段）

**采访马无旦**

林老师：你是小庄村还是驼巷村的？

马无旦：是小庄村的。

林老师：你看，你上一次贷款的时候碰上你了嘛，后来就采访你了。

记得有一年春节，2014年春节，我是从你家，从这边往那边走，过来采访你一次，你还记得不记得？

马无旦：记得记得。

林老师：那你接着把你家养牛的情况说一说。2014年，我记得你家的牛棚出了点问题，正在把那个边子拆了，你还有印象吗？

马无旦：有，就是把后墙拆了。

林老师：对对对，就是把它加固了，你就把你家的情况，从2014年开始回忆回忆，最早的时候，你的问题不就是贷款吗？后来弄上了，不是发家致富又没地方去贷款了吗？那年，你反映的问题是那个吗？你还有印象吗？就是想继续养牛，想投入却没有钱，那发展到现在，你是如何克服的？另外，还有一个想知道的是，别人家养牛都赔了，你家养牛为什么没赔，还慢慢地规模化了？就这么两个问题。

马无旦：那一年我不是贷不上款嘛，就是你给我找的那个人帮助了我。

林老师：那是2014年，不对，应该是2013年的事儿，帮你找了人，你就贷上款了。后来我来过一回，你记得不记得？2014年春节。

马无旦：那就自己克服了嘛，找亲戚借呢，自己凑呢，就这么把钱弄上了。

林老师：你给我们讲讲，2014年开始养牛的规模有多大？借了多少钱？养牛从哪一年就开始翻身了？你把这个过程给我们讲讲就行了。

马无旦：你说的那是2014年，从2015年就开始好了。

林老师：2014年你规模养牛，你是怎么搞的啊？

马无旦：向亲戚借钱，四处凑钱。

林老师：那年你养了多少头牛啊？

马无旦：15头。

林老师：开始的那年，我记得你没有养那么多，刚开始，我来看，也就是10头牛左右，2014年春节的时候。

马无旦：就是13头，2013年的时间。

林老师：13头大牛，那后来你是怎么发展到现在（的规模的）？

马无旦：借了一些钱，再就是大队里面，财政局拨下的啥款，弄了5万元。

林老师：跟亲戚借了多少？

马无旦：借了3万元，再就是大队的这个补助资金啥的。

林老师：就是互助资金？这是村上的吧？利率高吗？

马无旦：不高，和信用社一样。

林老师：多少啊？百分之多少？

马无旦：5厘，是百分之多少啊？

林老师：这一年下来呢？

马无旦：再就是一年的收入。

林老师：你这13头大牛一年下了多少头小牛？卖了多少钱？

马无旦：咱们这个是没有下嘛，就是小的时候买回来，大了一卖，一头牛收入4000元，十几头牛，收入五六万块钱。

林老师：等于是卖一头牛能赚4000元，13头牛能收入5万多元，那你怎么养的？当年还上贷款了吗？

马无旦：没还上，再就是增加牛。

林老师：增加牛是从哪年开始的？

马无旦：从2014年到2015年这么个。

林老师：2015年增加了多少头牛啊？

马无旦：2015年（增加了）20头。

林老师：等于是原来的13头牛卖了，又进了20头牛。

马无旦：每年增加几头，每年增加几头的。

林老师：新进了20头牛，就养了20头啊？

马无旦：2015年是20头。

林老师：下一年呢？你的贷款还了吗？

马无旦：养这20头牛，贷款也还了。

林老师：2015年就把贷的款和借的钱都还了是吧？

马无旦：嗯。

林老师：2015年你没落下钱，落下钱是去年，对吧？

马无旦：嗯。

林老师：2016年的情况你说说，你现在有多少头牛了？

马无旦：现在有35头。

林老师：2016年呢，有多少头呢？

马无旦：21头。

林老师：那等于是2016年收益的钱自己落下了，对吧？

马无旦：嗯，就是存下了嘛。

林老师：2017年又养了35头，那你现在是好周转了。

马无旦：现在，就可以说是能够周转开了。

林老师：你看，因为别人养牛都赔，你养牛就赚了，我想问的是，你养的牛不下小牛吗？你是买进来养，然后再卖吗？你买进1头牛是多少钱？

马无旦：6000元左右。

林老师：卖呢？

马无旦：平均13000元。

林老师：你养牛1天的饲料钱是多少？

马无旦：平均1头牛1天是10块钱左右。

林老师：10元钱1天，吃的是什么？

马无旦：饲料，再配点麸子、玉米、油渣等。

林老师：为什么是10元钱呢？这些饲料和配料多少钱一斤？

马无旦：麸子8毛，玉米9毛，油渣1.3元。

林老师：饲料多少钱一斤？

马无旦：2块钱。

林老师：1头牛1天吃多少饲料？

马无旦：半斤。

林老师：1天吃几斤玉米？

马无旦：6斤。

林老师：油渣呢？

马无旦：1斤。

林老师：麸子呢？

马无旦：2 斤。

林老师：草多少斤？

马无旦：6 斤。

林老师：草是自己种的吧？

马无旦：嗯。

林老师：饲料和配料 1 天是 10 元，1 头牛 1 个月就吃掉 300 元，1 年下来就是 3600 元。按牛的重量走，10 块钱是平均数。现在你进 1 头牛 6000 块钱，卖 13000 元，1 头牛 1 年吃的饲料和配料是 3600 元，这样你能赚 3000 元左右。今年你进了 35 头牛，今年就能赚十一二万元，这跟市场有关系吗？

马无旦：有。

林老师：有的人说，辛辛苦苦把牛养大，结果市场不行了，你遇到过这种情况吗？

马无旦：遇到过，去年，2016 年。

林老师：遇到了你怎样保证自己的利益？不卖？

马无旦：那还得卖。

林老师：那样不就赔了吗？

马无旦：赔不了，就是挣不了多少。

林老师：从哪年开始市场不好的。

马无旦：从 2013 年开始，有几年了。

林老师：（市场）不好的情况下，本来 13000 元的牛在市场上收多少？

马无旦：12000 元。

林老师：有没有直接赚不上钱的时候，本来 13000 元的牛就只能卖 10000 块钱，这种情况有吗？是哪一年？

马无旦：有，哪一年都有，买的牛品种不好，就赚不上钱。

林老师：这种情况很少是吧？本来 13000 元的牛只能卖 10000 元，这种情况很少，你没遇到过吧？

马无旦：没有。

林老师：别人遇到过，你没有遇到过，是吧？

马无旦：嗯。

林老师：那你现在注册的这个合作社，你注册了多少钱？你是哪一年注册的啊？

马无旦：去年，2016年4月份，注册资金写的是60万。

林老师：有60万吗？

马无旦：没有，那就是去随便写的。

林老师：你现在有多少资金啊？

马无旦：不多，哈哈。

林老师：20万应该有吧？自己的。

马无旦：噢，就是个20万。

林老师：你的资金，我的意思不是说这些牛，就是你自己现在除了养牛能攒多少钱？

马无旦：就是攒下的，一毛钱没有攒下。

林老师：一毛都没有，车买了吧？

马无旦：嗯，车买了。

林老师：车花了多少钱？

马无旦：花了三四万块钱。

林老师：在固原买楼了吗？

马无旦：没有。

林老师：那你一毛钱也没攒下？

马无旦：都花了嘛。

林老师：你就说一下你现在手上的流动资金有多少？

马无旦：就是个10万。

林老师：10万？比10万多吧？

马无旦：那不多。

林老师：买了个小车花了6万，那是哪年的事情？

马无旦：2012年。

林老师：那就好周转了，每年能赚个十一二万块钱，是吧？

马无旦：10万左右。

林老师：从 2016 年开始是吧？农民一般赚点钱也不随便花，所以我估计你现在也得有个二三十万。

马无旦：没有的。

林老师：你现在这个情况，已经注册了合作社，但还是自己养牛，你对这个前景怎么看啊？对村上有什么建设性的意见？

马无旦：有呢，就这个办合作社，别人办的这个合作社，别的没给，但铡草机还给着呢，就我们这个，这都办了一年了，啥也没有给，不知是谁拿走了，还是没有这个政策，你说没有这个政策呢，别人都还给着呢。还有这个草坑，自从我们把这个草坑挖成，就说补着呢，一个坑是补多少钱的？我们还是没把这个补的钱拿上。

林老师：你说的是，养牛的好多政策你这儿没有享受到？

马无旦：嗯。就享受了贷的这几万块钱的款，再也没有个啥。

林老师：只是贷款啊，最近还有贷款吗？

马无旦：有呢，就这里还有。

林老师：你那贷款是一直没还，还是重新贷的？

马无旦：还了，还了又贷的。

林老师：有重新贷的，这 5 万块钱是哪年贷的？

马无旦：这是大队里的，这是 2015 年 12 月份给我贷的。

林老师：这个可以几年还清啊？

马无旦：两年，今年年底就还。

林老师：这次的利率是 7 厘？

马无旦：5 厘。

林老师：这是有什么优惠了吗？利率 5 厘，这算是优惠吗？

马无旦：这也就算嘛。

林老师：别的就没什么了是吧？还有什么别的合理的建议？你现在是个人养，个人什么时候养不动了，逐渐地就不养了？

马无旦：嗯，就是这样。你刚才说的，有的牛场倒闭了，我们的没有，我这就是我们两口子养，就是挣得少吧，而有的那些大牛场雇人，雇人、买草买料，这么算下来，也还是挣得少。

林老师：那还是你们两个勤奋呗，说来说去，一个原因是养得有经验、养得好，还有一个原因是勤奋呗，那也没啥绝招啊，开始的时候周转不开就贷款，牛养得好，卖出去了，就把贷款一还，对不对？你们两个人在养，那你这个合作社感觉没什么用啊？

马无旦：真的没有用，我都准备注销呢，那几天准备注销呢，那几个人说先放着，就没注销，过段时间就去注销了，没有啥用。

林老师：我的理解是，合作社就应该有几户人家，你这个就你一户？

马无旦：当时有6户，养的时候就我一个人养呢，那些户就只做了个代替。

林老师：注册时有6户，实际上就你一个养，那人家也给你注册？

马无旦：注册呢。

林老师：实际上有6户人家，只有你一户养嘛，那叫什么合作社啊？人家也给你注册啊？把6户人都写上？

马无旦：不管你养不养，只要你能把6户人凑够就行。

林老师：注册资金是60万，每个人10万，每人上面都写10万吧？

马无旦：嗯，都写着呢。

林老师：你这个合作社还是你单干啊？

马无旦：单干着呢。

林老师：那你叫合作社干啥呢？

马无旦：那是去年大队的这些人说，你办上一个，那么我就说，办上一个。

林老师：别人号召的？让你办，得有什么好处你才会办啊？

马无旦：我想着是办上看看有啥好处嘛，结果还是没有。办合作社这个是有好处呢，别人办的都拿上了，就咱们拿不上嘛。

林老师：为什么啊？

马无旦：那咱们不知道，咱们没人嘛。那个黄堡村的牛场，人家也就是12户人，人家无息贷款，办公室都给着呢，还有大型铡草机，就和咱们大队那个一样。

林老师：你这个信息确切吗？

马无旦：那我们都知道呢。

林老师：黄堡村这个多大啊？是不是比你这儿大？

马无旦：规模大，那个要算12户人呢，有几户没养，有几户养呢，那下来要有100多头牛呢。按盖的那个规模，能养500头牛呢，结果还是没有养那么多。

林老师：实际上，还是有人养有人不养？

马无旦：人家办这个合作社的目的是啥？还是为了政府的项目，为了配套资金。

林老师：人家那个有项目，你这个为什么没项目？

马无旦：现在，这个项目靠的是你有人、有关系，养不养牛，都能把这个项目弄来，咱们没人，养多少牛都没这个项目。

林老师：谁没养牛有项目了？

马无旦：那比较多。

林老师：咱们村有吗？

马无旦：咱们村没有。

林老师：其实，我的理解，就是你现在自己养牛，也踏踏实实养了，问题是你办了合作社，但是你现在还是单干户，实际上村上把你当作合作社的典型，你是村上的一个政绩。

马无旦：我现在养牛，要项目没有项目，但是哪里要是来了领导，就说到我这里看一下。

林老师：实际上你就是村上的政绩，领导来了参观，但是你有什么政绩？领导来参观什么？

马无旦：养得好，办了合作社。

林老师：你这典型，就算是养得好，合作社办得好，但实际上根本没有合作社，我是这么理解的。实际上你就是单干户，和合作社没有关系。

马无旦：嗯，没关系，合作社就是起了一个样子。

林老师：那你心里有什么想法？你自己养的牛，领导一来参观，你啥好处都没得到，你心里头有情绪吗？

马无旦：市里领来人，咱们也不想让他来参观了，但到时候一打电话，还是领来了。

林老师：一年下来能参观几回呀？

马无旦：十几回。

林老师：那么频繁呀？

马无旦：上个月领的彭阳的养牛带头人，30多个人。七八天前说是市里来人，让把卫生搞一下，还有张易镇上的。

林老师：镇上的经常来参观，是外面的人吧？

马无旦：镇长也来。

林老师：镇长来一般都说什么呀？

马无旦：好好养。

林老师：不管怎样说，你现在就是咱们村的脸面，这个没问题，从哪一年开始，你就是村上的脸面了？

马无旦：七八年了。

林老师：那应该给你一个什么表扬呀？咱们村上的养牛大户！

马无旦：去年过十一发了500块钱，还发了一个证书，带头致富人。

林老师：这个咱们村上多吗？

马无旦：咱们村上有5个吧。

林老师：是实的还是虚的，带头致富人？

马无旦：有实的也有虚的。

林老师：你这就算是养牛养得好的，个体户，带什么头了？

马无旦：带着呢，都向我学习呢，都养着呢。

林老师：你做什么具体的技术指导了吗？

马无旦：指导呢，问什么说什么，怎么喂养这些。

林老师：你也是尽义务了，也帮了别人了。

马无旦：就是。

林老师：那也挺好的，你现在还年轻，你现在多大了？

马无旦：35岁。

## 八　农村合作社
——案例五

1. 采访背景

采访时间：2017 年 7 月 8 日

采访人：林燕平

被采访人：骆驼巷村马其沟汉族自然村小队长王小平

骆驼巷村马其沟汉族自然村返乡农民吴会会

采访同期声制作：固原五原中学马进峰

华中师范大学新闻系何子轩（大四学生）

采访同期声校对：林燕平

采访提示：2017 年 6 月，我在骆驼巷村核实第三次入户调查数据，听说马其沟村办了一个养鸡场，感觉很好奇，便顺路去看了一下。马其沟村的小队长王小平见到我一脸愁容，说村里办的养鸡场投入很大，但是鸡蛋卖不出去，眼看着天气热起来，鸡蛋一天天放不住了，希望我能帮助他们想想办法，于是便有了这次采访。采访之后，在西海固地区捐资助学的中国教育出版传媒集团有限公司，帮助马其沟村养鸡场解了燃眉之急，他们买下了 2 万枚鸡蛋，送给了附近村庄的贫困农户，既帮助了养鸡场，也帮助了贫困农户。

2. 采访内容（同期声片段）

林老师：你们是什么时候上的项目？

王队长：2016 年。

林老师：2016 年，几月份？

王队长：6 月。

林老师：6 月，你怎么想起来上这个项目的？

王队长：这几年在家里种地，种地也没有什么收入，最后我们几个，

**采访王小平、吴会会**

从小在一起耍过的,说起了这个事情,就干了。

林老师:有没有这个背景啊?正好村上希望农民上项目,有没有这个背景?

王队长:有呢。

林老师:你把这个背景说一说。

王队长:去年,马科长(原第一书记)说,你们把这个项目上上,完了之后,就是盖房,房子盖了以后,我给你们补点钱。

林老师:第一书记,是吧?

王队长:嗯,是第一书记。

林老师:这个等于就是村上希望农民增收,种地没有收入,看看能不能搞活一下村上的经济,对吗?那最初上项目的时候,就是办这个养鸡场,说马其沟村这个养鸡场的项目比较合适,这个想法是谁先提出来的?是咱们驼巷村大队还是王队长?大家本来都种着地呢,这么多年了,你们怎么就想起来办养鸡场了?就是说有两种可能性,一种可能性就是你们几个在一起玩得比较好的朋友,突发奇想,咱们办养鸡场,赚俩钱儿,这是

一种可能，还有一种可能呢，就是说正好咱们村上也希望农民办合作社，上点项目啊什么的，就是这两个背景吧。

王队长：这个是我们几个人想出来的。

林老师：刚开始是自发的？

王队长：嗯，是自发的。

林老师：是自发的，那就不是村上说的，或者政府的什么项目，你们这么做，没有这些考虑？

王队长：没有。

林老师：就是自己上的项目了，然后上项目你们怎么上啊？你们考虑过为什么要上这么一个养鸡场的项目吗？这个项目的可行性怎么样？因为鸡蛋属于食品，你在上这个项目之前，几个朋友是不是就把钱一凑就上了，还是做了可行性分析？

王队长：做了，我们这几个人，之前是养过鸡的。

林老师：你们现在是5个人，合伙凑了多少钱啊？5家农户，是吧？

王队长：嗯。

林老师：5家农户肯定都是户主了？家属肯定起不了作用，你们5家农户，原来有两家养过鸡，就是养的量比较大。

王队长：原来养过的，最后也不干了。

林老师：那两家养过鸡的，规模是多大啊？

王队长：就是一次养6000只到10000只鸡的规模。

林老师：嗯，6000只到10000只，这是哪年的事儿啊？

吴会会：这是2008年到2009年的事情。

林老师：2009年，就在这个沟子里？

吴会会：没有，我们在中卫。

林老师：哦，在中卫，在外面，等于你们走出去了，在外面有过这种经历，是吧？

吴会会：嗯。

林老师：那你是走到中卫了，去了多少年了？

吴会会：10年。

林老师：10 年，你是哪年去中卫的？

吴会会：是 2005 年过去的。

林老师：2005 年，户主叫什么名字？他家在我那个本上有记录吗？他是哪家农户啊？

王队长：他已经搬迁了，从马其沟搬走的，就是马其沟人，现在搬迁了。

林老师：现在你的户口还在这儿吗？

吴会会：还在呢。

林老师：还在呢，那我以前没去他家调研过是吧？

王队长：没有，他们家原先就在上头呢。

林老师：可是我最早到这村上来的时候是 2004 年啊，他走了吗？

王队长：没有，在呢，人在呢。

林老师：我那个本上应该有他家吧？

王队长：有呢，他家户主是吴从章。

林老师：哦，我有印象。你是吴从章的儿子？

吴会会：嗯。

林老师：是他的长子还是？

吴会会：小儿子。

林老师：你叫什么名字啊？

吴会会：吴会会。

林老师：今年多大了？

吴会会：1979 年生的，今年快 40 岁了。

林老师：上过学吗？

吴会会：上过，初中毕业。

林老师：那你第一次出去打工就到中卫了？2005 年去的？

吴会会：我打工是九几年就出去了。

林老师：九几年啊？

吴会会：1998 年就出去打工了。

林老师：去哪儿打工了？

吴会会：内蒙古和银川这些地方。

林老师：内蒙古？走出宁夏了，1998年。刚开始去内蒙古，然后呢？哪年走到中卫了？

吴会会：2005年。

林老师：你那时候怎么去内蒙古、甘肃了？还有银川等地，2005年又去中卫了，那你怎么想起养鸡了呢？你刚去中卫时做什么？打什么工啊？

吴会会：养鸡，我们就直接到中卫。

林老师：你2005年到中卫打工，一开始不是没养鸡吗？

吴会会：1998年时在内蒙古、银川打工，完了就直接到中卫，直接养鸡去了。

林老师：到中卫就直接去养鸡了，那是2009年的事情了吧？

吴会会：嗯，养了10年鸡。

王队长：2005年的事情。

吴会会：2012年养了一次，那年禽流感，（鸡）全部死了。

林老师：哦，我明白了，你2005年去中卫打工就开始养鸡，是吧？

吴会会：2012年发生禽流感了，就直接把鸡活埋了。

林老师：2012年禽流感挺厉害的，那时就要求你们把鸡全杀了？

吴会会：嗯，政府就都给杀了。

林老师：政府都给杀了？鸡当时得病了吗？

吴会会：那一年（养的鸡）全部得病了，我们在第二园区呢，是养鸡基地。

林老师：你们当时养鸡，不是现在这么散养的吧？

吴会会：不是。

林老师：机械化养鸡，是吧？

吴会会：嗯。

林老师：那几年养鸡赚着钱了吗？

吴会会：没有。

林老师：为什么啊？

吴会会：那时候行情不行，之前赚的钱都在最后一次闹禽流感时赔了,（养的鸡）全部捕杀了,全都赔了。

林老师：就因为禽流感,一次性的,都赔了吧？

吴会会：赔了。

林老师：赔了多少钱啊？

吴会会：赔了 40 多万呢。

林老师：赔了那么多啊？

吴会会：嗯。

林老师：当时闹禽流感,政府把鸡杀了,政府没有（给你们）补助吗？

吴会会：有呢,1 只鸡补了 15 块钱。

林老师：1 只鸡补 15 块钱,那你是 6000～10000 只,都补了？

吴会会：（补了）十几万。这种鸡的成本要 40 多元呢。那时候,玉米还贵得很,饲料也贵得很,鸡蛋越便宜,饲料越贵嘛。

林老师：那赔的钱怎么办了？

吴会会：就自己赔了嘛。

林老师：自己赔了,就认了是吧？那你怎么又想起来,去年又想起来回来和他们合伙养起鸡来了呢？

吴会会：我每年回来一次,回来一次就和他们聚一聚。

林老师：你现在就已经把家安在中卫了,是吧？

吴会会：嗯,家在中卫呢。

林老师：哦,家安在中卫了,户口呢？没转走？

吴会会：嗯。

林老师：你家现在几口人？

吴会会：5 口人。

林老师：3 个娃娃？

吴会会：我老爹也在呢。

林老师：老爹也搬走了,这是哪年搬走的？

吴会会：2008 年那时候搬走的,搬到宣和。

林老师：在中卫买楼了吧？

吴会会：没有，在中卫租房住。

林老师：房租多少钱啊？

吴会会：房租一年8000元。

林老师：一年8000元，几间房啊？

吴会会：租的楼房嘛。

林老师：一年8000元，那就是租的简易楼房。

吴会会：嗯。

林老师：现在家里有5口人，你老父亲现在多大年龄？

吴会会：75岁了。

林老师：你呢？

吴会会：我是1979年生的，38岁了。

林老师：你媳妇呢？

吴会会：36岁。

林老师：上过学吗？

吴会会：上过，初中毕业。

林老师：还有2个娃？

吴会会：1个娃。

林老师：不是5口人吗？

吴会会：还有个老哥呢。

林老师：儿子现在多大了？

吴会会：儿子今年12岁。

林老师：上小学五年级呢，是吧？

吴会会：嗯。

林老师：没结婚的老哥呢？

吴会会：老哥打工着呢。

林老师：今年多大？

吴会会：48岁了，属狗的。

林老师：还一个人呢？每年回家就跟你商量了，王队长？

王队长：嗯。

林老师：然后怎么凑的份子？

王队长：每人10万元。

林老师：每户出10万元，真的出了？

吴会会：嗯，我们都出了。

林老师：5户，就你这户是村上的，其他都是搬迁出去的？

王队长：还有一户在中卫市宣和镇呢。

林老师：他是哪户啊？我认识吗？

吴会会：认识呢，可能老太太你认识呢，儿子经常在中卫呢。

林老师：那是谁家啊？

王队长：那是易家，姓易。

林老师：我的本子上有吗？

王队长：可能有呢，2004年的时候他的户还在这里呢。

林老师：那户叫什么名字？

王队长：叫易维珍。

林老师：哦，有印象，易维珍是位老太太吧？她儿子现在在中卫？

王队长：在中卫呢。

林老师：她在中卫？问题是一个老太太，她又没钱，回来跟她办养鸡场的是她儿子吧？

王队长：就是易维珍，他本人。

林老师：易维珍是男的？

王队长：对，男的。

林老师：多大岁数了？

王队长：52岁了。

林老师：那他就是户主？

王队长：嗯。

林老师：今年52岁，那我再查一查。他们全家现在也在中卫？几口人啊？他上过学吗？初中毕业？

吴会会：嗯嗯，他上过学。

林老师：5口人？他几个儿子啊？

王队长：人家儿子都工作了，都在外面。

林老师：都大了，小孩都大了。

吴会会：都成家了。

林老师：都成家了，3个孩子都成家了？他呢？在中卫干什么啊？

吴会会：种地、养鸡。

林老师：种地、养鸡，他是哪年去的啊？

吴会会：比我早。

林老师：比你早，是不是那年闹禽流感鸡也都杀了？跟你一样？

吴会会：嗯。

林老师：他出去得早，去中卫，户口没转吧？

王队长：转了，他的转了，就把他妈的户口留在这里呢。

林老师：户口转走了，是不是在那里买楼了？

吴会会：他在银川永宁买的。

林老师：哦，在银川附近买楼了，在永宁县，是吧？

吴会会：嗯。

林老师：为什么我问这么细啊？是想知道你们这些资金从哪来的？问完了他一家，然后（还要问）你们几家的情况，搬走的那一家、你，还有那两家。

王队长：还有个丁平，就是这队里的，李万宗的小儿子。

林老师：哦，李万宗的小儿子，还有谁啊？

吴会会：吴俊生。

林老师：我怎么听着名字也挺熟的，你们每人10万？

王队长：嗯。

林老师：真金白银，不是贷款，也不是其他什么的？

王队长：嗯，真金白银嘛。

吴会会：有贷款呢。

林老师：你这10万，为什么问你是不是真金白银？现在合作社尽是假的，到那儿登个记，就拿到合作社证了，实际上投入的钱是一毛没有，你明白吗？你们应该知道这个情况。你们呢，实际上每家每户就拿出了10万块真金白银,就拿出钱去注册的,是吧?注册资金是50万,是吧?

吴会会:注册资金是140万。

林老师:为什么注册资金是140万?每人不是拿了10万吗?

吴会会:实际上是50万,注册时我们还想着以后上项目着呢,我们这羊场,这些也马上要盖呢。

林老师:我明白,我问你这个,就是想问这个过程,这样就明白你们这个公司是怎么回事了,50万,你们几个人,公司就开始流转了,但是你们注册的时候,这个140万,人家通过什么就给你写140万了?

吴会会:我注册时每个人10万,这是固定的,不能退,不管是盈利还是赔钱,一人10万,这是死的。

林老师:为什么是死的啊?现在我理解的是什么啊?吴会会,我理解的是你这注册归注册,你有钱没钱,他都会给你注册上,对不对啊?你空说,他也可以给你注册140万,200万他也敢给你注册,因为我了解这个合作社的情况。但是,我现在问你,你先注册的,和你这每家每户10万是两条路吧?实际上跟你注册没关系,实际上是注册了这个公司,你拿到营业执照了,你可以办这个养鸡场了,我是这么理解的。但是,真正办起来,办养鸡场,你是办实业啊,你要有钱啊,可是这个真金白银是你们这5户的,我不管你们是贷款还是你自家的钱,反正是你们凑够了50万,然后大家合伙,就开始办了这个养鸡场,那你办这个养鸡场,有这50万的流动资金,养鸡场就启动了嘛,那谁是场长啊?

王队长:我们5个。

林老师:合营,就是大家都在这里面,没有说谁分量重谁分量轻,反正就是你们5户人,大家合伙干,平等的,是这个意思吧?

王队长:嗯。

林老师:那我就可以这么理解了,你注册的这140万和你投入的这50万,实际上是没有关系的。实际上你们注册合作社还是一个手续问题,你们明白吗?然后你这50万就开始启动了,启动了以后,这对你们农民来说也不是一个小数目呢,这成本,他们给你们注册这140万是根据什么注册的?你们拿上身份证、户口本,要办养鸡场,要村上开证明吗?

585

吴会会：这个没有。

林老师：到那儿自己就注册去了？5户人家，什么证明都不用？

王队长：只要人员到齐了，这5个人必须在场呢。

林老师：那他们凭什么给你们注册140万啊？你得有资产啊？得有抵押（物）啊？

王队长：这个是根据我们圈下的这些地，这也算是资产嘛。

林老师：他们也不来检查，就凭你空说呗，你注册100万，你有什么，是自己说吧？

王队长：嗯。

林老师：这都是你自己说的。你们办养鸡场，都投入了什么？

吴会会：建鸡舍、上设备。

林老师：建鸡舍花了多少钱？

吴会会：建鸡舍花了12万。

林老师：12万，还有呢？

吴会会：里面的笼子、网子。

林老师：还有什么？养鸡下蛋的设备，是吧？

王队长：下蛋喂料的设备。

林老师：养鸡下蛋的设备用了多少钱？

吴会会：10万左右。

林老师：然后呢？得买鸡吧？

吴会会：还有育鸡的设备。

林老师：什么叫育鸡的设备？

吴会会：我们是从小往大了育呢，拉着来的鸡苗是刚出月的。

林老师：从鸡蛋孵小鸡开始是吗？

吴会会：嗯嗯。

林老师：育鸡的设备是多少钱？

吴会会：5万左右。

林老师：就是不买鸡，是自己育的小鸡？

吴会会：不是自己育，是从外面买，蛋壳刚出来就拉到我们这里。我们从小往大育着呢。

林老师：刚从蛋壳出来的，然后呢？就等于不买鸡了，就养大了。那你们现在的规模是多大啊？

吴会会：1万只鸡这个规模。

林老师：那你买小鸡的钱呢？你买这1万只小鸡的钱是多少？

吴会会：1只小鸡是4.6元。

林老师：买1只小鸡是4.6元，死了的呢？这中间有养着养着出事故的，淘汰了的呢？还有事故率？你还得再补一些鸡啊？你买了1万只鸡，成活率是多少啊？

吴会会：95%左右，剩下的5%就淘汰了。

林老师：成活率是95%，那等于是损失5%，是吧？

吴会会：嗯嗯。

林老师：就不再买了，是吧？

吴会会：嗯，就不再买了。

林老师：还有什么钱？你看，1只小鸡4.6元，1万只小鸡共4.6万元，然后呢？还有别的投入吗？

吴会会：还有就是上面圈山嘛。

林老师：围山啊？

吴会会：嗯。

林老师：围山花了多少钱？比如圈山的铁丝网什么的。

吴会会：算下来花了5万呢。

林老师：还有呢？

吴会会：里面还投放野兔。

林老师：投放多少只野兔啊？

吴会会：投放了100只左右。

林老师：野兔多少钱一只？

吴会会：每只是180元。

林老师：每只180元，那这也不少钱呢，1.8万呢。

吴会会：嗯，去年投放的。

林老师：还有呢？

吴会会：再就是饲料嘛，这1万只鸡吃的饲料。

林老师：饲料去年多少钱？

吴会会：买的玉米，从小往大喂，这是节节长。

林老师：饲料主要是玉米，还有吗？

吴会会：豆渣。

林老师：还有呢？

吴会会：麸皮。

林老师：还有呢？

吴会会：剩下的是枸杞。

林老师：还有枸杞，还有吗？

吴会会：苜蓿。

林老师：还有苜蓿。

吴会会：大蒜。

林老师：那你配的饲料营养挺好的嘛，就这些鸡，去年从小到大成本是多少啊？

吴会会：成本得50块钱。

林老师：1只鸡成本50块钱？那你1万只鸡成本很高啊？

吴会会：就是，现在我们没办法，在外面又弄了些钱，借的，自己又投了些，借了几十万。

林老师：1只鸡成本50元，那需要50万呢！

吴会会：大蒜、枸杞这些价格都是很高的，到现在投了50万了，就这一批鸡。

林老师：光鸡饲料就50万啊？

吴会会：那没办法啊，要么就往前干，要么就等着。

林老师：光鸡饲料就投入50万了。

吴会会：现在还可以，缓解一些了，过来了，鸡下蛋了，卖鸡蛋还能供饲料。

林老师：你看啊，吴会会，你这50万，前面这些咱就不说了，这些加起来就将近 50 万了，光把鸡养大就 50 万了，现在鸡下蛋了，开始回报你了，是吧？你现在说一说，到这个时候了，政府给你啥补助了没有？

吴会会：没有，啥都没有。

林老师：没有项目吗？

吴会会：没有。

林老师：那你们……我是说，农村现在上项目，是因为有政府的补贴才上，你们也没有项目？

吴会会：没有没有。

林老师：那你们有没有考虑到这个养鸡场搞起来以后，万一市场出现问题（怎么办）？现在你们不就是遇到鸡蛋的销路问题了吗？这些你们当时考虑过吗？

吴会会：考虑过啊。

林老师：你看啊，咱们现在再算一笔账，你现在已经投入这么多了，那咱们该谈回报了，鸡从什么时候开始下蛋，开始就有回报了？

吴会会：鸡是今年才开始下蛋的。

林老师：2017 年春天，是吧？

吴会会：现在是 7 月份，6 月份才开始下的蛋。

林老师：2017 年 6 月份开始下蛋了，下蛋的情况怎么样啊？

吴会会：还可以，92% 的样子。

林老师：那挺高的嘛，下蛋率 92%。

吴会会：饲料配得好，鸡的品质就好。

林老师：饲料好下蛋率就高，是吧？鸡蛋卖出去了吗？你跟我说说，现在鸡下蛋一个月了，你卖出去多少钱？

吴会会：卖了大概 2.6 万。

林老师：一个月你才卖了 2.6 万？

吴会会：压下的就有 2 万块钱呢。

林老师：就是卖了 2.6 万个鸡蛋，是吧？

吴会会：卖了 2.6 万块钱，是钱。

林老师：那你的鸡蛋不就赔了吗？这才刚开始。

吴会会：一个月了还有这么多鸡蛋压着呢，这些鸡蛋都是钱嘛。

林老师：你现在这样算，下蛋率是92%，按你这个情况，一个月能收多少鸡蛋啊？

吴会会：一天9200个鸡蛋。

林老师：一天能收9200个鸡蛋？

吴会会：92%（的下蛋率）最多能保持一个月，再往后就慢慢下（降）了。

林老师：那你这一个月，1个鸡蛋就按1块钱算。

吴会会：卖不上。

林老师：就算5毛钱吧，差不多是5000元，一个月下来应该有15万元，再下几个月，成本就回来了，那现在是个什么情况啊？

吴会会：现在行情不行，鸡蛋价格不行，卖不上价。

林老师：你现在这样，我大概听明白了，一天能下9200个鸡蛋，那一天能卖多少个啊？

吴会会：一天卖不完。

林老师：卖多少？

吴会会：100盘有3000个左右。

林老师：3000个鸡蛋，一天能卖3000个鸡蛋，一个鸡蛋卖多少钱啊？卖5毛？

吴会会：没有5毛。

林老师：你连5毛钱都卖不上，那你不就赔了吗？这是野生蛋，最低价也应该是5毛啊？

吴会会：价格卖不上去，你压着价也得卖，价格一高（买的）人就少了。

林老师：3000个鸡蛋，你现在卖给谁啊？

吴会会：在固原有一个专人在卖着呢。

林老师：那你还得给人家工资啊？

吴会会：我们一盘给人家发的按12块钱算，别人再卖上13～14元，人家在一盘上面要赚2块钱的样子。

林老师：有一个人专门在固原推销，本来应该是你预想的，按 5 毛钱一个，成本价最低了吧？但是雇了一个人呢，你得给人家报酬，等于一个鸡蛋又降了 1 毛钱，你的鸡蛋就变成 4 毛钱了。

吴会会：嗯嗯，就是的。

林老师：那你现在就面临收不回本的问题了，鸡蛋现在一个就变成 4 毛钱了，你现在库存还有 3 万个鸡蛋，一天收将近 1 万个鸡蛋，那你就老有这么三四万个鸡蛋压着，而且这都是在三五天之内压着，这个库存量挺大的，你一天卖 3000 个鸡蛋，能收回点啥？所以你这销售渠道不通，现在咱们就说说销售渠道不通的问题。王队长上次找到我，我就想（把鸡蛋）推销到银川的超市里，鸡蛋现在属于食品这一类，你们农民知不知道，光有一个营业执照是不行的？你这个食品要往外送，那有没有食品检验的合格证啊？你经销食品要有"三证"吧？一个是经营食品的健康证，再有就是食品的检疫证，还有一个合格证吧，是不是？

吴会会：办这个商标的时候，这几个证都带着呢。

林老师：你现在有商标吗？

吴会会：再有一两个月就（办）下来了，我们自己的商标。

林老师：那问题是，你已经办养鸡场一年了，你为什么不同时注册商标啊？

吴会会：办这个商标得一年多的时间，才能往下办呢。

林老师：办商标就要用一年多的时间？

吴会会：去年那个我们是 8 月份办的，到现在还没有下来。

林老师：现在卖蛋难，你们认为主要问题是什么啊？是因为你没有食品对接的一套手续，这个我也帮不上，你没有这一套手续是不行的，所以我跟王队长说了，你不能土法上马，销售这一块要有正规手续，没有的话你就得托人卖鸡蛋，还得找关系，找完关系了，人家有关系的一个鸡蛋还要扣走你 1 毛钱，这不就更惨了吗？对吧？那你们认为自己的问题是什么？出在哪里？

王队长：咱们主要的问题就是和市场没有接轨，这个市场要的数量大，你跟不上，这也不行。

林老师：我认为你这不是量的关系，鸡蛋少了，物以稀为贵，还能涨价呢，你现在养得那么好，商标也已注册，只要宣传一下就可以了，没那么大的量你才能赚钱呢，有那么大的量，你还赚不上钱呢，关键是你没有那个证，我就不明白这个，你要办这个证第一个环节是不是注册商标？

吴会会：嗯嗯，是的。商标我们已经注册上了，去年8月份注册的，再有4个月（就下来了）。

林老师：预计年底才能下来，为什么那么慢啊？

吴会会：咱们也不太懂，我们一起的一个办着呢，人家就说是得一年多。

林老师：你们也不懂为什么那么慢，去找过没有啊？

王队长：人家就说这个东西得一年多，谁办都得一年。

林老师：目前情况下就只能等了，是吧？

王队长：对，就是的。

林老师：我有一个问题不明白，请教一下，是不是只有拿到商标之后，才能办这个食品的健康证、合格证、免疫证啊？

吴会会：这个商标一下来，再办一个"清真绿色食品"，就全部办出来了。

林老师：为什么还要办清真啊？

吴会会：现在好像这些超市发货都是要清真的。

林老师：在宁夏，食品必须办清真？

吴会会：嗯，进超市什么的都要这个证。

林老师：哦，宁夏市场有这种要求，那问题是，宁夏现在也有那么多汉民呢？只要进公共场所都必须是清真吗？

吴会会：嗯。

林老师：你这个怎么清真啊？怎么检验？

吴会会：正规就好了。

林老师：正规就好了？到目前为止，我的理解是你现在遇到困难了，没地儿找（人说去），因为不是村上的项目，所以村上也不管你们，认为你们是自发的，那就谁都不管了，你们是个体经济了，所以面临困难，我是这么理解的，你现在面临的这些困难，其实是需要地方政府协调的，因为有些环节，是农民的力量达不到的，所以现在你们就很为难啊！

王队长：没法卖鸡蛋。

林老师：这跟政府有什么关系啊？关键是你们没有拿到商标证啊！

吴会会：还是没有关系，是欠账太多，外账太多，没钱嘛，总的来说。

林老师：没有流动资金，是吧？能贷款吗？

吴会会：我们已经贷款了，要不自己哪有那么多钱投进去呢？

林老师：贷了多少钱？

吴会会：贷了30多万，将近40万。

林老师：利率呢？给优惠吗？

吴会会：不给。

林老师：现在不是有好多项目都给优惠吗？办一个项目优惠三年什么的。

吴会会：这个是要镇上办的，我们找着去说了，可是我们干的这个没有项目，都给别的人套走了，就是贴息贷款，能贷100多万。

林老师：那你们已经办起来了。其实，这个就特别不合理，有的人套着项目了，把钱套走了，但不办事，那你这个养鸡场办起来了，你去镇上说啊，有项目就帮助你往上套啊，你们已经办起来了啊，那为什么不行啊？

吴会会：镇上说，你这个养鸡没有项目。

林老师：那你（贷款）的利率是多少啊？

吴会会：正常银行贷款利率，6厘多。

林老师：百分之多少啊？

吴会会：0.7%。

林老师：如果政府有项目，三年之内是不是零利率啊？

吴会会：嗯，零利率。

林老师：这个问题其实挺值得研究的。第一，无法卖鸡蛋，是因为你没有正常手续，没法和超市等地方正常对接；第二，在没有拿到正常手续之前，政府应该做什么啊？

吴会会：这是我们自己的问题。

林老师：那是不是你们申请正常手续晚了？

王队长：有政府协调就快了嘛。

林老师：有政府协调能快一点，是吧？

王队长：肯定是的。

林老师：政府办是不是也得一年？

吴会会：这些要自己跑呢，政府不可能专门有一个人给你办这些事情去。

林老师：这个你必须弄清楚，为什么要办这么长时间？天一热鸡蛋就坏了，在办这个养鸡场之前，你考虑过这个问题了吗？你为什么不早注册这个商标呢？

吴会会：我们6月份开始启动，8月份接着就办商标了，（办）这个商标时间太长了。

林老师：所以政府还是应该考虑这个问题啊，就是在这种产品有了以后，在初核的时候，如果还是按照这种办证的速度，那老百姓就赔死了，还是有一个衔接的问题啊。你（所在的村庄）是不是村委会下面的一个自然村啊？

吴会会：就是嘛。

林老师：那你有问题怎么不去找找村委会啊？

王队长：村委会就说你们自己的事自己去解决，我们怎么给你管呢？

吴会会：镇上我们都找了。

林老师：找镇上也不行啊？所以就说嘛，没有体会到老百姓这么难，（体会不到老百姓）这么焦虑的心情，现在投入这么大，面临生活不下去的困难。你觉得村委会应不应该管？因为我们没有生活在这里，不太清楚。

王队长：应该是大力支持的，现在纯粹是在那里看着我们几个，说倒闭就倒闭了，他们的心态就是这样。

林老师：今年政府投了200万，这200万要用在合作社上，他们说要搞养牛，办养牛场，现在才凑了9户人家。问题是，养牛不赚钱，我已经算了一本账,去年不是投了 200 万吗?弄的那个乡村旅游,现在不是也没有人管了吗?政府的钱赔了就赔了吗?

吴会会:去年,是第一书记马科长给我们争取了 20 万,结果最后去盖章子,拿到村上了,村上不给盖,第一书记都同意了,这 20 万还是没有给,最后都拿到镇上走了。

林老师:为什么啊?马科长都给争取到了啊?

吴会会:就是拿到村上,村上不盖章子。

林老师:那你找马科长啊?

王队长:说人家不盖章子,他也不能再说什么。

林老师:他不是第一书记吗?

王队长:那时候,他已经退出不干了。

林老师:不退出的话他就给你们解决了,是吗?

吴会会:不退出,村委会不给盖章子,他也没有办法。

林老师:不退出也不好办,为什么啊?不是第一书记同意补助 20 万了吗?

吴会会:嗯,镇上都同意了,村上就是不盖这个章子。

林老师:同意不同意,口说无凭啊,那当时同意了你为什么不马上要一个什么文字的东西啊?

王队长:就是啥都写好了,在村上盖个章子,在镇上盖上章子就可以了,村上就是不盖章子。

林老师:你说镇上同意了,你拿到手续了吗?

王队长:手续就是先在村上一盖章,然后拿到镇上,一步一步再办。

林老师:镇上同意是口头的吧?

王队长:嗯,是口头的。

吴会会:第一书记都协调好了,第一书记就是马科长,在镇上都协调好了,镇上都答应了,到村上来,村上不给盖章。

林老师:村上为什么不同意啊?

王队长:我们也想不通。

林老师:不对啊?镇上同意了,马书记也协调好了,没理由不同

意啊？

吴会会：就是没有理由，我们也搞不明白。

林老师：那就等于20万没了，最后20万给谁了？

吴会会：最后不知道给谁了，我们也没再过问。

林老师：还有什么困难？就是实际中遇到的困难？

王队长：今年的几场大雨下惨了，山上全是水。

林老师：嗯，几场大雨，自然灾害。谈谈你们小队养鸡场的前景吧，对养鸡场的前景你们5个人怎么看？

吴会会：现在就是希望政府能够帮助一下，我们对这个还是有信心的，哪怕有再大的困难。

林老师：希望政府帮助一下，怎么帮？

吴会会：给个无息贷款，现在主要就是经济问题。

林老师：还是希望争取无息贷款，如果争取不上呢？争取不上就倒闭了吗？

王队长：自己的（养鸡场）还是要想办法嘛，倒闭不起啊，哈哈。

吴会会：农民背上几十万（的债），一倒闭就等于全完了。

林老师：争取不上就面临倒闭，但是你们又不敢想，是吧？一旦倒闭，每户农民就背债几十万。

吴会会：那样的话，一辈子就毁了。

林老师：谢谢！我看看能不能帮助你们卖些鸡蛋，渡过眼前的难关，但是，这种通过个人关系卖鸡蛋不是什么常态，你们也要找找村上，积极想办法，尽快把手续办齐全。

# 第五章
# 激活行政村迫在眉睫

从我在宁夏固原市原州区张易镇骆驼巷村 15 年的实地考察情况来看，在西海固的农村，比起农业增收来，更加迫切需要解决的问题是农村行政村一级组织"形有实无""功能缺位"的问题，就是要让农村行政村一级的基层组织真正发挥作用，就是要让农村社会管理体系中行政村这个"阀门"真正运转起来，就是要从现存的基层组织管理农民的观念转向基层组织服务农民的观念上来，就是要把乡镇政府垂直到行政村的行政化管理模式转向以行政村为轴心的社区化管理和服务模式上来。

新中国成立以来，农村的基层组织经历了从人民公社到"包产到户"的转变，在这个转变过程中，农民生活的最基础地缘单位——行政村逐渐弱化，其主体功能丧失，这在西北地区、贫困地区、偏远的少数民族地区尤为突出。目前，我国的五级政府中，乡镇政府是管理农村最直接的政府，人们通常说，乡镇干部是农民衣食住行的父母官，但实际上中央政府关于农村的政策，很难在行政村一级的村庄得到较好的落实，行政村在制度上的缺陷越来越突出。

农村行政村一级的基层组织，是农民朝夕相处的最直接的地缘单位，是连接党和广大农民群众的纽带。如果行政村这个"阀门"一旦在农村社会管理系统中锈住了、失灵了，那么农村社会的矛盾就会越积越大，问题也就越积越多。事实上，现在农民的温饱问题已经基本解决了，最大的问题就是农村现有的基层组织远远不能适应当今现代农业的发展，其主要表现是权力的真空化、农村社会的无序化、社会矛盾的激化、农民参与意识和归属意识的

缺失、农村社会核心价值的模糊、农民内发原动力的缺失等。坦率地说，恢复农村行政村一级基层组织原本的管理功能和服务功能，使行政村逐步走向实体化这一制度性问题，已经到了不能再回避的关键时期。

也就是说，如果不能正视这一制度性问题，不能从根子上及时调整改变行政村一级基层组织的尴尬存在，解决不好农民找出气口的问题，解决不好农业找出路口的问题，解决不好农村找办事窗口的问题，依然维持目前这种农民管理农民的现状，那么中国社会管理的潜在危机，恰恰就会来自这种长期维持现状的行政村，恰恰就会来自长期不甚被关注的农民群体，往往是国家投入越大，潜伏的危机就越深。

## 一 激活行政村，在制度安排上要有突破

现在，有些人一谈到农村问题，就谈土地分配问题，一谈到土地分配问题，就谈土地应该公有化还是私有化，很少谈农村的现状是怎样的，存在哪些需要解决的具体问题。其实，前面章节谈到的很多问题是由制度存在缺陷或漏洞造成的。乡镇政府、行政村、农民群众三者之间的渠道之所以不畅通，相互之间的约束机制、自我调节机制、利益均衡机制之所以失灵，其主要问题就出在行政村一级的基层组织有名无实，没有真正成为农民利益的依托。要解决好农村建设主体——农民的问题，首先就要在农村基层组织建设上进行改革，对现有的制度安排做出突破性的变革。

在西北的许多贫困地区，农民居住分散，不少农民的综合素质还很低，要使这些地方的农村从传统的生产生活方式逐渐转向现代农业的生产生活方式，要使这些地方的农民从被动地接受管理逐渐转向主动地积极参与，就需要党中央和政府明确授予行政村一级基层组织一定的职能和权限，让行政村有能力团结农民、组织农民、服务农民。道理很简单，国家要为农民提供服务，要把农民团结在自己的周围，就要为农民提供积极参与乡村建设的平台。无疑，这个平台就是农民朝夕相处的行政村。如果行政村这个基层组织被架空了，那我们党在广大农村的执政基础就会被动摇。

现在，为什么大家会感到"清官难断农民的事"？就是因为"包产到

户"以后农村长期放任自流，行政村这个工作平台失去了其应有的主导、协调、服务等功能，农民日常的事情很难办，怨气越来越多。进入 21 世纪，我们强调的不仅仅是基层干部为农民服务的能力和热情，更重要的是要让他们有为农民服务的抓手，有为农民服务的平台，确保国家的各项惠农政策落实到农民身上。事实证明，行政村的实体功能一旦消失，行政村的工作一旦"空转"，那么国家为农民提供服务的链条就自然而然地断开了，国家出台再好的政策，到下面被大打折扣的现象也就不足为怪了。

如前面章节所述，近几年骆驼巷村发生了很大的变化，但是村干部的整体素质没有提升，农民的整体素质出现滑坡。目前，骆驼巷村的管理模式是党支部提议—村民大会决策—村委会执行—村监会监督。但是，在遇到具体问题时，由谁来提议、由谁来决策、由谁来执行、由谁来监督的问题，并没有得到解决。

我采访过宁夏优秀第一书记马国文，他于 2015 年 10 月至 2017 年 3 月在骆驼巷村任第一书记。在他任第一书记期间，虽然积极组织党员开展活动，主动带领农民外出学习，等等，但是他依然无法从根本上改变骆驼巷村在制度上的缺陷，因为他的任职只是配合工作，并没有实质性的决定权。

显然，要真正解决西海固农村的问题，关键在于制度建设，没有行之有效的制度做保障，只能永远停留在"头痛医头、脚痛医脚"的做法上。大胆正视目前农村行政村在制度上的缺陷，改变行政村一级基层组织"形有实无"的现状，就要拿出具体的法律和法规，提升行政村主体的内涵，明确行政村在农村基层组织管理体系中的链条地位，赋予行政村切实可行的权力，强化行政村为农民服务的功能，并通过建立服务体系和强化服务功能，提高行政村在农民心目中的威信，唤起农民对行政村的热爱，增强农民的归属意识和参与意识。

## 二　激活行政村，在财政投入上要有保障

2002 年红庄乡乡政府办公经费收支明细见表 5-1。

表 5-1　2002 年红庄乡乡政府办公经费收支明细

单位：元

| 项目 | 收入 | 项目 | 支出 |
|---|---|---|---|
| 财政拨款 | 12000 | 打印材料费 | 8000 |
| | | 用车燃料费 | 15000 |
| | | 车辆维修费 | 5000 |
| | | 电话费、电费 | 12000 |
| | | 燃料取暖费 | 10000 |
| | | 雇司机的工资 | 7200 |
| | | 雇厨师的工资 | 5000 |
| | | 办公费、会议费 | 5000 |
| | | 书报费 | 5000 |
| | | 招待费 | 24000 |
| | | 差旅费 | 30000 |
| | | 其他 | 6000 |
| 合计 | 12000 | 合计 | 132200 |

资料来源：根据 2003 年 2 月 20 日采访乡干部的记录材料整理制作。

2016 年骆驼巷村办公经费收支明细见表 5-2。

表 5-2　2016 年骆驼巷村办公经费收支明细

单位：元

| 项目 | 收入 | 项目 | 支出 |
|---|---|---|---|
| 张易镇拨款 | 30000 | 打印材料费 | 3000 |
| | | 用车燃料费 | 3000 |
| | | 办公费、会议费 | 4000 |
| | | 电费 | 1800 |
| | | 书报费 | 2600 |
| | | 网络费 | 2200 |
| | | 燃料取暖费 | 12000 |
| | | 其他 | 8000 |
| 合计 | 30000 | 合计 | 36600 |

注：其他包括村里组织文体活动、村与村之间开展活动、礼节性互访等产生的费用。

资料来源：根据 2017 年 5 月 20 日采访村支书的记录材料整理制作。

从表 5-1、表 5-2 可以看出，尽管国家财政对农村行政村一级基层组织的支持力度不断加大，但并没有从根本上解决问题。也就是说，如果行政村不能从政治制度上发生变革，那么随之而来的财政制度自然也就无法发生变革。

在西北地区、贫困地区、偏远的少数民族地区，要改善农民的吃、住、行和生产条件，提高农业综合效益，增加农业的收入，让农民平等享有公共资源，等等，最关键的就是要重视农村基层政权的建设，加大对农村基层组织建设的投入，改变农民朝夕相处的行政村不能为农民办事的现状。目前，行政村没有财政拨款、少数农民拿着很少的劳动报酬替乡镇政府跑腿的现状有所改变，但是依然不能适应当今农村发展的要求。如果行政村制度上的这种缺陷得不到及时弥补，就会剥夺和降低农民建设家乡的权利和意愿。

事实上，农村沼气池、水窖、太阳能、厕所等与农民生活息息相关的基础设施建设，由于缺少行政村主体的参与和监督，缺少农民主体的参与和监督，造成了许多中间环节的浪费。往往是农民的意愿得不到尊重，反倒成为一些地方官员的政绩工程。而更令人担忧的是，在项目的推进过程中，农民的权利得不到保障，项目一旦失败，农民却要承担一部分本来不应该由他们承担的风险。

不难看出，项目开发本身就存在治标不治本的缺陷，它在帮助农民解决困难的同时，也引发了广大农民的反感情绪，加剧了农村社会的不稳定。所以，有了好的制度安排，还要在经费上提供保障，行政村才能有实力成为服务农民的平台，成为农民参与农村建设的依托。事实上，比起资金的投入，制度建设更重要，舍不得在制度建设上花钱，最终会导致巨大的浪费，这种浪费不仅仅是钱，还有为之付出的昂贵的社会成本。

## 三 激活行政村，要有优秀的人才做支撑

事实上，行政村一级的基层组织建设，不仅需要制度和经费做保障，而且需要加强人才队伍建设。在我国，有那么多的农民，他们不能长期处在没有人来管理的状态下，必须有一支强大的管理队伍来指导农村的发

展,这是由我国的基本国情决定的。其实,国家早就注意到了农村基层组织在人才建设方面的短板,很多行政村都有大学生村官,有的地方派基层干部轮流下乡,但这些都不能从根本上解决农村人才短缺的问题,甚至还会带来一些弊端。在西北地区、贫困地区、偏远的少数民族地区,派大学毕业生去当村官,可以解决一时的问题,却不能解决根本性的问题。

也有不少人认为,把基层干部的待遇和报酬提高上去,行政村缺位的问题就可以解决了。实际上,根本不是那么回事儿,根子在于要扭转基层干部权利不对接的问题。也就是说,行政村一级的基层干部,不能像现在这样由农民管理农民,而是应选派综合素质较高的有一定基层工作经验的行政人员来管理农民,在行政村逐渐形成一支管理人才队伍,以这样的队伍为核心,去贯彻落实党的大政方针。只有在制度上、人才队伍建设上使行政村发生实质性的变革,才能维护广大农民的利益,才能得到广大农民的信赖,才能不丢弃广大农村这块阵地。打破农村行政村农民管理农民的现状,是大势所趋、人心所向。

现在,在西北地区的农村,乡镇一级政府与行政村的联络采用"包村干部"的方式。一般情况下,"包村干部"是由乡镇政府派往行政村联络工作的干部,在一段相对稳定的时间内包管一个行政村,诸如计划生育之类的工作,负责把乡镇政府的要求落实到行政村的农户中。这种联络方式的最大问题就是农民的意志难以体现,"包村干部"容易走过场,工作效率不高。试想,一名"包村干部"就是有天大的本事,也不可能了解行政村里那么多农民的具体情况。而最了解农户、最熟悉农民的行政村,既没有事权也没有财权,很难自主解决农村、农民的实际问题,一些贫困农户、弱势群体成为社会福祉和社会公共服务的盲点。如何给农村行政村一级的基层组织定位,如何在制度上做出突破,值得认真研究。

## 四 激活行政村,要有健全的监督机制做保障

近年来,国家对西北地区、贫困地区、偏远的少数民族地区的农村,扶持力度越来越大,广大农民的生活水平明显提高。与此同时,农民从土

地上获得的收入越来越不能满足他们的生活需求，需要国家通过财政倾斜政策来调节经济欠发达带来的农业收支不平衡等问题。在这些公共政策的落实过程中，健全的监督机制非常重要，特别是在西海固这样居住分散的农村，国家应该积极引导地方政府建立健全监督机制，让广大农民不仅能看到物质补偿，而且能感受到自身的社会存在，感受到国家发展带来的实惠。

为此，国家给予农民的一系列优惠政策，如低保户、计划生育、退耕还林、危房改造、饮水工程、土地补贴、医疗保险、养老保险等，在执行过程中要赋权行政村参与管理和监督，并且引导广大农民参与管理和监督。如果在惠农政策的贯彻落实过程中，农村基层组织和农民主体的监督缺位，就会使投机取巧的人得利、遵纪守法的人受伤，社会的公信度就会下降。

从整个国家的发展战略来看，农业无疑是需要政策保护的。在西北地区的农村，特别是少数民族地区，国家出台的大多数优惠政策和保护政策，不仅是为了保护农业的发展，而且是为了维护整个社会大局的稳定。为此，国家在出台政策解决农民"上学难""看病难""吃水难""行路难""办事难"等关乎农民生存的问题时，更要重视建立健全当地基层组织的监督机制。也就是说，国家出台的好政策要让广大农民从心里认同，首先就要让他们有一个看得见、摸得着、信得过的监督管理通道，让他们感受到政府是在实实在在地为农民服务，为农民解决实际困难，而不是给几个钱就完事了，这样会助长等、靠、要、不求进取的歪风邪气。

## 五 激活行政村，网络化管理是方向

2016年7月，宽带网走进了骆驼巷村，无疑，网络化管理的普及，是农村实现社区化管理的方向。在我国，无论是沿海地区的农村，还是内陆地区的农村，未来都应该逐步实现以行政村为轴心的社区化管理和服务。把乡镇政府管理行政村的行政化管理体制转向乡镇政府和行政村共同为农民提供服务的社区一体化的管理体制，从乡镇政府管理农民的观念转向政

府部门服务农民的观念。目前，由于沿海地区的公共基础设施比较完善，所以建立社区化管理和服务体系比较容易，而西北地区的公共基础设施比较落后，因此建立社区化管理和服务体系就比较困难。然而，网络技术的飞速发展，为农村建立社会化服务体系提供了可能。

随着网络的发展和普及，"村村通网络"也变成了现实，信息化给农村自身建设带来了更大的发展空间。例如，在一个没有网络的时代，派一名行政干部和一名技术干部去偏远的村庄，他们发挥的作用可能都比较有限。但是，在有网络的时代，派一名懂电脑的技术干部去偏远的村庄，就可以利用网络的优势发挥作用，至少可以利用"村村通网络"这个便利条件，为农民搭建一个具有服务功能的平台，使生活在行政村的农民可以通过网络来了解很多事情，少跑很多冤枉路。

眼下农民不管是办大事还是小事都要往乡镇政府跑，有的时候要跑好几趟，路远的农民去一趟乡镇政府要走几十里路。如果行政村的电脑都能运转起来，让网络成为农民办事的辅助平台，那么农民"办事难"的局面就可以得到缓解。现在有的农村的户籍管理非常混乱，漏洞百出，如果能够通过行政村的网络平台建立起户籍管理系统，那么农村的社会管理就会实现质的飞跃。

总之，利用网络技术为农民提供服务，给了我们无限的想象空间，在不久的将来，当家家户户的农民成为社区化服务系统的终端时，户籍管理、学籍管理、健康管理、老人介护、扶贫资金监督等就会变得透明、公开、便捷。为此，在条件成熟的农村，可以试行网络化的社区服务，在试行中逐步改进与推广。

## 六 掌握基层统计数据，才能避免弄虚作假

在西北地区的农村，由于行政村的尴尬存在，农村一线的统计工作也是一个盲点，这个问题如果得不到重视，将会阻碍我国整体社会经济的发展。为此，建议国家统计局的工作能够垂直到农村行政村一级的基层组织，改变行政村统计工作的乱象，从国家发展战略的层面来考虑，这方面

的工作改进越早越好。

在西北地区的农村，农民生产生活基本数据的统计和监测工作缺位问题由来已久，因此要历史地去看待。我去过甘肃天水清水县的董湾村，听村民说新中国成立初期，全村上过高小的就那么几个人，绝大多数农民不识字。据当地农民回忆，那时候很多贩运农副产品的能人不识字，他们都是在脑子里算账，他们从来不用纸和笔，从来都不记账，生意却做得不错。

上述情况，恰恰说明了那个时代我国人口的素质较低以及我国经济发展还处在比较落后的状态，说明我国的经济发展规模还非常有限。直到20世纪60年代，读中学的人才开始出现。在那个年代，村里能有一个高中毕业生就不得了了，哪里像现在，村里的年轻人基本上是初中毕业。

据当地村干部介绍说，新中国成立初期农民根本不记账，到了合作化时期农民称粮食都是用斗，用斗的大小来估计粮食的多少，根本就不用斤来计算粮食的重量。人民公社时期缴公粮，都是外面单位的人来收，由收粮食的人来称，粮食缴够了，人家就给写一个单据，证明粮食已经缴齐了，根本不要村里的农民再去记什么了。20世纪70年代，村里的会计也是读过中学的人了，但大多时候还是习惯凭脑子记忆办事情，因为村子里就那么多农户，平日里朝夕相处，谁家的情况都基本了解，更何况那时农民的生产生活也非常简单，即便是记账，只要生产和分配能够平衡就算对了。

为此，有的农民开玩笑地说："那时候农民收工回家吃晚饭，每人都端着一碗洋芋面出来吃，因为碗里装的都是一样的东西，那时候有点好吃的东西谁敢端出来吃啊？不问你好吃的东西是从哪里来的才见鬼了。现在农民生活都好了，你看现在农民还端着碗出来吃饭吗？吃肉的时候谁都不会端着碗出来吃。"

从上述事例我们可以看出，在我国农村基层工作中，基本数据的统计不真实、不准确、不规范等问题由来已久，甚至人们已经是见怪不怪了。但是，随着我国社会经济的不断发展、人民生活水平的日益提升，以及农民文化程度的逐渐提高，农村基本数据的统计越来越重要。如果农民生活的地缘单位行政村在制度的变革上能够取得突破，那么掌握反映农民生活的基础数据和建立农村统计数据的监测机制就不再是一件遥不可及的事情了。

# 附录
# 农村调查重在接地气

2017年12月29日，中央农村工作会议确立了实施乡村振兴战略20字总要求，即产业兴旺、生态宜居、乡风文明、治理有效、生活富裕，让农业成为有奔头的产业，让农民成为有吸引力的职业，让农村成为安居乐业的美丽家园。听后令人振奋，令人向往。

目前，在我国的农村，大约有70万个行政村，每个行政村所面临的困难和问题是不一样的。解决好各个行政村实际存在的困难和问题，切实把乡村振兴战略部署落到实处，深入实地了解情况，针对具体问题做调查研究，写出具有可操作性的调查报告，无疑是解决"三农"问题的重要环节。

为此，在这里转载三篇调查报告，以飨读者。其中，第一篇是我写的关于免费午餐的报告，后两篇是北京四中国际校区的高中学生于2015年夏季在骆驼巷村进行为期三周的实地调查后写的，虽然文笔还显稚嫩，但他们看问题的视角和社会责任担当是值得年轻人学习的。

## 附录1 关于免费午餐

一 调查报告的背景

2009年12月3日，我去了骆驼巷村。上午的天气还是晴好的，下午就变了脸，走进骆驼巷村的邻村黎套村时，纷纷扬扬地下起了大雪。黎套村，是当地远近闻名的贫困村，山大沟深，地势险恶，交通不便。为了保证安全，我临时决定在黎套小学寄宿一晚。这一晚，可真是冷得很，房间脸盆里的水都结成了冰坨坨。

12月4日一早，推开房门，雪一夜都没有停歇，阴沉沉的天空，飘落着道道雪花儿。孩子们陆陆续续走进小学校的大门，他们穿得都很单薄，头顶着雪花儿，脚踩着冰溜子，紧裹着上衣，哆哆嗦嗦地走进教室，小手、小脸、小耳朵冻得发红，吸溜着的清鼻涕也结成了两条乳白色的小冰柱儿……

早上去黎套小学上课的孩子们

那天早晨，看着冒雪前来上课的孩子们，我也顾不上刷牙洗脸了，跟着几个孩子一起走进了教室。一个男娃儿三步并作两步地跑到炉子跟前，一边跺着脚一边从书包里掏出了个干馍馍，一拿出来就啃，看样子是饿极了。干馍馍梆硬梆硬的，可教室里连个水壶都没有，更不要说开水了。

我问男娃儿："冷不冷？"

男娃儿回答说："不冻。"

我问男娃儿："干不干？"

男娃儿回答说："不炕（不干）。"

我问男娃儿："怎么不带水喝？"

男娃儿回答说："咋（早）就惯了。"

于是，我又问起了旁边的几个孩子，问他们早上起来吃早饭了没有。意想不到的是，他们的回答令我吃惊，促使我走进了各班级的教室，做了一次现场调查。

黎套小学学前班，共有学生29人，其中男生15人、女生14人。实际到校学生28人，其中男生14人、女生14人。在来上课的学生中，没有人在家里吃早饭，其中有18人带了馍馍，10人未带馍馍。

黎套小学一年级，共有学生41人，其中男生18人、女生23人。实际到校学生40人，其中男生18人、女生22人。在来上课的学生中，有3人在家里吃了早饭，其中1名学生吃的鸡蛋面条，1名学生吃的馍馍，1名学生吃的米饭。没有在家里吃早饭的37名学生中，有25人带了馍馍，12人未带馍馍。

黎套小学二年级，共有学生43人，其中男生23人、女生20人。实际到校学生42人，其中男生23人、女生19人。在来上课的学生中，有3人在家里吃了早饭，其中2名学生吃的馍馍，1名学生吃的米饭。没有在家里吃早饭的39名学生中，有29人带了馍馍，10人未带馍馍，其中家住二林自然村的学生王国荣，因为家远中午不能回家，也没有带馍馍（要在学校饿一天）。

黎套小学三年级，共有学生38人，其中男生19人、女生19人。实际到校学生32人，其中男生15人、女生17人。在来上课的学生中，有1人在家里吃了早饭，吃的是馍馍，还喝了一袋牛奶。没有在家里吃早饭的31名学生中，有21人带了馍馍，10人未带馍馍，其中家住二林自然村的学生王国强，因为家远中午不能回家，也没有带馍馍（要在学校饿一天）。

黎套小学四年级，共有学生32人，其中男生19人、女生13人。实际到校学生32人，其中男生19人、女生13人。在来上课的学生中，有3人在家里吃了早饭，其中1名学生吃的面条，1名学生吃的米饭，1名学生吃的馍馍。没有在家里吃早饭的29名学生中，有21人带了馍馍，8人未带馍馍。

黎套小学五年级，共有学生48人，其中男生24人、女生24人。实际到校学生47人，其中男生23人、女生24人。在来上课的学生中，没有人在家里吃早饭，其中有30人带了馍馍，17人未带馍馍。

黎套小学六年级，共有学生35人，其中男生19人、女生16人。实际到校学生34人，其中男生18人、女生16人。在来上课的学生中，有2人在家里吃了早饭，其中1名学生吃的洋芋面，1名学生吃的馍馍。没有在家里吃早饭的32名学生中，有18人带了馍馍，14人未带馍馍。

上述调查的结果显示，2009年12月4日早上，前来黎套小学上课的255名学生中，在家里吃过早饭的学生只有12名，占全部到校学生的4.71%；没有在家里吃早饭的学生有243名，占全部到校学生的95.29%。另外，没有在家里吃早饭的这243名学生中，带了馍馍的有162名，没有带馍馍的有81名。也就是说，在上午上课的这个时段，有1/3的学生整整一上午的时间都要处在空腹听讲的状态。

据黎套小学杨校长介绍，家离学校最远的孩子来上学，要走一个小时左右的山路。我也曾经试着走过一次通往小学校的山路，想亲身体验一下大山深处的孩子们上学的不易，结果走着走着暮色降临，一不留神就迷了路，山里连手机信号都没有，着实让人担惊受怕了一番。这当然是题外话。

根据各班的统计，因为家离学校太远，中午不能回家吃午饭的学生大约有40名，这些学生的早饭和午饭都要在教室里吃。可是，在各个班级的教室里，连个开水壶都没有，孩子们只能啃干馍馍充饥。

2009年12月4日上午，我利用课间休息时间和黎套小学的孩子们交流起来。

我问孩子们："为什么不在家里吃早饭？"

孩子们回答说："家里没人嘛，没人管嘛。"

"想吃早饭，我妈顾不上做嘛，忙着呢嘛。"

"家里光是爷爷奶奶，没人管嘛，买去，也没钱买嘛。"

"早上经常不吃嘛，咋（早）就惯了。"

"就是想买着吃，也没处买嘛，远着呢。"

我又问孩子们："那饿着肚子上课会是什么样的感觉啊？"

孩子们回答说："上着上着课，胃里就觉得空荒空荒的，想着赶紧下课。"

"上到第三节课的时候，肚子咕噜噜地响得不行，就想着家里做啥子好吃的，咋个才能吃上点儿，最想的就是洋芋炒粉条子。"

"饿得肚子疼开了，就想麻花子啦，油饼子啦，啥好吃想啥嘛。"

我又问孩子们："那一上午什么都不吃，肚子饿不饿？"

孩子们回答说："饿嘛，浑身乏得很嘛！"

"咋能不饿嘛，饿得头昏！"

"饿得劲儿大了，肚子疼开了嘛！"

"中午课罢，乏得人一点劲儿都没有了，往屋里走的半路上，要缓个几哈（下）子才到屋里呢。"

"课上罢后，干脆乏得人走不回，（夏天）就到人家的地里揪个豆角子，拔个萝卜啥的。"

一位老师说："我们岁的时间（小的时候），也就是这样的，课一上罢，肚子疼开了，就到人家的地里揪个豆角子，拔个萝卜，拔个蔓菁，刨个洋姜，闹（弄）上吃一点。再就是，我们岁的时间（小的时候），把从地里拔的萝卜包到汗衫里，往地哈（下）绊（摔）几哈（下）子，绊（摔）碎了几个人分着吃。"

另一位老师接着说："我们岁的时间（小的时候），还一边绊（摔）萝卜一边唱：一绊绊萝卜二绊绊水，三绊绊萝卜辣皮子的嘴，四绊绊酸，五绊绊甜，六绊绊萝卜赶蜜甜。"

小学生饿着肚子去上学原本是一个沉甸甸的话题，结果大家你一言我一语的，看来早就习以为常了。不仅没有引起学生家长们的重视，而且没有引起当地学校和老师们的重视。

接下来，我又问孩子们："为什么上学校都不带水？渴了怎么办？"

孩子们回答说："从小到大到哪儿都没带过个水，咋（早）就惯了，吃汤饭的时候喝上点汤就对了，炕（干）的时候喝上点凉水就对了。"

"家里不烧开水嘛，拇囊（麻烦）得很，炕（干）了，行（逮）着碗就用碗喝，行（逮）着勺子就用勺子喝上点凉水，家里也没有个水杯子嘛。"

"我爸和我妈，也不给我买水杯子嘛，怕我把水杯子弄着绊（摔）了。"

"炕（干）的劲儿不大的时候，就忍一哈（下）子；炕（干）的劲儿大得很了，就到老师跟前要着喝些。"

"炕（干）得很了，我也不敢到老师跟前要，回到屋里从缸里舀一勺子凉水，一下子就喝了，喝得太猛了，肚子就疼开了。"

"我白天在学校里就不喝水，我们家里头就没有个喝水的习惯，一天不喝水也不觉得炕（干）。"

……

## 二 写调查报告

2009年12月8日，我写了《西海固地区儿童营养和健康现状令人担忧》的调查报告。我在调查报告中发表了上述调查数据，并且指出："在西海固地区的小学校，儿童普遍存在营养不良的问题，他们的健康已经亮起了红灯。无疑，儿童的营养和健康状况的好坏，不仅关系到西部地区未来的发展，而且关系到整个中华民族未来的发展。"

为此，我在调查报告中提出了五点政策建议：第一，政府要适时地制定面向贫困地区倾斜的优惠政策；第二，尽快实现贫困地区义务教育阶段小学生免费午餐计划；第三，保证贫困地区小学校的学生到校后能够喝上开水；第四，建立小学校每年给小学生做一次常规体检的制度；第五，学校要有意识地培养学生健康的生活方式和行为方式。与此同时，倡议在黎套小学率先试行免费午餐。

在原州区教育局、张易镇政府以及民间热心人的关心和帮助下，2010年5月，黎套小学开始试行免费午餐，保证了每个到校的小学生中午可以在学校里吃上一顿热乎乎的午饭。黎套小学免费午餐的试行，受到了当地老百姓的热烈欢迎，特别是在寒冷的冬季，娃娃们再也不用饿着肚子走山

路了。

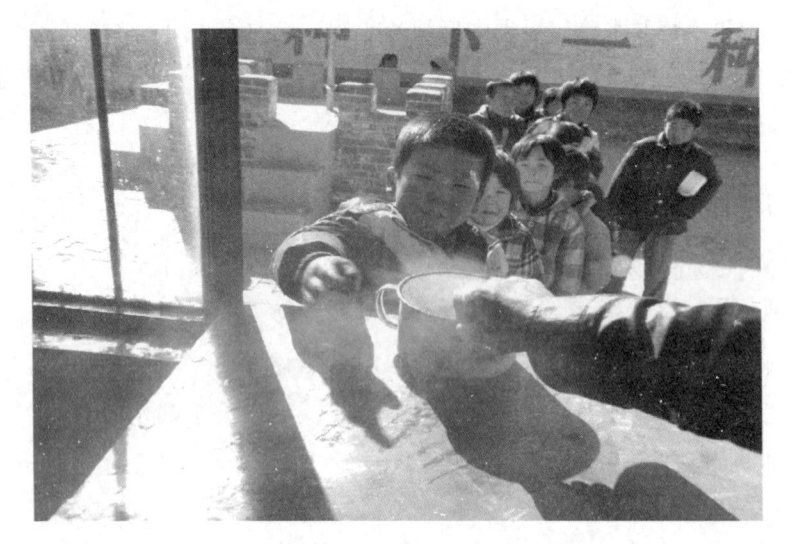

寒冷冬天中午的免费午餐

黎套小学免费午餐试行了一段时间后，2011年3月3日，我又写了一篇《关于国家优先为少数民族地区偏远小学校提供免费午餐的建议》的调查报告，报送给了中国社会科学院和全国政协。报告如下。

## 关于国家优先为少数民族地区偏远小学校提供免费午餐的建议

一　建议的背景

**1. "两免一补"政策对寄宿学生膳食和营养状况的改善起到了积极作用**

2005年，我国率先在西部地区农村义务教育阶段实施了"两免一补"政策，这项政策大大加快了义务教育在西部地区农村普及的进程。"两免一补"政策中的"一补"（中西部地区农村寄宿学校的学生，小学生每人每天补助2元，初中学生每人每天补助3元，每年按250天计算），也对寄宿学生膳食和营养状况的改善起到了积极的推动作用。

### 2. 走读生的"隐形饥饿"现象堪忧

西部贫困地区特别是少数民族偏远地区义务教育阶段非寄宿制小学生，本应该是最需要国家帮助的弱势群体，他们却不在享受"一补"政策的范围之内。影响这些小学生健康状况的负面因素是多方面的：少数民族偏远地区自然环境恶劣，生活水平低，信息封闭，办学条件简陋，老师和家长的营养意识淡薄，缺乏合理膳食的知识，对学生不吃早饭到校上课的现象不以为然，儿童不良的饮食习惯和不合理的膳食结构很少被关注，"隐性饥饿""透支健康"的现象非常普遍，这些儿童长期处于一种营养不良的状态，身心健康状况令人十分担忧。

### 3. 建议国家尽快出台相关政策

建议国家针对西部地区特别是少数民族地区偏远小学校的学生出台相关政策，优先为其提供免费午餐。建议免费午餐政策要覆盖所有偏远小学校的小学生，包括寄宿生和走读生。

## 二 建议的迫切性

下面以黎套小学学生空腹上学和营养不良状况为例，来说明一下为少数民族地区偏远小学校的学生提供免费午餐的迫切性和必要性。

黎套小学隶属宁夏固原市原州区张易镇，位于原州区西南约40公里处，是张易镇黎套回族行政村的一所完全小学。这所小学校共有六个年级，每个年级有一个班，现时点有学生222人，其中学前班有34人。由于黎套村山大沟深，交通不便，孩子们上学要走很远的山路，家最远的要走一个多小时。这里的大部分学生都没有吃早饭的习惯，多是揣着干馍馍就上学了，在学校一待就是一天。

2009年12月4日早晨，我在黎套小学做了一个调查，在来上课的255名学生中，只有12名学生在家里吃了早饭；其余243名学生中，带馍馍的有162名，没有带馍馍的有81名。也就是说，到了教室以后连馍馍都吃不上的学生（空腹上课）竟然占到了学生总数的1/3。其中，大约有40名学生因为家离学校太远，早饭和午饭都在教室里吃干馍馍。

偏远地区学生上学不吃早饭的习惯至今都没有得到根本的改变。2011年1月7日，因当地下大雪，再加上即将放寒假，黎套小学到校了155名学生，在这155名学生中，只有54名学生在家里吃了早饭，没吃早饭的学生占到了近2/3。这样的膳食水平和膳食结构，使贫困地区的儿童长期处于一种营养不良的状态，身体发育迟缓。

附表1是2010年5月黎套小学一至六年级学生的身高、体重与2008年第二次国民体质监测公报数据的比较。从黎套小学学生的身高和体重的平均值不难看出，身体发育迟缓的问题相当突出。给学生进行体检的尹大夫说，这些孩子的胳膊很细，皮肤缺乏弹性，头发无光泽，外形瘦小，营养不良。鉴于儿童发育的不可等待性，该问题需要尽快给予解决。

附表1 黎套小学学生身高、体重与国民体质监测指标的比较

| 年级 | 平均年龄（岁） | 男生 | | | | 女生 | | | |
| --- | --- | --- | --- | --- | --- | --- | --- | --- | --- |
| | | 体重均值（公斤） | | 身高均值（厘米） | | 体重均值（公斤） | | 身高均值（厘米） | |
| | | 调查值 | 标准值 | 调查值 | 标准值 | 调查值 | 标准值 | 调查值 | 标准值 |
| 一年级 | 7 | 22.8 | 24.5 | 120.9 | 124.2 | 22.2 | 23.0 | 119.2 | 122.6 |
| 二年级 | 9 | 26.9 | 30.4 | 129.9 | 134.4 | 27.3 | 28.7 | 120.7 | 133.8 |
| 三年级 | 11 | 32.8 | 37.5 | 134.8 | 144.7 | 29.6 | 36.9 | 136.8 | 146.1 |
| 四年级 | 12 | 32.4 | 41.7 | 139.6 | 150.6 | 35.4 | 40.6 | 141.0 | 150.8 |
| 五年级 | 13 | 37.6 | 46.7 | 147.7 | 157.9 | 43.9 | 44.7 | 151.4 | 154.9 |
| 六年级 | 14 | 47.1 | 51.6 | 157.3 | 163.7 | 45.1 | 47.4 | 151.5 | 157.0 |

注：①标准值参照"第二次国民体质监测公报——儿童青少年（学生）各项体质指标均值"。
②调查值是2010年5月当地体检结果的数据。
③调查对象平均年龄偏大主要有两个原因：一是虚报年龄，二是上学较晚。

### 三 建议的必要性

黎套小学试行免费午餐的实践表明了政府出台相关政策的必要性。2010年5月，我们开始在黎套小学试行免费午餐，这一有益的实践给了我们不少启示。

在免费午餐的实施过程中，我们发现了不少问题，主要有：资金

无法长期得到保障，没有专职人员管理，运营成本高，存在食品安全隐患问题，没有合格的厨师，给老师教学增大了负担，等等。

这表明，单靠一个部门或一个学校的努力，推行免费午餐困难重重，需要政府出台一个政策来协调各方面的关系。如果国家能够率先在全国少数民族地区的偏远小学校实施免费午餐的话，就可以通过制度化建设，包括项目实施的立法、管理、监督等来促进和提升我国少数民族地区学校教育、学生管理的水平。充分发挥国家体制的优势，从体制上如财政、后勤、卫生、检疫等各个环节来保障免费午餐的实施。

事实上，国家能否积极地对儿童营养实施干预，在很大程度上不是财力问题，而是决策者是否愿意优先选择的问题。

### 四 建议的可行性

近年来宁夏回族自治区已经为改善小学生的营养状况做出探索，这为出台优先解决少数民族地区偏远小学校学生的免费午餐问题提供了经验。

**1. 贫困山区学生的"营养早餐工程"**

事实上，宁夏回族自治区政府和当地教育部门一直在为改善农村义务教育阶段学生的就学环境做出努力。自2010年9月开始，宁夏回族自治区政府决定为中南部贫困山区义务教育阶段农村学生每人每天补助一个鸡蛋，覆盖固原市、中卫市及吴忠市的10个县（区），使农村义务教育阶段的39万名学生每天能吃到一个免费的熟鸡蛋。仅这一项，自治区政府一年就要拿出4688万元，这对一个财政紧张的少数民族地区来说，是一笔不小的支出。

**2. 黎套小学的免费午餐探索**

2010年5月，在原州区教育局、张易镇政府和民间热心人的帮助下，黎套小学开始了为学生提供免费午餐的服务，每人每顿饭的成本为2~3元钱。这一举措保证了学生可以在学校吃一顿热乎乎的午饭，不用饿着肚子上学。免费午餐的实施，受到当地民众和学生的欢迎，特别是在寒冷的冬季，让少数民族地区偏远小学校的孩子们感受到了人间的温暖。

**3. 优先解决少数民族地区偏远小学校学生的午餐问题**

上述建议的最大可行性就是不搞"一刀切",不搞"全面覆盖",优先解决少数民族地区偏远小学校学生的午餐问题。例如,目前在张易镇的22所小学校里,像黎套小学这样偏远的小学校只有4所,学生近千人,约占全镇小学生的20%。又如,原州区享受免费鸡蛋的33085名小学生中,最偏远的乡村有学生9246名,占原州区小学生的近30%。如果我们推算宁夏享受免费鸡蛋的39万名学生中有1/3的学生地处偏远乡村的话,那么这个数量就是13万名学生。假如我们把这部分学生纳入国家"两免一补"政策中的"一补"中,以每年250个在校日、每人每天补助3元钱计算,国家只要为宁夏回族自治区拨款1亿元,就可以保证地处偏远地区的小学生上学不用再饿肚子了。

五 建议的深远意义

**1. 有利于少数民族地区的发展,增进少数民族的国家认同**

现在国家把民生问题提升到政治问题的高度上来认识,那么优先解决好少数民族地区的民生问题就是政治中的政治。而在国家加大对少数民族地区改善民生的投入时,对人力资本的投入更具有根本性的意义,有利于少数民族地区的发展,增强中华民族的凝聚力,增进少数民族的国家认同。

**2. 是社会主义优越性和执政党理念的表现**

在美国、日本等发达国家,政府很早就开始对儿童营养进行干预,为义务教育阶段的学生提供免费午餐。现在,很多发展中国家的政府也都在努力尝试,如巴西、印度、斯里兰卡、泰国、菲律宾等。在我国,优先为少数民族地区偏远小学校的学生提供免费午餐,不仅是人力资本的一种投入,而且是党的一种政治理念和社会担当。

眼下,国际国内舆论对我国西部地区儿童营养不良的问题十分关注,如果这项建议被采纳,无疑将会大大提升我国政府在国际舞台上的政治影响力和关注民生的公共形象。

## 附录2  关于危房改造

### 关于驼巷村危房改造中亟待解决的问题

王泽农  执笔

一  调查的背景和意义

**1. 调查的背景**

宁夏回族自治区于 2014 年颁布了《宁夏农村危窑危房改造实施方案（2014~2017 年）》，并于调查结束后在西海固地区改善了农民的居住条件，在原本落后的干打垒泥质院落内，建起了许多质量优良、价格公道的改造房，受到了当地回族和汉族居民的欢迎。

本次调查共分两期，第一期为 2015 年 7 月 1 日至 7 月 24 日，第二期为 2016 年 2 月 11 日至 2 月 17 日（农历春节期间）。两期均以驼巷村房屋的建造、寿命与使用情况为调查对象，对旧房的安全问题与改造房的质量问题投入了额外关注。

**核对危房改造项目数据**

在驼巷村考察危房

**2. 调查的意义**

住房，是关乎农民生活质量的重要部分，盖一栋好房甚至是许多农民终生奋斗的目标，而也正是在这种情况下，一栋质量堪忧、寿命较短的劣质房将会给农民造成极大损失。仅以樊庄村，一个近年来沟底地下水位只有2~3米深的村落为例。不加以详尽勘探的原地改造的政策，使得仅改造一年的住房就出现"墙癌"，这种情况在81户可用样本中出现了19~23户（误差范围与采访到的和观察到的事实不符），占总量的23.5%~28.4%。

更有极端个例，地下水位上涨导致的地基毁坏等，造成的损失达10万元。农民的居住环境，尤其是改造房的质量，不仅与农民的日常生活息息相关，而且关系到农民的经济状况。因此，本调查具有迫切性。

还有一个问题同样不容忽视，由于政策实施时间有先后，不同自然村落间的改造规划存在较明显的差异。举个极端的例子，当阳洼村改造房普及率达到惊人的75%时，同属于骆驼巷行政村的回族村落驼巷村则只有43%的覆盖率，同时阳洼村的补助计划在2014年基本上以1.4万元、48平方米为基准，然而在其他村落则以1.4万元、36平方米为基本度量。在一个多民族的大环境下，这样的分配明显有失公允，同时可能会加速当地不平等现象的蔓延，使各村落生活质量的差距拉大。

而不一致的施工标准可能会使上述情况进一步恶化，从所调查的10座工地的资料看，关于混凝土搅拌过程中泥与沙的比例问题就有数种答案，从国家标准内的1∶3（3处）、1∶4（2处），到远超安全标准的1∶6（3处）与1∶5（2处），显示了施工队对有关建造专业知识的匮乏，以及施工标准的缺失。建材的使用也同样显示出标准缺失所带来的后果，在建材的筹备方面并没有选择单价为0.52元的质量优良、韧性良好的三营生产的砖，而是选择了单价为0.36元的当地红庄生产的烧结实心黏土砖。该砖种质脆，多变形，烧结颜色斑驳，所用原料不统一且吸水率在简陋条件下估测可达30%~40%，在地下水位不断上涨的大趋势下，此种做法不可谓明智。农民也对水泥不够用、施工队偷工减料的状况颇有微词。考虑到西海固昼夜温差大，以及冬季温度低的特点，结合后面的表格，进一步说明这种粗放的施工方式的不可取之处。

改造房项目不仅与农民的生活息息相关，而且是政府完善"精准扶贫"理念、充分调动扶贫资金、改善人民生活的途径。粗劣的改造不仅会损害农民的切身利益，而且会极大地降低政府资助的利用效率。我们有理由相信，只有建造施工规范、平等分配的改造房，才是扶贫惠民的举措。

## 二 危房改造现状

西海固骆驼巷村危房改造情况见附表2。

附表2 西海固骆驼巷村危房改造情况

| 自然村 | 普及率（%） | 建筑面积（平方米） | 改造费用（元） | 单价（元/平方米） | 房龄（年） | 院落平均房龄（年） | 墙壁返潮（冬天结冻）占比（%） | 渗水、墙癌占比（%） | 结构倾斜、地基下陷占比（%） | 坍塌占比（%） |
|---|---|---|---|---|---|---|---|---|---|---|
| 阴洼村 | 50 | 50 | 12500 | 250 | 1.4 | | 70 | 22 | 6 | 0 |
| 樊庄村 | 41.25 | 36.9 | 14683 | 398 | 1.3 | | 57.5 | 30 | 42.4 | 9 |

续表

| 自然村 | 普及率（%） | 建筑面积（平方米） | 改造费用（元） | 单价（元/平方米） | 房龄（年） | 院落平均房龄（年） | 墙壁返潮（冬天结冻）占比（%） | 渗水、墙癌占比（%） | 结构倾斜、地基下陷占比（%） | 坍塌占比（%） |
|---|---|---|---|---|---|---|---|---|---|---|
| 刘庄村 | 56.25 | 42 | 20386 | 485 | 1 |  | 77.8 | 48 | 17 | 0 |
| 马其沟村 | 43.3 | 41 | 17565 | 428 | 1.2 | 10.4 | 未全面调查 | 未全面调查 | 未全面调查 | 未全面调查 |
| 驼巷村 | 43.2 | 51 | 29878 | 586 | 1.8 |  | 65 | 43.7 | 15 | 0 |
| 小庄村 | 54.2 | 53 | 26266 | 496 | 1.8 | 14.71 | 55 | 31 | 20 | 0 |
| 阳洼村 | 74.5 | 46 | 13312 | 289 | 1.3 | 6.2 | 47 | 25 | 20 | 0 |

注：结构倾斜、地基下陷问题中，部分樊庄村村民的改造房被再次改造到山上，而山下地基则被地下水浸透，全毁。

**问题1**

各村之间改造房的性价比不同。建筑面积相近的改造房，在各村之间存在较高的价格差。而即使在排除明显夸大的数据之后，改造房的单价，也从250元/平方米到586元/平方米不等，依然可以得到336元/平方米的差价。考虑到部分差价来源于农民自己掏钱加盖的面积，即使排除这一部分，此差价也并没有缩减到100元/平方米以下。

与其他普及率较低的村落不同，拥有最佳建筑面积性价比的阴洼村，其50%的普及率实际上来源于该村很多人认为自己的房屋足够好，不需要危房改造这一事实，而阴洼村之外的马其沟村与驼巷村等其他村子，则是家中缺乏劳动力或没有钱，才使得普及率如此低。同时，部分村民反映道路旁的住家会优先获得改造房申请权利。

那些普及率较低的村落同时也拥有较高的院落平均房龄，根据经验，10~15年前的房屋以干打垒单斜顶建筑为主，而20年以上的房屋则是干打垒木梁悬山顶的建筑。这种建筑通常在建成后6~7年开始漏雨，8~10年会出现承重墙开裂、土质掉落等情况。而情况更糟的是，在当地平均房龄超过10年的民居中一定存在"高房"，26栋可观察到的此类建筑中，有超过10栋是没有任何水泥或砖构件且明显开裂却仍在住人的，而其中的

24栋都存在于危房改造普及率和建筑质量较低的村庄中（阳洼村、阴洼村之外的村落）。即使排除掉新建的改造房项目，阳洼村，阴洼村也拥有最好的院落，然而改造的项目却没有先越过这两个村庄去帮助那些仍住"高房"或掉土漏雨房子的农户，这与危房改造的初衷是相悖的。

由此可见，危房改造的第一个问题便是项目实施的不公平性，修建每平方米所需的费用在村与村之间存在较大的差距，并且房屋最为破败的村庄反而没有及时获得改造资金的援助，许多身患风湿病、不堪阴湿的老人如今仍在即将倒塌的干打垒土房中度日，而有些在外务工的壮年村民则早已在故乡盖起了一座座被资助的改建房。有些村庄用1.4万元的款项建起了面积为36平方米、地基60厘米深的改造房，而另一些村庄则在一年前便以同样甚至更低的价格（9500~14000元）建起了面积更大的房子（48平方米）。路旁的房子变得越来越亮丽，而村子深处的农民则只能在掉土与漏雨中等待下一轮的改建。

### 问题2

一个更加普遍的问题同样在干扰着这个计划的实施，在不标准的施工条件下，建造的新房在一定程度上存在不合格的情况。调查显示，10处建筑工地上只有一队施工者可以明确说出所搅拌砂浆的配置比，其他施工者更多的是在随意搅拌。笔者调查的改造房项目，均没有按照《宁夏回族自治区农村危窑危房改造最低建设要求（试行）》进行勾缝处理，而在暴露出来的砌缝中清晰可见成块的砂浆混合物，鉴于当地施工所用沙均为用水淘洗红黏土而产出的，砌缝中可见大颗粒黏土并可用手剥落，饱满度明显低于《农村危房改造抗震安全基本要求（试行）》中所规定的80%~90%。除此之外，仅在采访中无意获知的改造房户主中，就有26户抱怨村里统一购买的水泥不够用，还要自己掏钱。劣质砖的使用，粗放、缺乏统一标准的施工方式，以及宁夏当地昼夜、四季较大的温差，导致出现了轻则勒脚开裂（同样违反上述文件要求）、重则墙壁倾斜的情况。偶尔可听到对工头偷工减料的抱怨，这在252户农户中有5户提及。

**问题 3**

上述问题最终暴露出来的是对"原地改建"政策的盲目遵循。驼巷村 2015 年地下水位上涨,在村里地势较低以及缓坡位置,平均地下水深只有 2.2 米,田间甚至只有半米左右,在总计 93 户农民家中,出现潮、冻的概率是 97%,严重的已经因水向上漫而不得不抛弃十几万元辛苦建起的院落。鉴于村里在 10 年前曾是水滩,地下水位逐年升高,改建房中有近一半(可能会少些)是建造于《农村危房改造抗震安全基本要求(试行)》归类为"不利地段"之上的,而且从记载的地基形变数据来看,该村所在位置因部分土质含水量较高,本身具有部分冻胀土性质,这对于一个没有做过完善防水处理且砌料不规范的建筑来说,几乎是灾难性的,更不用说那些 4~5 倍于改造房数量的农民自建房。从最极端的 4 个案例中可以看出,错误的土地规划导致了民房的坍塌,而斥巨资建成的改造房项目,也因此面临付诸东流的危险。

## 三 政策建议

**建议 1**

鉴于目前建筑中存在的问题主要集中于配料及施工环节,并且综合农民对建筑队施工质量的部分回馈,笔者认为当地政府应开放工程队竞标环节,选择最有竞争力且最能结合当地实际情况做出相应设计调整的工程队进行全程的材料采购和承建。避免一些不合格的工程队因乡土之情或关系而拿到了决定很多农民未来十几年乃至几十年居住条件的项目,辜负了政府和人民的信赖。

**建议 2**

建筑的设计不应以省或自治区为单位,应充分考虑每个地区的地质、气候以及材料出产的具体情况。举例来说,相较于宁夏绝大部分区域,地下水上涨所导致的一系列问题并不多见,然而对于驼巷村来说的确是涉及几千万元资金的至关重要的大事。实现"精准扶贫",如果全部都按一套标准实行,就很难全面惠及民生。

**建议3**

改造房分配的顺序应主要考虑院落平均年龄以及危房情况,而不是以村为单位进行区别对待,同时还要考虑到宁夏地区复杂的民族环境,平等、有序的改造流程对于维护地区稳定也是至关重要的。

综上,结合林燕平博士对当地收入所做的调查,一些较为贫穷的村落却拥有较低的改造普及率以及较长的平均房龄,为达到此项目实施的目的,政府可开放农村信用社"改造房贷款",鼓励农民摆脱院内全部"干打垒"的窘境,同时带活地方建造业。

农民自身缺乏建房、选址等专业知识,再加上地方对"原地改造"的盲目依从,使改造的效果大打折扣。地方可以考虑雇用专业的勘查队,在进行危房改造前,对改造用地、地区进行专业且详细的评估,之后再决定是否进行"原地改造",最大限度地避免不必要的损失。

## 附录3 关于垃圾处理和生活用水

### 对骆驼巷村垃圾处理和生活用水情况的调查

任瑞瑶 执笔

一 调查背景

2010年,宁夏回族自治区出台了全面推进"农村环境连片整治项目"的政策措施,重点解决生活垃圾和生活污水的处理问题。

2015年6月28日至7月20日,我与北京四中的其他4名同学来到了宁夏回族自治区固原市骆驼巷村,跟随林博士进行社会学的田野调查。我负责在林博士的指导下调查7个自然村437户人家的垃圾处理和生活用水的情况。在调查的过程中,我不仅切身感受到了近年来骆驼巷村居民的生

活发生了翻天覆地的变化,而且发现了一些潜在的问题。与此同时,我还特别关注到回族和汉族人民在生活作息和卫生习惯方面的不同,以及这些差异所造成的影响。

## 二 关于垃圾处理

### 1. 了解到的情况

骆驼巷村村民传统的垃圾处理方式是倾倒进沟里或填坑烧掉。为保护农村环境、提高村民生活质量,西海固地区各级政府采取了一系列措施治理农村垃圾乱丢和处理不当的问题。自2010年以来,地方政府统一采购垃圾箱,通过镇、村各层级配发给每户村民。在对7个自然村进行调查时,我们在每家每户都看到了红顶绿皮、印有"国家农村环境连片整治示范区"字样的垃圾箱。在阳洼村,我们还看到了一个较大的、白皮蓝顶的总回收箱。

### 2. 发现的问题

**问题1**

政府配发的这些红顶绿皮的垃圾箱大多被挪作他用。401户人家仍在使用这种垃圾箱。其中,123户人家用这种垃圾箱当狗窝,3户人家用这种垃圾箱养小鸡,1户人家用这种垃圾箱养小猪,2户人家将垃圾箱拆解垫在井边,6户人家用这种垃圾箱做蜂箱的支架,233户人家的垃圾箱处于闲置或者堆放杂物的状态,只有33户人家在正常使用这些垃圾箱。甚至有一户人家还收集了21个垃圾箱,全部用来当蜂箱的底座。

经了解,以下两个原因导致村民们不愿正常使用政府配发的垃圾箱。一是垃圾箱的门质量不高。许多居民反映垃圾箱的门在使用一年后就掉了,一下雨垃圾被冲得四处都是。村民们告诉我们,垃圾箱的门坏掉后,这些上下均有开口的垃圾箱就成了理想的狗窝、鸡窝、小猪窝。还有一些居民发现垃圾箱箱体比较结实,颜色鲜艳,就把它们用作蜂窝的支架。

二是缺乏垃圾收集机制。村民反映政府在配发垃圾箱的时候，曾经说过会有人定期来收集垃圾，但是迟迟没有见人来，瓜果皮和厨余垃圾发臭变质，严重影响了村民的生活质量。如果将垃圾倒在路上会被村里的干部斥责，所以村民们才会重走老路，用传统的方式处理垃圾。

**垃圾箱变成了狗窝**

**问题 2**

垃圾不加处理直接倾倒，长此以往，对山村环境带来不利影响。当我们询问村民如何处理生活垃圾时，大部分村民会回答"扔沟里"。我们也发现，住在山上的村民选择将垃圾随手扔在山上，孩子们在吃完糖之后也会很自然地把糖纸扔在地上。在7个自然村中，除阳洼村有一套还在运行的垃圾收集机制外，其他6个自然村则缺乏这种处理体系。

阳洼村是7个自然村中唯一一个有垃圾收集机制的村子。在村口的小广场前还建有一个垃圾回收点，据村民反映，在这个垃圾回收点时常有车前来清理垃圾。但是阳洼村的垃圾还是有相当一部分被露天放置，无人清理。与此同时，尽管阳洼村的垃圾回收已成体系，但这些生活垃圾转运的目的地并非垃圾处理厂或填埋地，而是向马其沟村的河沟中倾倒。换句话说，这些未经过任何处理的垃圾仅仅是被"转移"了，对环境的危害仍然存在。

在 7 个自然村中，马其沟村、阴洼村均有所谓的"垃圾沟"。其中，马其沟村的"垃圾沟"最有代表性。马其沟村的垃圾沟是一片天然形成的水洼。从这里经过的河流直接被用于农田的灌溉，且可能与地下水相通。村民们认为垃圾沟里的垃圾下大雨的时候会被水冲掉，因而无须派人清扫和回收。为了保持一定的整洁，村民们在倾倒垃圾后往往会用石头或草木覆盖，但那些饮料瓶、电线等难以完全降解，夏天也可能会滋生蚊虫，传播疾病。由于在我们调查的 7 个自然村中有 10% 左右的村民仍旧使用不加消毒的公共井，这些被污染的地下水极有可能被这些安不起自来水的村民饮用，长期饮用被污染的水将大大增加他们患病的可能性。

**问题 3**

除了选择将垃圾"倒进沟里"，有相当一部分的村民会选择"煨炕"——焚烧垃圾，这种处理方式会对居民健康带来潜在危害。固原地区烧土炕，因而需要大量的燃料。传统上，村民们会拔草或砍伐木材来烧炕，但现在，村民们选择用垃圾作为主要燃料。最初，焚烧垃圾并没有带来严重的后果，那时人们能接触到的塑料制品十分有限，焚烧的垃圾仅限于果皮、纸屑，然而近年来越来越多的塑料制品走进了人们的生活。在调查的过程中，当我打开炕口时，常常被浓烈的焚烧塑料的烟雾呛得咳嗽。我在这些炕口翻出了没有燃烧完全的胶皮靴子、塑料盆、矿泉水瓶、废旧电池等。村民们普遍认为塑料更易燃，产生的热量更多，殊不知焚烧塑料

农户烧炕时也用垃圾

产生的二噁英对人体十分有害。燃烧电池可能导致有毒气体的释放，甚至产生爆炸。大部分村民对这些潜在的危险浑然不知。在我们采访的过程中，甚至常常看到小孩子在冒着浓烟的炕口玩耍。

然而，长年累月在炕口焚烧塑料的影响是巨大的，有两户村民反映自己肺部经常疼痛，眼睛流泪不止，而他们的炕口都有厚厚的焚烧塑料产生的黑色烟泥。在阳洼村和马其沟村，也有居民反映自己会积攒塑料瓶，等待上门收购。村民反映收集塑料瓶的时间大多为几个月一次，每个塑料瓶的价格为 0.05 元左右。尽管价格并不理想，但这些人家还是很愿意将塑料瓶卖掉。其他村的村民和住在山上的村民普遍反映没有人来收集。长此以往，塑料瓶只会越积越多，而焚烧这些塑料瓶将危害越来越多村民的健康。

**3. 几点建议**

由于垃圾回收体系不健全，垃圾无害化处理不到位，本该山清水秀的河道布满垃圾，许多人家在烧炕时浓烟阵阵。在开展治理工作前，理应对农民的实际生活习惯、迫在眉睫的塑料处理问题展开调查。治理不仅要"硬件"到位，发放适用、耐用的垃圾箱，而且要"软件"到位，健全垃圾转运、回收、处理体系。只有这样，才能"对症下药"，并且"药到病除"。

第一，应加强宣传，引导村民树立良好的习惯，科学处理垃圾。建议从娃娃抓起，在学校教育孩子养成不随手扔垃圾的良好习惯，由孩子带动家长改掉乱扔垃圾的做法。对焚烧塑料产生二噁英的危害性以及焚烧电池的危险性进行宣传，引导村民放弃用塑料制品和电池"煨炕"的习惯。

第二，建立健全垃圾分类回收和无害化处理系统。建议相关村建立垃圾定期清运机制；建议有关部门采取塑料回收措施，并在行政村设立塑料回收点，为收集塑料的人们提供补助，杜绝塑料焚烧的问题；配置专门的废旧电池回收箱；完善垃圾无害化处理设施。

三 关于生活用水

**1. 骆驼巷村村民取水方式的沿革**

在通自来水之前，7 个自然村的居民依靠人力或畜力取水，面临"吃

水难"的问题。以小庄村为例，该村的公共水井在距离村口约1500米的平地上。该井为私人建造，距今已有约30年的历史。当时村民都从这口井里挑水，最远的人家往返一次取水需要2～3个小时，很不方便。从2006年起，各家各户开始陆续自掏腰包打井吃水。

自2013年起，国家统一为西海固骆驼巷村配套了总井和输水装置，为村民们安装了自来水，这在很大程度上解决了村民吃水难的问题。村民们喝上了更加清洁卫生的水，卫生习惯也随之改变。

截至2015年，7个自然村约有50%的居民用上了自来水。自来水的安装形式是每7～10户人家打一口总井，用塑料管道向其余人家输送自来水。这些水管通向每户人家门外挖的一口贮水井，每口贮水井有一个露出地面的水龙头，村民们从这个水龙头接水。每3个月会有专人向总井中投放明矾等沉淀剂。村民们反映相较于抽水井，自来水中所含的泥沙和水垢更少，更加卫生。自来水的出现，大大改善了原来农村居民的饮水条件。引入各家各户的自来水，不仅节省了村民以往取水的时间和精力，而且让他们喝上了更加纯净放心的水。

**2. 自来水项目在一定程度上改变了村民们的卫生习惯**

在汉族自然村中，大部分安装了自来水的村民反映自来水的出现给他们的生活带来了很大的改观。相较于使用人力井或者抽水井的人家，有自来水的人家洗澡的频率和换床单的频率都更高。用人力井或压水井的人家普遍是1～2个星期洗一次澡，每3～5个月换一次床单；用自来水的人家大多是1～3天洗一次澡，每月换床单。

相较于自来水给汉族自然村居民生活带来的巨大改变，自来水对回族自然村居民的生活习惯所产生的影响是有限的。这是因为回族自然村的居民在卫生习惯上和汉族自然村的居民存在明显的不同。伊斯兰教要求回族村的居民必须做礼拜前净身。清真寺中也设有专门的浴室，方便人们沐浴。因此，回族村的村民普遍会每周前往清真寺沐浴至少一次。与此同时，每户回族居民家中，更是设有悬挂有汤壶的浴室。和许多汉族居民闲置不用的太阳能热水器、淋浴喷头不同，回族人家的浴室都是经常使用的。回族居民洗澡的频率明显更高,更换床单也更加频繁。在我们调查的时候,作为汉族自然村的阴洼村和阳洼村暴发了大面积的皮肤病。然而,回族自然村则不存在这种现象。

**3. 存在的问题**

大部分村民用上了洁净的自来水,这在一定程度上改变了居民的卫生习惯,但现有的自来水安装、供应、收费模式还存在有待改进之处。

**问题 1**

自来水管道系统的安装和维护存在一定的问题。在 7 个自然村中,几乎每个村子都存在自来水管道冬天被冻裂而无人维修的情况。由于大部分自来水管道都裸露在地面上,冬天非常容易出现管道被冻裂的情况。为此,许多村民不得不用塑料袋自制"棉袄"为水管保暖。其中,一户人家的自来水管在 2014 年被冻裂,由于没有人上门维修,因此他家又自掏腰包花费 500 元重新安装了一套管道系统。此外,不少人家的自来水龙头刚刚安装一年就掉了,还有些人家的自来水井离家较远,需要每天将水挑到院内的水缸里,严重影响了村民的生活质量。

**问题 2**

自来水的供应不稳定,长时间停水的情况时有发生。仅在我们调查的 1 个月内,就发生连续停水近五天的事情。经常性的停水影响了村民们的正常生活秩序。在安装自来水之后,很多村民将之前的吃水井填埋掉或者废弃不用。骤然间的停水使他们一下子不知如何是好,不得不回归十几年前"肩扛手提"取水的时代。假如停水发生在地下水位很低的季节,二三十年前修建的公用水井几乎就会见底,村民的生活就会面临严峻的挑战。

**问题 3**

自来水收费多少与用水量不挂钩,这使本该用来衡量用水量的自来水水表成了"摆设"。根据与总井距离的远近,每户人家在最初安装的时候

会交 480 元的自来水费，另外还有 50~600 元的管道费、引水费和打井费。在总井中，每家每户的水管上都有一个水表。然而据一些村民反映，自从自来水水井安好后，从来没有人来查过水表。在收取水费的过程中，每个自然村会按估计数向村民收取 50~100 元的水费。在这个过程中，水表并没有起到作用。事实上，收取水费并非易事。据了解，7 个自然村只有阴洼村的水费是全部收齐的，其余自然村则没有完全收齐。

**问题 4**

自来水的收费方式存在缺陷，直接导致了 7 个自然村中不同程度的水资源浪费问题。2000 年，固原地区曾经出现过一场比较严重的干旱。由于那时的人们还要依靠人力取水，所以传统上，自然村的村民们在用水上十分节俭。尽管用多用少收费都一样，但是大部分村民还是保留了节约用水的习惯。例如，许多居民会使用自来水作为生活用水，而选择将之前的压水井作为牲畜饮用水和灌溉用水。

但是，有小部分的居民则不加节制地用水。例如，在我们调查的过程中，发现一户人家为节省电费，选择一直开自来水为西瓜降温。在我们采访的几十分钟里，大量自来水白白流到了院子里，造成了大量的浪费。在水资源较为匮乏的西海固地区，这种浪费的行为十分不妥。

### 4. 几点建议

针对骆驼巷村居民的用水习惯和自来水安装、供应、收费模式存在的问题，特提出以下建议。

第一，建议加强改变卫生习惯的宣传。在阴洼村和阳洼村，村民们对皮肤病采取忽视的态度，甚至没有考虑到自己的用水习惯和疾病之间的关联。自来水方便了村民们取水、用水，在客观上为改善人们的生活提供了更好的条件。但促进人们改变卫生观念、养成良好习惯、移风易俗还需要进行持续的宣传和引导。

第二，建议提高自来水设施的质量。建议有关部门在安装水管时将管道埋入地下或为管道增加保护层，同时定期派专人检查自来水系统的运行状况，发现问题及时维修，尽量保持稳定的供应。建议自来水部门能够在停水期间以车送水，以保障村民的饮用水和基本生活用水。

第三，关于自来水的收费问题，建议有关部门派专人定期收取水费，并且按照水表显示的用水量计价。让村民们养成节约用水的习惯，使自来水项目可持续。建议将收取的水费投入自来水设施的建设、维护中，让村民们长久地享受自来水项目带来的便利。

四　调查小结

在调查的过程中，结合林博士的著作，我切实感受到了近十年来发生在西海固地区农村的巨大变化和村民生活水平的提高。这些进步令人欣喜，我也发现了惠及人民的政策离不开对乡村现状的透彻了解。改变生活习惯要从家庭抓起、从娃娃抓起，要提高设施质量、完善机制。只有这样，才能从根本上解决现存的垃圾处理回收和村民生活用水问题，使乡村环境更美、人民生活质量更高，让整个地区得到长足的可持续的发展。

## 附录4　扶贫助困，我们一直在行动

——中国教育出版传媒集团总部扶贫工作侧记

胡希召　执笔

脱贫路上，"众人拾柴火焰高"。2016年7月，习近平总书记在宁夏考察扶贫工作时提出，"东西部扶贫协作和对口支援，是推动区域协调发展、协同发展、共同发展的大战略，是加强区域合作、优化产业布局、拓展对内对外开放新空间的大布局，是实现先富帮后富、最终实现共同富裕目标的大举措……"中国教育出版传媒集团党总支积极响应总书记号召，由集团党总支委员赵跃进、蒋琦、周增宇同志带队，部分党员代表参加，用党费赴宁夏固原开展精准扶贫暨主题党日活动。

"苦瘠甲天下"的固原，历史上就是至贫至苦之地，今天更是西部扶贫工作的重点。扶持谁、怎么扶？需要在精准上下一番"细"功夫。为了使扶贫资金最大限度地惠及困难群众和贫困学生，我们特别邀请全国劳

# 山村的守望

模、中国社会科学院数量经济与技术经济研究所研究员、社科学者、守望固原15年的林燕平博士帮助做好有关调研工作和前期安排。

集团公司领导高度重视此次活动，党组书记冯云生同志给10名帮扶学生逐一写了鼓励信，勉励他们好好学习。集团公司副总经理、党总支书记陈晓光同志精心策划，对帮扶工作提出了要求，要通过活动把党组织的温暖送到基层，把集团总部领导和职工的关心传递给贫困群众，扎扎实实做好精准扶贫工作。

经过深入调研，确定了以购买农民集资筹建养鸡场的滞销鸡蛋送给136户困难群众，购买棉被褥送给10户贫困家庭，送助学金、书籍给10名特困生三种方式开展精准扶贫。

2017年7月27日，我们一行人抵达固原后，随即开展了扶贫慰问工作，逐一入户送鸡蛋、送被褥、送助学金和书籍。当我们把一盘盘鸡蛋送到困难农户手中时，老乡们喜笑颜开，激动地说："感谢党，感谢教育部中国教育出版传媒集团在百忙之中还惦记着我们，太谢谢你们了！"

扶贫期间，固原下起了大雨，山体滑坡，道路泥泞，通往村里的路被封堵，但丝毫没有阻挡大家冒雨送温暖的脚步。

我们来到马其沟村，走进固原一中高三学生王乐的家，眼前是几间破旧的平房，前些年父母车祸离世，他同爷爷奶奶一起居住，生活条件极为艰苦。当我们把助学金和书籍送到王乐手中，鼓励他努力学习，用知识改变自己的命运时，王乐湿润着眼睛表示，一定刻苦学习，以优异的成绩回馈社会，立志做对社会有用之才。我们离开王乐家时，他的爷爷奶奶紧拉着我们的手表示感谢，"你们送来的助学金给娃上学帮了大忙，你们就是娃的亲人"。

我们先后走进了黎套村、樊庄村、刘庄村、大店村、驼巷村等，把中国教育出版传媒集团党员的爱心、关心送到贫困生手上，送到贫困群众家里。

我们来到驼巷村何占库家里，人称他为何老三，他50多岁，曾上过《焦点访谈》节目，爱人身患残疾不能自理，还有一个11岁的孩子，家庭负担繁重，屋里没有一样像样的家具。当我们把慰问品交到何老三手中时，他拉着我们的手，感谢大家惦记着他，表示要让孩子好好读书上学，将来报答社会。

# 山村的守望

　　活动中当我们把职工捐赠的图书发给村里的孩子们时,他们都高兴极了,有的就在路边翻看阅读。我们纷纷留下了联系方式,嘱托孩子们把自己的进步、需要的图书及时告诉我们。

　　在扶贫活动中,大家还详细调研了当地的历史、民俗和贫困家庭的生产生活状况,也看到了农村对图书的需求和孩子们对阅读的渴望。

　　这次扶贫活动,我们不仅收获了感动、收获了真诚、收获了希望、净化了心灵,而且关注到了我们在教育扶贫上还可以做很多工作,作为中国

教育出版传媒集团的员工,我们要尽心尽力,利用自身优势,把扶贫助困工作落在实处,做点实事,为孩子们做点好事,把图书送到农村去。

　　本次活动得到了高等教育出版社的大力支持,提供了最新出版的图书《祖国的名称》和《加油向未来　科学一起嗨》,集团公司员工积极参与,办公室邢京荣同志捐赠了一台电子学习机,人力资源部钱铮铮同志捐赠了

一套人民教育出版社出版的《牛顿小百科全书》，张丽娜、胡希召等同志也捐赠了部分图书。

中国教育出版传媒集团党组高度重视扶贫工作。早在2013年11月，就前往宁夏回族自治区固原市，开展"根在基层·中国梦"中央国家机关青年干部基层调研实践活动暨中国社会科学院、教育部青年干部群众路线教育实践基层调研活动，围绕基础教育问题进行了为期一周的调研。在调研中，19位青年同志深入教育一线，与师生同吃、同住、同工、同勤，进行了形式多样的"体验式"调研，开展了富有成效的群众路线教育实践活动。全体青年同志在调研中感受到了宁夏南部六盘山下教育事业的成绩和希望，也注意到制约当地基础教育发展甚至影响经济社会发展的种种因素，形成了一些初步的意见和建议。

这次深入基层的调研给青年干部带来的不仅仅是感动，更多的是思考和行动。2014年"五四"前夕，中国教育出版传媒集团青年志愿者服务队正式成立，并随即开展了"圆梦助学""圆梦助教"等志愿服务活动。在集团党组、直属党委的支持下，我们向宁夏固原、云南红河、云南宾川、贵州从江、河南郸城等多地的贫困学生伸出援助之手，通过中国教育发展基金会每年给贫困学生汇款帮扶，并安排部分志愿者与孩子们结对子，为他们提供心理辅导，累计拨付现金15万元，资助贫困学生近百人。

在青年志愿者的影响下，集团更多的干部职工加入扶贫助困活动中。

集团总部工会每年号召大家捐衣捐物，为孩子们募集图书、衣物等。2015年11月，受总部工会委派，3名员工再次来到固原市张易中学看望了13名家庭困难的学生，为他们送去了集团员工的暖暖心意，并随机到3名学生家中进行家访，详细了解学生的困难。

群团组织在扶贫助困工作上的努力得到了集团党组、直属党委和总部党总支的大力支持。随着2017年7月总部党总支赴固原开展精准扶贫暨主题党日活动的结束，党总支已经开始策划更加长远、长效的扶贫助困活动，希望带动更多的基层党组织和党员行动起来，为打赢脱贫攻坚战、全面建成小康社会贡献我们应尽的力量。

## 附录5　支教纪实

### 走进大山，走上心灵的舞台
——小小接过了姥姥的接力棒

王　帆

2018年1月于北京海关

960万平方公里的中华大地，城市星罗棋布，城市的外围呢？是更为广袤的乡村；13亿人口的中国人民，其中8亿是农民，他们之外

呢？才是我们这些所谓的"城里人"……

我们看惯了高楼大厦，淡忘了黄泥小屋；我们吃惯了精米细粮，淡忘了山药蛋和黑面馍馍；我们穿惯了舒适漂亮的衣裳，淡忘了缝缝补补的模样；我们坐惯了汽车、火车甚至飞机，于是埋没了双脚的力量……

当我第一次踏上西海固的土地，艾青的诗在耳边回荡：

假如我是一只鸟，

我也应该用嘶哑的喉咙歌唱：

……

——然后我死了，

连羽毛也腐烂在土地里面。

为什么我的眼里常含泪水？

因为我对这土地爱得深沉。

这是大学二年级（2004年）暑假，我跟随妈妈赴宁夏回族自治区固原市原州区张易镇骆驼巷村调查时写下的，作为后记发表在2009年出版的《山村的守望——西海固骆驼巷村实地考察》一书中。宁夏西海固地区，1972年被联合国粮食开发署认定为最不适宜人类生存的地区。那里常年干旱缺水，土地贫瘠，塬梁峁壑，灾害频发，世世代代生活在那里的人们，出门面对着黄土坡，回家背靠着黄土崖。

20岁的我，第一次走进西海固，第一次见识了中国西北山村的风貌。那里有比城市辽阔的天空、绿莹莹的田地、漫山遍野梦幻般紫色的胡麻花海，也有浑浊的饮用水、以土豆为主的饭菜、房屋和设施极其简陋的卫生站，还有孩子们渴望知识的眼神。有着留日深造前后11年经历、日本东京大学博士、中国社会科学院研究员、年近50岁的妈妈，选择在那里驻足开启人生新的起点，专注于西海固村庄农民的生产生活、人口、教育的实证研究。直至今天，她仍在致力于发达国家与发展中国家农村的比较研究，给我树立了一个脚踏实地实现人生理想的榜样。

一晃，整整13年过去了，我也有了自己的女儿。现在大城市的孩子太幸福，我的女儿小小也不例外。衣食无忧，见多识广，有着自己美丽的梦想。当芭蕾舞蹈家，当解放军，当科学家，都可以是她5岁半的小脑瓜里闪出的火花。饥饿、贫困离他们的生活太遥远，一个学龄前儿童，可能早已游历过国内外的许多地方，却会把祖辈父辈的故乡遗忘在心灵的角落，或者根本不曾在心上划过痕迹。家长对孩子们无限期许，从小就进行全方位培养，寄予孩子们高远的目标，却往往忽视了脚下真实的土地。

2017年冬天，已经年过三十的我和丈夫，身为北京海关的公务员，一起替女儿小小做了一个决定，带她去北京海关支教的小学，给当地的小朋友义务演奏小提琴。

北京海关支教的小学，在河南省三门峡市下属的卢氏县。出发之前，我们都做好了路途遥远的准备，但是没想到实际走起来竟然这么远。经过从北京到三门峡近6个小时的高铁路程之后，从三门峡市区开车，钻过无数个山洞隧道，近3个小时才到达卢氏县城。一路上，只看见屈指可数的几辆车。再从卢氏县城出发，全程都是泥泞的土路，一阵颠簸，终于到了横涧乡代家村代家小学。

如今的农村，温饱和义务教育已完全惠及每家每户。小学校舍建造得有模有样，教室宽敞，桌椅整齐，免费营养午餐均衡搭配，孩子们个个健康活泼。只是，由于大山里的闭塞，这里的生活过于单调，精神世界不像大城市那么富足。

2017年11月28日上午，代家村代家小学全校59名小学生都坐在一间大教室里，等待我们的到来。才11月末，山区就下起了雪，大片大片的雪花，像是欢迎我们自远方而来的天然贺礼。

女儿小小和爸爸一起走上大教室的讲台，从最简单的do、re、mi开始，给小朋友们介绍音符，讲解音乐。小小带去了自己的小提琴，当她打开琴盒的那一刻，孩子们好奇的目光瞬间聚集到小提琴上，大教室里响起一片由衷的赞叹声。原来，在座的59个小朋友都是第一次见到真的小提琴。他们发自内心的赞叹是那么纯真，他们发自内心的喜悦是那么纯粹，成为我们耳边永久的记忆。

当小小准备拉琴的时候，大教室里顿时安静下来，小小首先演奏了一

# 山村的守望

**小小演奏小提琴**

曲《小星星》，拉到最后一句时，小朋友们不由自主地欢唱起来，教室里的气氛一下子活跃了。紧接着，熟悉的《生日歌》、悠扬的《海骝马》、忧郁的《土拨鼠》、阔朗的《信天游》、优雅的《小步舞曲》等相继响起，小朋友们安静地欣赏着，不时地轻轻小声耳语。

  代家小学的孩子们十分热情，也十分聪明，一节课下来，他们不仅学会了唱音符，而且理解了不同音乐表达的不同含义。最后，小小的爸爸教小朋友们唱一首歌，由小小拉小提琴伴奏，曲目是《我们多么幸福》。小朋友们一边看着歌词一边跟着唱，第一遍就唱下来了，而且越唱越好。"我们的生活多么幸福，我们的学习多么快乐……无论在城市还是乡村，家家的孩子都去上学！"孩子们愉快的歌声响彻大教室。

  在代家村代家小学，这是孩子们人生中上的第一次较为正规的音乐课，虽然只有短短一节课时间，相信一定会在孩子们纯洁的心灵中留下深刻的印象。小小也格外高兴，不仅给小朋友们展示了自己的本领，而且感受到了学习音乐可以传播音乐之美的快乐。

  女儿小小学习小提琴一年了，从她拉响第一弓，到今天镇定地站在代家小学大教室的讲台上演奏，和她日复一日从未间断地坚持练琴是分不开的。我相信，当小小拉着琴被小朋友们的欢畅所感染，微笑起来的那一刻,也一定懂得了自己的辛苦付出换得小朋友们的热情歌唱是值得的。

返回三门峡市的路上,群山白雪,净化了空气,净化了心灵。我们带着小小,带着满满的收获,回归城市,回归岗位,回归自己追寻的理想之路。

再遥远的路程都会被贴近的心灵拉近,再重叠的大山都会被坚定的脚步跨越。我深信,有一天,小小还会再来;有一天,小小也会走进西海固的大山,走进西海固骆驼巷村的农民生活,奏响讴歌生命与理想的乐章……

# 后 记

## 迟到的书稿

《山村的守望——西海固骆驼巷村实地考察》第二部,终于能够和广大读者见面了。这部书稿的完成,比原定计划整整迟到了3年。

如果读者翻一下这本书,就会发现,书中的第二章"骆驼巷村过春节",执笔于2014年春节后。没有想到的是,正在按原定计划撰写第二部书稿的我,在宁夏遇到了一桩飞来横祸,这对于正在执笔的我来说,犹如天塌地陷,不知所措,自认为意志很坚强的我,被这塌下来的天压垮了,被这陷下去的地撂倒了……

然而,通往骆驼巷村的固将公路,依旧是冬去了春来,春去了夏来,夏去了秋来,秋去了冬又来。当我再度调整心境,开始继续撰写第二部书稿的时候,已经是2017年6月了。

说实话,面对搁置了3年多的书稿,面对500多户农户20余项的微观数据,面对7个回族和汉族自然村150余个统计图表,我踌躇过,也茫然过。2017年6~9月,我几乎每天都在一间学生宿舍里焚膏继晷,和时间赛跑。

《山村的守望——西海固骆驼巷村实地考察》第一部,从开始入户调查到正式出版,耗时6年多;《山村的守望——西海固骆驼巷村实地考察》第二部,从开始入户调查到正式出版,耗时8年多。

15年来,为了记录记述西海固骆驼巷村农民的生活状况、生产状况、人口状况、教育状况以及村庄发生的变化,我每年都要拿出半年左右的时

## 后记

间往返于北京和西海固、固原城和骆驼巷村之间。手拿一支笔、一个笔记本、一个傻瓜照相机，是我在骆驼巷村农民眼里最常见的模样儿。冬季，火炉子上的烤洋芋，火炕上油光发亮的枕头和被头；春季，田间地头冒出的苦菜，不打招呼就来的雪冰和寒流；夏季，地埂上鼓肚的豌豆角儿，赶都赶不走的苍蝇和跳蚤；秋季，刚出土的红皮洋芋，盼着停就是不停的"烟雾尿尿"（秋雨）……这一道道风景和场域，早已成为我生活的一部分了。

15年一晃就溜过去了。然而，15年来的骆驼巷村入户跟踪调查，却是有曲有折、有磕有绊、有疑有惑、有停有断。回想起在骆驼巷村的日日月月里，真的是五味杂陈，有伤心也有欢笑，有失落也有成长，有付出也有收获，有祸从天来也有喜从天降。但是，这一路，我走过来了。这一路，我经历了学术上的转型和精神上的洗礼；这一路，我想要述说的故事太多太多；这一路，我想要感谢的人也太多太多……

曾经到骆驼巷村采访过我的央视记者庞海森说："你，这是一个人的战斗，你真的令我感动。"这句话，他只说对了一半。15年来，我的确是一个人在西海固的村庄做调研，然而，能够走到今天，绝不是一个人的战斗，这里有组织的支持、家人的付出、友人的温暖。

我在西海固的村庄做调研时，所在单位中国社会科学院数量与技术经济研究所的领导和诸多部门都给予了理解和支持。特别是在撰写第二部书稿的过程中，得到了中国社会科学院离退休干部工作局的理解和支持，局长刘红、局长助理曾军等对我的研究给予了积极的肯定和切实的帮助。在此，深表谢意。

感谢社会科学文献出版社顾问周丽。她自始至终都在关注这项研究的进展，每当我写作中遇到了困难，她都会建言献策，在她的帮助、鼓励和督促下，这部近70万字的书稿如期完成。

感谢中国社会科学杂志社编审孟宪范。由于她的见多识广，以及她对我在西海固做实地调查研究的理解，每当我写作遇到问题时，就会与她商量，听取她的意见，并且受益匪浅。

"燕平，你的成绩，有一半是你家庭的。你女儿理解你，特别是你先

生支持你。你想，一个大男人，身体也不太好，长期独自生活，太不易了！"孟宪范老师不止一次地这样对我说。的确，如果没有丈夫的付出、女儿的付出、家人的付出，就不会有《山村的守望——西海固骆驼巷村实地考察》这部著作。在此，我要深深感谢我的丈夫、女儿、家人对我长时间的理解和支持。

作为一名女性学者，长期生活在西海固地区的农村，把自己的家事职责转交给了家人，这得需要家人多深的理解和多大的支持啊！尤其是我的丈夫王小星，在我去宁夏固原期间，把独自生活的委屈藏在心里，从不抱怨，替我分担了不少家里家外事。我们还经常一起讨论西北农村的发展，他的襟怀和见识总能给我的思考打开一扇窗，让我受益良多。无疑，我在做学问上的坚守，与家人持之以恒的理解和支持是分不开的。每每念及此，心中就充满温暖，同时也充满了内疚。

感谢宁夏师范学院长期为我提供了一间学生宿舍，在时间上为这项实地跟踪调查研究提供了保障。特别是宁夏师范学院医学院2011届药学班的王天圆和曾祥侥两位学生，在校学习期间，只要有空余时间，就会到我宿舍来帮忙，当我发现部分统计表数据出现错误时，王天圆便会牺牲休息时间帮助检查修改，尽管这两位学生走上工作岗位已多年，但对他们的热心相助依然是记忆犹新。还有宁夏师范学院政史学院2016级研究生焦露、文学院2016级研究生李正和王博，也利用自己的休息时间帮助修正了部分图表，在此一并表示诚挚的谢意。

感谢宁夏师范学院教育科学学院小学教育专业大四学生白雪莲。那天，在宁夏师范学院老校区的校园内，我偶然遇见了她，她对我说："林阿姨，我就是驼巷小学毕业的，我一上小学就知道您，我从小就很敬佩您，下次再去村里调查，一定到我家里住。"2017年6月，我去骆驼巷村核对调查数据，果真住在了白雪莲家里（阴洼村）。我们吃在一个灶房，睡在一个炕上，白天一起去农户家里采访，晚上一起整理调查数据，在她的陪伴下，我第一次登上了阴洼村的山顶看日出，第一次登上了阳洼村的山顶看日落，一周的朝夕相处，给我留下了许许多多令人难忘的记忆……

感谢2017年暑期前来帮助我的老师和学生们。在几乎没有研究经费的条件下，固原市五原中学的薛永顺老师不仅叫来了他的夫人董小荣老师（固原六中），而且号召他曾经教过的学生前来帮忙整理数据，这些学生志愿者有宁夏医科大学中医学院大三学生于凡、宁夏医科大学临床医学院研究生杨宁爱、南京审计大学大四学生宋晓莹、宁夏师范学院数计学院大三学生吕志强、天津大学财务管理系大一学生金璐、中山大学医学院大一学生口忠福、固原一中高一学生于鹏辉。

感谢宁夏固原华商新能源有限公司总经理王建国，他不仅派公司员工赵金龙和杨阳前来帮忙整理资料，而且特意给帮忙的学生们送来了西瓜、黄金瓜、茶叶等，让我们在炎热的夏季作业中感受到了一种清新的凉爽。王建国，今年45岁，出生在骆驼巷村马其沟汉族自然村，他说："你为我们村里的农民付出了很多，如今我们能够帮助你做一点事情也是一种荣幸。"对于这份来自骆驼巷村马其沟村的帮助，我不仅欣然接受了，而且还有一种由衷的期待，那就是期待骆驼巷村能够走出更多事业有成的人……

2017年暑假期间，前来帮助校对数据的还有固原二中戴道老师和他的女儿戴若文（西北农林科技大学外语系大三学生）、固原二中张俊奎老师和他的夫人秦凤兰、宁夏海原县郑旗中心小学王国伟老师和杨娟娟老师、国药控股宁夏固原有限公司职员赵娜、泾源县疾病预防控制中心职员陈潭、宁夏财经职业技术学院大一学生孙睿珠、宁夏师范学院数计学院大一学生郎鹏飞、固原一中高一学生贾雷。

感谢张易镇骆驼巷村村委会为我入户调查提供的帮助和支持；感谢骆驼巷村小庄回族自然村马进军、马小刚、马无旦，樊庄汉族自然村郑四昌，马其沟汉族自然村王小平等农民接受我的采访；感谢宁夏师范学院文学院2015级研究生曾小丽和张鹏昊、宁夏师范学院数计学院2015级研究生赵博文等，他们利用5天假期去骆驼巷村见习调研，同时感谢大店村农民周波在调研期间为我们开车引路。

最后，我要特别感谢社会科学文献出版社编辑冯咏梅，她作为本书的责任编辑，付出了一般情况下责任编辑几倍的工作量。由于这部书稿的完成在时间上非常仓促，特别是第三章中有大量的图表，图表

中的数据错误很多，在编审过程中需要极大的耐心和毅力，冯咏梅在时间紧、任务重的情况下，始终保持严谨认真、一丝不苟的工作态度，保证了这部书稿的编审工作能够高质量地完成。虽然这是我们的初次合作，但是给我留下了深刻的印象，我很幸运遇到了一位恪守职业道德的责任编辑。

  我还想对读者说，感谢"西部博士服务团"给了我一次了解国情、了解乡土中国的机会，感谢西海固骆驼巷村给了我一个记录记述农民生活的平台，感谢西海固骆驼巷村家家户户的农民让我去述说来自他们心底的诉说。

  或许，比起学术研究来，这部书稿用生命去记录生命的轨迹，用生命去改变生命的轨迹，其意义更加深远……

林燕平

2018 年春　执笔于日本北九州

图书在版编目（CIP）数据

山村的守望：西海固骆驼巷村实地考察. 二／林燕平著. -- 北京：社会科学文献出版社，2018.12
（中国社会科学院老年学者文库）
ISBN 978 - 7 - 5097 - 8265 - 1

Ⅰ.①山… Ⅱ.①林… Ⅲ.①乡村 - 社会调查 - 固原 Ⅳ.①D668

中国版本图书馆 CIP 数据核字（2018）第 289131 号

### 中国社会科学院老年学者文库
### 山村的守望
#### ——西海固骆驼巷村实地考察（二）

| | |
|---|---|
| 著　　者 / | 林燕平 |
| 出 版 人 / | 谢寿光 |
| 项目统筹 / | 周　丽 |
| 责任编辑 / | 冯咏梅 |
| 出　　版 / | 社会科学文献出版社·经济与管理分社（010）59367226 |
| | 地址：北京市北三环中路甲 29 号院华龙大厦　邮编：100029 |
| | 网址：www.ssap.com.cn |
| 发　　行 / | 市场营销中心（010）59367081　59367083 |
| 印　　装 / | 三河市尚艺印装有限公司 |
| 规　　格 / | 开本：787mm×1092mm　1/16 |
| | 印张：42.5　插页：0.75　字数：642 千字 |
| 版　　次 / | 2018 年 12 月第 1 版　2018 年 12 月第 1 次印刷 |
| 书　　号 / | ISBN 978 - 7 - 5097 - 8265 - 1 |
| 定　　价 / | 168.00 元 |

本书如有印装质量问题，请与读者服务中心（010 - 59367028）联系

版权所有　翻印必究